W0346174

208ke Foto: tb

Martin und Thomas Barkemeier
Kerala mit Mumbai und Madurai

Kollam kandal illam venda

„Wer nach Kerala kommt, wird seine
Heimat schnell hinter sich lassen"

Keralisches Sprichwort

Impressum

Martin und Thomas Barkemeier
Kerala mit Mumbai und Madurai

erschienen im
Reise Know-How Verlag Peter Rump GmbH
Osnabrücker Str. 79
33649 Bielefeld

© Peter Rump 2003, 2006
3., neu bearbeitete, komplett aktualisierte und erweiterte Auflage 2009

Alle Rechte vorbehalten.

Gestaltung
Umschlag: G. Pawlak, P. Rump (Layout);
Caroline Tiemann (Realisierung)
Inhalt: Günter Pawlak (Layout);
Caroline Tiemann (Realisierung)
Fotos: Martin Barkemeier (mb), Thomas Barkemeier (tb),
Gerd Lellé (gl, S. 134), Dr. Norbert Linz (nl)
Umschlagfoto: Thomas Barkemeier (Motiv: Backwaters)
Karten: Catherine Raisin (vordere Umschlagklappe), Thomas Buri

Lektorat: Caroline Tiemann

Druck und Bindung
Wilhelm & Adam, Heusenstamm

ISBN 978-3-8317-1656-2
Printed in Germany

Dieses Buch ist erhältlich in jeder Buchhandlung Deutschlands, der Schweiz, Österreichs, Belgiens und der Niederlande.
Bitte informieren Sie Ihren Buchhändler über folgende Bezugsadressen:

Deutschland
Prolit GmbH, Postfach 9, D-35461 Fernwald (Annerod)
sowie alle Barsortimente

Schweiz
AVA-buch 2000
Postfach, CH-8910 Affoltern

Österreich
Mohr Morawa Buchvertrieb GmbH
Sulzengasse 2, A-1230 Wien

Niederlande, Belgien
Willems Adventure
www.willemsadventure.nl

Wer im Buchhandel trotzdem kein Glück hat, bekommt unsere Bücher auch über unseren **Büchershop im Internet: www.reise-know-how.de**

Wir freuen uns über Kritik, Kommentare und Verbesserungsvorschläge.

Alle Informationen in diesem Buch sind von den Autoren mit größter Sorgfalt gesammelt und vom Lektorat des Verlages gewissenhaft bearbeitet und überprüft worden.

Da inhaltliche und sachliche Fehler nicht ausgeschlossen werden können, erklärt der Verlag, dass alle Angaben im Sinne der Produkthaftung ohne Garantie erfolgen und dass Verlag wie Autoren keinerlei Verantwortung und Haftung für inhaltliche und sachliche Fehler übernehmen.

Die Nennung von Firmen und ihren Produkten und ihre Reihenfolge sind als Beispiel ohne Wertung gegenüber anderen anzusehen. Qualitäts- und Quantitätsangaben sind rein subjektive Einschätzungen der Autoren und dienen keinesfalls der Bewerbung von Firmen oder Produkten.

209ke Foto: tb

Reise Know-How im Internet

Aktuelle Reisetipps und Neuigkeiten
Ergänzungen nach Redaktionsschluss
Büchershop und Sonderangebote

www.reise-know-how.de
info@reise-know-how.de

Wir freuen uns über Anregung und Kritik.

Vorwort

„Kollam kandal illam venda“ – wer nach Kerala kommt, wird seine Heimat schnell hinter sich lassen. Dieses alte keralische Sprichwort scheint angesichts der einzigartigen Schönheit dieses nach Goa zweitkleinsten südindischen Bundesstaates eher noch untertrieben. Bei einer Reise durch den schmalen Landstreifen im äußersten Südwesten des Subkontinents wähnt man sich angesichts der geradezu überbordenden tropischen Natur in einem Garten Eden. Saftig grüne Reisfelder, Tee-, Kaffee- und Kautschukplantagen, Baumwollfelder, Mango-, Papaya-, Apfel- und Jackfruitbäume, der Anbau von Kardamom, Pfeffer, Zimt und Nelken sowie vor allem der Lebensbaum Keralas, die Kokospalme, bestimmen das Landschaftsbild.

Abgesehen von der tropischen Fülle wird das 1956 aus dem Zusammenschluss der ehemaligen Fürstentümer Travancore und Cochin sowie dem Distrikt Malabar entstandene Kerala durch die 44 an den Hängen der West-Ghats entspringenden Flüsse sowie durch das weit verzweigte Lagunensystem der Backwaters geprägt. Eine Fahrt durch diese Welt von künstlichen Kanälen und Seen bildet den Höhepunkt jeder Kerala-Reise.

Kerala gilt heute als eine Art Vorzeigestaat für ein fortschrittliches, multikulturelles, offenes und gebildetes Indien. Nirgendwo sind die Alphabetisierungsquote und die durchschnittliche Lebenserwartung so hoch, die Kindersterblichkeit und das Bevölkerungswachstum so gering. Kerala gehört zu den angenehmsten, schönsten und entspannendsten Reisezielen des Indischen Subkontinents. Egal, ob man nun Erholung für Seele und Geist in einem der zahlreichen Ayurveda-Hotels sucht, an den Stränden von Kovalam oder Varkala faulenzt, in den saftig grünen Bergen der West-Ghats wandert, sich im Periyar-Nationalpark auf die Pirsch nach Elefanten und Tigern begibt, den musikalisch wie optisch faszinierenden Kathakali-Tänzen beiwohnt, mit einem Hausboot durch die paradiesische Welt der Backwaters gleitet oder die raffinierte Kerala-Küche kostet – Reisen in Kerala, das ist in erster Linie ein Genuss für die Sinne.

Allerdings besteht auch hier die Notwendigkeit, die Reise gut vorbereitet anzutreten und sich im auf den ersten Blick chaotischen Indien zurechtzufinden. Mit diesem Handbuch sollen dem Reisenden die nötigen Hinweise zu den kleinen, aber ungemein wichtigen Dingen des Reisealltags gegeben werden. Verkehrsverbindungen, Hotelpreise, Restaurantempfehlungen, Stadtpläne und zahlreiche praktische Tipps sollen es dem Kerala-Reisenden ermöglichen, sich in diesem nicht gerade einfachen Reiseland auf eigene Faust zu bewegen.

Der vorliegende Band ist eine Auskopplung aus dem erfolgreichen, umfangreichen Reisehandbuch „Indien – der Süden“. Der allgemeine reisepraktische Teil deckt sich in beiden Büchern weitgehend.

Wir wünschen eine gute Reise!
Martin und Thomas Barkemeier

Inhalt

Vor der Reise

(unter Mitarbeit von E. H. M. Gilissen)

Praktische Reisetipps A–Z

Land und Leute

Landschaft und Natur

Staat und Gesellschaft

Menschen und Kultur

Kerala

Madurai

Mumbai (Bombay)

Anhang

Exkurse

Kartenverzeichnis

Highlight:

Mit „Highlight" sind Orte und Sehenswürdigkeiten gekennzeichnet, die von besonderem touristischen Interesse sind, die kulturellen und landschaftlichen Höhepunkte. Aufgeführt sind die lohnendsten Ziele, die von den meisten Reisenden angesteuert werden. Bei der Planung der eigenen Reiseroute sollte man diese „Highlights" auf keinen Fall auslassen.

Der besondere Tipp:

Als „besonderer Tipp" sind in den Ortsbeschreibungen jene Orte markiert, die nicht auf der üblichen Route der meisten Indienreisenden liegen. Es sind spezielle Empfehlungen der Autoren, die nicht weniger sehenswert sind als die „Highlights". Manchmal handelt es sich um Orte oder Gegenden, die wegen ihrer besonderen Atmosphäre einen Besuch lohnen.

Hinweise zur Benutzung

Preise

Mehr noch als bei anderen Ländern steht ein Reiseführer Indien in der Gefahr, dass die genannten Preise im Moment der Drucklegung schon wieder überholt sind. Unglücklicherweise gilt dies besonders für die Tourismusindustrie. Vor allem im Hotelwesen, aber auch bei öffentlichen Verkehrsmitteln ist in den nächsten Jahren mit saftigen Aufschlägen zu rechnen. Man liegt sicher nicht falsch, wenn man auf die hier genannten Preise ein paar Prozente hinzurechnet. Eintrittspreise werden nur dann aufgeführt, wenn sie mindestens 10 Rs (= ca. 0,25 €) betragen.

Begriffe und Ortsnamen

Es ist verwirrend: Selbst in Indien gibt es verschiedene Schreibungen für einen Ortsnamen, entweder mehr oder weniger korrekt der offiziellen Transkription oder der englischen Schreibweise folgend. Im Deutschen wiederum wird beispielsweise der *Maharadscha* immer häufiger in der englischen Weise geschrieben: *Maharaja*.

Daher wird in diesem Buch die linguistisch korrekte Transkription für Begriffe aus dem Hindi übernommen. Nur gelegentlich, vor allem bei Namen und bei bekannten Begriffen, wird die englische Schreibweise benutzt.

Häufig benutzte **indische Begriffe** sind in einem Glossar im Anhang des Buches erklärt, **geografische Begriffe** stehen in einem Kasten im Kapitel „Geografie" (S. 86), das spezielle **Vokabular der Tempelarchitektur** ist im Kapitel „Architektur" aufgeführt (S. 160).

Kartenverweise

Hinter jeder Ortsüberschrift steht ein Verweis auf das Planquadrat, in dem der Ort auf der **Karte im hinteren Umschlag** zu finden ist. Beispiel:

Kochi ⇗ C1

Der Ort Kochi liegt im Planquadrat C1.

Symbole in den Kästen

Empfehlung

Hinweis

Warnung

Verbot

Abkürzungen

1. Kl.	Erste Klasse
2. Kl.	Zweite Klasse
Abf.	Abfahrt
AC	Air Condition (Klimatisierung)
Ank.	Ankunft
ATM	Automatic Teller Machine (Geldautomat)
Av.	Avenue
Bldg.	Building (Gebäude)
Del.	Deluxe-Bus
DZ	Doppelzimmer
Exp.	Express-Zug/-Bus
EZ	Einzelzimmer
GPO	General Post Office (Hauptpost)
ISD/STD	Telefonamt
ITDC	Indische Tourismusorganisation
Rd.	Road (Straße)
Rs	Rupien
St.	Street (Straße)

804ra Foto: tb

Vor der Reise

002is Foto: tb

003is Foto: tb

Das neue Indien – Flughafen in Mumbai

LKW-Fahrerhäuser werden gern knallbunt bemalt

Die Autoriksha – das Taxi des kleinen Mannes

Diplomatische Vertretungen

In Deutschland

- **Indische Botschaft,** Tiergartenstraße 17, 10785 Berlin, Tel.: 030-257950, Fax: 25795102, www.indianembassy.de.
- **Indisches Generalkonsulat,** Friedrich-Ebert-Anlage 26, 60325 Frankfurt/M., Tel.: 069-1530050, Fax: 554125.
- **Indisches Generalkonsulat,** Graumannsweg 57, 20087 Hamburg, Tel.: 040-338036, Fax: 323757.
- **Indisches Generalkonsulat,** Widenmayerstr. 15, 80538 München, Tel.: 089-2102390, Fax: 21023970.

In Österreich

- **Indische Botschaft,** Kärntner Ring 2, 1015 Wien, Tel.: 01-5058666, Fax: 5059219, www.indianembassy.at.

In der Schweiz

- **Indische Botschaft,** Kirchenfeldstr. 28, Postfach 406, 3000 Bern 6, Tel.: 031-3511110 oder 3511046, Fax: 3511557, www.indembassybern.ch.
- **Indisches Generalkonsulat,** Sonnenbergstr. 50, 8032 Zürich, Tel.: 043-3443214, Fax: 3443211.
- **Indisches Generalkonsulat,** Rue du Valais 7-9, 1202 Genf, Tel.: 022-9068686 Fax: 9068696.

In Indien

Die Anlaufstellen und Telefonnummern für den **Notfall:**

- **German Consulate in Mumbai,** Hoechst House, 10. Stock, Nariman Point, 193 Backbay Reclamation, Tel.: 022-22832422, www.germanconsulatemumbai.org.
- **German Consulate in Goa,** Cosme Matias Menezes Ltd., Rua de Ourem, Panjim, Tel.: 0832-2235526.
- **Austrian Consulate in Mumbai,** 26, Maker Chambers VI, Nariman Point, Tel.: 022-2287-4758, -4759, -1734, -0498.
- **Austrian Consulate in Goa,** Salgaocar House, Dr. F. Louis Gomes Road, Vasco Da Gama, Tel.: 0832-2513816, 2513811.
- **Swiss Consulate in Mumbai,** 102 Maker Chambers IV, 10. Stock, 222, Jamnalal Bajaj Marg, Nariman Point, Tel.: 022-228845-63/-64/-65.

Informationsstellen

- **Indisches Fremdenverkehrsamt,** Baseler Str. 46, 60329 Frankfurt/Main Tel.: 069-242949-0, Fax: 242949-77, info@india-tourism.com, www.india-tourism.de.
- **Deutsch-Indische Gesellschaft** (Bundesgeschäftsstelle), Oskar-Lapp-Str. 2, 70565 Stuttgart, Tel.: 0711-297078, Fax: 2991450, info@dig-ev.de, www.dig-bundesverband.de. Zweigstellen gibt es in 33 deutschen Städten.

Informationen zur aktuellen allgemeinen Sicherheitslage und Warnungen vor besonders gefährdeten Gebieten erhält man hier:

- **Auswärtiges Amt,** Werderscher Markt 1, 10117 Berlin, Postanschrift: 11013 Berlin, Tel.: 030-5000-0, Fax: 5000-3402, www.auswaertiges-amt.de und www.diplo.de/sicherreisen (Länder- und Reiseinformationen).
- **Bundesministerium für auswärtige Angelegenheiten Österreich,** Minoritenplatz 8, 1014 Wien, Tel.: 05-01150-4411, Fax: 01159-0 (Vorwahl 05 muss auch in Wien gewählt werden), www.bmeia.gv.at (Bürgerservice).
- **Eidgenössisches Departement für Auswärtige Angelegenheiten,** Bundesgasse 32, 3003 Bern, Tel.: 031-3238484, www.dfae.admin.ch (Reisehinweise).

Touristeninformationen vor Ort

Die staatlichen Touristenämter werden von **Kerala Tourism** und **India Tourism** geleitet, deren kleinere Filialen oft auch *Tourist Facilitation Centre* oder *Tourist Reception Centre* heißen. Neben allgemeinen Informationen bieten sie die Organisation von Ausflügen oder Taxifahrten für Touristen.

Um Kunden anzulocken, geben sich viele private Reisebüros Namen, die denen der staatlichen Informationsstellen ähneln, um sich den Anstrich von Seriosität zu verleihen. Nicht alle von ihnen sind schlecht, aber man sollte im Auge behalten, dass es sich um gewinnorientierte Privatunternehmen handelt. Auch bei einigen staatlichen Touristenämtern ist eine zusätzliche Einnahmequelle gelegentlich nicht unwillkommen.

Indien im Internet

- Die offizielle Website des Indischen Fremdenverkehrsamts mit einem breiten Informationsangebot auf Deutsch, umfangreichen Reiseinformationen, Einreisebestimmungen und Gesundheitstipps, Hilfe zur Routenplanung und Stadtführer, Adressen von Hotels, Reisebüros, Fluggesellschaften u.v.m.: **www.india-tourism.com.**
- Alles rund ums Reisen innerhalb Indiens findet sich unter: **www.indiatravelite.com.**
- Auf der Seite der staatlichen Fluggesellschaft Indian Airlines finden sich das Streckennetz, Flugpläne, Preise, Informationen für Vielflieger und mehr: **http://indian-airlines.nic.in.**
- Auf der Homepage von Indian Railways sind die wichtigsten innerindischen Zugverbindungen einzusehen, Informationen für Touristen, das Streckennetz, ein historischer Abriss und einiges mehr: **www.indianrail.gov.in.**
- Eine indische Suchmaschine mit einigen Chat-Rooms, Nachrichten, Wetterbericht u.v.m.: **www.123india.com.**
- Das National Informatics Centre (NIC) der indischen Regierung hat ein weiterverweisendes Verzeichnis staatlicher indischer Websites (Ministerien, Botschaften, Unionsstaaten, Organisationen etc.): **www.nic.in.**
- Aktuelle Nachrichten (auch nach Unionsstaaten geordnet), Archiv und mehr beim indischen Nachrichtendienst Rediff On the Net: **www.rediff.com**.
- Das deutsche Indien-Magazin berichtet informativ und kompetent über das moderne Indien – aktuelle Entwicklungen aus Politik, Wirtschaft und Gesellschaft. Filme und Bücher werden ausführlich besprochen und Restaurantkritiken und Kochtipps sorgen für das leibliche Wohl. Ein Veranstaltungskalender und eine Link-Liste runden das Angebot ab: **www.indien-newsletter.de.**
- Landkarten von Indien zu verschiedenen Themen sowie Stadtpläne findet man unter: **www.mapsofindia.com.**

Ein- und Ausreisebestimmungen

Die genannten Einreisebestimmungen sind Stand Januar 2009. Man sollte sich unbedingt vor der Reise bei der zuständigen Indischen Botschaft bzw. in Deutschland auch beim zuständigen Konsulat (s.o.) erkundigen, ob sie noch gelten.

Visum

Dem Antrag müssen neben dem ausgefüllten, vorher bei der Botschaft bzw. dem Konsulat angeforderten **Antragsformular** (Rückporto beifügen) ein **Reisepass,** der ab dem Ankunftsdatum in Indien noch mindestens 6 Monate gültig ist, sowie **zwei Passbilder** neueren Datums beigefügt sein. Das Ganze wird zusammen mit der Visumgebühr bzw. dem Originaleinzahlungsbeleg in einem frankierten Rückumschlag per Einschreiben an die indische Vertretung geschickt. Als Bearbeitungszeit sollte man etwa 10 Tage rechnen. Wesentlich schneller geht es selbstverständlich, wenn man persönlich bei der Botschaft vorspricht. Hier kann das Formular vor Ort ausgefüllt werden. In den meisten Fällen kann man das Visum dann am nächsten Tag abholen, in dringlichen Fällen gelegentlich auch noch am selben Tag. Ausnahme: Man hat vorher per Überweisung bezahlt. Dann kann es bis zu einer Woche dauern, da zuvor der Geldeingang überprüft werden muss. Also besser bar bezahlen! Das Visumformular kann man sich auch auf der Website des Indischen Fremdenverkehrsamts im Pdf-Format herunterladen (www.india-tourism.com).

Visagebühren

- **Transit Visum,** gültig für 15 Tage (zur ein- oder zweifachen Einreise): 12 €
- **Touristenvisum,** 6 Monate gültig ab Datum der Ausstellung, berechtigt zur mehrmaligen Einreise: 50 €
- **Geschäftsvisum,** gültig bis zu 6 Monaten ab dem Datum der ersten Einreise: 50 €, gültig für ein Jahr: 80 €
- **Studentenvisum,** gültig für die Dauer des Studiums oder maximal fünf Jahre, ein Nachweis der indischen Universität ist erforderlich: 93 €
- **Visum,** gültig ein bis **fünf Jahre,** spezielles Visum für Vielfach-Indien-Besucher und Geschäftsleute, entsprechende Nachweise erforderlich: 160 €
- **PIO Card** (nur für Pesonen indischer Herkunft): 1176 €

Visumverlängerung

Wer sein im Ausland erhaltenes, sechsmonatiges Visum in Indien voll ausgeschöpft hat, braucht sich gar nicht erst der bürokratischen Mühe einer Visumverlängerung auszusetzen, da man als Tourist **nur 180 Tage des Jahres** in Indien verbringen darf. Erst wieder nach einem halben Jahr darf man erneut ins Land einreisen.

Ansonsten sind für Visumverlängerungen in Großstädten die so genannten **Foreigners Regional Registration Offices,** in Distrikthauptstädten die lokalen Polizeibehörden zuständig. Das Problem ist, dass dabei meist völlig unterschiedlich vorgegangen wird. Während man in einigen Städten relativ schnell und unproblematisch eine Verlängerung bekommt, erteilen andere sie gar nicht. Auch über die vorzulegenden Dokumente scheint Konfusion zu herrschen. Auf jeden Fall sollte man neben dem Pass immer die **Umtauschbescheinigungen** der Banken und mindestens **vier Passfotos** dabei haben. Auch bei den Kosten scheint es keine klaren Richtlinien zu geben. Manche Traveller erhielten ihre Verlängerung umsonst, anderen knöpfte man 500 Rs ab.

Ein- und Ausfuhr

In Indien gelten die international üblichen **Zollbestimmungen,** d.h. man darf neben Artikeln des persönlichen Bedarfs u.a. 200 Zigaretten oder 50 Zigarren sowie Geschenke bis zu einem Wert von 800 Rs einführen.

Spezielle Beschränkungen gibt es für **elektronische Geräte** wie z.B. Kameras, Videogeräte oder Laptops. Wer mehr als eine Kamera mit zwei Objektiven und 30 Filme dabei hat, muss diese auf einem speziellen Formular offiziell deklarieren, welches bei der Ausreise wieder vorzulegen ist. Hiermit soll verhindert werden, dass man seine Reisekasse mit dem Verkauf dieser Waren aufbessert. Uns ist jedoch bisher kein einziger Fall bekannt geworden, bei dem man bei der Ausreise tatsächlich nach dem Formblatt gefragt hätte.

Es darf **keine indische Währung** ein- oder ausgeführt werden. Reisende, die mehr als 5.000 US-Dollar (bar oder Reiseschecks) einführen wollen, müssen diese auf der *Currency Declaration Form,* die sie bei der Einreise erhalten, angeben. Bei Verstößen hiergegen und gegen Zollvorschriften droht Verhaftung bei der Ausreise.

Einfuhrbestimmungen für Europa

Bei der Rückeinreise gibt es auch auf europäischer Seite Freigrenzen, Verbote und Einschränkungen. Folgende **Freimengen** darf man zollfrei einführen:

- **Tabakwaren** (für Personen ab 17 Jahren) in die EU und die Schweiz: 200 Zigaretten oder 100 Zigarillos oder 50 Zigarren oder 250 g Tabak oder eine anteilige Zusammenstellung dieser Waren.

Die kleinen indischen **Beedis-Zigaretten** werden bei der Einreise in Europa einzeln gezählt, also nicht nach ihrem geringen Gewicht berechnet, sodass man schnell die erlaubte Einfuhrmenge überschritten hat. Dann muss zu dem zusätzlichen Zoll für die überschrittene Menge auch noch die Strafgebühr hinzugezahlt werden. Es ist bei der Zollkontrolle nicht mehr möglich, die überzähligen Zigaretten einfach zurückzulassen. Also Vorsicht!

- **Alkohol** (für Personen ab 17 Jahren) in die EU: 1 l Spirituosen (über 22 Vol.-%) oder 2 l Spirituosen (unter 22 Vol.-%) oder eine anteilige Zusammenstellung dieser Waren, und 4 l nicht-schäumende Weine und 16 l Bier; in die Schweiz: 2 l bis 15 Vol.-% und 1 l über 15 Vol.-%.
- **Andere Waren** in die EU: bis zu einem Warenwert von insgesamt 430 €, Reisende unter 15 Jahren 175 € bzw. 150 € in Österreich; in die Schweiz: neu angeschaffte Waren für den Privatgebrauch bis zu einem Gesamtwert von 300 SFr. Bei Nahrungsmitteln gibt es innerhalb dieser Wertfreigrenze auch Mengenbeschränkungen.

Wird die Wertfreigrenze überschritten, sind **Einfuhrabgaben** auf den Gesamtwert der Waren zu zahlen und nicht nur auf den die Freigrenze übersteigenden Anteil. Die Berechnung erfolgt entweder pauschal oder nach dem Tarif jeder einzelnen Ware zuzüglich sonstiger Steuern.

Einfuhrbeschränkungen bestehen u.a. für Tiere, Pflanzen, Arzneimittel, Betäubungsmittel, Feuerwerkskörper, Lebensmittel, Raubkopien, verfassungswidrige Schriften, Pornografie, Waffen und Munition; in Österreich auch für Rohgold und in der Schweiz auch für CB-Funkgeräte.

Nähere Informationen:

- **Deutschland:** www.zoll.de oder beim Zoll-Infocenter, Tel.: 069-469976-00.
- **Österreich:** www.bmf.gv.at oder beim Zollamt Villach, Tel.: 04242-33233.
- **Schweiz:** www.ezv.admin.ch oder bei der Zollkreisdirektion Basel, Tel.: 061-2871111.

004is Foto: tb

Anreise

Direktverbindungen aus dem deutschsprachigen Raum nach Kerala bestehen nicht. Es gibt aber einige Umsteigeverbindungen nach **Kochi (Cochin)** und **Thiruvananthapuram (Trivandrum),** bei denen man eine Flugzeit von etwa 10–11 Stunden einkalkulieren muss. Mann kann aber auch mit Lufthansa von Frankfurt nonstop nach Bangalore oder Chennai (Madras) fliegen und seine Reise nach Kerala von dort auf dem Landweg mit Zügen und Bussen fortsetzen.

Umsteigeverbindungen nach Kerala gibt es mit Air India von Frankfurt via Mumbai nach Kochi und Thiruvananthapuram, mit Emirates von Hamburg, Düsseldorf, Frankfurt, München, Zürich und Wien via Dubai nach Kochi und Thiruvananthapuram, mit Gulf Air von Frankfurt via Bahrain nach Kochi und Thiruvananthapuram, mit Kuwait Airways von Frankfurt via Kuwait City nach Kochi und Thiruvananthapuram, mit Qatar Airways von Berlin, Frankfurt, München, Zürich und Wien via Doha nach Kochi und Thiruvananthapuram sowie mit Sri Lankan Airlines von Frankfurt via Colombo nach Kochi und Thiruvananthapuram.

Man kann aber auch mit Lufthansa von Frankfurt nonstop nach Bangalore oder Chennai (Madras) fliegen und seine Reise nach Kerala von dort auf dem Landweg mit Zügen und Bussen fortsetzen.

Möglich sind ferner Flüge mit vielen verschiedenen Fluggesellschaften aus Deutschland, Österreich und der Schweiz zunächst nach **Mumbai** und Weiterflüge von dort mit anderen Fluggesellschaften nach Kerala.

Flugpreise

Je nach Fluggesellschaft, Jahreszeit und Aufenthaltsdauer in Indien bekommt man ein Economy-Ticket von Deutschland, Österreich und der Schweiz hin und zurück nach Kochi oder Thiruvananthapuram **ab 700 Euro** (inkl. aller Steuern, Gebühren und Entgelte). Am teuersten ist es in der **Hauptsaison** von November bis März, in der die Preise für Flüge vor allem in den Weihnachtsferien besonders hoch sind und über 1000 Euro betragen können. **Gabelflüge** (z.B. Hinflug nach Kochi, Rückflug ab Thiruvananthapuram oder umgekehrt) sind in der Regel etwas teurer, können aber für die Reiseplanung von Vorteil bei der Gestaltung von Rundreisen sein.

Preiswertere Flüge sind mit **Jugend- und Studententickets** (je nach Airline alle jungen Leute bis 29 Jahre und Studenten bis 34 Jahre) möglich. Außerhalb der Hauptsaison gibt es einen Hin- und Rückflug von Frankfurt nach Kochi (Cochin) oder Thiruvananthapuram (Trivandrum) ab etwa 600 Euro.

Kinder unter zwei Jahren fliegen ohne Sitzplatzanspruch für 10 % des Erwachsenenpreises, ansonsten werden für ältere Kinder die regulären Preise je nach Airline um 25–50 % ermäßigt. Ab dem 12. Lebensjahr gilt der Erwachsenentarif oder ein besonderer Jugendtarif (s.o.).

Von Zeit zu Zeit offerieren die Fluggesellschaften **befristete Sonderangebote.** Dann kann man z.B. mit Emirates, Qatar Airways oder Sri Lankan Airlines für unter 600 Euro von Frankfurt nach Kochi (Cochin) oder Thiruvananthapuram (Trivandrum) und zurück fliegen. Diese Tickets haben in der Regel eine befristete Gültigkeitsdauer und eignen sich nicht für Langzeitreisende.

Ob in der gewünschten Reisezeit gerade Sonderangebote für Flüge nach Indien auf dem Markt sind, lässt sich im Internet auf der Website von Jet-Travel (www.jet-travel.de) unter „Flüge" entnehmen, wo sie als **Schnäppchenflüge** nach Asien mit aufgeführt sind.

In Deutschland gibt es von Frankfurt aus die häufigsten Verbindungen nach Kerala. Tickets für Flüge von und nach anderen deutschen Flughäfen sind oft teurer. Da kann es für Deutsche attraktiver sein, mit einem **Rail-and-Fly-Ticket** per Bahn nach Frankfurt zu reisen (entweder bereits im Flugpreis enthalten oder nur 30 bis 60 Euro extra). Man kann in Deutschland auch einen **preiswerten Zubringerflug** der gleichen Airline von einem kleineren Flughafen buchen. Außerdem gibt es **Fly&Drive-Angebote,** wobei eine Fahrt vom und zum Flughafen mit einem Mietwagen im Ticketpreis inbegriffen ist.

Buchung

Folgende **zuverlässigen Reisebüros** haben meistens günstigere Preise als viele andere:

- **Jet-Travel,** Buchholzstr. 35, D-53127 Bonn, Tel.: 0228-284315, Fax: 284086, info@jet-travel.de, www.jet-travel.de. Auch für Jugend- und Studententickets. Sonderangebote auf der Website unter „Schnäppchenflüge".
- **Globetrotter Travel Service,** Löwenstr. 61, 8023 Zürich, Tel.: 044-2286666, www.globetrotter.ch. Weitere Filialen, siehe Website.

Die vergünstigten Spezialtarife und befristeten Sonderangebote kann man nur bei wenigen Fluggesellschaften in ihren Büros oder direkt auf ihren Websites buchen; diese sind jedoch immer auch bei den oben genannten Reisebüros erhältlich. Im Übrigen sollte man wissen, dass die günstigsten Flüge keineswegs immer online im Internet buchbar sind. Häufig haben Jet-Travel und der Globetrotter Travel Service auf Anfrage preiswertere Angebote.

Last-Minute-Flüge

Wer sich erst im letzten Augenblick für eine Reise nach Indien entscheidet oder gern pokert, kann Ausschau nach Last-Minute-Flügen halten, die von einigen Airlines mit deutlicher Ermäßigung ab etwa 14 Tage vor Abflug angeboten werden, wenn noch Plätze zu füllen sind. Diese Last-Minute-Flüge lassen sich nur bei Spezialisten buchen.

- **L'Tur,** www.ltur.com, Tel.: 0800-21212100 (gebührenfrei für Anrufer aus Europa), 165 Niederlassungen europaweit.
- **Lastminute.com,** www.lastminute.de, (D)-Tel.: 01805-284366 (0,14 €/Min.), für Anrufer aus dem Ausland Tel.: 0049-89-4446900.

Kleines „Flug-Know-how"

Check-in

Nicht vergessen: Ohne **gültigen Reisepass und Visum** kommt man nicht an Bord eines Fluzeugs in Richtung Indien. Bei den meisten internationalen Flügen muss man **zwei bis drei Stunden vor Abflug** am Schalter der Airline eingecheckt haben. Viele Airlines neigen zum Überbuchen, d.h. sie buchen mehr Passagiere ein, als Sitze im Flugzeug vorhanden sind, und wer zuletzt kommt, hat dann möglicherweise das Nachsehen. Wenn ein **vorheriges Reservieren** der Sitzplätze nicht möglich war, hat man die Chance, einen Wunsch bezüglich des Sitzplatzes zu äußern.

Bei Flügen in Indien: Bevor man sich am Check-in-Schalter anstellt, gilt es noch einige Formalitäten zu erledigen, die bei der auf indischen Flughäfen herrschenden chronischen Desorganisation oftmals recht langwierig ausfallen können. Zwar braucht man nicht mehr an einem speziellen Schalter die **Flughafengebühr** von 150 Rs für benachbarte Länder (Pakistan, Sri Lanka, Bangladesh, Nepal) bzw. 500 Rs in alle anderen Länder zu bezahlen, weil die seit einiger Zeit bereits beim Ticketkauf mit kassiert wird. Überzähliges **indisches Geld** kann aber nun gegen Vorlage einer Bankquittung, die bestätigt, dass man den Betrag offiziell getauscht hat, an einem Bankschalter in der Abfertigungshalle gegen westliches Geld zurückgetauscht werden. Da es immer wieder vorkommt, dass einige Bankangestellte dabei etwas schummeln und in ihre eigene Tasche wirtschaften, sollte man den ausgezahlten Betrag genau nachzählen.

Schließlich gilt es noch sein **Gepäck** durchleuchten und versiegeln zu lassen. In der Regel ist der Name des Zielflughafens am Röntgengerät angebracht. Wer vergessen hat, sein Gepäck versiegeln zu lassen, wird am Check-in-Schalter nicht abgefertigt.

Das Gepäck

In der Economy-Class darf man in der Regel nur **Gepäck bis zu 20 kg pro Person** einchecken (steht auf dem Flugticket) und zusätzlich ein Handgepäck von 7 kg in die Kabine mitnehmen, welches eine Größe von 55x40x23 cm nicht überschreiten darf. In der Business Class sind es meist 30 kg pro Person und zwei Handgepäckstücke, die insgesamt nicht mehr als 12 kg wiegen dürfen. Man sollte sich beim Kauf des Tickets über die Bestimmungen der Airline informieren.

Aus Sicherheitsgründen dürfen Taschenmesser, Nagelfeilen, Nagelscheren, sonstige Scheren und Ähnliches nicht mehr im Handgepäck untergebracht werden. Diese sollte man unbedingt im aufzugebenden Gepäck verstauen, sonst werden sie bei der Sicherheitskontrolle einfach einbehalten und weggeworfen. Darüber hinaus gilt, dass Feuerwerke, leicht entzündliche Gase (in Sprühdosen, Campinggas), entflammbare Stoffe (in Benzinfeuerzeugen, Feuerzeugfüllung) etc. nichts im Passagiergepäck zu suchen haben.

Flüssigkeiten oder vergleichbare Gegenstände in ähnlicher Konsistenz (z.B. Getränke, Gels, Sprays, Shampoos, Cremes, Zahnpasta, Suppen) dürfen nur noch in der Höchstmenge von jeweils 0,1 Liter als Handgepäck mit ins Flugzeug nehmen. Die Flüssigkeiten müssen in einem durchsichtigen, wiederverschließbaren Plastikbeutel transportiert werden, der maximal einen Liter Fassungsvermögen hat.

Rückbestätigung

Bei den meisten Airlines ist heutzutage die **Bestätigung des Rückfluges** nicht mehr notwendig. Allerdings empfehlen alle Airlines, sich dennoch telefonisch zu erkundigen, ob sich an der Flugzeit nichts geändert hat, denn kurzfristige Änderungen der Abflugzeit kommen beim zunehmenden Luftverkehr heute immer häufiger vor.

Wenn die Airline allerdings eine Rückbestätigung *(reconfirmation)* **bis 72 oder 48 Stunden vor dem Rückflug** verlangt, sollte man auf keinen Fall versäumen, die Airline kurz anzurufen, sonst kann es passieren, dass die Buchung im Computer der Airline gestrichen wird; der Flugtermin ist dahin. Das Ticket verfällt nicht dadurch, es sei denn, die Gültigkeitsdauer wird überschritten, aber unter Umständen ist in der Hochsaison nicht sofort ein Platz auf einem anderen Flieger frei.

Die **Rufnummer** kann man von Mitarbeitern der Airline bei der Ankunft, im Hotel, im Telefonbuch oder auf der Website der Airline erfahren.

Buchtipps

- **Buchtipps:** „Fliegen ohne Angst“ und „Clever buchen – besser fliegen“, aus der Reihe Praxis, Reise Know-How Verlag, Bielefeld.

Anreise von Asien

Bei der Anreise aus asiatischen Ländern muss man fast immer zunächst nach Mumbai oder Chennai fliegen und dann mit einem der zahlreichen Inlandsflüge weiter nach Thiruvananthapuram oder Kochi. Einzig von den Malediven, Sri Lanka und Singapur kann man direkt nach Kerala fliegen.

Von Malaysia

Nur die wenigsten fliegen von Malaysia nach Indien, da die Flugverbindungen von Bangkok nach Kalkutta wesentlich billiger sind. Die preiswertesten Flüge von Malaysia gibt es in Penang. In der Chulia Street in Georgetown bieten viele Reisebüros Tickets mit Malaysian Airlines System (MAS) **von Penang nach Chennai** für etwa 400 € an.

Von den Malediven

Tgl. mit Indian Airlines von **Malé,** der Hauptstadt der Malediven, nach Thiruvananthapuram, Preis etwa 90 €.

Von Singapur

Die ausgezeichnete Silk Air fliegt täglich von Singapur nach **Kochi.** Tickets zum Preis von ca. 250 € (one way) können in den auf Discount-Tickets spezialisierten Reisebüros, unter anderem in der Bencoolen St., gekauft werden.

Von Sri Lanka

Da die Fährverbindungen von und nach Indien wegen der politischen Unruhen seit Jahren eingestellt sind, besteht nur die Möglichkeit zu fliegen. Die billigste Verbindung besteht von und nach Colombo.

- Indian Airlines fliegt 5x wöchentlich nach **Mumbai** (147 US-$), außerdem nach Chennai und Tiruchirapalli. Mit Sri Lankan Airlines bestehen Flugverbindungen von Colombo unter anderem nach Thiruvananthapuram und Kochi.

Von Thailand

In den Reisebüros an der Khao San Road in Bangkok werden äußerst günstige Flugtickets nach Indien angeboten.

- Die beliebtesten Strecken sind Bangkok – Yangon (Rangoon) – Kalkutta für etwa 250 € und **Bangkok – Kalkutta** für ca. 130 €. Dies ist die mit Abstand billigste Möglichkeit, um per Flug von Südostasien nach Indien zu gelangen.
- Sehr günstige Angebote bietet Singapore Airlines. So kostet die Strecke **Bangkok – Singapur – Mumbai** oder **Chennai – Singapur – Bangkok** nur ca. 520 €.

Geldangelegenheiten

Indische Währung

Die indische Währungseinheit ist die indische **Rupie,** die in 100 **Paisa** unterteilt wird. Auf Preisangaben ist das Wort Rupie meist als Rs angegeben.

Die **Münzen** gibt es in Stückelungen von 5, 10, 25, 50 Paisa und 1, 2 und 5 Rupien, wobei die kleinsten Münzeinheiten kaum noch in Umlauf sind. **Banknoten** gibt es in Werten von 2, 5, 10, 20, 50, 100, 500 und 1.000 Rupien. Die 2- und 5-Rupien-Geldscheine werden allmählich ausrangiert.

Reiseschecks, Karten oder Bargeld?

„The wind of change" hat auch im ewigen Indien in den letzen Jahren ein ganz neue, für Reisende sehr erfreuliche Richtung eingeschlagen. Das bargeldlose Zahlen bzw. Geld Abheben per Karte hat stark zugenommen. Der gute alte Reisescheck verliert dadurch immer mehr an Bedeutung. Dennoch lohnt die Mitnahme eines kleinen Betrages in Schecks für Gegenden, wo das bargeldlose Zahlen noch nicht Einzug gehalten hat. **Bargeld** sollte man für den **Notfall** dabei haben, etwa wenn Banken geschlossen sind oder, was in abgelegenen Orten gelegentlich noch vorkommt, überhaupt keine Umtauschmöglichkeit besteht. Dann kann man die fällige Hotel- oder Restaurantrechnung meist problemlos mit dem guten alten Dollarschein bezahlen.

Auch bei der Frage der **Ausstellungswährung** sollte man eine elegante Doppellösung wählen, schlägt man so doch zwei Fliegen mit einer Klappe. Es ist es sinnvoll, etwa die Hälfte des Reisebudgets in Euro bzw. Schweizer Franken mitzunehmen, da man dann den doppelten Umtauschverlust (zunächst in Dollar und dann in Rupien) vermeidet. Andererseits ist der Dollar nach wie vor die Weltwährung Nr. 1 und im Zweifelsfall auch in Indien immer noch lieber gesehen als anderes Geld. Überdies besitzt diese Kombinationslösung den enormen Vorteil, dass man Kursschwankungen von Euro oder Dollar elegant für sich ausnutzen kann.

Wegen des in Indien chronischen Mangels an großen Geldscheinen empfiehlt es sich, bei der **Stückelung** auf die Mitnahme allzu großer Schecks zu verzichten, weil man sonst nach dem Geldwechsel mit einem riesigen Bündel Geldscheine die Bank verlässt. Schecks in kleinerer Stückelung sollte man bis zum Ende der Reise aufbewahren, da man diese im Falle eines Einkaufs kurz vor dem Abflug verwenden kann. Ansonsten

721ra Foto: tb

müsste man große Schecks anbrechen und das nicht ausgegebene Geld unter nicht unerheblichen Verlusten wieder zurücktauschen.

Es empfiehlt sich, die Reiseschecks zu Hause von einem international anerkannten Geldinstitut ausstellen zu lassen, da anderenfalls die Gefahr besteht, dass sie nicht akzeptiert werden. Zudem erhält man im Falle des Verlustes bei internationalen Banken wesentlich zügiger und unproblematischer Ersatz. *American Express* und *Thomas Cook* sind für Indien die wohl empfehlenswertesten Geldinstitute.

Kaufbeleg und Quittung müssen unbedingt von den Schecks getrennt aufbewahrt werden. Beide müssen zusammen mit dem Polizeibericht bei eventuellem **Verlust** vorgelegt werden. Ist das nicht möglich, dauert die Rückerstattung selbst bei den oben genannten Geldinstituten zermürbend lang.

Kreditkarten der bekannten Geldinstitute Amex, Visa und MasterCard sind in Hotels, Restaurants, vielen Geschäften und bei Fluggesellschaften ein gern gesehenes Zahlungsmittel. Leider wird es in Indien wie in vielen anderen asiatischen Ländern in letzter Zeit immer üblicher, bei der Bezahlung mit Kreditkarte einen **Aufpreis** von bis zu 5 % zu verlangen. Inzwischen kann selbst in kleineren Städten mit der EC-(Maestro-)Karte bezahlt werden.

In den letzten Jahren werden überall in Indien unseren **Geldautomaten** vergleichbare **ATMs** installiert, an denen oft mit Visa- und Master-, Cirrus- und Maestro-(EC-)Card, seltener auch mit Amex-Card Geld abgehoben werden kann, natürlich nur unter Angabe der Geheimnummer (PIN). Unabhängig von der Kartenart sind meist ca. 1 % Gebühr bei der indischen Bank fällig.

Am preiswertesten ist die Barabhebung am Geldautomaten mit der **Maestro-(EC)-Karte.** Je nach Hausbank wird dieser Service nicht zusätzlich in Rechnung gestellt, sondern ist im Grundpreis der Kontoführung enthalten. Manche Banken berechnen jedoch eine Gebühr von bis zu 1 % des Abhebungsbetrags.

Für Barabhebungen per Kreditkarte kann das Kreditkartenkonto je nach ausstellender Bank mit einer Gebühr von bis zu 5,5 % belastet werden, aber für das bargeldlose Zahlen werden nur ca. 1–2 % für den Auslandseinsatz berechnet. Also am besten viel bargeldlos bezahlen und für Bargeld gleich größere Summen mit der Maestro-(EC)-Karte abheben.

Gute Adressen, um mit seiner Kreditkarte **Bargeld** abzuheben, sind die effizient arbeitende *Bank of Baroda* und auch größere private Geldwechsler wie das für zügigen Service bekannte UAE Exchange oder Thomas Cook.

Acht geben sollte man auch bei der Bezahlung selbst. Immer häufiger gibt es **Trickbetrügereien** mit kopierten Karten oder gefälschten Rechnungen, deren unangenehme Folgen man dann oft erst beim Blick auf den Kontoauszug nach der Rückkehr erkennt. Als Vorbeugung sollte man die Karte bei der Abrechnung nie aus den Augen lassen.

Diebstahl und Verlust

Bei Verlust oder Diebstahl der Kredit- oder Maestro-(EC-)Karte sollte man diese umgehend sperren lassen. Für deutsche Maestro- und Kreditkarten gibt es die einheitliche Sperrnummer 0049-116116 und im Ausland zusätzlich 0049-30-40504050. Für österreichische und schweizerische Karten gelten:

- **Maestro-(EC-)Karte,** (A)-Tel.: 0043-1-2048800; (CH)-Tel.: 0041-44-2712230, UBS: 0041-848-888601, Credit Suisse: 0041-800-800488.
- **MasterCard,** internationale Tel.: 001-636-7227111.
- **VISA,** Tel.: 0043-1-71111770; (CH)-Tel.: 0041-58-9588383.
- **American Express,** (A)-Tel.: 0049-69-9797 1000; (CH)-Tel.: 0041-44-6596333.
- **Diners Club,** (A)-Tel.: 0043-1-501350; (CH)-Tel.: 0041-58-7508080.

Bei **Maestro-(EC-)Karten** muss man für die computerisierte Sperrung seine Kontonummer nennen können. Nur wenn man den Kaufbeleg mit den Seriennummern der **Reiseschecks** sowie den Polizeibericht vorlegen kann, wird der Geldbetrag von einer größeren Bank vor Ort binnen 24 Stunden erstattet. Also muss der Verlust oder Diebstahl umgehend bei der örtlichen Polizei und auch bei American Express bzw. Travelex/Thomas Cook gemeldet werden. Die Rufnummer für das jeweilige Reiseland steht auf der Notrufkarte, die man mit den Reiseschecks bekommen hat.

Geld wechseln

War es früher eine zeit- und nervenaufreibende Prozedur, seine Reiseschecks oder Bargeld in einer indischen Bank gewechselt zu bekommen, ist dies inzwischen, auch durch das Aufkommen vieler privater Geldwechselketten wie *American Express, Thomas Cook, UAE Exchange* oder *LKP Forex* und auch bei den Banken eine meist unkomplizierte Angelegenheit. Dennoch gilt es einige Dinge zu beachten, wenn man seinen Stapel Rupien ausgehändigt bekommt. Zunächst sollte man vor allem prüfen, ob dem Geld eine offizielle **Umtauschquittung** beigelegt ist. Diese ist beim eventuellen späteren Rücktausch ebenso vorzulegen wie für den Fall, dass man bei Fluggesellschaften oder offiziellen Touristenschaltern an Bahnhöfen mit einheimischer Währung bezahlen will. Der Staat will mit dieser umständlichen und letztlich auch völlig sinnlosen Vorschrift den Schwarzmarkt eliminieren.

Tauscht man größere Beträge, sollte man darum bitten, sein Geld hauptsächlich in **500-Rupien-Scheinen** ausgezahlt zu bekommen, da man ansonsten schon beim Gegenwert von 100 US-$ ein dickes Bündel Geldscheine in der Hand hat. Nach der Übernahme des Geldes empfiehlt es sich, nachzuzählen. In Indien ist das eine Selbstverständlichkeit und wird nicht, wie eventuell hierzulande, als Misstrauen gedeutet. Keinesfalls sollte man allzu **schmutzige oder zerfledderte Scheine** annehmen, die gerade westlichen Touristen gern untergejubelt werden. Die Inder selbst meiden solches Geld wie der Teufel das Weihwasser, und so wird man es dann später nicht mehr los. Schließlich sollte man um genügend **Kleingeld** bitten, da Indien auch in dieser Beziehung unter chronischen Mangelerscheinungen leidet. „Sorry, no change" sind die wohl meistgehörten Worte eines Indienreisenden. Oftmals ist es schon unmöglich, einen 50-Rupien-Schein gewechselt zu bekommen. Zwar ist dies vielfach nur ein Trick, um das Restgeld als zusätzliches Trinkgeld einzustecken, doch wer sich gleich beim Geldwechseln in der Bank genügend kleine Scheine bzw. Münzen aushändigen lässt, braucht sich auf das Spiel gar nicht erst einzulassen.

Wer in **Hotels der oberen Preisklasse** wohnt, kann dort fast immer Reiseschecks und Bargeld zu einem nur minimal unter dem offiziellen Kurs liegenden Wechselkurs eintauschen.

Wechselkurse

1 Euro = 67 Rs, 100 Rs = 1,50 Euro
1 Schw. Franken = 45 Rs, 100 Rs = 2,24 SFr
1 US-$ = 50 Rs, 100 Rs = 2,01 US-$

(Stand: Januar 2009)

Schwarztausch

Vor allem an beliebten Touristenorten wird man häufig angesprochen: „You want to change money?" Bekanntermaßen war schwarztauschen immer **strafbar,** doch sollte man angesichts des nur äußerst geringen Gewinns und dem Risiko, übers Ohr gehauen zu werden, erst recht die Finger davon lassen. Der angebotene Kurs liegt nur maximal 5 % über dem offiziellen Bankkurs. Bedenken sollte man auch, dass man bei dieser Art des illegalen Geldwechsels selbstverständlich keinerlei Wechselquittung erhält, die bei vielen offiziellen Transaktionen wie etwa beim Bahn- oder Flugticket-Kauf vorzulegen sind, wenn man in einheimischer Währung bezahlen möchte.

Überweisungen

Wer dringend eine größere Summe ins Ausland überweisen lassen muss, wegen eines Unfalles oder Ähnlichem, kann sich auch nach Indien über **Western Union** Geld schicken lassen. Für den Transfer muss man die Person, die das Geld schicken soll, vorab benachrichtigen. Diese muss dann bei einer Western-Union-Vertretung (in Deutschland u.a. bei der Postbank) ein entsprechendes Formular ausfüllen und den Code der Transaktion telefonisch oder anderweitig übermitteln. Mit dem Code und dem Reisepass geht man zu einer beliebigen Vertretung von Western Union in Indien (siehe Telefonbuch oder unter www.westernunion.com), wo das Geld nach Ausfüllen eines Formulars binnen Minuten ausgezahlt wird. Je nach Höhe der Summe wird eine Gebühr ab derzeit 10,50 Euro erhoben.

Preise und Kosten

Nach einer Untersuchung, in der die Preise von 100 verschiedenen Waren wie Kleidung, Transport und Ernährung weltweit verglichen wurden, ging Indien als eines der billigsten Länder der Erde hervor. Wem die Preise manchmal lächerlich gering vorkommen, der sollte sich das **indische Einkommensniveau** vor Augen führen. So verdient etwa ein Lehrer monatlich durchschnittlich 3.000 Rs, ein Busfahrer 3.500 Rs, ein Bankangestellter 5.000 Rs und ein Arzt 5.000 bis 10.000 Rs.

Feilschen

Preise, das ist weithin bekannt, sind fast überall in Asien Verhandlungssache, und da macht Indien keine Ausnahme. Das dem Europäer oftmals unangenehme, ja peinliche Feilschen ist Bestandteil einer solch kommunikativen Gesellschaft wie der indischen. So gehört Handeln hier eben nicht nur zum Geschäft, sondern ist selbstverständlicher Teil des Lebens, ob nun auf dem Basar, am Straßenrand oder in vielen Geschäften.

Im Grunde steht der westliche Tourist sogar noch weit mehr unter dem Zwang, den Preis aushandeln zu müssen, sehen doch viele Verkäufer in ihm einen laufenden Dukatenesel auf zwei Beinen und verlangen oftmals astronomische Summen. Generell lässt es sich schwer sagen, wieviel man vom Ausgangspreis herunterhandeln kann, doch mit 30 bis 50 % liegt man meist ganz gut. Andererseits sollte man bedenken, dass in gewissen Bereichen, wie etwa bei öffentlichen Verkehrsmitteln und Restaurants, Festpreise gelten.

Im Übrigen gilt es zu akzeptieren, dass man als reicher Westler immer ein bisschen mehr zahlt als ein Einheimischer. Allein die Tatsache, dass man es sich leisten kann, vom fernen Europa nach Indien zu reisen, macht einen in den Augen der Inder reich, und das sicher nicht ganz zu Unrecht. So wirkt es auf mich auch immer wieder peinlich, zu erleben, wie manche Traveller um den Preis eines Kilos Bananen minutenlang feilschen, weil der Verkäufer sie partout nicht für 2 Rs verkaufen will. Je länger man sich im Lande aufhält, desto mehr bekommt man ein Gespür für das einheimische Preisniveau.

Bakschisch und Trinkgeld

Bakschisch hat in Indien eine wesentlich weitergehende Bedeutung als unser deutsches Trinkgeld. Mehr noch als gutes Servieren in einem Restaurant zu belohnen, hilft es, einen kurz zuvor noch angeblich total über-

Durchschnittliche Preise

Die im Folgenden aufgeführten Durchschnittspreise für gängige Waren und Dienstleistungen beinhalten zur Veranschaulichung auch Preise wie Transportkosten, die nicht verhandelbar sind. Das Preisniveau in Mumbai liegt teilweise über 50 % über dem Landesdurchschnitt.

100 km Bahnfahrt (2. Kl., Express)	35 Rs
Flug Mumbai – Delhi (IA)	146 US-$
1 l Benzin/Diesel/Gas	44/34/18 Rs
Glas Tee	5 Rs
Flasche Bier	50 Rs
Softdrink	15 Rs
Packung Zigaretten, Beedis	35/7 Rs
1 kg Reis	10 Rs
Portion Reis und Curry	25–40 Rs
Kinoticket	60 Rs
Lungi (Wickelrock)	70–100 Rs
Haarschnitt	ab 20 Rs
Fahrrad	1.000 Rs

091is Foto: tb

füllten Flug zu bekommen oder eine Genehmigung innerhalb weniger Tage, auf die man ansonsten Monate gewartet hätte. Bakschisch lässt die notorisch unterbezahlten und damit oftmals wenig einsatzfreudigen Beamten urplötzlich wahre Wunder vollbringen.

Während viele Reisende durchaus bereit sind, hierfür ab und zu in die Tasche zu greifen, sitzt bei ihnen die Rupie für Trinkgeld im europäischen Sinne wesentlich weniger locker. Dies mag mit daran liegen, dass bei vielen Restaurants ein in der Speisekarte als *service charge* vermerkter Aufschlag von vornherein erhoben wird.

Davon sehen die Kellner, für die es eigentlich gedacht war, herzlich wenig, und so sollte man trotzdem ein wenig *tip* zusätzlich geben. Dies gilt insbesondere für einfache Restaurants, wo die Ober meist ein lächerlich geringes (und oftmals so gut wie kein) Gehalt zwischen 1.000 und 2.000 Rupien erhalten und dementsprechend auf das Trinkgeld angewiesen sind. Man sollte auch bedenken, dass die Speisen gerade deshalb so extrem billig sind, weil der Kostenfaktor Bedienung praktisch wegfällt. So ist es also nur gerecht, ein Trinkgeld zu geben. Zwischen 5 und 10 % ist meist angebracht, mehr nur bei herausragendem Service. Taxifahrer hingegen erwarten kein Trinkgeld und freuen sich um so mehr, wenn sie welches bekommen.

Reisekosten

Im Land der Extreme kann auch der westliche Tourist zwischen Bahnfahrt 3. Klasse oder Flugzeug 1. Klasse, einem Bett in einer moskitoverseuchten Absteige oder einer luxuriösen Schlafstätte, einem Teller *dhal* im Bahnhofslokal oder einem Festmahl in einem Nobelrestaurant wählen. Insofern ist es un-

Affen gelten als heilige Tiere und finden sich an den meisten Pilgerstätten Indiens

0261s Foto: tb

möglich, eine allgemeine Aussage über die Reisekosten zu machen, mit der Ausnahme, dass, egal auf welchem Niveau man reist, der Gegenwert fast immer extrem gut ist.

Einzelreisende können bei niedrigem Ausgabenniveau mit täglichen Ausgaben von 3 bis 10 € für Unterkunft und 3 bis 5 € für Verpflegung rechnen, bei mittlerem Ausgabenniveau sind 10 bis 25 € für Unterkunft und 5 bis 15 € für Verpflegung anzusetzen. Bei höheren Ansprüchen kann man pro Tag aber auch 25 bis 75 € für die Unterkunft und 15 bis 50 € für das Essen ausgeben. Luxus ist auch in Indien teuer und so findet man zumindest in den Touristenhochburgen und vor allem in den Metropolen Hotels und Restaurants, deren Preisniveau auf einer Stufe mit dem in europäischen oder amerikanischen Großstädten liegt. Bei Doppelzimmerbenutzung liegt der Preis für die Unterkunft z.T. erheblich niedriger, da Doppelzimmer oft nur geringfügig teurer sind als Einzelzimmer.

Müllabfuhr auf vier Beinen – Kühe in Indien

Reisegepäck

Wer auf Reisen eine unbeschwerte Zeit verbringen will, sollte seine Reisetasche oder seinen Rucksack nicht unnötig überladen. Bei der Frage nach der mitzunehmenden Ausrüstung sollte man dementsprechend nach dem Prinzip „so viel wie nötig, so wenig wie möglich" verfahren. Selbst wenn man nach der Ankunft in Indien feststellt, dass man etwas vergessen hat, ist das kein Beinbruch, lässt sich das meiste doch auch im Lande selbst und zudem noch wesentlich billiger kaufen.

Kleidung

Die Auswahl der richtigen Kleidungsstücke hängt in erster Linie von der Reisezeit, der Reiseregion und der Reiseart ab und kann dementsprechend völlig unterschiedlich ausfallen. Generell sollte man bedenken, dass es in der Hauptreisezeit von Oktober bis Februar nachts auch in Mittelindien recht kühl werden kann. Speziell bei längeren Bus- und Zugfahrten ist zumindest ein **warmer Pullover** oder eine Jacke ratsam. Bei allen Kleidungsstücken sind schweißaufsaugende Naturmaterialien synthetischen Textilien vorzuziehen.

Auch ein Paar **feste Schuhe** sind bei den oftmals schmutzigen Straßen empfehlenswert. Wer des öfteren in Billigunterkünften mit Gemeinschaftsdusche übernachtet, sollte ein Paar **Badelatschen** dabeihaben. Gegen die pralle Sonne hilft eine **Kopfbedeckung** oder auch ein **Regenschirm.** Einem Mitteleuropäer mag der Gedanke, sich mit einem Regenschirm vor der Sonne zu schützen, recht albern vorkommen, doch viele Inder machen es genauso. Im übrigen ist ein Regenschirm während der Monsunzeit ein unverzichtbares Utensil.

Schludrige Kleidung sieht man in Indien generell nicht gern, bei vermeintlich reichen Westlern schon gar nicht. Man sollte also zumindest eine Garnitur gepflegter Kleidung mit sich führen, allein schon, um bei Behördengängen oder privaten Einladungen einen seriösen Eindruck zu hinterlassen. Lange Hosen und langärmelige Oberbekleidung sind nicht nur zum Besuch von Tempeln, Moscheen und anderen heiligen Stätten angebracht, sondern dienen auch als Schutz vor Moskitos (s. auch „Praktische Reisetipps: Verhaltenstipps/Kleidung").

Viele westliche Besucher zeigen sich immer wieder überrascht, dass sie vor Betreten eines **Tempels** die **Schuhe ausziehen** müssen. Wer aus hygienischen oder gesundheitlichen Gründen nicht barfuß durch die weitläufigen Hallen, Flure, Höfe und Korridore gehen möchte, die oftmals vom Unrat der zahlreichen Pilger gekennzeichnet sind, sollte stets **„Tempelsocken"** griffbereit haben, mit denen man fast überall problemlos Einlass bekommt.

Toilettenartikel

- Übliche **Hygieneartikel** wie Shampoo, Zahnpasta, Deo und Rasierschaum sind problemlos und sehr preiswert in Indien zu bekommen. Viele indische Seifen sind recht alkalisch, so sollte man auf die etwas teureren ayurvedischen Produkte zurückgreifen, die in fast allen größeren Städten erhältlich sind. Auch Produkte international bekannter Marken sind meist problemlos zu bekommen.
- Auch **Toilettenpapier** ist fast im ganzen Land zu bekommen, mit etwa 25 Rs pro Rolle jedoch relativ teuer. Wo es keines gibt, ist man auf die indische Methode angewiesen: einen Wasserkrug in die rechte Hand, säubern mit der linken. Händewaschen wird danach niemand vergessen ...
- **Tampons** sind in Indien relativ unbekannt und wenn vorhanden teuer. Deshalb empfiehlt es sich, genügend von zu Hause mitzunehmen.
- Auf jeden Fall sollte reichlich **Sonnenschutzcreme** schon von zu Hause mitgenommen werden, da sie selbst in Baderegionen wie Goa fast unbekannt ist. Bei der intensiven Sonneneinstrahlung ist ein hoher Schutzfaktor erforderlich.
- Während der trocken-heißen Jahreszeit von März bis Juli sind eine **Hautcreme** und ein **Lippenpflegestift** sehr nützlich, da Haut und Lippen sonst sehr schnell spröde werden.
- Zum **Schutz vor Mücken** empfiehlt sich die Mitnahme eines entsprechenden Präparates. Es gibt allerdings auch in Indien brauchbare, preiswerte Mittel.

Karten

Eine gute **Indienkarte** ist die Indien-Gesamtkarte des world papping project im Maßstab 1:2,9 Mio., die im Reise Know-How Verlag erschienen ist. Eine Karte von **Südindien** im Maßstab 1:1,2 Mio. ist ebenfalls erhältlich. Die Karten sind GPS-tauglich und haben ein ausführliches Ortsregister sowie farbige Höhenschichten.

In Indien selbst gibt es in vielen Buchhandlungen eine große Auswahl an Landkarten und Stadtplänen, diese sind jedoch meist veraltet und zudem oftmals recht ungenau. Nicht kaufen sollte man Pläne von Straßenhändlern, da diese speziell von Touristen meist den doppelten bis dreifachen Ladenpreis verlangen.

Sonstiges

- Wegen der immer wieder auftretenden Stromausfälle ist auf Zugfahrten und bei nächtlichen Spaziergängen eine **Taschenlampe** unverzichtbar.
- **Wasserflasche** und **Wasserentkeimungstabletten** (Mikropur) machen unabhängig vom teuren und im übrigen auch nicht ganz sicheren Mineralwasser. Zudem produziert man mit dem Kauf von Plastikwasserflaschen auch unnötig Müll.
- **Kondome** schützen nicht nur gegen ungewollte Schwangerschaft und Geschlechtskrankheiten, sondern auch gegen das sich in Indien rasant ausbreitende Aids.

Indische Busse sind hart gefedert, die Sitze schlecht gepolstert und die Straßen holprig. Ein **aufblasbares Kissen** lässt einen die Schläge wesentlich besser ertragen.

- Nicht so sehr als Wärmeschutz, sondern vor allem, um unabhängig von der oftmals nicht gerade persilreinen Bettwäsche in Hotels zu sein, empfiehlt sich ein **Jugendher-**

bergsschlafsack – auch auf Nachtfahrten im Zug von großem Vorteil.

- In Hotels sollte man sein Zimmer mit einem eigenen **Vorhängeschloss** versperren. Auch ein kleineres Schloss für den Rucksack ist sinnvoll. Will man sein Gepäck in der Gepäckaufbewahrung eines Bahnhofs abgeben, wird die Annahme oft verweigert, wenn das Gepäckstück nicht verschlossen ist.
- Zum Schälen von Obst, Öffnen von Flaschen, Schneiden von Brot – das **Schweizermesser** ist immer noch die Allzweckwaffe eines jeden Travellers (beim Flug nicht im Handgepäck verstauen!).
- Wer seine Wäsche selbst waschen möchte, sollte eine **Wäscheleine** nebst einigen Klammern mitnehmen. Hierzu gehört auch ein **Waschbeckenstopfen,** um nicht ständig bei laufendem Wasser waschen zu müssen.
- In Hotelzimmern, auf langen Zugfahrten und in vielen anderen Situationen sind im lauten Indien **Ohrenstöpsel** von unschätzbarem Wert.
- Zur sicheren Verwahrung von Papieren, Geld und Tickets: **Bauchgurt, Brustbeutel** und **Geldgürtel** mit Sicherungsverschluss.
- **Weiteres:** mehrere Passfotos, Sonnenbrille, Ersatzbrille für Brillenträger, Adressheftchen, Tagesrucksack, Sprachführer Englisch/Deutsch und Deutsch/Hindi, Nähzeug, Sicherheitsnadeln, Bindfaden, Ladegerät für Batterien, Wecker, Kopien von Pass, Reiseschecks und Tickets.

Gesundheitsvorsorge

Der Hauptgrund, warum viele Indienreisende krank werden, ist, dass sie Angst haben, krank zu werden. Dritte-Welt-Länder im Allgemeinen und Indien im Speziellen rufen im Westen immer noch Angst vor Ansteckung und Krankheiten hervor. Es besteht aber kein Grund zu meinen, dass nur deshalb, weil man auf dem Subkontinent Urlaub macht, die Krankheitsgefahr besonders hoch ist. Man sollte nämlich – wie bei jeder Reise – insbesondere in der ersten Woche nach dem Motto „weniger wäre mehr gewesen" nicht gleich von einer Sehenswürdigkeit zur nächsten reisen, sondern Geist, Körper und Seele **Zeit zur Eingewöhnung** lassen. Das ist viel wichtiger, als sich mit unzähligen Medikamenten vollzustopfen, die den Körper nur noch zusätzlich belasten.

Im Übrigen sind es nicht die klassischen Tropenkrankheiten, sondern ganz banale Unpässlichkeiten wie Erkältungen oder Magen-Darmerkrankungen, die einem das Reisen in Indien zuweilen erschweren. Man schützt sich am besten, indem man sich den Hals und das Gesicht vor dem Betreten eines klimatisierten Raumes oder Busses abtrocknet und einen Pullover anzieht und sich bei allzu scharfen Gerichten zunächst zurückhält.

Weitergehende Informationen zum Thema Gesundheit finden sich im Kapitel „Reisetipps A–Z, Medizinische Versorgung" und im Anhang unter **„Reise-Gesundheits-Information Indien".**

Impfungen

Für Indien sind keine Impfungen vorgeschrieben, es sei denn, man reist aus einem Gelbfieber-Gebiet ein. In jedem Fall sollte man sich frühzeitig vor Reisebeginn (ca. zwei

Warnung vor Tollwut

Eine häufig unterschätzte Gefahr stellt die Ansteckung durch Tollwut dar, denn Indien weist die **weltweit höchste Tollwutrate** auf. Dies ist umso alarmierender, als für jeden Indienreisenden der Anblick streunender, übel zugerichteter Hunde zum Alltag gehört. Dementsprechend hört man immer wieder von Reisenden, die von Hunden gebissen wurden. Nach einem Biss ist die Wunde sofort mit fließendem Wasser, Seife und – falls vorhanden – Wasserstoffsuperoxyd zu reinigen. Danach muss so schnell wie möglich ein Arzt aufgesucht werden. Da Tollwut häufig tödlich verläuft, empfiehlt es sich dringend, bereits vor Reiseantritt eine **Impfung** durchführen zu lassen!

007is Foto: tb

Monate) bei einem Arzt oder Tropeninstitut über empfohlene Impfungen und besonders auch Malariaschutz informieren.

Reiseapotheke

Neben den Medikamenten, die man sowieso regelmäßig einnehmen muss, sollten die folgenden Mittel auf jeden Fall im Gepäck sein:

- **Mückenschutz**
- **Mittel gegen** Schmerzen/Fieber, Durchfall, Übelkeit/Erbrechen, Allergie und Juckreiz, Insektenstiche
- **Antibiotika**
- **Antibiotische Salbe**
- **Wundsalbe**
- **Desinfektionsmittel**
- **Augentropfen**
- **Zur Wundversorgung:** Mullbinden, Heftpflaster, Wundpflaster, elastische Binden, Alkoholtupfer, steril verpackt, Sicherheitsnadeln und Pinzette, möglichst steril verpackt
- **Fieberthermometer**

AIDS

Gemäß Berichten der WHO (Weltgesundheitsbehörde) steht Indien vor einer **AIDS-Epidemie,** die afrikanischen Verhältnissen in keiner Weise nachstehen wird. Derzeit sind, offiziellen Statistiken zufolge, etwa 4 Mio. Personen HIV-infiziert, die Dunkelziffer liegt wohl um einiges höher.

Die aus diesen Zahlen zu ziehenden Konsequenzen dürften auf der Hand liegen. Aufgrund der weit verbreiteten Furcht vor der Krankheit erlebt Indien derzeit einen wahren **Kondom-Boom.** Gab es früher nur die unbeliebten, billigen „Government-Gummis" namens *Nirodh,* so sind heute einige Dutzend Marken im Angebot. Eine nennt sich passenderweise *Kama Sutra,* nach dem alten indischen Liebeshandbuch.

Zeitvertreib für jung und alt – Schlangenbeschwörer

Versicherungen

Für alle abgeschlossenen Versicherungen sollte man die **Notfallnummern notieren** und mit der **Policenummer** gut aufheben! Bei Eintreten eines Notfalles sollte die Versicherungsgesellschaft sofort telefonisch verständigt werden!

Auslandskrankenversicherung

Die Kosten für eine ärztliche Behandlung in Indien werden von den gesetzlichen Krankenversicherungen in Deutschland und Österreich nicht übernommen, daher ist der Abschluss einer privaten Auslandskrankenversicherung unverzichtbar.

Bei Abschluss der Versicherung - die es mit bis zu einem Jahr Gültigkeit gibt - sollte auf einige Punkte geachtet werden. Zunächst sollte ein **Vollschutz ohne Summenbeschränkung** bestehen, im Falle einer schweren Krankheit oder eines Unfalls sollte auch der Rücktransport übernommen werden. Diese Zusatzversicherung bietet sich auch über einen Automobilclub an, insbesondere wenn man bereits Mitglied ist. Sie bietet den Vorteil billiger Rückholleistungen (Helikopter, Flugzeug) in extremen Notfällen.

Wichtig ist auch, dass im Krankheitsfall der Versicherungsschutz über die vorher festgelegte Zeit hinaus automatisch verlängert wird, wenn die Rückreise nicht möglich ist.

Schweizer sollten bei ihrer Krankenversicherungsgesellschaft nachfragen, ob die Auslandsdeckung auch für Indien inbegriffen ist. Sofern man keine Auslandsdeckung hat, kann man sich kostenlos bei Soliswiss (Gutenbergstr. 6, 3011 Bern, Tel.: 031-3810494, info@soliswiss.ch, www.soliswiss.ch) über mögliche Krankenversicherer informieren.

Zur Erstattung der Kosten benötigt man ausführliche **Quittungen** (mit Datum, Namen, Bericht über Art und Umfang der Behandlung, Kosten der Behandlung und Medikamente).

Der Abschluss einer Jahresversicherung ist in der Regel kostengünstiger als mehrere Ein-

122is Foto: tb

zelversicherungen. Günstiger ist auch die Versicherung als Familie statt als Einzelpersonen. Hier sollte man nur die Definition von „Familie" genau prüfen.

Andere Versicherungen

Ob es sich lohnt, weitere Versicherungen abzuschließen wie eine Reiserücktrittsversicherung, Reisegepäckversicherung, Reisehaftpflichtversicherung oder Reiseunfallversicherung, ist individuell abzuklären. Gerade diese Versicherungen enthalten viele **Ausschlussklauseln,** sodass sie nicht immer Sinn machen.

Die **Reiserücktrittsversicherung** für 35 bis 80 Euro lohnt sich nur für teure Reisen und für den Fall, dass man vor der Abreise einen schweren Unfall hat, schwer erkrankt, schwanger wird, gekündigt wird oder nach Arbeitslosigkeit einen neuen Arbeitsplatz bekommt, die Wohnung abgebrannt ist u.Ä. Es gelten hingegen nicht: Terroranschlag, Streik, Naturkatastrophe etc.

Die **Reisegepäckversicherung** lohnt sich seltener, da z.B. bei Flugreisen verlorenes Gepäck oft nur nach Kilopreis und auch sonst nur der Zeitwert nach Vorlage der Rechnung ersetzt wird. Wurde eine Wertsache nicht im Safe aufbewahrt, gibt es bei Diebstahl keinen Ersatz. Kameraausrüstung und Laptop dürfen beim Flug nicht als Gepäck aufgegeben worden sein. Gepäck im unbeaufsichtigt abgestellten Fahrzeug ist ebenfalls nicht versichert. Die Liste der Ausschlussgründe ist endlos. Überdies deckt häufig die Hausratversicherung schon Einbruch, Raub und Beschädigung von Eigentum auch im Ausland. Für den Fall, dass etwas passiert ist, muss der Versicherung als Schadensnachweis ein **Polizeiprotokoll** vorgelegt werden.

Eine **Privathaftpflichtversicherung** hat man in der Regel schon. Hat man eine **Unfallversicherung,** sollte man prüfen, ob diese im Falle plötzlicher Arbeitsunfähigkeit aufgrund eines Unfalls im Urlaub zahlt. Auch durch manche (Gold-)**Kreditkarten** ist man für bestimmte Fälle schon versichert. Die Versicherung über die Kreditkarte gilt jedoch meist nur für den Karteninhaber.

Älterer Keralite in verbesserungswürdiger Stimmung

217ke Foto: tb

Praktische Reisetipps von A bis Z

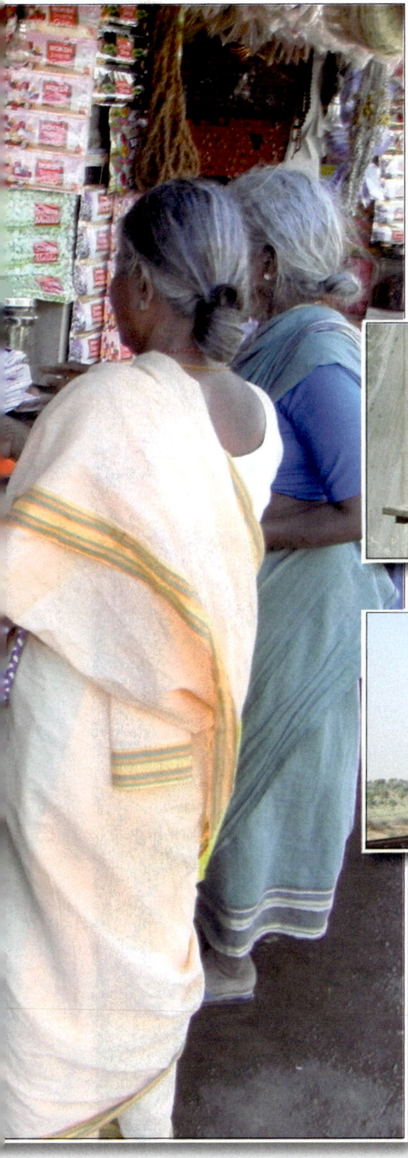

218ke Foto: mb

810ra Foto: tb

Indiens Märkte sind immer ein Augen- und Ohrenschmaus

Straßenschneider

Die Modernisierung des Schienenverkehrs geht langsam vonstatten

Behinderte

Indien gilt zu Recht als eines der für Individualtouristen am schwierigsten zu bereisenden Länder der Erde. Um so problematischer (um nicht zu sagen unmöglich) gestaltet sich eine Reise für behinderte Personen. Das allgemeine Durcheinander auf Bahnhöfen und Straßen, die Mühen beim Besteigen eines Busses oder Zuges, ganz zu schweigen von den fast ständig hoffnungslos überfüllten öffentlichen Verkehrsmitteln – dies alles macht eine Indienreise für Behinderte zu einem kaum zu bewältigenden Unterfangen. Wie in fast allen Ländern Asiens sind in Indien behindertengerechte **Einrichtungen fast völlig unbekannt.** Herabgesenkte Bordsteinkanten, Rampen oder Aufzüge findet man äußerst selten. Dies ist umso problematischer, als viele Tempel und Pagoden auf Hügeln oder in unwegsamen ländlichen Gebieten errichtet wurden. Die Hilfsbereitschaft der Inder lässt zwar viele Hindernisse überwinden, doch ohne eine mitreisende Begleitperson, die sich ganz in den Dienst des Behinderten stellt, muss von einer Indienreise abgeraten werden.

Es gibt eine Firma, die sich auf die Reisebetreuung von Behinderten in Südostasien und auch in Indien/Kerala spezialisiert hat. Im Internet sind unter www.rollontravel.com Informationen einzuholen.

Einkaufen und Souvenirs

Während Hongkong und Singapur weltweit bekannt als Einkaufsparadiese speziell für elektronische Produkte sind, so gibt es wohl kaum ein anderes Land dieser Erde, welches eine derart **große Auswahl an Kunsthandwerk** zu bieten hat wie Indien. Jede einzelne der vielen Volksgruppen des Landes hat ihre eigene Handwerkstradition entwickelt, wobei die unterschiedlichsten Materialien Verwendung finden. Dem Lockruf von Gold, Silber, Juwelen, Seide und Marmor folgten schon vor Jahrtausenden die Kaufleute aus Übersee, die ganze Schiffsladungen mit nach Hause nahmen. Etwas bescheidener gibt sich da der neuzeitliche Tourist, doch wie die übervollen Koffer und Taschen beim Rückflug belegen, kann auch er dem reichen Angebot nur schwerlich widerstehen.

Allerdings steht der Neuankömmling ob dieser riesigen Auswahl zunächst einmal vor der Qual der Wahl. Den besten Ort, um sich einen Überblick zu verschaffen, bieten die so genannten **Government Cottages** oder **Emporiums,** staatliche Läden, von denen sich die größten und schönsten in Mumbai befinden. Hier werden auf überschaubarem Raum hochwertige Produkte aus ganz Indien zu festgesetzten Preisen angeboten. Selbst für diejenigen, die nicht kaufen wollen, empfiehlt sich ein Besuch, bekommt man hier doch einen Anhaltspunkt zum Preisniveau und hat so später beim Handeln auf Basaren und in Geschäften eine bessere Ausgangsposition.

Selbstverständlich ist, dass derjenige, der sich von einem **Schlepper** in den Laden locken lässt, einen z.T. erheblichen Aufpreis zu zahlen hat. Dies ist vor allem in Touristenorten zu bedenken.

> Erübrigen sollte sich eigentlich der Hinweis, dass **Tierfelle, Elfenbeinarbeiten, Korallen** und Ähnliches als Souvenir absolut tabu sind. Die Einfuhr solcher Produkte ist in Deutschland strafbar.

Schmuck

Nicht nur viele indische Frauen, für die er eine Kapitalanlage für das Alter darstellt, sondern auch eine große Zahl westlicher Reisender kaufen gern und häufig Schmuck. Besonders beliebt sind dabei der schwere **Nomadenschmuck aus Rajasthan** und der filigranere **Silberschmuck der Tibeter.** Gerade wegen ihrer Beliebtheit bei westlichen Touristen sind diese Arten von Schmuck inzwischen über das ganze Land verteilt in Geschäften zu erhalten. Wie die oftmals extrem niedrigen Preise vermuten lassen, ist dabei vieles, was als reines Silber angeboten wird, kaum

012is Foto: tb

mehr als billiges Metall. Wen das jedoch nicht stört, der findet eine große Auswahl.

Brillen

Indien ist ein Schlaraffenland für Brillenträger. Zu einem Bruchteil des Preises in Europa können sowohl **Brillenrahmen** wie auch gute **Gläser,** auch aus Kunststoff, gekauft werden. Die Auswahl an ansprechenden Rahmen ist groß. Die Brille ist häufig bereits am Tag der Anprobe oder am nächsten fertig. Zu empfehlen sind Ketten wie Frames and Lenses, aber auch viele Einzelhandelsoptiker haben große Auswahl. Auch **Kontaktlinsen** der international bekannten Firmen sind sehr preiswert zu haben.

Teppiche

Einen weltweit hervorragenden Ruf genießen **Kashmirteppiche.** Aufgrund des faktischen Zusammenbruchs des Tourismus in Kashmir finden sich viele kashmirische Händler über ganz Indien verteilt, sodass das Angebot sehr vielfältig ist. Bereichert wird die Palette noch durch die tibetanische Exilgemeinde in Indien, die auf eine lange Teppichknüpftradition zurückschauen kann. Viele westliche Touristen bevorzugen tibetanische Teppiche wegen der charakteristischen farblichen Gestaltung.

Entscheidende Qualitätsmerkmale und damit preisbestimmend sind neben den verwendeten Materialien (Wolle, Seide und eine Mischung aus beidem) die Knotendichte, Knotenart und die verwendeten Farben (natürlich oder synthetisch). Ärgerlich ist es jedoch, nach der Rückkehr im Heimatland festzustellen, dass der lokale Großhändler den gleichen Teppich, den man im Urlaubsland gekauft hat, 20 % billiger anbietet – gerade bei Teppichen eine nicht selten gemachte Erfahrung. Daher ist es ratsam, vor Abflug die Preise zu Hause zu checken.

Antiquitäten

Ein Land mit einer derart reichen Vergangenheit an Kunsthandwerk und pompösen Herrscherhäusern, die ihre Paläste bis unters

Dach vollstopften mit antiken Kostbarkeiten, müsste eigentlich eine Fundgrube für Antiquitätenliebhaber sein. Ist es auch, doch hat die Sache zwei Haken: Zum einen ist die Ausfuhr von Gegenständen, die älter als 100 Jahre sind, nur mit einer **Sondergenehmigung** erlaubt und zum anderen ist der einstmals so reiche Markt inzwischen von ausländischen Händlern so gut wie abgegrast. Zwar sind die Antiquitätenläden in Mumbai noch immer gut bestückt, doch vieles von dem, was dort angeboten wird, ist nicht viel mehr als eine - allerdings z.T. hervorragende - Imitation. Altersschätzungen ebenso wie Ausfuhrgenehmigungen kann man beim **Archaeological Survey of India** in Mumbai einholen.

Malerei

Kaum eine andere Kunstform hat einen derartigen Aufschwung durch den Tourismus erfahren wie die **Miniaturmalerei,** die nach dem Untergang der alten Rajputenreiche lange Zeit in Vergessenheit geraten war. Zwar werden die Miniaturbilder inzwischen wegen ihrer Beliebtheit vielerorts angeboten, doch die größte Auswahl hat man nach wie vor in ihrem Heimatland Rajasthan. Auch hier variiert die Qualität erheblich, wobei neben der Detailgenauigkeit auch die verwendeten Farben und das Material eine Rolle spielen. Neben den auf Bürgersteigen in Mumbai oder Delhi angebotenen Massenprodukten aus reinem Papier, die für 30 bis 40 Rupien pro Stück zu haben sind, gibt es auch exquisite Einzelstücke aus Seide, die ein kleines Vermögen kosten. Vorsicht ist auch hier wieder bei angeblich antiken Bildern geboten.

Holz- und Metallarbeiten

Jeder staatliche Laden führt eine große Abteilung von Holzarbeiten, wobei es eine riesige Variationsbreite in Größe, Form und Material gibt. Von winzigen, hauptsächlich in Kashmir hergestellten, oftmals lackbemalten Schmuckkästchen über Paravents und Möbelgarnituren bis zu Elefanten im Maßstab eins zu eins reicht die Bandbreite des Angebots. Besonders beliebt sind die ausdrucksstarken indischen **Götterskulpturen** wie Kali, Krishna oder Vishnu, die es sowohl aus edlem Sandel- oder Rosenholz geschnitzt als auch in Metall gegossen gibt.

Vielfach werden einem von privater Hand alte **Tempelschnitzereien** angeboten. So schön diese auch manchmal sein mögen, man sollte von dem Kauf auf jeden Fall Abstand nehmen, unterstützt man doch andernfalls den ohnehin schon verheerenden Handel mit gestohlenen Tempelschätzen und trägt so aktiv zum Ausverkauf einer jahrhundertealten Kultur bei.

Kleidung und Lederwaren

Kaum ein anderes Land der Erde bietet ein derart breites Angebot an qualitativ hochwertigen Kleidungsstücken wie Indien. Auch hier profitiert das Land wieder von seiner territorialen Größe und ethnischen Vielfalt. Neben den lokalen Traditionen ist Indien jedoch auch Heimat der größten Textilindustrien der Erde mit einem hohen Exportanteil.

Moderne Kleidung in vorzüglicher Qualität findet sich in guten Geschäften der Metropolen, aber auch vieler mittelgroßer Städte zu einem Bruchteil des Preises in Europa - eine günstige Möglichkeit, sich vor dem Rückflug noch einmal rundum einzukleiden. Gleiches gilt übrigens auch für **Schuhe.** Für etwa 20 € bekommt man bereits erstklassige Qualität.

Extrem billig ist auch die **Maßanfertigung** bei einem Schneider - ein Luxus, den man sich bei uns kaum noch leisten kann. Allerdings scheinen viele Schneider mit der modischen Entwicklung nicht ganz mitgehalten zu haben und arbeiten nach einem etwas antiquierten Schnitt. Außerdem lässt die Verarbeitungsqualität manches Mal zu wünschen übrig. Ein Katalogfoto des gewünschten Anzuges und genügend zeitlicher Spielraum für Reklamationen sind also angebracht.

Die meisten der angebotenen Lederjacken und -taschen stammen aus Kashmir und variieren stark in Preis und Qualität. Wer sich Zeit nimmt, kann immer noch eine hübsche Lederjacke für etwa 35 € ergattern. Doch so etwas soll es ja auch im Winterschlussverkauf in Deutschland geben.

Elektrizität

Wie in Europa wird in Indien Wechselstrom von 230 bis 240 Volt und 50 Hz benutzt. Elektrogeräte wie Rasierapparat, Radio oder Akkuladegerät können also problemlos betrieben werden. Vielfach finden dreipolige Steckdosen Verwendung, mit denen jedoch nicht alle europäischen Zweipolstecker kompatibel sind. Will man ganz sicher gehen, empfiehlt sich die Mitnahme eines internationalen **Adapters,** der für wenig Geld in Elektrogeschäften erhältlich ist. Da **Stromausfälle** speziell am frühen Abend in Indien immer noch vorkommen, gehört eine Taschenlampe zur Standardausrüstung des Indienreisenden.

Essen und Trinken

Neben der chinesischen und thailändischen hat sich die indische Küche hierzulande zur beliebtesten asiatischen Küche entwickelt. So wissen inzwischen viele, dass sich hinter dem Wort Curry nicht ein Gewürz, sondern eine höchst aufwendige Kräuter- und Gewürzmischung verbirgt.

Manche Vorurteile hingegen halten sich nach wie vor hartnäckig. So z.B. jenes, dass indisches Essen grundsätzlich scharf sei, Reis das Hauptnahrungsmittel darstelle und Tee das beliebteste Getränk sei. Richtig hingegen ist, dass im Norden eher würzig als scharf gegessen wird und Brot die eigentliche Nahrungsgrundlage bildet, während man im Süden tatsächlich **relativ scharf** und **viel Reis** isst, allerdings wesentlich mehr Kaffee als Tee trinkt.

Ursache für diese regionalen Unterschiede sind die verschiedenen historischen Prägungen und unterschiedlichen klimatischen Bedingungen der beiden Landesteile. Der klimatisch kühlere Norden ist auch heute noch stark beeinflusst durch die sechshundertjährige muslimische Fremdherrschaft, die bekanntlich im tropischen Süden nie so recht Fuß fassen konnte. Als Folge hiervon findet man in Nordindien auch die Küche der Moguln – verhältnismäßig schwere, fettreiche Kost mit viel Fleisch, während im Süden vegetarisches und leichteres, aber auch schärferes Essen bevorzugt wird.

Warum es trotz der Angebotsvielfalt immer wieder Touristen gibt, die sich während ihrer gesamten Indienreise ausschließlich von Spagetti, Fried Rice und Pommes Frites ernähren, ist mir wirklich schleierhaft. Überdies schmeckt westliches Essen in Indien fast immer langweilig bis scheußlich und ist zudem um ein Vielfaches teurer als das einheimische.

Gesundheitliche Gründe können bei der selbst auferlegten Abstinenz auch keine Rolle spielen. Hält man sich an einige einfache Grundregeln und meidet rohe Salate, rohes Gemüse und Schweinefleisch (wegen Trichinosegefahr), ebenso wie das in fast allen Restaurants bereitgestellte Trinkwasser, dann sind Gaumenfreuden in Indien genauso unbedenklich wie in Thailand, Hongkong oder Singapur.

Restaurants

Im Unterschied zu vielen anderen Ländern Südostasiens wie etwa Thailand, Malaysia oder Indonesien, in denen man an fast jeder Straßenecke über mobile Garküchen stolpert, kann es in kleineren Orten Indiens vorkommen, dass man längere Zeit suchen muss, um seinen Hunger stillen zu können. Zwar finden sich auch in Indien viele **Essensstände,** doch diese offerieren meist nur kleinere Snacks oder Süßigkeiten.

Als Helfer in der Not bieten sich die für den Süden so charakteristischen **„Meals"-Restaurants** an. Dabei handelt es sich um sehr einfache, meist zur Straße hin offene Lokale, die sich vor allem um Bahnhöfe und Basare gruppieren. Häufig sind die besonders bei Einheimischen beliebten Gaststätten in einen „veg-" und „non-veg"-Bereich (für Vegetarier und Nicht-Vegetarier) unterteilt. Serviert wird ebenso preiswerte wie leckere Hausmannskost, das Essen wird auf einem Bananen- oder Palmblatt serviert. Die Kellner, meist kleine Jungen, gehen mit Behältern von Tisch zu Tisch und füllen so lange nach, bis man satt ist.

Die nordindische Variante, die allerdings auch im Süden anzutreffen ist, sind die so genannten **Dhabas** bzw **Bhojanalayas** (wörtl.: „Ort der Speise"). Da sie hauptsächlich von LKW-Fahrern aufgesucht werden, stehen sie in erster Linie an Überlandstraßen und Straßenkreuzungen. Die einzelnen Gerichte befinden sich in großen Töpfen, unter denen ständig eine Gasflamme brennt. Zwar sind sie äußerst preisgünstig, doch wegen der ununterbrochenen Erhitzung oft auch etwas fad im Geschmack. Zudem hat man ihnen die meisten Vitamine regelrecht ausgebrannt.

Eine preiswerte Alternative bieten die häufig allerdings sehr schlichten **Bahnhofsrestaurants,** in denen man selten mehr als 20 Rs für ein sättigendes Mahl berappen muss. Englische Speisekarten sind in diesen Restaurants zwar nicht die Regel, kommen aber mehr und mehr in Gebrauch. Oftmals wird an der Kasse speziell für Besucher eine bereitgehalten. Diese Speisekarten haben jedoch zuweilen den Nachteil, dass dort nur solche Gerichte aufgeführt sind, die man des westlichen Gaumens würdig hält. Dabei fehlen oft gerade die so schmackhaften lokalen Spezialitäten. Auf manchen dieser Speisekarten fehlen jegliche Preisangaben. In diesem Fall sollte man vor der Bestellung den zu zahlenden Betrag abklären, um späteren Missverständnissen vorzubeugen.

Der **Service** ist bei all diesen Restaurants eher bescheiden, manchmal geradezu unfreundlich. Essen wird in Indien als notwendige Nahrungszufuhr verstanden und weit weniger als kulturelles Erlebnis. So strahlen viele Restaurants den Charme einer Bahnhofsvorhalle aus. Kaum hat man den letzten Bissen heruntergeschluckt, wird einem schon die Rechnung unter die Nase gehalten.

Auf einen anderen Planeten fühlt man sich versetzt, speist man in einem der überraschend vielen **Nobelrestaurants.** Vor allem in den First-Class-Hotels der Großstädte, aber auch in vielen mittelgroßen Orten bietet sich die Möglichkeit, für verhältnismäßig wenig Geld sehr gut zu speisen. So zahlt man in einem guten AC-Restaurant kaum mehr als 200 Rs für ein üppiges und exzellentes Mahl – ein Spottpreis, verglichen mit einem ähnlichen Restaurant in Europa. Das gleiche gilt für die üppigen **Mittags- und Abendbüfetts,** die viele Hotels in den Metropolen Mumbai und Chennai anbieten. Etwa 500 bis 800 Rs muss man da berappen, was verglichen mit Europa jedoch immer noch billig ist.

Wie wird gegessen?

Einen Kulturschock besonderer Art erleben viele Europäer, wenn sie das erste Mal ein einheimisches Restaurant betreten und sehen, dass in Indien traditionell **mit der Hand gegessen** wird. Das wirkt auf viele zunächst reichlich unappetitlich. Es sei jedoch daran erinnert, dass es umgekehrt den Indern nicht anders ergeht, wenn sie die „zivilisierten" Europäer mit solch martialischen Metallwerkzeugen wie Messer und Gabel im Essen herumstochern und -schneiden sehen.

Letztlich ist es Geschmackssache und so wird es in Indien auch praktiziert. In fast jedem Restaurant wird dem westlichen Touristen selbstverständlich **Besteck** ausgehändigt und so kann man an seinen Gewohnheiten festhalten. Im Übrigen wird auch in den höherklassigen Hotels inzwischen von vielen Indern mit Gabel und Löffel gegessen.

Einige üben sich dennoch, zunächst aus Neugierde, in der indischen Art der Nahrungsaufnahme und stellen dabei überrascht fest, dass das Essen so viel besser schmeckt. Wer zum ersten Mal mit den Fingern isst, wird sich dabei zunächst wahrscheinlich recht ungeschickt anstellen und nicht so recht wissen, wie er die Speisen in den Mund bekommt, ohne zu kleckern; doch eigentlich ist es recht einfach: Man bildet mit den Fingern der rechten Hand eine Rinne, durch die man das Essen mit dem Daumen in den Mund schiebt (die linke Hand gilt als unrein, da sie in Indien traditionell als Ersatz für Toilettenpapier benutzt wird). Vor und nach dem Essen wäscht man seine Hände in dem in vielen Restaurants bereitstehenden Waschbecken.

Chili – indischer Scharfmacher, der ursprünglich allerdings aus Südamerika stammt

013is Foto: tb

Gewürze

Indiens Ruf als Heimat einer der besten Küchen der Welt beruht auf der unvergleichlichen Anzahl unterschiedlicher Gewürze. Dafür ist Indien im Westen schon seit langer Zeit berühmt. Namen wie Pfeffer, Kardamom, Zimt und Ingwer übten auf die europäischen Kaufleute eine ähnliche Faszination aus wie Gold, und so sandten sie ihre Schiffe rund um den Erdball, um die heißbegehrten Gewürze heranzuschaffen.

Curry, jener Begriff, der heute als Synonym für die indische Küche gilt, stand jedoch nicht auf ihren Fahndungslisten verzeichnet. Das konnte er auch gar nicht, gab es das Wort doch zu jener Zeit noch gar nicht. Erst die englischen Kolonialherren machten aus *karhi* – was lediglich Soße bedeutet – den Namen für jenes Einheitsgewürz, als welches es inzwischen weltweit bekannt ist. In Indien selbst ist unser „Curry" als **garam masala** bekannt. Man muss den Briten, deren Beitrag zur internationalen Küche bekanntlich ja recht unbedeutend ist, allerdings zugestehen, dass sie von Anfang an einfach überfordert waren, die überaus raffinierte und komplizierte Küche Indiens zu verstehen.

Die Mischung macht's

Im Grunde gibt es Hunderte verschiedener *karhis.* Die Mischung der verschiedenen Gewürze ist das große Geheimnis jeder indischen Hausfrau. Bei aller Unterschiedlichkeit beinhalten fast all die geheimnisvollen Mixturen die Zutaten **Koriander, Zimt, Kümmel, Nelken, Kardamom und Pfeffer.** Die gelbe Färbung erhält Curry durch den **Gelbwurz** *(haldi),* eine medizinische Pflanze, die desinfizierend wirkt.

Jedes indische Gericht hat sein spezielles **Masala,** denn es sind die Auswahl, die Menge und die Mischung der einzelnen Gewürze, die den individuellen Geschmack eines

Gerichtes ausmachen. Eine kulinarische Entdeckungsreise in Indien ist schon deshalb mit einem „Risiko" verbunden, weil sich hinter jedem Masala oder Curry ein anderer Geschmack - und Schärfegrad - verbergen kann. Es kommt eben ganz auf die Mischung an.

Reis

Reis ist im Süden das Grundnahrungsmittel schlechthin. Es gibt ihn in den vielfältigsten Varianten vom **plain rice** über den besonders bei Travellern beliebten **fried rice** (gebraten) bis zu den **biriyanis.** Dies ist eine köstliche Reis-Gemüse-Mischung, die mit Nüssen und Trockenfrüchten wie z.B. Rosinen angereichert wird und häufig auch mit Fleisch, speziell Lamm, serviert wird. Die schlichtere Form des *biriyani,* gedünsteter Reis mit Erbsen, *pulau* oder *pilaw* genannt, wird in Indien gern mit Safran gekocht, was ihm seine charakteristisch gelbliche Farbe verleiht.

Eine seltene, aber sehr feine Variante ist **dahi rice.** Dabei handelt es sich um mit Joghurt versetzten, gekochten Reis. Der in Europa so beliebte, weil naturbelassene braune Reis ist in Indien weitgehend unbekannt. Nur die Nachfrage in größeren Touristenorten hat dort den für das indische Auge schmutzigen Reis salonfähig gemacht.

Brot

Diverse Fladenbrotsorten sind Hauptbestandteil der indischen Essgewohnheiten - im Norden des Landes kommt Brot gar eine noch wichtigere Stellung zu als Reis.

Fladenbrotsorten

- **Chapati** ist die einfachste, populärste und billigste Brotsorte. Im Grunde ist es nichts weiter als ein dünner, auf heißer Herdplatte gebackener Fladen aus Wasser und Mehl.
- **Paratha** sieht im Gegensatz zum dünnen, knusprigen Fladenbrot eher wie ein dickli-

220ke Foto: mb

cher Pflaumenkuchen aus. Der Vollkornfladen wird mit geklärter Butter **(ghi)** in der Pfanne gebacken und oft mit einer Kartoffelfüllung angeboten **(alu paratha).**

- **Puris** sind Fladen aus Mehl, Wasser und Salz, die in Öl schwimmend gebacken werden, wobei sie sich aufblähen wie Luftballons. Keine sehr weit verbreitete Variante, aber sehr schmackhaft.
- **Naan** ist dagegen wesentlich fettärmer, da es im Tonofen *(tandur)* bei offenem Feuer gebacken wird. Das große, dreieckige Fladenbrot gibt es in verschiedenen Varianten, z.B. mit Butter bestrichen **(butter naan)** oder mit Käse gefüllt **(cheese naan).**
- **Papad** (oder **papadam**) ist ein hauchdünner, oftmals scharf gewürzter Fladen, der meist als Appetitanreger vor der Hauptmahlzeit serviert wird.

Vegetarisches Essen

Kein anderes Land bietet eine derartige Vielfalt an vegetarischen Köstlichkeiten wie Indien. Hier kann sich das eigentliche Geheimnis der indischen Küche, die unvergleichliche Vielfalt an orientalischen Gewürzen, richtig entfalten. So zaubern indische Köche selbst aus den banalsten Nahrungsmitteln wie Linsen oder Kartoffeln himmlische Leckerbissen. Da verwundert es nicht, dass viele Reisende sich während ihrer mehrmonatigen Indienreisen zu Vegetariern wandeln. Der Umstieg auf fleischlose Kost wird einem außerdem noch dadurch versüßt, dass diese die Reisekasse weit weniger belastet als Fleischliches. Ein köstliches und magenfüllendes vegetarisches Gericht ist fast überall für weniger als umgerechnet einen Euro zu bekommen.

Das meistgegessene vegetarische Gericht der Inder ist **thali.** Hierbei handelt es sich um eine reichhaltige Mahlzeit, die auf einem Metallteller serviert wird. Um den in der Mitte angehäuften Reis sind kleine Metallschälchen platziert, die verschiedene Currys, Gemüse, scharfe Pickles und würzige Soßen enthalten.

Verkauf von Nüssen auf dem Crawford Market in Mumbai

Das alles wird mit der (rechten!) Hand zu einem äußerst schmackhaften Gemisch vermengt. Meist kosten diese magenfüllenden Gerichte nicht mehr als 20 Rs. In fast jeder Stadt gibt es ein Restaurant, welches ausschließlich *thali* serviert.

Die drei bedeutendsten südindischen vegetarischen Gerichte sind *dosas, idlis* und *vadas* – kein noch so abgelegenes Dorf, wo sie nicht serviert werden. **Dosas** sind knusprige, dünne Pfannkuchen aus Reis und fermentierten Bohnen, die sowohl mit Füllung *(masala)* als auch ohne *(sada)* serviert werden. Bei **idlis** handelt es sich um gedünstete Reis- und Linsenkuchen, die in Soßen und Gemüseeintöpfe getunkt werden. **Vadas** schließlich sind frittierte Linsenkuchen, die ebenfalls mit einer würzigen Soße verfeinert werden. Dabei handelt es sich meist um Linsen- und Gemüsecurry *(sambar),* welches mit Asafoetida und Tamarinde gewürzt ist. Daneben gibt es eine so große Zahl an vegetarischen Gerichten, dass im Folgenden nur einige der bekanntesten genannt werden können.

Vegetarische Gerichte

- **Alu dum** – Kartoffel-Curry
- **Alu ghobi** – Kartoffeln und Blumenkohl
- **Matter paneer** – Erbsen und Käse
- **Palak paneer** – Spinat und Käse
- **Shahi paneer** – Rahmkäse in Sahnesoße, Rosinen und Mandeln
- **Dhal** – Linsenbrei (Allerweltsgericht)
- **Baigan pora** – gebratene Aubergine
- **Navratan korma** – Gemüse und Fruchtmischung mit würziger Soße
- **Malai kofta** – Gemüsebällchen in Sahnesoße
- **Shahi mirch** – gefüllte Paprikaschote in pikanter Soße

Fleisch

In einem Land, in dem täglich Millionen von Menschen nur mit Mühe ein karges Mahl auf den Teller bekommen, bedarf es keiner großen Phantasie, um sich auszumalen, wie es um die Gesundheit der meisten Tiere bestellt ist. Verwundern kann es da kaum, dass so manches vermeintliche Fleischgericht weniger aus Fleisch als aus Haut und Knochen besteht, die in einer fettigen, scharfen Soße herumschwimmen. Im Schatten der dominierenden vegetarischen Küche Indiens fristet die Fleisch enthaltende Kost ein eher kümmerliches Dasein. Hierzu haben auch die unterschiedlichen Essenstabus der verschiedenen Religionsgemeinschaften beigetragen. Allseits bekannt ist, dass die Hindus kein Rindfleisch essen und die Moslems kein Schweinefleisch (welches auch bei den Hindus selten verspeist wird und wegen der Trichinosegefahr ohnehin zu meiden ist).

Während einem als Vegetarier oft gerade in kleinen, bescheidenen Lokalen die schmackhaftesten Gerichte serviert werden, sollte man beim Fleischessen die **gehobenen Restaurants vorziehen.** Hier sind nicht nur die hygienischen Verhältnisse vertrauenserweckender, sondern die Köche verfügen auch über mehr Erfahrung im Zubereiten von Fleischgerichten, da sich diese der kleine Mann kaum leisten kann. Das gilt besonders für Restaurants, die sich auf die so genannte **Mughlai-Tradition** berufen, eine Kochkunst, die mit den Moguln vor über 800 Jahren nach Indien kam und die größte Erfahrung in der nicht-vegetarischen Küche Indiens aufweist. Die mit Abstand besten Restaurants in der Tradition der indisch-muslimischen Kochkunst bietet die hochgerühmte und ebenso aromatische wie scharfe **Küche von Andhra Pradesh** und hier besonders der Hauptstadt Hyderabad.

Fleischgerichte

- **Tandoori** – typisch für Mughlai-Gerichte, im Lehmofen *(tandur)* zubereitet. Das Fleisch wird vorher in Joghurt und Gewürzen mariniert; ein sehr würziges, fettarmes und nicht scharfes Gericht.
- **Vindaloo** – eine südindische Spezialität, die jedoch auch im Norden gern gegessen wird; ein scharfes, mit Essig zubereitetes, üppiges Gericht
- **Korma** – Curry-Gericht aus geschmortem Fleisch
- **Kofta** – Hackfleischspieß, meist in Curry zubereitet
- **Mutton** – Ziegenfleisch, auch wenn es meist als Hammelfleisch angegeben wird
- **Sizzler** – eine moderne Kreation: auf glühend heißer Steinplatte serviertes, kurz gebratenes Fleisch
- **Tikka** – geschnetzeltes Fleisch ohne Knochen
- **Murgh** – Huhn
- **Gosht** – eigentlich Lammfleisch, oft jedoch auch Ziegenfleisch
- **Kebab** – marinierte Fleischspießchen

Fisch

In den Küstenprovinzen und hier vor allem in Goa, Mumbai, Kerala und Bengalen ist Fisch für Nichtvegetarier die wichtigste Kost. Tunfisch, Garnelen, Krabben, Haifisch und Hummer sind hier ein selbstverständlicher Bestandteil der Speisekarte guter Restaurants – und für einen Bruchteil des hierzulande üblichen Preises zu haben. Ein besonders vielfältiges Angebot besteht in Touristenhochburgen. In vielen Touristenorten Keralas kann man vor den (Freiluft-)Restaurants den auf Tischen gelagerten frischen Fisch aussuchen.

Trotz seiner Lage inmitten eines noch immer fischreichen Ozeans wird in Indien der Flussfisch den Meeresfischen vorgezogen. Im Landesinneren allerdings sind frische Fische eine Rarität, weil dort traditionell wenig Fisch gegessen wird.

Fischgerichte

- **Pomfret** – eine Spezialität Mumbais. Dieser köstliche Plattfisch ähnelt einer Mischung aus Scholle und Butt.
- **Fish Curry** – die beliebteste Zubereitungsart an der Westküste. Eine Mischung von Chili und anderen Gewürzen sowie Kokosraspeln sind wichtiger Bestandteil.
- **Hilsha** – die Fischspezialität Bengalens, die den Geschmack von Lachs und Forelle auf einzigartige Weise verbindet – ein Leckerbissen. Der einzige Wermutstropfen sind die vielen Gräten.
- **Machhe jhol** – ebenfalls aus Bengalen, mit Senfkörnern gewürzt
- **Prawns** – große Krabben, satt in Curry schwimmend

Zwischenmahlzeiten

Ideal für kurze Pausen während langer Zug- und Busfahrten sind die von kleinen Garküchen auf dem Gehsteig oder vor Bahnhöfen angebotenen Snacks. Einige von ihnen ersetzen durchaus eine normale Mahlzeit.

Kleine Gerichte

- **Pakora** – gebackene Teigtaschen mit einer scharfen Gemüsefüllung aus Zwiebeln, Blumenkohl, Kartoffelstückchen, Aubergine
- **Samosa** – frittierte Teigtaschen mit einer Kartoffelfüllung
- **Cutlet** – mit Gemüse vermischtes und gebratenes Hackfleisch, ähnlich einer Frikadelle
- **Dosas** – vor allem in Südindien äußerst beliebte, hauchdünn gebackene, knusprige Teigrollen, gefüllt mit Gemüse
- **Sambar** – leicht säuerliche, mit Gemüse angereicherte Linsensuppe
- **Mumbai bhelpuri** – Puffreis, Linsen, Zwiebeln, Kartoffelpaste, Chili-Schoten und gehackte Kräuter, übergossen mit einer Minze- und Tamarindensoße – köstlich!

Süßspeisen

Die Inder lassen ihrer Vorliebe für Süßspeisen besonders beim Nachtisch freien Lauf. Die Auswahl an Nachspeisen und Süßigkeiten ist schier unerschöpflich, wobei Kuh- oder Büffelmilch vielfach die Basis bildet. Sie muss mit verschiedenen Ingredienzen langsam gekocht werden, bis sie eindickt. Zimt, Kardamom, Safran, zerlassene Butter, Nüsse, Rosinen und vor allem viel, viel Zucker sind die wichtigsten Zutaten. Die gängigsten Sorten der süßen Masse kann man auf dem Basar kaufen, umhüllt von hauchdünner Silberfolie und verpackt in bunte Kartons.

Typische indische Desserts

- **Gulab jamun** – kleine Bällchen aus eingedickter Milch, Zucker und Mehl, gewürzt mit Kardamom und Rosenwasser
- **Rosgulla** – Frischkäsebällchen in Sirup
- **Bebinca** – Mischung aus Mehl, Eiern, Kokosnussmilch, Butter und Zucker
- **Kulfi** – Eiscreme mit Pistaziengeschmack
- **Halwa** – Süßigkeit mit Nüssen
- **Shrikhand** – Joghurt mit Safran und Kardamom
- **Chaler payesh** – Reispudding
- **Barfi** – aus Kokosnuss, Mandeln und Pistazien zubereitet

Rezepte

Die Rezepte für eines der gängigsten indischen Gerichte sowie für ein typisches Fladenbrot sollen Einblick in die Zubereitung indischer Speisen geben. Es handelt sich um das einfache Linsen-Gericht *dhal,* für das es eine Vielzahl von Varianten gibt.

Dhal (Linsen)

Zutaten:
1¾ Tassen (350 g) rote und gelbe Linsen
2 TL Salz
1 TL *turmeric* (Kurkuma)
2–3 getrocknete Chilis
4 Tassen (1 l) Wasser
ein Stück frischer Ingwer
3–4 Knoblauchzehen
1 große Zwiebel
2 EL *ghee* (geklärte Butter)
2 mittelgroße Tomaten, feingehackt
1½ TL *garam masala* (Currygewürz) oder ein mildes, fertiges Currypulver
2–3 EL Doppelrahm

Zubereitung:

Die Linsen gut durchspülen, abtropfen lassen und mit Salz, *turmeric* und getrockneten Chilis in einen Topf geben. Das Wasser dazu gießen und zum Kochen bringen. Die Hitze reduzieren und zwölf Minuten köcheln lassen, bis die Linsen weich sind. Mehrmals abschäumen und dabei die zerbrochenen Linsenpartikel entfernen.

Ingwer, Knoblauch und Zwiebel schälen, fein hacken und in der geklärten Butter drei bis vier Minuten dünsten. Die gehackten Tomaten und das Currygewürz dazu geben und zwei bis drei Minuten schmoren. Überschüssiges Wasser vom *dhal* abgießen oder abschöpfen und zusammen mit der geschmorten Zwiebel-Tomaten-Mischung aufkochen.

Den Rahm einrühren, kurz erhitzen und anrichten. Mit Chili-Pulver bestreuen oder mit gehacktem Koriander oder Minze garnieren.

Naan (Fladenbrot)

Zutaten:
600 g Mehl
1 EL Zucker
1½ EL Backpulver
¼ TL Natron
½ TL Salz
2 Eier
¼ l Milch
4–6 TL Butterfett

Zubereitung:
Mehl, Zucker, Backpulver, Natron und Salz werden in einer tiefen Schüssel gut durchgemischt. Anschließend die Eier hineinschlagen und die Milch in dünnem Strahl hinzufügen und gleichfalls vermengen. Danach den Teig zu einem Ball formen, flach drücken und etwa zehn Minuten durchkneten. Von Zeit zu Zeit etwas Mehl dazugeben, damit der Teig nicht an den Händen klebt. Zum Schluss Teigkugel in eine Schüssel legen und an warmer Stelle drei Stunden ruhen lassen. Backofen auf 225° C vorheizen, zwei Backbleche einschieben. Den Teigballen in sechs Portionen teilen. Die Innenflächen der Hände mit Butter bestreichen, jede Teigportion flachdrücken und wie ein längliches Blatt formen. Das Teigblatt sollte etwa 15 cm lang, 10 cm breit und 1 cm dick sein. Die Teigblätter sechs Minuten lang backen. Wenn sie fest sind, noch eine Minute unter dem Grill die Oberseite bräunen. Warm servieren.

Getränke

In auffälligem Gegensatz zur raffinierten indischen Kochkunst sind die Trinksitten in Indien eher bescheiden. Im allgemeinen trinkt man, um den Durst zu stillen und nicht, um das Getränk zu genießen.

Die meisten Inder bevorzugen zum Essen schlicht **Wasser,** es wird daher immer als erstes ungefragt auf den Tisch gestellt. Da das Wasser jedoch selbst in besseren Hotels fast nie vorher abgekocht wurde, lasse man besser die Finger davon und trinke lieber das in Plastikflaschen abgefüllte Mineralwasser, welches inzwischen vielerorts erhältlich ist. Allerdings ist es mit gut 10 Rs nicht gerade billig, mitnichten „Mineral"wasser und, wie neueste Untersuchungen ergaben, auch nicht so keimfrei wie behauptet.

Den köstlichen indischen **Tee,** mit viel Zucker, Milch und Gewürzen wie Ingwer, Zimt, Kardamom und Nelken gekocht, bekommt man manchmal nur dann, wenn man ausdrücklich *masala chai* ordert, andernfalls wird einem normaler Tee serviert. Echte **Kaffeeliebhaber** kommen in Südindien auch auf ihre Kosten, es gibt vorzügliche Kaffeesorten.

Als hervorragender Durstlöscher bietet sich der vielfach an Straßenständen angebotene Saft der frischgeschlagenen **Kokosnuss** *(nariyel)* an. Sehr lecker, erfrischend und wirksam gegen Durst ist auch **lassi,** ein in vielfachen Varianten (z.B. mit Früchten) erhältliches Joghurtgetränk, das jedoch oft mit nicht abgekochtem Wasser versetzt ist.

Ähnlich erfrischend ist **lemon soda:** der prickelnde Geschmack des Mineralwassers zusammen mit dem Saft einer frisch gepressten Limone und einer Prise Salz wirkt nicht nur äußerst belebend, sondern ist auch hervorragend zum Durstlöschen geeignet. Allerdings ist das „Soda" oft nichts anderes als Leitungswasser, das mit Gas angereichert wurde. In kleinen Städten kann man oft „Fabriken" sehen, in denen ein rostiger alter Gaszylinder an die Wasserleitung angeschlossen ist. Man halte sich folglich an die bekannten Marken, wie z.B. Bisleri.

Sehr lecker sind auch die gepressten **Zuckerrohrsäfte,** wobei man auch hier wiederum darauf achten sollte, dass der Saft nicht mit Leitungswasser vermischt ist, bzw. der gepresste Saft nicht über einen Eisblock läuft, bevor er ins Glas gegossen wird.

Alkoholische Getränke, lange Zeit verpönt, kommen gerade mit dem Aufstieg der westlich geprägten Mittelschicht immer mehr in Mode. Besonders deutlich zeigt sich diese Entwicklung beim **Wein,** welcher bis vor einigen Jahren in Indien fast gänzlich unbekannt war. Inzwischen gibt es sogar einige vor allem im Süden des Landes ansässige Weinbauern. Allerdings braucht es wohl noch vie-

019is Foto: tb

le Jahre, bis die Qualität des indischen Weines internationales Niveau erreicht hat. **Bier** ist bis auf den alkoholfreien Bundesstaat Gujarat überall in Indien problemlos zu erhalten. Der Alkoholgehalt der bekanntesten Biersorten wie Shivalik, Black Label und Kingfisher liegt bei 5 %. Die meisten einheimischen Marken verwenden als Konservierungsmittel Glycerol, welches Kopfschmerzen verursachen kann.

Speziell in den Küstenregionen werden die hochprozentigen, aus Palmsaft hergestellten Destillate **Toddy** und **Arak** getrunken. Wem das immer noch nicht reicht, der sollte sich ein Schnapsglas **Feni** (Kokos- oder Cashew-Schnaps, eine Spezialität aus Goa) hinter die Binde kippen – ein im wörtlichen Sinne umwerfender Erfolg ist garantiert!

Ob Landschaften, Menschen oder Tempel – Südindien bietet Fotografen wie Videofilmern einen einzigartigen Reichtum an Motiven

Fotografieren

Es gibt kaum ein Land der Erde, welches eine derartige Vielfalt an wunderschönen Motiven bietet wie Indien. Ob nun die abwechslungsreiche Landschaft der keralischen Küste, die Sakralbauten der Buddhisten, Jains, Hinduisten und Moslems, das bunte Völkergemisch mit seiner unvergleichlichen Vielfalt an Kleidern, Kopfbedeckungen und Schmuck oder die ständig wechselnden Szenen im abenteuerlichen indischen Alltagsleben – der Finger scheint geradezu am Auslöseknopf zu kleben.

Das Fotografieren von **militärischen Anlagen** wie Flughäfen, Staudämmen, Brücken, Militärkolonnen und Kasernen ist verboten. Wo man sich sonst noch mit der Kamera zurückhalten sollte, erfährt man unter „Verhaltenstipps: Fotografieren".

Digitalfotografie

Digitalfotografie wird besonders in einem Land wie Indien, wo Reisende auf ihr Gepäckgewicht achten müssen, immer beliebter und inzwischen von den meisten Reisenden favorisiert. Dementsprechend gibt es mittlerweile in den meisten größeren bzw. touristisch bedeutenden Orten immer mehr **Fotogeschäfte** und auch **Internetcafés,** die mit Memory-Card-Reader ausgestattet sind. Die Preise für **Ausdrucke** liegen um 6 Rs pro Stück, wenn man die Bilder des gesamten Chips ausdrucken lässt. Will man selektiv Fotos ausdrucken, kostet das um 8 Rs pro Bild. Dies sollte man wegen eventueller Reklamationen besser in den Fotogeschäften durchführen lassen. Für das Brennen der Bilder auf **CD** ist man in den entsprechend ausgerüsteten Internetcafés billiger bedient, die dafür inkl. CD um 60 Rs verlangen, während Fotoläden etwa das Doppelte nehmen. Nahezu alle weltweit gängigen **Memory-Cards** sind zumindest in größeren Städten und Touristenzentren erhältlich.

Analogfotografie

Viele der folgenden Tipps sind auch für Digitalfotografen von Nutzen.

Wichtiges Zubehör

Extrem wichtig bei einer Indienreise ist eine gut gepolsterte und staubdichte **Kameratasche.** Gerade hier wird oft am falschen Ende gespart. Was nützt der beste Fotoapparat, wenn er nach kurzer Zeit aufgrund der gerade in Indien enormen Belastung seinen Dienst aufgibt? Die nicht zu vermeidenden Erschütterungen auf den langen Bus- und Bahnfahrten sowie die Staubentwicklung während der Trockenzeit setzen den hochsensiblen Geräten enorm zu. Außerdem sollte man darauf achten, dass die Fototasche über genügend Unterteilungen verfügt und mit einem „Unterbodenschutz" ausgestattet ist. Während der Regenzeit benötigt man natürlich eine wasserfest ausgerüstete Kameratasche.

Zur Standardausrüstung sollte auch ein **UV-Filter** pro Objektiv gehören, da er die störenden UV-Strahlen eliminiert und gleichzeitig als zusätzlicher Schutz vor Kratzern auf der Linse dient. Sehr empfehlenswert ist die Mitnahme eines Polfilters, der Spiegelungen und Dunst „schluckt" und so Farben satter macht. Oftmals kann er aus einem laschen hellblauen Himmel eine satte Bilderbuchkulisse zaubern. Auch eine Gegenlichtblende kann sehr nützlich sein.

Besonders bei der Verwendung von Kameras mit automatischem Filmtransport, Blitz und Autofocus sollte man sich mit genügend **Ersatzbatterien** eindecken – die ganz spezielle Knopfzelle wird man in einer indischen Kleinstadt wohl kaum finden.

Ein gutes **Blitzgerät** erweist sich nicht nur beim Fotografieren der vielen Wandmalereien in Tempeln oder bei nächtlichen Prozessionen und Festen als sehr nützlich. Hervorragende Effekte kann man z.B. dadurch erzielen, dass man bei einer Portraitaufnahme im Tageslicht einen Aufhellblitz verwendet. So vermeidet man, dass das Gesicht bei hellem Hintergrund unterbelichtet wird.

Filme

Es sei gesagt: besser zu viel als zu wenig Filmmaterial mitnehmen. Zwar darf man offiziell nur 30 Filme einführen, doch diese Regel wird selbst von den ansonsten so peniblen indischen Zollbeamten nicht ernst genommen. Sicherheitshalber sollte man aber die Originalverpackungen zu Hause lassen, da andernfalls der Verdacht entstehen könnte, man wolle die Filme verkaufen.

Erfreulicherweise sind in den meisten indischen Touristenorten Filme heute kaum teurer als in Mitteleuropa. Bei überraschend billigen Angeboten sollte man jedoch lieber zweimal hinschauen, ob es sich tatsächlich um 36 Bilder pro Rolle handelt, meist sind es dann nur 24 Aufnahmen – aufgepasst! Außerdem sollte man das Verfallsdatum überprüfen, da die Filme im feucht-warmen Tropenklima wesentlich anfälliger sind. Deshalb empfiehlt es sich auch, Filme in Geschäften mit Klimaanlage zu kaufen – es versteht sich, dass man dort etwas mehr zahlen muss.

Neigt sich das Kontingent dem Ende zu, sollte man bald in der nächsten größeren Stadt aufstocken, da in kleineren Orten manchmal nur eine begrenzte Auswahl zur Verfügung steht. Das gilt besonders für Diafilme.

Da die besten Aufnahmen bekanntlich morgens und abends entstehen, wenn die Farben weicher und intensiver sind, sollte man genügend **hochempfindliche Filme** mitnehmen. Auch in dichten Waldgebieten wie z.B. in Nationalparks oder bei der Verwendung von Teleobjektiven sind empfindliche Filme für verwacklungsfreie Aufnahmen unerlässlich.

Wer bei längerem Aufenthalt Filme schon in Indien **entwickeln** lassen muss, sollte auf Kodachrome-Diafilme verzichten. Sie müssen zur Entwicklung ins Ausland versandt werden – bei Indiens nicht gerade zuverlässigem Postsystem ein hohes Risiko. Will man mit der Filmentwicklung nicht bis nach der Heimkehr warten, sollte man zumindest die mit neuester Entwicklungstechnik ausgerüsteten Fotogeschäfte aufsuchen, von denen es immer mehr gibt.

Zwar sind inzwischen fast alle **Flughäfen** Indiens mit strahlensicheren Röntgengeräten ausgerüstet, doch kann es beim Einchecken nicht schaden, den Kontrollbeamten um einen *hand check* zu bitten – sicher ist sicher.

Filme müssen vor Feuchtigkeit, Staub und (vor allem bei bereits belichtetem Material) vor Hitze geschützt aufbewahrt werden.

Buchtipps

- *Helmut Hermann,* „Praxis: Reisefotografie“, und *Volker Heinrich,* „Praxis: Reisefotografie digital“, Reise Know-How Verlag, Bielefeld.

221ke Foto: tb

Frauen unterwegs

Für Frauen, ob alleine oder zu zweit, ist Indien kein leichtes Reiseland. Der Anblick westlicher Frauen kehrt bei vielen indischen Männern den Don Juan hervor. Selbst Frauen, die mit einem männlichen Partner reisen, bleiben nicht unbehelligt. Meist begnügt „mann" sich mit Rufen oder Schnalzen, um auf seine offensichtlich nicht sehr attraktive Persönlichkeit aufmerksam zu machen, oder macht einige anzügliche Bemerkungen. Gelegentlich kommt es aber auch zu Grabschereien, ein Problem, mit dem auch die indischen Frauen leben müssen. Nicht umsonst gibt es z.B. in den Vorortzügen in Mumbai **spezielle Waggons nur für Frauen.**

Derzeit erlebt Indien den Ansatz einer bescheidenen „sexuellen Revolution", ausgelöst durch das ausländische Satelliten-Fernsehen wie auch durch das immense AIDS-Problem, das eine offene Diskussion des Themas Sex nötig macht. An der Spitze der Liberalisierung stehen die Städte Mumbai, Delhi und Bangalore. Der Kurzzeiteffekt der wachsenden Freizügigkeit scheint aber nicht unbedingt positiv, denn der Sprung von einer stark traditionsgebundenen zu einer freiheitlicheren Gesellschaft lässt manchen die Maßstäbe verlieren. Derzeit scheint es, dass die Belästigungen in der jüngsten Vergangenheit eher etwas zu- als abgenommen haben.

Frauen können ihren Teil dazu beitragen, möglichst wenig behelligt zu werden. Dass keine provozierende Kleidung getragen werden sollte – dazu zählen in Indien eben auch Shorts, kurze Röcke oder ärmellose Hemden – versteht sich von selbst. Zudem sollte „frau" den Blickkontakt mit fremden Männern meiden. Einem fremden Mann in die Augen schauen, das tun, so meint „mann", nur Prostituierte, der offene Blick wird als Einladung zur Kontaktaufnahme verstanden. Außerdem ist auf allzu große Freundlichkeit gegenüber Kellnern, Hotelangestellten und Verkäufern zu verzichten – die indische Frau aus guter Familie (auch der Mann) sollte mit solch „niedrigstehenden" Personen nicht mehr reden als unbedingt nötig. Tut „frau" es doch, fordert sie dadurch Annäherungsversuche heraus. Als Frau heißt es **Distanz zu fremden Männern wahren,** alles andere kann leicht falsch ausgelegt werden.

- **Buchtipp:** „Als Frau allein unterwegs", Reihe Praxis, Reise Know-How Verlag, Bielefeld.

! Wer sich schon zu Hause in großen Städten nicht wohl fühlt, sollte sie in Indien erst recht meiden. Menschenmassen, Luftverschmutzung, Dreck, Elend, Hektik, Lärm – all die negativen Begleiterscheinungen urbaner Entwicklung sind in Indien, wo so etwas wie Stadtplanung kaum existiert, besonders ausgeprägt. Vor allem zu Beginn einer Reise, wenn Klima-, Zeit- und Essensumstellung schon genug Anpassungsschwierigkeiten bereiten, empfiehlt es sich nur so kurz wie irgend möglich in Städten wie Mumbai oder Chennai zu bleiben. Hat man die ersten Wochen der Eingewöhnung hinter sich, sind Geist und Seele besser auf die Negativaspekte vorbereitet.

Internetcafés

Internetcafés gibt es mittlerweile zuhauf. Das gilt nicht nur für Metropolen, sondern auch für fast alle Touristenorte. Hier gibt's in den letzten Jahren zunehmend schnelle Breitband-, ISDN- und DSL-Verbindungen. In kleineren Orten kann es aber auch heute noch häufiger zu Überlastungen des Netzes kommen. Manchmal muss man eine Viertelstunde warten, aber das ist eher die Ausnahme. Allerdings gibt es oft einen recht langsamen Seitenaufbau, wenn zuviele PCs an ein Modem angeschlossen sind. Durchschnittlich liegen die Preise für Internetsurfen bei 15–30 Rs/Std., in einigen Touristenorten mit hoher Nachfrage haben sich die örtlichen Anbieter oft auch auf einen hohen Einheitspreis von 40 bis 60 Rs geeinigt, Konkurrenz wurde also ausgeschaltet. Auch die schnellen DSL- und ISDN-Verbindungen sind mit bis zu 60 Rs gelegentlich teurer. In Hotels zahlt man meist zwischen 50 und 100 Rs.

Mit Kindern reisen

Während es in vielen Ländern Südostasiens wie Thailand, Malaysia und Indonesien nicht mehr außergewöhnlich ist, dass Eltern mit ihren **Kleinkindern** individuell durchs Land reisen, stellt dies in Indien immer noch eine Ausnahme dar. Und so wird es wohl auch noch eine Weile bleiben, gilt doch Indien zu Recht als eines der am schwersten zu bereisenden Länder. Die weiten Entfernungen auf verstaubten, von Schlaglöchern übersäten Straßen in kaum gefederten und überfüllten Bussen sind kleinen Kindern sicherlich ebensowenig zuzumuten wie die oftmals wenig einladenden sanitären Einrichtungen. Die Hitze und das alltägliche Elend auf den Straßen kommen zu den täglichen Belastungen hinzu.

Anders sieht es da schon bei Kindern **über zwölf Jahren** aus. Für sie bietet das bunte Alltagsleben mit den faszinierenden Märkten, durch die Straßen stolzierenden Elefanten, Schlangenbeschwörern und bunten Festen eine exotische Welt, die sie wohl nur aus Märchenbüchern kennen.

Allerdings sollte man gerade wegen der Vielzahl der Eindrücke immer wieder einige Ruhetage einlegen und in höherklassigen **Hotels** übernachten, um so Zeit zum Verarbeiten und zur Erholung einzuräumen. Fast alle besseren Hotels bieten die Möglichkeit, für einen geringfügigen Aufpreis das Kind im Zimmer der Eltern übernachten zu lassen.

Geradezu ideal ist ein Aufenthalt an den **Stränden von Kerala,** wo man seit Jahrzehnten auf die Wünsche westlicher Touristen eingestellt ist. **Ermäßigungen** für Kinder im Alter von bis zu zwölf Jahren (1–4 Jahre frei, 5–12 Jahre 50 %) geben nicht nur die indische Eisenbahn, sondern auch die inländischen Fluggesellschaften. Ist man mit Kindern unterwegs, bietet sich als bestes Fortbewegungsmittel der **Mietwagen** an, da man so die fast ständig überfüllten öffentlichen Verkehrsmittel vermeidet und zudem besser auf die individuellen Wünsche der Kinder eingehen kann.

Auch bei der Wahl des **Restaurants** lohnt es sich, etwas tiefer in die Tasche zu greifen. Nur bessere Restaurants verfügen über eine Auswahl an europäischen Gerichten, falls die in der Regel recht scharfen indischen Speisen nicht nach dem Geschmack des Kindes sind. Sollte ein Kind **erkranken,** besteht zunächst kein Grund zur Panik, gibt es doch in jedem größeren Ort einen Englisch sprechenden Arzt. Fast immer handelt es sich um leichtere Erkrankungen, für die auch die eventuell notwendigen Medikamente problemlos zu besorgen sind. Dennoch kann es nicht schaden, wenn man eine bereits zu Hause besorgte Auswahl der gängigsten Medikamente in der Reiseapotheke mitführt. Im Falle einer ernsthafteren Erkrankung gilt bei Kindern das gleiche wie bei Erwachsenen: auf keinen Fall in ein Provinzkrankenhaus gehen, sondern in eines der hervorragenden Krankenhäuser von Mumbai oder Chennai – oder gleich abreisen.

Medizinische Versorgung

Einige große Städte wie z.B. Mumbai verfügen über hervorragende **Krankenhäuser mit internationalem Standard.** Das kann jedoch nicht darüber hinwegtäuschen, dass die meisten Städte und erst recht die kleineren Orte bei weitem nicht über die medizinischen Versorgungsmöglichkeiten verfügen, wie man sie im Westen gewohnt ist. Die **hygienischen Zustände** sind in vielen Krankenhäusern noch weit hinter den in Europa üblichen zurück. Das mag bei kleineren Untersuchungen noch zu ertragen sein; wem jedoch seine Gesundheit lieb und teuer ist, der sollte sich bei ernsthafteren Erkrankungen so schnell wie möglich zur Behandlung in eines der wenigen guten Krankenhäuser des Landes begeben. Deren Anschriften sind in den jeweiligen Städtekapiteln genannt. Im übrigen verfügen die Botschaften bzw. Konsulate über Listen von empfehlenswerten **Privatärzten,** bei denen die Honorare dann allerdings auch dementsprechend hoch sind.

Nachtleben

Indien ist zwar immer noch kein idealer Ort für Nachtschwärmer, aber in den letzten Jahren hat sich sehr viel getan. Zwar sind in den kleineren Städten Cafés, Kneipen und Diskotheken sowie kulturelle Abendveranstaltungen kaum bekannt, aber in Metropolen wie Mumbai und Bangalore haben diese kulturellen Errungenschaften aufgrund der hohen Nachfrage der indischen Mittelschicht einen ungeahnten Aufschwung genommen. Hier wie auch in den touristischen Zentren Keralas hat sich in den letzten Jahren eine umfassende Freizeit- und Unterhaltungskultur entwickelt. Andernorts ist meist gegen 22 Uhr Zapfenstreich. In diesen Orten bleibt einem abends nur ein mit der Zeit zunehmend frustrierendes „Abhängen" an den meist wenig einladenden Hotelbars. Kinos sind jedoch selbst im kleinsten Dorf anzutreffen.

Öffnungszeiten

Banken

Banken sind in der Regel wochentags durchgehend von 10 bis 14 Uhr geöffnet. Da Bankangestellte in Indien nicht gerade einsatzfreudig sind, öffnen sie ihre Schalter gerne 15 Minuten später bzw. schließen etwas früher. Manche internationalen Banken in Großstädten haben verlängerte Öffnungszeiten (Adressen siehe Städtekapitel). Alle Banken sind am 31. März und am 30. September geschlossen. Meist sind die großen privaten Wechselstuben wie American Express, Thomas Cook, UAE Exchange oder LKP Forex tagsüber wesentlich länger und teils auch sonntags geöffnet und zudem effizienter.

Behörden

Behörden sind in der Regel zwischen 10 und 16 Uhr geöffnet, mit einer Mittagspause zwischen 13 und 14 Uhr. Ebenso wie die Bankangestellten schlafen indische Beamte lange und gehen gerne früh ins Bett, d.h. es kann sich auch alles um eine halbe Stunde nach hinten oder vorne verschieben.

Post

Werktags meist durchgehend von 10 bis 17 Uhr geöffnet, samstags 10 bis 12 Uhr. Telefonzentralen (Telecommunication Centers) sind meist 24 Stunden am Tag geöffnet.

Geschäfte

Geschäfte haben keine geregelten Öffnungszeiten. Vor 10 Uhr morgens wird man jedoch auch hier fast immer vor verschlossenen Türen stehen. Zwischen 21 und 22 Uhr werden dann die Rolläden wieder heruntergelassen. Auch die Mittagspausen werden variabel gehandhabt, meist schließt man zwischen 12 und 14 Uhr, manchmal jedoch auch gar nicht. Zwar gilt der Sonntag als offizieller Ruhetag, doch viele Läden haben auch dann geöffnet und in manchen Basarvierteln ist der Sonntag sogar der lebhafteste Tag.

In Läden mit der Aufschrift „STD-ISD"
kann man telefonieren

Post und Telefonieren

Briefe und Postkarten

Die wichtigste Regel beim Verschicken von Briefen bzw. Postkarten lautet: **Niemals in den Briefkasten werfen,** sondern immer persönlich beim Postamt abgeben und dort vor den eigenen Augen abstempeln lassen. Erstens weiß man nie, wann und ob der Briefkasten überhaupt geleert wird, und zweitens kommt es auch in Indien wie in anderen Ländern Asiens vor, dass die Postler nicht abgestempelte Briefmarken ablösen, um sie wieder zu verkaufen.

In den meisten Postämtern gibt es mit dem **stamps counter** für den Briefmarkenverkauf und dem **cancellation counter** für das Abstempeln zwei unterschiedliche Schalter. Speziell vor dem *stamps counter* bilden sich oft lange Warteschlangen. Es empfiehlt sich deshalb Briefmarken auf Vorrat zu kaufen.

Die Beförderungsdauer von Indien nach Europa beträgt etwa 10 Tage, gelegentlich aber auch noch wesentlich länger. Von Delhi und Mumbai aus kann es aber auch mal schneller gehen. Inlandsbriefe sind mit 1 Rs, Postkarten mit 0,75 Rs zu frankieren.

Porto nach Europa (Airmail)

Postkarte	8 Rs
Brief bis 20 g	15 Rs
Brief 20–50 g	24 Rs
Brief 50–100 g	39 Rs

Pakete

Das Versenden von Paketen ist in Indien eine sehr **aufwendige Prozedur,** die unter Umständen mehrere Stunden in Anspruch nehmen kann. Das beginnt bereits mit der Verpackung. In Indien geht man mit Paketen äußerst unsanft um und so gilt es, die verschiedenen Gegenstände so stabil wie möglich zu verpacken. Hierzu bieten sich entweder Holzkisten an, die man z.B. in Obstläden

805ra Foto: tb

Reisetipps A–Z

für wenige Rupien erhält, oder, noch besser, Metallkoffer, die es auf vielen Basaren in unterschiedlichen Größen zu kaufen gibt. Danach muss das Paket **in Stoff eingenäht und versiegelt** werden, ansonsten wird es von der Post nicht angenommen. Am besten lässt man dies von einem Schneider oder einem Packing Service, der häufig vor den Postämtern anzutreffen ist, erledigen. Je nach Paket zahlt man **zwischen 15 und 50 Rs.**

Danach begibt man sich mit dem versiegelten Paket zum **Paketschalter,** wo einem eine Paketkarte und mehrere **Zolldeklarationsformulare** ausgehändigt werden, auf denen u.a. der Inhalt näher spezifiziert werden muss. All dies ist gut lesbar, am besten in Druckbuchstaben, auszufüllen. Bei der zu beantwortenden Frage nach dem Inhalt am besten *gift* bzw. *cadeau,* d.h. Geschenk, ankreuzen. Außerdem sollte der **Wert des Pakets** mit nicht mehr als 1.000 Rs angegeben werden, da sonst ein spezielles *bank clearance certificate* verlangt wird. Man kann die Sendung zwar für ein paar Rupien versichern lassen, doch in der Praxis ist das nicht mehr wert, als das Papier, auf dem es geschrieben steht.

Seefrachtpakete sind nach Europa gewöhnlich etwa zwei Monate unterwegs, es kann jedoch noch länger dauern. **Luftpostpakete** sollten innerhalb von 15 Tagen ihr Ziel erreichen. Außerdem gibt es die Möglichkeit, per **Speedpost** zu versenden. Damit sollte die Sendung innerhalb von sechs Tagen den Empfänger erreichen. Preise: 250 g 675 Rs, jede weiteren 250 g zusätzlich 75 Rs. 1 kg kostet also 900 Rs, 5 kg kosten 2.100 Rs.

Buchsendungen kosten bis 500 g 42 Rs auf dem Seeweg und 142 Rs auf dem Luftweg. Jeweils 500 g zusätzlich kosten auf dem Seeweg 18 Rs und auf dem Luftweg 118 Rs mehr. Das Paket muss so verpackt werden, dass eine Seite offen ist, um den Inhalt kontrollieren zu können.

Paketporto

	Air Mail	Sea Mail
250 g	470 Rs	430 Rs
500 g	575 Rs	460 Rs
1 kg	655 Rs	520 Rs
2 kg	925 Rs	640 Rs
5 kg	1.705 Rs	1.000 Rs
10 kg	3.005 Rs	1.600 Rs
20 kg	5.605 Rs	2.800 Rs

Postlagernde Sendungen

Postlagernde Sendungen *(Poste Restante)* werden nur gegen Vorlage des Reisepasses herausgegeben. Wer nicht gerade Müller, Meier oder Schmidt heißt, sollte sich Post von Freunden und Verwandten von zu Hause nur unter Angabe seines **Nachnamens** nach Indien schicken lassen. Bei sehr häufigen Nachnamen reicht der Zusatz des Anfangsbuchstabens des Vornamens, wobei man zur Sicherheit den Nachnamen noch unterstreichen sollte. Die richtige Adresse würde z.B. lauten:

B. Barkegeier
Poste Restante
G.P.O.
Nagarpur 12345
India

Damit löst man das häufige Problem, dass Briefe statt unter dem Anfangsbuchstaben des Nachnamens fälschlicherweise unter dem des Vornamens einsortiert werden und damit unauffindbar bleiben. Woher soll der indische Postbeamte auch wissen, dass *Reinhold* der Vorname und *Messner* der Nachname ist? Sicherheitshalber sollte man beim Abholen der Sendung unter dem Anfangsbuchstaben des Vor- und des Nachnamens suchen.

Einschreibesendungen und **Päckchen** bzw. **Pakete** sind stets auf einer Extraliste vermerkt. Allerdings sollte man sich keine wertvollen Dinge zuschicken lassen, da sie so gut wie nie ihren Adressaten erreichen. Die Laufzeit der Briefe beträgt, je nach Lage des Ortes, zwischen vier und zehn Tagen.

Schließlich gibt es noch die Möglichkeit eine Hoteladresse anzugeben, an die man sich Post schicken lassen kann. Diese wird dann dort meist ans schwarze Brett gehängt, wo man sie sich abholt:

W. Radl
c/o Hotel Taj Mahal
Client's Mail/will be collected
14 Vasant Marg
Nagarpur 12345
India

Telefonieren

Auslandsgespräche

Verglichen mit noch vor ein paar Jahren, als der Versuch internationale Telefongespräche zu führen oftmals eine äußerst langwierige und frustrierende Angelegenheit war, geht dies heute fast schon paradiesisch einfach über die Bühne. Am besten, man sucht einen der fast in jeder Stadt vorhandenen **ISD-STD-Läden** auf. Dort bekommt man normalerweise innerhalb kürzester Zeit eine Verbindung. Meist befindet sich in der Telefonzelle eine Leuchtanzeige, auf der der bereits vertelefonierte Betrag fortlaufend angezeigt wird.

Eine Minute nach Mitteleuropa kostet zwischen 7 und 15 Rs (abhängig von der Konkurrenzsituation der Telefongesellschaften am Ort, das heißt meist: je größer der Ort, desto billiger der Minutenpreis). In den ISD/STD-Läden wird sekundengenau abgerechnet. Dieser Preis gilt den ganzen Tag. Selten verfahren Telefonläden noch nach dem alten System, wonach man mindestens drei Minuten telefonieren und bezahlen muss. Bisher besteht nur selten in **Internet-Läden** die Möglichkeit, per Internet nach Europa zu telefonieren. Diese Methode nennt sich „net to phone" und kostet um 4 Rs pro Minute.

Es ist möglich, über den Telefon-Direkt-Service **R-Gespräche** von Indien nach Hause zu führen. Dazu muss man die Direkt-Nummer für Deutschland (0049-17), Österreich (0043-17) oder die Schweiz (0041-17) wählen und wird dann mit einem Operator verbunden, der die Angerufenen in Deutschland fragt, ob sie die Gebühren für die Verbindung übernehmen wollen. Der Anrufer zahlt dann die Gebühren für ein indisches Ortsgespräch in Rupien, den Rest zahlt der Angerufene. Der Spaß ist aber nicht gerade billig, da allein der Tarif für den Operator pro Gespräch bei ca. 6 € liegt. Hinzurechnen muss man noch 0,59 € für jede Minute.

Wer diese Kosten nicht den Angerufenen, sondern der eigenen Telefonrechnung in Deutschland aufbürden will, kann sich bei der Telekom eine **Telekarte** mit persönlichem Kennwort kaufen. Dem Operator wird dann bei jedem Anruf das Kennwort mitgeteilt. Bei längeren Gesprächen spart man mit dieser Methode Geld. Die Minutengebühr ist mit 0,59 € günstiger als die in Indien berechneten 62 Rs (über 1,50 €).

Gespräche innerhalb Indiens

Telefongespräche innerhalb Indiens sind in den Hauptzeiten noch **problematisch** und kommen, wenn überhaupt, oft erst nach mehreren Versuchen zustande. Obendrein ist die Verbindung häufig schlecht. Hinzu kommt, dass noch lange nicht alle Orte in Indien per Direktwahl zu erreichen sind. In diesen Fällen muss man sich von einem Operator verbinden lassen. Ortsgespräche kosten 1 Rs für 2 Minuten.

Will man eine **Handynummer** eines indischen Anbieters anrufen, ist vor der immer mit „9" beginnenden Handynummer eine **„0" zu wählen,** falls man von **außerhalb des Bundesstaates** anruft, in dem das Handy angemeldet ist, das erreicht werden soll.

Handy

Alle deutschen, österreichischen und Schweizer Provider haben Roamingpartner in Indien. D.h. wenn es die Vertragsart erlaubt, kann man mit seinem Mobiltelefon auch in Indien telefonieren. Man muss jedoch mit **hohen Roaming-Kosten** rechnen. Preiswer-

Vorwahlnummern

• **Indien:**	0091
Von Indien nach:	
• Deutschland	0049
• Österreich	0043
• Schweiz	0041

ter geht es, wenn man bei seinem Provider nachfragt oder auf der Website nachschaut, welcher der Roamingpartner in Indien am preiswertesten ist und diesen per **manueller Netzauswahl** bei den Telefonaten voreinstellt. In Indien nutzt man üblicherweise 900 MHz GSM wie in Europa (seltener 1800 MHz).

Nicht zu vergessen sind auch die **passiven Kosten,** wenn man von zu Hause angerufen wird (Mailbox abstellen!). Der Anrufer zahlt nur die Gebühr ins heimische Mobilnetz, die teure Rufweiterleitung ins Ausland zahlt der Empfänger. Wesentlich preiswerter ist es, sich von vornherein auf **SMS** zu beschränken, der Empfang ist dabei in der Regel kostenfrei. Tipp: Man lasse sich von allen wichtigen Personen eine SMS schreiben, sodass man im Ausland nicht zu wählen braucht, sondern nur auf „Antworten" drücken muss.

Falls das eigene Mobiltelefon **SIM-lock-frei** ist (keine Sperrung anderer Provider vorhanden ist) und man viele Telefonate innerhalb Indiens führen möchte, kann man sich eine indische **Prepaid-SIM-Karte** besorgen.

Hat man kein eigenes, in Indien funktionsfähiges Handy mitgenommen, kann man sich auch in Indien für einen etwas geringeren Preis als in Europa eines zulegen.

Gespräche **indischer Prepaid-Anbieter** innerhalb Indiens sind mit 1 Rs ins Festnetz und zwischen 2 und 4 Rs in andere Handy-Netze konkurrenzlos günstig. Per Handy nach Europa zahlt man ca. 10 Rs, wobei der Angerufene oft einen eigenen Anteil bezahlt. Eine SMS schlägt mit durchschnittlich 2 Rs, nach Europa mit 5 Rs zu Buche.

Kauft man sich also eine Prepaid-Sim-Karte eines indischen Anbieters, sind meist 100 bis 150 Rs Grundgebühr zu zahlen, man erwirbt jedoch meist mit der Prepaid-Karte auch gleich das erste Gesprächsguthaben, wobei sich der Gesamtpreis gewöhnlich auf etwa 1.000 Rs beläuft, von denen 800 bis 900 Rs eine bestimmte Zeitdauer, abhängig vom jeweiligen Anbieter, zu vertelefonieren sind. Die bekanntesten Firmen für Prepaid-Verträge auf dem hart umkämpften indischen Markt sind *Vodaphone, Airtel, Hutch, Reliance* und *BSNL,* die alle ihr jeweils eigenes Netz in Indien haben, sodass ein Anbieter in einer Gegend Indiens, ein anderer Anbieter in einer anderen die bessere Verbindungsqualität hat. So sollte man sich vor Ort erkundigen, welcher Anbieter für die jeweils bereiste Region die beste Verbindungsqualität aufweist.

Neben den Kiosken und Geschäften, in denen das Guthaben (oft weit weniger als die volle Summe) durch ein Telefonat des Kioskbesitzers mit der Zentrale des Anbieters aufgestockt werden kann, ist die Aufladung in den Vertragsgeschäften der Anbieter, etwa Vodaphone, auch per zu kaufender Prepaid-Karte zu bewerkstelligen, indem man die Nummer freirubbelt und den Nummerncode über die Handytastatur eingibt, wodurch man die volle gekaufte Summe vertelefonieren kann. Die zweite Methode ist also die sicherere.

Gelegentlich gibt's Probleme mit dem Versenden von SMS, die zwar gesendet, aber dann für längere Zeitabschnitte nicht vom gegenüber beantwortet werden können. Zum Kauf einer Prepaid-Karte wird in den meisten Geschäften die Vorlage des Ausweises verlangt, der dann kopiert wird.

An einigen Flughäfen werden **Mobiltelefone vermietet.** Bei einem Preis von etwa 6 € pro Tag macht das aber wenig Sinn.

• **Buchtipp:** Viele nützliche und Geld sparende Tipps bietet das Buch „Handy global – mit dem Handy ins Ausland" aus der Praxis-Reihe des Reise Know-How Verlages.

Diebstahl und Verlust

Sollte das Mobiltelefon im Ausland verloren gehen oder gestohlen werden, sollte man bei einem **Laufzeitvertrag,** aber auch bei bestimmten **Prepaid-Abonnements** die Nutzung der SIM umgehend beim Provider sperren lassen (nicht immer kostenfrei!). Für deutsche Betreiber kann man das über die zentrale Sperrnummer **0049-116116** machen, die auch zur Sperrung von Maestro-(EC-), Kredit- und Krankenkassenkarten gilt. Dazu muss man in der Regel **folgende Angaben** machen können, die man sich vorab irgendwo notieren sollte: Rufnummer, SIM-Kartennummer (auf SIM vermerkt), Kundennummer oder Kundenkennwort.

Sicherheit

Indien ist, auch wenn es bei Betrachtung der ausländischen Berichterstattung nicht immer so scheint, ein **relativ sicheres Reiseland.** Bedenkt man, welche ungeheuren sozialen Spannungen im Lande herrschen und dass 40 % der Bevölkerung unter der sogenannten Armutsgrenze leben, kann man sich nur wundern, dass alles im Grunde so friedlich ist. Die Religion übt sicher einen die Kriminalität dämpfenden Einfluss aus: Man fügt sich lieber in sein Karma, als sich mit Brachialgewalt in eine bessere finanzielle Position zu bugsieren. Herrschten dieselben sozialen Verhältnisse in Europa, könnte wohl niemand mehr vor die Haustür gehen.

Verständlicherweise gibt es in punkto Sicherheit **regionale Unterschiede.** Besonders in Touristenhochburgen haben sich zwielichtige Gestalten angesiedelt, die sich an den westlichen Touristen auf die eine oder andere Art bereichern möchten. Besonders an den von Travellern besonders frequentierten Stränden in Goa kommt es häufig zu Diebstählen und Betrügereien.

Sicherheitslage für Indienreisen

Das Auswärtige Amt sieht im Januar 2009 keinen Anlass, von Reisen nach Indien generell abzuraten. Die folgenden **Warnungen** werden aber ausgesprochen: Mit Anschlägen in Indien muss gerechnet werden. Ziele können auch von Touristen bevorzugte Orte sein. Es wird daher generell zu erhöhter Wachsamkeit geraten, besonders beim Besuch von Märkten, öffentlichen Plätzen und großen Menschenansammlungen sowie Regierungsgebäuden und nationalen Wahrzeichen.

Die Heftigkeit von **Bombenanschlägen** und gewalttätigen Auseinandersetzungen hat durch den Angriff auch auf touristische Ziele in Mumbai im November 2008 eine neue Qualität bekommen. Zudem sind immer mehr Opfer zu beklagen. Viele Anschläge jüngeren Datums stehen nicht im Zusammenhang mit dem Pakistan-Konflikt, sie werden islamistischen Terroristen zugeschrieben.

Mumbai hat seit den Bombenanschlägen von 1993 und vor allem seit den Terroranschlägen vom November 2008 die wahrscheinlich größte Polizeipräsenz des Landes – ist irgendetwas los, taucht in Kürze aus dem Nichts eine Patrouille auf, oft in Zivil. Nachts werden an Straßensperren Fahrzeugkontrollen durchgeführt; dabei geht es weniger um die Bremsbeläge als um Schmuggelware, Waffen u.Ä. Obwohl bei den jüngsten Attacken auch touristische Ziele betroffen waren, muss man die Gefahr eines Mumbai-Besuchs sicher nicht allzu hoch einschätzen.

Die Stadt beherbergt eine ganze Reihe von mafiaähnlichen Banden, die ihre relative „Unantastbarkeit" der Protektion durch Lokalpolitiker verdanken. Die Banden scheinen sich allerdings gegenseitig ausrotten zu wollen. Bandenkriege, oft spektakulär wie in einem Hollywood-Thriller, gehören fast zum Alltag. Reisende sind davon nicht betroffen, es geht einzig und allein um unterweltinterne Querelen. Mit Ausnahme von einigen Slum- und Rotlichtvierteln, die man meiden sollte, kann Mumbai nicht als besonders unsicher eingestuft werden.

In jüngster Zeit gab es in Großstädten, so in New Delhi, Einzelfälle von Gewaltkriminalität gegen ausländische Frauen.

Über die aktuelle Sicherheitslage informiert das Auswärtige Amt unter:
- **www.auswaertiges-amt.de.**

Betrug

Vorsicht ist bei der **Bezahlung mit Kreditkarten** geboten. Abgesehen von staatlichen Geschäften, seriösen Läden und First-Class-Hotels, kommt es immer wieder zu Trickbetrügereien, die man oftmals erst bemerkt, wenn man wieder im Heimatland ist – und dann ist es zu spät.

Eine ähnlich unliebsame wie häufige Überraschung mussten Touristen erleben, die sich auf das Versprechen von Verkäufern verließen, die als besonderen Service die erstandene Ware **per Post** nach Hause zu schicken vorgaben. Für viele entwickelte sich das sehnsüchtige Warten auf die vielen schönen Souvenirs zum Warten auf Godot. Am besten ist es immer noch, man gibt die Pakete persönlich bei der Post auf oder nimmt sie selbst mit nach Hause.

Damit kein Missverständnis entsteht: Hier soll nicht allgemeinem Misstrauen gegenüber indischen Geschäftsleuten Vorschub geleistet werden - aber Geld ist nun mal verführerisch, vor allem in einem Land, in dem die Armut groß ist. Die Tricks der Betrüger, ihre Opfer in Sicherheit zu wiegen, sind vielfältig. Generelle Vorsicht ist bei allzu verlockenden Geschäften geboten, besonders solchen am Rande der Legalität oder gar Gesetzesverstößen (z.B. Schwarztausch oder Schmuggel). Hier wird besonders gern betrogen, da sich das Opfer nicht an die Polizei wenden kann.

Diebstahl

Das Delikt, das am ehesten zu erwarten ist, sind Diebstähle in **Hotelzimmern** oder Taschendiebstähle. Verlässt man sein Zimmer, sollten alle wertvollen Gegenstände verschlossen werden. Zu „wertvollen Gegenständen" können auch Kugelschreiber, Feuerzeuge, Taschenrechner u.ä. gerechnet werden. Wer ganz sicher gehen will, sollte auch seine Kleidung nicht im Zimmerschrank ablegen, sondern im Gepäck belassen: Ein schönes T-Shirt oder ein teurer BH kann auf manche(n) Hotelangestellte(n) eine unwiderstehliche Anziehungskraft ausüben. Dabei geht es den Dieben weniger um den materiellen Wert des Objektes, als darum, ein ausländisches (bzw. im Ausland hergestelltes) Kleidungsstück zu besitzen. *Foreign* ist „in".

Wer Parterre wohnt, sollte dafür sorgen, dass keine Gegenstände durchs Fenster „erangelt" werden können. Zimmertüren sollten nachts gut verschlossen sein. Zur doppelten Sicherheit kann man von innen ein batteriebetriebenes **Alarmgerät** an die Türklinke hängen. Fasst jemand von außen an die Klinke, geht ein lauter, schriller Alarmton los. Das Gerät lässt sich mit dem gleichen Effekt auch in verschlossenen Gepäckstücken unterbringen.

Gegen **Taschendiebstähle** ist das allerbeste Mittel, gar nichts Wichtiges in den Hosentaschen herumzutragen. Geld, Schecks und Pass sollten in einem **Bauchgurt** untergebracht werden, den man unter der Kleidung tragen kann. Da der fast permanent auftretende Schweiß oft durchdringt, empfiehlt es sich, den Inhalt noch einmal in eine Plastikhülle zu packen. Brustbeutel sind zum einen deutlich sichtbar, lassen sich zum anderen auch zu leicht abnehmen - am liebsten vom Besitzer, wenn er in der indischen Hitze schwitzt. **Geldgürtel** sind auch nicht schlecht, für Pässe allerdings zu schmal. Außerdem sollten sie diskret genug sein, um nicht als solche erkannt zu werden.

Vor der Reise sollten von allen Dokumenten (Pass, Visum, Scheckquittungen, Tickets) mehrere **Fotokopien** angelegt und an verschiedenen Stellen verstaut werden. Auch Geld und Schecks sollte man nicht an einer Stelle unterbringen.

Überfälle

Weitaus seltener als Diebstähle sind Überfälle. Gelegentlich - sehr selten - kommt es zu Überfällen auf Busse oder Züge. Sich dagegen zu schützen ist fast unmöglich; im unwahrscheinlichen Falle einer solchen Attacke gilt es aber, nicht den indischen Filmhelden spielen zu wollen. Inder, auch Kriminelle, haben Respekt vor westlichen Ausländern, und wahrscheinlich wird man behutsamer behandelt als die Einheimischen.

Bahn

Bahnhöfe und Züge sind ein ideales Jagdrevier für Diebe, weil dort oftmals chaotische Zustände herrschen. Zudem führt der Tourist während des Reisens meist seine gesamten Wertsachen mit sich. Besonders beliebt bei Gaunern sind häufig bereiste Strecken wie z.B. Goa - Mumbai oder Chennai - Madurai. Vorsicht ist vor allem in den Minuten vor der Abfahrt des Zuges und während der oft langen Zwischenstopps geboten, da dann ein ständiges Kommen und Gehen herrscht. Wer jedoch einige Grundregeln konsequent befolgt, ist vor Diebstahl so gut wie sicher. Mir selbst ist während zehn Jahren in Indien absolut nichts abhanden gekommen.

Die wichtigste Regel ist: Nie die **Wertsachen,** d.h. Flugticket, Reiseschecks, Bargeld,

Pass, Kreditkarte und Kamera, aus den Augen lassen. Am besten macht man es sich zum Prinzip, den Geldgurt während einer Zugfahrt nie abzulegen. Die **Kameratasche** sollte man nachts am besten im Kopfbereich abstellen oder sogar als Kopfkissen benutzen. Viele Traveller in Indien schließen ihre Rucksäcke oder Koffer mit einer **Metallkette** ans Bett an. Das ist sicher sinnvoll, doch die Diebe haben es mittlerweile meist sowieso auf die wertvollen kleinen Gegenstände abgesehen.

Besonders gefährdet sind naturgemäß **Einzelreisende.** Schließlich ist es gerade während der oftmals langen Zugfahrten unmöglich, ständig hellwach zu bleiben. In einem Notfall sollte man vorher eine vertrauenerweckende Person (Frauen, Familienväter) darum bitten, für die Zeit der Abwesenheit auf das Gepäck zu achten.

Achtgeben sollte man auch, wenn sich eine Gruppe junger, auffällig modisch gekleideter Männer um einen versammelt, besonders, wenn sie mit einem großen Gegenstand, etwa einer Holzplatte oder einem Bild, hantieren. Oft schon wurden solche Objekte nur zur Tarnung eines Diebstahls zwischen den Besitzer und seinen Rucksack geschoben.

Bus

Bei den staatlichen Bussen stellt die übliche Gepäckaufbewahrung **auf dem Dach** ein echtes Sicherheitsrisiko dar. Man sollte auf jeden Fall darauf achten, das Gepäck gut festzuzurren und es möglichst mit einer eigenen Kette sichern. Gerade während der vielen Teepausen sollte man immer mal wieder einen prüfenden Blick auf sein Gepäck werfen. Besser ist es jedoch seine Habseligkeiten im **Businneren** zu deponieren. Platz findet sich eigentlich immer, ob nun unter den Sitzbänken, im Gang oder neben der Fahrerzelle. Gern gesehen wird das zwar meist nicht, doch nach einigem Insistieren stört sich dann meist keiner mehr daran. Bei privaten Busgesellschaften kann man sein Gepäck in der Regel sicher verstauen.

Demonstrationen, Menschenansammlungen und Feste

Inder sind die meiste Zeit zwar sehr umgängliche und freundliche Zeitgenossen, diese Regel kann sich gelegentlich aber auch in Sekundenschnelle umkehren. Das gilt vor allem bei großen Menschenansammlungen, Demonstrationen u.Ä. Sind die Gemüter erhitzt, kann eine friedliche Versammlung in Windeseile in eine Massenkeilerei, einen „Religionskrieg" oder sonstiges Chaos ausarten, bei dem die Polizei manchmal sehr brutal eingreift. Bei politischen Versammlungen oder ähnlichen Menschenansammlungen hält man sich am besten am Rande des Geschehens auf, um notfalls schnell aus der Gefahrenzone verschwinden zu können.

In Kerala wird zwar gern und viel (in Trivandrum fast täglich) demonstriert, aber die Menschen sind hier eben auch geübter im Demonstrieren und damit zivilisierter als in anderen Teilen Indiens. Deshalb sind in der Regel keine Ausschreitungen zu erwarten.

Ähnliches gilt auch bei den ausgelassenen Festen, vor allem beim **Frühlingsfest Holi.** Gelegentlich stellt die Alkoholisierung einzelner Männer ein Belästigungspotenzial dar. Zu Holi berauschen sich viele Inder mit Alkohol oder Bhang, einem Getränk aus Milch, Zucker, Gewürzen und Marihuana. Traditionell bewerfen die Feiernden ihre Mitmenschen mit bunten Farbpulvern, wobei Ausländer bevorzugte Zielscheiben darstellen. Farbpulver wären ja nicht schlimm, leider wird das Fest aber von Jahr zu Jahr rowdyhafter – im Vollrausch wird gelegentlich schon mal mit Lackfarbe und Exkrementen geworfen. Zu Festen wie Holi gilt es, die Atmosphäre des Ortes auszuloten. Machen zu viele rabaukenhafte Jugendliche die Straßen unsicher, zieht man sich lieber in sein Hotelzimmer zurück. Diese Vorsichtsmaßnahme gilt im erhöhten Maße für Frauen.

Anzeige erstatten

Ist es zu einer Straftat gekommen, sollte auf der nächsten Polizeiwache *(thana)* Anzeige erstattet werden *(darj karana).* Das kann jedoch zu einem Hindernislauf ausarten. Indische Polizisten können sehr hilfreich, oft

Notfall-Tipps

Vorsorgemaßnahmen vor Reiseantritt

- Vor der Reise ist es unbedingt ratsam, eine **Auslandsreise-Krankenversicherung** abzuschließen (siehe „Vor der Reise: Versicherungen"). Bei erhöhtem Sicherheitsbedarf kann auch eine Reise-Notfall-Versicherung bzw. ein Schutzbrief nützlich sein.
- Ein **Impfpass** und evtl. ein **Gesundheitspass** mit Blutgruppe, Allergien, benötigten Medikamenten u.Ä. sollte mit auf die Reise genommen werden, ebenso natürlich die Medikamente selbst.
- Bei der Hausbank sollte man sich über die Möglichkeiten der **Geldüberweisung** informieren, außerdem sollte man ggf. rechtzeitig eine Kreditkarte beantragen und sich über Notfallhilfen und Sperrmodalitäten des **Kreditkarteninstituts** kundig machen.
- Für Postempfang und Kontoverfügung sollten bei der Post bzw. Bank an vertrauenswürdige Personen **Vollmachten** ausgestellt werden. Gegebenenfalls sollte man seinem Rechtsanwalt eine Vertretungsvollmacht für Notfälle geben.
- **Zu Hause** ist zu klären, wer im Notfall telefonisch erreichbar ist, R-Gespräche übernimmt (siehe „Post und Telefonieren") und einem Geld überweisen kann. Dort sollten auch die eigene Bankverbindung und die Versicherungsadressen hinterlassen werden.
- **Dokumente** sollten wassergeschützt am Körper (Bauchtasche, Geldgürtel u.Ä.) aufbewahrt oder im Hotelsafe gegen ausführliche Quittung hinterlegt werden.
- Auf alle Fälle sollte man sich **Kopien** von Pass (inkl. Visumseite), Flugticket, Kredit- und Scheckkarten, Reiseschecks und sonstigen Dokumenten anfertigen, einen Satz wasserdicht verpacken und getrennt von den Originalen mitnehmen, einen zweiten Satz zu Hause hinterlegen.

  Die Kopien können auch bei der Beschaffung von Geld mittels *Money Transfer*, wie er von mehreren Anbietern in Indien offeriert wird, sehr von Nutzen sein. Die meisten Firmen verlangen zwar die Vorlage eines Originaldokuments (dies kann außer dem Pass auch der Führerschein oder Personalausweis sein) als Identitätsnachweis. In Ausnahmefällen ist der Geldtransfer aber auch mit einer Kopie des Passes oder Ausweises möglich, wenn zusätzlich das polizeiliche Aufnahmedokument des Diebstahls oder Verlustes vorgelegt werden kann. Leider wissen das, besonders in kleineren Orten, die Bediensteten der jeweiligen Filiale nicht immer.
- Ein ausreichend hoher **Sicherheitsgeldbetrag** sollte getrennt von der Reisekasse aufbewahrt werden.
- Sinnvoll ist es, sich einen **persönlichen Notfall-Pass** zu erstellen und ihn wasserdicht und sicher am Körper aufzubewahren. Eingetragen werden sollten: eigene persönliche Daten, die eigene Adresse und die von Kontaktpersonen zu Hause inkl. Telefonnummer (und Faxnummer), die eigene Bankverbindung, Notruf-Telefonnummern der Kranken- und/oder Reise-Notfall-Versicherung oder der Schutzbrieforganisation, Adresse und Telefonnummer der Botschaft (s. „Vor der Reise: Diplomatische Vertretungen"), Deutschland-Direkt-Nummer für R-Gespräche, Nummern des Passes, des Flugtickets, der Reiseschecks, der Kreditkarten usw.

Im Krankheitsfall

- Wenn ein Auslandskrankenschein nicht akzeptiert wird und man die Kosten selber zu tragen hat, muss man sich vom Arzt eine **ausführliche Bescheinigung** über Diagnose und Behandlungsmaßnahmen, einschließlich verordneter Medikamente, sowie eine **Quittung** über die bezahlte Behandlung ausstellen lassen. Auch von Apotheken sollte man sich Quittungen ausstellen lassen.

- Bei **schweren Fällen** sollte außer dem Notfallservice der Versicherung auch die Botschaft bzw. das Konsulat informiert werden.

Verlust von Dokumenten

- Von der **Polizei** bei Verlusten ein ausführliches Protokoll ausstellen lassen.
- Wird der **Reisepass oder Personalausweis** im Ausland gestohlen, muss man dies bei der örtlichen Polizei melden. Die **Botschaften bzw. Konsulate** (siehe „Vor der Reise: Diplomatische Vertretungen") stellen bei Passverlust einen Ersatzpass aus, nachdem die Identität geklärt ist. Beste Voraussetzung dafür ist eine Kopie des Originals. Sonst wird beim Einwohnermeldeamt der Heimatstadt angefragt, was Zeit und Geld kostet.

Auch in **dringenden Notfällen,** z.B. medizinischer oder rechtlicher Art, Vermisstensuche, Hilfe bei Todesfällen, Häftlingsbetreuung o.Ä. sind die Auslandsvertretungen bemüht, vermittelnd zu helfen.

Beschaffung von Geld

Zum Verlust von Geld, Geldkarten oder Schecks siehe „Vor der Reise: Geldangelegenheiten".

- **Überweisung** von der **Hausbank.** Dazu sollte man schon vor der Reise die jeweiligen Bedingungen, insbesondere die Korrespondenzbank im Reiseland, klären.
- **Blitzüberweisung** durch eine **Vertrauensperson.** Spezialisiert auf schnellste Verbindungen ist Western Union (siehe „Vor der Reise: Geldangelegenheiten, Überweisungen"). Der Betrag wird zusammen mit einer Gebühr eingezahlt, der Überweisungsvorgang erhält in Deutschland innerhalb weniger Minuten eine zehnstellige Nummer, diese kann telefonisch ins Reiseland übermittelt werden und dient neben dem Ausweis als Identifikation des Abholers. Auch Thomas Cook und UAE Exchange bieten diese Serviceleistung zu ähnlichen Konditionen an.
- Vertreter des **Kreditkarteninstituts** zahlen nach Klärung der Identität ein Notfallgeld. Auf eine rasche Ausstellung der Ersatzkarte sollte man nicht in jedem Fall vertrauen.
- **Reise-Notfall-Versicherungen** zahlen je nach Vertragsklauseln bis zu 1.500 Euro Notfalldarlehen, direkt über Vertreter im Reiseland, falls vorhanden.
- Die **Botschaften bzw. Konsulate** leihen nur in absoluten Ausnahmefällen Geld, zumeist auch nur in Form von Rückflugticket oder Zugfahrkarte. Allerdings kann in Notfällen eine Information an Verwandte in Deutschland erfolgen, die das benötigte Geld dann auf ein Konto des Auswärtigen Amtes einzahlen.

aber auch völlig unkooperativ sein. Ihre Landsleute müssen nicht selten erst einen Obulus entrichten, ehe der Fall bearbeitet wird.

Ausländer werden in der Regel zuvorkommender behandelt. Falls man bei den niederen Polizeirängen auf Probleme stößt, sollte man darauf bestehen, mit einem höheren Polizeioffizier zu sprechen. Das kann der *Inspector (thanedar)* sein oder der *Sub Inspector (daroga)*. Bei sexuellen Vergehen können Frauen bitten, mit einer Polizistin *(pulis ki mahila sipahi)* zu sprechen. Ob es auf der Wache eine gibt, und falls ja, ob sie Englisch spricht, ist wiederum eine andere Sache. Bei Erstattung einer Anzeige ist am Ende ein **Protokoll** *(vigyapti)* zu unterschreiben. Das ist je nach Ort des Geschehens wahrscheinlich in Hindi, Marathi, Tamil oder einer sonstigen Regionalsprache verfasst, seltener in Englisch. Man hat also im Normalfall keine Ahnung, was man unterschreibt. Danach gibt es einen Zettel mit der **Registriernummer** *(panjikaran sankhya)* des Falles, auch dieser wahrscheinlich in der Regionalsprache. Im Falle von Diebstählen muss der Versicherung *(chori bima)* daheim eine Kopie des Verlustprotokolls und eventuell die Registriernumer des Falles vorgelegt werden. Für eine **amtliche Übersetzung** hat der Geschädigte selbst zu sorgen. Normalerweise erstellen die Heimatbotschaften solche Übersetzungen, allerdings nicht umsonst.

Falls der Missetäter auf frischer Tat ertappt worden ist, sollte man sich nicht wundern, wenn er auf der Wache gleich mit ein paar saftigen Ohrfeigen bedacht wird – das ist normale Polizeipraxis. Was weiter in der Zelle passiert, lässt sich nur erahnen.

Buchtipp

- **„Schutz vor Gewalt und Kriminalität unterwegs"**, erschienen in der Praxis-Reihe des REISE KNOW-HOW Verlages.

807ra Foto: tb

Unterkunft

Wer die Wahl hat, hat die Qual. Diese alte Weisheit gilt bei der Wahl der Unterkunft in Indien wohl noch mehr als anderswo. Die Zahl der Möglichkeiten ist schier unbegrenzt und reicht vom stickigen, moskitodurchsetzten Schlafsaal bis zum fürstlichen Schlafgemach in einem ehemaligen Rajputenpalast.

Die in diesem Buch beschriebenen Unterkünfte sind in **drei Haupt-Preiskategorien** unterteilt, welche wiederum in jeweils zwei Unterkategorien gegliedert sind, und werden durch hochgestellte Eurozeichen (€€€€) symbolisiert.

Untere Preiskategorie

€ (bis 400 Rs)

Naturgemäß kann man bei einem Maximalpreis von etwa 8 € keine allzu hohen Ansprüche stellen. Besonders in den großen Metropolen sollte man nicht mehr als ein **spartanisches kleines Zimmer,** häufig ohne Fenster, ausgestattet mit Bett, Neonröhre und einem sehr einfachen Badezimmer (oft auch Gemeinschaftsbad) erwarten. Dafür gibt es in Orten, die sich bei Rucksackreisenden großer Beliebtheit erfreuen, oftmals eine Vielzahl hervorragender billiger Unterkünfte. Ventilator, geräumige, helle Zimmer, oft auch ein eigenes Bad sind dort fast selbstverständlich. Häufig gibt's auch schon einen Fernseher.

Besonders empfehlenswert sind die so genannten **Guest Houses,** meist relativ kleine, wie Privatpensionen geführte Unterkünfte, deren Zimmer oft über ein eigenes Bad und im oberen Preisbereich ein Fernsehgerät verfügen. Da hier der Besitzer meist noch selber Hand anlegt, wirkt alles gepflegt und sauber, die Atmosphäre ist freundlich und man kann leicht Kontakt zu Gleichgesinnten knüpfen.

Menschenmassen unterwegs – hier muss man mit Taschendieben rechnen

Es gibt natürlich Ausnahmen, speziell da, wo sich die ehemals intimen Guest Houses wegen ihres Erfolges über die Jahre zu kleinen Hotelburgen entwickelt haben.

Eine speziell indische Einrichtung sind die so genannten **Railway Retiring Rooms.** Wie der Name schon sagt, befinden sich die Unterkünfte auf dem Bahnhofsgelände, meist im Bahnhof selbst. Wegen ihres günstigen Preises (oft nicht mehr als 60 Rs für ein DZ, EZ gibt es nicht) sind sie auch bei Indern sehr beliebt und deshalb oft ausgebucht. Meistens sind die Zimmer recht gepflegt und bieten besonders für diejenigen eine echte Alternative, die nur auf eine kurze Stippvisite in dem Ort eintreffen und danach mit dem Zug weiterfahren. Ohropax ist jedoch gerade auf stark befahrenen Bahnhöfen für die Nachtruhe unbedingt erforderlich.

Jugendherbergen bilden eine weitere Möglichkeit des billigen Wohnens. Hierzu muss man nicht unbedingt im Besitz eines Mitgliedsausweises sein, allerdings werden von Nichtmitgliedern höhere Preise verlangt. Meist sind es jedoch auch dann nicht mehr als 60 Rs. Als beträchtlichen Nachteil empfinden viele Reisende jedoch die in Jugendherbergen herrschende Lautstärke. Zudem zeichnen sich die Schlafsäle nicht immer durch ein Höchstmaß an Sauberkeit aus.

Dharamsalas sind Unterkünfte für Pilger. Nur gelegentlich sind sie auch für Nicht-Hindus zugänglich. Besondere Rücksichtnahme auf den religiösen Charakter dieser Unterkünfte sollte selbstverständlich sein.

Schließlich sei auf die so genannten **Salvation Army Hotels** hingewiesen, die speziell in Mumbai und Chennai die besten Low-Budget-Unterkünfte darstellen. Diese von der Heilsarmee geleiteten Unterkünfte sind nicht nur billig und sauber, sondern liegen auch sehr zentral, was gerade in den großen Metropolen ein gewichtiger Pluspunkt ist.

€€ (400 bis 800 Rs)

In dieser Kategorie sind ein eigenes Bad, große, große Betten, Fernseher und Teppichboden üblich. Im oberen Bereich gehört oft sogar eine Klimaanlage dazu – also fast schon ein bisschen Luxus. Gerade in dieser

Preisklasse ist das Angebot in den meisten Städten besonders umfangreich. Wenn im Einsterne-Bereich die Auswahl eher bescheiden ist, sollte man ein paar Rupien drauflegen, denn oftmals ist der Unterschied zwischen einer 250- und einer 500-Rupien-Unterkunft gravierend. Andererseits fehlt den etwas besseren Quartieren oftmals das Flair der Billigunterkünfte.

Dies gilt auch für die von den staatlichen Touristenorganisationen geleiteten **Tourist Bungalows.** Meist kann man aus einer großen Anzahl unterschiedlicher Zimmer auswählen. Oft verfügen sie über ein Restaurant. Außerdem ist ihnen vielfach das lokale Touristenbüro angeschlossen, sodass man nicht nur hilfreiche Informationen erhält, sondern z.B. auch Stadtrundfahrten vor der Haustür starten. Leider werden diese Vorteile nur allzu oft durch den miserablen Service, der die Tourist Bungalows „auszeichnet", zunichte gemacht.

Zimmersuche – worauf ist zu achten?

- **Sanitäre Anlagen:** In diesem Bereich gibt es am meisten zu beanstanden. Toilettenspülungen funktionieren oft nicht, aus der Dusche rinnen nur ein paar Tropfen oder es fehlt der Duschkopf und das heiße Wasser entpuppt sich nur allzu oft als laue Brühe. Alles checken und, falls etwas fehlt, reklamieren. Für viele wichtig: Gibt es ein „europäisches" WC oder ein indisches „Hock-Klo"?
- **Betten:** Sie sind so etwas wie eine Visitenkarte. Ist die Bettwäsche schmutzig bzw. die Matratze mit Flöhen durchsetzt oder durchgelegen, braucht man gar nicht weiter zu verweilen. Eine Liegeprobe zeigt auch, ob das Bett lang genug für europäische Lulatsche ist. Vielfach ist es das nicht. Der häufig vorkommende Grauschleier lässt jedoch eher auf die vorsintflutlichen Waschmethoden schließen als auf nicht gewaschene Bettwäsche. Oft verströmen die Matratzen einen sehr eigenartigen Geruch, der keine Nachtruhe aufkommen lässt.
- **Moskitonetze:** Selbst im angenehmsten Bett kann die Nacht zur Qual werden, wenn man ständig von Blutsaugern heimgesucht wird. Wer also kein eigenes Moskitonetz dabeihat, sollte darauf achten, dass eines vorhanden ist. Ebenso wichtig ist, dass es keine Löcher aufweist. Viele Moskitonetze versprühen eine derart unangenehme Duftnote, dass man darunter kaum Luft bekommt. In diesem Falle sollte man sie auswechseln lassen. Gelegentlich wird das Moskitoproblem auch mit Fliegengittern oder Ähnlichem mehr oder weniger wirksam gelöst.
- **Klimatisierung:** Einen **Ventilator** gibt es in Indien in fast jedem Hotelzimmer. Funktioniert er auch? Und wenn ja, wie? Manche sind so träge, dass sich kein Lüftchen bewegt, andere lösen einen mittleren Wirbelsturm aus und donnern wie ein Hubschrauber im Tiefflug. Funktioniert die Stufenschaltung?

Die nächste Stufe wäre ein **cooler** – eine direkt im Zimmer untergebrachte kleine Klimaanlage, die teilweise gegen einen Aufpreis extra angebracht wird. Nichts für Geräuschempfindliche!

Eine Klimaanlage **(air conditon, AC)** ist dagegen wesentlich ruhiger – es sei denn, man hat sein Zimmer direkt in der Nähe ihres Gebläses.

- **Lautstärke/Lage:** Inder sind wesentlich lärmunempfindlicher als Europäer. Oft liegen die Zimmer direkt an einer ununterbrochen von Brummis befahrenen Hauptverkehrsstraße. Auch sollte man darauf achten, dass der Nachbar kein Fernsehnarr ist. Inder lieben es, bei voller Lautstärke in die Röhre zu glotzen. Oft befinden sich im Erdgeschoss von Hotels Restaurants, deren Lärm und Gerüche einen am Einschlafen hindern. Also empfiehlt es sich, sein Zimmer möglichst weit weg von Straße und Restaurant zu wählen. Im Notfall helfen Ohrenstöpsel.

Mittlere Preiskategorie

€€€ (800 bis 1.500 Rs)

Ab 1.000 Rs sind großzügig möblierte Zimmer mit heißer Dusche, Fernseher, Telefon und Zimmerservice üblich. Viele Hotels dieser Kategorie sind speziell auf die Bedürfnisse indischer Geschäftsleute wie kleinerer Handelsvertreter zugeschnitten. So sind die meisten Häuser eher **zweckmäßig eingerichtet** und besitzen ein eigenes Restaurant, in dem einheimische Gerichte angeboten werden.

€€€€ (1.500 bis 3.000 Rs)

In der Viersterne-Kategorie bekommt man schon eine ganze Menge fürs Geld. Zusätzlich zu den in der Dreisterne-Kategorie genannten Annehmlichkeiten sind hier Air Condition und Satellitenfernsehen eine Selbstverständlichkeit. Empfehlenswerst sind in dieser Preiskategorie die zu Hotels umfunktionierten ehemaligen Privatunterkünfte oder **Paläste fürstlicher Familien.** Hier durchweht noch ein Hauch der „guten alten Zeit" die Räumlichkeiten, wozu auch die stilvolle Möblierung beiträgt.

- **Schließfach-Service:** Es ist sehr angenehm, einmal ausgehen zu können, ohne ständig auf seine Wertsachen achtgeben zu müssen. Viele Hotels bieten einen so genannten *deposit service* an, bei dem man seine Wertsachen an der Rezeption deponieren kann. Allerdings sollte man sich immer eine Quittung über die abgegebenen Wertsachen ausstellen lassen.
- **Fernseher:** Kabelfernsehen ist seit einigen Jahren der große Renner in Indien. Viele Hotels werben mit dem Empfang internationaler Programme wie BBC und CNN. Da man in indischen Zeitungen nicht gerade mit internationalen News verwöhnt wird, checken einige Traveller zwischendurch ganz bewusst in solche Hotels ein, um auf dem Laufenden zu bleiben. Doch oft ist nur ein verschwommenes Bild zu empfangen.
- **Check-Out-Zeit:** Viele Hotels in Indien verfahren nach dem so genannten 24-Stunden-System, d.h. man muss den Raum genau einen Tag nach dem Einchecken wieder verlassen. Das ist von Vorteil, wenn man erst abends eincheckt, weil man dann noch den ganzen nächsten Tag zur Verfügung hat. Umgekehrt ist das unangenehmer: Wer ganz früh morgens ankommt, muss am nächsten Tag auch wieder früh aus den Federn. Andere Hotels verfahren nach der in Europa üblichen 9- bzw. 12-Uhr-Regel. Man sollte gleich zu Beginn fragen, welches System angewandt wird.

Obere Preiskategorie

€€€€€ (3.000 bis 6.000 Rs)

First-Class-Hotels finden sich durchaus nicht nur in den großen Metropolen, sondern in allen Millionenstädten, von denen es in Indien über 30 gibt. Abgesehen von Mumbai darf man bei allen Unterkünften dieser Kategorie auch eine schöne **Gartenanlage** sowie ein dem Hotel angeschlossenes, klimatisiertes Restaurant erwarten.

€€€€€€ (über 6.000 Rs)

In dieser Preiskategorie wird der **international übliche Standard** geboten, d.h. Swimmingpool, spezielle Einrichtungen für Geschäftsleute, mehrere Restaurants, Sportmöglichkeiten, angeschlossene Shoppingmalls etc. Besonders vertreten in dieser Kategorie sind Luxusketten wie Meridien, Taj, Oberoi und Hyatt.

Preise

Das Preissystem indischer Hotels ist oftmals sehr verwirrend. In vielen, selbst kleineren Hotels hat man oft die Auswahl zwischen bis zu zehn verschiedenen Preiskategorien. So kostet das billigste Zimmer z.B. 150 Rs und

216ke Foto: tb

Hotelanlage im oberen Sternebereich

das teuerste 1.400 Rs. Die Gründe für diese Abstufungen sind dabei oft nur minimal. Ein wenig mehr Holz an der Wandverkleidung begründet ebenso eine veränderte Preisstufe wie die Größe des Fernsehers oder die Höhe des Stockwerkes.

Mindestens ebenso verwirrend ist die allseits beliebte Praxis, auf den Zimmerpreis noch unzählige **Steuern und Zuschläge** aufzuschlagen. *Service charge, government tax* und *luxury tax* heben die Preise oft um bis zu 50 %. Speziell die **service charge** ist nichts weiter als ein Versuch des Managements zusätzlich abzukassieren, da das Personal, dem das Geld eigentlich zugute kommen sollte, meist kaum etwas davon sieht. Vielfach leiden die Angestellten sogar darunter, da viele Urlauber wegen der *service charge* kein zusätzliches Trinkgeld mehr zahlen. Man sollte immer nach dem Endpreis fragen, da einem andernfalls oft zunächst ein wesentlich geringerer Preis genannt wird. Die unangenehme Überraschung kommt bei der Bezahlung der Rechnung am Ende. Die in diesem Reiseführer genannten Preise beinhalten bereits eventuelle Zuschläge.

Schlepper

Sie sind meist auffällig chic gekleidet, sprechen oft gut Englisch, oft mit amerikanischem Akzent, scheinen magnetisch von westlichen Touristen angezogen zu werden, halten sich vorwiegend an Bahnhöfen oder in Hotelgegenden auf und geben als Berufsbezeichnung gern *tourist guide* an. Das ist im Grunde sogar zutreffend, verdienen sie ihr Geld doch damit, Touristen zu den Hotels zu führen, von denen sie für ihre Dienste eine Kommission von ca. 30 % bekommen. Wer den Mehrpreis am Ende bezahlt, ist klar – der Tourist. Schlepper führen einen entgegen ihren Beteuerungen also durchaus nicht zu den preiswertesten und schönsten, sondern zu den am besten zahlenden Unterkünften. Will man zu einem Hotel, welches nicht mit ihnen zusammenarbeitet, heißt es meist, es sei voll oder geschlossen oder abgebrannt. Am besten ignoriert man sie also und lässt sich gar nicht erst auf ein Gespräch ein, andernfalls können sie sehr „anhänglich" sein.

Nur für den Fall, dass man spät abends in einer Stadt angekommen ist und nach nervenaufreibender Suche keine Schlafstätte finden konnte, sollte man den grundsätzlich sehr zweifelhaften Service in Anspruch nehmen. Irgendwo werden sie schon noch ein Plätzchen auftreiben, schließlich liegt es ja in ihrem eigenen Interesse. Am nächsten Tag kann man sich dann selbstständig und ausgeruht auf die Suche nach einer aufpreisfreien Unterkunft begeben, so zahlt man nur eine Nacht die Kommission mit.

Verhaltenstipps

Dass die Inder zumeist wenig dramatisch auf falsches oder sogar verletzendes Verhalten von Touristen reagieren, liegt durchaus nicht daran, dass sie diesbezüglich unempfindlich sind, sondern an ihrer ausgeprägten **Toleranz.** Hinzu kommt, dass man von dem Gast aus dem Ausland gar nicht erwartet, dass er sich in dem ritualisierten Verhaltenskodex der indischen Gesellschaft bis ins Kleinste auskennt. So billigt man ihm schon von vornherein ein Vorrecht auf Irrtum zu, vorausgesetzt, er beansprucht es nicht fortlaufend.

Lächeln

Der erste Eindruck ist bekanntlich immer der wichtigste, und da wirkt nichts erfrischender und einnehmender als ein freundliches Lächeln. Gerade in so einem kommunikativen Land wie Indien ist es von unschätzbarem Wert, eine angenehme Atmosphäre zu verbreiten. Wer erst einmal die Herzen der Menschen durch ein fröhliches Auftreten geöffnet hat, dem öffnen sich auch viele sonst verschlossene Türen.

Gute Miene zum manchmal gerade in **Amtsstuben** frustrierend langsamen Fortkommen zu machen führt letztlich auch immer weiter als die Faust auf dem Tisch.

Gesicht wahren

Ein altes asiatisches Sprichwort sagt „Gesicht geben, niemals Gesicht nehmen, selbst Gesicht wahren". Wer sich dementsprechend verhält, der hat die wichtigste Grundregel im zwischenmenschlichen Umgang erfüllt. Fast jeder Inder ist auf seine in der Kastengesellschaft genau definierte Lebensgemeinschaft fundamental angewiesen, sowohl im Berufsleben als auch im Privatleben. Dementsprechend wichtig ist es für ihn, was die anderen über ihn denken. Deshalb sollten **Konflikte** möglichst nur unter vier Augen und in ruhiger und zurückhaltender Atmosphäre ausgetragen werden.

Überhaupt wird man in Indien mit den bei uns so oft geführten und beliebten offenen und ehrlichen Gesprächen über **persönliche Probleme,** Sorgen und Intimitäten auf wenig Gegenliebe stoßen. Über diese Dinge redet man im reservierten Indien nicht. Neben der Angst um Gesichtsverlust spielt hierbei auch die Befürchtung eine Rolle, den anderen damit zu belasten.

Ähnliches gilt für **politische Diskussionen.** Zwar sind die Inder wesentlich offener als andere Asiaten und interessierter daran, auch mit Ausländern über die vielfältigen Probleme ihres Landes zu diskutieren, doch während sie einerseits äußerst heftig über Korruption, Terrorismus und Armut klagen, sind sie doch letztlich immer sehr stolz auf ihr Land. Zuhören und sich dabei seine eigene Meinung zu bilden anstatt mit eigenen Lösungsvorschlägen glänzen zu wollen, ist nicht nur höflicher, sondern auch für einen selbst lohnender, lernt man doch wesentlich mehr aus erster Hand über das Land.

Gestik und Körpersprache

Sexualität und Körperlichkeit sind in Indien immer noch ein Tabuthema, und dementsprechend sollte man sich mit **Zärtlichkeiten in der Öffentlichkeit** so weit wie möglich zurückhalten. Zwar gehören die Zeiten, da ein eng umschlungenes westliches Pärchen einen mittleren Volksauflauf hervorrief, der Vergangenheit an, gern gesehen wird es dennoch auch heute noch nicht.

Küsse oder weitergehende Berührungen vor fremden Blicken sollten im prüden Indien gänzlich unterlassen werden. Dies wird zwar von vielen Touristen anders gesehen und gehandhabt, doch zum Reisen in anderen Kulturen gehört eben auch, dass man die dort herrschenden Moralvorstellungen gerade dann akzeptiert, wenn man sie nicht teilt. Andernfalls sollte man lieber zu Hause bleiben.

Ganz unverfänglich und dementsprechend selbstverständlich ist dagegen das **Händchenhalten** zwischen Personen gleichen Geschlechts, bekundet man dadurch doch nur die gegenseitige Freundschaft.

Zur traditionellen indischen **Begrüßung** legt man die Hände etwa in Brusthöhe senkrecht aneinander und sagt dabei in Verbindung mit einem leichten Kopfneigen **„Namasté",** eine sehr schöne und anmutige Geste, die ähnlich auch in vielen anderen asiatischen Ländern praktiziert wird. Nur in den großen indischen Städten bürgert sich im Zuge der Verwestlichung die Sitte des Händeschüttelns ein.

Streng verpönt ist es dabei, einem **die Linke** entgegenzustrecken. Da in Indien traditionell kein Toilettenpapier benutzt wird, sondern zu diesem Zweck die unbewaffnete linke Hand und ein Krug Wasser dienen, gilt links als unrein. So sollte man nie Gegenstände wie etwa Geschenke mit der Linken überreichen bzw. entgegennehmen. Verstärkt gilt das Gebot „Right Hand Only" selbstverständlich beim Essen. Die Linke bleibt während des gesamten Essens möglichst unter der Tischkante.

Ebenso wie die linke Hand gelten auch die **Füße und Schuhe** als unrein. Fußsohlen sollte man nicht auf Menschen oder heilige Stätten richten, Schuhe vor dem Betreten eines Raumes ausziehen.

Selbst Langzeitreisende in Indien ertappen sich immer wieder dabei, dass sie die indischen Gesten für **Ja und Nein** mißdeuten. Die Geste für Ja sieht unserem Nein sehr ähnlich, allerdings wird der Kopf dabei eher locker von einer Schulter zur anderen geschlenkert. Das recht ähnliche Nein wird durch ein seitliches Zucken des Kopfes nach links und rechts ausgedrückt, häufig unterstützt durch abfälliges Schnalzen oder eine abfällige Handbewegung.

Kleidung

Niemand wird erwarten, dass man in einem Land wie Indien, in dem viele Menschen kaum mehr als einen Fetzen Stoff am Leibe tragen, mit Schlips und Kragen herumlaufen sollte. Andererseits ist jeder Inder, der es sich leisten kann, bemüht, **gepflegte und saubere Kleidung** zu tragen. Der besonders von Rucksacktouristen geliebte Schmuddellook ist den Indern ein Greuel.

Gleiches gilt für das Zurschaustellen von zuviel **nackter Haut.** Während man sich über Männer in Shorts noch eher amüsiert, gelten Frauen in kurzer Hose bzw. Rock und dazu vielleicht noch mit einem ärmellosen Hemd in den Augen der Inder als leichte Mädchen. Wer einmal gesehen hat, dass indische Frauen nach wie vor in voller Montur, d.h. mit Sari, zum Baden ins Meer gehen, der kann sich vorstellen, welchem Kulturschock die jungen Inder vor allen Dingen in Goa ausgesetzt sind, wo es an manchen Stränden immer noch als „in" gilt, hüllenlos zu baden. So ist es als Beitrag zur Beachtung einheimischer Moralvorstellungen kaum zuviel verlangt, zumindest die Badehose anzulassen.

Vor dem **Betreten von Heiligtümern,** egal welcher Religion, sind grundsätzlich die Schuhe auszuziehen. Zudem dürfen in Jain-Heiligtümer keine Gegenstände aus Leder mitgenommen werden, und in Sikh-Tempeln und vielen Moscheen ist eine Kopfbedeckung obligatorisch. Im Tempel selbst sollten keinerlei heilige Gegenstände berührt werden. Gleiches gilt auch für Hausaltäre. Dezentes Auftreten und vor allem zurückhaltende Kleidung, d.h. zum Beispiel lange Hosen und bedeckte Schultern, sollten selbstverständlich sein.

Bettler

Das Bild vom Lumpen tragenden und verkrüppelten Bettler gehört ebenso zum klassischen Indienbild wie der märchenhafte Zauber des Taj Mahal. Jeder Indienreisende ist innerlich darauf vorbereitet, und doch packt ihn, wenn er das Elend an fast jeder Straßenecke vor sich sieht, wieder das schlechte Gewissen. Vor lauter Mitleid greift er dann tief in die Tasche, um zumindest seinen kleinen Teil zur Linderung der Armut zu leisten. Psychologisch ist das nur allzu verständlich, doch schafft er damit oftmals mehr Probleme, als er löst.

In Kerala ist die Zahl der Bettler allerdings wesentlich geringer als überall sonst in Indien. Außerdem sind sie in keiner Weise so aufdringlich und teils aggressiv wie andernorts.

Jeder muss für sich selbst entscheiden, ob und wieviel er geben soll. In dem Dilemma stecken nicht nur die Westler, sondern auch die Inder selbst. Es kann nicht sinnvoll sein, dass Kinder vom Schulbesuch ferngehalten werden, weil sie beim Betteln mehr verdienen als ihre Eltern mit täglicher, schwerer Arbeit. Am sinnvollsten scheint es, nur solchen Personen etwas zu geben, die offensichtlich nicht arbeitsfähig sind, d.h. Kranken, Älteren und Krüppeln.

Fotografieren

Wenn an den Leichenverbrennungsstätten in Varanasi die Toten auf den Scheiterhaufen gelegt werden, an den Türmen des Schweigens in Mumbai, dem Bestattungsort der Parsen, die Geier einfliegen oder stimmungsvolle Tempelfeste gefeiert werden, dann ist mit Sicherheit ein kamerabewehrter Tourist nicht weit. Das exotische Geschehen soll so hautnah wie irgend möglich auf Film gebannt werden. Dazu wird geblitzt, geknipst und gezoomt, was das Zeug hält, und falls sich einmal ein unaufmerksamer Inder versehentlich vor das Objektiv stellt, wird er mit grimmiger Miene zum Weitergehen aufgefordert. Immer diese störenden Einheimischen!

Man stelle sich das ganze einmal in Deutschland vor: Ein Inder mischt sich ungefragt unter eine Trauergemeinde, um ein Foto vom blumenbekränzten Sarg zu schießen, oder ein Blitzgewitter geht bei der Weihnachtsmesse über Altar und Krippe nieder. Recht unchristliche Zurechtweisungen wären wohl noch die harmlosesten Konsequenzen, die der Mann zu erwarten hätte.

In jedem Fall sollte man Fotografierverbote und den Wunsch mancher Personen, nicht fotografiert zu werden, respektieren. Zumindest durch einen Blick sollte man sich der Zustimmung vergewissern, bevor man mit der Kamera „draufhält".

Psychologische Einstellung

Indien ist ein Land, das schon manchen Reisenden aus der Balance geworfen hat. Geschichten von Travellern, die Monate bleiben wollten und das Land nach zwei Wochen „nicht mehr ertragen" konnten, hört man immer wieder. Mehr als die weit verbreitete Armut oder die überwältigend fremde Kultur sind es oft die dubiosen Charaktere (Schlepper, Schnorrer, raffgierige Händler, Neugierige, Aufdringliche etc.), die die Besucher zur Weißglut bringen. Durch derlei Negativkontakte, die auf die Dauer natürlich zermürben können, vergeht manchem die Lust auf jegliche Bekanntschaft im Land.

Es gilt, die Negativerfahrungen zu relativieren und sie nicht wichtiger zu nehmen, als sie sind. Wer sich den ganzen Tag aufregt, weil er um zwei Rupien betrogen wurde, wer aus der Haut fährt, nur weil er schon wieder angestarrt wird, macht sich selber das Leben schwer. **Positives Denken** und **innere Gelassenheit** sind beim Reisen in Indien vielleicht wichtiger als anderswo. Aber auch hier gilt, dass Südindien diese Phänomene weniger stark aufweist als der Norden.

Verkehrsmittel

Inlandsflüge

Die riesigen Entfernungen innerhalb des Landes sowie die äußerst zeitaufwendigen und ermüdenden Reisen in Bussen und Bahnen machen das Fliegen in Indien zuweilen selbst für diejenigen zu einer echten Alternative, die normalerweise nur on the road reisen. Selbst wer sehr aufs Geld achten muss, sollte sich fragen, ob es nicht sinnvoller ist, einmal 50 Euro zu investieren, statt lustlos und erschöpft auf dem Landweg weiterzureisen. Fliegen ist in Indien immer noch verhältnismäßig billig und zudem in den letzten Jahren wesentlich unkomplizierter geworden.

- **Kinder** unter 2 Jahren zahlen 10 % des Erwachsenenpreises, Kinder von 2 bis 12 Jahren 50 %.
- **Stornierungsgebühren:** mehr als 48 Std. vor Abflug: 10 %; zwischen 48 und 24 Std. vorher: 20 %; 24 bis 1 Std. vor Abflug: 25 %.
- Eine **Rückbestätigung** für Inlandsflüge ist nicht erforderlich, kann aber dennoch nicht schaden (72 Stunden vor Abflug), um sich über eventuelle Verschiebungen zu informieren. Bei Flügen ins Ausland ist sie jedoch unbedingt nötig!
- Auf Inlandsflügen herrscht **Rauchverbot.**
- **Check-In-Zeit** bei Inlandsflügen: 1 Stunde.

> ⇨ Auf verschiedenen Inlands-Flughäfen wird nach Einchecken und Security-Check vor dem Betreten des Flugzeugs noch eine so genannte **Baggage Identification** verlangt. Dafür muss man sein bereits auf einem speziellen Wagen mit den anderen Gepäckstücken verstautes Gepäckstück noch einmal persönlich identifizieren. Versäumt man dies, wird es nicht befördert.

Fluggesellschaften

Neben der staatlichen Gesellschaft **Indian Airlines** gibt es viele private Fluggesellschaften. Da Indian Airlines als staatliche Gesellschaft flächendeckend operieren muss, verfügt sie immer noch über das mit Abstand dichteste Streckennetz. Der Markt ist aber sehr in Bewegung, Abweichungen von den Preisen und in den Verbindungen oder gar die Einstellung einer Linie sind immer möglich.

So herrscht aufgrund der verschärften Konkurrenzsituation durch die **vielen neuen Fluglinien,** die in den letzten Jahren gegründet wurden, ein harter Kampf um Marktanteile, der vorwiegend über möglichst geringe Flugpreise ausgetragen wird. Durch die ausschließlich nach den Gesetzen von Angebot und Nachfrage orientierte Strategie der einheimischen Fluggesellschaften ist Fliegen zwar billiger, aber auch komplizierter geworden. Ähnlich dem mitteleuropäischen Markt werden unrentable Flüge kurzfristig gestrichen bzw. erfolgversprechende Routen über Nacht angeboten. Ticketpreise schwanken zum Teil erheblich. So kann der gleiche Flug am Nachmittag deutlich günstiger oder teurer sein als zu Beginn des Tages.

In dem täglich wechselnden Angebot des innerindischen Flugverkehrs bietet die Webseite **www.yatra.com** eine ideale und übersichtliche Orientierungshilfe. Hat man die gewünschte Flugroute und den Flugtag eingegeben, werden alle für den Tag angebotenen Flüge nach Preis sortiert aufgeführt. Selbstverständlich bietet sich hier auch die Möglichkeit, ein Ticket per Onlinebuchung zu kaufen. Sucht man eine internationale Flugverbindung ist www.cleartrip.com hilfreich.

Nachfolgend eine Liste der wichtigsten Airlines, die innerindische Flüge anbieten, und deren Homepage:

- **Indian Airlines,** www.indian-airlines.nic.in
- **Air India,** www.airindia.com
- **Jet Airways,** www.jetairways.com
- **Kingfisher,** www.flykingfisher.com
- **Spice Jet,** www.spicejet.com
- **Sahara Airlines,** www.airsahara.net
- **Paramount Airways,** www.paramountairways.com
- **IndiGo,** www.goindigo.in

Ausgebuchter Flug?

Auch heute kommt es noch oft vor, dass Strecken ausgebucht sind und man sich zunächst auf die **Warteliste** setzen lassen muss. Dabei sollte man selbst dann nicht den Mut verlieren, wenn einem gesagt wird, dass die Chancen gleich Null sind, da schon zig andere vorgemerkt sind. Nicht selten passiert es, dass sich Flüge, die noch am Tage zuvor als hoffnungslos überfüllt galten, schließlich als halb leer erweisen. Vielfach reservieren ausländische Reisegruppen zur Sicherheit halbe Flugzeuge im Voraus, die sie schließlich nur zum Teil belegen. Manchmal werden auch kurzfristig Sondermaschinen eingesetzt.

Besondere Angebote

- Indian Airlines offeriert das Ticket **Discover India,** welches zu unbeschränktem Fliegen auf allen Strecken berechtigt. Ein verlockendes Angebot für Reisende mit begrenzter Zeit, um so viel wie möglich vom Land zu sehen. Allerdings ist der Preis mit 500/750 US-$ für 15/21 Tage recht happig und lohnt sich nur für absolute Vielflieger. Zudem hat das Angebot auch einen Haken: Für Kunden mit Billig-Tickets ist es oft schwieriger, eine Reservierung zu bekommen. Wegen der Ausbuchung vieler Flüge ist es daher sehr zu empfehlen, möglichst alle Flugtermine gleich beim Kauf des Tickets zu reservieren.
- Weniger sinnvoll ist der Kauf des Tickets **India Wonder Fares** (300 US-$), mit dem man innerhalb von 7 Tagen entweder zwischen 17 Stationen im Westen, 11 Stationen im Süden, 14 im Osten oder 19 im Norden unbegrenzt fliegen kann. Das Ticket ist einfach geografisch wie zeitlich zu eng begrenzt, als dass es sich wirklich auszahlen könnte.
- Reisende, die mit Indian Airlines von Sri Lanka oder den Malediven nach Indien fliegen, erhalten auf allen Strecken innerhalb Indiens in den ersten 21 Tagen nach der Ankunft eine **30-prozentige Ermäßigung.**
- Schließlich gewährt Indian Airlines allen **Personen unter 30 Jahren** 25 % Rabatt.

Bahn

Sie wollen ihren Urlaub in vollen Zügen genießen? Na dann nichts wie auf nach Indien! Indiens Züge sind immer voll. 11 Mio. Reisende sind täglich auf Achse. 8.000 Lokomotiven fahren entlang dem 66.366 km langen Streckennetz und nehmen an den über 7.000 Bahnhöfen des Landes neue Passagiere auf. Mit 1,6 Mio. Angestellten ist die indische Bahn der größte Arbeitgeber der Erde.

Die Bahn ist nicht nur das wichtigste und **meistbenutzte Transportmittel** Indiens, sondern auch ein Stück Kultur des Landes. Die Bilder der den Karawansereien früherer Tage ähnelnden, menschenüberfüllten Bahnhöfe und die Rufe der Teeverkäufer in den Abteilen hinterlassen genauso unvergessliche Indien-Erinnerungen wie das Taj Mahal oder die Strände von Goa. Bahnfahren ist das indischste aller indischen Fortbewegungsmittel. Nirgendwo sonst ist man dem Alltagsleben so nah, kann die Ess-, Schlaf- und Schnarchgewohnheiten so hautnah miterleben wie in den engen, meist gut gefüllten Waggons der 2. Klasse. Wie in einem Mikrokosmos breitet sich das indische Leben vor einem aus.

Dabei liegen Lust und Frust oftmals so nahe beieinander wie die Passagiere selbst. Lärm, Dreck, Hitze und die oft katastrophalen hygienischen Verhältnisse stellen die Geduld der Reisenden ebenso auf eine harte Probe wie die fast gänzlich fehlende Privatsphäre. Auch die teilweise ewig langen Aufenthalte auf Provinzbahnhöfen und die chronischen Verspätungen tragen nicht gerade zum Fahrvergnügen bei – umso mehr, als Bahnfahrten in dem riesigen Land meist viele Stunden, nicht selten sogar Tage und Nächte dauern. Doch wer mit der in Indien stets hilfreichen Reisephilosophie „Man reist doch nicht, um anzukommen" unterwegs ist, dem kann all dies eigentlich nichts anhaben.

Bahnfahren in Indien will gelernt sein (es gibt sogar einen eigenen, englischen Reiseführer darüber). Fahrpläne, Zugklassen, Reservierungen, Ticketkauf – all das scheint auf den ersten Blick ein Buch mit sieben Siegeln. Im Folgenden kann aus Platzgründen nur eine kleine Hilfe zum „Einstieg" gegeben werden. Doch keine Angst, hat man erst einmal die erste Fahrt erfolgreich hinter sich gebracht, wird man Indien in vollen Zügen genießen.

Fahrplan

Obwohl mit 35 Rs äußerst preiswert, ist das kleine Heftchen **„Trains at a Glance"** für jeden Bahnreisenden in Indien von unschätzbarem Wert. Auf etwa 100 Seiten findet sich hier alles Wissenswerte. Der Großteil wird von der Auflistung der 80 wichtigsten Zugverbindungen eingenommen. Es bedarf zunächst tatsächlich ein wenig Trainings, um sich in all den Zahlen und Tabellen zurechtzufinden. Erhältlich ist die monatlich erscheinende „Bibel" des Bahnfahrens normalerweise an Erste-Klasse-Schaltern und in den Bahnhofsbuchhandlungen.

Außer dem „Trains at a Glance", das nicht ganz einfach zu bekommen ist, gibt es noch ein Heftchen mit dem Namen **„Time Table"**, welches ausschließlich Zugverbindungen und Abfahrtszeiten für Südindien auflistet (25 Rs). Man bekommt es an einigen Kiosken, vor allem Bahnhofskiosken.

Bedienungsanleitung „Trains at a Glance":

Um die jeweils gesuchte beste Verbindung herauszufinden, muss man zunächst unter dem Station Index am Anfang des Büchleins nachschauen, d.h. den gewünschten **Zielort** heraussuchen.

Nummer und **Name** des jeweiligen Zuges sollte man sich merken, weil sie auf den **Reservierungsformularen** eingetragen werden müssen. Der Doppelname der ersten Zugverbindung bedeutet, dass nur ein Teil des Zuges zum Endziel fährt. Am linken Rand der Tabelle sind die jeweiligen **Entfernungen** zwischen den einzelnen Bahnhöfen angegeben.

Leider gibt es im Einzelfall unzählige Zusatzbestimmungen, die es zu beachten gilt. So z.B., wenn hinter dem Zugnamen noch eine oder mehrere Zahlen zwischen 1 und 7 verzeichnet sind. Dies bedeutet, dass der jeweilige Zug nur an bestimmten Tagen zum Einsatz kommt, wobei die Zahlen für die jeweiligen Wochentage stehen, 1 für Montag und weiter fortlaufend bis 7 für Sonntag.

Schnell und umfassend wird man im **Internet** über Zugverbindungen informiert. Bei der folgenden Adresse sind alle im „Trains at a Glance" aufgeführten sowie eine Vielzahl weiterer Verbindungen einzusehen: **www.indianrail.gov.in** unter „Trains/Fare/Accomodation" oder „Trains betw. Imp. Stations".

Zugtypen und Geschwindigkeit

Geschwindigkeit ist bei indischen Zügen ein sehr relativer Begriff. Mehr als 30 bis 40 km/h durchschnittlich legen die allermeisten nicht zurück. Andererseits werden seit Jahren Milliardeninvestitionen in den Ausbau des Schienennetzes und den Einsatz moderner, schneller Züge getätigt. Speziell die Metropolen wie Delhi, Mumbai, Kalkutta und Bangalore werden an ein modernes Schienennetz angeschlossen, was das Reisen mit der Bahn nicht nur wesentlich bequemer, sondern auch schneller macht. So verbindet jetzt schon der vollklimatisierte Rajdhani Express Delhi mit Kalkutta bzw. Mumbai in 17 bzw. 14 Stunden. Nur Fliegen ist schöner. Ähnlich flink und luxuriös sind die vollklimatisierten Züge entlang der Konkan Railway zwischen Mumbai und Mangalore.

Klassen und Preise

Zunächst scheint alles ganz simpel, gibt es doch offiziell nur zwei Beförderungsklassen: 1. und 2. Klasse. Doch Indien wäre nicht Indien, wenn es das Einfache nicht verkomplizieren würde.

In der **1. Klasse** gibt es die Unterscheidung zwischen **klimatisierten** (AC) und nicht klimatisierten Zügen. AC-Züge werden jedoch nur auf Hauptstrecken eingesetzt und sind mehr als doppelt so teuer wie die

Vorortzüge mit Tagespendlern sind nicht nur zu den Stoßzeiten hoffnungslos überfüllt

normale 1. Klasse – zu teuer, wenn man überlegt, dass eine Fahrt von Delhi nach Mumbai in der 1. Klasse gerade mal 40 % billiger ist als ein Flug mit Indian Airlines und teurer als ein Flug mit einer Billigfluggesellschaft. Da sollte man sich besser gleich ins Flugzeug setzen.

Des Weiteren gibt es die **AC Chair Car,** die unseren IC-Großraumwagen ähnelt und etwa 60 % der normalen 1. Klasse und etwa 40 % der AC 1. Klasse kostet. Auch diese Waggons werden nur auf wenigen Strecken eingesetzt, bieten jedoch wegen ihres hervorragenden Preis-Leistungs-Verhältnisses eine exzellente Alternative zur 1. Klasse.

Am billigsten und dementsprechend immer hoffnungslos überfüllt ist die **2. Klasse.** In Express- bzw. Mail-Zügen fährt man hier zu einem Drittel des Fahrpreises der 1. Klasse, in einem Passenger-Zug ist es noch billiger.

Schließlich gibt es noch bei all den Klassen außer der AC-Chair-Variante die **Schlafwagenklasse.** Schlafwagen der 1. Klasse bestehen meist aus gepolsterten Betten in geräumigen, zum Gang abgeschlossenen Abteilen, die tagsüber in der Regel sechs, nachts vier Personen Platz bieten. Bei den Schlafwagen der 2. Klasse unterscheidet man noch zwischen den Unterklassen **2-tier** und **3-tier,** was bedeutet, dass, ähnlich wie im europäischen Liegewagen, zwei oder drei Personen auf Pritschen übereinander schlafen können. Tagsüber dienen diese Schlafwagen wieder als normale Abteile, beim 3-tier wird lediglich die mittlere Pritsche heruntergeklappt. Selbst wenn man eine reservierte Sitznummer hat, kann man das Bett nur nachts exklusiv für sich reklamieren. Tagsüber okkupieren z.T. bis zu 8 Personen die untere Pritsche. Schlafwagen kosten etwa 20 % mehr als normale Sitze. **Bettwäsche** kann man in der 1. und 2. Klasse nur in einigen wenigen Zügen beim Schaffner ausleihen. Ein eigener Schlafsack sollte also in jedem Fall zur Grundausrüstung gehören.

724ra Foto: tb

Bahnpreise verschiedener Klassen (Rs):

	1. Kl.	Chair Car	Sleeper	2. Kl.
100 km	542	122	56	35
300 km	1.081	271	125	78
1.000 km	2.628	845	301	188

Ticketkauf und Reservierungen

Bucht man sein Ticket nicht online (siehe Kasten), gilt: Ob man nun ein normales Ticket für den gleichen Tag kaufen oder eine Reservierung vornehmen will, beides ist in Indien zeitaufwendig und nervenstrapazierend. Mit etwas Pech kann die Prozedur schon ein oder zwei Stunden in Anspruch nehmen. Zunächst einmal gilt es den richtigen **Schalter** für die verschiedenen Klassen und Züge (Mail, Express oder Passenger) zu finden. Um zu vermeiden, dass man am Ende einer langen Ansteherei schließlich beim falschen Fahrscheinverkäufer landet, sollte man also unbedingt vorher durch beharrliches Nachfragen den richtigen ausmachen. Auf jedem Bahnhof gibt es einen *station master,* der fast immer freundlich und hilfsbereit Auskunft gibt. Für Frauen gibt es manchmal spezielle *ladies counters,* die meist weit weniger frequentiert sind als die normalen Schalter. Die Fahrkarten für männliche Mitreisende können hier mitbesorgt werden.

In vielen Touristenorten gibt es **Ticket Service** oder Reisebüros, die einem schon für einen Aufpreis ab 25 Rs (teils aber auch 50 Rs) pro Ticket die lästige Prozedur der Anfahrt zum Bahnhof, des Anstehens am Schalter und der Rückfahrt abnehmen, meist eine lohnende Investition.

Für Fahrten im **Schlafwagen** ist eine Reservierung unbedingt erforderlich, speziell in der 2. Klasse, da hier die Nachfrage am größten ist. Oftmals sind die Züge in dieser Klasse auf Hauptstrecken für Wochen, ja Monate im Voraus ausgebucht, d.h. man sollte so früh wie möglich reservieren! Reservierungen müssen meist in so genannten **railway reservation offices** oder **-buildings** durchgeführt werden, die oftmals neben dem eigentlichen Bahnhof in einem Extragebäude untergebracht sind. Für eine Reservierung muss ein Antragsformular, das so genannte *reservation form,* ausgefüllt werden. Hierin werden neben einigen persönlichen Angaben wie Name, Alter, Geschlecht und Passnummer auch der Zugname, die Nummer des Zuges sowie Abfahrts- und Zielort und Reisedatum eingetragen.

Mit dem entsprechend ausgefüllten Formular stellt man sich dann erneut an, wobei man unbedingt darauf achten sollte, ob es eventuell einen speziellen **Touristenschalter** gibt. Da dort nur ausländische Touristen abgefertigt werden, geht alles viel schneller über die Bühne. Es empfiehlt sich, dort möglichst viele Tickets auf einmal zu kaufen, um die langwierige Prozedur nicht immer wieder neu durchlaufen zu müssen.

Die **Reservierungsgebühr** beträgt 15 Rs für die Erste Klasse und 10 Rs für die Zweite.

Die einfachste und effizienteste Art des Ticketkaufs ist das **elektronische Booking-System** der indischen Bahn. Selbst wer – wie wohl die meisten – über keinen mitgeführten Laptop verfügt, kann sich hier über jedes der auch in den kleinsten Dörfern vorhandenen Internetcafés einloggen. Langes Anstehen und den Stress mit indischen Bahnbeamten kann man so elegant umgehen. Wenn man einmal registriert ist, eine Visa- oder Mastercard besitzt und sich vielleicht schon mal vor der Abreise durch ein paar Seiten geklickt hat, kann man auf diesem Weg nicht nur Fahrkarten buchen, sondern diese auch jederzeit von Neuem ausdrucken, stornieren oder sich über die jeweilige Auslastung des Zuges informieren.

Die Seite der „Indian Railway Catering and Tourism Corporation Limited“ lautet www.irctc.co.in. Auf der Seite der „Indian Railways Passenger Reservation Enquiry“ (www.indianrail.gov.in) findet man unter „Fare“ und weiter unter „Codes“ die „Station Code Enquiry“. Hier gibt man den jeweiligen Ortsnamen ein und erhält umgehend den Code, den man für das elektronische Buchungsformular auf www.irctc.co.in benötigt.

Auf dem Ticket sind die Wagen-, Sitz- und Bettnummer vermerkt. Beim Betreten des Waggons hängt neben der Eingangstür noch einmal eine provisorisch angebrachte Reservierungsliste, auf der man seinen Namen unter der jeweiligen Platznummer finden sollte. Der eigene Name ist zwar oft leicht entstellt wiedergegeben *(Barkegeier, Harketeur),* doch normalerweise funktioniert das System gut.

Falls der gewünschte Zug ausgebucht ist, kann man sich auf eine **Warteliste** setzen lassen oder, besser noch, ein so genanntes RMC-Ticket erwerben, welches einem auf jeden Fall einen Platz garantiert. Hat man ein solches Wartelisten-Ticket, kann man dessen jeweiligen Status selbst unter www.indianrail.gov.in unter dem Button „Passenger Status" mittels Eingabe der oben links auf dem Ticket aufgedruckten PNR-Nummer in Erfahrung bringen. Außerdem besteht die Möglichkeit, auf die *tourist quota* zu pochen, eine speziell für Touristen zurückgehaltene Anzahl von Plätzen.

Bei **ausgebuchten Zügen** sollte man auf jeden Fall ein Ticket auch auf Warteliste erwerben, wenn man kein Tourist-Quota-Ticket bekommt, da in den meisten Fällen bis zur Abfahrt des jeweiligen Zuges ein Sitz- oder Schlafplatz zugewiesen wird und man in den seltenen Fällen, wo dies nicht gelingt, das Geld für sein Ticket gegen einen geringen Abschlag zurückbekommt.

Seit Neuestem gibt es ein sogenanntes **TATKAL-Ticket,** das wichtig ist, wenn über den normalen Verkauf kein Platz im Zug mehr zu bekommen ist und auch Tourist-Quota-Tickets aufgebraucht oder am jeweiligen Bahnhof nicht verfügbar sind. Für 150 Rs zusätzlich kann man, meist nur in größeren Städten, ein TATKAL-Ticket erwerben, welches die Chance auf einen Platz im Zug erhöht, bzw. nahezu garantiert (obwohl es auch hier eine Warteliste gibt). Nachteil der TATKAL-Tickets ist die Stornogebühr, es werden nur 25 % des Ticketpreises erstattet und das nur bis mindestens 24 Std. vor Zugabfahrt, danach gibt's nichts.

Preise Indrail Pass

(in US-$, Kinder zahlen die Hälfte):

Gültigkeit	AC	1. Kl.	2. Kl.
7 Tage	270	135	80
15 Tage	370	185	90
21 Tage	396	198	100
30 Tage	495	248	125
60 Tage	800	400	185
90 Tage	1.060	530	235

Rückerstattung

Die Rückerstattung von nicht genutzten reservierten Tickets ist möglich, jedoch mit Kosten verbunden, deren Höhe von der Beförderungsklasse und dem Zeitpunkt der Stornierung abhängt. Wer sein Ticket länger als einen Tag vor dem Abfahrtstermin storniert, muss für die 2. Klasse 20 Rs Gebühr, für die *sleeper class* 40 Rs, AC 2-tier und 3-tier 60 Rs und AC 1. Klasse 70 Rs zahlen. Bis zu vier Stunden vor dem geplanten Abfahrtszeitpunkt zahlt man 25 %. Die Stornierung von Wartelistentickets, RAC-Ticktets und TATKAL-Tickets auf Warteliste kostet 20 Rs.

Nicht reservierte Fahrscheine können bis drei Stunden nach Abfahrt des Zuges für eine Gebühr von 5 Rs in Zahlung gegeben werden.

Hat man sein **Ticket verloren,** besteht generell zunächst kein Recht auf Rückerstattung. Doch natürlich gibt es hierbei Ausnahmen: Wem ein reserviertes Ticket für eine Fahrtstrecke von unter 500 km abhanden gekommen ist, kann unter Vorlage seines Personalausweises für einen Aufpreis von 25 % des ursprünglichen Fahrpreises die Fahrt wahrnehmen.

Indrail Pass

Auch die indische Eisenbahn sieht die Möglichkeit des Kaufes von **Netzkarten** vor, die es ausländischen Touristen erlauben, für einen bestimmten Zeitraum unbegrenzt viele Kilometer auf Achse zu sein.

Rein finanziell macht der Indrail Pass keinen Sinn, dazu ist Bahnfahren in Indien einfach zu billig. Für den Kaufpreis von 80 US-$ für den 7 Tage gültigen Pass (2. Klasse) müsste man ziemlich genau 25.000 km zurücklegen, damit sich die Karte auszahlt. Bei einer Durchschnittsgeschwindigkeit der indischen

Eisenbahnen von 40 km/h ein ziemlich aussichtsloses Unterfangen. Auch der oft angeführte Vorteil, dass man mit dem Indrail Pass das unangenehme Warten beim Ticketkauf umgehen könne, trifft nur teilweise zu, weil es ja zumindest für Nachtfahrten immer noch einer Reservierung bedarf.

Wirklich von Vorteil ist der Pass aber in dem Fall, dass alle Züge ausgebucht sind. Inhaber des Passes finden selbst dann einen Platz, wenn normalerweise gar nichts mehr geht. Gerade in Zeiten der großen indischen Familienfeste, wenn das ganze Land unterwegs zu sein scheint, ist dies ein enormer Vorteil. Es bleibt zu fragen, ob das den enormen Aufpreis wert ist.

Die Karte kann an verschiedenen Bahnhöfen Indiens gekauft werden, muss jedoch in ausländischer Währung bezahlt werden. Außerdem besteht die Möglichkeit, sie schon vor dem Abflug in Deutschland unter folgender Adresse zu erwerben:

- **Asra-Orient Reisedienst,** Kaiserstraße 50, 60329 Frankfurt/M., Tel.: 069-253098, Fax: 069-232045, info@asraorient.de.

Bahnhofs-Service

Die meisten Bahnhöfe in Indien verfügen über so genannte **cloak rooms,** in denen man sein Gepäck für bis zu 24 Stunden deponieren kann. Eine gute Möglichkeit, um

301ra Foto: tb

sich nach Ankunft in einer Stadt ohne den lästigen Rucksack auf Zimmersuche zu begeben. Wichtig ist es, das Gepäckstück mit einem kleinen, von außen sichtbar angebrachten Schloss abzugeben, da es sonst nicht angenommen wird. Die Aufbewahrungsgebühr pro Stück beträgt maximal 2 Rs pro Tag.

Während der oftmals langen **Wartezeiten** auf verspätete Züge bietet sich die Möglichkeit den Warteraum aufzusuchen, den es auf fast jedem Bahnhof für die 1. und 2. Klasse gibt. Manchmal muss man hierzu am Eingang sein Ticket vorzeigen. Meist sind die angeschlossenen **Toiletten** in wesentlich besserem Zustand als die öffentlichen.

Viele Bahnhöfe verfügen über die so genannten **railway retiring rooms,** einfache, doch meist saubere und günstige Unterkunftsmöglichkeiten. Die Zimmer sind vor allem wegen ihres sehr günstigen Preises (oft nicht mehr als 70 Rs pro DZ, EZ stehen nicht zur Verfügung) bei Indern sehr beliebt und deshalb oft ausgebucht. Eine besonders ruhige Lage kann man am Bahnhof allerdings nicht erwarten.

Busse

Kaum eines der insgesamt 700.000 indischen Dörfer wird nicht von irgendeinem Bus angefahren. Für viele in entlegenen Grenzgebieten wohnende Inder ist es überhaupt das einzige öffentliche Verkehrsmittel, so z.B. im nepalesischen Grenzgebiet, in Himachal Pradesh und Sikkim.

Darüber hinaus kommt man in Gebieten, wo die Bahn nur auf Schmalspurbreite operiert, wie z.B. in weiten Teilen Rajasthans und Bihars, mit dem Bus **wesentlich schneller** voran. Gleiches gilt auch für besonders von Touristen stark frequentierte Strecken wie Mumbai – Goa, Chennai – Madurai und Mumbai – Pune. Überhaupt ist Busfahren auf kürzeren Strecken der Fahrt mit dem Zug vorzuziehen, da vor allem Langstreckenzüge oft stundenlange Verspätungen haben.

Andererseits gibt es gute Gründe, warum die meisten Reisenden den Zug dem Bus vorziehen. Neben allgemeinen Erwägungen wie größerer Bewegungsfreiheit und mehr

021is Foto: tb

Kontaktmöglichkeiten ist vor allem die **mangelnde Verkehrssicherheit** zu nennen. Indien ist das Land mit der höchsten Rate an Verkehrstoten der Erde im Verhältnis zur Verkehrsdichte. Dass das keine abstrakten Zahlen sind, kann man tagtäglich auf Indiens Straßen auf anschauliche Weise erleben. Bei fast jeder längeren Busfahrt sieht man mindestens ein Autowrack im Straßengraben liegen. Verwundern kann das bei dem oft schrottreifen Zustand der Fahrzeuge und dem Kamikaze-Stil der Fahrer nicht. Wer die Frage nach dem Leben nach dem Tod noch nicht unbedingt in allernächster Zukunft konkret beantwortet haben möchte, sollte für den Fall eines Frontalzusammenstoßes die mittleren Reihen denen ganz vorne vorziehen. Die hinteren Reihen sind dagegen nicht so zu empfehlen, weil man dort wegen der Kombination von harten Federn und schlechten Straßen zu viele Luftsprünge macht.

Leider ein fast alltäglicher Anblick auf Indiens Überlandstraßen

Staatliche Busgesellschaften

Etwas weniger Todesverachtung scheinen die Fahrer der staatlichen Busgesellschaften zu verspüren. Auch der technische Zustand ist hier im allgemeinen besser als bei privaten Gesellschaften, welche aufgrund des enormen Konkurrenzdrucks zuerst an neuen Bremsen und profilbereiften Rädern zu sparen scheinen. Jeder Bundesstaat betreibt seine eigene Busgesellschaft, wobei deren Qualitäten sehr unterschiedlich sind.

Dabei macht es auch kaum einen Unterschied, ob man nun **Ordinary, Express, Semi Deluxe** oder **Deluxe** fährt. Das einzige, allerdings wichtige Unterscheidungsmerkmal ist, dass die Semi-Deluxe- und Deluxe-Busse wesentlich seltender anhalten als die Ordinary-Busse, die jedes noch so kleine Dorf anfahren. Von innen sehen sie alle gleich einfach aus: zwei mal drei Sitzplätze pro Reihe mit äußerst einfacher Polsterung, auf denen sich neben bis zu zehn Personen auch noch Hühner, Kartoffeln und Chilis zusammenpferchen. An dieser Lebensfülle ändert sich auch dann nicht viel, wenn man eine (nur recht selten mögliche) Reservierung vornimmt. Meistens muss man sich den Platz bei der Einfahrt des Busses in den Busbahnhof eh schon durch einen Sprint und Muskelkraft erkämpfen. Beim Ansturm auf die heißbegehrten Sitzplätze werden die Inder wohl nur noch von den kampferprobteren Chinesen geschlagen. Hie wie dort scheint es jedoch als geheiligte Grundregel anerkannt zu sein, dass derjenige einen Sitzplatz erhält, der ihn zuvor mit einer Zeitung oder einem Taschentuch schon von außen durch eine offene Fensterscheibe reklamiert hat.

Wer nachts mit Bus oder Zug unterwegs ist, sollte immer einen **Pullover** und vielleicht auch ein Tuch für Hals und Kopf griffbereit haben, da es in Indien selbst nach einem heißen Tag nach Sonnenuntergang **empfindlich kühl** werden kann. Im übrigen ist es meist nicht möglich, die Fenster richtig zu schließen, sodass häufig ein unangenehmer Durchzug herrscht. Sollte der zusätzliche Schutz nicht nötig sein, kann man den Pullover immer noch als Kopfstütze verwenden.

Private Busgesellschaften

Für denjenigen, der sich an der Schlacht nicht beteiligen möchte, scheinen wiederum die meist um die Bahnhöfe angesiedelten Privatgesellschaften eine Alternative zu sein. Hier ist **Reservierung** üblich und jeder bekommt garantiert seinen ihm versprochenen Platz. Das ist den Aufpreis von ca. 30 % gegenüber den staatlichen Bussen durchaus wert. Ein weiterer Vorteil von Privatgesellschaften, die oft mit Minibussen operieren, ist die Möglichkeit, das Gepäck sicher zu verstauen.

Preise

Busfahren in Indien ist **spottbillig.** So zahlt man beispielsweise für die zehnstündige Fahrt mit dem Express-Bus von Chennai nach Madurai 180 Rs. Ein Ordinary-Bus kostet noch einmal 30 % weniger als ein Express. Preise werden daher in den Ortsbeschreibungen unter „An- und Weiterreise" auch nur in Ausnahmefällen genannt.

Luxusbusse

Seit einiger Zeit werden auf den vornehmlich von Geschäftsreisenden und Touristen genutzten Strecken klimatisierte Luxusbusse eingesetzt. (Sie werden in den einzelnen Ortskapiteln erwähnt.) Diese sind um ein Vielfaches teurer als die Deluxe-Busse, bieten aber auch entsprechenden Komfort und sind besonders für Strecken bis etwa 300 km eine **gute Alternative zu Zügen,** die oft verspätet abfahren. Für diese Busse muss in jedem Fall zunächst eine **Reservierung** am Startort, meist am Busbahnhof vorgenommen werden, da sie häufig bis zum letzten Platz ausgebucht sind.

Schultransport auf Indisch

222ke Foto: tb

Mietwagen

Fast alle Mietwagen in Indien werden **mit Fahrer** angemietet und das ist wohl auch gut so: Die mehr als rustikale Fahrweise der Inder, von denen so gut wie niemand eine Fahrschule besucht hat, ist mehr als gewöhnungsbedürftig. Die erschreckend hohe Zahl an Verkehrstoten sollte auch die Wagemutigsten zu der Einsicht gelangen lassen, dass Indien absolut **kein Land für Selbstfahrer** ist. Hinzu kommt, dass der Preis für Mietwagen mit Fahrer kaum höher ist als der ohne.

Mietwagen lassen sich in allen größeren Städten anmieten. Vermittelt werden sie von Hotels oder Reisebüros, oft findet sich in der Stadt auch ein spezieller Haltepunkt für die Wagen. Die Preise sind erschwinglich, sodass ein Mittelklasse-Tourist problemlos eine längere Indien-Tour im Mietwagen absolvieren kann. Budget-Reisende könnten sich einfach mit ein paar Leuten zusammentun.

Die **Tarife,** allesamt mit Fahrer, sind von Ort zu Ort unterschiedlich. Zudem differenzieren sie sich noch, je nachdem ob der Wagen Klimatisierung hat oder nicht und ob er mit Diesel oder Benzin fährt. Dieselwagen sind etwas billiger, machen dafür aber auch mehr Lärm. Ein nicht klimatisierter Wagen mit Fahrer kostet zwischen 700 und 1.100 Rs pro Tag (meist 8–10 Std.), etwa 250 km inklusive. AC-Fahrzeuge kosten ca. 30 % mehr. Dies variiert je nach Saison und Nachfrage, außerdem ist Verhandlungsgeschick gefragt.

In Städten wie Mumbai ist mit ca. 7 bis 8 Rs pro Kilometer zu rechnen, in kleineren Orten kann der Preis auf 4 bis 5 Rs sinken. Einige Unternehmer beharren auf einer täglichen Mindestkilometerzahl (meist 150 oder 200 km), deren Kosten man zu tragen hat, auch wenn man weniger fährt.

Unternimmt man längere Touren, kommen noch **Extragebühren** hinzu. Für jede Übernachtung muss eine *overnight charge* von ca. 150 Rs bezahlt werden, zuzüglich einer Fahrergebühr, der *driver batta,* von ca. 100 Rs. Bei einer täglichen Fahrtzeit von ca. sechs bis acht Stunden sollte man mit etwa 30 bis 35 € pro Tag hinkommen.

Um spätere Schwierigkeiten zu vermeiden, sollte man seine **Rechnung** jeweils am Ende eines Fahrttages begleichen, gegen Quittung versteht sich, auf der der Kilometerstand zu Anbeginn und am Ende der Tagesfahrt vermerkt ist sowie alle o.g. Zusatzausgaben. Am nächsten Morgen ist dann zu überprüfen, ob der Kilometerstand mit dem des Vorabends übereinstimmt - mancher Fahrer übernimmt nächtens private Spritztouren.

Bei der **Auswahl des Fahrers** sollte man eine gewisse Sorgfalt an den Tag legen. Für eine längere Tour sollte man nicht den Erstbesten anheuern, sondern einen, mit dem man mindestens schon einen Tagesausflug unternommen hat. Sonst entpuppt sich der Fahrer womöglich als nicht Englisch sprechender Kamikaze-Pilot, der einen mindestens zweimal pro Tag in ein Geschäft schleusen will und dann am Abend noch auf deftiges Trinkgeld pocht - keine gute Kombination ...

Taxis

Abgesehen von den größten Metropolen wie Chennai, Mumbai oder Bangalore sind Taxis eher selten, ganz einfach, weil sie für die allermeisten Inder viel zu teuer sind. Für an europäische Preise gewöhnte Touristen ist Taxifahren in Indien hingegen immer noch spottbillig.

In Kerala gelten, wie in Goa, **offizielle Taxipreise** für Touristendroschken: Pro Kilometer sind 6,5 Rs (8 Rs mit AC) zu zahlen, mindestens jedoch pro Fahrt 75 Rs (95 Rs mit AC). An touristisch wichtigen Orten wie dem Flughafen von Trivandrum und dem Bahnhof von Ernakulam gibt es Prepaid-Schalter. Gelegentlich sind, etwa in Munnar oder Kovalam, die offiziellen Taxipreise am Taxistand auf einem Schild einzusehen.

Ansonsten kann man im innerstädtischen Verkehr mit ca. 7 Rs pro Kilometer rechnen (in Mumbai allerdings 11 Rs). Je länger die Strecke, desto besser lässt sich handeln. Zwischen 22 und 6 Uhr muss man noch einen **Nachtzuschlag** von 50 % hinzurechnen.

Zwar verfügen die meisten Taxis über einen **Taxameter,** doch scheinen nur die wenigsten Fahrer gewillt zu sein, diesen auch einzuschalten. Meist helfen sie sich mit dem

219ke Foto: tb

Argument, das Gerät sei *broken,* also defekt. Eine wundersame Heilung tritt oft dann ein, wenn man damit droht, ein anderes Taxi zu nehmen. Sehr oft zeigen jedoch selbst funktionierende Taxameter nicht den richtigen Fahrpreis an, weil sie noch nicht der letzten oder vorletzten Fahrpreisänderung angeglichen worden sind. In Mumbai zum Beispiel ist der tatsächliche Tarif elfmal so hoch wie der angezeigte. Für diesen Fall muss jeder Taxifahrer eine Umrechnungstabelle mit sich führen, die er auf Verlangen vorzuzeigen hat.

Die in diesem Buch genannten Preise sind nur als Orientierungshilfe gedacht. Letztlich hängt es vom jeweiligen Verhandlungsgeschick ab, wieviel man im konkreten Fall zu zahlen hat. Da viele Taxifahrer, wenn überhaupt, nur sehr wenig Englisch sprechen, sollte man sich vor Fahrtbeginn vergewissern, ob das gewünschte Fahrtziel auch wirklich verstanden wurde. Andernfalls kann es vorkommen, dass die eigentlich kurze Fahrt zum nächsten Hotel zu einer halben Stadtbesichtigung ausartet. Wer am Ende die Zeche hierfür zahlt, dürfte klar sein.

Autorikshas (Scooter)

Eine Art „Taxi des kleinen Mannes“ sind jene dreirädrigen, luftverpestenden Vehikel, die wegen ihres tuckernden Geräuschs in Thailand den Namen **Tuk Tuk** tragen, in Indien aber allgemein Scooter genannt werden. Ähnlich wie ihre thailändischen Kollegen sind auch die indischen Fahrer wahre Hasardeure, die sich einen Spaß daraus machen, auch die kleinste sich bietende Lücke mit Vollgas zu durchrasen. Tatsächlich sind Autorikshas wegen ihrer Wendigkeit, gerade während der Stoßzeiten in größeren Städten, **wesentlich schneller als Taxis** und zudem auch ca. 30 %

Im Victoria-Bahnhof in Mumbai

billiger. Dafür zahlt man jedoch auch mit Blei in der Lunge und einem ramponierten Rückgrat. Wie beim Taxi sollte man Fahrpreis und Ziel vor der Fahrt genau abklären, um späteren Missverständnissen vorzubeugen.

Die im Buch angegebenen **Fahrrad- und Autoriksha- sowie Taxipreise** stellen einen für den westlichen Reisenden normalen, eher niedrigen Preis dar. Inder fahren gewöhnlich zu weitaus geringeren Preisen, für die die meisten Droschkenkutscher westliche Touristen nicht kutschieren würden. Es gibt in dem Bereich also so etwas wie eine Zweiklassengesellschaft. Dies gilt natürlich nicht, wenn man sein Gefährt mittels eines Prepaid-Schalters bucht, oft an Bahnhöfen und Flughäfen vorhanden. Diese sind im Buch erwähnt.

Tempos

Tempos sind eine Art überdimensionale Autorikshas mit Platz für bis zu **acht Personen,** d.h. in Indien kann es auch schon mal ein gutes Dutzend werden. In mittleren und größeren Städten fahren sie entlang **festgelegter Routen,** z.B. vom Bahnhof ins Stadtzentrum. Auf der Strecke halten sie überall dort an, wo Passagiere ein- oder aussteigen möchten. Tempos sind neben Bussen die billigste Fortbewegungsart im innerstädtischen Verkehr. Die Preise variieren je nach Streckenlänge von 1 bis 5 Rs. Sie kommen allerdings nur für Reisende mit ganz wenig oder am besten gar keinem Gepäck in Frage, da der zur Verfügung stehende Platz pro Person minimal ist. Im übrigen ist die Preisersparnis gegenüber den Autorikshas, besonders wenn man zu zweit reist, derart gering, dass diese Transportart nur von wenigen Touristen genutzt wird.

Fahrradrikshas

Fahrradrikshas, **dreirädrige Fahrräder** mit dem Fahrer vorn und einer kleinen Sitzbank für zwei Personen dahinter, wurden in den letzten Jahren aus den Zentren mehrerer Großstädte verbannt, doch in den meisten Orten sind sie das meistbenutzte Transportmittel. Hier gibt es selbstverständlich keinen Taxameter und gerade in großen Touristenorten gilt es besonders hartnäckig zu handeln. Der offizielle Rikshapreis pro Kilometer beträgt 3 Rs, Minimalpreis ist 7 Rs, allerdings wird meist wesentlich mehr verlangt und man muss kräftig feilschen, um auch nur halbwegs in die Nähe dieses Preises zu gelangen.

Hinzu kommt, dass viele Rikshafahrer im Kommissionsgeschäft engagiert sind und versuchen den Neuankömmling in jenes Hotel zu bringen, wo sie am meisten Prozente bekommen. Oft ist das die Hälfte des Übernachtungspreises. Besondere Vorsicht ist bei Fahrern geboten, die einen bei der Frage nach dem Fahrpreis mit der Antwort „As you like" zu locken versuchen. Es ist immer unkomplizierter (und billiger) vor Fahrtantritt den exakten Tarif festzulegen. Auch hier können die im Buch gegebenen Preise nur als Anhaltspunkt dienen.

Einige Rikshafahrer verstehen grundsätzlich jede Fahranweisung falsch und fahren schnurstracks zu einem bestimmten Geschäft. Dessen Besitzer zahlt für jedes angekarrte „Opfer" ein paar Rupien Provision, in der Hoffnung, es werde schon etwas kaufen. Der Laden sollte natürlich gleich links liegengelassen und der Rikshafahrer auch nicht bezahlt werden.

Tongas

Mit Tonga werden einfache **Pferdegespanne** bezeichnet, die sich gelegentlich, vor allem in kleineren Orten, noch finden.

Weiterreise

Die meisten Kerala-Touristen reisen bereits mit einem Rückflugticket bzw. einem Weiterflugticket in die asiatischen Nachbarländer an. Dies ist fast immer günstiger als sich in Indien selbst einen Flug zur Weiterreise zu kaufen, da Indien, anders als z.B. Thailand oder Hongkong, über keinen vergleichbaren Markt für Billigflüge verfügt. Ausnahmen bilden die unmittelbar vor der Süd- bzw. Südostküste liegenden Inselstaaten Sri Lanka und Malediven.

Nach Malaysia

Nur wenige fliegen von **Chennai** nach Malaysia, da die Flugverbindungen von Kalkutta wesentlich günstiger sind. Die preiswertesten Flüge von Chennai nach Kuala Lumpur sind mit ca. 250 € für ein One-Way-Ticket vergleichsweise teuer.

Auf die Malediven

Tgl. mit Indian Airlines von **Trivandrum** nach Malé, der Hauptstadt der Malediven; Preis ca. 90 €.

Nach Singapur

Auch hier gilt, was schon für den Weiterflug nach Kuala Lumpur gesagt wurde. Verglichen mit einem in Deutschland zu kaufenden Stop-Over-Ticket ist das Einzelticket von **Chennai** nach Singapur mit etwa 300 € recht teuer.

Nach Sri Lanka

Seit die Fährverbindungen zwischen Sri Lanka und Rameshwaram wegen der politischen Unruhen seit Jahren eingestellt sind, gibt es nur die Möglichkeit zu fliegen. Die billigste Verbindung besteht nach Colombo: Tgl. mit Indian Airlines oder Sri Lankan von **Trivandrum** für ca. 75 €, Do und So von **Tiruchirapulli** (Trichy) an der Südostküste für ca. 65 €, von **Mumbai** Mo und Do für etwa 200 €.

Nach Nordindien

Wer vom Süden weiter in den Norden Indiens reisen möchte, tut dies am einfachsten von **Mumbai** aus. Von dort gelangt man innerhalb weniger Stunden per Bus oder Zug ins angrenzende Bundesland **Gujarat,** welches wiederum an **Rajasthan,** die meistbesuchte Region Indiens, angrenzt.

Die östliche Variante über **Chennai** ist insofern wesentlich zeitaufwendiger, als das nächste interessante Ziel im Norden, der Bundesstaat **Orissa** mit seinen berühmten Tempelanlagen und dem Bade- und Pilgerort **Puri,** bereits eine fast ganztägige Zug- bzw. Busreise von Chennai entfernt liegt.

Zeitverschiebung

Nach der im ganzen Land geltenden **Indian Standard Time** (IST) gehen die indischen Uhren der Mitteleuropäischen Zeit in der Sommerzeit (Ende März bis Ende Oktober) um 3½ Stunden voraus, zur Winterzeit um 4½ Stunden. 12 Uhr in Indien entspricht also 8.30 bzw. 7.30 Uhr in Mitteleuropa.

Zeitdifferenzen zu asiatischen Nachbarländern (Indien 12 Uhr):

- **Pakistan:** 11.30 Uhr
- **Nepal:** 12.15 Uhr
- **Bangladesch:** 12.30 Uhr
- **Thailand:** 13.30 Uhr
- **Malaysia, Singapur, Indonesien:** 14.30 Uhr

030is Foto: tb

Land und Leute

023is Foto: tb

024is Foto: tb

Fischer beim Einholen der Netze in den Backwaters im Westen Keralas

„Jedes Reiskorn ein Schweißtropfen" – die mühsame Arbeit des Reispflanzens

Kormorane im Periyar-Nationalpark

Landschaft und Natur

Geografie

Die Geografie eines Landes ist weit mehr als die Auflistung von durch die natürlichen Gegebenheiten sowie die Geschichte und Politik geprägten Grenzen und topografischen Fakten. Sie prägt gleichzeitig in erheblichem Ausmaß die Geschichte eines Staates und seiner Einwohner. Kerala, mit 38.863 km^2 der nach Goa flächenmäßig kleinste Bundesstaat Indiens, ist geradezu ein Musterbeispiel hierfür.

Durch die natürliche Barriere der bis zu 2.000 m ansteigenden West-Ghats weitgehend vom Hinterland abgeschlossen, richtete sich der Blickwinkel der Keraliten schon vor über 2.000 Jahren zum Meer und nach Übersee. Gleichzeitig hielten die Bewohner des 550 km langen und maximal 150 km breiten Landstreifens im äußersten Südwesten des indischen Subkontinents steten Kontakt zum Mutterland. Flankiert von den immergrünen Bergen der **West-Ghats** und dem azurblauen **Arabischen Meer,** bildete sich so im Laufe der Jahrhunderte eine außergewöhnliche Kultur und Mentalität heraus, deren spezifische Eigenheit auf der Mischung indischer und überseeischer Einfüsse beruht. Die für die Keraliten so charakteristische Fähigkeit, vielfältige Einflüsse aufzunehmen und zu einer eigenen Identität zu formen, spiegelt sich in der enormen **Vielfalt an Landschaftsformen** des doch recht kleinen Landstreifens.

Der heutige Bundesstaat Kerala entstand am 1. November 1956 aus dem

Zusammenschluss der ehemaligen Fürstentümer Travancore und Cochin und dem Distrikt Malabar. Er nimmt nur 1,18 % des indischen Staatsgebiets ein und liegt mit seiner **Hauptstadt Thiruvananthapuram** (früher Trivandrum) im Südwesten des Landes.

Mit dem Küstenland, dem mittleren Hochland und dem Bergland lässt sich Kerala in drei geografische Regionen unterteilen. Das schmale, ebene **Küstenland** an der Arabischen See ist äußerst fruchtbar und bildet somit seit Jahrhunderten das Hauptsiedlungsgebiet der Keraliten. Langgezogene Buchten mit überhängenden Kokospalmen vor dem azurblauen Meer, sattgrüne Reisfelder, Lagunen, Seen und Inseln prägen diese Bilderbuchlandschaft. Am bekanntesten sind die so genannten **Backwaters,** ein weit verzweigtes Netz aus Flüssen und Kanälen, Lagunen und Seen, welches sich zwischen Kollam (Quilon) im Süden, Kochi (Cochin) im Norden und Kottayam im Osten erstreckt. Teil dieses ebenso pittoresken wie sensiblen Ökosystems ist der zwischen Alappuzha (Allepey) und Kochi gelegene **Vembanad-See,** mit einer Länge von 32 km und einer Fläche von 202 km² der größte See Keralas. Mit 59 km² ist der flache Kanyamkulam-See der zweitgrößte See Keralas. Der knapp 4 km² große und von drei Hügeln umgebene Sasthamootta ist der einzige Frischwassersee des Bundesstaats. Ein weiteres signifantes, die Backwaters prägendes Merkmal sind die zahlreichen Inseln, von denen allerdings keine größer als 10 km² ist.

Im mittleren **Hügelland,** welches das Bindeglied zwischen dem Küstenland und dem Bergland bildet, besteht ein intensiver Anbau von Kokos, Reis, Bananen, Tapioka, Yam, Cashew, Mango, Jackfruit, Gewürzen und Kautschuk.

Das **Bergland,** mit einer durchschnittlichen Höhe von 900 m, grenzt mit den West-Ghats an die Bundesstaaten Tamil Nadu und Karnataka. Während die höheren Lagen von tropischem Regenwald beherrscht werden, sind die darunter liegenden Regionen durch ausgeprägte Plantagenwirtschaft gekennzeichnet: Tee, Kaffee und Gewürze wie Kardamom, Nelken, Kurkuma und Zimt werden hier vornehmlich angebaut.

Die Berge der **West-Ghats** gehören zu den höchsten ganz Indiens und bilden seit Jahrtausenden die natürliche Barriere zwischen Kerala und dem Hinterland. Mit 2.817 m ist der **Anamudi** im Idukki-Distrikt die höchste Erhebung Indiens südlich des Himalaya. Zahlreiche weitere Berge im Umkreis des Anamudi erreichen eine Höhe zwischen 1.981 und 2.698 m. Während der erstmals 1944 von dem englischen General *Bruce* erstiegene Anamudi, wenn überhaupt, nur von bergsteigerischem Interesse ist, sind andere Bergorte wie Thekkady mit dem **Periyar-Nationalpark,** das koloniale **Munnar** als Zentrum des Teeanbaus und das malerisch gelegene **Ponmudi** auch für westliche Touristen von großer Attraktivität.

So prägend die Berge der West-Ghats bei der Orientierung der Keraliten zum Meer waren, so wichtig waren die verschiedenen den Gebirgszug durchschneidenden **Pässe** dafür, dass sie nie den Bezug zum Hinterland, das heißt zum Mutterland Indien, verloren. Besonders hervorzuheben ist hierbei das **Palghat-Tal.** An seiner schmalsten Stelle 24 km breit und auf einer Höhe von 144 m gelegen, bietet es einen beeindruckenden Anblick, da

Geografische Begriffe

Bag / Bagh	Park
Bagicha	(Kleiner) Park
Ban / Van	Wald
Bandar / Bunder	Hafen
Bandh	Damm
Basar / Bazar	Markt (-platz)
Basti	Siedlung, Dorf
Chowk / Chauk	Platz
Chowrasta /Chaurasta/ Chauraha	Kreuzung (vier Straßen)
Dariya	Bach, Fluss
Dek(k)han	Das südliche Hochplateau
Desh	Land (Nation)
Galli	Gasse
Ganj / Gunj	Markt (-platz)
Gao / Gaon / Gau / Gaum	Dorf
Garh / Gadh	Fort, Festung
Ghat	Uferanlagen; Hügelgebiet zwischen Flachland und Hochplateau
Ghati	Tal
Gir / Giri	Berg
Gram / Grama	Dorf
Jangal	Wald
Jheel / Jhil	(Binnen-) See
Jheelka / Jhilka	Teich
Kot / Kota	Fort, Festung
Kund / Kunda	(Binnen-) See
Mahasagar	Ozean
Mahanagar	Großstadt, Metropole
Maidan	Rasenplatz
Marg	Weg, Straße
Masijd	Moschee
Minar	Turm
Nadi	Fluss
Nagar	Stadt
Nagar Palika	Stadtverwaltung
Nalla	Bach
Pahar	Berg, Hügel
Parbat / Parvat	Berg
Path	Weg, Pfad, Straße
Pradesh	Bundesstaat, Provinz
Pul	Brücke
Pur / Pura / Puri / Pore	Stadt
Qila	Fort, Festung
Rasta	Weg, Pfad
Sagar	Meer / See
Samudra / Samundar	Meer
Sangam	Zusammenfluss mehrerer Flüsse
Sarak / Sadak	Straße
Sarovar / Sarowar	(Binnen-) See
Shahar	Stadt
Smarak	Denkmal
Tal	(Binnen-) See
Talab	Teich, Weiher
Taluk / Taluka	Distrikt
Tinrasta	Kreuzung (drei Straßen)
Udyan	Garten, Park
Zilla	Bezirk

Die aufgeführten Begriffe machen viele Ortsnamen transparenter. *Ramnagar* ist somit die „Stadt des Ram", *Shivpur* die „Stadt des Shiva". Der *Nanga Parbat* ist der „nackte Berg" und *Bansgaon* das „Bambusdorf". *Uttar Pradesh* heißt nichts weiter als „Nordprovinz", *Madhya Pradesh* „mittlere Provinz".

die umgebenden Berge bis zu 2.000 m aufsteigen. Ähnlich dem Kyberpass, der im Nordwesten des indischen Subkontinents über Jahrtausende zahlreichen Eroberern aus Zentralasien als natürliche Einfallschneise nach Indien diente, war der Palghat die Schneise, durch welche diverse Herrscher aus Zentral- und Südindien nach Kerala eindrangen. Dies gilt für die Chola- und Chera-Reiche im 11. Jh. wie auch für die Mysore-Herrscher *Haider Ali* und *Tipu Sultan* im 19. Jh. Gleichzeitig jedoch diente der Palghat als eine Art „Autobahn", auf der die aus Übersee ankommenden Waren ins Hinterland transportiert wurden bzw. die im Westen so heiß begehrten Güter wie Gewürze, Edelhölzer und Textilien zu den Überseehäfen von Cochin und Calicut gelangten.

084is Foto: tb

Klima

Bedingt durch seine geografische Lage zwischen dem Äquator und dem Wendekreis des Krebses, ist Kerala Teil der **tropischen Klimazone.** Temperaturen und Luftfeuchtigkeit sind über das gesamte Jahr gleichermaßen hoch. Die durchschnittliche Jahrestemperatur im Küstenbereich liegt bei 26,7°C, wobei die Unterschiede zwischen den Jahreszeiten relativ gering sind. So sinken sie im Tiefland selbst in den beiden „kältesten" Monaten Januar und Februar so gut wie **nie unter 20°C,** während sie im heißesten Monat Mai, kurz vor dem Einfall des Südwestmonsuns, bis auf 35°C ansteigen. Dies ist auch die Zeit, wenn die Luftfeuchtigkeit auf über 90 % ansteigt, während sie in den „Wintermonaten" Dezember bis Februar auf – für europäische Verhältnisse immer noch drückende – 60 % sinkt.

Je weiter man sich von der Küste Richtung **Bergland** begibt, desto mehr sinken sowohl die Temperaturen als auch die Luftfeuchtigkeit. Wer zum Beispiel mittags vom Küstenort Kochi in fünf Stunden ins 1.524 m hoch gelegene Bergdorf Munnar fährt, kann bei einem Temperaturunterschied von bis zu 20°C arg ins Frieren geraten.

So gering die Temperaturunterschiede über das Jahr sind, so unterschiedlich sind die Niederschlagsmengen. Keralas Klima ist geprägt von **zwei Regenzeiten,** dem Südwestmonsun von Juni bis August und dem Nordostmonsun im Oktober/November. Kerala ist die erste Gegend ganz Indiens, die

Maximale Tagestemperaturen in °C

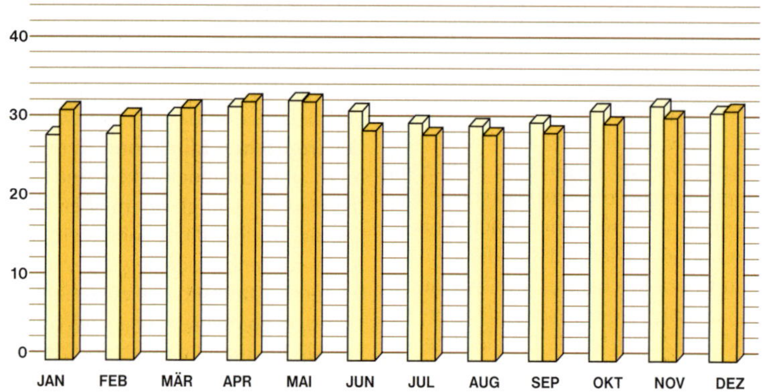

Minimale Nachttemperaturen in °C

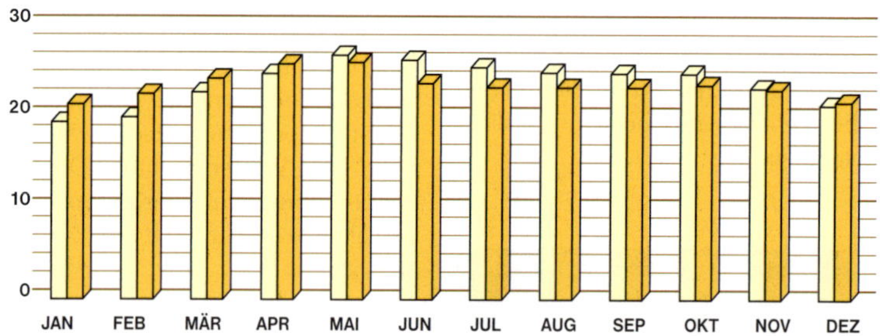

Mittlere Niederschlagsmenge in mm

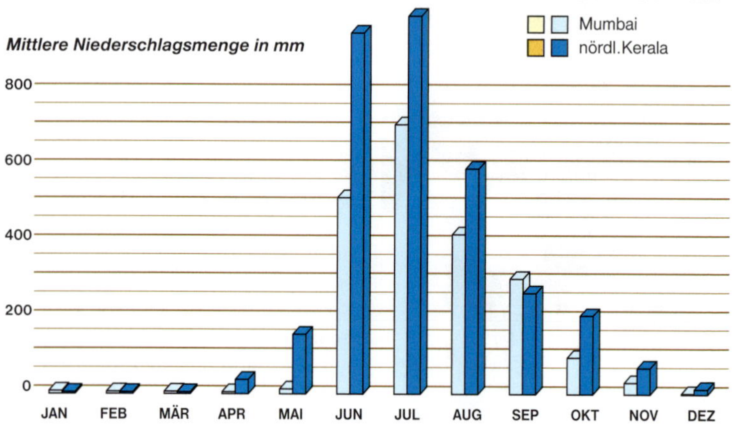

vom Südwestmonsum heimgesucht wird. Die Regenschauer beginnen gewöhnlich Anfang Juni und dauern bis in den September an. Die höchsten Niederschläge verzeichnet der Juni. Während der viermonatigen Zeit des Südwestmonsuns ergießen sich bis zu 250 cm Regen auf die sattgrünen Reisfelder des Tieflands – ein Segen für die Bauern und seit Jahrtausenden Quelle des Reichtums von Kerala. Doch selbst in den Trockenzeiten kann es gelegentlich zu Niederschlägen kommen.

Die beste Reisezeit

Wegen der vergleichsweise geringen Niederschläge und der niedrigen Luftfeuchtigkeit sind der Dezember und speziell der **Januar und Februar die besten Reisemonate.** Während der Monate März bis Mai steigen sowohl die Temperaturen als auch die Luftfeuchtigkeit zunehmend an. Der **Juni als regenreichster Monat** sollte möglichst gemieden werden. Als Alternative zu den Hauptreisemonaten Dezember bis Februar können durchaus die Monsunmonate **Juli bis September** in Frage kommen. Meist regnet es nur für einige Stunden am Nachmittag und wegen der dann wesentlich geringeren Touristenzahl liegen die Preise deutlich unter denen der Hauptreisezeit.

Flora und Fauna

Pflanzenwelt

Nur auf eine sprachliche Kuriosität ist es zurückzuführen, dass knapp 10 % der indischen Landesfläche offiziell als **Dschungel** klassifiziert werden. Das Wort Dschungel leitet sich von dem Hindiwort *jangal* ab und bedeutet auch in anderen indischen Sprachen ganz allgemein Wald. In Indien ist also jeder Wald ein *jangal*. Dschungel, wie man ihn aus historischen Reiseberichten oder den literarischen Werken *Rudyard Kiplings* kennt, mit Baumriesen, Schlingpflanzen, dichtem Unterholz und Wegelosigkeit gehört jedoch in Indien inzwischen fast der Vergangenheit an. Nur in den feuchten **Regenwaldzonen** der West-Ghats und den Grenzgebieten des Nordostens, vor allem in Assam, gibt es noch Überreste. Dichter Wald ist in den Mittelgebirgszügen der Vindhyas bis hin nach Orissa erhalten geblieben.

Baumarten

Insgesamt knapp 1.200 Baumarten kommen in Indien vor. Der für westliche Touristen klassische Tropenbaum, die Palme, findet sich vor allem im Süden. Besondere Bedeutung kommt der **Kokospalme** zu, weil die Kokosnuss äußerst vielseitig verwendbar ist. So ist Kokosmilch als guter Durstlöscher sehr beliebt, das Fruchtfleisch wird in Süßspeisen und Currys verarbeitet. Hochwertiges Kokosöl wird zum Kochen und Backen ebenso verwendet wie zur natürlichen Körperpflege, das minderwertige Öl verarbeitet man in Seifen und Kerzen. Doch mit der Verarbeitung des Inhalts ist der Nutzen der Frucht noch lange nicht erschöpft. So werden aus den Holzfasern Seile gesponnen, die man wiederum zu Säcken, Matten, Teppichen, Netzen und Bürsten verarbeitet. Die Schalen dienen zur Herstellung von Besteck und Souvenirs oder als Brennmaterial. Aus dem Palmholz schließlich lassen sich Möbel fertigen, und die Palmwedel dienen oftmals als Hausabdeckungen.

Besonders im Südosten bestimmt die **Palmyra,** eine von insgesamt über 2.600 Palmenarten, das Landschaftsbild. Das zur Reifezeit orangefarbene, im Geruch an Melonen, Quitten und Ananas erinnernde Fruchtfleisch wird ausgesogen und nach dem Entfernen der Fasern zu Mus verarbeitet, zu Limonade verdünnt oder mit Mehl verbacken. Vergorene Früchte liefern ein käseähnliches Nahrungsmittel. Schließlich gilt der meterlange, an der Spitze verdickte Keimling als Delikatesse. Wie bei der Zuckerpalme nutzt man den Blutungssaft aus jungen, männlichen Blütenständen, die zur Anregung der Sekretion zunächst gequetscht und einige Tage später abgeschnitten werden. Der Blutungssaft wird aus den Blütenständen gezapft, zu **Palmwein** *(toddy)* vergoren, zu **arrak** destilliert und zu **Palmzucker** *(joggery)* eingedickt.

An der Malabar-Küste wachsen die bei Indern so beliebten **Arecanüsse** (Areca catechu), wichtigster Bestandteil des Betelbissens. Der Begriff Nuss ist allerdings irreführend, handelt es sich bei den Früchten der **Betelpalme** doch um hühnereigroße Beeren mit glatter, gelber bis orangeroter Haut und großem, fettreichem Samen, der fälschlich als „Betelnuss“ bezeichnet wird. Die gerösteten oder auch gekochten Samen werden in Scheiben geschnitten und mit Kalk sowie Zimt und anderen Gewürzen gemischt, in die Blätter des Betelpfeffers gewickelt und gekaut. Als verbreitetes Genussmittel hinterlassen sie überall unübersehbare rötliche Flecken.

Zu den wertvollsten Edelhölzern gehören **Sandel- und Rosenholz,** die wegen ihres Wohlgeruchs auch als Räucherstäbchen Verwendung finden.

Wegen seiner tiefroten Blüten ist der **Flammenbaum** oder **Flamboyant** einer der fotogensten und bei Westlern beliebtesten Bäume. Weiteres Charakteristikum des ursprünglich aus Madagaskar stammenden Baumes sind die von den Ästen herabhängenden, bis zu 60 cm langen, abgeplatteten, braunen Fruchthülsen. Wegen seiner auffallend breiten, schirmförmigen Krone wird der Flamboyant besonders gern als Schattenspender an Straßen und in Parks angepflanzt. Der Flammenbaum weiß jedoch nicht nur durch sein „hübsches Äußeres“ zu gefallen, sondern ist auch von großem Nutzen. Aus dem Holz gewinnt man sehr haltbares Baumaterial, die Rinde liefert Farbstoff und Harz und auch die Blüten geben Farbstoff.

Ein Blickfang ist der weit ausladende, dicht belaubte und bis zu 30 m hohe **Regenbaum.** Wegen seines riesi-

223ke Foto: mb

Das satte Grün der Teeplantagen

gen Wuchses und der jährlich zweimal erscheinenden Blüten gehört er zu den beliebtesten Zierbäumen an Straßen, Märkten und Plätzen. Gern wird er auch als Schattenspender für Kakao-, Pfeffer- und Vanille-Kulturen genutzt. Ebenso amüsant wie interessant ist die Herleitung seines Namens. Der vermeintliche Regen wird durch eine sich bevorzugt in der Baumkrone niederlassende Zikade verursacht. Zum Schutz gegen die Sonne umgibt sich das Insekt mit einer schaumartigen Substanz. Die Insekten stechen Pflanzenzellen an, nehmen Pflanzensaft auf und scheiden große Mengen an Wasser aus. Dieses kann so heftig von den Bäumen tropfen, dass sich am Boden Wasserpfützen bilden.

Einer der wohl bekanntesten Bäume Indiens ist der **Bodhi** (Pipal-Baum, Ficus religiosus). Unter einem Exemplar dieser Art soll der Prinzensohn *Siddharta Gautama* nach siebentägiger Meditation zum Buddha, d.h. zum Erleuchteten, gereift sein. Seither gilt der Baum allen Buddhisten als heilig.

Ebenso wie der Bodhi gehört auch der wegen seines spektakulären Aussehens berühmte **Banyan** (Würgfeige,

Keralas Nationalbaum – die Kokospalme

Die Keraliten behaupten, in ihrem Land wüchsen ebensoviele Kokospalmen wie am Himmel Sterne stehen – angesichts der fast das gesamte Land wie einen grünen Teppich überziehenden Palmenhaine scheint das fast noch untertrieben. Mehr als fünf Milliarden Kokosnüsse werden jedes Jahr in diesem wunderschönen Streifen Land im äußersten Südwesten des indischen Subkontinents gepflückt. Von den rund 160 indischen Firmen, die Kokos und Kokosprodukte exportieren, sitzen 130 in Kerala und produzieren 96 % des Exportanteils, über fünf Millionen Keraliten finden in der Kokosindustrie ihr Auskommen. Exportiert werden 38.000 Tonnen, was einem Wert von etwa 35 Millionen Euro entspricht. Der wichtigste Markt für indischen Kokos ist Europa. Weit über die Hälfte der Ausfuhr geht in die Länder der EU. Einzeln erfasst, sind die USA der bedeutendste Abnehmer, Deutschland liegt an dritter Stelle.

Kerala und die Kokosnuss sind eine Einheit. Der hohe Lebensstandard der Keraliten beruht ganz entscheidend auf den vielfältigen Verwendungsformen dieses Lebensbaumes. Die Keraliten wissen um den Segen und gaben ihrem Land den Namen „Kokospalmenplantage" – das bedeutet *Kerala* in der Landessprache Malayalam.

Die Kokospalme wächst in allen tropischen und subtropischen Gegenden Amerikas, Afrikas und Asiens. Die hochstämmige Kokospalme (25–30 m) produziert ab dem 8.–9. Lebensjahr Früchte und wird ca. 60–65 Jahre alt. Der Anbau von Niedrigstämmen, auch Zwergpalmen genannt, ermöglicht die ersten Ernten schon von 4–5-jährigen Pflanzen. Diese werden aber nur 30–35 Jahre alt. Das Hauptargument für den Anbau von Niedrigstämmen ist die „einfachere" Ernte. Von der Befruchtung bis zur Fruchtreife dauert es 12–14 Monate. Je nach Verwendungszweck werden die Nüsse bereits ab dem 6. Monat geerntet. Die Kokosnüsse wachsen an bananenähnlichen Stauden.

Ein vielseitiges Produkt

Die Kokospalme ist eine wertvolle Nutzpflanze, die sich wie kaum eine andere komplett verwerten lässt: Die **Blätter** dienen zum Dachdecken, werden zu Körben und Matten verflochten, der **Stamm** wird als Bauholz eingesetzt. Die Endknospen des Stammes isst man als **Palmkohl,** der zuckerhaltige Saft aus abgeschnittenen Blütenständen wird zu **Palmzucker** eingekocht oder zu **Palmwein** vergoren, die **Milch** aus der Frucht als Getränk genossen. Die Fruchtfasern aus der Umhüllung der Nuss werden zu **Fasern** verarbeitet, die Rückstände daraus ergeben besten Humus, aus der **Nussschale** werden Gefäße, Löffel oder Schmuck. Das **Fruchtfleisch** ist wiederum ein Nahrungsmittel. Wer eine oder mehrere Kokospalmen besitzt – und das gilt praktisch für jeden Bewohner Keralas – hat praktisch alles, was er zum Überleben benötigt.

Die Verarbeitung der Fasern

Die Fasern füllen den Bereich zwischen der eigentlichen Nuss und der grünen Schale. Sie machen ca. 35 % des Gesamtgewichts der Kokosnuss aus. Vor dem Verkauf schneidet man die Nüsse auf und nimmt die Frucht heraus – so finden wir sie dann in unseren Supermärkten. Die mit Fasern ausgepolsterten Nussschalen werden danach an spezialisierte Firmen verkauft oder manchmal auch den Produzenten zurückgegeben. Diese tauchen die ausgepolsterten Nussschalen dann, ohne weitere Verarbeitung, in Lagunen ein. Nach dieser

„Wässerung" werden die Fasern manuell gewonnen. Im ersten Arbeitsgang wird die Schale vom Faserbund getrennt. Dann werden die Fasern für den Verkauf an Spinnereien gereinigt, getrocknet und zu Ballen verarbeitet. Kerala bietet das ideale Klima und sehr günstige topografische Voraussetzungen, die ein jahrhundertealtes Verfahren ermöglichen, nämlich das monatelange Wässern der Fasern in Lagunen. Daraus entsteht die so genannte *Rettedfiber*, deren Faserqualität die Produktion von sehr starken **Seilen** ermöglicht, die auch von Fischern benutzt werden.

In einem weiteren Arbeitsgang werden die Fasern zu Fäden gesponnen und die Fäden zu einer zweifädigen Schnur gedreht. Das Spinnen der Kokosfasern ist eine typische Frauenarbeit. Es verlangt Fingerfertigkeit, Schnelligkeit und Ausdauer, aber keine besondere Kraft. Aus den Schnüren wiederum entstehen **Kokosnetze.** Sie werden in Kerala, außer für Beleuchtung und Transport, ganz ohne elektrische Energie produziert. Die ökologische Bilanz ist daher sehr positiv. In der Produktionskette von Kokosnetzen gibt es keine Fixlöhne. Die Arbeiter und Arbeiterinnen werden, je nach Arbeitsfeld, nach Gewicht, Laufmeter oder Fläche entlohnt.

Ficus bengalesis) zur Gattung der Feigenbäume. Mit seinen weit ausgreifenden, bis zu zwei Metern aus dem Boden aufragenden Luftwurzeln mit unzähligen Verästelungen und Verzweigungen macht der Parasit, der sich um die Stämme anderer Bäume legt, einen urweltlichen Eindruck.

Tee und Gewürze

Die vor allem in Bengalen (Darjeeling) und im Nordosten (Assam) von den Engländern Ende des 19. Jh. angelegten Teeplantagen haben Indien zu einem der weltweit größten Teeexporteure aufsteigen lassen. Bis zu fünfzehnmal werden die Sträucher in mehr oder weniger kurzen Abständen bepflückt, in der Regel von Hand. Gepflückt wird meist nur die Blattknospe mit den obersten zwei Blättern, da diese den höchsten Catechin- und Coffeingehalt besitzen. Zur Weiterverarbeitung werden die frischen Blätter in einem Luftstrom gewelkt, in mehreren Arbeitsgängen maschinell gerollt und anschließend fermentiert. Das Rollen und Fermentieren setzt chemische Prozesse in Gang, die das Aroma und den Charakter des Tees bestimmen.

Umweltverträglicher als die Teepflanzungen, denen etliche Waldgebiete zum Opfer fielen, sind die **Gewürzgärten** an der tropischen Südwestküste. Der Geschmack von Pfeffer, Zimt, Kardamom und Ingwer lockte einst die Europäer nach Indien und noch heute sind Gewürze eines der bedeutendsten landwirtschaftlichen Exportprodukte des Landes.

Tierwelt

Die dem Hinduismus eigene Auffassung von der Einheit allen Lebens, in der der Mensch nur ein Teil des Ganzen ist, mag auch die indische Tierwelt lange Zeit vor Verfolgung bewahrt haben. Spätestens mit dem Einzug der Moderne war dies jedoch vorbei. Neben dem Bevölkerungswachstum, das die Menschen immer tiefer in die angestammten Lebensräume der Tiere eindringen ließ, dem Eisenbahn- und Straßenbau, der ihre Wanderwege zerschnitt, und dem Einsatz von Pestiziden, der ihre Nahrungsgrundlagen zerstörte, trug auch die wilde Schießwut der weißen Kolonialherren und indischen Rajas zur Dezimierung des Wildbestandes bei. Vor allem die so genannten „Big Five", der **Indische Löwe,** der **Tiger,** der **Elefant,** das **Panzernashorn** sowie das **Gaur,** das größte Wildrind der Erde, waren akut vom Aussterben bedroht. Angesichts dieser dramatischen Lage setzte Anfang der siebziger Jahre ein Sinneswandel bei den Verantwortlichen ein. Vor allem das Programm zur Rettung des Tigers erregte international Aufsehen.

Heute zählt Indien weltweit zu einem der vorbildlichsten Länder auf dem Gebiet des **Tierschutzes.** Indiens Tierwelt ist sehr artenreich, auf 2,2 % der Landmasse der Erde sind 8 % aller Säugetiere, 14 % aller Vogelarten und 9 % aller Reptilienarten beheimatet.

Säugetiere

Nach Schätzungen gibt es in Indien inzwischen wieder 22.000 **Elefanten,** von denen die meisten in Nationalparks leben. In Südindien bieten besonders die Nationalparks Periyar in Kerala und Nagarhole in Karnataka gute Möglichkeiten die Dickhäuter in „freier" Wildbahn zu beobachten. Ansonsten begegnet man ihnen in den weitläufigen Tempelanlagen und bei den großen Tempelfesten in Kerala, an denen bis zu 100 festlich geschmückte Elefanten teilnehmen.

Immer wieder ein faszinierendes Bild ist es, einen **Arbeitselefanten** mit dem *mahout,* seinem Führer, in aller Seelenruhe inmitten des brodelnden Verkehrs einer indischen Großstadt

025is Foto: tb

Hochverehrt, gehegt und gepflegt – der Tempelelefant

marschieren zu sehen. Zunehmend weniger dieser beliebten Großtiere werden allerdings zu Arbeitstieren abgerichtet.

Ebenso wie der **Tiger** in den letzten Jahren vor dem Aussterben gerettet werden konnte, scheint dies auch beim **Löwen** zu gelingen. 250 leben heute im Gir-Nationalpark im Bundesstaat Gujarat. Der Gepard gilt hingegen seit 1952 als ausgestorben.

Die beliebtesten Beutetiere der Wildkatzen wie **Antilopen, Gazellen** und **Hirsche** gibt es in fast jedem Wildpark Indiens zuhauf. Unter den wilden Hundearten finden sind der **Dekhan-Rothund,** der **Goldschakal** und der **Bengalfuchs** relativ häufig, während der äußerst scheue **Indische Wolf** vom Aussterben bedroht ist.

Ebenso erging es lange Zeit dem **Panzernashorn,** welches wegen seines Horns, von dem sich abgeschlaffte asiatische Männer wundersame Kräfte versprechen, eines der begehrtesten Jagdobjekte der Wilderer war. Heute gibt es weltweit etwa wieder 1.500 der beeindruckenden Tiere, von denen etwa 70 % in Terai im Süden Nepals und im Kaziranga-Nationalpark in Assam beheimatet sind.

Ein absolut gewöhnlicher Anblick in Indien sind die **Affen,** die häufig ausgerechnet in Tempeln anzutreffen sind. Hier scheinen sie sich besonders heimisch zu fühlen und sind dementsprechend selbstsicher, was zuweilen jedoch in Aggressivität umschlagen kann. Von den in Indien vertretenen neunzehn Rassen sind die **Rhesusaffen** und die **Languren** besonders häufig.

Reptilien

Die Population des **Krokodils** verzeichnet einen Aufwärtstrend, nachdem neben dem Export von Elfenbein auch die Ausfuhr von Krokodilleder strengstens verboten ist.

Wenig erfreulich klingt die Zahl der ca. 4.500 jährlich in Indien durch Schlangenbisse getöteten Menschen. Die Zahl der **Schlangenarten** liegt bei 230, davon sind 55 giftig. Die Tigerpython ist mit bis zu sechs Metern Länge die größte Schlange Indiens. Zu den gefährlichen **Giftschlangen** zählen hauptsächlich Kobra, Kettenviper und Sandrasselotter. Bei 90 % der Bisse durch gefährliche Giftschlangen ist die Giftmenge zu gering, um tödliche Folgen zu haben. Opfer finden sich meist unter der verarmten Landbevölkerung, da viele die Nacht auf dem Boden verbringen müssen und dabei versehentlich mit einer Giftschlange in Berührung kommen.

Ganz harmlos und zudem sehr nützlich ist dagegen der freundliche Zeitgenosse, der fast jeden Abend an der Wand des Hotelzimmers nach einer leckeren Mahlzeit Ausschau hält: der **Gecko.** Der kleine Kerl mit seinen reichlich groß geratenen Glubschaugen hält sich besonders gern in der Nähe von Lampen auf, da hier die Chancen für einen fetten Leckerbissen in Form eines Insekts besonders hoch sind.

Vögel

Vogelliebhaber kommen in Indien voll auf ihre Kosten, beherbergt der indische Subkontinent doch über 1.200

Brutvogelarten, von denen 176 endemisch sind, also nur hier vorkommen. Rechnet man noch die im Winter aus dem nördlichen und mittleren Asien einfliegenden **Zugvögel** hinzu, so können ingesamt mehr als 2.000 Vogelarten nachgewiesen werden. Besonders häufig sind Eulen, Spechte, Nashorn- und Nektarvögel, Kuckucke, Reiher, Störche und Kraniche.

Der indische Nationalvogel ist der **Pfau.** Er ist nicht nur in der Wildnis weit verbreitet, sondern wird in vielen Dörfern als halbzahmer Vogel verehrt und gefüttert. Souvenirs aus dekorativen Pfauenfedern können übrigens ohne Bedenken gekauft werden, da die Vögel ihre Schmuckfedern während der Mauser im Winter verlieren.

Hochverehrt, aber schlecht behandelt – die Kuh

Die heilige Kuh – geschlagene Heilige

Die Kuh ist in Indien heilig, das weiß jedes Kind. Aber wie heilig ist sie den Indern eigentlich wirklich? Wenn man die abgemagerten Gerippe durch die Straßen streunen sieht, wo sie auf ihrer nimmermüden Suche nach Essbarem die Abfallhaufen durchwühlen und allzuoft mit Stockhieben vertrieben werden, scheint diese Frage gar nicht so abwegig.

Ein Blick in die Geschichte beweist, dass die Verehrung der Kuh durchaus nicht immer selbstverständlich war. Der Verzehr von Rindfleisch war für die nomadisierenden arischen Hirten, die vor Jahrtausenden in Nordindien einfielen, eine Selbstverständlichkeit, und auch die Opferung von Rindern zu religiösen Zwecken war gang und gäbe, wie Auszüge aus den „Veden", den heiligen Schriften der Arier, belegen. Dies änderte sich erst, als die Einwanderer sesshaft wurden und geregelten Ackerbau betrieben. Von nun an war nicht mehr das Pferd, sondern das Rind das wichtigste Tier des Menschen.

Diese Bedeutung hat es bis heute behalten, da sich die Lebensbedingungen eines Großteils der indischen Bevölkerung in den letzten Jahrtausenden nicht grundlegend verändert haben. Vor allem die unzähligen Mittellosen der indischen Gesellschaft profitieren von den kostenlosen Produkten der Millionen Straßenkühe. Die meisten der scheinbar herrenlos durch die Großstädte streunenden Rinder besitzen ein festes Zuhause, zu dem sie allabendlich zurückkehren. Während sie dort die bereitgestellte Mahlzeit bekommen, werden sie von den Besitzern gemolken.

Auch zum Pflügen der Felder und als Zugtier ist das Rind unverzichtbar. Die Milch der Kuh bedeutet für die Unterschicht eine wichtige, weil nährstoffreiche und vor allem kostenlose Ernährung. Der Dung ist als Düngemittel der Felder genauso nützlich wie als Brennmaterial; darüber hinaus findet er als Mörtel zur Errichtung von Lehmhütten Verwendung, zumal er auch noch insektenabweisend wirkt. Als weitverbreitetes Desinfektionsmittel wird auch der Urin der Cebu-Rinder genutzt, und in den indischen Städten dienen die etwa 200 Millionen freilaufenden Kühe als Müllentsorger.

Die existentielle Bedeutung des Rindes hatten die indoarischen Einwanderer sehr schnell erkannt, weshalb sie es unter Tötungsverbot stellten. Die Verehrung der Kuh hatte also zunächst rein pragmatische Gründe. Die religiöse Überhöhung als lebensspendende Mutter *(go mata)* setzte erst einige Jahrhunderte später ein, vor allem mit dem buddhistischen Prinzip der Nichtverletzung des Lebens *(ahimsa)*.

Nein, vergöttern im eigentlichen Sinne des Wortes tun die Inder ihre Kühe nicht, und heilig sind sie ihnen nur insofern, als sie ihnen das Überleben ermöglichen. Auch für die Kastenlosen, die außerhalb der hinduistischen Gesellschaft stehen, besitzen die Kühe einen enormen Nutzen. Da sie nicht an die hinduistischen Regeln gebunden sind, dienen diesen Ärmsten der Armen das Fleisch, die Knochen und das Leder als wichtige Ernährungs- und Einkommensquelle.

Der gerade im Westen immer wieder vorgebrachte Einwand, das Tötungsverbot der Kuh sei angesichts der Millionen unterernährten Inder unverantwortlich (gepaart mit der Forderung nach Hochleistungs-Rinderzucht), entbehrt übrigens jeder Grundlage. Gerade die breite Masse der Bevölkerung könnte sich die durch die Aufzucht zwangsläufig anfallenden höheren Kosten für die Tiere und deren Produkte nicht leisten und müsste so auf ihren Nutzen verzichten. Im Übrigen stehen die dafür notwendigen Weideflächen im überbevölkerten Indien gar nicht zur Verfügung.

813ra Foto: tb

Staat und Gesellschaft

Geschichte

Ähnlich der europäischen Geschichte, die gewöhnlich in die drei deutlich voneinander zu unterscheidenden Perioden alte, mittlere und neue Geschichte unterteilt wird, hat sich auch die indische Geschichtsschreibung an einer Dreiteilung orientiert: die alte indische Geschichte geprägt vom Hinduismus, die Zeit der islamischen Herrschaft und die britische Fremdherrschaft. Diese simple Kategorisierung erfreute sich sicherlich nicht nur deshalb so lange großer Beliebtheit, weil sie die jahrtausendealte, äußerst vielschichtige indische Geschichte in einen sehr übersichtlichen Rahmen presste, sondern auch, weil sie den Wunsch der nationalistischen Historikerzunft befriedigte, der goldenen Zeit der alten Geschichte die Epoche der Fremdherrschaft, die bereits mit den islamischen Dynastien begann, gegenüberzustellen. In dem Wissen, dass letztlich jede Periodisierung willkürlich bleiben muss, soll hier als Orientierungshilfe eine etwas feinere Aufteilung gewählt werden, um der Vielfalt der indischen Geschichte wenigstens ansatzweise gerecht zu werden.

Nord- und Südindien – geografische Bedingungen

Die Geschichte Indiens ist in zentraler Weise durch seine geografischen Gegebenheiten bestimmt. Daher sollte, wer sich näher mit der Geschichte des Landes beschäftigen möchte, zunächst einen Blick auf die Landkarte werfen. Die grundsätzliche Unterscheidung zwischen dem Norden und dem Süden des Indischen Subkontinents beruht auf der ganz unterschiedlichen historischen Entwicklung dieser beiden Landesteile. Im Laufe der Jahrhunderte erwies sich das die Grenze zwischen dem Norden und dem Süden markierende **Dekhan-Hochplateau** immer wieder als **unüberwindliche Schwelle** für die Eroberer aus dem Norden bei ihrem Versuch, auch den Süden des Landes unter ihre Kontrolle zu bringen.

So konnte die von den indoarischen Eroberern zwischen 1500 und 500 v. Chr. in den Süden abgedrängte **dravidische Urbevölke-**

rung wesentlich mehr an kultureller Identität bewahren als die von fünfhundertjähriger Fremdherrschaft geprägten Völker Nordindiens. Erst als mit der Seefahrt die natürlichen Grenzen ihre Bedeutung verloren, konnte mit Beginn des 16. Jh. auch der Süden – durch die Europäer – kolonisiert werden.

Die Regionen Südindiens und die Frühzeit dynastischer Herrschaft

Welchen zentralen Einfluss die geografischen Bedingungen auf den Verlauf der historischen Entwicklung spielten, verdeutlicht eine genauere Aufschlüsselung der verschiedenen, die Südhälfte Indiens kennzeichnenden Regionen. Besondere Beachtung verdient dabei die Gliederung des Landes durch Höhenzüge, die im Großen und Ganzen von Norden nach Süden verlaufen, und Flüsse, die von Westen nach Osten oder umgekehrt fließen. Es lassen sich Schwerpunkte identifizieren, die wiederholt zum Zentrum von Vormachtstellungen geworden sind, wobei eine Vormacht sich so gut wie nie flächendeckend etablieren konnte, sondern auf eine Region beschränkt blieb.

Beginnend im Norden, erkennt man einen ersten Schwerpunkt im Gebiet Nasik-Aurangabad-Paithan am Oberlauf der Godayen. Hier hatten die **Satavahanas** im 2. Jh. v. Chr. ihren Hauptstandort. Diese von ca. 150 v. Chr. bis 250 n. Chr. regierende Dynastie dehnte ihr Herrschaftsgebiet bis an die Küstenzonen des heutigen Andhra Pradesh aus und unterhielt rege Handelsbeziehungen: Münzfunde belegen u.a. Verbindungen zum Römischen Reich. Schon zu dieser frühen Zeit zeigte sich, dass die Kontrolle über den **Seehandel** ein Grundpfeiler jedweder Machtentfaltung im Süden sein sollte. Die in religiösen Fragen äußerst toleranten Satavahanas gelten als die erste Großmacht auf dem Dekhan. Später versuchten islamische Herrscher, die von Delhi aus nicht den Süden beherrschen konnten, eine Südhauptstadt in dieser Region zu errichten – *Mohammed Tughluk* in Daulatabad und *Aurangzeb* in Aurangabad. Hier in der Nähe liegen auch die Höhlen von Ajanta und Ellora, die einstige Hauptstadt der Rashtrakutas.

Ein zweiter Schwerpunkt liegt in der Gegend östlich des Flusses Bhima zwischen den heutigen Städten Solapur und Hyderabad. Dort liegen die alten Hauptstädte Kalyani, Bidar, Malkhed und Gulbarga. Der dritte Schwerpunkt befindet sich zwischen den Oberläufen von Krishna und Tungabhadra. Dort liegen die alten Chalukya-Hauptstädte Badami, Aihole und Pattadkal und nördlich davon Bijapur, die Hauptstadt der islamischen Herrscher einer späteren Zeit. Ein viertes Zentrum lässt sich schließlich im Hochland des Südens ausmachen, ausgezeichnet durch die Städte der Hoysala-Dynastie mit ihren berühmten Tempeln in Belur und Halebid.

Als letztes gilt es, die Großregion der **Ostküste** zu untergliedern. Auch hier zeichnen sich vier Teilregionen ab, die im wesentlichen durch die Unterläufe der großen Flüsse gekennzeichnet sind. Als erste – von Norden nach Süden vorgehend – ist hier die Krishna-Godaveri-Region zu nennen, in der die alten Hauptstädte Vengi, Amaravati und Nagarjunakonda lagen. Die zweite Region ist die Küste um das heutige Chennai (Madras) und sein Hinterland mit der Stadt Kanchipuram, Mittelpunkt des Pallava-Reiches. Es folgt das fruchtbare Kaveri-Delta als dritte Region mit der Stadt Tanjore, einem der bedeutendsten Standorte des großen Chola-Reiches, und südlich davon als vierte Region das Land um Madurai. Die Hauptstdt des Pandya-Reiches mit ihrem großartigen Shri-Meenakshi-Sundareshwar-Tempel ist heute eine der meistbesuchten Städte des Südens.

Allgemein gilt auch hier die Regel, dass sich eine Vormacht immer nur in einer dieser Teilregionen etablieren konnte, doch haben hier weit mehr als in der Ebene des Nordens und im Hochland oft bedeutende Herrschaftssysteme nebeneinander bestanden, da die Abschottung meist entweder aufs Hochland oder nach Übersee, nicht aber auf andere Gebiete der Küste gerichtet war.

Die bedeutendste Macht der Epoche war die **Gupta-Dynastie des Nordens** (4/5. Jh. n. Chr.), die die höfische Kultur des indischen Mittelalters prägte und die Ostregionen der Ganges-Ebene zur Ausgangsbasis für die Errichtung eines Großreiches machen wollte.

Brahmanen und Unberührbare – die Kasten zwischen Tradition und Auflösung

Seine Ursprünge hat das indische Kastensystem in der Zeit des Brahmanismus (ca. 1000–500 v. Chr.). Nach dem Einfall der Arier aus dem südlichen Zentralasien entstand eine in vier Klassen geteilte Gesellschaft. An ihrer Spitze standen die **Brahmanen** (Priester), denen die **Kshatriyas** (Krieger und Adel) und die **Vaishyas** (Bauern, Viehzüchter und Händler) folgten. Ihnen untergeordnet waren die nichtarischen **Shudras** (Handwerker und Tagelöhner).

Das Sanskrit-Wort für diese Klassen lautet *varna* (Farbe). Das deutet darauf hin, dass die hellhäutigen, arischen Eroberer die **dunkelhäutige Urbevölkerung** aufgrund ihrer Hautfarbe isolierte. Welche Bedeutung auch heute noch der Hautfarbe zukommt, kann man den sonntäglichen Heiratsannoncen entnehmen, in denen immer wieder der Wunsch nach einem möglichst hellen Teint auftaucht. Deshalb erfreuen sich auch Puder und Cremes, die die Haut künstlich aufhellen, bei unverheirateten Frauen großer Beliebtheit.

Die von den Brahmanen verfassten heiligen Schriften erklären und legitimieren diesen hierarchischen Gesellschaftsaufbau mit einem Gleichnis. Danach entstanden die Brahmanen bei der Opferung des Urriesen aus dessen Kopf, die Kshatriyas erwuchsen aus seinen Armen, die Vaishyas aus seinen Schenkeln und die Shudras aus dem niedrigsten Körperteil, den Füßen. Rechtfertigung erhielt das Kastensystem auch durch die Karma-Lehre, nach welcher der Status im gegenwärtigen Leben direktes Resultat der Taten in einem vorangegangenen Leben ist.

Das heute gebräuchliche Wort „Kaste" prägten die Portugiesen im 16. Jh., als sie die verschiedenen gesellschaftlichen Gruppen als *castas* (Gruppe, Familie) bezeichneten. Mit der wirtschaftlichen Entwicklung kam es zu einer Differenzierung der gesellschaftlichen Unterschiede, indem die **Berufsgruppen** in Unterkasten aufgeteilt wurden. Von diesen den europäischen Zünften vergleichbaren Unterkasten, die als *jatis* bezeichnet werden, soll es heute über 3000 in Indien geben. Da man in diese Kasten hineingeboren wird und ein Aufstieg in eine nächsthöhere Kaste ausgeschlossen ist, kann der einzelne dieser Apartheid nicht entkommen.

Außerhalb dieses Kastensystems stehen die so genannten **Unberührbaren,** die bis vor 50 Jahren als derart unrein galten, dass sich ein Brahmane aufwendigen Reinigungsritualen unterwerfen musste, wenn auch nur der Schatten eines Unberührbaren auf ihn gefallen war.

Der Klassenstatus löst den Kastenstatus ab

Heute, wo in Indien über eine Milliarde Menschen auf engem Raum zusammenlebt und die Wirtschaft sich nach jahrzehntelanger, künstlicher Abschottung im harten Konkurrenzkampf auf dem internationalen Markt behaupten muss, entscheidet nicht mehr die Kaste, sondern Ausbildung und Leistung über die Vergabe eines Arbeitsplatzes.

Kasten- und Klassenstatus mögen früher einmal identisch gewesen sein – heute sind sie es längst nicht mehr. Unter den oberen Schichten der Gesellschaft muss man die Brahmanen mit der Lupe suchen; hier dominieren die Händler- und Bauernkasten. Erst danach finden sich die früher so dominierenden Brahmanen, die heute eher mittlere Gehaltsempfänger sind und vielfach höhere Verwaltungsposten besetzen. Allerdings befinden sie sich hier manchmal bereits in Konkurrenz mit Angehörigen der früheren Unberührbaren, die ihren Aufstieg einer systematischen Förderung der Regierung verdanken und deshalb nicht selten als „Regierungs-Brahmanen" bespöttelt werden.

Bedeutet all dies, dass das einstmals alles beherrschende Kastensystem im Indien von heute praktisch keine Rolle mehr spielt? Die Antwort lautet, wie so oft in Indien, nicht ja oder nein, sondern sowohl als auch. So ist es auch für die meisten westlich geprägten Inder, denen sonst im Alltag die Kastenschranken kaum noch etwas bedeuten, undenkbar, ihre Kinder mit Angehörigen einer niedrigen Kaste zu verheiraten.

Kasten als sozialer Rückhalt

Was einem nach den Prinzipien von Individualität und Selbstverwirklichung erzogenen Europäer als ungerecht erscheinen mag, erhält im Lichte der sozialen und kulturellen Realität Indiens eine völlig andere Bedeutung. Schließlich sollte man nicht übersehen, dass diese im Westen wie selbstverständlich propagierten Ideale gleichzeitig ein **soziales Netz** erfordern, welches jene, die auf dem schmalen Grat der freien Entscheidung straucheln, auffängt. Die Funktion eines in Indien so gut wie unbekannten staatlichen Sozialsystems übernimmt das Kastensystem.

Diese wirtschaftliche Komponente ist aber nur einer der im Westen immer wieder verkannten Vorteile der Kastenordnung. So haben die über Jahrtausende tradierten Werte und Verhaltensvorschriften innerhalb der einzelnen Kasten zu einer Art **kulturellem Heimatgefühl** geführt, auf welches die meisten Inder bis heute allergrößten Wert legen. Dementsprechend treffen sich die einzelnen Kastenmitglieder im Privatleben fast ausschließlich untereinander und halten damit eine Ordnung aufrecht, die im öffentlichen Leben kaum noch eine Rolle spielt.

Die Kastenlosen – geborene Verlierer

Vor allem in den Hunderttausenden von indischen Dörfern, die seit jeher als die Hochburgen des Kastensystems gelten, haben sich die alten Traditionen noch weitgehend erhalten. Dort ist es immer noch üblich, dass die Brahmanenhäuser, geschützt unter hohen Bäumen, im Zentrum stehen, während sich die anderen Bewohner, abgestuft nach ihrer Rangordnung, weiter Richtung Dorfrand ansiedeln.

Außerhalb der Dorfgrenze haben die Kastenlosen ihre schäbigen Hütten aufgeschlagen. Trotz aller staatlichen Fördermaßnahmen, die ihnen unter anderem entsprechend ihrem Anteil an der Gesamtbevölkerung einen Prozentsatz an Stellen im öffentlichen Dienst zusichern, zählen die 150 Millionen Kastenlosen nach wie vor zu den Ausgestoßenen der Gesellschaft.

Die Zeiten, dass ein *Paria* vor Betreten der Stadt die Höherkastigen durch das Schlagen einer Trommel *(parai)* vor seinem Erscheinen warnen musste, damit diese sich nicht durch seine Nähe verunreinigten, gehören zwar der Vergangenheit an, das Betreten des Dorftempels oder die Wasserentnahme aus dem Dorfbrunnen ist ihnen jedoch auch heute noch untersagt.

Dass jahrtausendealte Traditionen weit schwerer wiegen als bürokratische Entscheidungen im fernen Delhi musste auch *Mahatma Gandhi* erkennen, der sich vehement für die Besserstellung der Unberührbaren einsetzte und ihnen den Namen *Harijans* (Kinder Gottes) verlieh. Aufsteiger kommen zwar vor, die große Mehrzahl der Kinder Gottes verdient ihren kargen Lebensunterhalt jedoch mit dem Säubern von Latrinen, dem Enthäuten von Kadavern oder als Müllmänner. Als Abfall der Gesellschaft ist der Abfall der Höherkastigen für sie gerade gut genug. Bei diesen geborenen Verlierern, den Ärmsten der Armen, zeigt sich die hässliche Seite des Kastensystems auf besonders krasse Weise.

Der Vorstoß nach Süden gelang jedoch nicht, denn regionale Herrscher im Süden, sowohl auf dem Hochland als auch an der Küste, konnten ihre Eigenständigkeit behaupten und gar selbst nach Norden vorstoßen und die Vormachtstellung der Ganges-Ebene bedrohen.

Die ersten südindischen Dynastien (3.–9. Jh. n. Chr.)

Mit Beginn des 3. Jh. trat der Süden erstmals deutlich in die indische Geschichte ein. Die dynastischen Namen der Cholas, Pandyas und Cheras der vorigen Periode sind noch in legendäres Dunkel gehüllt. Im 3.–6. Jh. hatte die geheimnisumwitterte Macht der **Kalabhras** weite Gebiete des Südens unterjocht und die Kontinuität dieser anderen Dynastien unterbrochen. Es wird vermutet, dass die Kalabhras aus dem südlichsten Hochland, dem heutigen Karnataka, kamen und den Jainismus sowie den Buddhismus protegierten, die in dieser Gegend einen Stützpunkt gefunden hatten.

Im 4. Jh. waren die **Pallavas,** vermutlich dem Ursprung nach eine nördliche Dynastie, im Süden erschienen und hatten in Tondaimandalam, dem Herzen der zweiten Ostküstenregion, ein neues Machtzentrum errichtet. Im nördlichen Hochland löste die **Vakataka-Dynastie,** von einem Brahmanen gegründet, die Satavahanas ab, die nur in der vorigen Periode dort geherrscht hatten. Die Vakatakas hatten offensichtlich den Buddhismus begünstigt, einige der **Höhlen von Ajanta** gehen auf sie zurück. Im südlichen Hochland war die **Kadamba-Dynastie,** eine Brahmanenfamilie, mit der Hauptstadt Banavasi im dritten Zentrum tonangebend.

Etwa um die Mitte des 6. Jh. veränderte sich die politische Landschaft des Südens wiederum. Mit den Pallavas, Chalukyas und Pandavas tauchten zum ersten Mal Dynastien auf, die in den nächsten Jahrhunderten die Geschichte im Süden Indiens prägen sollten. Ihre Beziehungen sind durch ständige Konflikte gekennzeichnet, wobei immer wieder auch Koalitionen untereinander geschmiedet wurden, um eine dritte Teilmacht auszuschalten. Die Pallavas im Südosten bauten ein mächtiges, **Tondaimandalam** genanntes Reich auf, dessen kultureller Einfluss bis nach Südostasien reichte.

Auf dem südlichen Hochland in der dritten Teilregion stiegen die **Chalukyas** von Badami auf, die nicht nur die Kadambas ablösten, sondern weit ins nördliche Hochland vorstießen. Ihr rascher Aufstieg war das erstaunlichste Ereignis des 8. Jh. Unter den beiden großen Königen *Pulakeshin I.* und *Pulakeshin II.* mussten sie ihre Kräfte mit allen Rivalen des indischen Raumes messen. Sie nutzten den strategischen Vorteil des Hochlands und versuchten zugleich, es den Pallavas von Kanchi kulturell gleichzutun: Pulakeshin II. kämpfte sowohl gegen den Pallava-Herrscher als auch gegen den großen König des Nordens, *Harshavardhana,* der das Erbe der Gupta-Dynastie übernommen und in der mittleren Ganges-Ebene noch einmal ein Großreich errichtet hatte.

Die Chalukyas wurden um 750 von den **Rashtrakutas** abgelöst, die mit dem Verfall des Reiches in der Ganges-Ebene wagen durften, ein Großreich im nördlichen Hochland zu errichten. Sie schlugen ihre früheren Lehnsherren, die Chalukyas, und brachten auch Vengi an der Ostküste unter ihre Kontrolle. Die Verlagerung ihrer Hauptstadt von **Ellora** in der ersten Teilregion des Hochlands nach **Malkhed,** unweit des heutigen Gulbarga, in die zweite entsprach dieser Entwicklung. Die Rashtrakutas nahmen das Erbe der Satavahanas und Vakatakas wieder auf, nachdem Letztere zuvor von den Chalukyas überwunden worden waren. Zwei große Könige symbolisieren diese beiden Epochen: *Krishna I.,* der um 742 den berühmten **Felsentempel Kailashanatha** in Ellora errichten ließ, und *Aniogavarsha I.,* der etwa 80 Jahre später die neue Hauptstadt Malkhed gründete.

Wenn man annimmt, dass die geheimnisvollen Kalabhras ebenfalls dieser Region entstammten, so könnte man sagen, dass Karnataka in der Periode des 3. bis 8. Jh. und noch darüber hinaus eine erstaunliche Ausstrahlungskraft gehabt hat, die bis weit ins nördliche Hochland und in die südliche Region der Ostküste reichte.

Die indische Kolonisierung Südostasiens

Während der Einfluss Karnatakas sich nur innerhalb des Landes verbreitete, reichte der Einfluss des südöstlichen Tamil-Landes zu jener Zeit bereits über Indien hinaus. Die Synthese von Sanskrit und regionaler Kultur wurde nach Südostasien exportiert, und die **Schrift,** die sich unter der Pallava-Dynastie ausbildete, wurde das Grundmuster für die noch heute üblichen Schriften Kambodschas und Thailands. Aber auch Religion und Staatsform jener Epochen wanderten dorthin und schufen jene vorbildhafte **Hofkultur,** die, gerade weil sie „von oben herab" kam, so leicht übertragen werden konnte.

Die Epoche lebhafter Rivalitäten ist zugleich die Zeit der indischen Kolonisierung Südostasiens. Diese Kolonisierung erfolgte aber nicht durch eine Ausdehnung indischer Herrschaft, sondern durch eine Übertragung von Herrschaftsstil, Schrift, Baukunst und religiöser Ideen sowohl des **Hinduismus** als auch des **Buddhismus,** der sich als missionierende Universalreligion weit verbreitete. In Java, Sumatra, Vietnam und Kambodscha entwickelten sich Königreiche, in denen wie im damaligen Indien Hinduismus und Buddhismus nebeneinander existierten. Viele dieser Länder Südostasiens gaben der übernommenen Kultur eine noch größere materielle Grundlage als Indien. Das fruchtbare Java und das große Mekongbecken in Kambodscha boten den Herrschern unerschöpfliche Quellen des Reichtums und so entstanden die größten **Baudenkmäler indischen Stils** in diesen Gebieten und nicht im Mutterland. Die Kulturträger waren zumeist Brahmanen und Mönche, die an den Höfen einheimischer Herrscher Aufnahme fanden.

Die Cholas als Träger einer indischen Hochkultur (10.–12. Jh.)

In der nächsten Epoche machte sich eine Verfeinerung und bald auch eine Erstarrung der hinduistischen Hofkultur bemerkbar. Die Entwicklung der **Tempelskulptur** zeigt dies sehr deutlich: Man vergleiche nur die großen, kühn gestalteten Skulpturen von Mahabalipuram (8. Jh.) mit den elegant dekorativen Skulpturen Khajurahos (10. Jh.) oder den von fein ziselierten Ornamenten umgebenen Göttern und Tänzerinnen von Halebid und Belur (13. Jh.). Der Buddhismus, der in der vorigen Epoche noch an vielen Höfen Gönner hatte, wurde fast völlig aus Indien verdrängt. Das geschah zum einen durch die brahmanischen Scholastiker, zum anderen durch erstarkende volkstümliche Religionsbewegungen, die auch die **Regionalsprachen** als Ausdrucksmittel förderten, so wie dies in einigen Regionen bereits zuvor durch Buddhismus und Jainismus geschehen war.

Die Rivalität der Regionalmächte setzte sich in dieser Periode zunächst nach dem Muster fort, das sich in der vorigen Periode herausgebildet hatte. Im Süden gingen die Rashtrakutas nach ihren großen Siegen zugrunde und wurden im 10. Jh. wieder von ihren Vorgängern, den Chalukyas, abgelöst, die nun Kalyani in der Nähe von Malkhed zu ihrer Hauptstadt machten. Ihre Macht war aber nicht mehr so groß wie die der Rashtrakutas und als ihr Reich am Ende der Periode zerfiel, kamen auch hier kleinere Dynastien in den anderen Teilregionen zum Zuge, während in der Mitte des Hochlands vorübergehend ein Machtvakuum entstand.

Die Erbfeinde der Chalukyas waren die Cholas, Nachfolger der Pallavas. Man kann sie als die bedeutendste indische Dynastie dieser Periode bezeichnen, da weder die Chalukyas, noch irgendeine der vielen zeitgenössischen Dynastien Nordindiens ihnen an Tatendrang und kultureller Leistung ebenbürtig waren. Die Chola-Kultur gilt als die kulturell hochstehendste Dynastie jener Zeit in Südasien. Noch heute beeindrucken die berühmten **Chola-Bronzefiguren** mit ihrer unvergleichlichen Feinheit und Eleganz. Zugleich waren die Cholas aber im Gegensatz zu ihren Vorgängern, den Pallavas, die das Sanskrit pflegten, Förderer der Regionalkultur und ihrer Sprache, des **Tamil,** dessen Literatur unter ihrer Herrschaft eine große Blüte erlebte.

Auf dem Höhepunkt ihrer Macht standen die Cholas im 11. Jh. unter den beiden großen Königen *Rajaraja* und *Rajendra*. Letzterer hat wohl von allen indischen Herrschern die weitesten Kriegszüge unternommen, denn er sandte seine Truppen bis an den Ganges, wo er seine neue Hauptstadt Gangaikondacholapuram nannte („die Stadt des Chola, der den Ganges erobert hat"). Auch schickte er ein Expeditionskorps zu Schiff nach Sumatra, um das Reich Shrivijaya zu demütigen, dessen Seehandelsinteressen mit denen der Cholas in Konflikt geraten waren. Die Cholas hatten ihren Schwerpunkt in der dritten Teilregion der Ostküste und nicht in der zweiten wie ihre Vorgänger, die Pallavas von Kanchi. Das reiche Kaveri-Delta war ihre wichtigste Basis, auch Ceylon stand unter ihrer Herrschaft. Ihre gefährlichsten Rivalen waren die südlichen Nachbarn, die Pandyas in der vierten Region, die sie zeitweilig unterwarfen, von denen sie aber schließlich in ihrer Vormachtstellung abgelöst wurden.

Gegen Ende dieser Periode nach dem Niedergang der Cholas und Chalukyas sah das regionale Kräfteverhältnis im Süden etwa so aus: In der nördlichsten Hochlandregion herrschten die **Yadavas** von Daulatabad, die ihren Einfluss auch auf die zweite Region ausdehnten und Kalyani, die Chalukya-Hauptstadt, besetzten; östlich von ihnen herrschten die **Kakatiyas** von Warangal, die zugleich die Küste im Gebiet um Vengi beeinflussten. In der vierten Region des Hochlandes stieg die **Hoysala-Dynastie** empor, kulturell stark von ihren früheren Herren, den Cholas, geprägt, und in der vierten Küstenregion herrschten die **Pandyas** von Madurai.

Einmarsch islamischer Herrscher und der Widerstand des Südens (13.–15. Jh.)

Die politische Zersplitterung Indiens lud islamische Herrscher **Afghanistans und Zentralasiens** geradezu ein, zunächst in sporadischen Eroberungszügen ins Land zu fallen und schließlich eine permanente Herrschaft zu errichten. Vorher hatten bereits die Griechen, Kushanas und Hunnen große, aber kurzlebige Reiche in Nordindien errichtet. Im Unterschied zu ihnen nahmen die islamischen Eindringlinge nicht die Religionen Indiens an, sondern hielten an ihrer Religion fest, und ihre Reiche waren nicht kurzlebig, sondern von langer Dauer.

Zunächst wurde die Nordwestregion in ihre noch jenseits der Grenzen Indiens beheimatete Macht einbezogen. Wer aber Indien beherrschen wollte, musste die außerindische Machtbasis aufgeben und sich dafür entscheiden, in Indien selbst sein Hauptquartier zu errichten. Diese Entscheidung fällte *Kutb-ud-Din Aibak* im Jahre 1206. Das von ihm ins Leben gerufene **Sultanat Delhi** hielt sich über zwei Jahrhunderte unter verschiedenen Dynastien, die sich durch Mord und gewaltsame Machtübernahme ablösten.

Die Sultane bemühten sich schon bald darum auch den Süden zu beherrschen und sandten ihre Heerführer von Delhi aus ins Hochland und bis zur südlichen Ostküste. Dabei übernahmen sie im Wesentlichen die Strategie der früheren Hindu-Herrscher. Die Kavallerie, ausgerüstet mit teuren, importierten **Reitpferden,** diente dem raschen Angriff und die furchteinflößenden **Kriegselefanten** bildeten das Rückgrat der Streitmacht. In den besten Zeiten konnten die Sultane um die 100.000 Pferde und einige Tausend Elefanten in die Schlacht senden.

Ala-ud-Din Khilji und sein großer General *Malik Kafur* erreichten in den Jahren um 1300 die eindrucksvollsten Erfolge. Der Sultan schuf im Norden einen streng zentralistisch regierten Staat mit einem großen stehenden Heer, effizienter Steuererhebung und scharfen Preiskontrollen. Der General zog bis in den äußersten Süden und brachte reiche Beute mit. Die Hindu-Königreiche des nördlichen Hochlandes fielen seinem Ansturm zum Opfer. Am ersten betroffen war das Reich der Yadavas von Daulatabad, das immer wieder von den Truppen des Nordens heimgesucht wurde, seinen Frieden mit dem Sultan machte und schließlich ausgelöscht wurde. Malik Kafur benutzte diesen Brückenkopf in der ersten Region des Hochlandes als Stützpunkt für seine Ausfälle gegen Warangal im Osten, das er 1310 endgültig unterwarf, und gegen die Hoysalas von Dorasamudra (Halebid) im Süden, die er nicht völlig unterjochen konnte.

Auf dieser Basis konnte die nächste Dynastie des Sultanats, die der **Tughluks,** ein Großreich errichten, das in diesen Ausmaßen weder vor noch nach ihnen je eine indische Macht erschaffen hat. Die Regierungszeit des großen, aber zugleich maßlosen Sultans *Mohammed Tughluk* (1325–1351) war daher der Gipfel islamischer Macht in ganz Indien.

Aber das Reich war viel zu groß, als dass es sich von dem nun geradezu peripheren Delhi aus hätte beherrschen lassen. Der Sultan zog daraus die Konsequenz, seine Hauptstadt in die erste Region des Hochlandes zu verlegen und in **Daulatabad** auf einem steilen Felsen eine unangreifbare **Zitadelle** zu errichten, von der aus er Norden und Süden zugleich in den Griff zu bekommen gedachte. Der Plan war wie so viele seiner Ideen eine kühne Utopie. Die mächtige Zitadelle vermag noch heute den Betrachter zu erstaunen, sie bleibt ein Zeugnis strategischer Fantasien. Der Sultan musste sie 1329 wieder verlassen, weil er sonst den Norden verloren hätte, der nach wie vor das Fundament seiner Hausmacht war. Mit dieser Entscheidung war aber zugleich das Signal gegeben für die Errichtung unabhängiger Sultanate des Südens, die Delhi den Gehorsam aufkündigten.

Im Jahre 1347 gründete *Ala-ud-Din Bahman Shah* das **Bahmani-Sultanat** mit der Hauptstadt Gulbarga in der zweiten Region des Hochlandes, unweit der alten Hauptstädte Malkhed und Kalyani, und unterwarf bald auch die anliegenden Regionen. Damit wurde die alte Polarität zwischen der Vormacht des Nordens und dem Herrscher des Dekhan nun auch unter islamischen Vorzeichen wiederbelebt.

Das Vijayanagar-Reich

Fast gleichzeitig entstand eine Großmacht an der Grenze zwischen dem Hochland und dem Tiefland des Südens, das **Hindu-Reich** von Vijayanagar. Es wurde gegründet von zwei Prinzen des von Malik Kafur ausgelöschten Reiches von Daulatabad, *Harihar* und *Bukka,* die bereits eine abenteuerliche Karriere hinter sich hatten, die charakteristisch für die Wirren dieser Zeit ist. Sie hatten zunächst im Dienst Warangals gestanden, bis auch dieses Reich fiel. Danach waren sie nach Süden gezogen und hatten dem neuen Königreich Kampila gedient, das sich in einem Machtvakuum zwischen der Herrschaftssphäre des Sultanats und den Hoysalas von Dorasamudra am Oberlauf der Tungabhadra entfaltet hatte. Dann waren sie in die Gefangenschaft des Sultans geraten, in Delhi zum Islam bekehrt und dann wieder nach Kampila entsandt worden, das inzwischen auch zur Provinz des Sultans geworden war und das sie nun gegen die Hoysalas verteidigen sollten.

Sie taten dies auch mit einigem Erfolg. Als sich dann aber das Kriegsglück des Sultans wendete und er nicht mehr in der Lage war, die Rebellionen seiner Gouverneure in verschiedenen Provinzen des Südens zu unterdrücken und der Hoysala *Ballala III.* ungestraft Kriegszüge nach Norden und Süden unternahm, kündigten auch sie dem Sultan die Freundschaft, kehrten zum Hinduismus zurück und errichteten am Südufer der Tungabhadra die neue **Hauptstadt Vijayanagar,** in der sich Harihar 1336 zum König krönen ließ.

In wenigen Jahren annektierte Harihar das Reich Ballalas III. und dehnte seinen Machtbereich von Küste zu Küste aus. Das neue Reich Vijayanagar wurde geradezu zwangsläufig zum ständigen Rivalen des Bahmani-Sultanats. Die beiden Mächte lieferten sich immer wieder Schlachten, viele davon im umkämpften Raichur Doab, dem Land zwischen Tungabhadra und Krishna. Die Hauptstädte der beiden Reiche, Gulbarga (ab 1429 das nur ein wenig weiter nördlich liegende Bidar) und Vijayanagar waren nur etwa 250 km voneinander entfernt, sodass die Konfrontation permanent war.

Sie konnten sich umso ungestörter bekriegen, als das Sultanat Delhi rasch verfiel und schließlich durch den **Einfall Timurs in Nordindien** in den Jahren 1398/99 völlig zerstört wurde. Der Eroberungszug Timurs aus Samarkand war seit der Gründung des Sultanats Delhi nahezu 200 Jahre zuvor der erste Einfall einer ausländischen Macht. Mit ihm begann eine neue Zeit der Zersplitterung und der Invasion, bis die **afghanischen Lodis** wie seinerzeit *Aibak* für Delhi optierten

Indischer Harem (Kupferstich)

und dort ein neues Sultanat errichteten, das aber nicht im Entferntesten an die Macht des alten Sultanats heranreichte.

Das Bahmani-Sultanat

Die Bahmani-Sultane des Hochlands und das Sultanat von Jaunpur im Osten des heutigen Uttar Pradesh setzten der Macht dieses neuen Sultanats in Delhi ihre Grenzen. Das Sultanat Jaunpur fiel den Lodis schließlich 1479 anheim, aber das Bahmani-Sultanat erreichte gerade zu jener Zeit durch die Siegeszüge des großen Generals *Mohammed Gawan* um 1472 seine größte Ausdehnung. Ihm gelang es unter anderem, Vijayanagar seinen wichtigsten Hafen, Goa, zu nehmen.

Nach dem Tode Gawans zerfiel das Bahmani-Sultanat in vier Provinzen, die sich aber weiterhin sowohl gegen die Lodis als auch gegen Vijayanagar behaupten konnten. Die Gliederung dieser vier Provinzen entsprach weitgehend der vorgegebenen strategischen Regionalisierung: Daulatabad im Nordwesten, Bijapur-Gulbarga im Südwesten, also die Regionen 1 und 2 des Hochlands, und Telengana und Berar im Nord- und Südosten. Diese Ostprovinzen wurden von zwei Machthabern regiert, die ursprünglich Brahmanen aus Vijayanagar waren. Obwohl sie aber zum Islam übergetreten waren, standen sie den Machthabern der westlichen Provinzen, Muslime ausländischer Abstammung, feindlich gegenüber. Die Spannungen führten schließlich zur Auslöschung des Bahmani-Sultanats und seiner Ablösung durch fünf Hindu-Nachfolgedynastien.

Vijayanagar unter König Krishnadeva

Das Reich von Vijayanagar hatte in dieser Zeit ebenfalls verschiedene Wandlungen erfahren. Die Dynastie des Reichsgründers *Harihar* war gegen Ende des 15. Jh. von einer kurzlebigen Usurpatoren-Dynastie abgelöst worden, die der Statthalter einer der Provinzen des Reiches gründete. Diese Dynastie wurde bald von einem weiteren Usurpator gestürzt, dessen Sohn *Krishnadeva Raya* (1509–29) als der größte König Vijayanagars gilt. Krishnadeva, der selbst ein Telugu-Dichter von Rang gewesen sein soll, war wohl auch der Förderer der Telugu-Krieger, die das Rückgrat eines **Militärfeudalismus** bildeten, mit dem er sein großes Reich zusammenhielt, und deren Nachkommen noch heute tief im Süden des Tamil-Landes zu finden sind.

Krishnadeva profitierte vom Verfall des Bahmani-Sultanats, zog mehrmals gegen Bijapur, Gulbarga und Bidar zu Felde und unterwarf in Kriegen gegen die Herrscher Orissas, die bisher die Ostküste bis weit nach Süden kontrolliert hatten, nahezu alle vier Teilregionen dieser Küste. Er war in jener Zeit

Hinduistische Hochzeit (Kupferstich)

der mächtigste Herrscher Indiens, denn auch im Norden fand sich kein ebenbürtiger Rivale. Sein Zeitgenosse *Ibrahim Lodi* war zudem durch einen neuen Feind aus dem Norden bedroht, den Mogul *Babur,* einen Abkömmling *Timurs* und *Dschingis Khans,* der 1525 von Afghanistan nach Indien einfiel.

Zur Zeit des Eintritts der Mogul-Dynastie in die Geschichte Indiens war also auch ein König des Südens der mächtigste Herrscher Indiens wie 500 Jahre zuvor, als *Mahmud* von Ghazni den Auftakt zum islamischen Ansturm auf Indien gab und sein Zeitgenosse *Rajendra Chola* seine Flotte gegen Srivijaya sandte. Weder Rajendra und Mahmud noch Krishnadeva und Babur konnten ihre Kräfte miteinander messen, da allzu große Entfernungen und viele kleine Reiche zwischen ihnen lagen. Genau wie damals ging auch jetzt die Macht der südlichen Dynastie bald ihrem Ende entgegen.

Militärfeudalstaaten lösen die Königreiche ab

Die vereinte Macht der Nachfolgestaaten des Bahmani-Sultanats erwies sich für Vijayanagar als eine größere Bedrohung, als das alte Sultanat es je gewesen war. 1565, nur 34 Jahre nach Krishnadevas Tod, wurde das Heer von Vijayanagar bei Talikotla vernichtend geschlagen, während im Norden der junge **Mogulkaiser Akhbar** begann sein Großreich zu errichten.

Akhbars Regime brachte für Indien wesentliche Neuerungen, aber die Staaten, die unter den Sammelbegriffen **Delhi und Vijayanagar** mehrere Jahrhunderte bestanden und die politische Struktur des Landes geprägt hatten, waren nicht mehr mit den traditionellen Königreichen der früheren Zeit zu vergleichen. Nicht ohne Grund wurden diese beiden Reiche nach ihren Hauptstädten und nicht mit dynastischen Namen benannt. Die Tatsache, dass das eine Reich von islamischen Sultanen, das andere von mehreren Hindu-Dynastien regiert wurde, kann nicht darüber hinwegtäuschen, dass sich beide im Prinzip recht ähnlich waren. Es waren Militärfeudalstaaten, in denen sich eine Schicht von Eroberern zur Herrschaft über weite Gebiete aufschwang. Das militärische Aufgebot wurde oft in Form einer Miliz gestellt, wodurch eine mittlere militärische Reichweite dieser Staaten gegeben war. Dieses System, das sich im 13. und 14. Jh. durchsetzte, bereitete den Boden für die Mogul-Herrschaft und das darauf folgende britische Regime.

Das Mogulreich und der Aufstieg der Marathen (1500–1750)

Erst mit den Moguln, einer **türkischen Dynastie,** die im 16. Jh. die Bühne der indischen

Geschichte betrat, wurde der weiteren territorialen Zerstückelung des Landes Einhalt geboten. Wie kein anderer Name symbolisieren die Moguln den Glanz des imperialen Indien. Dabei waren ihre ersten Gehversuche dort weit weniger glorreich, als man meinen könnte. Nachdem der erste Großmogul *Babur* (1483–1530) den letzten Lodi-König 1526 besiegt und damit dem Sultanat Delhi den endgültigen Todesstoß versetzt hatte, musste sein Sohn und Nachfolger Humayun (1530–56) nach zwei Niederlagen gegen den von Osten anrückenden Feldherrn *Sher Shah* 1540 beim König von Persien Zuflucht suchen. Erst als dessen Nachfolger sich untereinander befehdeten, konnte Humayun wieder nach Delhi zurückkehren, wo er jedoch schon wenig später, 1556, starb.

Die große Stunde der Moguln brach erst mit seinem Sohn und Nachfolger **Akhbar** an, der nahezu ein halbes Jahrhundert über Indien herrschte (1556–1605). Das Reich Akhbars ist das einzige indische Großreich, das sich in Idee und Anspruch mit dem *Ashokas* vergleichen lässt. Ebenso wie der große Maurya-Kaiser wurde auch Akhbar von der Geschichtsschreibung derart glorifiziert, dass es schwerfällt, ein objektives Urteil über diesen bedeutendsten Großmogul zu fällen.

Wie zwiespältig die Person des großen muslimischen Herrschers war, zeigt sich besonders deutlich bei dem ihm immer wieder zugesprochenen Streben nach **religiöser Toleranz.** Tatsächlich war er an einer friedlichen Koexistenz von Hindus und Muslimen interessiert, die er mit einer von ihm konzipierten Religion, der *Din-il-Ilahi* (Gottesglaube) zusammenführen wollte. Der wahre Hintergrund dieser scheinbar so friedfertigen Idee war jedoch die von machtpolitischem Kalkül getragene Überlegung, dass nur dort, wo eine graduelle Partizipation der Hindus am Staat erfolgte, die zahlenmäßig weit unterlegenen Muslime ihre Machtstellung langfristig stabilisieren konnten.

Ganz besonders deutlich zeigte sich dies bei seiner geschickten Heiratspolitik mit den verschiedenen **Rajputen-Clans** in Rajasthan. Gegen diese sich aus 36 Familien zusammensetzende Kriegskaste, die ab dem 6. Jh., aus Zentralasien kommend, vornehmlich im Nordwesten Indiens zahlreiche Fürstentümer geschaffen hatte und sich vehement gegen jede Fremdherrschaft auflehnte, ging Akhbar bei seinen Eroberungsfeldzügen mit äußerster Brutalität vor. Nur eines der vielen Beispiele hierfür ereignete sich 1564, als er nach der Eroberung der ruhmreichen Festung Chittorgarh 30.000 wehrlose Bauern wegen ihrer Unterstützung für die Rajputen niedermetzeln ließ. Erst nachdem er den Widerstand der tapferen Rajputen gebrochen hatte, verheiratete er die Töchter seines Hofes mit den Söhnen der einzelnen Herrscherhäuser und setzte diese als Gouverneure seiner neu hinzugewonnenen Provinzen ein. Hier findet sich also wieder jenes Prinzip von „teile und herrsche“, welches schon so viele Könige vor Akhbar angewandt hatten, um das Riesenreich unter ihre Kontrolle zu bekommen. Perfektioniert wurde es schließlich von den Briten.

Es war Akhbars besondere Fähigkeit, die militärisch unterworfenen Gebiete durch eine straffe, administrative Kontrolle zu beherrschen, die seinen Erfolg begründete. Ein weiterer Faktor war die **strategische Überlegenheit,** die sich aus der Nutzung von Feuerwaffen ergab. Selbst die immer wieder legendenhaft ausgeschmückte Tapferkeit der Rajputen, die einen massenhaften Selbstmord der bevorstehenden militärischen Niederlage vorzogen, konnte gegen diesen Ansturm moderner Kriegsführung nichts ausrichten, und so drangen Akhbars Truppen weiter nach Süden vor. Dennoch stießen die Moguln dort zunehmend auf erheblichen Widerstand, und so reichte die Grenze von Akhbars Reich, das im Nordwesten Afghanistan umfasste und im Osten Bengalen, im Süden nur bis zu einer Linie, die sich etwa auf der Höhe von Mumbai von Küste zu Küste erstreckte.

Akhbars Nachfolger **Jehangir** (1608–1627) und *Shah Jahan* (1627–1658) widmeten sich weitgehend der friedlichen Konsolidierung des ererbten Reiches und der Förderung der Künste. Das weltberühmte Taj Mahal, jenes Grabmal, welches Shah Jahan zu Ehren seiner Gemahlin *Mumtaz* in Agra hatte errichten lassen, ist das großartigste Zeugnis jener kulturellen Blütezeit.

Es waren gerade jene aufwendigen Bauwerke, die den Staat an den Rand des finanziellen Ruins führten, die Shah Jahans machthungrigem Sohn **Aurangzeb** (1658–1707) als willkommmenes Argument zum Sturz und zur anschließenden Gefangennahme seines Vaters dienten. Aurangzeb mochte sich auf dem Höhepunkt der Macht wähnen, als er mit einer rücksichtslosen Kreuzzugs-Politik Tausende von Hindu-Heiligtümern zerstören ließ und gleichzeitig versuchte, als erster gesamtindischer Kaiser in die Geschichte einzugehen, indem er versuchte, auch den bis dahin weitgehend unabhängig gebliebenen Süden zu unterwerfen.

Damit hatte er jedoch den Bogen seiner Macht bei weitem überspannt und leitete den **Niedergang der Mogul-Macht** in Indien ein. Mit seinem militant religiösen Fanatismus brachte er selbst bis dahin loyale Untertanen gegen sich auf. Diese landesweite Aufstandsbewegung verstärkte sich noch, als er seine Hauptstadt, ähnlich wie *Muhammed Thuglag* dreieinhalb Jahrhunderte zuvor, in den Süden verlegte. Bei der Verfolgung seiner ehrgeizigen Pläne hatte der letzte Großmogul die Ressourcen seines Reiches erschöpft. Besonders schwerwiegend war, dass er das von seinen Vorgängern sorgfältig ausbalancierte Steuersystem *(mansadbar)* durch eine unverhältnismäßige Aufblähung der militärischen Oberschicht aus dem Gleichgewicht brachte. Da die Agrarbasis den feudalen Überbau nicht mehr tragen konnte, geriet das gesamte Herrschaftssystem in eine Krise, an der es schließlich zerbrach.

Nach dem Tod Aurangzebs setzte erneut eine **Phase der Regionalisierung** und des Zerfalls in viele kleine Herrschaftsbereiche ein. Die schwachen Nachfolger Aurangzebs konnten sich nicht mehr durchsetzen und regierten jeweils nur für eine kurze Zeitspanne. Der Einfall *Nadir Shahs,* eines Heerführers aus Persien, der 1739 Delhi eroberte und den gesamten Thronschatz plünderte, markierte das endgültige Ende der einstmals als unbesiegbar geltenden Moguln.

Während der Feldherr sich wieder in seine Heimat zurückzog, etablierten sich im Westen und Norden die **Marathen,** ein lokales Herrschergeschlecht, welches seine Hausmacht im Gebiet um Puna besaß und bereits seit Mitte des 17. Jh. den Moguln einige empfindliche Niederlagen beigebracht hatte. Das Marathen-Reich konnte jedoch das Mogul-Reich nicht ersetzen, eben weil es gar nicht den Versuch unternahm, einen großen Territorialstaat aufzubauen. So scheiterten letztlich auch die Moguln daran, dass das riesige Land von keiner noch so mächtigen und gut organisierten Zentralmacht zu regieren war.

Doch schon standen mit den **europäischen Nationen,** die bereits über verschiedene Handelsniederlassungen ihre Interessen in Indien vertraten, neue Interessenten bereit, um das Machtvakuum auszufüllen und, mehr noch, den enormen Reichtum des Indischen Subkontinents auszubeuten.

Indien unter europäischer Kolonialherrschaft (1750–1947)

Da der Handel mit den begehrten Gütern Indiens fest in asiatischen Händen lag, waren die aufstrebenden europäischen Seefahrernationen daran interessiert, den direkten Seeweg nach Indien zu finden. Bekanntlich war Christoph Kolumbus bis zu seinem Tod davon überzeugt, bei seiner Entdeckung Amerikas die Schatzkammer Indien geöffnet zu haben, und so nannte er die dortigen Ureinwohner auch Indianer.

Mit Vasco da Gama blieb es einem **portugiesischen Seefahrer** vorbehalten, den Seeweg nach Indien zu entdecken. So waren es die Portugiesen, die zunächst 1510 mit Goa und danach mit Daman und Diu im heutigen Gujarat die ersten europäischen Handelsposten an der indischen Westküste errichteten. Für ein knappes Jahrhundert besaßen sie das Monopol auf den europäischen Indienhandel. Letztlich verfügte das kleine Land jedoch nicht über genügend Mittel, um das Riesenreich Indien zu kontrollieren, und so mussten die Portugiesen Anfang des 17. Jh. den Franzosen, Holländern und Engländern das Feld überlassen.

Die **East India Company,** die im Jahr 1600 von *Elisabeth I.* das Monopol über den britischen Indienhandel zugesprochen bekommen hatte, eröffnete 1612 in Surat ihren ersten Handelsposten, dem schon bald jene in

Britische Offiziere
(Foto von John Burke, 1879)

Madras (1640), Mumbai (1668) und Kalkutta (1690) folgten. Der Osten als Zentrum der Baumwollherstellung wurde vor allem deshalb mehr und mehr kolonialisiert, da sich der Vertrieb der überall in Asien sehr begehrten indischen Textilien noch vor Gewürzen und Tee als besonders profitabel erwies. Für die Briten wurde die Beteiligung am innerasiatischen Handel derart lukrativ, dass sie mit den Gewinnen jene Güter kaufen konnten, die sie nach Europa verschickten. So blieb die East India Company für lange Zeit das, was sie als ihre eigentliche Aufgabe ansah, ein höchst profitables Wirtschaftsunternehmen. Ein territoriales Engagement war dabei weder erforderlich noch erwünscht. Der Handel gedieh prächtig, da konnten politische oder gar militärische Verstrickungen nur Unheil anrichten. „Viele Festungen, viel Ärger und wenig Profit", war das Motto jener Tage.

Umso misstrauischer beäugte man den Aufstieg des alten Erzfeindes **Frankreich,** der sich auch ein Stück von der fetten Beute Indien einverleiben wollte und 1672 in Pondcherry an der Südostküste den ersten Handelsposten eröffnete. Die Franzosen versuchten, die von den Briten sorgsam austarierte Machtbalance zwischen Fürsten und Kolonialherren zu unterlaufen, indem sie die Lokalherrscher mit lukrativen Versprechungen für sich zu gewinnen suchten. 1746 gelang es ihnen sogar, Madras zu erobern, welches sie jedoch schon drei Jahre später wieder an die Briten abtreten mussten.

Den entscheidenden Übergang von dem zunächst rein am Profit orientierten East-India-Handelsunternehmen zur **politischen Ordnungsmacht** in Indien markiert das Jahr 1757, als der Nawab von Bengalen Kalkutta eroberte und dabei viele Briten ermorden ließ. Ein Jahr später nahmen die Briten unter der Anführung des wagemutigen Feldherrn *Robert Clive* in der Schlacht von Plassey nicht nur blutige Revanche an dem Lokalherrscher, der es gewagt hatte, eine Weltmacht herauszufordern, sondern schlugen gleichzeitig die mit ihm verbündeten Franzosen. Der Wandel von Händlern zu Feldherren war endgültig vollzogen.

In den folgenden Jahrzehnten gelang es den Briten in einer Reihe **erfolgreicher Feldzüge** gegen aufständische Regionalstaaten ihre Stellung auszubauen. Anfang des 19. Jh. waren sie die unumschränkten Herrscher Indiens, womit das Land zum ersten Mal in seiner Geschichte unter einer **Zentralgewalt** vereint war. Wichtiger noch als ihre militärischen Siege war für die Festigung ihrer Macht die am Prinzip von „teile und herrsche" orientierte Taktik, den mächtigen Lokalfürsten *(Maharajas)* formal ihre Unabhängigkeit zu belassen, sie faktisch jedoch der Oberherrschaft der europäischen Kolonialmacht zu unterstellen.

Bei dieser Regelung fielen für beide Parteien riesige Gewinne ab, die die Engländer zu großen Teilen in ihr Heimatland transferierten, während die **Maharajas** der etwa 500 verbliebenen Fürstenstaaten, die etwa ein Drittel des indischen Staatsgebietes ausmachten, ihre politische Ohnmacht durch verschwenderischen **Prunk und Protz** zu übertünchen versuchten. Die riesigen, bis zum Rand mit Luxusgütern vollgestopften Paläste zusammen mit prachtvollen Umzügen und Paraden und den sich in Gold wiegenden Maharajas haben entscheidend zum Bild vom märchenhaften Indien beigetragen, das bis heute die Werbeprospekte vieler Reiseveranstalter prägt.

Als letztlich entscheidend für den Erfolg der Engländer erwies sich jedoch ihre Fähigkeit, als erste Herrscher der indischen Geschichte das riesige Land unter die einheitliche Verwaltung festbesoldeter Beamter zu stellen, die jederzeit versetzbar waren und sich deshalb keine regionale Hausmacht aufbauen konnten. So wurde eine rationale **Bürokratie** bürgerlich kapitalistischer Herkunft einer alten Agrargesellschaft aufgestülpt, die rücksichtslos ausgebeutet wurde.

Die Briten selbst weisen auch heute noch gern auf die unter dem Begriff *steel frame* zusammengefasste, positive Hinterlassenschaft ihrer Kolonialherrschaft hin. Hierzu gehören der Aufbau einer funktionierenden Verwaltung, ein weitverzweigtes Eisenbahnnetz, die Einführung eines Rechts- und Bildungswesens sowie die Etablierung demokratischer Grundwerte. Viel schwerer wiegen jedoch die **negativen Folgen des Kolonialismus:** die Unterdrückung traditioneller Bildungs- und Rechtsvorstellungen, die Zerstörung der einheimischen Textilindustrie, die Degradierung des Landes zu einem reinen Rohstofflieferanten sowie die Entstehung eines riesigen Heeres von Proletariern. Paradoxerweise waren es gerade Mitglieder der indischen Oberschicht, die an den von den Briten geschaffenen Hochschulen ausgebildet worden waren, die die Ausbeutung ihres Mutterlandes als erste anprangerten und damit zum Träger der indischen Unabhängigkeitsbewegung wurden.

Die indische Unabhängigkeitsbewegung (1850–1947)

Die erste Phase des indischen Nationalismus wurde mit dem **Sepoy-Aufstand** von 1857 eingeläutet, als genau die Hälfte der insgesamt 74 indischen Battaillone in Nordindien gegen die britischen Besatzer revoltierte. Während der rund viermonatigen erbitterten Kämpfe kamen mehrere tausend indischer und englischer Soldaten ums Leben. Vorübergehend geriet das britische Kolonialreich ernsthaft ins Wanken. Während die Nationalisten den Aufstand der indischen *Sepoys* (Soldaten) als ersten Unabhängigkeitskrieg gegen die europäische Fremdherrschaft feierten, weisen die heutigen Historiker darauf hin, dass die Revolte von vornherein zum Scheitern verurteilt war, da es ihr an jeglicher Koordination und Führung fehlte. Gleichzeitig war damit ein erstes sichtbares Zeichen gesetzt, dass die britische Herrschaft überwunden werden konnte, wenn es gelang, alle Kräfte des Landes auf dieses Ziel zu vereinen.

Auf Seiten der Engländer hatte der Aufstand weitreichende Konsequenzen zur Folge, die darin gipfelten, dass die East India Company aufgelöst und Indien **direkt der**

x06raj

Krone unterstellt wurde. 1876 ließ sich *Queen Victoria* zur Kaiserin von Indien küren und der Posten des Generalgouverneurs, eine Art Diplomatendienst des englischen Königshauses in Indien seit Ende des 18. Jh., wurde in den Rang eines Vizekönigs erhoben. Während die Briten so nach außen deutlich machten, dass sie keinesfalls bereit waren, die Zügel der Macht aus der Hand zu geben, öffneten sie gleichzeitig Posten im Verwaltungsapparat zunehmend auch für Mitglieder der aufstrebenden indischen Oberschicht, die an den von liberalem Gedankengut geprägten Universitäten ausgebildet worden waren.

Immer deutlicher kristallisierte sich im Lager der **Unabhängigkeitsbewegung,** die sich 1885 im **Indian National Congress** organisiert hatte, eine Spaltung zwischen „Gemäßigten" und „Extremisten" heraus. Die Gemäßigten glaubten, dass nur durch eine schrittweise Demokratisierung und einen allmählichen Übergang der Macht in indische Hände aus der vielfältig gegliederten Gesellschaft eine moderne Nation werden konnte. Die Extremisten hingegen wollten sich der kolonialen Zwangsjacke so schnell wie möglich, wenn nötig auch mit Gewalt, entledigen, um das angestammte Recht auf Freiheit und Selbstbestimmung zu erlangen. Die Kluft zwischen den beiden Grupppen verstärkte sich noch, als die Briten durch mehrere halbherzige Verfassungsreformen, die u.a. ein sehr eingeschränktes Wahlrecht beinhalteten, den Druck aufzufangen versuchten.

In dieser Situation bedurfte es einer solch außergewöhnlichen Führungspersönlichkeit wie **Mahatma Gandhi,** der 1915 aus Südafrika nach Indien zurückgekehrt war, um diese beiden Pole zu vereinen und zudem die bis dahin allein im Bildungsbürgertum veranker-

Foto um 1910

te Unabhängigkeitsidee ins breite Volk zu tragen. 1920 übernahm er die Führung der **Congress Party,** die er innerhalb kürzester Zeit von einem lockeren Zusammenschluss divergierender Kräfte zu einer straff organisierten Partei formte. Seine Methoden des gewaltlosen Widerstandes, der Nicht-Zusammenarbeit und anderer Boykottmaßnahmen fanden breite Unterstützung in der Bevölkerung.

1921/22 führte er eine **erste Massenbewegung** gegen die als völlig unzureichend empfundenen Reformzugeständnisse an, die er jedoch abbrechen ließ, als gewalttätige Unruhen ausbrachen. Trotzdem ließen ihn die Briten verhaften und verurteilten ihn zu sechs Jahren Gefängnis, von denen er jedoch nur zwei Jahre verbüßen musste.

Der legendäre **Salzmarsch,** mit dem Gandhi 1930 symbolisch das Salzmonopol der Briten brechen wollte, wurde ein überwältigender Erfolg. Das Ergebnis waren zwei Konferenzen am „Runden Tisch" in London, bei denen schließlich die Abhaltung freier Wahlen beschlossen wurde. Mehr als ein Teilerfolg war jedoch auch dieses Zugeständnis nicht, da die Inder nur über die Zusammensetzung der Provinzparlamente abstimmen konnten, während die Zentralregierung weiterhin von den Engländern gestellt wurde.

1936 brachten die **ersten gesamtindischen Wahlen** einen überwältigenden Erfolg für die Congress Party, während die Partei der indischen **Muslime** weit abgeschlagen wurde. Das Ergebnis verstärkte die Furcht der Muslime vor einer Majorisierung durch die Hindus und vor dem Verlust ihrer Identität in einem Hindu-Staat. Diese Angst wurde während des Zweiten Weltkriegs, als der Freiheitskampf weitgehend auf Eis lag, von dem Führer der Muslim-Liga *Ali Jinnah* kräftig geschürt.

Mehr und mehr entwickelte sich hieraus eine Massenbewegung, die einen eigenständigen **Muslim-Staat Pakistan** forderte. Seitdem es im Gefolge des 16. August 1946, dem so genannten Direct Act Day, zu schweren Massakern zwischen Hindus und Muslimen gekommen war, führte kein Weg mehr an der von Gandhi und seinen Anhängern befürchteten Zerstückelung Indiens vorbei. Das Ende des Krieges und die geschwächte Position Englands führten schließlich zu einer raschen, ja überstürzten **Machtübergabe der Engländer,** die gleichzeitig die **Teilung des Landes** in ein muslimisches Ost- und West-Pakistan und das hinduistische Indien bedeutete.

Der von *Lord Mountbatten,* dem letzten Vizekönig Englands in Indien, festgelegte Tag der langersehnten **Unabhängigkeit,** der 15. August 1947, stand im Zeichen grausamer **Massaker** zwischen Hindus und Muslimen, bei denen über 200.000 Menschen auf offener Straße abgeschlachtet wurden. Besonders betroffen hiervon war der Punjab, dessen Staatsgebiet in der Mitte zerschnitten wurde. Wie schon so oft in der Geschichte des Subkontinents offenbarte sich hier auf tragische Weise die Unmöglichkeit, das Riesenreich friedlich zu vereinen.

Das nachkoloniale Indien

„Vor langen Jahren haben wir einen Pakt mit dem Schicksal geschlossen und nun naht die Zeit, da wir unser Gelöbnis einlösen werden." Dieser Pakt mit dem Schicksal, von dem Indiens erster Ministerpräsident und langjähriger Gefährte Mahatma Gandhis, **Jawaharlal Nehru,** in der Nacht zum 15. August 1947 sprach, meinte einen Staat, der auf den Grundwerten der Toleranz, Demokratie, Pluralität, Friedfertigkeit und vor allem des Säkularismus aufgebaut sein sollte.

Wie kurzlebig der Schicksalspakt des gerade erst unabhängig gewordenen Landes war, wurde der indischen Bevölkerung bereits am 30. Januar 1948 schlagartig vor Augen geführt, als der Vater der Nation, **Mahatma Gandhi,** von dem fanatischen Hindu *Nathuram Godse* **erschossen** wurde. Hier offenbarte sich auf fatale Weise, dass religiöser Fanatismus und politischer Separatismus, die bereits die Geburtsstunde des unabhängigen Indien überschattet hatten, letztlich die indische Realität weit mehr prägen als Toleranz und Friedfertigkeit.

Während es die politischen Führer Indiens während der Zeit des Kalten Krieges lange Jahre verstanden, das Land durch eine geschickte **Neutralitätspolitik** aus weltweiten

Konflikten herauszuhalten, wurden die Beziehungen zu den Nachbarstaaten, allen voran dem **Erzfeind Pakistan,** anstatt von friedlicher Koexistenz durch militärische Auseinandersetzungen bestimmt.

Hauptstreitobjekt war hier **Kashmir,** ein Fürstenstaat im Nordwesten Indiens mit einer Hindu-Dynastie und einer Muslim-Mehrheit, den beide Staaten für sich beanspruchten. Nachdem es bereits 1948 in Kashmir zu Kämpfen zwischen Indien und Pakistan gekommen war, die erst durch einen von der UNO vermittelten Friedensschluss beendet wurden, nutzte Pakistan die innenpolitische Schwäche Indiens nach dem Tod Nehrus 1964 zum **zweiten indo-pakistanischen Krieg.** 1966 wurde er durch die Friedensverhandlungen von Tashkent, während deren Nehrus Nachfolger *Shastri* starb, beendet.

Mit **Indira Gandhi,** der Tochter Nehrus, übernahm nun eine Politikerin für die nächsten 16 Jahre die Führung des Landes, die die durch das unaufhaltsame Bevölkerungswachstum im Innern hervorgerufenen sozialen Konflikte sowie die außenpolitischen Herausforderungen durch eine kompromisslose Politik der Härte zu bewältigen suchte. So gab sie die strikte Neutralitätspolitik ihrer Vorgänger auf, als sie 1971 als Reaktion auf das pakistanisch-amerikanische Bündnis einen Freundschaftsvertrag mit der Sowjetunion abschloss. Im gleichen Jahr entsandte sie Truppen ins benachbarte Ostpakistan, wo sie den aufständischen Rebellen unter *Mujibur Rahman* zur Gründung eines unabhängigen Staates **Bangladesch** verhalf.

Dieser große außenpolitische Erfolg ermöglichte der seit 1948 ununterbrochen regierenden Congress Party 1971 einen überwältigenden Wahlsieg. Als weiteres Zeichen machtpolitischer Stärke verkündete Indien 1974 den ersten **Atomtest,** womit das Land in den exklusiven Club der Atommächte eintrat.

Gleichzeitig geriet die Regierung unter Indira Gandhi in den Jahren 1972 bis 1974 unter zunehmenden innenpolitischen Druck. Durch die Weltwirtschaftskrise, drastisch stei-

x06raj

gende Energiepreise und mehrere aufeinander folgende Dürrejahre verschlechterten sich die Lebensbedingungen der Bevölkerung dramatisch. Die lange Zeit kaum in Erscheinung getretene Opposition verlangte lautstark Indira Gandhis Rücktritt und bei den Landtagswahlen 1975 in Gujarat erlitt die Kongresspartei eine vernichtende Niederlage.

In dieser prekären Situation entpuppte sich Indira Gandhi als rücksichtslose Machtpolitikerin, da sie einen **nationalen Notstand** ausrief, um die Verschiebung der für 1976 anstehenden Wahlen, bei denen sie kaum Gewinnchancen besaß, rechtfertigen zu können. Was folgte, waren die Verhaftung Tausender unliebsamer Oppositionspolitiker, die Einschränkung der Pressefreiheit und die Gleichschaltung der Provinzparlamente.

Eine rücksichtslose **Zwangssterilisationskampagne,** mit der ihr jüngerer Sohn *Sanjay,* den sie als ihren Nachfolger auserkoren hatte, das Bevölkerungswachstum in den Griff bekommen wollte, ließ den Popularitätswert Indira Gandhis endgültig auf den Nullpunkt sinken. Als sie schließlich für das Frühjahr 1977 Neuwahlen ansetzte, um ihre Notstandsgesetze von der Bevölkerung absegnen zu lassen, erlitt die Congress Party eine klare Niederlage und wurde von der in aller Eile aus fünf Oppositionsparteien zusammengezimmerten **Janata-Partei** unter dem neuen Ministerpräsidenten *Morarji Desai* abgelöst.

Doch die Koalition zerfiel recht bald wieder und aus den im Januar 1980 abgehaltenen Neuwahlen ging erneut Indira Gandhi als Siegerin hervor. Im Juni 1980 wurde ihr Sohn Sanjay Opfer eines Flugzeugabsturzes. Der Verlust des von ihr geliebten, geradezu verehrten Sohnes stand wie ein schlechtes Omen über der letzten Regierungszeit Indira Gandhis, die vor allem durch die **gewaltsamen Autonomiebewegungen** verschiedener Landesteile in den Nordost-Provinzen Sikkim und Kashmir geprägt wurde.

Die größten Sorgen bereiteten der Bundesregierung jedoch der **Sezessionskrieg der Sikhs** für einen eigenen Staat Khalistan. Nachdem sich die Terroristen im Goldenen Tempel von Amritsar, dem Hauptheiligtum der Sikhs, verschanzt hatten, befahl Indira Gandhi dessen Erstürmung, wobei der Anführer *Bhindranwale* und etliche seiner Gefolgsleute ums Leben kamen.

Wenige Monate später, am 31. Oktober 1984, wurde Indira Gandhi **Opfer eines Attentates** zweier ihrer Sikh-Leibwächter. Fassungslos und entsetzt war die ganze Nation. „Indira Gandhi zindabad" – hoch lebe Indira Gandhi – schrien die Massen an ihrem Grab, aber auch „Blut für Blut". Damit war die Szenerie für die kommenden Tage abgesteckt: Allein in Delhi wurden mehrere tausend Sikhs von aufgebrachten Hindus ermordet.

Um eine Ausweitung der Unruhen zu vermeiden, wurde hastig Indira Gandhis bis dahin kaum in Erscheinung getretener Sohn **Rajiv Gandhi** zum Nachfolger erklärt. Erst nachträglich gaben die Partei und schließlich bei den Wahlen am 24. Dezember 1984 das gesamte Volk ihre überwältigende Zustimmung. Zunächst schien sich diese aus der Not geborene Wahl als Glücksgriff zu erweisen, brachte doch der vornehmlich an britischen Eliteschulen ausgebildete und mit einer Italienerin verheiratete Berufspilot neue Ideen in die Politik.

Rajiv wurde zur Symbolfigur für einen fundamentalen **Neubeginn,** denn mit ihm kam eine neue Generation an die Macht, die nicht mehr am Unabhängigkeitskampf beteiligt gewesen war und die dem Computerzeitalter näher stand als den Palastintrigen der Moguln. Rajivs Anspruch war Effizienz, seine Mission die längst überfällige **Modernisierung** Indiens. Auf dem Quantensprung von einer mittelalterlichen Agrargesellschaft ins postmoderne Zeitalter folgten Rajiv seine „Computer Boys", wie die Mitglieder seiner vornehmlich aus dem Management großer

Mahatma Gandhi und Jawaharlal Nehru während des legendären Salzmarsches (Wandgemälde)

Firmen zusammengesetzten Regierungsmannschaft von der Presse tituliert wurden.

Die von der neuen Regierung eingeführten Maßnahmen zur Öffnung des bis dahin durch hohe Schutzzölle weitestgehend abgeschotteten Inlandsmarktes, die Förderung zukunftsweisender Industrien und die allmähliche Privatisierung unrentabler Staatsbetriebe ließ viele vor allem junge Inder euphorisch an die Verwirklichung eines modernen, dynamischen, an westlichen Werten orientierten Indiens glauben. Doch nach dem ersten Jahr seiner Regierungszeit musste auch Rajiv erkennen, dass sich der Koloss Indien nicht über Nacht umkrempeln lässt. Vor allem die um ihre Privilegien bangenden 16 Mio. Beamten, die heimlichen Herrscher Indiens, setzten die beschlossenen Gesetzesänderungen, wenn überhaupt, nur sehr schleppend in die Realität um.

Außerdem wurde nun auch Rajiv Gandhi immer tiefer in die wieder aufflammenden **terroristischen Unabhängigkeitskämpfe** in Kashmir, den Nordost-Provinzen und dem Punjab verstrickt. Erneut ließ er, wie schon seine Mutter, den Goldenen Tempel von Amritsar stürmen, wodurch alte Wunden erneut aufgerissen wurden. Seine Entscheidung, die im Norden Sri Lankas für einen unabhängigen Staat kämpfenden **Tamilen** durch die Entsendung indischer Truppen zur Aufgabe zu zwingen, machte ihn im weitgehend tamilischen Südindien zu einem verhassten Mann.

Auch seine zu Beginn so strahlend weiße Weste als Saubermann in der ansonsten völlig korrupten indischen Politikerlandschaft erhielt auf einmal tiefe schwarze Flecken. Als bekannteste der vielen **Schmiergeldaffären** jener Tage gilt der Bofors-Skandal. Jene schwedische Rüstungsfirma soll sich die Entscheidung zum Kauf ihres Kriegsgeräts durch die indische Armee mit der Zahlung horrender Summen an Politiker erkauft haben. Ob auch Rajiv und seine Frau zu den Begünstigten zählten, ist bis heute ungewiss.

Rajiv, der die meiste Zeit seines Lebens im Westen verbracht hatte, waren die Sorgen und Nöte der meisten Inder gänzlich fremd geblieben. Im Grunde war er ein Fremder im eigenen Land. Seine Computer-Revolution ist hierfür ein Beispiel: Die zu zwei Dritteln in der Landwirtschaft beschäftigten Inder verstanden davon ebensowenig wie der Landesvater von ihnen.

Wirtschaftlicher und sozialer Aufbruch

Die **Ermordung Rajiv Gandhis** durch ein Mitglied der tamilischen Befreiungsbewegung **Tamil Tigers** während einer Wahlkampfveranstaltung 1991 markiert nicht nur das Ende der Nehru-Gandhi-Dynastie, die fast ein halbes Jahrhundert die Fäden der indischen Politik in der Hand gehalten hatte. Mehr noch als der Tod Indira Gandhis bedeutet die Ermordung ihres Sohnes einen tiefen Einschnitt in der indischen Geschichte. Viele sehen seither den Versuch, das Riesenreich Indien mit seiner Vielzahl an Kulturen, Religionen, Ethnien und Sprachen unter einer Zentralregierung zu vereinen, als endgültig gescheitert an.

Dennoch schien mit der Übernahme der Regierung durch die **Kongresspartei** unter dem erfahrenen *P.V. Narasimha Rao* 1991 zunächst eine Phase der Ruhe und Konsolidierung anzubrechen. Nach dem Tod Rajiv Gandhis hatte der altgediente Kongress-Politiker den Premiersposten übernommen. Doch schon bald darauf sah sich Indien einer seiner schlimmsten **Finanzkrisen** ausgesetzt. Rao und sein Wirtschaftsminister *Manmohan Singh* beschlossen daraufhin eine Kehrtwendung von der sozialistisch geprägten Protektionswirtschaft hin zur Öffnung Indiens für **ausländische Investoren.** Mittlerweile fließt vermehrt ausländisches Geld ins Land, das Devisenpolster wächst stetig an. Der dank der wirtschaftlichen Öffnung durchs Land wehende „wind of change" ist allerorten sichtbar. Westliche Waren, noch bis Anfang der neunziger Jahre so gut wie gar nicht erhältlich, füllen die Auslagen der Geschäfte. Das Straßenbild wird inzwischen mehr von kleinen Privatautos (wie etwa dem in indisch-japanischer Koproduktion hergestellten Maruti) geprägt als durch die heiligen Kühe, und Verkäufer kleiner Farbfernsehgeräte, welche die schöne neue Konsumwelt in nahezu jede Hütte tragen, verzeichnen Rekordabsätze.

Von dieser Entwicklung profitiert in allererster Linie die neue, **aufstrebende Mittelschicht,** deren Zahl inzwischen auf etwa 250 Mio. geschätzt wird. Für die große Masse der unteren Mittelschicht und **Unterschicht** hingegen bedeuten die mit der Liberalisierung der Wirtschaft einhergehende Inflation (2008 bei 8 %) und der Abbau von Arbeitsplätzen in unrentablen Staatsbetrieben eine Verschlechterung der Lebensbedingungen.

Tsunami

Die Tsunami-Flutwelle von Weihnachten 2004 hat hauptsächlich die **Ostküste Indiens** getroffen, aber auch in mehreren ungünstig gelegenen Küstenabschnitten Keralas bis hinauf nach Kollam Schäden angerichtet und Todesopfer gefordert. Insgesamt hat die Katastrophe in Indien über 10.000 Menschen das Leben gekostet.

Aktuelle Politik

Wie die Entwicklung seit Beginn des 21. Jh. verdeutlicht, sind es gerade die für Indien so charakteristischen „Eigenschaften" wie die geografische Größe sowie die kulturelle und ethnische Vielfalt, die eine Gefahr von Zerstörung und Spaltung in sich bergen. So bestimmen Meldungen von Naturkatastrophen, ethnischen Konflikten und militärischen Auseinandersetzungen die Schlagzeilen über Indien in der Weltpresse.

Zur allgemeinen Sicherheitslage siehe Kapitel „Reisetipps A–Z: Sicherheit".

Nuklearkrieg Indien – Pakistan?

Wieder einmal bestimmt der seit mehr als 50 Jahren schwelende Dauerkonflikt zwischen Indien und Pakistan die internationalen Schlagzeilen. Im Zentrum der Auseinandersetzungen befindet sich **Kashmir,** das beide Seiten für sich beanspruchen. Die weltpolitischen Veränderungen nach dem 11. September 2001 haben die Lage weiter verschärft. Diesmal ist die Staatengemeinschaft besonders alarmiert, denn es besteht die Gefahr einer nuklearen Eskalation.

Parlamentswahlen 2004

Journalisten, Wahlforscher und so genannte Experten – fast alle waren sich im Vorfeld der indischen Parlamentswahlen sicher, dass die regierende Nationale Demokratische Allianz (NDA) unter der Fürhung der hindunationalistischen **Bharatiya Janata Party (BJP)** einen deutlichen Wahlsieg davontragen würde. Zu überzeugend waren die Argumente und Ergebnisse, die die Koalition vorzuweisen hatte: wirtschaftlicher Aufschwung, geringe Inflation, der IT-Boom und letztlich die Aussicht auf eine friedliche Lösung mit dem „Erzfeind" Pakistan.

Doch diese Rechnung wurde offensichtlich ohne den Wirt, das indische Volk, gemacht. Die bereits in der Versenkung geglaubte **Kongresspartei** erlangte einen wahren Erdrutschsieg und ist im neuen Parlament stärkste Partei, während die sich des Sieges bereits sichere BJP in die Schranken der Opposition gewiesen wurde.

Es waren die vernachlässigten indischen Massen, denen diese Überraschung zu verdanken ist. Die Kampagne „India is shining" (Indien strahlt) der Regierungskoalition konzentrierte sich hauptsächlich auf die vom wirtschaftlichen Aufschwung deutlich profitierenden Mittel- und Oberschichten der Gesellschaft und propagierte den „feel good factor" (Wohlfühlfaktor) während der Amtszeit der Regierung. In einem Land, in dem jedoch ein Drittel der Bevölkerung mit weniger als einem Euro pro Tag auskommen muss, war dies nicht nur anmaßend, sondern offensichtlich kontraproduktiv.

Das indische Volk hat dem selbstsicheren und hauptsächlich auf wirtschaftliches Wachstum fixierten Regierungsbündnis eine Lektion erteilt und klar gemacht, dass es die Kongresspartei ist, die sich für die wesentlichen Belange eines Großteils der Bevölkerung einsetzt: „Pani, Bijli, Sadak" (Wasser, Strom, Infrastruktur) war deren Motto. Dies gilt es umzusetzten, um auch den breiten Massen ein Leben zu ermöglichen, das die wohlhabenden Schichten bereits seit langem genießen.

Staat und Verwaltung

Indiens offizieller Landesname lautet seit der Unabhängigkeit am 15.8.1947 *Bharat Juktarashtra,* was soviel wie **„Republik Indien"** heißt. Mit Inkrafttreten der indischen Verfassung am 26. Januar 1950 wurde ein Paradox staatsrechtlich verankert. Der junge Staat, der seine neu gewonnene Freiheit und Unabhängigkeit gerade erst nach jahrzehntelangen Kämpfen gegen die Briten errungen hatte, übernahm nahezu unverändert alle politischen Institutionen der Kolonialmacht. Der Freiheitskampf hatte nicht zu einer Revolution geführt, sondern letztlich zur Erhaltung des vorher so erbittert bekämpften Systems.

So orientieren sich die allgemeinen Bestimmungen der den Prinzipien der **parlamentarischen Demokratie** verpflichteten indischen Verfassung am Westminster-Modell. Ebenso wie in England existieren in der Indischen Union mit dem Unter- und dem Oberhaus zwei Zentralparlamente. Hier wie dort ist das **Oberhaus** *Rajya Sabha* (Staatenkammer) nicht viel mehr als eine recht harmlose Zusammenkunft betagter Männer, die nur sehr geringen Einfluss auf die Tagespolitik ausüben. Gewählt werden die 250 Mitglieder nicht direkt vom Volk, sondern nach einem komplizierten Quotensystem durch Vertreter der einzelnen Länderparlamente.

Eine wesentlich breitere Legitimation besitzen die 542 Mitglieder des **Unterhauses** *Lok Sabha* (Volkskammer), die alle fünf Jahre in freier und geheimer Wahl vom Volk gewählt werden. Stimmberechtigt sind alle Bürger über 18 Jahre. An der Spitze der Regierungsmannschaft steht der **Premierminister** als Chef der stärksten Partei, der auch die Richtlinien der Politik bestimmt und somit die stärkste politische Figur des Landes darstellt.

Formal ihm übergeordnet steht der **Präsident** an der Spitze des Staates, dem jedoch in der Verfassung, ähnlich dem deutschen Bundespräsidenten, eher repräsentative Aufgaben zugewiesen sind. Gewählt wird der Präsident für jeweils fünf Jahre von einem Wahlausschuss, der sich aus Vertretern der beiden Zentralparlamente sowie den insgesamt 25 Landesparlamenten der einzelnen Bundesstaaten zusammensetzt. An der Spitze jedes **Bundesstaates** steht ein vom Präsidenten eingesetzter **Gouverneur,** wobei der **Chief Minister** an der Spitze seines Kabinetts die politischen Fäden in der Hand hält. In der Gesetzgebung sind bestimmte Bereiche wie auswärtige Beziehungen, Verteidigung, Verkehr und Atomenergie dem Zentralparlament vorbehalten, andere wie Polizei, Gesundheitswesen und Erziehung den Länderparlamenten.

Auf welch wackligen Beinen die theoretisch scheinbar reibungslos funktionierende Ordnung der Indischen Union jedoch steht, zeigt die so genannte **President's Rule,** der umstrittenste, weil meistmissbrauchte Artikel der indischen Verfassung. Danach besitzt die indische Zentralregierung unter bestimmten Bedingungen das Recht, die jeweiligen Landesparlamente aufzulösen und den Unionsstaat der Zentralregierung unterzuordnen.

Da die Gründe für ein solches Vorgehen nur äußerst schwammig formuliert wurden, diente die President's Rule schwachen Regierungen immer wieder als willkommenes Instrument, um unter dem dünnen Mäntelchen der Legalität politische Gleichschaltung zu betreiben.

Bisher wurde diese einst von der britischen Kolonialmacht zur Kontrolle unruhiger Provinzen geschaffene Ausnahmebestimmung über zwei Dutzend Male eingesetzt. Besonders *Indira Gandhi* bediente sich gern dieser Möglichkeit, um ihr missliebige, von Oppositionsparteien geführte Landesregierungen zu stürzen. Derzeit haben der Punjab, Kashmir, Nagaland und Mizoram ihre Souveränität auf diese halbdiktatorische Weise eingebüßt. Insgesamt jedoch ist man in Indien zu Recht stolz darauf, trotz all der riesigen Probleme und gewaltigen Auseinandersetzungen gerade auch während der letzten Jahrzehnte niemals ernsthaft an den Grundfesten der Demokratie gerüttelt zu haben.

Staatssymbole

Die **Nationalflagge** ist eine waagerecht gestreifte Trikolore – oben tief safrangelb, in der Mitte weiß und unten dunkelgrün. Nach offizieller Deutung stehen die Farben für Mut, Frieden und Wahrheit. Im weißen Feld befand sich vor der Unabhängigkeit das Ghandische Spinnrad. An seine Stelle ist später die *Chakra Varta,* das Rad der Lehre, getreten.

Das Motiv ist dem **Löwenkapitell von Sarnath** entnommen, welches zugleich das nationale Emblem bildet. Das Löwenkapitell wurde im 3. Jh. v. Chr. durch Kaiser *Ashoka* an jenem Ort errichtet, an dem Buddha zum ersten Mal seine Lehre in einer öffentlichen Predigt verkündete. Das Wappen soll die religiöse Toleranz des nachkolonialen Indien symbolisieren. Die Säulenplatte ruht auf einer voll erblühten **Lotusblume,** die für Hindus wie Buddhisten das Symbol für Reinheit, Schönheit und ewiges Leben ist und die Nationalblume Indiens darstellt. Die am Fuße des Sockels eingravierte Inschrift lautet: „Die Wahrheit allein siegt". Als Nationaltier gilt der **Tiger,** als Nationalvogel der **Pfau.**

Parteien

Die indische Parteienlandschaft ist aufgrund häufiger Absplitterungen, Neugründungen und Verschmelzungen bestehender Parteien sowie des Parteiwechsels selbst prominentester Parteimitglieder außerordentlich unübersichtlich. Wenn man unter diesem Gesichtspunkt das Spektrum der wichtigsten politischen Parteien Indiens betrachtet, sollte man bedenken, dass westliche Vorstellungen von rechts und links, von Ideologie und Programm nur sehr bedingt übertragbar sind.

Die großen indischen Parteien

- **Indian National Congress** (Congress (I) Party) – Die Kongresspartei regierte seit der

Unabhängigkeit, abgesehen von einer kurzen Unterbrechung zwischen 1977 und 1980, das Land bis Anfang der neunziger Jahre ununterbrochen. Die Partei wurde so eng mit der Regierungsmacht identifiziert, dass alle anderen Parteien unter der Bezeichnung Oppositionspartei zusammengefasst und sozusagen entsorgt wurden. Dabei war der Nationalkongress in den ersten Jahren seiner **Gründung 1885** eher ein loses Bündnis junger, bürgerlicher Intellektueller, die sich zusammenfanden, um die britische Fremdherrschaft abzuschütteln. Erst seit etwa 1920 entwickelte sich der Congress unter der **Leitung Mahatma Gandhis** zu einer gut organisierten Massenorganisation im Kampf für die Unabhängigkeit Indiens.

Trotz gelegentlicher linker Lippenbekenntnisse hat die Partei immer einen vorsichtig **konservativen Kurs** gesteuert und war im ganzen Land verankert. Überall gelang es ihm, die lokalen Eliten wie Großgrundbesitzer, Bildungsbürgertum und Industrielle für sich zu gewinnen. Logische Folge war eine tiefgreifende Entfremdung von der Basis und eine damit einhergehend zunehmend **unsoziale Politik.** Wenn Politik in Indien heute mit Korruption und Vetternwirtschaft gleichgesetzt wird, so liegt dies in allererster Linie an der Machtbesessenheit der Kongressabgeordneten. Leider nur allzu oft missbrauchen diese ihren Wahlkreis als Selbstbedienungsladen und lassen gleichzeitig die Polizei auf verarmte Bauern und entwurzelte Ureinwohner einschlagen, die für ihre Rechte demonstrieren.

- **Baratiya Janata Party** (BJP, Indische Volkspartei) – Wie keine andere konnte diese 1979 gegründete Partei von dem zunehmenden Imageverlust des Congress während der letzten Jahre profitieren. Eine Welle des Erfolges brachte die BJP zunächst auf Regionalebene und schließlich auch landesweit an die Macht. Das erklärte Ziel der BJP, die Politik zu hinduisieren und den Hinduismus zu militarisieren, rüttelt an den demokratischen und säkularistischen Grundsätzen der indischen Verfassung und stellt eine ernst zu nehmende Gefahr für die Einheit und Integrität Indiens dar.

Flagge zeigen im Zeichen der zunehmend von Intoleranz geprägten politischen Landschaft Indiens

Die **Scharfmacher** innerhalb der Partei setzen Hinduismus und Nationalismus gleich und brandmarken die Muslime als antinationale Kräfte, um über die tatsächlichen Krisen des Landes hinwegzutäuschen. Unter diesem Aspekt ist auch das 1998 von der BJP in Gang gesetzte atomare Wettrüsten mit Pakistan und der Krieg um das bei Kashmir gelegene Kargil im Herbst 1999 zu sehen. Religiöse und nationale Minderheiten geben auch in Indien ideale Sündenböcke ab.

Die BJP verdankt ihren Aufstieg in erster Linie einer Wählerallianz aus **religiösen Gruppen und einem neuen Mittelstand,** der infolge der wirtschaftlichen Entwicklung seit Mitte der achtziger Jahre entstanden ist. Die BJP artikuliert die neuen Werte dieser selbstbewussten Schichten, die größere kulturelle Eigenständigkeit fordern und mit den alten Idealen der Kongresspartei brechen.

- **Communist Party of India** (CPI) – Am anderen Ende des politischen Spektrums steht die 1920 gegründete **marxistische Partei.** Von allen indischen Parteien ist sie wohl die einzige, die ein klar definiertes Parteiprogramm besitzt. Obwohl sie auch heute noch am Ziel einer klassenlosen Gesellschaft unter Führung der Arbeiterklasse festhält, gab sie sich seit jeher weit weniger ideologisch als z.B. die osteuropäischen Kommunisten und war sogar für einige Jahre Juniorpartner in einer vom Congress geführten Regierung.
- Die 1964 durch Absplitterung des pro-chinesischen Flügels der CPI entstandene **Communist Party of India (Marxist)** (CPIM) orientiert sich heute eher an sozialdemokratischen Zielen und stellt die Landesregierungen in Bengalen und Kerala.
- **Janata Party** (Volkspartei) – Diese 1977 aus fünf mehr oder weniger **sozialistischen bzw. sozialdemokratischen** Parteien geformte Bündnispartei ist ein Produkt der für indische Verhältnisse so typischen Parteiabsplitterungen und Parteiwechsler. Ebenso vage wie die formulierten Ziele ist auch ihr innerer Zusammenhalt. Als kleine Partei je-

doch stellt sie seit 1983 in Karnataka den Ministerpräsidenten und ist in einigen weiteren Unionsstaaten aktiv.

• **Weitere Parteien** – Neben den hier genannten gibt es noch eine große Zahl weiterer kleiner Parteien, die sich als Interessenvertretungen einzelner Volksgruppen bzw. sozialer Schichten verstehen und in den letzten Jahren zunehmend an Einfluss gewinnen. Ohne sie kann keine mehrheitsfähige Regierung mehr gebildet werden und so gewinnen sie als „Zünglein an der Waage" eine politische Bedeutung, die in keinem Verhältnis zu ihrem eigentlichen Stimmenanteil steht.

Presse

Für jeden ausländischen Besucher, der sich längere Zeit in Indien aufhält, bieten die **englischsprachigen Tageszeitungen** eine hervorragende Möglichkeit, sich näher mit den großen wie kleinen Problemen des Landes vertraut zu machen. Gerade ein Blick in den Lokalteil oder die traditionell am Sonntag erscheinenden Heiratsanzeigen vermitteln wesentlich tiefere Einblicke in das indische Alltagsleben als mancher wissenschaftliche Aufsatz. Da keine indische Tageszeitung teurer als 5 Rs ist, gestaltet sich das tägliche Lesevergnügen zudem äußerst preisgünstig. Die wichtigsten englischsprachigen Tageszeitungen:

• **Times of India,** das etwas in die Jahre gekomme Flaggschiff, ist noch immer die seriöseste und ausführlichste Tageszeitung des Landes. Website: www.timesofindia.com.

• **Indian Express,** die am weitesten verbreitete englischsprachige Zeitung mit einer Gesamtauflage von mehreren Millionen Exemplaren, hat durch ihren engagierten Journalis-

027is Foto: tb

mus gerade in den letzten Jahren zur Aufdeckung vieler Skandale beigetragen. Website: www.expressindia.com.

- **The Asian Age** bringt eine Vielzahl von Auslandsnachrichten, die allerdings von ausländischen Presseagenturen übernommen sind. Sie ist bisher nur in den großen Metropolen erhältlich.

Wochenblätter und Magazine

- **Sunday Observer** und **Sunday Mail** – zwei sehr gute, sonntags erscheinende Wochenblätter, die fundiert auf die Hintergründe der Schlagzeilen der vergangenen Woche eingehen.
- **India Today** – Keine andere Publikation bietet derart umfangreiche wie fundierte Hintergrundreportagen. Sehr zu Recht ist dieses etwa 90 Seiten starke, im Stil von „Times" und „Newsweek" gestaltete Blatt das meistverkaufte Magazin Indiens. Website: www.india-today.com.

Wirtschaft

12 % der arbeitenden Bevölkerung Indiens sind in der Industrie beschäftigt. Hauptzweige stellen Maschinenbau, Eisen- und Stahlproduktion sowie die Herstellung von Nahrungsmitteln und Bekleidung dar. Zu den Wachstumsbranchen zählen die Kfz-Industrie, die Telekommunikationsindustrie und die vor allem im Großraum Bangalore angesiedelte **Software-Industrie.** Der Hightech-Export trägt bereits einen beträchtlichen Teil zu den insgesamt 151 Mrd. US-$ Exporterlösen bei. Indiens wichtigste Handelspartner sind die USA (ca. 15 %), China (9 %), die Vereinigten Arabischen Emirate (9 %) sowie Großbritannien, Hongkong und Deutschland (jeweils ca. 4 %).

Bei der weiteren wirtschaftlichen Entwicklung des Landes werden vor allem einige der chronischen Strukturprobleme Indiens, wie beispielsweise das völlig veraltete und **unzureichende Transportwesen** und die **mangelhafte Energieversorgung,** gelöst werden müssen. Wie soll eine moderne Industrie funktionieren, wenn Stromausfälle noch immer an der Tagesordnung sind? Als wichtigster Hemmschuh der Entwicklung von einer Agrar- zur Industriegesellschaft dürfte sich jedoch der mangelhafte Ausbildungsstand der breiten Masse der indischen Bevölkerung erweisen. Angesichts einer Analphabetenrate von etwa 39 % ist es noch ein langer Weg von der Feld- zur Bildschirmarbeit.

Dennoch veranschaulicht allein der Plan der Regierung, in den nächsten zehn Jahren 500 neue Flughäfen zu bauen (ganz gleich, wie viele am Ende tatsächlich gebaut werden), den Willen zum Fortschritt, den Indien zu einer der führenden Ökonomien der Welt machen wird.

Indiens Weg zur führenden High-Tech-Nation

Indiens Helden von heute heißen nicht mehr *Mahatma Gandhi* und *Jawaharlal Nehru,* sondern *Azim Premji* und *Narayana Murthy.* Beide wohnen im südindischen **High-Tech-Paradies Bangalore** und sind Symbolfiguren des neuen Indien, welches nicht mehr als das Armenhaus, sondern als eine der größten Technologie-Nationen der Welt internationale Schlagzeilen macht. Premji mit seiner Firma Wipro gehört zu den fünf reichsten Männern der Erde, Murthy ist der ebenfalls milliardenschwere Chef des Technologie-Riesen Infosys Technologies.

Ihre Jünger sind die westlich orientierten, auf individuelle Entfaltung, Konsum und Globalität setzenden Jugendlichen der Großstädte. Damit hat diese so genannte **MTV-Generation** Visionen auf ihre Fahnen geschrieben, die im krassen Gegensatz zu den von Gemeinschaft, Sozialismus und Protektionismus getragenen Idealen der Gründungsväter stehen. Mit dem phänomenalen Aufstieg der indischen Computerindustrie geht ein **fundamentaler Wertewandel** innerhalb der indischen Gesellschaft einher, der das über Jahrtausende in festen Kastenschranken verharrende Gefüge innerhalb weniger Jahrzehnte aus den Angeln hebt.

Rasanter Aufschwung der Computer-Industrie

Mit jährlichen Wachstumsraten von über 50 % ist die Software-Industrie zu einem der wichtigsten Wirtschaftssektoren des Landes geworden. „Die industrielle Revolution haben wir verpasst, jetzt ruht unsere gesamte Hoffnung auf der Revolution der Informationstechnologie". So wie ein führender indischer Soziologe denkt eine ganze Generation von ambitionierten Jugendlichen, die in die „Technologieschmieden" von Bangalore, Hyderabad und Chennai drängen.

Glaubt man den Prognosen, dann sind über die nächsten Jahre Steigerungsraten von 50 % jährlich zu erwarten. Mit besonderem Stolz verweist man darauf, dass jedes fünfte der 1.000 im Wirtschaftsmagazin „Fortune" aufgeführten wichtigsten Unternehmen der Welt Software-Aufträge nach Indien vergeben hat – eine umso beeindruckendere Zahl, wenn man bedenkt, dass die indische Wirtschaft bis Anfang der neunziger Jahre fast gänzlich vom Weltmarkt abgekoppelt war. Ein Grund für die phänomenalen Wachstumsraten ist, dass die Software-Industrie von den für den Rest der indischen Wirtschaft so typischen Entwicklungshemmnissen wie veralteter Infrastruktur, Bürokratismus und Kastendenken weitgehend unberührt bleibt.

224ke Foto: tb

Nord-Süd-Gefälle

Auffällig bei der geografischen Verteilung der Technologie-Schwerpunkte ist ein deutliches Nord-Süd-Gefälle, allerdings umgekehrt zu dem, welches wir aus Europa kennen. Die im Süden gelegenen Bundesstaaten Maharashtra, Andhra Pradesh, Tamil Nadu und Karnataka mit den „Cybercities" Bangalore und Hyderabad an der Spitze setzen energisch auf den weiteren Ausbau der Software-Industrie und investieren in Straßen und vor allem in das marode Bildungswesen. Mit ihren hohen wirtschaftlichen Wachstumsraten, die zum Teil bis zu 10 % jährlich erreichen, vergrößert sich der Abstand zu den überbevölkerten und **unterentwickelten Agrarstaaten des Nordens** wie Rajasthan, Uttar Pradesh, Bihar und Orissa immer mehr. Führende Politiker warnen bereits vor der politischen und sozialen Sprengkraft des wachsenden Einkommensgefälles zwischen Süd und Nord.

„Computer-Inder"

Die Software-Industrie ist für die Generation junger, gebildeter Inder das Eintrittstor in eine goldene Zukunft. Jedes Jahr bildet Indien **75.000 Informationstechnologie-Studenten** aus. Der Anfangslohn von umgerechnet etwa 500 € im Monat – für indische Verhältnisse ein Spitzenverdienst – kann innerhalb weniger Jahre auf das Vierfache steigen. Die meisten denken jedoch bereits über die nationalen Grenzen hinaus und sehen die Beschäftigung in einer indischen Computer-Firma als Sprungbrett für eine **Anstellung im Ausland.** Als Schlaraffenland gelten hier die USA, welche bei Umfragen unter Hochschulabsolventen mit großem Abstand die Nummer 1 unter den begehrtesten Arbeitsplätzen einnehmen. Neben den hervorragenden Aufstiegsmöglichkeiten und dem hohen Lohnniveau spielt hierbei auch die Tatsache eine große Rolle, dass Englisch bei den meist aus der Mittel- und Oberschicht stammenden indischen Computerprofis – Durchschnittsalter 26 Jahre – wie eine Muttersprache gepflegt wird.

Rund 80 % der Absolventen aus den sechs Elite-Hochschulen der IIT (Indian Institute of Technology) werden von Hochschulen und Unternehmen in den USA unter Vertrag genommen. Kein Wunder, denn wer sich für einen der 2.000 IIT-Studienplätze qualifiziert, hat bereits ein knallhartes Auswahlverfahren hinter sich und zählt zur Crème de la Crème der ursprünglich 125.000 Bewerber. 500.000 weitere Anwärter werden erst gar nicht zur Vorauswahl zugelassen. Welche **hervorragende Qualifikation** die in den USA arbeitenden Software-Spezialisten besitzen, belegt allein die Tatsache, dass von den 2.000 Gründerfirmen im amerikanischen Silicon Valley 40 % von Indern geleitet werden. Nur wer in Nordamerika keine Anstellung findet, versucht eventuell in der Bundesrepublik einen Job zu ergattern.

Motor der wirtschaftlichen Entwicklung

Trotz der beeindruckenden Wachstumsraten trägt die Software-Industrie nach wie vor weniger als 1 % zum Bruttoinlandsprodukt bei. Erweisen sich jedoch die Prognosen als richtig, würde der Anteil auf 5 bis 7 % steigen. Damit wäre die Software-Industrie endgültig die Wachstumslokomotive der indischen Wirtschaft. Mindestens ebenso bedeutend ist der mit dem wirtschaftlichen Aufschwung einhergehende **soziale Wandel,** der fast schon revolutionär zu nennende Veränderungen der traditionellen indischen Gesellschaft nach sich ziehen wird.

Landwirtschaft

All dies ändert nichts daran, dass Indien trotz industrieorientierter Entwicklungsstrategie und Wirtschaftspolitik noch immer in erster Linie ein **Agrarland** ist, dessen Konjunktur mehr vom pünktlich eintreffenden Monsun und den davon abhängigen Ernten bestimmt wird als von industriellen Zyklen.

Hauptanbauprodukte sind Zuckerrohr, Reis, Weizen, Hülsenfrüchte und Baumwolle. Indien ist der weltgrößte Produzent von Jute, Hülsenfrüchten, Hirse und Sesam. Mit einer Gesamtproduktion von 700.000 Tonnen, wovon etwa 250.000 Tonnen exportiert werden, ist Indien der mit Abstand **führende Teeproduzent** der Erde. Bedeutende Exporterlöse werden auch mit Gewürzen, Cashewnüssen und Kaffee erwirtschaftet.

In der Besitzstruktur dominieren **kleine und kleinste Betriebe.** Über die Hälfte der landwirtschaftlichen Betriebe bewirtschaften weniger als einen Hektar Land. Rund ein Drittel der ländlichen Haushalte besitzt keinen Boden. Obwohl insgesamt 60 % aller Erwerbstätigen in der Landwirtschaft beschäftigt sind, erarbeiten sie nur 18 % des Sozialprodukts des Landes. Allein diese Zahlen verdeutlichen die mangelnde Rentabilität der Landwirtschaft.

029is Foto: tb

Es wird noch eine Weile dauern, bis der Wasserbüffel mit Holzpflug durch maschinelle Arbeitsgeräte ersetzt wird

Keralas Landreform – die Abschaffung des Großgrundbesitzes

Bei Betrachtung der wirtschaftlichen Situation Keralas ist die Landreform von großer Bedeutung. In Kerala herrschte traditionell **Großgrundbesitz,** welcher in der Kolonialzeit in ein noch repressiveres System umgewandelt wurde. Im 19. Jh. häuften sich **Proteste der unterdrückten ländlichen Bevölkerung.** Agrarbewegungen gegen Großgrundbesitzer und Staat nahmen ihren Lauf. Später vereinigte sich die Unabhängigkeitsbewegung mit dem Kampf gegen die Großgrundbesitzer.

Bald nach der Unabhängigkeit kam die **Kommunistische Partei** an die Macht, die 1957 die Landreform einleitete. Es gab neue **Pachtgesetze,** welche den Pächtern mehr Sicherheit garantierten und die Rechte der Besitzer reduzierten. Zudem wurde den Bestellern Land zu geringen Preisen übereignet. Die Pachtgesetze waren relativ erfolgreich. Im Gegensatz dazu konnten die Höchstbesitzgrenzen kaum durchgesetzt werden. In der Folge gab es gewalttätige Kampagnen oppositioneller Gruppen, die kommunistische Regierung wurde vom Präsidenten aufgelöst, und die folgende Congress-Regierung führte Veränderungen der Reformgesetze ein. Schlupflöcher wurden erkannt, wie zum Beispiel der Wechsel zum Plantagenanbau. Viele Organisationen kämpften mit Demonstrationen und Landbesetzungen für die Umsetzung der Gesetze und trafen auf Gegenangriffe von Polizei, Armee und Schlägertruppen der Großgrundbesitzer. Trotzdem hat die Landreform dazu beigetragen, die ungleiche Verteilung von Land zu reduzieren, Großgrundbesitz zu schmälern und PächterInnen mehr Schutz zu geben. Zudem erleichterte die Landreform sozialen Wandel. Das Bewusstsein über Rechte wurde gestärkt.

Festzuhalten ist, dass die Reform nicht von oben kam, sondern durch den Kampf von Organisationen und schließlich von der an die Macht gebrachten Partei. Die Kommunisten haben die gründlichste Landreform Südasiens durchgeführt und dafür gesorgt, dass **90 % aller Bauern Keralas heute Grundbesitzer** sind. Die Botschaft der Marxisten von einer egalitären Gesellschaft fiel gerade deshalb auf fruchtbaren Boden, weil die ihnen verhassten Maharajas selbigen schon Jahrhunderte zuvor in ihrem Sinne bestellt hatten. Die Lokalfürsten hatten sich auf Seiten der hinduistischen Sozialreformer gestellt, um die Grundbesitzer und Brahmanen zu schwächen – eine paradoxe Gemeinschaft von Maharajas und Kommunisten, die sich bis heute zum Nutzen der Mehrzahl der Keraliten bewährt hat.

Eine Folge der Landreform ist die Furcht vor Pacht- und Mietverhältnissen auf der Seite potenzieller Verpächter bzw. Vermieter. Sie fürchten, die Pächter bzw. Mieter könnten Land bzw. Haus übereignet bekommen. Mietverhältnisse sind auf dem Land in Kerala daher quasi unbekannt.

Die wirtschaftliche Situation Keralas

Während Ausländer beim Namen Kerala in erster Linie an immergrüne Tropenlandschaft, Lagunen und Traumstrände denken, kommen Indern als Erstes Stichworte wie Gewerkschaften, Streiks und Kommunisten in den Sinn. Tatsächlich haben die Gewerkschaften fast jeden Bereich des wirtschaftlichen Lebens wie ein eng umschlossenes Netz durchzogen, Streiks sind an der Tagesordnung und legen häufig das öffentliche Leben lahm. Kerala war nicht nur das erste Land der Erde, in dem **Kommunisten** in freier Wahl zur **Regierungspartei** erkoren wurden, sie zählen bis heute neben dem Congress zur stärksten politischen Kraft.

Kein Wunder, dass Unternehmer Kerala wie der Teufel das Weihwasser scheuen, kapitalistisches Unternehmertum kaum entwickelt ist und Industrieansiedlungen so gut wie nicht vorhanden sind. Umso dominierender ist der primäre Sektor, wobei es sich in erster Linie um **Land-, Forst-, Plantagen- und Fischereiwirtschaft** handelt. Für die Landwirtschaft werden ca. 86 % der Fläche Keralas genutzt.

Die Nahrungsmittelproduktion stagniert jedoch und Kerala ist von Importen, vor allem aus dem Nachbarstaat Tamil Nadu, abhängig. Jedes Jahr müssen 60 % des Getreides importiert werden. **Getreideknappheit,** besonders während der Regenzeit, ist keine Seltenheit. Schuld daran ist die Ausrichtung auf kommerzielle Produkte *(cash crops)* statt auf Grundnahrungsmittel. 92 % des Kautschuks Indiens, 70 % der Kokosernte, 60 % des Tapioka und fast 100 % des Zitronengrasöls werden von Kerala produziert. Die Subsistenzwirtschaft der Farmbetriebe, also die Möglichkeit zur Selbstversorgung der Landbevölkerung, musste zum größten Teil den Plantagen weichen.

Die keralische Wirtschaft beruht vor allem auf der **Verarbeitung der landwirtschaftlichen Erzeugnisse:** Kokosverarbeitung, Handweberei, Verarbeitung von Cashewnüssen und Kautschukindustrie. Wenn es denn ein verbindendes Element der Keraliten geben sollte, dann ist es ganz profan die **Kokospalme.** Sie ist eines der Geheimnisse für Keralas Wohlstand. Zehn Mio. Keraliten finden durch die Kokosindustrie ihr Auskommen, sie pflücken fünf Milliarden Nüsse im Jahr. Für Kleinbauern bietet die Subsistenzwirtschaft mit Mischkulturanbau viele Vorteile: Ressourcen (Anbaufläche, Wasser, Arbeit) werden besser genutzt, die Bodenfruchtbarkeit bleibt erhalten, der Boden ist besser vor Erosion und Austrocknung geschützt, die Produktion ist nachhaltig, es gibt keine Marktrisiken, es besteht Nahrungssicherheit und die Ernährung ist ausgewogener.

Kerala verfügt über eine der **höchsten Arbeitslosenraten Indiens.** Interessanterweise handelt es sich dabei vor allem um sehr gut ausgebildete Arbeitslose. Um einen festen Arbeitsplatz zu erhalten, ist für eine Person mit Schulabschluss eine Wartezeit von 48 Monaten durchschnittlich.

028is Foto: tb

Nach wie vor ist der Töpfer mit seiner von Hand angetriebenen Scheibe in den meisten Dörfern anzutreffen. Allerdings handelt es sich hierbei um einen aussterbenden Berufszweig, da Metall- und Plastiktöpfe dem Keramikgeschirr mehr und mehr den Rang ablaufen

Kerala hat eine lange Geschichte von Arbeitsmigration; schon vor der Unabhängigkeit wanderten viele Keraliten als PlantagenarbeiterInnen ab. Seit den 1970er Jahren sind viele im Ausland, meist in den Golfstaaten, beschäftigt. Dort ernährt häufig ein Familienmitglied die gesamte Familie in Kerala. Schätzungen gehen davon aus, dass jedes Jahr bis zu 800 Mio. US-$ auf diese Weise ins Land fließen. Gemessen an der Bevölkerung ist dies eine erhebliche Summe, die ganz wesentlich zum hohen Lebensstandard der Keraliten beiträgt.

Im Gegensatz zu akademischen Berufen sind im handwerklichen und landwirtschaftlichen Bereich Arbeitsplätze vorhanden und werden mangels keralischer ArbeiterInnen bzw. Handwerker häufig von ArbeitsemigrantInnen aus dem benachbarten Tamil Nadu besetzt. Hochkastige lehnen handwerkliche und landwirtschaftliche Tätigkeiten meist ab, sie fühlen sich ihrer unwürdig. Unterkastige oder Kastenlose lebten zwar früher hauptsächlich von Handwerk und Landwirtschaft, doch die meisten führen diese Arbeit (außer auf dem eigenen Feld) heute nicht mehr aus. Bürokarrieren werden nun angestrebt. Durch die staatliche Quotenregelung, die benachteiligten Bevölkerungsgruppen Chancengleichheit geben soll, wird ihnen der Einstieg in den staatlichen Dienst ermöglicht. Außerdem hat Keralas hoher Bildungsstand zur Folge, dass „profane" handwerkliche und landwirtschaftliche Berufe als minderwertig angesehen werden.

Tourismus

Kerala boomt

„Indien ohne seine Fehler" ist Kerala einmal genannt worden. Tatsächlich hat die im Vergleich zum Rest des Landes wesentlich geringere Armut, Bettelei und Umweltverschmutzung neben der Freundlichkeit der Bevölkerung und der natürlichen Schönheit des Landes dazu geführt, dass sich Kerala in den letzten Jahren zur **am schnellsten wachsenden Touristenregion Indiens** gemausert hat. Für die nächsten Jahre wird ein jährliches Wachstum im Touristenaufkommen von 12 % vorhergesagt, wobei nicht klar ist, ob bzw. inwieweit die letzen Terroranschläge vom November 2008 diesen Boom bremsen werden.

Ayurveda-Welle

Hierzu trägt auch die in Europa und speziell in der Bundesrepublik enorme Popularität der **ayurvedischen Heiltherapie** bei. Kerala als **Ursprungsland** dieser ältesten heute noch praktizierten Medizin schwimmt geradezu auf einer Ayurveda-Welle. Die Tourismusmanager haben den Trend erkannt und so gibt es in Touristenorten heute kaum noch eine Unterkunft, die nicht mit „ayurvedic massage" um die Gunst der ausländischen Touristen buhlt. Auch wenn als logische Konsequenz die Quantität die Qualität immer mehr verwässert, ist ein Ende des Wellness-Booms noch lange nicht in Sicht. In den letzten Jahren sind luxuriöse Wellness-Resorts wie Pilze aus dem Boden geschossen. Kerala-Urlauber lassen im Durchschnitt 50 % mehr Geld im Land als „normale" Indienreisende.

Menschen und Kultur

Bevölkerung

1951, im Einführungsjahr des großen Familienplanungsprogramms, lebten 351 Mio. Menschen in Indien. Heute sind es über **eine Milliarde.** Bei einem jährlichen Bevölkerungswachstum von 1,6 % (2008 geschätzt) wächst die indische Bevölkerung jährlich um über 15 Mio. Bei gleich bleibender Geburtenrate wird Indien im Jahre 2040 China als bevölkerungsreichstes Land der Erde ablösen. Zwar ist vor allem die sinkende Sterberate für diesen dramatischen Bevölkerungszuwachs verantwortlich (so stieg die durchschnittliche **Lebenserwartung** innerhalb von nur 50 Jahren von 30 auf heute ca. 69 Jahre), doch insgesamt ist es nicht gelungen, die **viel zu hohe Geburtenrate** den Erfordernissen entsprechend zu senken.

Tatsächlich ist Indien ein klassisches Beispiel dafür, dass **staatliche Familienpolitik** scheitern muss, solange die Ursache des Übels – traditionelle Wertvorstellungen und soziale Ungerechtigkeit – nicht beseitigt sind. Hierzu gehört gerade in Indien das über Jahrtausende tradierte Bild der Frau als unterwürfige Dienerin des Mannes, die Anerkennung und Daseinsberechtigung erst dadurch erlangt, dass sie möglichst viele Kinder, vor allem aber Jungen, zur Welt bringt.

Diese einseitige **Bevorzugung von männlichen Nachkommen** und die damit einhergehende Benachteiligung der Mädchen von Geburt an hat dazu geführt, dass Indien eines der ganz wenigen Länder dieser Erde ist, in dem

226ke Foto: mb

es einen deutlichen **Männerüberhang** gibt, wobei diese Diskrepanz in den letzten Jahrzehnten sogar deutlich zugenommen hat.

Überdies sind Kinder nicht nur billige Arbeitskräfte, sondern fungieren in Dritte-Welt-Ländern ohne bzw. mit nur sehr geringen staatlichen Sozialleistungen natürlicherweise als die beste, weil einzige Altersversorgung. So zeigt sich auch in Indien, dass die Bereitschaft zur **Geburtenkontrolle** mit einer Reihe von Entwicklungsindikatoren wie Einkommens- und Alterssicherung sowie Ausbildungsgrad eng zusammenhängt. Während zum Beispiel in Kerala, dem Staat mit der höchsten Alphabetisierungsrate, die Geburtenrate jährlich landesweit am niedrigsten liegt, ist sie in den zwei rückständigen Gebieten Rajasthan und dem östlichen Mizoram, wo kaum 10 % der Frauen lesen und schreiben können, extrem hoch.

Hier zeigt sich, dass die Verbesserung sozialer Rahmenbedingungen

Trommler bei einem Festumzug in Munnar

Die Frau in der keralischen Gesellschaft

Kerala wird immer wieder als rühmliche Ausnahme genannt, wenn die Stellung der Frau in der indischen Gesellschaft zur Sprache kommt. Einige wenige Zahlen belegen, dass die Malayali-Frauen verglichen mit dem Rest des Landes wesentlich mehr Anerkennung und Rechte haben. Allein der Frauenanteil von 1040 auf 1000 Männer steht im männerdominierten Indien einsam an der Spitze, der indische Durchschnitt liegt bei 927. Vergleichbaren Stellenwert hat die Alphabetisierungsrate von Frauen: Mit 87 % ist sie in Kerala fast doppelt so hoch wie im Rest des Landes (45 %). Trotzdem wird Kerala gesellschaftlich von Männern dominiert wie auch Restindien.

Ein weiteres interessantes Phänomen, das häufig für die privilegierte Stellung der keralischen Frauen angeführt wird, ist, dass von einem wichtigen Bevölkerungsteil ein matrilineares, also frauenorientiertes, Erbsystem ausgeübt wird. Es handelt sich vor allem um die Nayar (bzw. Nair), Teile der Izhava-Kaste sowie Teile der muslimischen Bevölkerung. Matriarchal, also von Frauen beherrscht, kann das System jedoch nur sehr bedingt genannt werden. Die Familienoberhäupter sind in der Realität auch hier die Männer. Bei den Nayar besaßen auch unverheiratete Beziehungen, *sambandham* genannt, Legitimität, waren nicht selten und wurden als Ehe betrachtet. Sie gingen über Kastenschranken hinaus. Die Kinder gehörten der mütterlichen Familie an. Das matrilineare System hatte großen Einfluss auf die soziale und kulturelle Entwicklung Keralas und hat manche sozialen Einstellungen verändert. Zweifelsohne werden die Frauen in Kerala, verglichen mit dem Rest Indiens, wesentlich respektvoller behandelt.

Trotz all dieser zweifellos bemerkenswerten Errungenschaften kann dies nicht darüber hinwegtäuschen, dass die Stellung der Frau in Kerala noch weit von der in Mitteleuropa mit als selbstverständlich angesehenen Rechten entfernt ist.

Dies gilt insbesondere für den ländlichen Bereich, wo die seit Jahrhunderten geltenden Hierarchien das Fundament der Sozialbeziehungen bilden. Die Frauen stehen hier nach wie vor im Schatten der männlichen Familienmitglieder. Sie werden erst von Vätern und Brüdern, nach der Heirat vom Ehemann und dessen Familie und schließlich von ihren Söhnen bevormundet. Erst als Mütter von Söhnen erhalten sie eine etwas höhere soziale Stellung. Frauen werden weniger als eigenständige Menschen betrachtet, sondern eher als Dienerinnen. Von ihnen wird erwartet, sich schüchtern und bescheiden im Hintergrund zu halten und gehorsam zu sein. Abgesehen von Ausbildung und Arbeit dürfen Frauen kaum das Haus verlassen, eigenen Interessen nachgehen oder diese überhaupt erst entwickeln. Außer in der Familie und in der Nachbarschaft gibt es kaum Möglichkeiten, sich in der Freizeit mit anderen Menschen auszutauschen.

Zwischen den Geschlechtern besteht im öffentlichen Leben eine strenge Trennung, die bereits im Kindergarten beginnt. In der Schule, der Universität, im Bus etc. sitzen Männer und Frauen getrennt voneinander. Gemischtgeschlechtliche Gruppen bilden sich nicht. Durch diese gesellschaftlichen Strukturen sind Frauen und Männer im Umgang miteinander unsicher.

Eine Heirat wird in Kerala fast immer von den Eltern arrangiert, häufig über Zeitungs-

So fotogen es auch ist – das Wassertragen ist mit viel Mühe und Anstrengung verbunden

inserate. Das durchschnittliche Heiratsalter beträgt in Kerala 23 Jahre und liegt weit über dem indischen Durchschnitt von 18 Jahren. Im Vorfeld kommt es zu Treffen der beiden Familien, wobei sich meist auch das potenzielle Brautpaar kurz begegnet. Das Aushandeln der Mitgift, die schließlich bei der Hochzeit zur Schau gestellt wird, steht im Mittelpunkt. Die Hochzeitsfeierlichkeiten mit Hunderten von Gästen werden von den Brauteltern ausgerichtet. Können die Eltern keine Mitgift aufbringen, bleibt die Tochter häufig unverheiratet und ohne gesellschaftliche Anerkennung. Die wenigen Fälle von Liebesheirat werden von der Gesellschaft nicht akzeptiert. Häufig erhält das Paar keinerlei Unterstützung von den Familien und wird ausgestoßen.

031is Foto: tb

und die landes- und klassenübergreifende Anhebung des Bildungsstandes die langfristig aussichtsreichsten Mittel sind, um das bedrohliche Bevölkerungswachstum zumindest einzugrenzen. Dies bestätigen auch Untersuchungen unter Mitgliedern der indischen Mittel- und Oberschicht in westlich geprägten Städten wie Mumbai, Bangalore oder Chennai, bei denen der Slogan „Zwei Kinder sind genug", mit dem auf Plakaten und in Schulen für die Familienplanung geworben wird, schon längst Allgemeingut ist.

Ähnlich wie in Kerala und im gesamten Küstenraum beeinflussten hier schon früh von außen kommende Normen und Ideen die traditionelle indische Gesellschaft. Insgesamt lässt sich ein **Nord-Süd-Gefälle** feststellen, welches ungefähr entlang einer Linie Mumbai – Kalkutta verläuft. Die Bundesstaaten im Norden und Westen weisen gegenüber den südlichen Regionen schlechtere Werte auf. Die Unterschiede, insbesondere in der Alphabetisierungsquote der Frauen, verweisen auf gesellschaftlich bedingte Einstellungen und Verhaltensweisen, die einem nachhaltigen Geburtenrückgang entgegenstehen.

Auch heute noch gehören zwei Drittel der Bevölkerung der Unterschicht an, Indien ist nach wie vor ein **Land der Dörfer.** Zwar prägt das von den Medien verbreitete Bild von den unter menschenunwürdigen Bedingungen zu Millionen in den Slums der Großstädte dahinvegetierenden Menschen das Indienbild im Ausland und tatsächlich hat das Land mit Delhi, Mumbai,

011ke Foto: gl

Kalkutta, Chennai (Madras) und Bangalore die größte Anzahl so genannter **Megastädte** (über 5 Mio. Einwohner) der Welt; insgesamt jedoch liegt es mit einer **Urbanisierungsquote** (Anteil der in Städten mit über 20.000 Einwohner lebenden Bevölkerung) von 28 % im internationalen Maßstab am unteren Ende, sogar hinter Afrika (30 %).

Mit inzwischen 358 Menschen pro Quadratkilometer ist Indien eines der **am dichtesten bevölkerten Länder** der Erde, wobei es jedoch auffällige regionale Unterschiede gibt. Wie seit alters her ist das fruchtbare Ganges-Tiefland zwischen Delhi und Kalkutta am dichtesten besiedelt. Hier drängelt sich etwa ein Drittel der gesamten Bevölkerung, während sich in den abgelegenen Nordost-Provinzen gerade mal um die 20 Einwohner pro Quadratkilometer verlieren.

Besonders besorgniserregend ist die **demografische Zusammensetzung** der indischen Gesellschaft. 31 % der Inder sind **unter 15 Jahre alt.** Bei der gerade unter den städtischen Jugendlichen zu beobachtenden zunehmenden Verwestlichung und der damit einhergehenden Auflösung traditioneller Werte, welche bisher die enormen kulturellen und sozialen Gegensätze der indischen Gesellschaft nur bedingt haben zum Ausbruch kommen lassen, kann man den damit in den nächsten Jahren zu erwartenden

sozialen Spannungen nur mit der allergrößten Sorge entgegensehen.

„Musterland" Kerala

Das so häufig zitierte „Malayala-Wunder" ist in erster Linie ein Verdienst seiner Bewohner. Statistiken verdeutlichen, dass die **32 Mio. Keraliten** in fast allen Bereichen an der Spitze der indischen Bundesstaaten stehen. Nirgendwo sind die Geburtenrate und Säuglingssterblichkeit derart gering, die Lebenserwartung und die Alphabetisierungsrate so hoch.

Andere für die Keraliten typischen Eigenschaften lassen sich nicht statistisch erfassen, tragen jedoch mindestens ebenso nachhaltig zur Lebensqualität des Landes bei. Hierbei sind besonders die für die Keraliten so charakteristischen Eigenschaften wie **Offenheit und Toleranz** zu nennen. Durch die seit vielen Jahrhunderten praktizierte Offenheit für äußere Einflüsse - arabische, römische, chinesische und britische, islamische, christliche und marxistische - haben die Malayali eine offene und gastfreundliche Einstellung zu anderen Kulturen verinnerlicht. Trotz der geringen Größe des Landes leben hier seit Jahrtausenden alle großen indischen Religionsgemeinschaften friedlich zusammen. Der Islam wurde nicht nur auf friedlichem Wege verbreitet, sondern auf eine Weise gefördert, für die es in der nicht-islamischen Welt keine Parallelen gibt.

Die charakteristische Toleranz der Keraliten ist umso bemerkenswerter, wenn man bedenkt, dass Kerala mit einer Bevölkerungsdichte von 760 Einwohnern pro km² der nach Bengalen am dichtesten besiedelte Bundesstaat Indiens ist.

In diese Tradition passt auch, dass es die Keraliten waren, die als erste und am zahlreichsten den Beschäftigungsboom in den Ländern am Arabischen Golf ausnützten. Etwa eine Million Keraliten arbeiten heute im Ausland und transferieren damit nicht nur enorme Summen auf die Konten ihrer Verwandten zu Hause, sondern kultivieren die jahrtausendealte Tradition der Keraliten für andere Kulturen.

Keralische Frauen haben einen für indische Verhältnisse guten Bildungsstand, sind aber von einer gesellschaftlichen Gleichstellung noch weit entfernt

Sprache

Ebenso wie es vor der Ankunft der Briten keinen geschlossenen Zentralstaat mit dem Namen Indien gab, existierte **keine einheitliche indische Sprache** und das ist bis heute so geblieben. Während sich das durch die Engländer zusammengeschweißte Kunstprodukt Indien seit nunmehr 50 Jahren über die Runden quält, ist das Land sprachlich so zersplittert wie eh und je. Welche politische Bedeutung das Sprachproblem in Indien besitzt, zeigte sich bei der Grenzziehung der einzelnen Unionsstaaten, die weitgehend nach sprachlichen Gesichtspunkten vorgenommen wurde.

Indien hat **neben Englisch und Hindi 17 gleichberechtigte Amtssprachen.** Man schaue sich einmal einen beliebigen indischen Geldschein an. Da ist der Notenwert zunächst groß in Englisch und Hindi aufgedruckt. Daneben ist eine Kolumne zu sehen, auf der der Wert in den 13 weiteren Regionalsprachen steht.

Am ehesten könnte man noch **Hindi** als Nationalsprache bezeichnen, doch nur in den Kernstaaten Madhya Pradesh und Uttar Pradesh wird es von der Mehrheit der Bevölkerung gesprochen. 41 % der Bevölkerung Indiens haben Hindi als Muttersprache. Zwar sind wiederholt Versuche unternommen worden, Hindi als indische Nationalsprache einzuführen, doch scheiterte dies letztlich immer wieder am entschiedenen Widerstand des stark auf seine Eigenständigkeit bedachten Sü-

Schriftmuster: Hindi

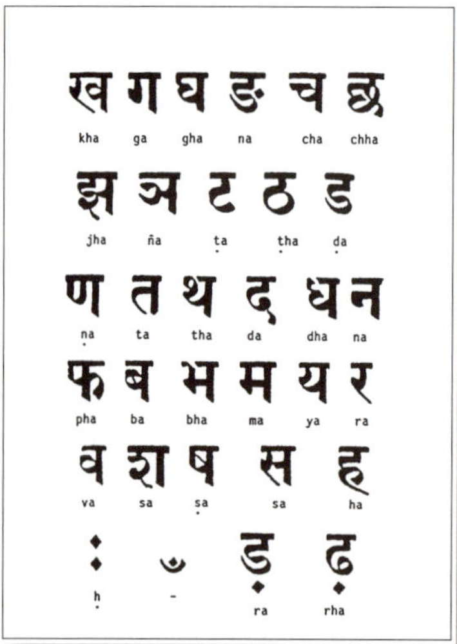

Schriftmuster: Malayalam

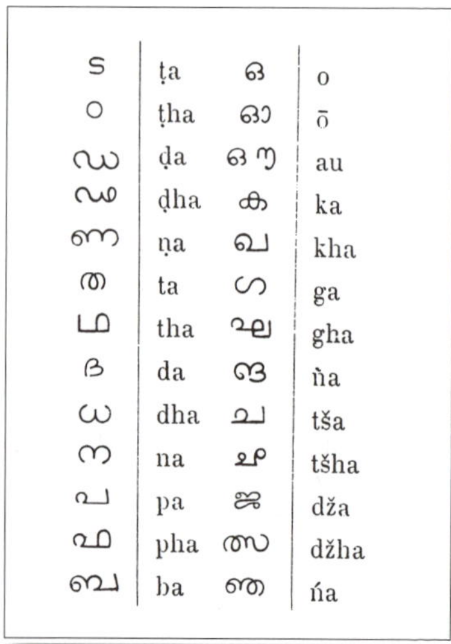

Die wichtigsten Sprachen Indiens

Sprache	Gebiet	Anteil
Assami	Assam	0,001 %
Bengali	West-Bengalen	8,3 %
Gujarati	Gujarat	5,4 %
Hindi		30 %
Kannada	Karnataka	4,2 %
Kashmiri	Kashmir	0,5 %
Malayalam	Kerala	4,2 %
Marathi	Maharashtra, Goa	8,0 %
Oriya	Orissa	3,7 %
Punjabi	Punjab	3,2 %
Tamil	Tamil Nadu	6,9 %
Telugu	Andhra Pradesh	8,2 %
Urdu	Muslime u. Pakist.	5,7 %

dens. Dort wehrt sich die mehrheitlich dravidische Bevölkerung gegen diesen nach ihrer Meinung sprachlichen Kolonisationsversuch durch den indogermanischen Norden.

Dies ist umso verständlicher, wenn man weiß, dass die **dravidischen Sprachen** gegenüber den vom Sanskrit abstammenden **indogermanischen Sprachen,** zu denen auch das Hindi gehört, einen eigenen, völlig unabhängigen Sprachstamm bilden, der schon lange vor der Ankunft der Arier in Indien beheimatet war.

Neben den vier großen dravidischen Sprachen Tamil, Malayalam, Kannada und Telugu, die in den Bundesstaaten Tamil Nadu, Kerala, Karnataka und Andhra Pradesh gesprochen werden, gibt es noch eine ganze Reihe von Stammesidiomen (Gondi, Parji, Kurukh, Toda u.a.), die vor allem auf abgelegene Gegenden konzentriert sind.

Von diesen vier offiziellen dravidischen Literatursprachen ist das **Tamil** (59 Mio. Sprecher) die bedeutendste. Bereits aus den letzten vorchristlichen Jahrhunderten sind Sammlungen von hochrangigen lyrischen Gedichten in einer kunstvoll ausgebildeten Dichtersprache überliefert. In Lautform und im Wortschatz hat das Tamil gegenüber dem Hindi eine bemerkenswerte Resistenz bewiesen. Stärker als jede andere Sprache Indiens weist es eine Trennung zwischen Schrift- und Umgangssprache auf. Während die Umgangssprache heute durchgehend in Filmen verwendet wird, setzt man sie in der Romanliteratur nur in Dialogen ein; Erzähltexte werden weiterhin in Schriftsprache geschrieben.

Das **Malayalam** (34 Mio. Sprecher), im Staate Kerala gesprochen, ist eigentlich ein alter Dialekt des Tamil, der seit dem Ende des ersten nachchristlichen Jahrtausends eine eigenständige Entwicklung durchlaufen hat. Vom Tamil unterscheidet es sich außer durch grammatikalische Eigentümlichkeiten auch durch eine eigene Schrift und einen ungewöhnlich hohen Anteil an Lehnwörtern aus dem Sanskrit.

Anders als im Tamil setzt die literarische Überlieferung der in den nördlich angrenzenden Gebieten beheimateten großen Literatursprachen **Telugu** (72 Mio. Sprecher) und **Kannada** (36 Mio. Sprecher) erst im Mittelalter ein und zeigt von Anfang an einen starken Sanskrit- und Hindi-Einschlag. Auch in der Lautstruktur zeigen diese Sprachen einen mehr dem Norden angenäherten Charakter. Das Kannada hat die bedeutendere moderne Literatur, die auch internationale Anerkennung gefunden hat.

Dass die Dravidisch sprechende Bevölkerung des Südens Träger einer überlegenen urbanen Kultur war, zeigt sich allein an der großen Zahl von Lehnwörtern, die bereits das ältere Sanskrit von ihnen übernommen hat; erst in nachchristlicher Zeit unterlag der dravidische Süden einer verstärkten sprachlichen und kulturellen Be-

Schulbildung in Kerala

Kerala hat als einziger indischer Staat erreicht, was von der UNESCO „total literacy" genannt wird: eine **Alphabetisierungsrate** von über 85 %. Mittlerweile liegt sie bei **91 %,** weit über dem indischen Durchschnitt von 61 %. So ist auch die Zirkulation von Zeitungen in Kerala höher als im indischen Durchschnitt. Beim Blick auf Keralas Bildungsstand muss betont werden, dass erst eine hohe Alphabetisierungsrate von Frauen zu dem Ergebnis führen konnte. Die keralische Kultur stand nie im Widerspruch mit Frauenbildung. Kinderarbeit tritt in Kerala weniger häufig auf. Laut Statistik arbeiten in Gesamtindien 7,6 % der 5- bis 14-Jährigen, in Kerala jedoch nur 1,5 %.

Bereits im 16. bis 18. Jahrhundert breitete sich die Alphabetisierung bei höheren Kasten aus. Dann folgten **christliche Missionare,** vor allem protestantische, die moderne Schulen einrichteten. Sie arbeiteten vor allem mit unterdrückten Kasten und motivierten die Menschen zum Konvertieren. Neben christlicher Theologie wurden jedoch auch säkuläre Themen gelehrt.

Mitte des 19. Jahrhunderts gab es die ersten modernen **Regierungsschulen.** Das Netz traditioneller, auf Kasten basierender Schulen wie Madrasas und vedische Schulen ging im 18. und 19. Jahrhundert stark zurück. Bereits im Jahr 1817 wurde von der 15-jährigen Herrscherin von Travancore Massenalphabetisierung angestrebt – die Kosten sollte der Staat übernehmen. Bis zur tatsächlichen Massenalphabetisierung verging jedoch noch weit über ein Jahrhundert.

Eine große Rolle spielte die *Total Literacy Campaign* 1989–91. Hier wurde jeder Analphabet identifiziert und es wurden Gruppen gebildet, in denen Freiwillige lehrten – zu Themen wie Würde der Arbeit, Trinkwasser, Krankheitsvorsorge und Freiheitskampf.

Im Alter von etwa drei Jahren kommen die meisten keralischen Kinder in den Kindergarten, der nach europäischen Standards eher einer Vorschule entspricht. Die Eltern erwarten, dass dort Lesen, Schreiben und Rechnen gelehrt wird. Gemeinsames Spielen, Kreativität, die Förderung von Fähigkeiten und Talenten sind unbekannt, vielmehr stehen Disziplin, Gehorsam und Anpassung an vorgegebene Strukturen im Mittelpunkt. Die Einschulung erfolgt mit sechs Jahren. Wissensvermittlung besteht in Frontalunterricht und Auswendiglernen, wobei das Verstehen im Hintergrund bleibt. Es wird nicht gefördert, sich eigene Gedanken zu machen oder auch Gelerntes selbst zu formulieren.

Prügelstrafe ist die Regel an keralischen Schulen. Den Kindern bleibt wenig Freizeit und der Leistungsdruck, besonders vor den häufigen Prüfungen, ist enorm. Mit Abschluss der zehnten Klasse ist die Schule beendet. Am College kann dann in verschiedenen zweijährigen Fachkursen („10 + 2") weitergelernt und mit dem *Pre-degree* abgeschlossen werden. Danach besteht die Möglichkeit nach weiteren drei Jahren Fachstudium den Bachelor-Abschluss und nach wiederum zwei Jahren den Masters-Abschluss abzulegen.

einflussung aus dem Norden, in deren Folge die Schriftsprachen ihrerseits zahllose Lehnwörter aus dem Sanskrit aufgenommen haben.

Eine Zwischenstellung nimmt das **Tulu** (2,5 Mio. Sprecher) ein, das an der Westküste Indiens zwischen den Gebieten des Kannada und Malayalam gesprochen wird. Es besitzt keine eigene Literatur, dafür aber eine reiche mündliche Überlieferung und hat in jüngster Zeit die Anfänge zu einer selbständigen Schriftsprache erlebt.

Literaturtipps

Weitergehende praktische Hilfe leisten die Sprechführer **Hindi – Wort für Wort** und **Malayalam für Kerala – Wort für Wort** aus der Kauderwelsch-Reihe. Die handlichen Büchlein aus dem REISE KNOW-HOW Verlag bieten eine auf das Wesentliche reduzierte Grammatik und viele Beispielsätze für den Reisealltag. Ebenfalls nützlich ist der in der gleichen Reihe erschienene Band **Englisch für Indien.** Mit der Sprache der Bollywood-Filme macht der Titel **Hindi für Bollywoodfans** vertraut. Begleitende Audio-CDs – die **AusspracheTrainer** – sind zu fast allen Büchern der Reihe erhältlich. Nach und nach erscheinen sie auch auf CD-ROM als **Kauderwelsch digital.**

Schriftsysteme

Hindi, Marathi und Sanskrit (sowie Nepali) werden gleichermaßen im Devanagari-Alphabet geschrieben, alle anderen Sprachen benutzen ihr eigenes Schriftsystem. Einige Lokalsprachen benutzen je nach Gebiet gar mehrere Alphabete gleichzeitig. So wird z.B. das Konkani in Goa in lateinischem Alphabet geschrieben, in Maharashtra im Devanagari und in Karnataka im Kannada-Alphabet.

Englisch als Verkehrssprache

Die gerade im sprachlichen Bereich sehr auf ihre Unabhängigkeit bedachten Südinder und speziell die Menschen in Tamil Nadu weigern sich entschieden gegen die Einführung des von der Regierung in Delhi seit Jahrzehnten vorangetriebenen Versuches, **Hindi als Landessprache** durchzusetzen. Da jedoch auch sie darauf angewiesen sind, sich mit ihren Landsleuten im Norden unterhalten zu können, hat sich im Süden noch weit mehr als im Norden **Englisch als zweite Hauptsprache** neben der jeweiligen Regionalsprache durchgesetzt. Dies gilt insbesondere für Goa und Kerala, die seit Jahrhunderten rege Handelsbeziehungen mit dem Ausland pflegen und zudem über eines der höchsten Bildungsniveaus in ganz Indien verfügen.

Diese im Grunde paradoxe Situation, in der sich die Bürger über die Grenzen ihrer jeweiligen Unionsstaaten hinaus vornehmlich in der Sprache ihrer früheren Kolonialherren unterhalten, wird sich in Zukunft mit dem zunehmenden Bildungsniveau noch verstärken. Dies gilt umso mehr, als die Beherrschung der englischen Sprache im Kasten- und Klassenbewusstsein Indiens heute mehr denn je zu einem **Statussymbol** geworden ist, mit dem sich die Mittel- und Oberschicht gegenüber der ungebildeten Unterschicht abzuheben versucht. In vielen Familien der Oberschicht wachsen die Kinder bereits mit Englisch als erster Sprache auf. Dies ist ein weiteres Zeichen dafür, wie sehr sich diese die zukünftige Entwicklung entscheidend mitgestaltende Bevölkerungsgruppe von den traditionellen Wurzeln der indischen Gesellschaft entfremdet hat. Für Touristen hat die Entwicklung natürlich den ungemeinen Vorteil, dass man sich mit Englisch landesweit gut verständigen kann. Leider ist es in weniger gebildeten Kreisen, zu denen z.B. Taxi- und Rikshafahrer zählen, wenig verbreitet.

Religionen

Für kaum eine andere Region der Erde gilt der Grundsatz, dass die Religion den Schlüssel zum Verständnis des Landes bildet, mit der gleichen Ausschließlichkeit wie für Indien. Der Glaube durchdringt nach wie vor fast jeden Aspekt des indischen Lebens. Dies gilt insbesondere für die Hindus, die mehr als 80 % der gesamtindischen Bevölkerung stellen.

In Kerala ist der Anteil der drei großen Religionen ungefähr gleich verteilt: Hier leben etwa zu je einem Drittel **Hindus, Muslime und Christen.** Nur 0,8 % der Gesamtbevölkerung Indiens bekennen sich zum Buddhismus, obwohl Indien das Ursprungsland dieser Weltreligion ist. Mit 60.000 Anhängern die kleinste indische Religionsgemeinschaft sind die Parsen, die vorwiegend in Mumbai leben. Größere Gemeinden von Jains und Sikhs gibt es in Kerala nicht.

Krishna mit seiner Frau Radha

Hinduismus

Von den Reinigungsvorschriften über die Ernährungsweise, Heiratsgebote und Bestattungszeremonien bis hin zur Wiedergeburt im nächsten Leben – im wahrsten Sinne des Wortes von der Wiege bis zur Bahre wird das Leben jedes einzelnen Hindus von seiner Religion bestimmt. Bei der Suche nach den Wurzeln der indischen Gesellschaft straucheln die meisten westlichen Besucher recht bald im undurchsichtigen Dschungel des Hinduismus. Tatsächlich muss sich der Europäer angesichts eines Glaubens, der weder einen Stifter noch einen Propheten, weder eine Organisation noch einen Missionsanspruch, weder allgemeinverbindliche Dogmen noch eine heilige Schrift, dafür jedoch das Nebeneinander vieler verschiedener Lehrbücher und Hunderttausender Götter kennt, ziemlich verloren vorkommen.

Ein „ismus" im Sinne einer einheitlichen Lehre oder Ideologie ist der Hinduismus nicht. Vielmehr verbirgt sich hinter dem Begriff ein äußerst vielschichtiges und **komplexes Gedankengebäude** philosophischer, religiöser und sozialer Normen, welches sich im Laufe von Jahrtausenden durch die Entstehung und Verschmelzung unterschiedlicher Strömungen herausgebildet hat.

Allein das Wort Hinduismus ist bereits eine irreführende Bezeichnung. *Hindu* ist das persische Wort für die Menschen jenseits des Sindhu, dem Indus – also die Bezeichnung der muslimischen Eroberer für die Inder. Erst

727ra Foto: tb

viel später gingen die Inder dazu über, sich selbst als Hindus zu bezeichnen.

Arische und dravidische Ursprünge

Die Ursprünge dessen, was man heute Hinduismus nennt, gehen über drei Jahrtausende zurück, als die aus Zentralasien nach Indien eindringenden **Arier** die **dravidische Urbevölkerung** unterwarfen. Während die Arier militärisch eindeutig die Oberhand gewonnen hatten, wurde die indoarische Religion in den folgenden Jahrhunderten in hohem Maße von den Glaubensvorstellungen der besiegten Ureinwohner durchdrungen.

Besonders deutlich zeigt sich diese Synthese bei der Herausbildung des hinduistischen **Götterhimmels.** Standen zunächst die arischen Naturgottheiten wie etwa *Surya* (Sonne), *Candra* (Mond) und *Indra* (Gewitter) im Mittelpunkt der Verehrung, so wurden diese in der Folgezeit mit den bereits in der vorarischen Zeit in Indien verehrten Göttern vermischt. So ist etwa die mit dem Shivaismus in Verbindung stehende Lingam-Verehrung eine Weiterentwicklung des bereits im 3. Jahrtausend v. Chr. in Harappa nachgewiesenen Phalluskults.

Durch Rituale wie das Singen von Hymnen, Opferungen und die Abhaltung magischer Rituale versuchten die Menschen, ihre Götter für die Erfüllung ihrer Wünsche zu gewinnen. Die Hymnenliteratur ist in heiligen Schriften, den so genannten **Veden,** zusammengefasst. Nach diesen frühesten, im 2. Jahrtausend v. Chr. verfassten Schriften wurde diese erste Phase des Hinduismus, die etwa von 1500 bis 1000 v. Chr. reichte, als **Vedismus** bezeichnet.

Entstehung des Kastensystems

Auf den Vedismus folgte der **Brahmanismus** (ca. 1000–500 v. Chr.). Diese Phase ist gekennzeichnet durch die Ausbildung aller zentralen, im Kern bis heute gültigen Glaubensprinzipien des Hinduismus. Mit dem Aufkommen des allumfassenden Schöpfergottes *Brahma* verloren die alten Naturgottheiten mehr und mehr an Bedeutung. Gleichzeitig wuchs mit den immer komplizierter werdenden **Opferritualen,** die allmählich die zentrale Rolle in der Religionsausübung einnahmen, die Macht des Priesterstandes.

Die **Brahmanen** standen aufgrund ihres Wissensmonopols an der Spitze der hierarchisch geordneten Gesellschaft. Ihnen folgten die **Kshatriyas** (Krieger und Adel) und **Vaishyas** (Bauern, Viehzüchter, Händler), denen die unterworfenen nicht-arischen **Shudras** (Handwerker, Tagelöhner) untergeordnet waren. Aus diesen vier Gruppen entstand das heute noch immer gültige Kastensystem Indiens.

Herausbildung des Hinduismus

Doch je weniger die große Masse des Volkes Zugang zu den für sie kaum noch nachzuvollziehenden Opferritualen der elitären Priesterkaste fand, desto empfänglicher wurden die Menschen für andere Glaubensrichtungen. So ist es kein Zufall, dass gerade zu jener Zeit mit dem **Jainismus** und dem **Buddhismus** zwei neu entstandene Religionen großen Zulauf fanden, die vom Priestertum unabhängige Wege zur Erlösung aufzeigten. Unter der Patronage des großen Maurya-Königs *Ashoka* (274–232 v. Chr.) entwickelte sich der Buddhismus sogar zur führenden Religion des Landes. Wiederum als Reaktion hierauf erfolgte im Hinduismus eine Rückbesinnung auf die Ursprünge der Veden, die in der Verschmelzung mit den Erkenntnissen des Brahmanismus zur Herausbildung des bis heute praktizierten **Hinduismus** führte.

Grundprinzipien

Kerngedanke des Hinduismus und das Herzstück traditionellen indischen Lebens ist der Glaube an einen ewigen Schöpfergeist oder eine **Weltseele** *(brahman)*, aus der alles Leben und die gesamte Weltordnung hervorgeht. Den zweiten Grundpfeiler bildet die Vorstellung von der Reinkarnation, d.h. der **Wiedergeburt** der unsterblichen Seele in einem neuen Körper. Danach durchläuft jeder Mensch, oder richtiger jede Seele, unzählige Wiedergeburten, sodass der Tod nur eine Zwischenstation auf dem Weg zu einer neuen Existenz darstellt. Hieraus erklärt sich auch, warum für den Hindu der Tod ein weit weniger einschneidendes Erlebnis ist als für einen Menschen aus dem westlichen Kulturkreis, der von der Endlichkeit und Einzigartigkeit seiner Existenz überzeugt ist.

Ziel jedes Lebewesens oder jeder Einzelseele *(atman)* ist *moksha*, die **Erlösung aus dem Geburtenkreislauf** und die Vereinigung mit dem *brahman*. Den Weg zu diesem Ziel kann jeder Einzelne selbst bestimmen, indem er sich in jedem seiner Leben so weit wie möglich an die Regeln der göttlichen Ordnung *(dharma)* hält. Wer diesen Dharma-Gesetzen entsprechend lebt, rückt mit jeder Wiedergeburt auf einer höheren Stufe der Erlösung jeweils einen Schritt näher. Fällt die Gesamtbilanz am Lebensende jedoch negativ aus, so wird dies mit einer niederen Wiedergeburt im nächsten Leben bestraft.

Dieses **Karma** genannte Vergeltungsprinzip bildet auch die Erklärung für das Kastenwesen, das jedem Menschen entsprechend seinen Verdiensten bzw. Verfehlungen im vorigen Leben einen festen Platz in der sozialen Rangordnung zuweist. Jede der insgesamt über 3000 Kasten- und Unterkasten hat ihr eigenes *dharma*, dementsprechend sich das jeweilige Kastenmitglied zu verhalten hat.

Welche Pflichten im einzelnen zu erfüllen sind, beschreiben die **Dharma-Bücher,** unter denen das Gesetzbuch des Manu das bekannteste ist. Hindus sehen in diesem ab dem 2. vorchristlichen Jahrhundert entstandenen Werk eine Offenbarung des Schöpfergottes an den Urvater des Menschengeschlechts Manu. Bis ins kleinste Detail wird dort dharma-gerechtes Verhalten aufgelistet. Als Haupttugenden gelten die Heirat innerhalb der eigenen Kaste, die Ausübung eines nur für die eigene Kaste erlaubten Berufs und das Einnehmen der Mahlzeiten nur mit Mitgliedern der eigenen Kaste.

330.000 Möglichkeiten – die indische Götterwelt

Du sollst keine anderen Götter neben mir dulden - dieses für Juden, Christen und Muslime gleichermaßen gültige Gebot des Monotheismus steht im krassen Gegensatz zur hinduistischen Götterwelt. Nicht weniger als 330.000 Götter stehen den Hindus angeblich zur Auswahl! Tatsächlich symbolisiert der hinduistische Götterhimmel die einzigartige Vielschichtigkeit des Phänomens Indien auf geradezu klassische Weise.

Für Außenstehende ist es nur sehr schwer nachvollziehbar, dass die Götter im Hinduismus, ebenso wie die Menschen, zahlreiche Reinkarnationen durchlaufen, die dann wiederum als eigenständige Gottheiten verehrt werden. Hinzu kommt, dass viele von ihnen heiraten und Kinder bekommen, welche dann ebenfalls Aufnahme in den hinduistischen Pantheon finden.

Krishna mit Flöte

Ganesha mit seinem Reittier, der Ratte

Schließlich gibt es auch noch unzählige lokale Gottheiten. So gelingt es nicht einmal den Indern selbst, all ihre Götter zu identifizieren.

An der Spitze des Pantheons steht die als **Trimurti** bezeichnete Dreieinigkeit der Götter Brahma, Vishnu und Shiva. **Brahma** wird als Schöpfer der Welt und aller Wesen angesehen, bleibt jedoch im Schatten Vishnus und Shivas, denn anders als diese wurzelt er nicht im Volksglauben. Nur ganz wenige Tempel Indiens, wie etwa in Pushkar, sind ihm direkt geweiht, doch als einer unter vielen Göttern ist er in fast jedem Heiligtum anzutreffen. Dabei wird er meist mit vier in die verschiedenen Himmelsrichtungen blickenden Köpfen und seinem Tragtier, dem Schwan, dargestellt. Brahmas Gattin **Sarasvati** gilt als die Göttin der Künste; ihr werden die Erfindung des Sanskrit und des indischen Alphabets zugeschrieben. Zwei immer wiederkehrende Attribute Sarasvatis sind ein Buch und eine Gebetskette.

Vishnu, der neben Shiva bedeutendste Gott im Hinduismus, gilt als der Erhalter der

Welt, der in seinen bisher insgesamt neun Inkarnationen *(avataras)* immer dann auftritt, wenn es gilt, die Erde vor dämonischen Gewalten zu schützen. Seine bekanntesten Inkarnationen sind die als Rama, Krishna und Buddha. Vishnus Tragtiere sind entweder eine Schlange oder ein Garuda. Seine Gattin **Lakshmi** verkörpert Schönheit und Reichtum und ist oft Mittelpunkt der vielen indischen Tempel, die von der Industriellenfamilie *Birla* gestiftet wurden.

Shiva wird oftmals als das Gegenstück Vishnus bezeichnet, was jedoch nur zum Teil stimmt, da sich in ihm verschiedene, äußerst widersprüchliche Wesenselemente vereinen. Laut der indischen Mythologie soll er unter nicht weniger als 1.008 verschiedenen Erscheinungsformen und Namen die Erde betreten haben. Einerseits verkörpert er die Kräfte der Zerstörung, andererseits gilt er auch als Erneuerer aller Dinge. Besonders augenfällig zeigt sich diese Vereinigung von Gegensätzen in seiner Manifestation als kosmischer Tänzer Nataraja, der in einem ekstatischen Tanz inmitten des Feuerkranzes einer untergehenden Welt zu sehen ist, womit er jedoch bereits die Energien für ein neu zu errichtendes Universum schafft.

Ebenso widersprüchlich (zumindest nach westlichen Vorstellungen) wie er selbst ist die ihm zur Seite gestellte Göttin **Parvati,** die auch in ihren Inkarnationen als Annapurna, Sati, Durga und Kali bekannt ist und unter diesen Namen ganz verschiedene Wesenszüge aufweist. Ihre zerstörerische Seele spiegelt sich am offenkundigsten in der blutrünstigen, vor allem in Bengalen verehrten Kali, während sie als Sati die ihrem Mann bis in den Tod ergebene Gattin verkörpert, die sich nach dem Tod Shivas auf dem Scheiterhaufen verbrennen lässt. In Shiva-Tempeln steht das *lingam* (Phallus), das Shiva als kraftvollen Schöpfer symbolisiert, aufrecht auf der *yoni* (Vulva), dem Symbol der Gattin. Wie auch bei den anderen Göttern gibt es eine ganze Reihe von Emblemen, an denen man Shiva und Parvati erkennen kann. Bei Shiva sind dies

Die blutrünstige Göttin Kali

Shiva – zugleich Gott der Zerstörung und Heilbringer

Land und Leute

der Dreizack, ein Schädel oder die ascheverschmierte, grau-blaue Haut, bei Parvati in ihrer Form als Kali die um ihren Hals hängende Totenkopfkette. Wichtigstes Erkennungsmerkmal sind jedoch auch hier die Tragtiere, bei Shiva der Nandi-Bulle und bei Parvati ein Löwe.

Einer der populärsten Götter im Hinduismus ist der dickbäuchige, elefantenköpfige **Ganesha,** Sohn von Shiva und Parvati. Eine von vielen Legenden besagt, dass Shiva – nach langer Abwesenheit zurückgekehrt – seinem Sohn im Zorn den Kopf abgeschlagen haben soll, nachdem er diesen fälschlicherweise für einen Liebhaber Parvatis hielt. Voller Trauer ob seines Missgeschicks und im Bemühen, dieses so schnell als möglich zu beheben, beschloss er, seinem Sohn den Kopf jenes Lebewesens aufzusetzen, das ihm als erstes begegnen würde. Da dies ein Elefant war, ziert Ganesha seither jener charakteristische Elefantenkopf. Sein rundlicher Bauch lässt darauf schließen, dass er schon in vorarischer Zeit ein Fruchtbarkeitsidol verkörperte. Dass nun ausgerechnet eine Ratte für das Schwergewicht als Tragtier herhalten muss, passt zu dieser drolligen und liebenswerten Götterfigur. Als Glücksbringer und Beseitiger von Hindernissen jeglicher Art ziert er praktischerweise das Armaturenbrett vieler Busse und LKW.

Neben Ganesha ist **Krishna,** die achte Inkarnation Vishnus, die beliebteste Gottheit des Hinduismus und zudem auf Bildern und Zeichnungen die am meisten dargestellte. Die schelmischen und erotischen Abenteuer des jugendlichen Hirtengottes boten den Miniaturmalern reichlich Stoff, um ihren Fantasien freien Lauf zu lassen. Die wohl am häufigsten aufgegriffene Szene zeigt Krishna, wie er den im Yamuna-Fluss bei Vrindaban badenden Hirtenmädchen *(gopis)* die Kleider stiehlt. Mit seiner Hirtenflöte und der charakteristischen blauen Hautfarbe ist er einer der am einfachsten zu identifizierenden Götter.

Wie keine andere Heiligenfigur symbolisiert **Rama,** die siebte Inkarnation Vishnus, die ungebrochene Verehrung, welche die jahrtausendealten hinduistischen Götter im heutigen Indien immer noch genießen. Der meist dunkelhäutig und mit Pfeil und Bogen dargestellte Rama ist die Hauptfigur des großen hinduistischen Heldenepos Ramayana, das aus 24.000 Doppelversen besteht.

In ganz Südindien und hier speziell in Tamil Nadu finden sich auf freien Feldern Gruppen von Pferdeskulpturen. Sie gehören zum Kult des **Aiyanar,** des Schutzgottes der Tamilen, der nachts mit seinen Pferden über die Felder reitet und die bösen Geister verscheucht. Die Pferdefiguren können bis zu zwei Meter hoch sein, meist sind sie aus Ton geformt und in einem Stück gebrannt. Während ihr Körper weiß gehalten ist, werden Sattelzeug, Mähne, Geschirr und Zaumzeug oft farbig hervorgehoben. In Kerala ist der Sohn Shivas und Mohinis (der weiblichen Form Vishnus) auch unter dem Namen Ayappa bekannt.

Entsprechend der Vergeltungskausalität des Karma, nach der jeder durch seine Taten im vorherigen Leben für sein jetziges Schicksal selbst verantwortlich ist, gehört die klaglose Akzeptanz dieser Vorschriften zu einem der Grundmerkmale hinduistischen Glaubensverständnisses. So heißt es im **Mahabharata,** einem aus 18 Büchern mit insgesamt 100.000 Doppelversen bestehenden Hindu-Epos aus dem 2. Jh. v. Chr.: „Tu deshalb ohne Hinneigung immer das, was deine Pflicht dir vorschreibt, denn indem der Mensch so handelt, erreicht er das Höchste". Das sich klaglose Fügen in sein Schicksal schließt individuelle Selbstentfaltung außerhalb der eng begrenzten

Schranken des Kastensystems aus, würde diese doch das oberste Gebot, die Aufrechterhaltung der göttlichen Ordnung, bedrohen.

„Fatalistische" Grundstimmung

Diese Sicht der Welt schlägt sich in einer allgemeinen Grundstimmung nieder, die oftmals allzu undifferenziert als **fatalistisch** bezeichnet wird. Nach hinduistischer Philosophie ist die Welt wie ein riesiger Strom, der seit alters träge dahinfließt. Jeder Mensch hat seinen Platz in diesem Strom, in dem die scharfen Konturen der Vergangenheit, der Gegenwart und der Zukunft verschwimmen, da das Leben des einzelnen nicht durch Geburt und Tod fest umgrenzt ist. Die Welt ist, wie sie ist, ihre Gesetze sind vom Menschen nicht zu beeinflussen. Der auf die Zukunft gerichtete Wille zur Veränderung und zur Mehrung irdischer Güter konnte sich in dieser gesellschaftlichen Atmosphäre nicht so durchsetzen wie im neuzeitlichen Europa. Hieraus erklärt sich auch der auffällige wirtschaftliche Erfolg kleiner Religionsgemeinschaften wie der **Jains,** der **Sikhs** und der **Parsen,** die mit ihren mehr diesseits orientierten Glaubensvorstellungen einen **ökonomischen Wertevorsprung** gegenüber den Hindus besitzen.

Ganzheitliche Weltsicht

Die Wiedergeburt in eine der vielen Tausend Kasten stellt jedoch nur eine Möglichkeit der Reinkarnation dar. Da für die Hindus alles Leben auf Erden Ausdruck der göttlichen Ordnung ist, kann der Mensch durch Fehlverhalten auch als Tier oder Pflanze wiedergeboren werden, wie es das Gesetzbuch des Manu höchst drastisch veranschaulicht: „Wenn man Korn stiehlt, wird man eine Ratte, Wasser ein Wassertier, Honig eine Mücke, Milch eine Krähe und Süßigkeiten ein Hund".

Mag dies zunächst auch eher belustigen, so verbirgt sich dahinter mit der Vorstellung, dass letztlich alle Lebewesen gleichwertig sind, eine ganzheitliche Weltsicht, welche kaum unterschiedlicher zum christlichen Glauben sein könnte, in dem der Mensch als Krönung der Schöpfung gilt. Die universelle Auffassung von der **Einheit allen Lebens,** in der der Mensch nur ein Teil des Ganzen ist, hat in Indien zu einem grundsätzlich **behutsameren Umgang mit der Natur** geführt, die nicht als Um-, sondern als Mitwelt verstanden und erfahren wird. In solch einer ganzheitlichen Weltsicht stehen Mikro- und Makrokosmos, Himmel und Erde, Gott und Mensch in unmittelbarem Bezug zueinander.

Religiöses Alltagsleben

Dementsprechend gehört es für jeden Hindu zu den Selbstverständlichkeiten des Lebens, dass er durch tägliche **Kult- und Opferhandlungen** *(puja)* die Götter gnädig zu stimmen versucht. So befindet sich in jedem Hindu-Haus ein kleiner Altar mit dem Bild der verehrten Gottheit. Mindestens einmal täglich wird ihm mit dem Umhängen von Blumengirlanden, dem Entzünden von Räucherstäbchen und

032is Foto: tb

einer kleinen Andacht gehuldigt. Das gleiche Ritual vollzieht sich in größerem Rahmen in den Dorftempeln, in denen an speziellen Feiertagen aufwendige *pujas* abgehalten werden. Zu diesen Anlässen werden den Götterbildern liebevoll zubereitete Opfergaben wie Kokosnüsse, Süßigkeiten und Blumen dargeboten. Dadurch, dass die Gottheit die Essensgaben symbolisch isst, werden sie zu *prasad,* d.h. heiligen Speisen, die danach wieder an die Pilger verteilt werden.

Die Offenheit der hinduistischen Religion bringt es mit sich, dass dem Gläubigen viele weitere Möglichkeiten offenstehen, um sich dem Göttlichen zu nähern. Dazu gehören u.a. verschiedene Arten der **Meditation,** das Leben als wandernder Asket oder Einsiedler *(sadhu)* oder die Teilnahme an oftmals langwierigen und kräftezehrenden **Pilgerreisen** zu bedeutenden Plätzen der indischen Mythologie.

Die Andacht vor dem Tempel – für die allermeisten Inder ein tägliches Ritual

Hinduistische Toleranz in Gefahr

Die Annahme der Einheit aller Lebewesen gilt für die Hindus auch gegenüber Mitgliedern anderer Religionsgemeinschaften wie Buddhisten, Christen, Sikhs, Parsen oder Muslime. Alle Religionen werden als legitime Wege zum ewigen Schöpfergott angesehen. Für Hindus gibt es dementsprechend so viele Wege zu Gott, wie es Gläubige gibt. Inquisitionen oder Kreuzzüge im Namen des Hinduismus hat es nie gegeben.

Diese Toleranz ist allerdings in letzter Zeit vor allem gegenüber den **Muslimen** durch die Wunden jahrhundertealter Fremdherrschaft und die Zunahme **sozialer Spannungen,** die zudem von skrupellosen Politikern noch geschürt werden, stark gefährdet. Hier bleibt nur zu hoffen, dass sich die Hindus zurückbesinnen auf jene vier Haupttugenden, die in den hinduistischen Lehrbüchern zur Erlangung der *moksha* gefordert werden: **Wohlwollen, Mitleid, Mitfreude und Gleichmut.**

• **Buchtipp:** *Rainer Krack,* „Praxis: Hinduismus erleben", Reise Know-How Verlag, Bielefeld.

Islam

Mahmud-e-Ghazni, ein Heerführer aus dem heutigen Afghanistan, der im Jahre 1001 den ersten seiner insgesamt 17 Raubzüge durch Nordindien durchführte, wurde für die Hindus zum Prototyp des **islamischen Eroberers,** der mordend und brandschatzend durchs Land zieht und im Namen der Religion die heiligen Stätten zerstört. Seither ist die indische Geschichte von blutigen **Glaubenskriegen zwischen Hindus und Muslimen** geprägt, wobei die Teilung des Subkontinents 1947 in das islamische Pakistan und das hinduistische Indien nur den vorläufigen traurigen Höhepunkt darstellt.

Auch zu Beginn des 3. Jahrtausends stehen sich die Anhänger der beiden Religionen unversöhnlicher denn je gegenüber. Die 110 Mio. in Indien lebenden Muslime stehen gerade im Zeichen eines immer radikaler und intoleranter werdenden Hindu-Fundamentalismus vor einer mehr als unsicheren Zukunft. Tatsächlich lässt sich ein größerer Gegensatz als zwischen dem strikt monotheistischen und bilderfeindlichen Islam und den Millionen von Göttern, die die hinduistischen Tempel voll üppiger Erzähl- und Darstellungsfreude zieren, kaum denken.

Mohammed und die Niederschrift des Koran

Abdil Kasim Ibn Abt Allah – der erst später den Beinamen *Mohammed* (arabisch: der Gepriesene) erhielt – wurde im Jahre 570 als Sohn eines Kaufmanns in Mekka, einer bedeutenden Karawanenstadt auf der Handelsroute zwischen Indien und Ägypten, geboren. Im Alter von 40 Jahren wurde ihm in einer Höhle unterhalb des Berges Hira durch den Erzengel Gabriel die Offenbarung zuteil, Prophet Gottes (Allah) zu sein.

Die ihm über einen Zeitraum von mehr als 20 Jahren vom Erzengel übermittelten Worte Allahs schrieb Mohammed in ein Buch nieder, welches als Koran („das zu Zitierende") zur heiligen Schrift der Muslime wurde.

Allah als einziger Gott

Fünf Glaubensgrundsätze, an die sich jeder Muslim zu halten hat, bilden die Grundlage der insgesamt 114 Kapitel (Suren) des Koran. Wichtigstes Prinzip ist dabei der strikte Monotheismus des Islam (Unterwerfung, Hingabe an Allah, den einzigen Gott), der mit den Worten, „Es gibt keinen Gott außer mir, so dienet mir", im Koran zum Ausdruck kommt. Die den gesamten Koran durchziehende Mahnung „Fürchtet Allah!" unterstreicht die tiefe Bedeutung der **Gottesfurcht** als Grundelement des Islam. Nach diesem wichtigsten aller Gebote folgen die Pflicht zum Gebet (fünfmal täglich gen Mekka gerichtet), Fasten im Monat Ramadan, Almosen geben und die Pilgerfahrt nach Mekka.

Mekka und Medina

Mohammed sammelte zwar mit seiner Lehre eine immer größere Glaubensgemeinschaft um sich, doch die in Mekka herrschenden Kurashiten fühlten sich in ihrem bisherigen Glauben und damit in ihrer Machtposition bedroht. Sie belegten ihn zunächst mit einem Bann und drohten schließlich sogar mit seiner Ermordung. So sah sich Mohammed gezwungen, in die Wüstenstadt Jashib umzusiedeln, die später in Medina-an-Nabbi (Stadt der Propheten), kurz Medina, umbenannt wurde. Das Datum seiner Ankunft in Medina (622) gilt seither als Beginn der islamischen Zeitrechnung.

Einheit von geistlicher und weltlicher Macht

Innerhalb nur weniger Jahre wurde Mohammed mit seinen Predigten nicht nur zum meistverehrten Heiligen der Region, sondern avancierte auch als weltlicher Herrscher Medinas zum mächtigen Staatsmann und Feldherrn, der mit seinen Truppen den Ungläubigen von Mekka empfindliche Niederlagen beibrachte. Die heute für den Islam so charakteristische Einheit von geistlicher und weltlicher Macht sowie die **Idee vom Heiligen Krieg** als legitimem Mittel zur Verbreitung des islamischen Glaubens haben hier ihren eigentlichen Ursprung. 630 konnte Mohammed im Triumphzug in seine Vaterstadt zurückkehren und erklärte Mekka zur heiligen Stadt des Islam.

Die Einheit von geistlicher und weltlicher Macht führte nach dem Tod Mohammeds am 8. Juni 632 fast zwangsläufig zu erbitterten Nachfolgekämpfen, die schließlich die **Spaltung des Islam** in die drei großen Glaubensgemeinschaften der Sunniten, Schiiten und Charidschiten zur Folge hatten. Vor allen Dingen die erbitterte Feindschaft der ersten beiden ist noch heute Ursache für viele kriegerische Konflikte im Nahen Osten.

Indische Ausprägung: Sufismus

Keine Abspaltung vom eigentlichen Glauben, sondern eine Antwort auf die zunehmende Ritualisierung der religiösen Zeremonien war der so genannte Sufismus, der gerade unter den indischen Muslimen viele Anhänger fand. Durch eine strenge **Askese,** tiefe **Meditation** und Rückzug aus der Welt wollte man die im orthodoxen Glauben verloren gegangene Einheit mit Gott wiederherstellen. Ähnlich wie den Gurus im Hinduismus wurden auch hier spirituellen Lehrmeistern magische Kräfte zugesprochen. Die Grabstätten dieser Sufis genannten Heiligen wurden später zu **Pilgerorten.**

- **Buchtipp:** „Praxis: Islam erleben", Reise Know-How Verlag, Bielefeld.

Christentum

Missionierung durch die Kolonialherren

Die Ursprünge der Christianisierung in Indien gehen zurück auf das Wirken des **Apostels Thomas,** dessen Martyriumsstätte in der Hafenstadt Chennai (Madras) noch heute verehrt wird. Den größten Einfluss hatten jedoch die westlichen Missionare, die mit den **portugiesischen** und später **britischen** Kolonialherren nach Indien gelangten. Hierin liegt auch der Grund, warum selbst heute noch mehr als die Hälfte der insgesamt 20 Mio. Christen (2,2 % der Bevölkerung) im Süden leben, also dort, wo die „weißen Männer" zuerst anlandeten. So bekennen sich in **Kerala** gut 20 % und im Tropenparadies **Goa** ca. 35 % zum christlichen Glauben, während es in klassischen Hindu-Gebieten wie Uttar Pradesh oder Rajasthan nicht einmal jeder Tausendste ist.

Besonders auffällig ist der Zusammenhang von Christentum und **Bildungsniveau.** So liegen z.B. Goa und Kerala mit 77 % bzw. 91 % Alphabetisierungsrate deutlich an der Spitze aller indischen Bundesstaaten, was auch statistisch die herausragende Bildungstätigkeit der christlichen Mission belegt.

Integration

Mit dem Ende der britischen Herrschaft verlor das Christentum in Indien sowohl den Vorzug als auch das Stigma der Verbundenheit mit den fremden Machthabern. Eine bemerkenswerte Wandlung im Selbstverständnis vieler Christen war die Folge. Der Wunsch, die Folgen der Kolonialgeschichte zu überwinden und nicht länger als Ausländer im eigenen Land zu gelten, führte dazu, dass sich die christlichen Gemeinden **wie Kastengruppen** in die vielfältig gegliederte indische Gesellschaft einfügten.

Soziale Spannungen

Gleichzeitig blieb bei vielen Hindus angesichts der gerade bei Mitgliedern der Unterschichten und Kastenlosen nicht unerheblichen Missionierungserfolge der Christen ein latentes Misstrauen bestehen. Besonders die in den letzten Jahren verstärkt an Einfluss gewinnenden **Hindu-Fundamentalisten** werfen den Christen vor, durch ihre Aufklärungskampagnen das von ihnen als heilig angesehene Kastensystem zu unterminieren. In letzter Zeit entluden sich diese Spannungen auf erschreckende Weise in zahlreichen **Attentaten.** Die alarmierenden Vorfälle zeigen auf fatale Weise, wie die den Hindus eigene Toleranz angesichts der zunehmenden sozialen Spannungen immer mehr abnimmt.

Buddhismus

Bei der Frage nach dem Ursprungsland des Buddhismus würde wohl kaum jemand auf das klassische Land des Hinduismus - Indien - tippen. Tatsächlich jedoch verbrachte **Buddha,** der vor über zweieinhalb Jahrtausenden auf dem Indischen Subkontinent geboren wurde, den größten Teil seines Lebens in der nordindischen Tiefebene. Zudem war die nach ihm benannte Lehre für fast ein Jahrtausend die Staatsreligion des Landes. Das sieht heute ganz anders aus, bekennen sich doch nur gerade mal 0,7 % der Gesamtbevölkerung zum buddhistischen Glauben.

Siddharta Gautama

Zu den Heiligtümern des Buddhismus zählt das im heutigen Südnepal gelegene Lumbini, jener Ort, wo Buddha als Prinzensohn *Siddharta Gautama* wahrscheinlich 560 v. Chr. geboren wurde. Entsprechend seiner adeligen Herkunft führte der spätere Religionsstifter in seinen jungen Jahren ein sorgenfreies, ja luxuriöses Leben und wurde im Alter von 16 Jahren standesgemäß mit seiner Kusine *Jashudara* verheiratet.

Zunehmend stellte sich der tiefsinnige Prinz jedoch die Frage nach der wahren Bedeutung des Lebens, wobei ihm die Sinnlosigkeit eines an materiellen Werten orientierten Lebens immer bewusster wurde. Diese Überlegungen verstärkten sich, als er bei drei heimlichen Ausflügen aus dem väterlichen Schloss seine realitätsferne Welt verließ und menschlichem Leid in Gestalt eines Greises, eines Kranken und eines Verstorbenen begegnete. Den letzten Anstoß, sein bisheriges Leben im Überfluss aufzugeben, gab ihm die Begegnung mit einem wandernden Asketen.

So verließ er im Alter von 29 Jahren in der Nacht der großen Entsagung heimlich Eltern, Frau und Kind und vertauschte das luxuriöse Bett in seinem Palast mit einer Lagerstätte unter freiem Himmel. Als er nach insgesamt sieben Jahren unter strengster Askese, die ihn an den Rand des physischen Zusammenbruchs führte, seinem Ziel der Erkenntnis nicht näher gekommen war, wählte er als dritte Möglichkeit zwischen extremem Überfluss und Askese den mittleren Weg: **meditative Versenkung** als Loslösung von den Begierden der materiellen Welt.

Grundprinzipien

Schließlich gelangte Siddharta Gautama nach sieben Tagen ununterbrochener Meditationssitzung unter einem Feigenbaum im kleinen Ort Gaya, im heutigen Bihar, zur Erleuchtung, indem er die **vier edlen Wahrheiten,** die zum Nirvana führen, erkannte:

- Alles Leben ist Leiden.
- Alles Leiden wird durch Begierden hervorgerufen.
- Alles Leiden kann durch die Auslöschung der Begierden vernichtet werden.
- Leid und Begierden können durch die Praktizierung des achtfachen Pfades überwunden werden.

Wer hiernach sein Leben an den **Prinzipien des achtfachen Pfades,** also der rechten Anschauung, der rechten Gesinnung, des rechten Redens, des rechten Tuns, der rechten Lebensführung, des rechten Strebens, des rechten Überdenkens und der rechten Versenkung ausrichtet, wird im nächsten Leben auf einer höheren Daseinsstufe wiedergeboren. Geht man diesen Pfad konsequent, d.h. unter strenger Selbstdisziplin, zu Ende, durchbricht man schließlich den Kreislauf der Wiedergeburten und tritt in einen **Zustand ewiger Seligkeit** ein und wird somit zum Buddha. So übernimmt auch der Buddhismus die Vorstellung von **Karma und Wiedergeburt,** lehnt jedoch das Kastenwesen entschieden ab, da er die individuelle Selbsterlösung zum obersten Prinzip erklärt.

Buddhismus wird indische Staatsreligion

Gaya, der Ort, an dem aus dem Prinzensohn Siddharta Gautama der Buddha, d.h. der Erleuchtete, wurde, heißt seitdem **Bodhgaya** und zählt zu den vier heiligsten Orten des Buddhismus, welcher inzwischen zur viertgrößten Religionsgemeinschaft der Welt aufgestiegen ist. Die folgenden 45 Jahre seines Lebens zog Buddha als Wanderprediger durchs Land, wobei seine Anhängerschaft stetig zunahm. Als er schließlich im Alter von 80 Jahren bei Kushinagar in Uttar Pradesh mit den Worten „Wohlan ihr Mönche, ich sage euch, alles geht dahin und stirbt, aber die Wahrheit bleibt, strebt nach eurem Heil" verstarb, hatte er die Grundlagen für eine

728ra Foto: tb

landesweite Ausdehnung seiner Lehre gelegt.

Entscheidender weltlicher Wegbereiter nach seinem Tode wurde **Kaiser Ashoka** (272–232 v. Chr.), der einzige Herrscher bis zum Aufkommen der Moguln, der einen Großteil des Indischen Subkontinents unter einer zentralen Herrschaft vereinigen konnte. Nachdem er selbst zum Buddhismus konvertiert war, erklärte er die Lehre zur Staatsreligion und förderte ihre Verbreitung durch großzügige Spen-

Buddha wurde als Siddharta Gautama auf dem Indischen Subkontinent geboren

den für Klöster und heilige Stätten. Zudem entsandte er Mitglieder des Königshauses in benachbarte asiatische Länder, die dort die buddhistische Lehre verbreiteten. So war es sein Sohn *Mahinda,* der als Begründer des Buddhismus auf Ceylon (Sri Lanka) gilt. Zur schnellen Verbreitung des Buddhismus trug sicherlich bei, dass der Hinduismus gerade zu jener Zeit durch die alles beherrschende Rolle der Brahmanenkaste in einem Ritualismus erstarrt war, der vom einfachen Volk kaum nachzuvollziehen war.

Hinayana-Buddhismus

Ähnlich wie der Islam oder Jainismus spaltete sich auch der Buddhismus nach dem Tode seines Stifters in verschiedene Glaubensrichtungen. Der Hinayana-Buddhismus („Kleines Fahrzeug") gilt als die ursprüngliche Form, weil sie den von Buddha gewiesenen Weg jedes Einzelnen unter strenger Beachtung der vorgegebenen Prinzipien betonte. Diese ältere Form des Buddhismus betont die mönchische Lebensordnung und wird auch **Theravada** genannt, was soviel wie „Weg der Älteren" bedeutet. Die konservative Richtung wird heute vor allem in Myanmar, Sri Lanka, Thailand und Kambodscha gelehrt.

Mahayana-Buddhismus

Der Mahayana-Buddhismus („Großes Fahrzeug") schließt, wie es der Name schon andeutet, alle Gläubigen ein, weil hier Mönche und Laien das Nirvana erlangen können. Die im 5. Jh. gegründete und 1197 n. Chr. durch die Muslime zerstörte Universität Nalanda im heutigen Bundesstaat Bihar war einst die Hauptlehrstätte dieser Glaubensinterpretation. Eine zentrale Rolle im Mahayana-Buddhismus spielen die so genannten **Bodhisattvas,** erleuchtete Wesen, welche selbstlos auf den Eingang ins Nirvana verzichten, um anderen auf deren Weg dorthin zu helfen. Die Lehre vom Großen Fahrzeug hat heute Vorrang in China, Japan, Korea und Vietnam.

Vitchuayana-Buddhismus

Die dritte große Schulrichtung des Buddhismus bildet der Vitchuayana-Buddhismus („Diamantenes Fahrzeug"), welcher im 7. Jh. entstand. Bekannter ist sie im Westen unter dem Namen **Tantrismus.** Nach dieser esoterischen Auslegung kann man mit Hilfe von Riten *(tantras),* dem wiederholten Rezitieren heiliger Sprüche und Formeln *(mantras)* und der Ausführung ritueller Gebete zur Erlösung gelangen. Diese Form des Buddhismus hat heute in China, Japan und vor allem in Tibet eine große Anhängerschaft.

Hinduismus gewinnt die Oberhand

Zwar überdauerte der Buddhismus auch den Tod seines unermüdlichen Protegés König Ashoka, doch schließlich erstarkte der Hinduismus, zumal er von den nachfolgenden Herrschern unterstützt wurde. Hier rächte sich jetzt auch eine Entwicklung, die einst dem Hinduismus zum Nachteil geriet. Während zu Beginn die Botschaft der buddhistischen Göttermönche über den Pomp der großen brahmanischen

Opferrituale gesiegt hatte, war die Zahl der buddhistischen Klöster im Laufe der Zeit mächtig angewachsen und den Gläubigen zu einer Last geworden, während der Unterhalt der Brahmanenfamilien weit weniger Aufwand erforderte. Spätestens im 9. Jh. hatte der Hinduismus die Oberhand gewonnen, während die Lehre des Mittleren Weges nur noch in ihrem Heimatgebiet, in Bihar und Bengalen, von der Mehrheit der Gläubigen befolgt wurde. Letztlich waren es jedoch nicht die Hindus, sondern die Muslime, die im 12. Jh. mit der **Zerstörung buddhistischer Klöster und Heiligtümer** die Religionsphilosophie des ehemaligen Prinzensohns Gautama Siddharta in Indien fast gänzlich zur Bedeutungslosigkeit degradierten.

Parsismus

Die Lehre Zarathustras

Die Ursprünge der zahlenmäßig sehr kleinen Glaubensgemeinde der Parsen gehen auf den altiranischen Propheten **Zoroaster** (lat.: *Zarathustra*) zurück, der mit seinen Lehren Mitte des 7. Jh. v. Chr. eine der ältesten Religionen der Erde begründete. Mit Parsismus im engeren Sinne bezeichnet man die zweite Entwicklungsphase des Zoroastrismus, als die Anhänger auf der Flucht vor den Persien erobernden Muslimen im 7. Jh. n. Chr. nach Nordwestindien auswanderten, wo sie sich nach ihrem Ursprungsland Parsen nannten.

Im Mittelpunkt der Lehre steht dabei eine streng dualistische Weltsicht, wonach die Geschichte ein ständiger Kampf zwischen dem **Reich des Guten** und dem **Reich des Bösen** ist. Während *Ahura Mazda* (auch *Ormazd* genannt) als der allwissende höchste Gott, umgeben von seinen sechs Erzengeln *(A mesha Spentas),* unermüdlich für den Erhalt und die Förderung des Lebens streitet, steht ihm in *Angra Mainyu* (auch *Ahriman* genannt) der Anführer des Reichs der Finsternis gegenüber. Die prinzipielle Entscheidung jedes einzelnen Gläubigen für das Gute und die Forderung, all sein Handeln an lebensfördernden sittlichen Werten wie Friedfertigkeit, Gewaltfreiheit, Wahrhaftigkeit und Fleiß zu orientieren, bildet die Voraussetzung für den Eingang ins Paradies.

Bestattungstürme und Feuertempel

Alle Elemente wie Luft, Wasser, Erde und Feuer gelten den Parsen als heilig und eine Verunreinigung auch nur eines dieser Elemente wird automatisch mit der Hölle bestraft. Hieraus leitet sich auch die eigentümliche **Bestattungszeremonie** der Parsen ab. Da eine Feuer- bzw. eine Erdbestattung diese heiligen Elemente verunreinigen würde, legen sie ihre Verstorbenen auf den so genannten **Türmen des Schweigens** *(dakhma)* den Geiern zum Fraß vor.

Ein weiteres charakteristisches Bauwerk der Parsen sind die **Feuertempel,** niedrige, fensterlose Gebäude, in deren Innern auf einem Stein in einem metallenen Gefäß das heilige Feuer brennt, welches sie als göttliches Symbol verehren.

Wirtschaftlicher Erfolg und Sozialleistungen

Obwohl sie mit nur noch knapp 60.000 Anhängern nicht einmal 0,01 % der Gesamtbevölkerung Indiens ausmachen, gehören die Parsen in **Mumbai,** wo fast alle von ihnen beheimatet sind, zu den wirtschaftlich erfolgreichsten Gruppen. Bestes Beispiel hierfür ist die Familie *Tata,* die mit ihrem weit verzweigten Industrieimperium mit Hunderttausenden von Beschäftigten das größte Familienunternehmen des Landes besitzt. Der Grund für den ökonomischen Erfolg der Parsen ist ihre wirtschaftsfreundliche Religionsphilosophie, wonach zum Gedeihen des Reichs des Guten auch eine florierende Wirtschaft gehört und somit der **persönliche Wohlstand** als Beweis der Gottgefälligkeit angesehen wird.

Außerdem hatten sich die Parsen den Grundstein zum Erfolg schon zu britischen Zeiten gelegt. Da die Hindus mit den Briten aufgrund deren Vorliebe für Rindfleisch keinen Handel treiben wollten und die Muslime den Kolonialisten wegen deren Schweinefleisch- und Alkoholkonsum fernblieben, traten die Parsen auf den Plan. Sie trieben fleißig Handel mit den Briten und wurden reich.

Doch die Parsen scheffeln nicht nur, sie geben auch. „Ahura gibt demjenigen das Reich, der die Armen unterstützt", besagt eine Passage in einer heiligen Parsen-Schrift und folglich tun die Parsen sich als generöse Philanthropen hervor. Sie unterhalten das mit Abstand **beste Kranken- und Sozialwesen** aller Glaubensgemeinschaften; Arme und Gebrechliche werden unterstützt, heiratswillige Paare erhalten Wohnungszuschüsse.

Insgesamt zeigen sich in ihrer Wirtschafts- und Sozialphilosophie zahlreiche Parallelen zum europäischen Calvinismus, der den Grundstein für den modernen Kapitalismus setzte. In Kleidung und Lebensstil sehr **westlich orientiert,** finden sich unter den Parsen viele konfessionsübergreifende Ehen, wodurch die kleine Gemeinde vom Aussterben bedroht ist. Der Parsenklerus erkennt nur solche Kinder als Parsen an, bei denen zumindest der Vater Parse ist – eine in der Glaubensgemeinschaft nicht unumstrittene Auslegung der Schriften. Gemäß dieser Regel hätte auch *Rajiv Gandhi* Parse werden können: Seine Mutter *Indira Gandhi* war zwar eine Hindu, sein Vater *Feroze Gandhi* aber Parse. Rajiv Gandhi hatte aber nie die Initiation vollführen lassen.

- **Buchtipps:** *Rainer Krack:* „KulturSchock Indien" und „Leben und Riten der Inder" von *Abbé Jean Antoine Dubois,* eine Landesbeschreibung von 1807. Der Klassiker wurde erstmalig ins Deutsche übersetzt. Beide Bücher sind im REISE KNOW-HOW Verlag, Bielefeld, erschienen.

Architektur

Hinduistische Architektur

Wie die anderen Kunstformen war auch die Architektur in ihren Anfängen **reine Sakralkunst** und ist dies zum großen Teil bis heute auch geblieben. So waren es Priesterarchitekten, die bereits im 1. Jahrtausend v. Chr. in speziellen Architekturlehrbüchern genaue Bauvorschriften vorgaben, deren Ziel es war, einzelne Gebäude, aber auch ganze Städte als steinerne Abbilder der göttlichen Weltordnung zu planen. Dabei stößt man auf ganz einfache Gesetzmäßigkeiten, vor allem das Quadrat und das rechtwinklige Dreieck. Hieraus ergibt sich ein strenges Muster, das fast allen Sakralbauwerken zugrunde liegt.

Im Zentrum der hinduistischen Architektur steht der **Tempel,** der als Sitz der Götter verehrt wird. Die ältesten frei stehenden Hindu-Tempel stammen aus dem 7. Jh. n. Chr., wobei die einzelnen Steinblöcke ineinander verzahnt und aufgeschichtet wurden. Die größeren unter ihnen bestehen aus mehreren Gebäudeteilen, deren Zuordnung genauestens festgelegt ist. An den nach Osten, Richtung aufgehender Sonne ausgerichteten Eingang schließen sich entlang einer Längsachse je eine Versammlungs-, Tanz- und Opferhalle an.

Die Cella

Abschluss und **Zentrum** jedes Tempels bildet die Cella *(garbhagriha),* in deren Mitte sich das **Kultbild** des dem Tempel geweihten Gottes befindet. Im Gegensatz zu den dem Turmbau vorgelagerten Hallen ist die Cella ein schlichter, unbeleuchteter Raum. Die Bewegung vom Licht ins Dunkel, von der Vielfalt der Erscheinungen zum Einfachen, versinnbildlicht den stufenweisen Weg zur Befreiung. Der Grundriss der Cella entwickelt sich in der Regel über einem Quadrat. In der klassischen Zeit (nach 800 n. Chr.) wird diese Grundform langsam aufgelöst. Äußere Nischen werden axial angefügt, um Kultbilder und Wächter der Himmelsrichtungen aufzunehmen. Weitere vertikale Vorsprünge *(ratha)* lösen die Kanten so weit auf, dass nahezu kreisförmige Grundrisse entstehen.

Der Tempelturm

Die von der Cella ausstrahlende göttliche Kraft und Energie versinnbildlicht der über ihr aufsteigende, weithin sichtbare Tempelturm *(shikara),* der als Verkörperung des heiligen Berges Meru gilt. Seine Außenwände sind oftmals mit zahlreichen **Skulpturen** verziert. Die Anordnung der Götterplastiken erfolgt dabei entsprechend der Hierarchie im hinduistischen Pantheon, in dem jede einzelne Gottheit ihren genau zugewiesenen Platz einnimmt.

In der Gestaltung der einzelnen Skulpturen konnten die ansonsten von strengen Regeln eingeschränkten Künstler ihrer Fantasie und ihrem Schaffensdrang freien Lauf lassen. Als Quelle dienten ihnen dabei die Erzählungen der großen hinduistischen Epen

033is Foto: tb

wie **Ramayana** und **Mahabharatha.** Die bunte, zum Teil geradezu ausschweifende Lebensfreude, die von vielen der gänzlich mit Götter- und Fabelwesen ausgeschmückten Tempeltürme ausgeht, steht dabei in einem spannungsreichen Kontrast zur meditativen Ruhe, die die darunter befindliche Cella kennzeichnet.

Detail am Gopuram des Südeingangs zum Sri-Meenakshi-Tempel in Madurai – der Torturm ist mit Tausenden von bunten Götterfiguren, Dämonen, Asketen, Tempelwächtern, Tieren und Fabelwesen übersät

An frühen Höhlen- und frei stehenden Tempeln ist der Themenkreis figürlicher Darstellung auf die Glorie der Hochgötter in ihren verschiedenen Aspekten und die Verherrlichung göttlich inspirierter Seher und Weiser (*rishis* und *munis*) bezogen. Diese verstehen sich als Ahnherren der Priester- (Brahmanen-) Geschlechter, als Götter in Menschengestalt, als Hüter des heiligen Wissens *(veda)* und Rituals sowie als unentbehrliche Mittler zwischen Mensch und Gott.

Im Laufe der Jahrhunderte führten die Auseinandersetzungen der verschiedenen theologischen Systeme zur Erfindung neuer Mythen und Legenden und damit zur Erweiterung des Götterhimmels. Als Zugeständnis an die breiten Volksmassen wurden auch Gottheiten niederer Stände, Lokal- und Volksgötter sowie Dämonen, vielfach als schreckliche Abwandlungen der Hochgötter, ins Pantheon aufgenommen und an den Tempelbauten abgebildet.

Figürliche Ausschmückungen

Da der Hinduismus zwischen sakral und profan nicht scharf trennt, wird besonders in der Sockelzone großer Tempel der Darstellung des weltlichen und religiösen Lebens der Gottkönige *(devarajas)* und ihrer göttlichen Ahnen breiter Raum gewidmet. Außer Götterfiguren überziehen Ornamente, Tiere, Fabelwesen und Dämonenmasken als Glückszeichen, Sinnbilder, Schmuck und zur dekorativen Unterteilung alle Bauglieder eines Tempels.

Zu den beliebtesten Glücks- und Heilszeichen gehören Hakenkreuz, Vase, Spiegel, Fische und andere Tiere sowie Fabelwesen. Das **Hakenkreuz,** welches erstmals auf Siegeln und Terrakotten der vorarischen Induskultur (2800–1500 v. Chr.) auftaucht, steht wie in vielen anderen Kulturen in Verbindung mit Feuer und Sonne und verheißt Glück und Heil. Die **Vase** *(kalasha)* birgt den Trunk der Unsterblichkeit *(amrita)*. Das Motiv des vollen **Kruges** *(purnakumbha)* bildet vor allem an Säulen und Pfeilern ein wichtiges Bauglied und steht für Lebensfülle, Fruchtbarkeit und Überfluss. **Fische** (*mina* und *matsya*) versinnbildlichen das Entgleiten der Seelen aus den Fesseln der Wiedergeburten. Der **Spiegel** *(darpana)* gilt als Zeichen der Schönheit und wird häufig in Verbindung mit anmutigen Tänzerinnen und himmlischen Nymphen dargestellt. Gleichzeitig symbolisiert er die Welt als Illusion *(maya)* und die Notwendigkeit zu deren Überwindung auf dem Weg zum *moksha,* der Erlösung aus dem Geburtenkreislauf.

Bei den Tieren gelten Elefanten, Pferde und Löwen als besonders kraft- und machtvoll und dementsprechend glücksverheißend. Der majestätische **Elefant,** traditionell das Tragtier der Könige bei großen Umzügen, wird im gesamten asiatischen Kulturkreis als Sinnbild für die Beständigkeit einer Dynastie und des Reiches angesehen. **Pferde** stehen für die Dynamik und den damit einhergehenden Expansionswillen einer Dynastie. Der ebenso furchteinflößende wie majestätische **Löwe** wird als eine Art Tempelwächter zur Abwehr äußerer Feinde eingesetzt und symbolisiert gleichzeitig die Macht und militärische Stärke des Königs. Weitere glücksverheißende Tiersymbole sind die *makaras.* Dabei handelt es sich um Fabelwesen, die Elemente von Fischen, Delfinen und Krokodilen aufweisen und wegen ihrer Verbindung mit dem lebensspendenden Element des Wassers auch als Fruchtbarkeitssymbole verehrt werden.

Ähnliches gilt für **Schlangen** und **Lotosblumen,** die besonders häufig zur Ausschmückung von Decken, Türrahmen und Friesen sowie bei der Untergliederung figürlicher Darstellungen verwendet werden. Sie symbolisieren die Entstehung der materiellen Welt aus dem Urozean. **Blüten, Girlanden**

und Zweige, ebenfalls beliebte Motive zur Ausschmückung von Tempeln, versinnbildlichen üppige Lebensfülle und die sich im Reichtum der Natur spiegelnde Größe des göttlichen Schöpfungsaktes.

Zwei der am häufigsten bei der Ausschmückung von Tempelschwellen verwendeten Stilelemente sind der Lotos und das Muschelhorn. Besonders der **Lotos** ist eine im gesamten asiatischen Kulturkreis hoch verehrte Blume, die vor allem im Hinduismus und Buddhismus mit einer vielfältigen Symbolik behaftet ist. Da er sich kerzengerade und in „unschuldigem" Weiß über Schlamm und Schmutz aus den Wassern erhebt und seine Knospe zur Sonne öffnet, gilt er als **Sinnbild der Reinheit** und geistigen Erleuchtung. Im Mahabharata entsprießt der Lotos als erste Gestaltwerdung des Absoluten dem Nabel des im kosmischen Schlaf ruhenden Vishnu-Narayana. Der Ton des **Muschelhornes** gilt als erste und zarteste Manifestation des Absoluten in der empirischen Welt. Dementsprechend führen sowohl der Lotos als auch das Muschelhorn dem Gläubigen beim Betreten des Tempels vor Augen, dass er von der profanen Welt in die sakrale Sphäre der Götter eintritt.

Unterschiedliche Stile

Bei der Gestaltung der Tempelanlagen haben sich im Laufe der Jahrhunderte drei verschiedene Formen herausgebildet. Beim **nordindischen Nagara-Stil** wird die Cella von einem sich konisch verjüngenden Turm über-

Tempel-Terminologie

Amalka: rad- oder scheibenförmiger Stein mit seitlichen Rippen, der den ⇨*shikara* nordindischer Tempel krönt
Antarala: kurzes Verbindungsstück zwischen ⇨*mandapa* und ⇨*cella*
Apsara: weiblicher Geist, ursprünglich Wassernymphe, der in großer Zahl im Bauschmuck von Tempeln vorkommt
Ardha-mandapa: kleiner Pfeilersaal vor dem ⇨*mandapa,* der die Vorhalle eines Tempels bildet
Bada: Sockel des ⇨*shikara* eines Tempels
Basti: südindischer Tempeltyp der Jaina
Bhoga mandir: für die Darbietung von Opfergaben bestimmter Saal vor einem Heiligtum im ⇨Nagara-Stil
Chaitya: buddhistischer Betsaal mit Apsis
Candrashala: nordindische Bezeichnung für ⇨*kudu*
Cella: das Allerheiligste eines Tempels, auch ⇨*garbhagriha* oder ⇨Sanktum genannt
Charbagh: viergeteilter, quadratischer Garten
Claustra: kunstvoll durchbrochene Steinplatten, die eine Fensteröffnung schmücken (⇨*jali*)
Dravida-, dravidischer Stil: Stil der südindischen Architektur
Dvarapala: Torwächterfigur eines hinduistischen oder buddhistischen Tempels
Falsches Gewölbe: Gewölbe, das aus vorkragenden Steinen mit horizontalen Parallelfugen gemauert ist
Garbhagriha: „Schoß-Haus", die ⇨*cella,* das ⇨Sanktum oder das Allerheiligste eines Tempels
Gopuram: Torturm, der in den heiligen Bezirk eines ⇨dravidischen Tempels führt
Gumpha: Höhle
Jagamohan: Bezeichnung des ⇨*mandapa* oder Versammlungs- und Tanzsaales in den Hindu-Tempeln von Orissa

Jali: durchbrochen gearbeitete Steinplatte, die eine Wandöffnung schmückt und durch deren Öffnungen Licht in einen geschlossenen Raum fällt
Kailasha: heiliger Berg, der dem Gott Shiva und seiner Gemahlin Parvati als Wohnsitz dient; Weltenberg in der hinduistischen Kosmologie
Kalasha: Vase, die als Symbol der Fruchtbarkeit das Dach eines Tempels krönt
Kragstein: vorkragender Stein, der als Stütze für Bogen und Gesims, aber auch für Figuren dient
Kudu: Fenster in Form eines Hufeisenbogens, das sich von der Aufsicht auf die Stirnseite eines Tonnengewölbes herleitet. In verkleinerter Form ist es Bestandteil des Dachaufbaus indischer Tempel; hier erscheinen im *kudu* oft Menschen- und Tierköpfe und geometrische Motive.
Kumbha: kissenförmiges Kapitell
Mandapa: Pfeiler- oder Säulensaal eines hinduistischen Tempels, der Versammlungen und hinduistischen Tänzen dient
Masjid: Moschee
Meru: mythischer Weltenberg, der, von Meeren und Gebirgsketten umgeben, den Mittelpunkt der Welt darstellt; Wohnsitz der hinduistischen Götter
Mihrab: nach Mekka weisende Nische in der Rückwand einer Moschee
Nagara-Stil: nordindischer Tempelstil, insbesondere in Orissa
Nat mandir: für den Tanz bestimmter Saal in ostindischen Tempeln des ⇨Nagara-Stils
Paga: pilasterartiger, zuweilen auch türmchenartiger Vorsprung an der Tempelfassade, der durch vertikale Einschnitte oder Rücksprünge der Fassade entsteht, Kennzeichen der ⇨*shikaras* ostindischer Tempel
Pancayatana: eine Fünfergruppe von Tempeln mit einem großen, zentralen Tempel und vier kleinen, in einem Rechteck um ihn herum angeordneten Nebenschreinen
Pidha: vorkragend übereinander geschichtete Steinplatten, die das pyramidenförmige Dach des ⇨*mandapa* bilden
Qila: Festung
Pidha deul: Bezeichnung für den Versammlungs- oder Tanzsaal in Orissa
Ratha: 1. Tempelwagen, der bei den großen Tempelfesten des Südens durch die Straßen gezogen wird; 2. Vor- und Rücksprünge (⇨*paga*) an den Außenfassaden eines Tempelturmes (⇨*shikara*)
Sanktum: das Allerheiligste eines Tempels
Shikara: „Gipfel"; stufenförmiger Tempelturm
Sthapaka: Architekt und Bautheoretiker, der den Plan eines Tempels entwirft
Sthapati: Baumeister, der das Gebäude nach den theoretischen Vorgaben und dem Plan des ⇨*sthapaka* ausführt
Stupa: Grabhügel, der im Buddhismus das Gesetz Buddhas symbolisiert und Reliquien des Religionsstifters enthalten kann
Svastika: Hakenkreuz; Glückssymbol, welches schon in vorarischer Zeit im Indus-Tal auftaucht
Torana: Torbogen vor hinduistischen oder buddhistischen Gebäuden
Tiratha: Turmheiligtum mit drei ⇨*rathas*
Tympanon: Bogenfeld über einer Tür oder Giebelfeld eines Daches
Vedika: Zaun, der ein Heiligtum umgibt
Vesara: Mischstil mit dravidischen (südindischen) und Nagara- (nordindischen) Stilelementen
Vihara: Kloster, buddhistischer Versammlungsort
Vorkragung: falsches Gewölbe oder falscher Bogen, der durch übereinander geschichtete und vorkragende Elemente errichtet wird

ragt, mit einem runden Stein in Form der Myroblan-Frucht *(amalka)* als Abschluss. Darauf steht eine Amrita- oder Nektar-Vase *(kalasha),* die Unsterblichkeit verheißt und in die Transzendenz weist.

Beim **südindischen Vimana-Stil** erheben sich die Türme terrassenförmig über dem Allerheiligsten bis zur Spitze, die von einem halbkugelförmigen Schlussstein *(stupika)* gebildet wird.

Während der ersten Jahrhunderte des zweiten Jahrtausends lässt sich in Südindien eine weitreichende Veränderung im Tempelbau beobachten. Während bis ins 12. Jh. die Tempeltürme über 400 Jahre hinweg immer monumentalere Gestalt annahmen (als Musterbeispiel gilt der Brihadeshvara-Tempel von Thanjavur), „schrumpfen" sie danach bis zur Unkenntlichkeit. Zunehmend verlagert sich der architektonische Akzent an die Peripherie und die Tempelanlage wird von gewaltigen **Tor- und Wachtürmen** *(gopuram)* beherrscht. Die meist mit Hunderten bunt bemalter Götterfiguren besetzten Türme gewinnen mit zunehmender Entfernung zum Zentrum an Höhe. Zugleich kommt den für Versammlungen und Feste bestimmten Räumen eine größere Bedeutung zu: Weitläufige **Pfeilersäle,** die an die Stelle der *mandapas* treten und bald mehr als 1000 Pfeiler oder Säulen aufweisen, gedeckte **Wandelgänge,** zahllose **Korridore** und riesige **Höfe** bilden gewaltige Anlagen, die von einer Reihe konzentrischer Wehrmauern umgeben sind. Mehrere solcher Tempelstädte

034is Foto: tb

sind im Süden und speziell in Tamil Nadu errichtet worden, von denen die bekanntesten in Kumbakonam, Tiruvannamalai, Srirangam, Madurai, Tiruchirapalli und Chidambaram stehen.

In Südindien wird der Tempelbezirk von einer großen **Tempelmauer** umgeben, die mit ihren riesigen **Eingangstoren** oftmals noch den Tempelturm überragt. Der südindische Stil wurde in zahlreichen südostasiatischen Kulturen aufgenommen und weiterentwickelt.

Beim **zentralindischen Vesara-Stil** mischen sich nord- und südindische Stilelemente. Der weiten Verbreitung vom zentralen Hochland bis zum Cauvery-Becken im Süden entsprechend haben sich im Laufe der Jahrhunderte verschiedene Ausprägungen herausgebildet. Dennoch lassen sich einige charakteristische Gemeinsamkeiten ausmachen, die die Architektur als eigenständigen Stil kennzeichnen. Hierzu zählen vor allem die geringe Höhe bei gleichzeitig großer Breite der Bauwerke, der sternförmige Grundriss des Hauptbaus, die Gruppierung von drei Schreinen um eine zentrale Halle sowie die Pyramidenform der Tempeltürme, die horizontal geschichtet sind, ohne jedoch, wie die *gopuras* des Dravida-Stils, in ablesbare Stockwerke unterteilt zu sein. Die Haupthalle wird in der Regel durch kunstvoll durchbrochene Gitterfenster *(jalis)* erhellt, die Stützpfeiler sind zylindrisch. Besonders beeindruckend sind die Außenwände, die mit einer einzigartigen Motivfülle von den Steinmetzen skulptiert wurden. Seinen Höhepunkt erreichte der Vesara-Stil unter der Hoysala-Dynastie (1050–1300). Die bedeutendsten Tempel stehen in Halebid, Belur und Somnathpur.

Indoislamische Architektur

Der Einfall der muslimischen Eroberer bedeutete für die hinduistische Kultur im Allgemeinen und die Architektur im Speziellen einen tiefgreifenden Einschnitt. Den von religiöser Intoleranz getragenen Eroberungsfeldzügen der neuen Herrscher fielen unzählige hinduistische Bauwerke zum Opfer. Gleichzeitig jedoch brachten die Eroberer neue Ideen und Architekturformen mit, welche dem Land einzigartige Prunkbauten bescherten.

Mausoleen

Zu den schönsten islamischen Bauwerken zählen die Mausoleen, allen voran natürlich das Taj Mahal, die Krönung der Mogul-Architektur. Mausoleen waren den Hindus bis dahin völlig unbekannt, da einer ihrer Glaubensgrundsätze die Wiedergeburt ist und sie so ihren Toten keine Denkmäler errichteten. Die kunstvolle Einbeziehung der vor dem eigentlichen Grabmal gelegenen, viergeteilten **Gartenanlage** *(garbagh)* ist ein weiteres typisch islamisches Bauelement, durch das man

Klassisches Beispiel der südindischen Tempelarchitektur – der Brihadeshvara-Tempel in Thanjavur

versucht hat, Architektur und Landschaft zu einer harmonischen Gesamtkomposition zu vereinigen.

Moscheen

Das zweite hervorstechende architektonische Monument islamischer Herrschaft in Indien sind die übers ganze Land verteilten Moscheen. Im Gegensatz zu hinduistischen Tempeln dienten die größeren, **Jami Masjid** (Große oder Freitags-Moschee) genannten Gotteshäuser jedoch nicht nur als Kultstätte, sondern auch als Ort **politischer Kundgebungen.** Wie bei allen Moscheen war auch bei der Jami Masjid die Ausrichtung der Gebetsrichtung *(kibla)* nach Mekka das oberste Gebot bei der architektonischen Planung.

Minarette finden sich in Indien vor allem in Form zweier Rundtürme, die den Haupteingang flankieren. Arabische Schriftzeichen und stilisierte Arabesken zieren dabei häufig die Fassaden, während die Säulen des Umgangs vielfach aus geschleiften Hindu- oder Jain-Tempeln stammen und deshalb naturalistische Motive und Menschendarstellungen aufweisen, die in der islamischen Ikonografie eigentlich verboten sind.

Palastbauten

Schließlich errichteten die muslimischen Eroberer im Laufe ihrer jahrhundertelangen Herrschaft riesige Festungs- und Palastanlagen. Die beeindruckendsten Beispiele stehen in Gulbarga und Bijapur im Norden von Karnataka. Besonders gelungen und heute noch zu sehen bei diesen Monumentalbauten ist die harmonische Synthese aus wehrhafter Trutzburg und romantischen Privatgemächern.

Nirgendwo sonst ließen sich die Hindu-Fürsten von den fremden Eroberern derart beeinflussen wie im Palastbau. Hatten sie ihre Macht und ihr Prestige bis dahin vornehmlich durch den Bau großer Tempelanlagen dokumentiert, so ließen auch sie sich nun großzügige Palastburgen bauen. Typisch für diese Paläste ist der festungsartige Charakter der unteren Stockwerke, die nur wenige Fenster aufweisen. Dieser schmucklose, lediglich zu Verteidigungszwecken dienende Unterbau wird durch einen verschwenderisch gestalteten Überbau ergänzt, der mit seinen Terrassen, Balkonen, Pavillons, kleinen, künstlich angelegten Gartenanlagen und riesigen, mit Gold und Silber verzierten Empfangs- und Gästesälen den Ruf vom märchenhaften Reichtum der Maharajas mitbegründete.

Bauhütten

Den größten Einfluss auf die Durchdringung zweier im Grunde so gegensätzlicher Architekturrichtungen wie der hinduistischen und der islamischen hatten die so genannten Bauhütten. In diesen von islamischen Herrschern betriebenen **Handwerksstätten** arbeiteten über Generationen hinweg muslimische und hinduistische Handwerker Seite an Seite, was eine höchst fruchtbare Synthese zur Folge hatte. Islamische Stilelemente wie das Gitterfenster, Spitzbögen und florale

Ornamentik wurden mit hinduistischen zusammengeführt. Beispiele für den sich hieraus entwickelnden indosarazenischen bzw. indoislamischen Baustil finden sich nicht nur in den Metropolen, sondern auch in der Provinz und hier vor allem in Gujarat mit der Bundeshauptstadt Ahmedabad.

Moderne Architektur

Die Schwierigkeiten des nachkolonialen Indien bei der Identitätssuche spiegeln sich nicht zuletzt in seinen Bauwerken, bei deren Gestaltung die Architekten scheinbar orientierungslos zwischen Postmoderne und der Rückbesinnung auf Traditionen schwanken. Ein besonders krasses Beispiel liefert dabei Chandigarh, die in den sechziger Jahren aus dem Boden gestampfte neue Hauptstadt des Punjab. Die vom französischen Star-Architekten **Le Corbusier** entworfene Stadt sollte ein architektonisches Symbol für ein neues, an westlichen Idealen orientiertes Indien sein. Mit ihrer gnadenlosen Zweckarchitektur hinterlässt die Stadt heute jedoch nur noch einen trostlosen Eindruck.

Eine perfekte Synthese aus Tradition und Moderne gelang hingegen dem indischen Architekten **Charles Correa** mit dem Bharat Bhawan, einem Museumsbau im zentralindischen Bhopal. Bleibt zu hoffen, dass sich der an den Traditionen des Landes orientierende Stil des einheimischen Correa gegenüber westlichen Erneuerungsversuchen im Sinne eines Le Corbusier durchsetzen wird.

Film

Nicht, wie allgemein angenommen, die USA, sondern Indien und hier vor allem der Süden des Landes stellt die **produktivste Filmindustrie der Welt.** Indiens Traumfabriken in Chennai, Bangalore, Hyderabad, Trivandrum und vor allem Mumbai produzieren die unglaubliche Zahl von 800 abendfüllenden Spielfilmen pro Jahr, das heißt mehr als zwei pro Tag. Die Filmindustrie ist so nicht nur im Inland ein bedeutender Wirtschaftsfaktor, sondern mit einem Export in inzwischen über 100 Länder auch ein gern gesehener Devisenbringer.

Der schöne Schein des Zelluloid ist zu einer **Massendroge** vieler Inder geworden. Täglich strömen über 15 Mio. Menschen in die 12.000 Kinos des Landes, um wenigstens für durchschnittlich 230 Minuten pro Film die Mühsal des Alltags zu vergessen. Ihre Sehnsucht nach einer heilen Welt wird, das ist von Anfang an gewiss, nicht enttäuscht. Indien im Kommerzfilm – das ist eine Welt aus Luxus und Macht, riesigen Villen, romantischen Tälern, verführerischen Frauen, glitzernden Kostümen, opulenten Mahlzeiten, europäischen Sportwagen und strahlenden Helden.

Die Strickmuster all dieser Filme wiederholen sich ständig; es scheint, als gäbe es nur etwa 20 Standardhandlungen, die in leicht abweichenden Varianten immer wieder durchgespielt werden. Das Ganze wird melodramatisch mit einer Mischung aus Liedern, Tanzeinlagen, Verfolgungsjagden und

Ein typischer Masala-Film

Die Handlung eines typisch indischen Kommerzfilms könnte so aussehen: Eine arme Mutter hat zwei Söhne. Der eine kommt ihr eines Tages auf dem Jahrmarkt abhanden. Der Junge wird von einer reichen Familie aufgenommen und entwickelt sich zum arroganten Bösewicht. Der Bruder zu Hause dagegen bleibt rechtschaffen, irgendwie wird er sogar Polizist. Um diese beiden ranken sich noch ein oder zwei weibliche Figuren, eine konservative und gute und eine moderne und liderliche. Irgendwann treffen die beiden Brüder als Gegner aufeinander, nichtsahnend, wen sie vor sich haben. Nachdem sie gegeneinander gekämpft haben, quasi als Symbol des Kampfes des Guten gegen das Böse, erkennen sie sich und fallen sich in die Arme – am Sterbebett der schon lange kränkelnden Mutter. Während der böse Bruder die dahinscheidende Mutter um Verzeihung bittet, kündigt der gute seine bevorstehende Hochzeit an.

Intrigen gewürzt. Wegen dieser „bunten Mischung" wird diese Filmart auch **Masala-Film** genannt – *masala* heißen die indischen Gewürzmischungen. Die Parallelen zum Ramayana-Epos sind dabei unübersehbar, und im Grunde ist der indische Kommerzfilm nichts anderes als die ständige Wiederholung der **alten Mythen** in neuen Kleidern. Genau dies ist ein Hauptgrund für seinen einzigartigen Erfolg. Die Verquickung von Mythos und Realität mit ihren höchst ritualisierten Handlungs- und Gefühlsmomenten sowie die klare Unterteilung in Gut und Böse entspricht so sehr dem kollektiven Verständnis des Vielvölkerstaates, dass sie über alle Kultur- und Sprachgrenzen hinweg verständlich ist.

So hat der Masala-Film eine ganz eigene, charakteristische Ästhetik entwickelt. Seine Erzählstruktur ist nicht auf psychologisch stimmige Charaktere, plausible Handlungen oder kompositorische Geschlossenheit angewiesen. Von der Gewissheit ihres Wertesystems ausgehend, ist der indische Film unter westlichen Filmkritikern als wirklichkeitsfremd, kitschig und ausufernd verpönt – eine herablassende Beurteilung, die auf einer sehr beschränkten Sicht der Realität beruht und das Reich des psychologisch Realen – dessen, was man als Innenleben empfindet – ausschließt.

Einen **Kinobesuch** sollte sich kein Indienreisender entgehen lassen. Die meisten indischen Kinos sind richtige Filmpaläste, in denen 1.000 und mehr Besucher Platz finden. Hinzu kommt das, gemessen an der keimfreien Distanz deutscher Kinogänger, unvorstellbare Engagement der Zuschauer. Das Maß der Identifikation mit ihren Helden lässt sie all deren Höhen und Tiefen mitfeiern bzw. miterleiden.

Karriere in Showbiz und Politik

Allein in Mumbai erscheinen jede Woche 17 verschiedene Filmmagazine, die zur Glorifizierung von **Stars und Sternchen** kräftig beitragen. In Tausenden von Fanclubs wird der Star-

Liebe, Leid, Helden, Intrigen – in immer neuen Mischungen werden in Indien 800 Spielfilme im Jahr damit gefüllt

kult gepflegt. Die großen Stars, wie etwa *Sanjay Dutt, Shah Rukh Khan* oder *Amitabh Bachchan,* sind nicht nur vielfache Millionäre (Dollar-Millionäre wohlgemerkt), sondern werden von ihren Anhängern geradezu abgöttisch verehrt – und das ist durchaus wörtlich zu verstehen. So wurde dem kürzlich verstorbenen *N.T. Rama Rao,* einem Schauspieler, der zeit seiner Karriere immer Götter dargestellt hatte, in Andhra Pradesh ein Tempel erbaut.

Die **schauspielerische Qualität** dieser Megastars lässt allein schon deshalb zu wünschen übrig, weil sie gleichzeitig bei einem Dutzend Filmen im Einsatz sind. So rasen sie von einem Filmset zum nächsten, wechseln Kostüme und Launen im Laufschritt. Das ist gut fürs Portemonnaie; der Auseinandersetzung mit der gerade verkörperten Rolle ist es sicherlich nicht förderlich. Kein Wunder, dass ihre schauspielerischen Leistungen oft von einer müden Eintönigkeit geprägt sind, ganz egal, welche Rolle sie spielen.

Viele Mimen nutzen ihre ungeheure Popularität für eine **politische Karriere.** Bekanntestes Beispiel ist *M.G. Ramachandran,* der seine Beliebtheit als Helfer der Armen, Beschützer der Frauen und Rächer der Entrechteten auf der Leinwand begründete und schließlich 1977 zum Chefminister Tamil Nadus aufstieg. Als von allen gefürchtete Nachfolgerin zieht heute die ehemalige Filmgröße *Jayalitha* die Fäden der Macht im südlichsten Bundesstaat Indiens. *N.T. Rama Rao* war Chefminister von Andhra Pradesh.

225ke Foto: mb

819ra Foto: tb

Dreharbeiten zu einem Bollywood-Film

Die schmutzige Seite der Glitzerwelt

Allerdings hat die scheinbar so heile Glitzerwelt des indischen Kinos in den letzten Jahren erhebliche Risse bekommen. Es ist ein offenes Geheimnis, dass ein Großteil der Filme mit **Geldern aus der Unterwelt** finanziert wird, die dadurch ihr mit Drogenhandel, Prostitution und illegalen Grundstücksgeschäften verdientes Geld reinwäscht. Die Verstrickung in die Unterwelt hat in den letzten Jahren einige namhafte Regisseure das Leben gekostet. Hinzu kommt, dass – nicht zuletzt wegen der enormen Gagen für die Superstars – die wenigsten Filme ihre hohen Produktionskosten einspielen. Hierzu trägt auch die Konkurrenz des privaten Fernsehens bei, welches durch die **Ausstrahlung westlicher Serien** und Hollywoodfilme für viele Inder eine ganz neue Welt eröffnet.

Um dem Konkurrenzdruck standhalten zu können, werden im indischen Kino zwei Aspekte immer offener zur Schau gestellt, die noch bis vor wenigen Jahren absolute Tabuthemen waren: **Sex und Gewalt.** Noch bis vor wenigen Jahren verbannten die sittenstrengen Zensoren sogar Kussszenen von der Leinwand. Die einfallsreichen Drehbuchautoren umschifften das Problem, indem sie Szenen schrieben, in denen Äpfel schmachtend von einem Mund zum nächsten gereicht oder Eistüten zu zweit gelutscht wurden. Ständig fielen Hauptdarstellerinnen in einen See oder liefen durch einen Monsunregen, damit sich die durchnässten Saris möglichst durchsichtig an den Körper schmiegten. 1997 schrieb die Schauspielerin *Rekha* in dem Kinohit „Aastha" mit dem ersten Orgasmus auf einer indischen Leinwand Kinogeschichte – dabei musste sie allerdings nicht einmal ihren Sari lüften.

Autorenfilm

Neben der Glitzerwelt des Kommerzkinos fristet der Autorenfilm ein vergleichsweise dürftiges Dasein. *Aparna Sen* und *Satyajit Ray,* zwei führende Vertreter dieses alternativen Kinos, sind unter westlichen Cineasten bekannter als in Indien selbst. Zentren dieses künstlerisch ambitionierten Autorenfilms sind Westbengalen und Südindien. Nicht Verklärung, Wirklichkeitsflucht und strahlende Helden, sondern das **Engagement gegen soziale Missstände** und komplizierte, widerspruchsvolle Charaktere stehen im Mittelpunkt der Handlungen. Themen wie Korruption, Umweltzerstörung, Unterdrückung der Frau oder der Verlust traditioneller Werte versuchen die Regisseure einem breiteren Publikum näherzubringen. Doch ihre Anhängerschaft kommt meist über den kleinen Kreis des jungen, akademisch gebildeten Großstadtpublikums nicht hinaus.

Die Regisseurin *Mira Nair* wies mit ihrem Ende der 1980er Jahre gedrehten Spielfilm **„Salaam Bombay"**, der das Schicksal der Mumbaier Straßenkinder zum Inhalt hat, einen Ausweg aus dem Dilemma. Sie bediente sich einiger Stilmittel des Kommerzkinos, um den Wunsch des Massenpublikums nach Unterhaltung zu befriedigen, und machte so auf fast schon spielerische Weise auf eines der großen sozialen Probleme Indiens aufmerksam. Der Film wurde national wie international ein überragender Erfolg.

Literatur

Indische Romane sind in Mode. Der indische Subkontinent wird zum Zentrum von Bücherwochen, Diskussionen und literarischen Zirkeln. Autoren wie **Arundhati Roy, Rohinton Mistry, Sashi Taroor** oder **Amitav Ghosht** erobern die Bestsellerlisten in Europa und den USA mit sprachgewaltigen Büchern voll bildhafter Exotik. Sie treten damit in die Fußstapfen von **Salman Rushdie,** der mit seinem Roman „Mitternachtskinder" die Bresche schlug für die Wiederentdeckung der indischen Literatur im Westen.

Augenfällig ist, dass bis auf Arundhati Roy fast ausschließlich im Westen lebende Schriftsteller internationale Anerkennung finden. Dabei stehen die Bücher der indischen Autorin **Sashi Deshpande** jener ihrer berühmten Kollegen um nichts nach, sind aber in Europa bestenfalls einem kleinen Kreis von Lesern bekannt. So beklagen denn auch viele in Indien lebende Schriftsteller, dass die in englischer Sprache schreibenden Kollegen Themen behandeln, die ihr Mutterland nur verzerrt widerspiegeln. Hierin zeigt sich, dass der indische Subkontinent gerade in Zeiten der wirtschaftlichen und kulturellen Öffnung nach seiner literarischen Identität sucht.

So wird die Sprache zu einem zentralen Streitpunkt, was denn eigentlich „indisch“ ist. Ist Shalman Rushdie, der Inder im Exil, weniger indisch als Sashi Deshpande? Und der Nobelpreisträger und britische Staatsbürger **V.S. Naipaul** mit seiner indischen Familiengeschichte und seiner Vorliebe für indische Themen überhaupt indisch? Nicht zu Unrecht wird gerade von einheimischen Schriftstellern behauptet, dass die in englischer Sprache geschriebenen Bücher im Ausland lebender Inder vornehmlich moderne Themen behandeln, während die in indischen Sprachen verfassten Werke meist traditionelle Geschichten erzählen. Andererseits zeichnen sich gerade die Werke von Roy und Ghosht durch ihre detailgenauen Schilderungen indischer Familiengeschichten aus.

So verbirgt sich hinter dem vordergründigen Sprachenstreit (neben unausgesprochenen materiellen Neidgefühlen) ein Konflikt der Generationen. Es fällt auf, dass vornehmlich jüngere unter den international gerühmten indischen Autoren vertreten sind.

Bei allem Streit um Sprache und Identität wird gänzlich übersehen, dass sowohl die „zuhause Gebliebenen“ als auch die Exilschriftsteller aus der **jahrtausendealten Literaturtradition** Indiens schöpfen. Wohl kein anderes Volk ist in seinen Denk- und Verhaltensweisen derart stark von seiner Literatur geprägt wie die Inder. Schon vor drei Jahrtausenden begann mit der Formierung der Kastengesellschaft die Niederschrift der **Veden,** meist religiöse Schriften anonymer Autoren. Neben Hymnen an die Götter und Beschreibungen der komplizierten priesterlichen Opferrituale finden sich detaillierte Anweisungen zu den der jeweiligen Kaste entsprechenden Verhaltensweisen. Noch heute bestimmen die peniblen Vorschriften über Berufsausübung, Heirat, Essverhalten und Reinigungszeremonien, Opferhandlungen und Beerdigungsrituale den Alltag der allermeisten Inder.

Die beiden Klassiker der altindischen Literaturgeschichte sind jedoch die ausufernden Helden- und Göttersagen **Mahabharata** und **Ramayana.** Mit seinen über 100.000 Versen gilt das Mahabharata als das umfangreichste Werk der Weltliteratur. Vor dem Hintergrund des Kampfes zwischen den mythischen Völkern der Pandawas und Kausawas wird eine verschachtelte Handlungsstruktur aufgebaut, in deren Verlauf die verschiedenen Götter in ihren zahlreichen Inkarnationen auftreten. Die im Kampf zwischen Gut und Böse entwickelten Glaubens- und Moralvorstellungen prägen bis heute das Leben der Inder. „Wir verdanken ihnen“, sagt der Schriftsteller *Gangada Gangije,* „all unsere Inspirationen. Sie sind tief in unser Leben eingedrungen.“

In der indischen Musik besteht die Oktave nicht aus 8, sondern 22 Haupttönen

Musik

„Die Chinesen und die Inder würden eine der unseren ähnliche Musik haben, wenn sie überhaupt eine besäßen, aber diesbezüglich stecken sie noch in der tiefsten Finsternis der Barbarei und sind in einer geradezu kindlichen Unwissenheit befangen, in der sich kaum vage Ansätze zu einem Gestaltungswillen entdecken lassen. Außerdem sprechen die Orientalen von Musik da, wo wir höchstens von Katzenmusik sprechen ..." Der französische Komponist *Hector Berlioz* stand mit dieser 1851 geäußerten Meinung über indische Musik durchaus nicht allein da. Für die meisten Europäer war die klassische indische Musik nie viel mehr als ein stechender Grundton, ein monotoner Klang ohne polyphone Elemente und Harmonie – „Katzenmusik" eben.

Das sollte sich erst ändern, als Mitte der 1960er Jahre im Zuge der Flower-Power-Bewegung viele westliche Musiker wie die Beatles und die Rolling Stones nach Indien pilgerten. Von nun an ergoss sich eine Welle von Räucherstäbchen, Meditationskursen und indischen Klängen auf den von der Sinnkrise gebeutelten Westen. Der globale Siegeszug indischer Musik hatte begonnen, kein Musikfestival mehr ohne Sitar und Tabla. Wer mit indischer Musik im Ohr und dem Joint in der Hand in mysthische Sphären entschwebte, war allemal in und modern. Da machte es auch nichts, wenn das begeisterte Publikum versehent-

780ra Foto: tb

Mädchenkapelle des Maharani-College in Mysore, 1895

lich schon mal das Stimmen der Instrumente beklatschte – so geschehen beim Auftritt *Ravi Shankars* im Concert for Bangladesh.

So unterschiedlich Hector Berlioz' schon fast physische Abneigung gegen indische Musik und deren Huldigung durch die Blumenkinder auch war, so verband sie doch eine Gemeinsamkeit: Beide hatten das Wesen indischer Musik nicht verstanden. Verwunderlich ist das nicht, äußert sich doch in der klassischen indischen Musik, deren Wurzeln bis ins 5. Jh. v. Chr. zurückgehen, sehr viel von den religiösen Vorstellungen der Hindus. Ursprung und Ziel indischer Musik ist es, Musiker wie Zuhörer in den Zustand geistig-seelischer Harmonie zu versetzen, in eine **meditative Versenkung in Gott.** So ist die Musik nichts anderes als eine Art Gottesdienst.

Raga und Tala – Melodie und Rhythmus

Raga und *tala* bilden den Rahmen indischer Musik. *Tala* könnte man dabei mit Rhythmus, *raga* mit Melodie gleichsetzen. Bei *ragas* handelt es sich um genau festgelegte **Tonskalen,** innerhalb welcher der Musiker unter Beachtung bestimmter Regeln ein Thema improvisiert. Diese Tonskalen, von denen es über 1.000 geben soll, sind jeweils bestimmten Stimmungen zugeordnet. So gibt es *ragas* für spezielle Tages- oder Jahreszeiten, Frühlings-Ragas oder Nacht-Ragas ebenso wie solche für das Wetter oder für menschliche Gefühle.

Die eigentliche Kunst des Musikers besteht darin, die *ragas* so zu spielen, dass die beabsichtigte **Stimmung** dem Zuhörer perfekt vermittelt wird. Nicht umsonst umschreibt der Begriff *raga* eine ganze Palette menschlicher Gefühle: Begierde, Leidenschaft, Sorge, Schmerz, Ärger, Boshaftigkeit, Feindschaft, Hass und Liebe. Nebenbei bedeutet das Wort auch Farbe, Farbschattierung, Farbmittel oder Einfärben – tatsächlich soll sich der Musiker bei seinem Spiel auch wie in einer Meditation mit dem Göttlichen „einfärben", mit ihm eins werden.

Als klassisches Raga-Instrument gilt gewöhnlich die **Sitar,** das im Westen wohl bekannteste indische Instrument. Genauso kann ein *raga* jedoch von einer Flöte oder Violine gespielt werden.

Der rhythmische Kontrapunkt zum *raga* ist **tala,** gewöhnlich von Handtrommeln, so genannten **Tablas,** gespielt. Wie bei den *ragas,* so gibt es auch von den *talas* Hunderte.

Der besondere Reiz eines Konzerts besteht im **Dialog zwischen Raga- und Tala-Interpreten.** Jeder interpretiert und improvisiert im Rahmen der ihm vorgegebenen Regeln sein Thema und immer dann, wenn die beiden Virtuosen es schaffen, sich im rhythmischen Zyklus zu treffen, erheben sich begeisterte Wah-Wah-Rufe aus der mitgehenden Zuhörerschaft.

Unterlegt wird das Spiel von einem **Grundton,** der meist von einer Tambura gespielt wird. Genau dies ist die für indische Musik so typische Klangkomponente, die für westliche Ohren stechend, ja penetrant klingt. Dieser Grundton dient vornehmlich zur Wahrnehmung kleiner und kleinster Intervalle. Immerhin muss der indische Musiker innerhalb einer Oktave **22 Haupttöne** und **30 Mikrotöne** unterscheiden. Nur durch den unveränderlichen Bezugspunkt des Grundtons wird es möglich, solch geringe Intervallunterschiede zu erkennen und präzise zu setzen.

Aufführungen und Alltagsklänge

Ein weiterer signifikanter Unterschied zu westlichen Aufführungen liegt in der scheinbar nicht enden wollenden Dauer indischer Konzerte. Fünf Stunden und mehr sind dabei keine Seltenheit. Zeit hat eben in Indien eine ganz andere Dimension als im Westen und so gibt es kein dynamisches Voranschreiten im Andante oder Allegro, dafür umso häufiger ein meditatives Verweilen bei einem einzigen Ton. Sich nie von der Uhr versklaven lassen: ebenfalls ein Stück asiatischer Lebensphilosophie.

Indische Musik findet jedoch nicht nur im Konzertsaal statt und so sollte sich der nicht grämen, der keine Aufführung besuchen konnte. Der einma-

Indische Musikinstrumente

Indische Instrumente sind oft reich verziert und stellen für sich schon kleine Kunstwerke dar.

- Der **Sitar,** das bedeutendste Musikinstrument Südasiens, erlangte erst im 19. Jh. seine heutige Form. Auf dem rund einen Meter langen Hals sitzen insgesamt siebzehn verschiebbare Messingbünde. Darüber verlaufen zwei bis vier Spielsaiten. Ihre Schwingungen werden von einem Steg aus Knochen auf den Resonanzkörper übertragen, einen ausgehöhlten Kürbis mit Holzdecke. Neben den Spielsaiten verlaufen vier weitere Bordunsaiten, die nicht abgegrifffen, sondern zwischen dem Greifen der Spielsaiten angeschlagen werden. Ein separates System von elf Resonanzsaiten verläuft unter den Bünden. Auf dem Sitar lassen sich alle Feinheiten der indischen Musik zur Geltung bringen. Eine Veränderung der Tonhöhe kann nicht nur durch das Abgreifen der Bünde, sondern auch durch seitliches Wegziehen der Spielsaiten erzielt werden.
- Der **Tambura** ist eine Art bundlose, meist mit vier Saiten bespannte Langhalslaute. Auf ihm wird ein Halteton als Grundton und unveränderlicher Bezugspunkt des Raga gespielt.
- Die **Tabla** besteht aus einer zylindrischen Holztrommel für die rechte Hand, die meist auf den Grundton gestimmt ist, sowie einer halbkugelförmigen, in verschiedenen Tonhöhen gestimmten Metalltrommel für die linke Hand. Mit Hilfe der Blöckchen, die unter den Haltebändern angebracht sind, wird sie exakt gestimmt. Die Tabla repräsentiert im *raga* das durch die verschiedenen Anschlagtechniken außerordentlich differenzierte rhythmische Element.
- Der **Sarod** hat einen halbkugelförmigen, mit einer Decke aus Tierhaut bespannten Klangkörper aus Holz. Das bundlose Griffbrett auf dem breiten Hals besteht aus einer polierten Metallplatte. Die vier Spielsaiten werden mit einem Plektron gezupft. Daneben erklingen ein doppelchöriges Saitenpaar mit dem Grundton sowie siebzehn Resonanzsaiten.
- Die **Santur** (wörtl.: Einhundert Saiten), ein Hackbrettinstrument, fand erst recht spät Eingang in die klassische indische Musik. Sie besteht aus einem hölzernen, trapezförmigen Resonanzkasten, über dessen Decke mittels zweier Stegreihen 18 bis 25 Metallsaitenchöre geführt werden, die mit zwei an der Spitze aufwärts gebogenen Klöppeln angeschlagen werden.
- Die **Shahnai,** ein oboenartiges Instrument mit vollem, stark näselndem Klang, fand erst in den fünfziger Jahren unseres Jahrhunderts volle Anerkennung in der klassischen Musik. Ursprünglich von islamischen Eroberern und später in hinduistischen Tempeln gespielt, verdankt sie ihre Aufwertung zum Konzertinstrument der Ragamusik, vor allem dem großen Virtuosen *Ustad Bismillah Khan.* Die Shahnai ist ein Doppelrohrblattinstrument. Der konische Holzkörper ist mit einem Metallschalltrichter und sieben Löchern ausgestattet und kann sämtliche Verzierungen der indischen Musik entfalten.

lige Reichtum des **Klangkörpers Indien** ist überall zu erfahren. Wer sich die Zeit nimmt (immer eine entscheidende Voraussetzung, um das Phänomen Indien kennenzulernen) und an einem beliebigen Ort in Indien – die Augen geschlossen – auf die Geräusche der Umgebung achtet, wird die akustische Vielfalt des Landes unmittelbarer denn je erfahren. Nur ein Beispiel: Überall in Indien findet man die *dhobis,* Wäscher, die morgens an den Ufern der Flüsse stehen und rhythmisch den Schmutz aus der Wäsche schlagen. Oder das Gemurmel einer Tempelzeremonie, das Vorbeifahren eines Ochsenkarrens, das Stimmengewirr auf dem Marktplatz. Im Vergleich dazu ist unsere eigene Klangsphäre arm, reduziert fast nur noch auf diffuse Motorengeräusche.

Tanz

Die reiche Tanztradition Keralas hat verschiedene Stilrichtungen hervorgebracht, die sich gegenseitig beeinflussen. Der mit Abstand bekannteste Tanzstil Keralas ist der farbenprächtige, äußerst aufwendige Kathakali. Da er jedoch unmittelbar aus den Tanzdramen Krishnanattam und Ramanattam hervorging und das Kuttu- und Kutiyattam-Tanztheater als noch ältere Vorläufer anzusehen sind, sollen diese im Folgenden ebenso vorgestellt werden.

Kuttu und Kutiyattam

Kuttu-Aufführungen wurden ursprünglich nur in **Tempeln** und ausschließlich von Angehörigen der oberen drei Stände dargeboten. Die mehrtägigen solistischen Darbietungen waren den Chakyars vorbehalten, einer erblichen Kaste von Tempeldienern, die bereits in Inschriften aus den ersten nachchristlichen Jahrhunderten nachgewiesen sind. Dabei erzählte, sang und tanzte ein Chakyar **mythologische Episoden** der „Mahabarata"- und „Ramayana"-Epen und Purana-Texte. Später ergänzten **klassische Theaterstücke** etwa aus dem Kalidasa und Harsa das Repertoire. Der Chakyar stellte sämtliche Rollen selbst dar und bediente sich einer besonders ausgeprägten, stilisierten Mimik und Gestik.

Auch die Musik durfte nur von bestimmten Kasten gespielt werden. So intonierten Mitglieder der Nambyar-Kaste die für den Kuttu charakteristische handgeschlagene, kupferne Kesseltrommel *(missava),* die stimmbare, mit einem Schlegel geschlagene Doppelkonustrommel *centa* oder Blasinstrumente wie die Doppeloboe *kusal.* Hingegen war es allein Frauen der Nanjyar-Kaste vorbehalten, die kleinen Kusitalam-Becken erklingen zu lassen. Zu weiteren Eigenarten des Kuttu zählen die prachtvollen **Kostüme** und das farbensymbolische **Make-up** mit einer weißen, bartartigen **Gesichtsmanschette** *(cutti).*

All diese Merkmale gingen in den Kutiyattam- und später in den Kathakali-Stil ein. Der Kutiyattam wurde angeblich im 8. Jahrhundert unter der Perumal-Dynastie entwickelt. Besonders im 10. Jahrhundert soll König *Kulasekhara Varman* diesen Stil mit Hilfe eines brahmanischen Gelehrten gefördert haben.

Allerdings erfuhren die Ausdrucksformen wesentliche Verfeinerungen. So wurden die Rollen nicht mehr nur von einem einzigen männlichen Darsteller, sondern von einer Gruppe aus Frauen und Männern gespielt. Eine

227ke Foto: tb

227ke Foto: tb

herausragende Funktion erhielt der aus dem Chakyar des Kuttu-Stils hervorgegangene Narr *(vidusaka)*, dem es oblag, die Sanskritpartien auf **Malayalam,** der Volkssprache Keralas, einem weniger exklusiven Publikum zu erklären. Dabei bezogen sich die klassischen Themen, teilweise parodierend, auf aktuelle Probleme. Die übrigen Akteure rezitierten ihre Verse und Lieder jedoch auf **Sanskrit.**

Auch die Aufführung der Kutiyattam-Stücke erstreckte sich über mehrere Tage, wobei der Narr die Ereignisse des vorherigen Tages zu Beginn jeder neuen Episode erzählerisch und mimisch zusammenfasste. Erst dann betraten, durch eine laut tönende Seemuschel angekündigt, die Hauptdarsteller die Bühne. Gespielt wurde ursprünglich und teilweise heute noch in besonderen, zu einem Tempelareal gehörenden Theatern, den **Kutampalams,** von denen in Kerala noch etwa ein Dutzend erhalten sind. Auf dem Podium eines solchen Theaters befinden sich während der Aufführung häufig ein großer, zylindrischer Reisbehälter, der Nahrungsfülle symbolisieren soll, und eine hohe, bronzene Öllampe, die als glückverheißend gilt.

Aufwendige Schminke und eine ausgefeilte Mimik sind die Merkmale des Kathakali-Tanzes

Tanzspiele Krishnanattam und Ramanattam

Das Tanzspiel Krishnanattam wurde angeblich 1652 von *Manaveda,* dem Herrscher von Calicut, geschaffen, nachdem ihm Krishna im Traum erschienen war. Das Stück, welches das **abenteuerliche Leben Krishnas** zum Inhalt hat, gelangt noch heute in seiner traditionellen Form alljährlich während des Krishnajayanti-Festes im Tempel von Guruvayor zur Aufführung, die acht bis neun Tage dauert.

Die Sanskritverse des Krishnanattam werden nicht mehr wie im Kutiyattam von den Darstellern, sondern von den Musikern gesungen. So können rein rhythmische, nicht unmittelbar mit dem Inhalt korrespondierende Nrtta-Elemente des Tanzes betont werden. Die Akteure tragen schwere hölzerne **Masken** oder ebenfalls die typischen Gesichtsmanschetten. Anders als im Kathakali können auch Frauenfiguren in dieser Weise geschminkt werden. Die Kostüme des Krishnanattam gleichen denen des Kutiyattam.

Die Entstehung des Ramanattam-Tanzspiels hängt mit dem Krishanattam zusammen. Es heißt, dass *Kottayam Tampuram* (1665–1725), der Herrscher eines nördlich von Thiruvanantapuram gelegenen Reiches, den benachbarten König *Manaveda* gebeten haben soll, ihm seine Krishnanattam-Truppe auszuleihen. Als ihm dieser Wunsch ausgeschlagen wurde, schuf er kurzerhand sein eigenes Tanzspiel – eben das auf dem „Ramayana"-Epos basierende Ramanattam.

Der wesentliche Unterschied zwischen beiden Dramen ist, dass das Krishnanattam auf Sanskrit und von den Chakyar-Tempelbarden, das Ramanattam hingegen in der Malayalam-Sprache und von den **Nayar-Soldaten** aufgeführt wurde, wobei selbst der königliche Autor eine Hauptrolle einnahm. Die Kriegerkaste war wegen ihres Trainings, das zum Teil auf kämpferischen Bewegungen zu rhythmischen Trommelschlägen beruhte, besonders geeignet, in dem mitunter artistisch-akrobatischen Ramanattam-Tanzspiel mitzuwirken.

Im Laufe der Zeit führten die Nachfolger von König Kottayam Tampuram mehrere Neuerungen ein, die später fast alle vom Kathakali übernommen wurden. So trugen die Darsteller jetzt keine Masken mehr, sondern nur noch **Make-up.** Außerdem wurde das Programm um zwei Teile erweitert, die sich noch heute großer Beliebtheit erfreuen. Nach dem Einführungstanz von Rama und dessen Bruder Laksmana erscheinen die Hauptdarsteller und tanzen hinter einem bis zur Brusthöhe reichenden Vorhang eine Nrtta-Sequenz. So bietet sich dem Publikum die Gelegenheit, sich allein auf das kunstvolle Make-up zu konzentrieren.

Die zweite signifikante Ergänzung des Programms ist ein **Auftritt der bösen Charaktere,** die, begleitet von rasenden Trommelwirbeln, den Vorhang herunterziehen und dem Publikum kurz den Gesichtsausdruck zeigen, der in dem folgenden Tanz die Grundstimmung bildet. Außerdem wurde ein zweiter Tänzer eingeführt. Der erste

Der Sari – das indischste aller Kleidungsstücke

Kaum ein anderes Kleidungsstück wird derart eng mit seinem Ursprungsland identifiziert wie der Sari, das klassische Kleid der indischen Frauen. Er ist mit Indien so untrennbar verbunden wie das Taj Mahal und die heilige Kuh. Das farbenfrohe Bild des elegant um den Körper geschlungenen Tuches gehört zu den eindrucksvollsten Erinnerungen jedes Indien-Reisenden. Der Sari verleiht der indischen Frau eine immer wieder beeindruckende Würde und Grazie.

Länge, Tragart, Farbe, Stoff und Muster dieses äußerst wandelbaren Kleides variieren von Region zu Region. So misst die gewöhnlich sechs Meter lange Stoffbahn in Maharashtra 8,20 Meter und wird von hinten durch die Beine gezogen. Die Gujarati-Frauen legen das Sari-Ende über die rechte anstatt, wie üblich, die linke Schulter. In Kerala und Assam besteht der Sari aus zwei Teilen. Als besonders graziös gilt der Bengal-Stil, bei dem das auffallend lange Sari-Ende *(pallu)* zunächst über die linke Schulter geworfen wird, um danach über den Rücken, wieder unter dem rechten Arm nach vorne und schließlich erneut über die

Der kunstvoll geschlungene Sari ist das klassische Kleidungsstück indischer Frauen

linke Schulter geführt zu werden. In Rajasthan wird mit einem weiten, bis zu den Knöcheln reichenden Faltenrock *(ghagra)*, einer eng anliegenden Bluse *(choli)* und dem das Gesicht bedeckenden *ghunghat* sogar ein dreiteiliges Ensemble getragen, welches nur noch vage an den klassischen Sari erinnert.

Bei den Farben kann die Frau ihrem persönlichen Geschmack folgen. Allerdings gibt es gewisse Anlässe wie Tod (weiß) und Heirat (rot), bei denen die Sarifarbe vorgegeben ist. Ebenso groß wie die Vielfalt der Farben und Muster ist die der Materialien. Ein Sari kann aus Seide, Baumwolle, Chiffon oder den immer größere Verbreitung findenden synthetischen Materialien gefertigt werden. Dementsprechend unterschiedlich sind auch die Preise, die von 300 bis 30.000 Rs pro Stück reichen können.

Wie Erwähnungen in alten Epen und Skulpturen an den Tempeln von Khajuraho und Konark belegen, gehen die Ursprünge des Sari mehrere Tausend Jahre zurück. Man geht davon aus, dass er sich aus dem auch heute noch von vielen Männern getragenen Beinkleid, dem *dhoti*, entwickelt hat, welcher ursprünglich von Männern wie Frauen gleichermaßen getragen wurde. Das Wort Sari leitet sich ab von dem Sanskrit-Wort *sati*, welches soviel wie „Stück Stoff" bedeutet.

Der seit dem 15. Jh. mit der Ankunft der Moguln in ganz Indien zu verzeichnende tief greifende kulturelle Wandel ließ auch den Sari nicht unberührt. Das ursprünglich wesentlich kürzere Kleidungsstück wurde unter den strengeren Moralvorschriften der neuen Herrscher verlängert, sodass das Gesicht der Frau durch das schleierartige, zunächst über die Schulter gezogene Sari-Ende bedeckt wurde.

Statt des Sari tragen immer mehr junge Frauen den *salwar kameez*, eine ursprünglich aus dem Punjab stammende Kombination, bei der ein knielanges, an den Seiten eingeschlitztes Hemd über eine leichte, an den Versen gebundene Hose fällt.

Sänger hält, während er singt, den Grundrhythmus, indem er zusätzlich mit einem Stock einen Gong schlägt. Sein Partner wiederholt die Lieder und benutzt in schnellem Tempo ein kleines Beckenpaar. In einem ebenfalls von Kottayam Tampuram geschaffenen Zwischenspiel wird den Musikern auch Gelegenheit gegeben, ihr Können bei einer Verbindung von Liedern aus dem „Gitagovinda" mit reinen Trommelsoli zu Gehör zu bringen.

Der Kathakali-Tanz

Von allen Kunstformen, die das so kreative Kerala über die Jahrhunderte hervorgebracht hat, gilt der Tanz und insbesondere der Kathakali als die bekannteste. Er ist der ausdrucksstärkste und **dramatischste der indischen Tänze.** Der Besuch einer Kathakali-Aufführung gehört für fast jeden Kerala-Reisenden zum Pflichtprogramm.

Die Mischung aus unterschiedlichen Tanzformen macht den Kathakali zu einem der schwierigsten und vielfältigsten Tanzstile Indiens. Seine Faszination besteht in der Verbindung traditioneller Ästhetik der Ausdrucksformen und Bewegungen mit besonders auffallenden, farbsymbolischen Kostümierungen und Maskierungen sowie spannungsvollen Themen.

Ursprünge

In seiner heutigen Form entstand der Kathakali, als Ende des 17. Jahrhunderts das Ramanattam-Tanzspiel von anderen Stoffen, als denen aus dem Ramayana, ergänzt wurde. Als

016ke Foto: tb

besonderer Förderer tat sich hierbei der Maharaja von Travancore, *Karttika Tirumal* (1725–98), hervor. Er beschäftigte und finanzierte nicht nur seine eigene Tanzgruppe am Hofe, sondern verfasste einen tanztheoretischen Text („Balarama Bharatam"), der zahlreiche choreografische Details zum Inhalt hatte. Im 18. Jahrhundert wurden auch die für den Kathakali so charakteristischen **Gesichtsausdrücke und Handgesten** in einem bekannten Text, der „Hastalaksanadipika", systematisiert.

Nachdem der Kathakali Mitte des 19. Jahrhunderts wegen mangelnder fürstlicher Förderung in Vergessenheit zu geraten drohte, kam dem bekannten Tanzlehrer *Vallatol Narayana Menon* (1878–1958) die geniale Idee, eine Lotterie zur Rettung dieses keralischen Kulturguts ins Leben zu rufen. Mit den Erträgen schuf er die finanziellen Voraussetzungen für die Gründung der bis heute existierenden **Tanzakademie Kathakali Kalamandalam** in Cheruthuruthy in der Nähe von Kochi, die er zusammen mit dem Tanzmeister *Manakkulam Mukunda Raya Tamburam* 1937 eröffnete.

Außerhalb Keralas wird der Kathakali besonders im Kalakshetra und Natana Niketanam, beide in Chennai (dem früheren Madras), sowie in der Tanzschule Darpana in Ahmedabad, der Hauptstadt von Gujarat, gepflegt. Mitglieder dieser und anderer Institutionen reisen um die ganze Welt und haben den Kathakali außerhalb Indiens bekannt gemacht.

Aufführungspraxis

Eine Imitation der Welt - nicht mehr und nicht weniger - soll der Tradition zufolge die Darbietung des Kathakali darstellen, der bis ins kleinste Detail mit **Symbolismen** überhäuft ist. So repäsentiert die Bühne je nach Szenerie den Himmel, die Erde oder die Unterwelt. Von den Dochten der großen, auf der Bühne platzierten Öllampe gilt der längere als Sonne, der kürzere, dem Publikum zugewandte als Mond.

Die Spiele beginnen nach Sonnenuntergang mit einer formellen Ankündigung, bei der alle **Musikinstrumente** im Tempelbezirk ertönen. Auch dies ist symbolisch zu verstehen, da in der hinduistischen Weltsicht der Ton die erste Manifestation des Lebens darstellt, die Trommel hingegen als Kontrapunkt die Auflösung des Universums und zugleich den Beginn eines neuen Lebenszyklus. Zwei ausschließlich von Rhythmusinstrumenten begleitete Sänger tragen devotionale Lieder vor. Der dumpfe Klang der mit einem Schlegel geschlagenen, zylindrischen Centa-Fasstrommel und die ebenfalls fassförmige, aber handgeschlagene Maddala-Trommel geben den Ton an. Wie im Kuttayam spielt der erste Sänger einen Gong, der zweite ein Beckenpaar.

Während dieses musikalischen Vorspiels, das bis zu einer Stunde dauern kann, kostümieren und schminken sich die Tänzer. Durch dieses ebenso zeitaufwendige wie fotogene Ritual verwandeln sich die Akteure gewissermaßen in die übernatürlichen Figuren ihrer Rollen. Das Make-up mit seiner ausgeprägten Farbsymbolik ist als Transformation zu sehen, nach der die Darsteller nicht mehr mit ihren persönlichen Namen, sondern nur noch mit ihren Götternamen angeredet werden.

Dabei entspricht das **Make-up** der klassischen Dreiteilung aller menschlichen Eigenschaften *(guna)* in reine, göttliche *(sattvika)*, leidenschaftlich-menschliche *(rajasika)* und finster-dämonische *(tamasika)*. Grüne Farbe wird den Darstellern von Götter- und Heldenfiguren über Backenknochen und Kinnlade geschminkt. Das Gesicht ist dabei von der weißen, aus Reispaste bestehenden Gesichtsmanschette eingerahmt, die im Liegen aufgetragen wird und über eine Stunde trocknen muss. Augen und Augenbrauen werden mit schwarzer Farbe verlängert, der Mund rot und die Stirn weiß angemalt. In die Stirnmitte werden je nach Figur kleine, kreisrunde Zeichen in gelber oder roter Farbe gesetzt. Für einige Rollen sind zur Unterscheidung der Handgesten verlängerte, silberne Fingernägel vorgeschrieben.

Besonders hervorstechend ist die aufwendige **Kopfbedeckung** der verschiedene Charaktere verkörpernden Tänzer. Die der reinen Charaktere besteht aus einer hohen, mit Edelsteinen und goldenen Kordeln besetzten Krone, hinter der eine einem Heiligenschein ähnliche, kreisrunde, goldrote Scheibe angebracht ist. Einige Gottheiten wie Krishna, Rama und Lakshmana tragen kleinere, mit Pfauenfedern und Edelsteinen geschmückte Kronen. An den weißroten Kostümen dieser edlen Charaktere hängen mehrere weiße Schals, die unten mit bunt bestückten Rüschen versehen sind, sowie ein rotes Halstuch, an dem Spiegelchen baumeln.

Die Darsteller der „leidenschaftlich-menschlichen" Charaktere, die ebenfalls weiße Gesichtsmasken tragen, versieht man mit einem so genannten „Messer-Make-up". Hierbei unterbrechen messerförmge, rote Muster, eingerahmt von weißen Stichen längs der Backenknochen, die grüne Gesichtsbemalung. Weiße Nasenbälle sowie ein roter Schnäuzer sind bei einigen dieser Figuren besonders hervorstechend. Die **Farbe des Bartes** lässt häufig auf den Charakter einer Rolle schließen. So ist ein weißer, buschiger Bart dem Affengott Hanuman vorbehalten.

Rote Bärte hingegen werden nur von „finster-dämonischen" Figuren getragen. Ihre obere Gesichtshälfte und die Lippen sind schwarz, die untere Gesichtshälfte und Teile der Stirn rot geschminkt. Sie setzen statt der Gesichtsmaske eine weiße, breite, kammartige Teilmaske auf, die die Backen einrahmt.

Neben den unterschiedlichen Make-ups tragen die Charaktere häufig noch Gegenstände oder andere **Attribute,** durch die sie von den Zuschauern trotz zahlreicher Varianten in Maskierung und Kostümierung schnell identifiziert werden können. So kennzeichnet den bei Tanzdramen häufig auftretenden Jäger außer Pfeil und Bogen auch eine nach oben hin geöffnete, aus Pfauenfedern gebundene, zylindrische Kopfbedeckung. Die Dämonin Putana erkennt man an ihren weit vorstehenden Brüsten – einem Mythos zufolge versuchte sie, den Säugling Krishna mit giftiger Muttermilch zu stillen, kam dabei aber selbst ums Leben, weil der kleine Gott mit der Milch ihr Leben aussaugte. Für Heilige wiederum ist langes Haar charakteristisch, für Boten ein schlichter Turban, für Brahmanen, die im täglichen Leben ihren Kopf nicht bedecken, ein einfaches Stirnband.

Die aufwendige Schminkprozedur der Darsteller endet gewöhnlich gegen acht oder neun Uhr (bei den heutigen häufig ausschließlich für westliche Touristen organisierten Aufführungen werden Ausnahmen gemacht). Die eigentliche Vorstellung beginnt mit dem Anzünden einer Öllampe. Unmittelbar darauf folgt der obligatorische **Einführungstanz** *(totayam),* bei dem zwei Akteure hinter einem Vorhang zur Begleitung der Maddala-Tromel tanzen. Hier sollen sich „Illusion" *(maya)* und „weiblich-göttliche Energie" *(saki)* zu einem göttlichen Spiel verbinden. In einem weiteren „Präludium" stellen sich die Hauptdarsteller hinter dem halbhohen Vorhang dem Publikum vor, indem sie eine Nrtta-Sequenz tanzen.

Nach einem **musikalischen Zwischenspiel** *(melappadam)* tragen die Tänzer die Eröffnungsverse des Dramas vor. Dabei singen sie zunächst die **Sanskritverse** ohne Rhythmusbegleitung in verschiedenen Metren und Tempi. Erst danach setzen die Tänzer in **Gestensprache und Mimik** die Sanskritverse improvisierend um. Die im Stück enthaltenen Versdialoge werden ebenfalls gesungen, jedoch unter Begleitung der Rhythmusinstrumente und der Tänzer.

Die einzelnen **Rollen** des Kathakali unterscheiden sich hinsichtlich ihrer Ausdrucksformen. „Reine göttliche" Charaktere etwa bewegen sich würdevoll und öffnen niemals den Mund, selbst wenn sie lachen. „Leidenschaftlich-menschliche" Figuren hingegen dürfen sich laut äußern; sie girren in Liebesszenen wie Vögel oder brüllen in kämpferischen Episoden. „Finster-dämonische" Wesen strecken gar die Zunge heraus oder zeigen ihre künstlich verlängerten Zähne.

Es bedarf eines jahrelangen, harten Trainings, bei dem die zahlreichen Positionen immer wieder eingeübt werden müssen, um sämtliche für den Kathakali-Tanz erforderlichen Körperbewegungen zu beherrschen. Allein die **Grundhaltung** ist schwierig. Die Tänzer stehen mit aufgerichtetem großen Zeh und seitlich gebogenen Beinen auf den äußeren Kanten der Fußsohlen!

Die **choreografischen Muster** sind quadratisch und rechteckig, eher schwer und behäbig, denn leichtfüßig. Das schließt jedoch nicht aus, dass auch artistische Drehungen und Sprünge vorkommen. Charakteristisch für den Kathakali sind auch die rechtwinklig eingeknickten Beinstellungen. Eine solche Haltung gilt als besonders heroisch.

Großen Raum nimmt das **mimische Training** ein. Jeden Tag wird mehr als zwei Stunden geübt, die Augen in zwei verschiedene Richtungen blicken oder die Augenlider möglichst lange geöffnet zu lassen. Alle Gesichtsmuskeln müssen beherrscht werden. Bei der Furcht ausdrückenden „Rasa"-Haltung etwa sollen die Augenbrauen erst einzeln, dann zusammen nach oben gewölbt werden, die Augenlider aufgerissen sein und die Pupillen weit rollen. Zudem müssen die Nasenflügel weit geöffnet und die Lippen zusammen gekniffen werden, die Backen sollen zittern. Ähnlich schwierig ist es, die vielen **Handgesten** in all ihren Kombinationen zu beherrschen.

Insgesamt bildet der Kathakali eine einzigartige Mischung aus kompliziertester Tanztechnik, subtiler Gestensprache und Mimik, symbolbeladener, farbenfroher Garderobe und Maskierung sowie einer vielfältigen Thematik. Nicht zuletzt deshalb gehört er zu den im Ausland beliebtesten klassischen Tänzen Indiens.

Solotänze Mohini Attam und Ottan Thullal

Die Solotänze Mohini Attam und Ottan Thullal ähneln dem Kathakali. Die Aufführungen sind jedoch kürzer – der Männertanz Ottun Thullal beispielsweise dauert nur etwa zwei Stunden. Beide Tanzstile sind **volkstümlicher** und verwenden in ihren Texten allein die Malayalam-Sprache. Auch die Kostümierungen sind weniger üppig als beim Kathakali. So trägt beim Frauentanz Mohini Attam die Tänzerin nur einen einfachen Sari mit passender Bluse. Auch das Make-up ist bei Weitem nicht so aufwendig wie bei dem bekanntesten Ausdruckstanz Keralas. Tanzbewegungen, Gestik und Mimik entsprechen einander jedoch weitgehend, auch wenn sie weniger streng systematisiert und stilisiert sind.

Der **Mohini Attam,** der Tanz *(attam)* der göttlichen Verführerin Mohini, entwickelte sich aus der Tradition der **Tempeltänzerinnen,** die ab dem 9. Jahrhundert auch in Kerala nachweisbar ist. Obwohl ursprünglich nur von Frauen der Nayar-Kaste dargeboten, war der Mohini Attam eher ein höfischer als ein Tempeltanz, der wie viele andere Tanzstile Indiens mit dem Machtverlust der lokalen Fürsten und Könige beinahe in Vergessenheit geraten wäre. So wird der Mohini Attam heute nur noch sehr selten aufgeführt.

Bis heute recht populär hingegen ist der **Ottan Thullal.** *Kunjan Nambyar,* ein Dichter und Musiker am Hofe von König *Ambalapuja,* entwickelte im 18. Jahrhundert diesen solistischen Männertanz. Der Legende nach soll sich der Tempelbarde bei einer Kuttu-Vorstellung wegen eines falschen Tons lächerlich gemacht haben. Am folgenden Tag habe er seinen eigenen Tanz, den Ottan Thullal, im Tempel vorgeführt und dabei die Zuschauer einer gleichzeitig stattfindenden Darbietung von Kuttu-Tänzen scharenweise angezogen.

Der Ottan Thullal ist ein **klassischer Volkstanz,** voller leicht verständlicher, meist nur mündlich überlieferter Stoffe und Balladen mit humoristischen, teils sogar sozialkritischen Elementen. Die kurzen Vorstellungen finden in der Regel nachmittags statt, bei Tempelfesten oder zu privaten Anlässen wie Hochzeiten und Geburten.

017ke Foto: tb

Der Sänger-Tänzer wird von einem Maddala-Trommler, einem Beckenspieler und einem Harmonisten begleitet. Zunächst singt er nur, tanzt dann jedoch in immer schnellerem Tempo, wobei er manchmal scherzend ins Publikum springt. Das Gesicht des Akteurs ist weiß und grün geschminkt, Lippen und Augenbrauen sind rot angemalt. Er trägt einen weiten, bunten Rock, eine halbmondförmige Krone, eine reich ornamentierte Brustplatte und ebenso dekorierte Epauletten.

Die beiden Varianten des Ottan Thullal, der Sithankam- und der Parayan-Thullal, zeichnen sich durch leicht veränderte Kostüme und langsamere, graziösere Tanzformen aus.

Feste und Feierlichkeiten

Indische Feste sind so bunt und ungestüm wie das Land selbst. Zwar haben die meisten Feierlichkeiten religiöse Ursprünge, doch gerade die für Indien so typische Einheit von Religion und Alltagsleben macht ihre eigentliche Faszination aus. Prozessionen und Feuerwerk, Theatervorführungen auf öffentlichen Bühnen und farbenfrohe Tänze, nächtliche Jahrmärkte mit Karussels, Akrobaten und verführerischen Essensständen sowie infernalische Lautsprechermusik sind die typischen Bestandteile. Ein Augenschmaus sind sie immer, dafür auch allzu oft eine Pein für unsere Ohren.

Die Vielfalt der Religionen beschert dem Land eine unübersehbare Anzahl von Festen und Feiertagen. Neben den landesweiten existieren noch unzählige, nicht minder beeindruckende Regionalfeste. Jeder Reisende, der auch nur wenige Wochen im Land unterwegs ist, wird wahrscheinlich Augen- und Ohrenzeuge einer solchen Feierlichkeit werden.

Feste bringen nicht nur Abwechslung in das gerade von der Landbevölkerung oftmals als relativ ereignisarm angesehene Leben, sondern besitzen in einer derart reglementierten Gesellschaft wie der indischen, in der die meisten Entscheidungen des Alltags durch die Kastenordnung vorgegeben werden, eine höchst wichtige Ventilfunktion. Man darf sich gehen lassen und Dinge tun, die sonst verpönt sind.

Indischer Festkalender

Von den vielen Hundert indischen Festen kann hier nur eine kleine Auswahl aufgeführt werden. Da sich die meisten religiösen Feste nach dem **Mondkalender** richten und zudem regional oftmals leicht variieren, kann auch nur eine ungefähre Zeitangabe gemacht werden. Beim indischen Fremdenverkehrsamt in Frankfurt ist jeweils ab November eine Liste mit den Terminen der hundert Hauptfeste für das kommende Jahr erhältlich.

Januar

- 1. Januar; **Neujahr** – gesetzlicher Feiertag
- 26. Januar; **Tag der Republik** – gesetzlicher Feiertag.
- **Pongal** – Diese Art des südindischen Erntedankfestes wird im Januar nach der Wintersonnenwende gefeiert, wenn der Mosunregen aufgehört hat und die Ernte beginnt. Besonders in Tamil Nadu und hier speziell in Madurai wird Pongal mit aufwendigen Umzügen und Prozessionen, Veranstaltungen und Festessen über mehrere Tage gefeiert. Besonders berühmt ist die am dritten Tag in einem kleinen Ort in der Nähe von Madurai veranstaltete Stierhetze. Dabei werden ähnlich wie im spanischen Pamplona Stiere durch die Straßen gejagt.

Februar/März

- **Holi** – gesetzlicher Feiertag. Eines der fröhlichsten, ausgelassensten und vor allem farbenfrohsten Feste ganz Indiens. Zur Begrüßung des Frühlings wirft man ausgelassen mit Farbpulver um sich, wobei Touristen die begehrtesten Opfer abgeben. Ist gerade keine Farbe mehr vorhanden, begnügt man sich auch mit Schlamm. Leider wird das Fest vielerorts immer rowdyhafter (s. auch „Praktische Reistipps: Sicherheit").

030ke Foto: mb

März/April

- **Ramanawami** – gesetzlicher Feiertag. Der Geburtstag Ramas, der siebten Inkarnation Vishnus, der gerade in den letzten Jahren als Symbolfigur des Hindu-Fundamentalismus besondere Verehrung erlangte, wird in Großstädten gefeiert.
- **Ostern** – Speziell in Goa und Kerala wird das Osterfest am Karfreitag mit Messen in den katholischen Kirchen begangen. Der Karfreitag ist gesetzlicher Feiertag.

April/Mai

- **Puram in Thrissur** – Fast in jedem Dorf Keralas wird dieses von dem Maharaja von Thrissur Ende des 18. Jh. initiierte Fest gefeiert. Am sehenswertesten ist es jedoch in Thrissur, wo jedes Jahr Tausende von Einheimischen und Touristen zusammenströmen, um die prunkvollen Umzüge mit den reich geschmückten Elefanten zu erleben. Zu dem Spektakel tragen auch die aus bis zu hundert Musikern bestehenden Orchester bei, die sich mit ihren Trommeln, Becken und Blasinstrumenten in einen wahren Rausch spielen und die Massen in ihren Bann ziehen.

Juli/August

- **Naga Panchami** – typisch indisch: ein Fest zu Ehren der Schlangen, die nach hinduistischem Glauben Feinde von Haus und Hof fernhalten.
- **Onam** – das zehntägige Onam-Fest ist Keralas größtes Festival. Dieses jeweils im August/September im ganzen Bundesstaat begangene Fest zu Ehren des mythologischen Königs Mahabali ist das kulturelle Highlight in Kerala und wird als Familienfest mit Festschmaus und durch Schmücken der Häuser begangen.
- 15. August; **Unabhängigkeitstag** – gesetzlicher Feiertag.

229ke Foto: mb

Gaukler beim Car Festival

•**Janmashtami** - gesetzlicher Feiertag. Der Geburtstag Krishnas, einer der beliebtesten Götter des hinduistischen Pantheons, wird landesweit gefeiert (August).

September/Oktober

•**Dussera** - 10 Tage, davon 2 gesetzliche Feiertage. Das bedeutendste aller indischen Feste bezieht sich auf das Ramayana-Epos, in dem Sita, die Gattin Ramas, vom Dämon Ravana nach Sri Lanka entführt, am Ende jedoch von Rama wieder befreit wird. Überall gibt es kirmesähnliche Vergnügungsangebote mit Musik, Essensständen und Schaustellern. Ravanas Figur aus Papier und Holz wird am eigentlichen Festtag gegen Abend in Brand gesteckt.

•2. Oktober; **Geburtstag Mahatma Gandhis** - gesetzlicher Feiertag.

Oktober/November

•**Diwali** - 5 Tage, davon ein gesetzlicher Feiertag. Eigentlich Depavali genannt (Lichterkette), ist es ein eher ruhiges, beschauliches Fest, vergleichbar mit unserem Weihnachtsfest.

November/Dezember

•**Govardhan Puja** - gesetzlicher Feiertag. Das gibt es nur in Indien: Alle öffentlichen Institutionen sind geschlossen zu Ehren der Kuh, dem heiligen Tier des Hinduismus.

•25. Dezember; **Weihnachten** - gesetzlicher Feiertag. Besonders in Goa und Kerala werden in den Kirchen große Messen abgehalten. Der 1. Weihnachtstag ist ähnlich wie in Europa ein ruhiger Tag der Familienzusammenkünfte und Festessen.

206ke Foto: mb

Kerala

207ke Foto: mb

Der Besuch der Backwaters gehört zu den Höhepunkten einer Kerala-Reise

Teepflückerin in Munnar

Thiruvananthapuram (Trivandrum)

↗ C3

Einwohner: 890.000
Vorwahl: 0471

Ist Thiruvananthapuram, die **Hauptstadt Keralas,** nun ein geruhsamer Verwaltungsort oder eine hektische Großstadt? Bei der Beantwortung dieser Frage kommt es wie immer auf den Standpunkt an, in diesem Falle, ob man die Tage zuvor „on the road" war oder das Leben an den Stränden von Kovalam oder Varkala genossen hat. Im ersten Fall wird man die sich über mehrere Hügel erstreckende „heilige Stadt von Anantha" mit ihren breiten Straßen, zahlreichen Parks und hübschen Kolonialbauten als angenehmen Kontrast zur Hektik anderer indischer Großstädte erleben. Traveller hingegen, die vom gerade einmal 30 Busminuten entfernten Kovalam anreisen, um bei einem Tagesausflug einige Einkäufe oder andere Dinge zu erledigen, erleben das Stadtzentrum um die hektische, laute und luftverschmutzte MG Rd. als kleinen Kulturschock. Entsprechend schnell kehren sie zu ihren Strandparadiesen zurück.

Der zweite Fall dürfte die Regel sein, dient Thiruvananthapuram für die allermeisten Touristen doch nur als Durchgangsstation zu den Stränden im Süden und Norden. Tatsächlich hat die Stadt nur wenige Sehenswürdigkeiten zu bieten, doch als Abwechslung lohnt der freundliche Ort mit seinen sympathischen Bewohnern durchaus einen Abstecher.

Der komplizierte Name Thiruvananthapuram rührt von der heiligen Schlange Anantha her, auf der Vishnu zwischen zwei Weltperioden im Meditationsschlaf im kosmischen Ozean ruht und die, glaubt man der Legende, hier geboren worden sein soll. Wer sich den Zungenbrecher sparen möchte, kann den bei den Einheimischen immer noch gebräuchlichen **alten Namen Trivandrum** verwenden.

Orientierung

Hauptschlagader und bedeutendste Straße ist die auf einer Länge von ca. vier Kilometern von Nord nach Süd verlaufende Mahatma Gandhi (MG) Rd. Entlang der meist mit Autos und Bussen verstopften Trasse reihen sich fast alle wichtigen Gebäude und Einrichtungen aneinander. Im Süden finden sich mit dem Fort und dem Shri-Padmanabhaswamy-Tempel die Hauptsehenswürdigkeiten der Stadt. Knapp einen Kilometer weiter nordöstlich an der Central Station Rd. liegen in unmittelbarer Nachbarschaft der Bahnhof und der Busbahnhof. Die Mitte der MG Rd. wird durch das Secretariat, das schönste Kolonialgebäude der Stadt, markiert. In der näheren Umgebung liegen viele Hotels, Restaurants und Geschäfte. Im Norden befinden sich der Botanische Garten mit dem Zoo und das Napier-Museum. Wer ruhigere, noch von der kolonialen Vergangenheit geprägte Viertel erleben möchte, sollte sich weg von der MG Rd. Richtung Osten begeben.

Sehenswertes

Padmanabhaswamy-Tempel

Der Padmanabhaswamy-Tempel liegt inmitten des **alten Forts** im Südwesten der Stadt. Nicht-Hindus haben keinen Zutritt zum Inneren des Ende des 18. Jh. erbauten Heiligtums. Wegen des siebenstöckigen, 17 m hohen *gopuram* im typisch dravidischen Stil und der von religiöser Inbrunst gekennzeichneten Atmosphäre um den großen Tempelteich lohnt dennoch ein Besuch.

• **Öffnungszeiten:** Wer in den Tempelbereich gehen möchte, kann dies von 4.15 bis 12 und 17 bis 19.30 Uhr tun (mit einigen kurzen Unterbrechungen auch in diesen Zeiten).

Puttan-Malika-Palast

Mit seinen Giebeldächern aus roten Ziegeln, den umlaufenden Veranden und schön verzierten Holzpfeilern bietet der Puttan-Malika-Palast südlich des Tempelteichs ein sehr schönes Beispiel für die **Kerala-Architektur.** Insgesamt 5.000 Arbeiter benötigten vier Jahre, um den Wohnsitz für den Raja von Travancore fertigzustellen. Die einzelnen Ausstellungsstücke im Inneren des zum Teil in ein **Museum** umgewandelten, 200 Jahre alten Palastes können nicht mit dem Glanz der Architektur konkurrieren. Dennoch bietet ein Rundgang interessante Einblicke in das fürstliche Leben vor 100 Jahren. Zu sehen ist ein buntes Gemisch aus Waffen, Kleidungsstücken, Trophäen und Gastgeschenken ausländischer Besucher. Besonderes Interesse verdienen die historischen Aufnahmen der Herrscherfamilie. Ein Festival der klassischen indischen Musik findet im Palast jedes Jahr im Januar/Februar statt.

• **Öffnungszeiten:** täglich außer Mo von 8.30 bis 12.30 und 15 bis 17.30 Uhr. Eintritt: 20 Rs, Kamera 15 Rs.

Botanischer Garten und Zoo

Der Botanische Garten im Norden der Stadt lohnt in vielerlei Hinsicht einen Ausflug. Als grüne Lunge von Thiruvananthapuram bietet er sich für einen geruhsamen Spaziergang an. Gleichzeitig beherbergt er den Zoo und zwei Museen. Der inzwischen moderne Zoo mit viel Grün macht einen guten Eindruck und hebt sich damit von den meisten anderen Tiergehegen Asiens ab. Auf gewundenen Wegen zwischen Seen durchwandert der Besucher die großzügig gestalteten Käfiganlagen. Auch das angeschlossene Reptilienhaus ist sehenswert.

• **Öffnungszeiten des Zoos:** tgl. außer Mo von 9.30 bis 17 Uhr; Eintrittskarten für den Zoo und das Reptilienhaus, die Art Gallery und alle Museen können von 10 bis 16 Uhr für 6 Rs an einem Ticketschalter am Zooeingang gekauft werden. Kamera 20 Rs.

Napier-Museum

Ähnlich wie beim Puttan-Malika-Palast gefällt auch das im Botanischen Garten gelegene Napier-Museum in erster Linie wegen seiner ebenso ungewöhnlichen wie gelungenen keralischen Architektur. Der 1880 in einer gepflegten Gartenanlage für den Präsidenten der Madras Presidency, Lord *Napier,* erbaute **Palast** stellt mit sei-

Thiruvananthapuram (Trivandrum)

- 1 Museum of Science & Technology
- 2 Mascot Hotel
- 3 Indian Airlines
- 4 State Bank of India und ATM
- 5 Sri Chitra Art Gallery
- 6 Ticketverkauf Zoo und Museen
- 7 Napier Museum
- 8 Natural History Museum
- 9 Kanakakunna Palace
- 10 Air India
- 11 Kerala Travels
- 12 HDFC ATM
- 13 Tourist Facilitation Centre
- 14 The Great India Tour Company, Airtravel Enterprises
- 15 Legislative Assembly
- 16 Christ Church of India
- 17 Multidata Internet
- 18 St. Joseph's Cathedral
- 19 University of Kerala
- 20 Moschee
- 21 Connemara Markt
- 22 Victoria Jubilee Town Hall, Phantom Thanu Pillai Statue
- 23 The South Park
- 24 St. George's Orthodox Church
- 25 General Hospital
- 26 Foodworld Supermarkt, Indian Coffee House, Canara Bank und ATM, KLM, Sri Lankan Airlines, Air Maledives
- 27 YWCA Guest House
- 28 idbi ATM
- 29 Hotel Pankaj, DC Books
- 30 Muthoot Plaza
- 31 Cyber World
- 32 Police Headquarters
- 33 Central Telegraph Office
- 34 Comfort Inn Grand
- 35 State Bank of Travancore, Modern Book Centre
- 36 Aries Travels, Boston Cyber Park, Kalavara Family Restaurant
- 37 Hauptpost
- 38 YMCA, British Library
- 39 SMSM Institute
- 40 Residency Tower
- 41 Commissioner of Police (Visumverlängerung)
- 42 Wild Palms Home Stay
- 43 Hotel Geeth, Alitalia
- 44 CLS Books
- 45 Sabari Cybers
- 46 Prasanth Lodge
- 47 ICICI ATM
- 48 Thomas Cook, Canara Bank ATM, Sankar's Tea & Coffee
- 49 Muthoot Finance
- 50 Ayurveda College School
- 51 Princess Inn
- 52 sify-i-way Internetcafé
- 53 Sundar Tourist Home, Net Fast
- 54 Hotel Regency
- 55 State Bank of India ATM
- 56 Continental Books
- 57 Higginbothams
- 58 Tour India
- 59 Pravin Tourist Home
- 60 Highland Park Hotel
- 61 Blue Nest
- 62 National Internet
- 63 Ambika Café, Prime Square Restaurant
- 64 Hotel Chaitram, Tourist Reception Centre, Internet Café, Central Bank of India, Andra Bank ATM, Shree Kumar Cinema
- 65 Maveli Café
- 66 Thampanoor Busbahnhof
- 67 Greenland Lodging
- 68 Polizei
- 69 Tourist Information Centre
- 70 South India Bank ATM
- 71 Triveni Ayurvedic College, Margi Kathakali School
- 72 Puttan Malika Palast Museum
- 73 Municipal Busstand
- 74 Busse nach Kovalam
- 75 CVN Kalari Sangham

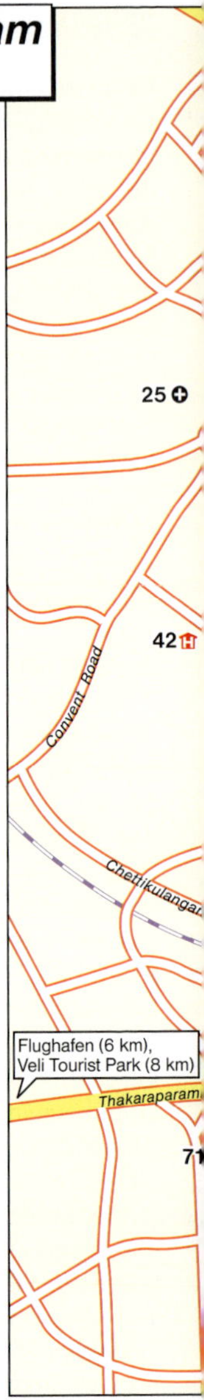

Wild Palms at Sea (20 km), Varkala (50 km), Ernakulam 230 km)
PM Junction
Zoo
Stadion
M. G. Road
Museum Road
Vallayamballam Junction
Ponmudi (56 km), Jet Airways (400 m)
0
500 m
Stadion
Palayam Junction
Spencer Junction
Statue Road
Punnen Rd.
Sportplatz
Secretariat
YMCA Road
Thycaud Hospital Road
Academy of Magical Science (4 km)
Ambujavilasom Rd.
Press Road
M. G. Road
G.A.K. Road
Manjalikulam Road
Dharmalayam Road
Central Station Road
Hospital Road
Bahnhof
M. G. Road
Power House Road
dmayilasam Road
dmanabhaswamy-empel
Tempelteich
East Fort
Chalai Bazar Road
Padmanabhapuram Palast (53 km), Kanyakumari (85 km)
Kovalam (17 km)
South Road

nem dreistufigen Giebeldach, der rosaroten, mit kleinen Mustern verzierten Fassade und den zwei markanten Seitentürmen ein ungewöhnliches Stilgemisch dar. Genauso bunt sind die im Inneren ausgestellten Objekte, die von sehr schönen Chola-Bronzen aus dem 12. Jh. über Holz- und Elfenbeinschnitzereien bis zu Tempelwagen und Tanzkostümen reichen.

• **Öffnungszeiten:** Di und Do–So von 9 bis 17 Uhr, Mi von 13 bis 17 Uhr, Tel.: 2318294.

Shri Chitra Art Gallery

In der ebenfalls im Botanischen Garten in einem hübschen Palastgebäude untergebrachten Shri Chitra Art Gallery findet sich eine reiche Sammlung von **Gemälden.** Neben nordindischen, stark von den Moguln beeinflussten Miniaturmalereien und Landschaftsgemälden mit Motiven aus Kerala sind auch Werke aus anderen asiatischen Ländern wie China und Indonesien ausgestellt. Einige Bilder stammen von dem russischen Maler, Schriftsteller und Philosophen *Nicolas Roehrich,* der nach den Wirren des Ersten Weltkriegs nach Indien emigrierte und in dem kleinen Dorf Naggar im heutigen Bundsstaat Himachal Pradesh Zuflucht und Heimat fand. Seine letzten Jahre verbrachte er in Bangalore, wo er 1933 verstarb.

• **Öffnungszeiten:** Di und Do–So von 9 bis 17 Uhr, Mi nur von 13 bis 17 Uhr.

Connemara-Markt

Der kleine Connemara-Markt im Norden der Stadt, ein paar Meter östlich der MG Rd., zeigt einen typischen Eindruck des indischen Alltagslebens. Hier werden Obst, Gemüse und Fisch verkauft, weshalb sich über dem Markt viele Greifvögel tummeln, um einen Brocken zu ergattern. Der Markt ist nicht besonders schön, aber authentisch und daher einen Abstecher wert.

Veli Tourist Park

Wer einen Abstecher zum Meer unternimmt, sollte diesen kleinen Park (tgl. 8–19.30 Uhr) mit riesigen Skulpturen des keralischen Künstlers *Kanai Kunhiramam* nicht links liegen lassen. Umflossen vom Arabischen Meer und der Veli-Lagune, liegt er 8 km westlich von Trivandrum. Neben vielerlei Möglichkeiten für **Wassersport** ist auch ein **Vergnügungspark für Kinder** angeschlossen. Zudem lockt der **Shanghumukham Beach** nebenan mit der 35 m hohen Skulptur einer Meeresjungfrau. Ein Picknick zwischen den Teichen und Seemuscheln aus Zement sorgt für die notwendige Erholung vom hektischen Trivandrum.

Praktische Tipps

Information

• **Kerala Tourism** unterhält mehrere Auskunftsbüros in Trivandrum. Das **Tourist Facilitation Centre** (Museum Rd., Tel.: 2321132, 1600444747, gebührenfrei, deptour@vsnl.com, tgl. 10–17.30 Uhr) schräg gegenüber dem Napier-Museum ist äußerst bemüht und auskunftsfreudig. Außerdem wird gern Information in Papierform mitgegeben. Das **Tourist Reception Centre** im Chaithram Hotel (Tel.: 2330031) an der Station Rd. ist vor-

nehmlich am Verkauf der Stadtrundfahrten (s.u.) interessiert.
- Weitere **Tourist Information Centres** befinden sich im Hauptgebäude des Thampanoor-Busbahnhofs (Tel.: 2327224) und im Bahnhof (Tel.: 2334470). Darüber hinaus gibt es Filialen am Flughafen (Tel.: 2501085, 2502298).
- Außerdem hilft ein **TTDC-Informationsbüro** (Thambanoor, Tel.: 2327310) bezüglich Tamil Nadu weiter.

Stadtverkehr

- **Motorrikshas** sind die beste Art der Fortbewegung. Vom Bahnhof im Süden der Stadt bis zum Napier-Museum im Norden sollte man mit 25 Rs rechnen, 5–10 Rs weniger vom Bahnhof bis ins Zentrum. Vor dem Bahnhof erleichtert ein Prepaid-Schalter das Leben.
- Um die Stadt in Nord-Süd-Richtung zu durchqueren, kann man auch einen der vielen **Stadtbusse** benutzen, die sich unablässig die MG Road entlangquälen.
- Von der Innenstadt zum 6 km südwestlich gelegenen **Flughafen** gelangt man mit Stadtbussen mit der Aufschrift „Airport" (z.B. Bus Nr. 14). Sie starten vom städtischen Busbahnhof am East Fort. Mit der Motorriksha kostet es ca. 70 Rs. Taxifahrer verlangen von der Innenstadt zum Flughafen zwischen 120–140 Rs, Taxis ab Flughafen sind im Voraus zu zahlen.

Stadtrundfahrt

KTDC veranstaltet eine Reihe von Touren innerhalb der Stadt und zu weiteren Zielen in Kerala. Alle starten vom KTDC-Büro am Hotel Chaithram. Wie üblich ist alles etwas gehetzt. Für jene, die nur über wenig Zeit verfügen, bieten sie dennoch eine willkommene Gelegenheit, um in möglichst kurzer Zeit einen Überblick zu erhalten.
- Ob allerdings die ganztägige **Citytour** für 130 Rs (Sri-Padmanabhaswamy-Tempel, Zoo, Shri Chitra Art Gallery, Puttan-Malika-Palast, Napier-Museum, Veli Lagoon und Kovalam) Sinn macht, bleibt dahingestellt, zumal Kovalam wohl ohnehin jeder auf der Reiseroute hat. Die Halbtagestour innerhalb Trivandrums kostet 80 Rs. Montags ist die Route aufgrund einiger geschlossener Ziele verändert.
- Recht interessant dürfte die **Kanyakumari-Tour** zur Südspitze Indiens mit Stopps am Padmanabhapuram-Palast, am Suchindram-Tempel und in Kanyakumari sein. Die den gesamten Tag (7.30–21 Uhr) beanspruchende Tour kostet 250 Rs und findet tgl. außer Mo statt, Mindestteilnehmerzahl 10 Personen.
- Ein Tagesausflug nach Ponmudi kostet 210 Rs. Darüber hinaus werden **Mehrtagestouren** u.a. nach Munnar (2 Tage, 750 Rs), Kumily (Periyar WS, 2 Tage, 530 Rs) und Kodaikanal angeboten.

Unterkunft

Untere Preiskategorie:
- Die beste Budget-Wahl der Stadt ist das neue **Hotel Princess Inn** €-€€€ (Tel.: 2339150, princess_inn@yahoo.com) in der Manjalikulam Rd., in der sich viele weitere Hotels verschiedener Preisklassen aneinander reihen. Die makellosen, hellen Zimmer mit Bad und TV (die teureren klimatisiert) und der freundliche Service sind herausragend, die Einzelzimmer spottbillig.
- Einfache und preiswerte Zimmer mit Bad und größere mit TV und teilweise AC sowie die günstige Zentrumslage machen das **YMCA** €€-€€€ (Tel.: 2330059, ymcatvm@sancharnet.in) an der gleichnamigen Straße neben der British Library zu einer guten Wahl. Auch das **YWCA** an der MG Rd. (4. Stock, Fahrstuhl) ist eine angenehme Adresse.
- Ganz einfache, zentral gelegene Zimmer für Leute mit schmalstem Geldbeutel bietet die **Prasanth Lodge** € (Tel.: 2320973), etwas versteckt in den Gassen südlich der Press Rd. Die obere Etage ist vorzuziehen. Ähnlich in Preis und Qualität ist das **Sundar Tourist Home** € in der Manjalikulam Road.
- Viel für wenig Geld bietet das ca. 1 km vom Bahnhof entfernte **Pravin Tourist Home** € (Tel.: 2330753, Manjalikulam Rd.), recht große Zimmer mit Bad in ruhiger Lage. Die oberste Etage heizt sich über den Tag sehr auf, deshalb besser den ersten Stock wählen. Es ist oft ausgebucht.

- Von den Hauptstraßen entfernt und damit ruhig gelegen, aber dennoch relativ nah am Bahnhof und der MG Rd. liegt das **Hotel Regency** €€-€€€ (Tel.: 2330377, hotelregency@satyam.net.in) mit großen und sauberen Räumen mit TV und teilweise mit AC sowie Kühlschrank. Außerdem gibt's ein klimatisiertes Restaurant und ein schönes Dachrestaurant.
- Näher zum Bahnhof liegt das **Hotel Highland Park** €€-€€€ (Manjalikulam Rd., Tel.: 2338800). Es macht mit großen, hellen, gepflegten, teilweise klimatisierten Zimmern mit TV einen guten Eindruck. Die oberen Etagen haben weiten Ausblick. Auch hier gibt's ein Restaurant.

Mittlere Preiskategorie:

- Eine exzellente Mittelklassewahl ist das **Comfort Inn Grand** €€€-€€€€ (Tel.: 2471286, comfortinngrand@eth.net) in zentraler Lage gegenüber dem Secretariat. Die 1a-Zimmer mit Badewanne und TV, guten Ausblicken von den oberen Etagen sind sehr billig fürs Gebotene. Auch ein gutes vegetarisches Restaurant ist angeschlossen.
- Im ruhigeren westlichen Teil Trivandrums lockt das sehr gemütliche, von vielen Lesern empfohlene **Wild Palms Home Stay** €€€-€€€€ (Mathrubhumi Rd., Tel.: 2461971, wildpalmshomestay@gmail.com, www.wildpalmshomestay.org, Preise inkl. Frühstück). Die großzügigen, schön möblierten Zimmer und der freundliche Besitzer führen zu häufiger Ausbuchung, also reservieren. Derselbe Besitzer vermietet zudem mit dem **Wild Palms at Sea** €€€-€€€€ (Beach Rd., Puthen Thope, Tel.: 2756781) eine ebenso empfehlenswerte, resortartige Unterkunft am Meer 20 km nördlich von Trivandrum.
- Eine weitere hervorragende Adresse kaum fünf Fußminuten vom Bahnhof ist das **Blue Nest** €€-€€€ (Manjalikulam Rd., Tel.: 2324027) mit guten, teils klimatisierten Zimmern ohne TV.
- In dem großen Kasten (88 Zimmer) des staatlichen **KTDC Hotel Chaithram** €€-€€€ (Tel.: 2330977, chaitram@vsnl.com), ganz nah dem Bahn- und Busbahnhof, sind nur die billigeren, aber größeren Non-AC-Zimmer mit TV, Schreibtisch und großem Badezimmer ihr Geld wert. Ein Dachrestaurant (abends geöffnet), eine Bank, ein Reisebüro und ein Buchladen sind vorhanden. Allerdings sollte man wegen der Lage direkt neben dem Busbahnhof vor dem Einchecken die Zimmer auf ihre Lautstärke prüfen.
- Passabel ist das **Hotel Pankaj** €€€€ (MG Rd., Tel.: 2464645, www.pankajhotel.com) gegenüber dem Secretariat, dessen große Standardzimmer mit TV erstaunlicherweise besser und natürlich billiger als die überteuerten Deluxe-Zimmer sind. Das professionell geführte Haus ist zentral klimatisiert und verfügt über ein gutes Restaurant, welches vor allem für sein preiswertes und reichhaltiges Mittagsbüffet bekannt ist, und ein weiteres auf dem Dach.

Obere Preiskategorie:

- Viel fürs Geld gibt's im **Residency Tower** €€€€-€€€€€ (Tel.: 2331661, rtower@md2.vsnl.net.in, www.residencytower.com) südlich des Secretariat-Gebäudes an der Press Rd., ein typisch indisches Mittelklassehotel: etwas steril, dafür sauber und mit gutem Restaurant, Bar sowie einem 24-Std.-Coffee-Shop. Die zentralklimatisierten und mit allem Notwendigen wie Badewanne, TV und Polstergruppe ausgestatteten 75 Zimmer wirken fast luxuriös. Weite Ausblicke in den oberen Stockwerken.
- Recht Stilvoll ist das staatliche **Mascot Hotel** €€€€€ (Tel.: 2318990, hotelmascot@vsnl.net), eine großzügige Gartenanlage im Norden Trivandrums mit Pool. Alle riesigen Zimmer des zentralklimatisierten Hauses sind geschmackvoll möbliert und weisen die üblichen Annehmlichkeiten dieser Preisklasse auf. Natürlich gibt's ein hervorragendes Restaurant.
- **The South Park** €€€€€ (Tel.: 2333333, mail@thesouthpark.com, www.the southpark.com) an der MG Rd. ist Teil der Welcome Group. Der große, weiße Hotelklotz ist mit seinen großzügigen Räumen, Business Center, Tennisplatz, Pool sowie diversen Restaurants eines der besten Hotels der Stadt.
- Der glänzende Glasklotz des **Muthoot Plaza** €€€€€ (Punnen Rd., Tel.: 2337733, muthoot@eth.net) östlich der MG Rd. beherbergt hauptsächlich Geschäftsreisende, entsprechend zweckmäßig sind die makellosen Zim-

mer mit allem Komfort dieser Preisklasse (inkl. Internet-Anschluss in den Zimmern). Sa und So gibt's ein Abendbüffet.

Essen und Trinken

Abgesehen von den bereits erwähnten Hotelrestaurants gibt es noch eine Reihe weiterer empfehlenswerter Gaststätten, von denen nur eine kleine Auswahl vorgestellt werden kann.

- Reichhaltiges, günstiges Früstück bietet das **Ambika Café** an der Kreuzung Station Rd./ Manjalikulam Rd.
- Wegen der großen Auswahl vegetarischer und nichtvegetarischer Gerichte zu günstigen Preisen ist das **Prime Square** neben dem Ambika Café bei Einheimischen wie Touristen zu Recht beliebt.
- Ein herrlicher Ort, um bei Kaffee und kleinen Snacks die Zeit mit Zeitunglesen oder „people watching" zu verbringen, ist das architektonisch ungewöhnlich gestaltete, spiralförmig ansteigende **Malevi Café** neben dem Busbahnhof an der Station Rd., einem Ableger des Indian Coffee House.
- Weniger gemütlich sitzt es sich im **Indian Coffee House** an der MG Rd., Ecke Spencer Junction. Auch hier wird man stilvoll von Obern mit Turbanen bedient.
- Keralische Küche in hervorragender Qualität, auch Fischgerichte, und das zum kleinen Preis machen das **Kalavara Family Restaurant** (nur mittags und abends geöffnet) in der Press Rd. zu einem Renner.
- Das **Arya Niwas** ist eines der besten vegetarischen Restaurants in der Nähe des Bahnhofs, zudem ist es äußerst preisgünstig.
- Angenehm sitzt es sich in den **Dachrestaurants** des **Hotel Regency** und des **Hotel Geeth** nahe der MG Rd. Beide sind nur abends ab 19 Uhr geöffnet, das Restaurant des Geeth hat den schöneren Ausblick und die umfangreichere Speisekarte.
- Ausgezeichnetes Eis, Backwaren und Süßigkeiten gibt es im allerdings recht teuren **Sivaji Ice Creams & Pastries** an der Althara Junction.

210ke Foto: tb

• Einer der auch in Indien immer häufiger anzutreffenden Supermärkte nach westlichem Vorbild ist der hervorragend ausgestattete **Supermarkt Foodworld** (10–20 Uhr) an der MG Rd., nahe der Spencer Junction.

Bank

• Am effizientesten tauscht man Geld und Reiseschecks bei **Thomas Cook** (Tel.: 233 8140, tgl. 9.30–18 Uhr) im südlichen Teil der MG Rd. Am Flughafen gibt's eine 24 Std. geöffnete Filiale.

• Auch die **State Bank of India** beim Secretariat, die **State Bank of Travancore** (Mo–Fr 10–1, Sa 10–12 Uhr), südlich des Secretariat wie auch **Muthoot Foreign Exchange** (Mo–Sa 9.30–18.30 Uhr), akzeptieren alle Währungen und Reiseschecks. Die **Central Bank of India** (Mo–Fr 10–14, Sa 10–12 Uhr) im Chaitram Hotel ist bahnhofsnah.

• Nebenan verarbeitet der **ATM** der Andra Bank wichtige internationale Kreditkarten außer Amex, was auch dem der Canara Bank, 50 m südlich von Thomas Cook gelingt. Gleiches gilt für den ATM der State Bank of India am nördlichen Ende der MG Rd. sowie für mehrere gegenüber dem Secretariat, wobei der ATM der idbi-Bank etwas nördlicher auch Amex-Karten annimmt. Auch der ATM der HDFC-Bank an der Vellayambalam Junction weist Amex-Karten nicht ab.

Post, Telefon, Internet

• Die **Hauptpost** etwas westlich der MG Rd. ist Mo bis Sa von 8 bis 18 Uhr geöffnet. Im Notfall kann man es jedoch auch sonntags versuchen, da einige Schalter dann geöffnet sind.

• **Telefonieren** ist in den vielen ISD/STD-Läden mit 12 Rs/Min. ins europäische Festnetz recht billig geworden. Das Telegraph Office gegenüber dem Secretariat ist rund um die Uhr geöffnet. Das gelegentlich in entsprechend ausgestatteten Internetcafés mögliche Net-to-Phone-Verfahren kostet nur um die 4 Rs.

• Ein schnelles **Internetcafé** ist an der Manjalikulam Rd. in der Nähe vieler Hotels zu finden: Breitbandverbindungen von sify-i-way für nur 20 Rs/Std., bis 23 Uhr geöffnet. National Internet ist langsamer, aber okay. Billig surft's sich bei Chem Soft Cyber Café in der Press Rd. (10 Rs/Std.), rund um die Uhr im Internetcafé im Hotel Chaitram.

Reisebüros

Einige von vielen Reisebüros, die sich über Jahre bewährt haben:

• **Aries Travels,** Ayswarya Bldg., Press Rd., Tel.: 2330964, ariestravel@satyam.net.in.

• **Airtravel Enterprises,** New Corporation Bldg., MG Rd., Tel.: 2323900, atemd@techpark.net.

• **Kerala Travels,** Vellayambalam Junction, Tel.: 2314974, keralat@md2. vsnl.net.in.

Mietwagenfirmen

Thiruvananthapuram ist ein guter Ausgangsort, um Kerala und das angrenzende Tamil Nadu per Mietwagen zu erkunden. Über die dabei zu beachtenden Vorsichtsmaßnahmen sollte man sich im Kapitel „Praktische Reisetipps A–Z: Verkehrsmittel" informieren. Einige Anbieter in Trivandrum:

• **Great India Tour Company,** Tel.: 2331516.

• **Travel India,** MG Rd., Tel.: 2461512.

• **Vacation India,** Tel.: 2312028, hier gibt's auch Motorräder.

Medizinische Versorgung

• Das **Zentralkrankenhaus** (Tel.: 2443870, 2307874) befindet sich in der Statue Rd., etwa einen Kilometer westlich der MG Rd. Ein weiteres ist das **SK Hospital** (Tel.: 2356256, 2356260/1).

Shopping, Büchereien

• Thiruvananthapuram ist ein guter Ort, um sich mit interessanter **Reiseliteratur** einzudecken. Die Auswahl ist hervorragend; speziell die MG Rd. ist gespickt mit Buchhandlungen. Natürlich handelt es sich dabei fast ausschließlich um englischsprachige Literatur. Gut sind etwa DC Books (Statue Rd., Ecke MG Rd., Mo–Sa 8–20 Uhr) oder das Modern Book Centre. Auch Higginbothams und Continental Books verfügen über ein großes Angebot.

- Bücher und Zeitschriften können auch in der **British Library** (zentral beim YMCA, Tel.: 2330716, library.britishcouncil.org.in, Di–Sa 10–19 Uhr), die auch Gäste einlässt, und der **State Public Library** (MG Rd., Tel.: 2322895, Mo–Sa 8–11.30 und 16.30–20, So 8–14 Uhr) gelesen werden.
- Auch für an **Kunsthandwerk** Interessierte ist die MG Rd. die richtige Adresse. Das Angebot reicht von exquisiten Holzmöbeln über fein gewebte Stoffe bis zu Gemälden. Eine gute Übersicht bietet das staatlich unterstützte SMSM Institut (Tel.: 2330298) an der YMCA Rd. Andere Geschäfte mit guter Reputation sind Khadi Gramodyog und Antique Arts, beide in der Nähe der Straßenkreuzung Pazhavangadi/Overbridge.
- Frischer Kaffee und Tee aus den Niligiri-Bergen verlocken schon die Nase, bevor man den kleinen Laden **Sankar's Coffee & Tea** (Tel.: 2330469, tgl. außer So 9–21 Uhr) an der MG Rd. betritt.

Aktivitäten

- Die richtige Adresse für einen Einblick in den weit über die Grenzen Keralas hinaus bekannten **Kalarippayat-Kampfsport** ist CVN Kalari Sangham (South Rd., Tel.: 2474128) im Fort. Jeden Morgen außer sonntags von 7 bis 8.30 Uhr kann man hier den Schülern beim Training zuschauen. Interessierte können sich zum Preis von 1.000 Rs/Monat (Unterkunft und Verpflegung nicht inbegriffen) für einen dreimonatigen Kurs einschreiben. Im gleichen Haus werden auch ayurvedische Massagen angeboten (Mo–Sa von 10 bis 13 und 17 bis 19.30 Uhr, So von 10 bis 13 Uhr).
- Der Tanz, der mit Kerala in Verbindung gebracht wird, kann in der **Margi Kathakali School** (Tel.: 2478806) hinter dem Fort erlernt werden. Es gibt Kurse für Anfänger und Fortgeschrittene (für 200 Rs/90 Min.). Zuschauer werden Mo–Fr zwischen 10 und 12 Uhr zu den unkostümierten Lehrstunden eingelassen.

Ayurveda

- Wer sich kostenlos ayurvedisch massieren lassen will, sollte zwischen 8 und 13 Uhr das **Ayurveda College** (Tel.: 2460190) an der MG Road aufsuchen. Dort wird man in nüchterner Krankenhaus-Atmosphäre von den Schülern der Schule geknetet. Außerdem werden Panchakarma-Behandlungen, mit vorheriger Konsultation eines ayurvedischen Arztes, ebenso preisgünstig verabreicht.
- Eine neue Adresse für ayurvedische Medizin ist das **Kerala Institute for Medical Science** (Tel.: 2555506, cmd@kimskerala.com) im Stadtteil Anamugham.

Festival

- Jedes Jahr im Januar/Februar bildet der Palast den stilvollen Rahmen des unter der Schirmherrschaft der Fürstenfamilie stehenden **Navaratri-Festivals.** Zu diesem Fest klassischer indischer Musik reisen einige der berühmtesten Musiker ganz Indiens nach Thiruvananthapuram. Nähere Auskünfte zu Termin, Programmablauf und Tickets erteilt das KTDC Tourist Office.

Unterhaltung

- Die **Academy of Magical Sciences** (Poojapurra, Tel.: 2358910, www.magicmuthukad.com) hat sich die Erhaltung der **Zauberkünste** auf ihre Fahnen geschrieben, die auf den Straßen leider immer seltener zu sehen sind. Die Schüler führen regelmäßig vor staunendem Publikum ihre Kunststücke auf. Termine der Aufführungen auf der Website.
- Alle **Kinos** in Trivandrum zeigen Bollywood- und Hollywood-Kost. Eines der modernsten ist das Shree Kumar Cinema an der Central Station Rd., (30–35 Rs pro Ticket, Vorführungen zwischen 11 und 23 Uhr).

An- und Weiterreise

Flug:

Vom 6 km südwestlich des Stadtzentrums gelegenen Flughafen werden nicht nur Städte im Süden Indiens, sondern auch außerindische Ziele angeflogen. Über aktuelle **Flugverbindungen** aller Airlines informiert sehr übersichtlich die Website www.yatra.com.

Im Folgenden eine Übersicht:
- **Mumbai:** tgl. mit Jet Airways, Kingfisher und Indian Airlines
- **Delhi:** tgl. mit IA
- **Chennai:** tgl. mit IA, KF, Paramount Airways
- **Kochi:** tgl. mit AI, KF
- **Bangalore:** tgl. mit IA, KF,PA
- **Goa:** tgl. mit KF, PA
- **Hyderabad:** PA
- **Madurai:** PA
- **Mangalore:** 2x wöchentlich mit KF
- **Pune:** PA
- **Tiruchirapalli:** IA, PA
- **Malediven (Malé):** tgl. mit Air Maldives und IA
- **Sri Lanka (Colombo):** tgl. mit Sri Lankan Airlines

Fluggesellschaften:
- **Indian Airlines,** Air Centre, Mascot Junction (Mo–Sa 10–17.30 Uhr, 13 Uhr Mittagspause), Tel.: 2318288, 2316870, 2500439 (Flughafen), www.indian-airlines.nic.in.
- **Jet Airways,** Akshaya Towers, Sasthamangalam Junction, Tel.: 2721018, 2500860 (Flughafen).
- **Kingfisher Airlines,** Star Gate Bldg., TC 9/888, Vellayamballam, Tel.: 18001800101 (indienweit), www.flykingfisher.com.
- **Paramount Airways,** Flughafenbüro Tel.: (0)999540002/3/9, www.paramountairways.com.
- **Air India,** Museum Rd., Velayambalam Circle (Mo–Sa 9.30–17 Uhr), Tel.: 2310310, 2501426 (Flughafen).
- **British Airways,** Vellayambalam, Tel.: 2726604.
- **Air Maldives,** Spencer Rd., Tel.: 2461315, 2501344 (Flughafen).
- **Alitalia,** im Hotel Geeth (1. Stock), Tel.: 2571501.
- **Cathay Pacific/KLM,** nahe Spencer Junction, Tel.: 2463531.
- **Gulf Air,** Vellayambalam, Tel.: 2327514.
- **Sri Lankan,** Spencer Building, Palayam, MG Rd., Tel.: 2471810, 2501147 (Flughafen).
- **Airtravel Enterprises** (New Corporation Bldg., MG Rd., Tel.: 2334202, Fax: 2331704), ist eine verlässliche Adresse für Flugbuchungen.

Bahn:

Das **Reservierungsbüro** des Bahnhofs im Südosten der Stadt liegt im 1. Stock. Für Ziele in weiterer Entfernung wie etwa Mumbai, Bangalore, Kalkutta oder Goa sollte man frühzeitig sein Ticket erwerben, da diese häufig bereits Tage im Voraus ausgebucht sind. Geöffnet ist das voll computerisierte und dementsprechend effiziente Reservation Office Mo–Sa von 8 bis 20 Uhr, So von 8 bis 14 Uhr.

Für kürzere Strecken innerhalb Keralas ist hingegen normalerweise keine Reservierung nötig, außer man fährt in vollen Abendzügen. Dann kann es, wenn man vom Schaffner in den General Coach verbannt wird, schon sehr eng werden und man hat Glück, wenn man einen Fuß auf den Boden bekommt. Allerdings macht es bei Verbindungen entlang der Küste häufig mehr Sinn, mit lokalen Bussen zu fahren, da die Bummelzüge meist große Verspätungen haben.

Viele Züge entlang der Kerala-Küste sowie nach Tamil Nadu und Karnataka starten ihre Reise in Trivandrum. Auch nach Goa gibt es fast tägliche Verbindungen unter verschiedenen Zugnamen, die meisten verlassen Trivandrum um 15.15 Uhr, passieren viele Orte an Keralas Küste und fahren bis Mumbai weiter. Nach Madurai gibt es mehrere Möglichkeiten, etwa der 2651 Ananthapuri Exp. (Abf. 16.20 Uhr, Ank. 22.50 Uhr). Dieser Zug fährt weiter bis Chennai, dorthin viele weitere Verbindungen.

Bus, Taxi, Riksha:
- Busse nach Kovalam Beach (8 Rs) fahren alle 30 Minuten vom **Busstand Nr. 19** am East Fort, MG Rd., der letzte um 21 Uhr. Für weiter entfernte Ziele muss man sich zum großen **KSRTC Busbahnhof** an der Station Rd. gegenüber dem Bahnhof begeben. Auch hier können die Fahrkarten im Reservierungsbüro im Hauptgebäude im Voraus gebucht werden (zwischen 6 und 22 Uhr geöffnet, Auskunfts-Tel.: 2323886). Zu den allermeisten Zielen ist jedoch keine Reservierung nötig. Busse nach Tamil Nadu werden von der staatlichen Thiruvallur-Gesellschaft eingesetzt, deren Office sich im Hauptgebäude im südöstlichen Teil des Geländes befindet (Tel.:

2327756). Es werden u.a. folgende Ziele angefahren: Alappuzha (3½ Std.) und Ernakulam/Kochi (5 Std.) alle 15 Min., Kanyakumari (2 Std., 10 Busse, 32 Rs), Kollam (Quilon, 1½ Std.), Kottayam (4 Std., alle 30 Min.), Madurai (7 Std.), Kumily/Periyar-Nationalpark (8 Std., 175 Rs, Abf. 8.45 Uhr, Reservierung empfohlen). Nach Varkala (1½ Std.), Direktbusse nur noch alle 4 Stunden. Alternative: Mit einem der zahlreichen Kollam-Busse bis Kallamballam und von dort weiter mit einem Lokalbus bis Varkala oder mit einem der zahlreichen, am Busbahnhof wartenden **Rikshas** für ca. 400 Rs.

- Eine Fahrt nach Kovalam sollte per **Taxi** nicht mehr als 300 Rs kosten, nach Varkala bis 600 Rs.

Highlight: Kovalam

↗ C3

Einwohner: 3000
Vorwahl: 0471

Es ist immer die gleiche Geschichte, sie ereignet sich nur zu unterschiedlichen Zeiten an unterschiedlichen Orten. Dementsprechend ähnlich lauten auch die Überschriften: „Vom Tropenparadies für Individualtouristen zur Massenabsteige für Pauschaltouristen." Selbstverständlich folgt sogleich der erhobene Zeigefinger bezüglich der negativen Auswirkungen auf die Umwelt und die einheimische Kultur. Kovalam, das mit Abstand **meistbesuchte Touristenziel Keralas** 13 km südlich der Landeshauptstadt Thiruvananthapuram, ist geradezu ein Musterbeispiel hierfür.

Noch bis vor fünfzehn Jahren war das **ehemalige Fischerdorf** ein fast ausschließlich von Rucksacktouristen besuchtes Idyll, wo man in den einfachen Unterkünften und Strandcafés sein Ideal des alternativen Lebens unter Palmen ausleben konnte. Der relativ schmale, sich auf einer Länge von gut zwei Kilometern in zwei vollendeten Bögen hinziehende Strand mit seinen überhängenden Palmen und traumhaften Sonnenuntergängen rangierte auf der Hitliste der Traveller-Gemeinde auf einer Stufe mit Goa, Bali und Boracay auf den Philippinen.

Da Paradiese auf Dauer nicht den Managern multinationaler Reiseveranstalter verborgen bleiben, setzte Mitte der 90er Jahre ein gewaltiger Ansturm europäischer Pauschaltouristen ein. Was folgte, waren die bekannten Begleiterscheinungen des modernen Massentourismus: Hotelneubauten, die die alten Strandhütten zunehmend in den Hintergrund drängen, ausufernder Verkehr, Müll und steigende Preise.

Bei aller berechtigten Kritik sollte man jedoch im Auge behalten, dass Kovalam trotz der Negativentwicklungen noch weit davon entfernt ist, eine „Costa del Kerala" zu sein, wie es von einigen Kritikern zynisch genannt wird. Nach wie vor sind die Strände, abgesehen von den Wochen um Weihnachten und Neujahr, relativ leer. Die sich nördlich und südlich der beiden Hauptstrände erstreckenden kleineren Beaches sind im Übrigen von der Entwicklung der letzten Jahre noch weitgehend verschont geblieben. Auch die sich unmittelbar anschließenden Palmenhaine und die dahinter liegenden Reisfelder bieten noch genügend Platz

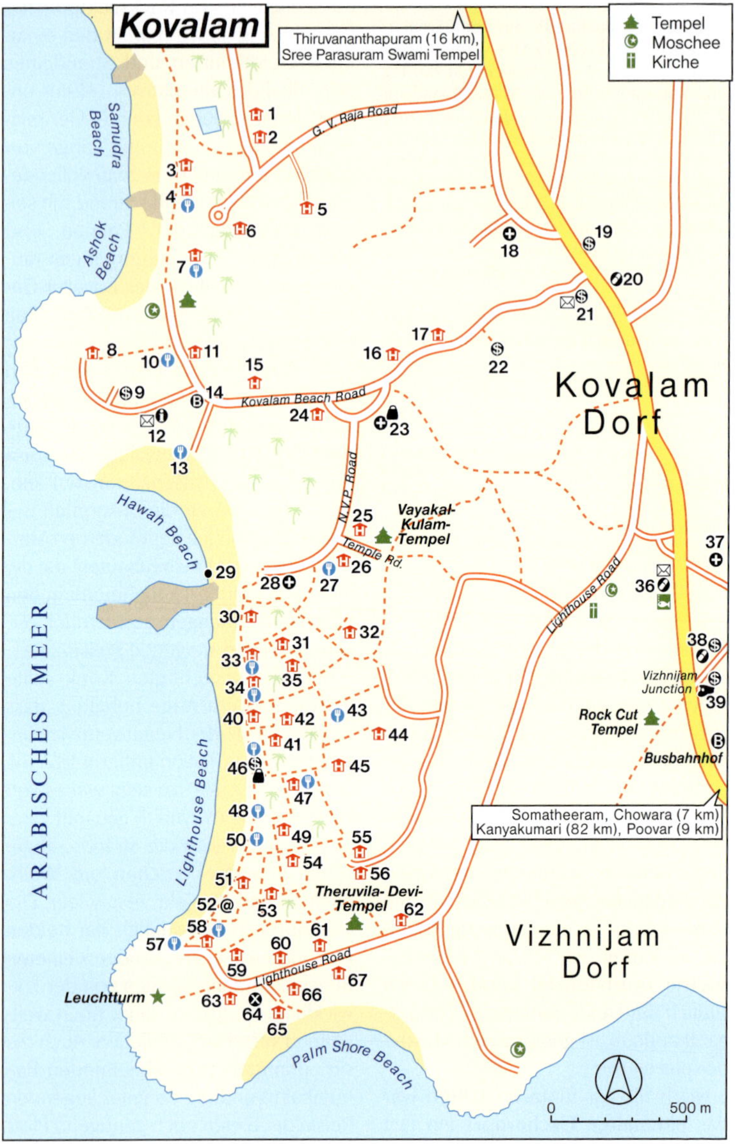
Kovalam
Thiruvananthapuram (16 km), Sree Parasuram Swami Tempel
Tempel
Moschee
Kirche
Samudra Beach
Ashok Beach
G. V. Raja Road
Kovalam Beach Road
N.V.P. Road
Temple Rd.
Hawah Beach
Vayakal-Kulam-Tempel
Kovalam Dorf
Lighthouse Road
Vizhnijam Junction
Rock Cut Tempel
Busbahnhof
Somatheeram, Chowara (7 km)
Kanyakumari (82 km), Poovar (9 km)
ARABISCHES MEER
Lighthouse Beach
Theruvila-Devi-Tempel
Vizhnijam Dorf
Leuchtturm
Palm Shore Beach
0
500 m

1 Kadaloram Beach Resort
2 Taj Green Cove Resort
3 Alidia Beach House
4 Uday Samudra, Seagull Restaurant
5 Bright Resort
6 Hotel Samudra
7 The Lobster Pot, Salim Cottage
8 The Leela Kovalam Beach Resort
9 Central Bank of India
10 Strandrestaurant
11 Le Meridien The Grove
12 Tourist Facilitation Centre, Postamt
13 Sea View Restaurant
14 Busse nach Trivandrum, Kanyakumari
15 Raja Hotel
16 Hotel Blue Sea
17 Baker Resort
18 Anna Hospital
19 Central Bank of India
20 Apotheke
21 Canara Bank und ATM,
ICICI ATM, Postamt
22 Thomas Cook
23 Upsana Hospital,
Ashya Ayurvedic Store,
Ayushya Ayurvedic Panchakarma Centre
24 Best Western Swagath, Holiday Resort
25 Hotel Jasmine Palace
26 Patrick Villa
27 Fast Food Eddy
28 Agastyaa Heritage Ayurvedic Centre
29 Boote für Ausflüge
30 Hotel Rock View
31 Tushara
32 Green Villa Guest House
33 Hotel Neelakanta,
Fusion Restaurant,
Grazia Sea Food Corner
34 Pappukutty Beach Resort,
Beatles Restaurant
35 Wilson Tourist Home
36 Marine Aquarium,
Postamt, Apotheke
37 Government Hospital
38 Federal Bank, Apotheke
39 Polizei, State Bank of Travancore
40 Jeevan Ayurvedic Beach Resort
41 Apsara Beach Cottages
42 Vipin House
43 Lonely Planet
44 Green Valley, Silent Valley
45 Shyam Niwas
46 Coconut Grove,
Global Money Exchange,
Photo Kodak
47 Hotel Neptune,
Keerthi Restaurant
48 Santana Restaurant
49 Lakshmi Niwas
50 German Bakery
51 Hotel Orion
52 Webby World
53 Hotels Palm Garden, California,
Golden Sands
54 Hotel Maharaju, Holiday Homes
55 Hotel Sea Breeze
56 Hotel Peacock
57 Restaurant Ocean View
58 Hotel Paradise Rock, La Pizzeria
59 Sagara Beach Resort
60 Hotel Thiruvathira
61 Eden Seaside Resort
62 Hotel Park Inn
63 Mini House
64 Rikshas, Taxis, Taxipreisschild
65 Hotel Rockholm
66 Hotel Aparna und
Nisha Beach Resort
67 Abad Palmshore Beach Resort,
Varma's Beach Resort

für geruhsame Spaziergänge. Zudem versucht die Provinzregierung durch strikte Kontrollen, ähnliche Entwicklungen wie an einigen Stränden Goas zu unterbinden. So wurde vor einigen Jahren ein Baustopp für weitere Touristenbehausungen in Kovalam erlassen, was auch weitgehend eingehalten wird. Außerdem müssen alle Strandlokale um 23 Uhr schließen; durch verstärkte Polizeikontrollen versucht man den Genuss von Cannabis zu unterbinden. Ziel der einheimischen Touristenbehörde ist es, den finanziell wenig lukrativen Individualtourismus zu beschränken und dafür den Anteil der in teuren Hotels logierenden Pauschalurlauber zu erhöhen.

Praktische Tipps

Information

- Äußerst hilfsbereit sind die kundigen Mitarbeiter des **Tourist Facilitation Centre** (Tel.: 2480085, Mo–Sa 10–17 Uhr) am Beginn der Zufahrt zum Le Meridien Kovalam Beach Resort. Hier wird außer mit kompetenter mündlicher Beratung auch mit papierner Information nicht gespart. Außerdem werden Ausflugstouren organisiert und Taxis oder Minibusse vermittelt.

Unterkunft

Die rasante Entwicklung der letzten Jahre hat dazu geführt, dass es eine fast schon unüberschaubare Zahl von Lodges, Guest Houses, Hotels, Cottages und Resorts gibt, was inzwischen sogar zu einem Bauverbot weiterer Unterkünfte geführt hat. So ist es eigentlich nicht notwendig, sich auf einen der beim Busbahnhof auf Neuankömmlinge wartenden „Schlepper“ einzulassen. Wer sich in einem von ihnen vermittelten Zimmer einmietet, zahlt meist deren Kommission mit. Zu

211ke Foto: mb

Engpässen kann es allerdings in der Zeit zwischen Anfang November und Mitte Januar kommen, wenn Kovalam von einheimischen wie westlichen Touristen gleichermaßen frequentiert wird. Dann steigen auch die Preise auf das Zwei- bis Dreifache an. Wer mit wenig Geld auskommen muss und einen geruhsamen Urlaub verleben möchte, sollte diese Zeit meiden. Auch nur einfachen Ansprüchen genügende Zimmer sind dann kaum unter 400 Rs zu bekommen. Ansonsten heißt es kräftig handeln. Besonders wer länger als eine Woche bleibt, kann zum Teil erhebliche Nachlässe bekommen.

Die meisten Unterkünfte stehen in den sich an den Sandstrand anschließenden Kokospalmenhainen und ehemaligen Reisfeldern. Wer eine billige und gleichzeitig gute Unterkunft wünscht – und wer tut das nicht – muss allerdings suchen. Als Faustregel gilt: je weiter vom Strand entfernt, desto niedriger die Preise. Häufig kann man für den gleichen Preis nur wenige Hundert Meter vom Strand zurückversetzt wesentlich komfortabler wohnen. Fast alle bis zum Baustopp errichteten Hotels gehören zur gehobenen Preiskategorie, da diese Klientel wegen der größeren Kaufkraft lieber gesehen wird als die immer weniger werdenden Backpacker.

Im Folgenden kann nur eine kleine Auswahl der zur Verfügung stehenden Übernachtungsmöglichkeiten gegeben werden.

Untere Preiskategorie:

- Das kleine **Hotel Palm Beach** €-€€ (Tel.: 2481500) mit hübsch möblierten Zimmern mit großem Balkon/Terrasse bietet eine ganze Menge für wenig Geld; ein Strandrestaurant ist vorgelagert. Die oberen Zimmer sind etwas teurer.
- Zwei Billigunterkünfte, die ihr Geld wert sind, die **Apsara Beach Cottages** €€€ (Tel.: 2480507), eine hübsche, jedoch etwas dunkle Anlage, sowie das **Vipin House** €, sind in der Nähe. Dort ist der erste Stock teurer, aber auch heller und die einfachen Zimmer sind geräumiger.
- Zwei meiner Favoriten in Kovalam sind das **Green Valley** €-€€ (Tel.: 2480636, indira_ravi@hotmail.com) und das darüber gelegene **Silent Valley** €-€€ (Tel.: 2481928) von dem-

selben freundlichen und sehr hilfsbereiten Besitzer. Die schön in den Hang eingefügten Gebäude des tiefer gelegenen Green Valley nahe den ehemaligen Reisfeldern, keine 20 m vom Strand entfernt, bieten saubere Terrassenzimmer mit Blick in die Palmenwipfel, die höheren Zimmer haben Meerblick. Knapp über die Dachterrasse (auf der sich morgens Yoga-Interessierte zusammenfinden) des Silent Valley, dessen Ausblicke noch weiter zum Meer reichen, zieht nachts der Lichtstrahl des Leuchtturms.

- **Paradise Rock** € (Tel.: 2480658) bietet sehr große, preiswerte Zimmer mit Balkonblick in Palmen. Die nahe gelegene „La Pizzeria" gehört demselben Besitzer.
- Etwas vom Strand entfernt befinden sich die Einfach-Unterkünfte **Lakshmi Niwas** € und **Hotel Palm Garden** €-€€ (Tel.: 2481951, hotelpalmgarden@usa.net). Beide haben Terrassen vor den Zimmern, das zweite vermietet außerdem ein Cottage.
- Noch etwas weiter weg vom Trubel, unter hohen Bäumen liegt das **Hotel Sea Breeze** €€-€€€ (Tel.: 2480024) mit großen und sauberen Zimmern (die 1. Etage bevorzugen, nur wenig teurer; die AC-Zimmer sind überteuert) und einem ebenerdigen Trakt im hübschen Garten. Gegenüber ist das **Hotel Peacock** €€ (Tel.: 2481395, hotelpeacock@rediffmail. com), ähnlich in Preis und Qualität. Beide sind ruhig gelegen und bieten von den Balkonen schöne Ausblicke in die Bäume.
- Zwei für ihren Preis hervorragende Bleiben unter Palmen sind das große **Hotel California** €-€€ (Tel.: 2513511, california_kovalam @yahoo.com) und das alteingesessene, gemütliche **Holiday Homes** €-€€€ (Tel.: 2486382, 2480497, homerest@md3.net.in), beide über den Weg vor dem Hotel Orion an der Strandpromenade hinein zu erreichen.
- Alteingessen, aber immer noch eine der guten, einfachen Herbergen ist das **Orion Beach Resort** €€-€€€ (Tel.: 2480999, www.orionbeachresort.com) direkt am Strand. Die einfachen Zimmer besonders im oberen Stock verwöhnen mit klasse Meerblick.
- Ebenfalls noch etwas von dem Charme der ehemaligen Backpackerzeiten vermittelt das dreistöckige, verwinkelt gebaute **Pappukutty Beach Resort** €-€€€ (Tel.: 2480235, pappukutty@ho telskerala.com, www.hotelskerala.com/pappukutty/index.htm) mit 32 geräumigen AC- und Non-AC-Balkonzimmern mit Meerblick und Kühlschrank. Außerdem werden in einem seitlich gelegenen, alten Trakt sieben einfache, ebenerdige sowie etwas zu teure Terrassenzimmer angeboten. Es gibt Massage- und Ayurveda-Behandlungen.
- Wer das Geräusch von ständiger Brandung mag, ist bestens in dem auf den Felsen über dem Meer gelegenen **Mini House** €€-€€€ (Tel.: 2480867, (0)9447451867, sabuchacko @yahoo.com) aufgehoben. Das über eine kurze, steile Treppe von der Lighthouse Road abwärts zu erreichende Haus sieht zwar von außen etwas heruntergekommen aus, bietet jedoch saubere, große Zimmer mit teilweise spektakulärem Ausblick.
- Gartenfreunden sollte der **Maharaju Palace** €€-€€€ (Tel.: 2485320, www.maharajupala ce.in), etwa eine Fußminute vom Strand entfernt, eine Heimat sein. Die hübsch möblierten Balkonzimmer liegen zum liebevoll gestalteten Garten mit Palmen. Nichts für Raucher, da Non-Smoking-Zimmer. Zudem wird ein einzeln stehender Bungalow im Garten vermietet.

Mittlere Preiskategorie:

- Etwas eng, aber sonst ganz kuschelig und ruhig wohnt man in den 10 sechseckigen AC- und Non-AC-Cottages des **Royal Retreat** €€€ (Tel.: 2481080, 2484060, abhirajs@satyam.net.in) am nördlichen Ende des Lighthouse Beach, dessen Anlage in einen kleinen, verwinkelten Garten eingebettet ist.
- Strandnah und durch das Strandrestaurant Coral Reef mit dahinterliegendem kleinen Garten vor den vielen Flaneuren auf der Strandpromenade etwas geschützt, liegen die großteils mit Kühlschrank und TV ausgestatteten Balkon- bzw. Terrassenzimmer des **Jeevan Ayurvedic Beach Resort** €€€-€€€€€ (Tel.: 2480662). Der neue, dem Strand zugewandte Pool ist ein weiterer Pluspunkt.
- Eine gute Wahl ist das **Hotel Rockholm** €€€€-€€€€€ (Tel.: 2480306/406/606, reserva tions@rockholm.com, www.rockholm.com) mit hübschen Zimmern, von denen einige eine spektakuläre Aussicht auf eine kleine Bucht hinter dem Leuchtturm bieten.

- **Wilson Tourist Home** €€-€€€ (Tel.: 2480051, wilson6@md4.vsnl.net.in), etwas zurück vom Strand, bietet 24 um einen Innenhof gelegene, saubere Bed & Breakfast-Zimmer mit großen Fenstern.
- Beim **Jasmine Palace** €€€-€€€€ (Tel.: 248 1475, jaspalace@satyam.net.in), eine Seitenstraße hinein, gehört neben großen, angenehm möblierten Räumen mit großen Fenstern, Kühlschrank und Balkon auch ein Pool zur Ausstattung. Auch das qualitativ und preislich ähnliche **Tushara** €€€€ (Tel.: 248 0692, tushara@hotelskerala.com, www.hotel tushara.net) ist empfehlenswert.
- Die 12 geräumigen Balkonzimmer des **Hotel Golden Sands** €€€ (Tel.: 2481995, gol densands@hotelskerala.com) liegen schattig im Palmenwald. Weitere Vorzüge sind die große Dachterrasse für Frühstück und Schlaftrunk und ein Swimmingpool. Am besten gelangt man über einen schmalen Weg vor dem Hotel Orion zum Golden Sands.
- **Nisha Beach Resort** €-€€€ (Tel.: 2484839, nishabeachresort@hotmail.com) und **Hotel Aparna** €€€ (Tel.: 2480950) mit Blick auf die Felsen haben einige Balkonzimmer zum Meer, wobei das Aparna teurer, aber auch schöner eingerichtet ist. Hier gibt's einen großen Balkon für jeweils zwei Mietparteien.
- Das **Sagara Beach Resort** €€€€ (Tel.: 2481995, (0)9847390885, info@sagarabeach resort.com, www.sagarabeachresort.com), einen Weg von der Lighthouse Rd. hinein, ist zwar um einiges teurer geworden aber immer noch empfehlenswert. Das von drei sehr um das Wohl ihrer Gäste bemühten Brüdern geleitete Hotel bietet 42 geräumige AC-Zimmer mit Kühlschrank, sehr große Balkone (alle mit Meerblick) und einen Pool auf dem Dach. Die schmackhaften Gerichte, Kaffee und Snacks werden auf den Zimmern serviert.
- Direkt am Strand liegt das **Hotel Neelakanta** €€€-€€€€ (Tel.: 2480321, www.hotelneelakan ta.com) mit sauberen, hellen Zimmern mit Kühlschrank, Polstermöbeln und großen Fenstern, allerdings ist es leicht überteuert. Da beide Etagen gleichviel kosten, sollte man die oberen mit besserem Blick bevorzugen.
- Saubere Rundcottages um einen mit Bananenbäumen bepflanzten Gartenbereich bietet **Sita Cottages** €€€ (ca. 100 m bis zum Strand). Alle Hütten verfügen über eine kleine Küche.
- Speziell für Familien geeignet könnte das **Green Villa Guest House** €€€-€€€€ sein, etwas versteckt hinter den meisten Strandhotels gelegen, da es neben sauberen Doppelzimmern auch ein großes Appartment mit Küche, Wohnzimmer, Veranda und TV für etwa 4 bis 5 Personen bietet.
- Eine gelungen in die Landschaft am Hang eingefügte Anlage ist das **Hotel Park Inn** €€€€-€€€€€ (Tel.: 2482003, www.parkinnkova lam.com) mit stilvoll gestalteten AC- und Non-AC-Zimmern mit Balkon/Terrasse und Kühlschrank sowie weitem Ausblick. Es liegt im oberen Teil der Lighthouse Road und verfügt über einen Meerblickpool.
- Etwas weiter die Straße hinunter befindet sich das **Palm Shore Beach Resort** €€€€-€€€€€ der Abad-Gruppe (Tel.: 2481481, abad@vsnl.com, www.abadhotels.com). Es hat Ähnliches zu ähnlichen Preisen zu bieten, außerdem sind zwei Cottages im Garten vorhanden. Zudem werden Langzeit-Ayurveda-Behandlungen (bei denen Nachlässe auf den Zimmerpreis ausgehandelt werden können) und Massagen angeboten.
- Ganz in der Nähe liegt das einfachere, aber architektonisch ansprechende **Varma's Beach Resort** €€€€ (Tel.: 2480478, www. calanquetebeach.com), wo ebenfalls schöne Ausblicke von den Balkonen und Terrassen zu genießen sind. Die Gäste dürfen den Pool des Palm Shore mitbenutzen.
- Das 100 Jahre alte Kolonialhaus des **Hotel Blue Sea** €€€-€€€€ (Tel.: 2481401, 2480555, (0)9349991992, www.hotelbluesea.net) mit antiken Skulpturen und chinesischen Vasen verfügt über gediegen mit alten Holzmöbeln eingerichtete Zimmer. Außerdem stehen hinter dem Haus im großen Garten mit Swimmingpool vier Rundtürme mit insgesamt 18 jeweils von einem breiten Balkon umgebenen Apartments (pro Etage ein Apartment) mit Holzboden und hübschem Mobiliar, Kühlschrank und TV. Leider ließen in letzter Zeit Service, Instandhaltung und die schöne Atmosphäre zu wünschen übrig.

Obere Preiskategorie:

- Äußerst luxuriös zu entsprechenden Preisen logiert man im **The Leela Kovalam Beach** €€€€€€ (Tel.: 2480101, 2481522, reservations.kovalam@theleela.com, www.theleela.com). Alle in dieser Hochpreisklasse üblichen Annehmlichkeiten sind vorhanden, auch die Lage auf einem Hügel zwischen Hawah- und Samudra Beach mit klasse Seeausblick von allen Zimmern ist beeindruckend.

Im Norden Kovalams um den kleinen Samudra Beach gibt es einige mittel- bis hochklassige Unterkünfte in ebensolcher Preislage, billige Bleiben gibt's hier nicht.

- Für Ruhesuchende sind die 4 Zimmer des **Alidia Beach House** €€€ (Tel.: 2480042) eine gute, wenn auch etwas teure Adresse. Der Ausblick vom Dachgarten ist perkekt zum Sonnenuntergang mit was auch immer in der Hand.
- Die über Jahre gewachsene Gartenanlage des **Kadaloram Beach Resort** €€€-€€€€ (Tel.: 2481116, kadaloram@vsnl.com, www.kadaloram.com) verfügt über recht kleine aber gemütliche Appartments, alle mit Balkon zum Garten. Eine schöne Mittelklassewahl mit Swimmingpool und Restaurant.
- Die gediegenste und älteste Anlage der bisher genannten ist das **Bright Resort** €€€€-€€€€€ (Tel.: 2481190/2, www.brightresorts.com, brights@md3.vsnl. net.in), etwas zurück vom Meer mit 45 Cottages in einer schönen, etwas verwilderten Gartenanlage, von einer alten Mauer umgeben. So schön das Areal ist, sind die Cottages mit Kühlschrank, TV und Holzfußboden doch recht eng. Ein Pool und ein Restaurant komplettieren die Anlage.
- Das staatliche **Hotel Samudra** €€€€€ (Tel.: 2480089, hotelsamudra@vsnl.com, www.ktdc.com) bietet alles, was man von einer Hotelanlage dieser Preisklasse erwartet: herrliche Lage in unmittelbarer Strandnähe, eine etwas übertrieben gepflegte Gartenanlage, Pool, Restaurants, Business Center etc. Die Mahlzeiten sind, je nach Wunsch, bis Vollpension inbegriffen.
- Das etwas nördlicher direkt am Strand gelegene **Uday Samudra** €€€€€€ (Tel.: 248111, 2581578, www.udaysamudra.com), ein um einen Swimmingpool angelegter Bau mit 45 nicht besonders großen, aber nett eingerichteten AC-Zimmern mit Meerblick-Balkon/Terrasse mit kleinem Kühlschrank sowie zwei Restaurants und anderen dieser Preisklasse entsprechenden Annehmlichkeiten ist etwas überteuert. Auch hier wird ayurvedische Behandlung angeboten.
- Hervorragend ist das **Taj Green Cove Resort** €€€€€ (Tel.: 2487733, greencove.kovalam@tajhotels.com) ganz im Norden. Die in mehreren Ebenen an den Hang gebaute, klimatisierte Anlage bietet neben gelungen eingerichteten Zimmern auch Cottages mit eigenem Vorgarten. Mehrere Pools, Gym-Raum, Ayurveda-Anwendungen und erstklassige Restaurants komplettieren das gute Gesamtbild.

Sicherheitstipps

Mit den steigenden Touristenzahlen haben in den letzten Jahren auch die **Diebstähle** deutlich zugenommen. Besonders aus Billigunterkünften und am Strand werden Wertsachen entwendet. Falls möglich, sollte man seine Wertsachen an der Rezeption bzw. beim Besitzer der Unterkunft einschließen lassen und nur so viel Bargeld zum Strand mitnehmen, wie unbedingt notwendig.

Nacktbaden und der Konsum von **Haschisch** sind nicht nur strengstens verboten, sondern missachten auch die Moralvorstellungen der Einheimischen.

Eine gelegentlich auftretende **Strömung,** verstärkt während der Monsunzeit, sollte beim **Baden im Meer** beachtet werden. Wenig geübte Schwimmer sollten nur in den durch rote Fahnen gekennzeichneten Arealen baden und auf die Anweisungen der am Lighthouse Beach eingesetzten Rettungsschwimmer achten. Besonders Kinder sollten nicht unbeaufsichtigt bleiben.

Essen und Trinken

Wer sich angesichts der meist erstaunlich leeren Strände fragt, wo die vielen Touristen ihre Zeit verbringen, braucht sich nur einmal in den unzähligen Restaurants und Cafés am Strand und in den angrenzenden Palmenhainen umzuschauen. Tatsächlich lässt sich kaum etwas Angenehmeres denken, als in einem Liegestuhl unter Palmen mit einem „Sundowner" in der Hand dem Sonnenuntergang beizuwohnen oder abends bei einem leckeren, frisch zubereiteten Fisch unter freiem Himmel die milde Meeresbrise zu genießen.

Die auf die Bedürfnisse der westlichen Touristen zugeschnittenen Speisekarten sind bei fast allen Restaurants austauschbar. Die übliche Mischung aus Müsli, Toast, Pancake, Fried Rice und Spaghetti steht neben Fischgerichten ganz oben auf der Hitliste der Traveller-Gemeinde. Das Ganze wird meist untermalt mit den von Koh Samui über Boracay bis Kathmandu zu hörenden Klängen von Bob Marley über Pink Floyd bis zu R.E.M.

- Von den unzähligen auf Fisch spezialisierten Strandrestaurants gilt das **Santana** seit Jahren als eines der besten. Hier, wie in den benachbarten Lokalen, sucht sich der Kunde aus den Schaukästen den von ihm gewünschten Fisch aus, welcher dann frisch zubereitet wird - mit um die 200–250 Rs pro Gericht ein zumindest für indische Verhältnisse teures Vergnügen.Das grüne Garzia Seafood Corner am nördlichen Ende des Lighthouse Beach ist ebenfalls eine gute Adresse für frische Fischgerichte. Das grüne **Garzia Seafood Corner** am nördlichen Ende des Lighthouse Beach ist ebenfalls eine gute Adresse für frische Fischgerichte. Auch das **Coconut Grove** und das **Beatles Restaurant** sind meist gut besucht.
- Etwas mehr upmarket hebt sich das sehr gelungen gestaltete **Fusion Restaurant** (1. Stock) von den üblichen Strandrestaurants ab. Fischgerichte, Pizzas, diverse Cocktails sind aber immer noch moderat im Preis.
- Die lange Speisekarte, die erstklassigen Fischgerichte und die auch hier verlockende Auswahl an Cocktails machen das **Café Spice Garden** einige Meter südlicher zu einer beliebten Adresse.
- Ein idealer Ort, um bei schöner Aussicht lang entbehrte Köstlichkeiten wie Apfelstrudel, Cinnamon Roll, Apfelkuchen und Croissants oder auch Pellkartoffeln mit Stippe und G'röschte Spätzle zu genießen, ist die **German Bakery** in der Mitte des Lighthouse Beach.
- Wer mal wieder Lust auf einheimische Gerichte in hübschem Ambiente verspürt, sollte das **Lonely Planet** aufsuchen. Umgeben von Reisfeldern gibt es hier leckere vegetarische Gerichte zu günstigen Preisen. Nebenan ist das **Spice Village** ebenfalls gut und sauber und hat freundliches Personal.
- Auch von vielen Gästen der umliegenden Luxusherbergen wird **The Lobster Pot** wegen seiner perfekten Lage auf den Felsen über dem nördlichen Samudra Beach und unter Palmen gern besucht. Natürlich sind die angebotenenen Fischgerichte mit ca 200 Rs hier weit billiger als in deren Edelrestaurants.
- Das **Red Star Restaurant,** noch aus alten Kovalam-Zeiten, bietet keralische Gerichte zu günstigen Preisen auf seiner leider recht kurzen Speisekarte.
- Das **Velvet Dawn Restaurant** hat außer Traveller-Kost und Spaghetti indische Küche zu kleinen Preisen zu bieten. Fischgerichte kosten um 150 Rs.
- Eine interessante Abwechslung zu den Strandlokalen bieten die zum Teil sehr schön gestalteten Restaurants einiger Hotels der gehobenen Preisklasse.

Ayurveda

- Eine anerkannte Adresse neben den schon in den Hotelbeschreibungen erwähnten ist das **Dr. Franklin's Panchakarma Institute & Research Centre** (Tel.: 04711-2480870, Fax: 2268071, frank lin@dr-franklin.com, www.dr-franklin.com), ca. 8 km südlich von Kovalam in Chowara gelegen (mit dem Taxi ca. 250 Rs hin und zurück). Hier werden neben Massagen und der Behandlung kleiner Leiden auch Kurz- und Langzeitbehandlungen (mehrere Wochen) chronischer Fälle durchgeführt, wofür saubere Zimmer €€€-€€€€€, teils mit Meerblick, zur Verfügung stehen. Genaueres und Preise auf der Website.
- In Kovalam selbst ist z.B. das **Agastyaa Heritage Ayurvedic Centre** (N.U.P. Rd., Tel.: 2480797, agastyaaheritage@rediffmail.com) eine anerkannte Adresse. Auch hier gibt's (allerdings überteuerte) Zimmer. Nebenan ist eine gut ausgestattete und kompetente ayur-

vedische Apotheke. Auch im **Ayushya Ayurvedic Panchakarma Centre** (Tel.: 2482369, www.ayushya.com) an der Hauptstraße neben dem Upsana Hospital werden Behandlungen durch fachkundige Ärzte und eine Vielzahl ayurvedischer Produkte feilgeboten. Eine weitere gute Adresse für ayurvedische Behandlung ist **Shyam Niwas** unter Palmen nahe den ehemaligen Reisfeldern.

Stadtverkehr

- Neben der Benutzung von **Taxis** (nach Chowara etwa kostet's 150 Rs – eine Liste der offiziellen und auch bindenden Fahrpreise zu weitergehenden Zielen ist an der südlichen Lighthouse Rd. auf einer Tafel einzusehen), **Rikshas** und einigen **Bussen** besteht die Möglichkeit, **Motorräder** zu Saisonpreisen von ca. 350 Rs pro Tag und **Scooter** für 200 bis 250 Rs pro Tag auszuleihen.

Medizinische Versorgung

- Ein gutes Krankenhaus ist das private **Upsana Hospital** am oberen Ende der Straße zwischen Lighthouse und Hawah Beach (9–21 Uhr, Tel.: 2482324, Notfall: 2480632, 24 Std.).
- Ein ayurvedischer Arzt ist z.B. **Dr. Vighneshwar** (Tel.: 2480546, Vasan Cottage an der Beach Rd.).

Bank

- An der Hauptstraße oberhalb des Dorfes gibt es ein schnell arbeitendes **Thomas-Cook-Büro** für Bargeld und Travellerschecks. Öffnungszeiten: Mo–Sa 9–18.30 Uhr. Hier werden auch Visa- und Mastercard akzeptiert.
- Schnell und effizient wird man in den Filialen der **Central Bank of India** im Zugangsbereich des Le Meridien Kovalam Ashok bedient (Bargeld und Reiseschecks, Mo–Fr 10.30–13.30 Uhr, Sa 10.30–12 Uhr) sowie im Dorf (Mo–Fr 10–15.30 Uhr, 14 Uhr Mittagspause, Sa 10.30–12.30 Uhr). Die Filiale im Dorf akzeptiert auch alle Kreditkarten für nur 1 % Gebühr.
- Die **Canara Bank** (Mo–Fr 10–14, 14.30–15.30 Uhr und Sa 10–12 Uhr), auch im Dorf, wechselt Bares und Reiseschecks und hat einen ATM für Visa- und Mastercard. 50 m weiter akzeptiert der ATM der **ICICI-Bank** alle international wichtigen Kreditkarten bis auf Amex.
- Neben den Banken gibt es eine Reihe von **privaten Geldwechslern** *(authorised money changers)* in Strandnähe. Deren Kurse variieren aber erheblich. Vor dem Tausch sollte man sich erkundigen, ob und in welcher Höhe Gebühren erhoben werden. Auch in vielen Hotels gibt es die Möglichkeit zum Geld Wechseln.

Post und Telekommunikation

- Das kleine **Postamt** an der Zufahrt des Le Meridien Kovalam Beach Resort ist von 10 bis 17 Uhr geöffnet, hier kann allerdings keine Post empfangen werden. Dies ist bei der **Post** im Dorf (geöffnet tgl. außer So von 8.30 bis 16.30 Uhr, 13 Uhr Mittagspause) hinter der Canara Bank möglich. Poste Restante Code: 695527.
- Im Bereich des Lighthouse Beach gibt es diverse **ISD-Läden** für Long-Distance-Calls (10 Rs/Min. nach Europa ins Festnetz) und **Internetcafés.** Eins der schnellsten ist das **Global Money Exchange & Internet** (40 Rs/Std.). Hier werden neben Geldwechsel auch **digitale Fotos** auf CD gebrannt (60 Rs inkl. CD). Auch **Webby World,** ebenfalls an der Strandpromenade des Lighthouse Beach hat recht schnelle Surfverbindungen. Auch bei **Photo Kadak** beim Coconut Grove können digitale Fotos auf CD gebrannt werden (50 Rs inkl. CD).

An- und Weiterreise

- **Bus:** Vom Bushalteplatz vor der Zufahrtsstraße zum Le Meridien Kovalam Beach fahren mindestens alle halbe Stunde Busse nach Thiruvananthapuram, der erste um 6 Uhr, der letzte um 21 Uhr, umgekehrt startet der erste in Trivandrum um 5.30 Uhr, der letzte geht um 21.30 Uhr. Ebenfalls vom Bushalteplatz fahren täglich zwei Direktbusse nach Kanyakumari (9.30 und 18 Uhr, 2½ Std.) und Kollam (Quilon, 2 Std.). Für die Dörfer südlich Kovalams wie Chowara und Poovar gibt's regelmäßige Verbindungen vom Busbahnhof.

● **Riksha und Taxi:** Mit einer Riksha muss man für die 13 km lange Fahrt nach Thiruvananthapuram etwa 100 Rs (selbstverständlich verlangen die Fahrer zunächst wesentlich mehr) bezahlen. Für Taxifahrten ist die Preisliste an der Lighthouse Road bindend. Preise einiger wichtiger Ziele: Trivandrum Stadt und Flughafen jeweils 300 Rs, Varkala 900 Rs, Kanyakumari und Padmanabhapuram-Palast (achtstündiger Ausflug mit Rückkehr) 1.500 Rs, Alleppey 2.100 Rs, Thekkady (Periyar Wildlife Sanctuary) 3.250 Rs, Madurai 3.750 Rs (mit Übernachtung und Rückkehr 4.300 Rs), Munnar 4300 Rs.

Vizhnijam

Gerade einmal einen Kilometer ist es vom Lighthouse Beach Richtung Süden zum kleinen **Fischerdorf** Vizhnijam – eigentlich nur ein Katzensprung und doch scheint man auf dem Weg eine unsichtbare Grenze zu überschreiten, die zwei völlig verschiedene Welten voneinander trennt. Ist die Atmosphäre in Kovalam von Individualität und Lebenslust geprägt, zeigt sich das kleine Fischerdorf Vizhnijam als ein trauriges Beispiel für von Neid und religiöser Intoleranz geprägte **ethnische Konflikte.** Die mächtige **Moschee** im Norden und die **katholische Kirche** im Süden des Ortes stehen wie zwei unübersehbare Monumente für den seit Jahrhunderten schwelenden Konflikt zwischen der muslimischen und der katholischen Bevölkerung. Anfang der 1990er Jahre fanden mehrere Einwohner bei gewalttätigen Auseinandersetzungen den Tod. Seither trennt ein 300 m breites, von Polizisten kontrolliertes Stück Niemandsland die beiden Religionsgemeinschaften, ein trauriges Beispiel auf lokaler Ebene für einen den gesamten indischen Staat in seinen Grundfesten bedrohenden Konflikt.

Wer den Ort trotz der bedrückenden Atmosphäre besuchen möchte, sollte in Anbetracht der angespannten Situation ein **dezentes Verhalten** an den Tag legen. Freizügige Kleidung wie in Kovalam üblich ist völlig unangebracht. Auch im Bereich der „Demarkationslinie" ist äußerste Vorsicht geboten.

Zahlreiche zum Teil über 1.000 Jahre alte **Tempel** belegen die historische Bedeutung des Ortes als ehemalige Hauptstdt des kleinen Ay-Königreichs (7.–11. Jh.).

Küste südlich von Kovalam

Südlich von Vizhnijam folgt eine Reihe von zum Teil sehr schönen Stränden und Buchten, an denen in den letzten Jahren mehrere **luxuriöse Hotelanlagen** erbaut wurden. Allen gemeinsam ist, dass sie im traditionellen Kerala-Stil gestaltet und inmitten weitläufiger Gartenanlagen vorbildlich in die Landschaft integriert wurden. Alle verfügen über ein eigenes Restaurant, wobei besonderer Wert auf die lokale Küche gelegt wird.

Die meisten Unterkünfte liegen direkt am Meer, manche auch auf Klippen und Felsvorsprüngen, von denen sich herrliche Aussichten bieten. Das Hauptaugenmerk wird auf Ruhe und Erholung gelegt, laute Musik oder Videovorführungen sind hier verpönt.

Ayurveda-Behandlungen werden von allen Resorts angeboten, wobei die Preise ähnlich luxuriös sind wie die Anlagen selbst. Für Urlauber, die über das nötige Kleingeld verfügen, bieten die im Folgenden aufgeführten Hotels eine interessante Alternative zu den Unterkünften von Kovalam. Zu bedenken ist allerdings, dass man wegen der abgeschiedenen Lage fast aller Resorts vom Leben außerhalb der Hotelmauern kaum etwas mitbekommt.

Unterkunft

Im Folgenden eine kleine Auswahl renommierter Hotelanlagen, die alle Ayurveda-Anwendungen anbieten. Auch hier steigen die Preise bei den meisten um Weihnachten und Neujahr deutlich an.

- Die zwei folgenden Hotels liegen in unmittelbarer Nähe in Pulinkudi, 8 km südlich von Kovalam: **Surya Samudra Beach Garden** €€€€€-€€€€€€ (Tel.: 2480413, suryasa-mudra @vsnl.com, www.suryasamudra.com), einzeln stehende Cottages in keralischer Bauart, und **Bethsaida Hermitage** €€€€-€€€€€ (Tel.: 2479532, 2267554, frederick@ satyam.net.in, www.kerala.com). Beide nahe am Strand und mit Pool auf großer Fläche verteilt. Abends häufig Vorführungen von klassischem indischen Tanz und Musik.
- Das **Somatheeram Ayurvedic Beach Resort** €€€€€-€€€€€€ (Tel.: 2267600, 2266501-3, www.somatheeram.org) und das **Manaltheeram** €€€€€-€€€€€€ (Tel.: 2266222, 2481610, www.manaltheeram.com) befinden sich noch einmal 2 km südlich am Somatheeram Beach bei Chowara. Die beiden unter gleichem Management stehenden Resorts gehören zu den renommiertesten Ayurveda-Adressen von Kerala.
- Für den kleineren Geldbeutel am gleichen Strand eignet sich das **Ideal Ayurvedic Resort** €€€€ (Tel.: 2268632, idealresort@eth.net, www.idealayurvedicresort.com), eine gute Mittelklasseunterkunft mit Dachgarten.
- Teurer ist wiederum das **Travancore Heritage Resort** €€€€€ (Tel.: 2267828-32, www.thetravancoreheritage.com), auch bei Chowara, teils aus einem alten Palast bestehend. Hier gibt's mehrere Swimmingpools zum Meer und Strand sowie eine gepflegte Gartenanlage.
- Das beim Dorf Poovar gelegene **Poovar Island Resort** €€€€-€€€€€€ (Tel.: 2212068/9, (0)9995428000, www.poovarislandresort.com) etwas südlicher, bestehend aus Bambus-/Palmblatthütten unter Palmen mit AC und viel Luxus, teils direkt an Backwater auf Stelzen errichtet, ist eine Hochpreis-Luxusherberge mit allen Annehmlichkeiten dieser Preisklasse.

Pachalloor

Unterkunft

- Eine Alternative zu den Resorthotels südlich von Kovalam bietet das hervorragende **Lagoona Davina** €€€€€ (Tel.: 2380049, 2383608, www.lagoonadavina.com) in dem kleinen Dorf Pachalloor, 3 km nördlich vom Samudra Beach. Das exquisite Hotel überzeugt vor allem wegen seiner hübschen Lage an einer Lagune hinter dem Pozhikkara Beach sowie wegen des hervorragenden Essens und der freundlichen Besitzerin. Bei vorherigem Anruf werden die Gäste vom Flughafen abgeholt. Auch hier werden Ayurveda-Behandlungen angeboten. Mehrstündige Backwater-Trips können zum Preis von 500 Rs pro Person gebucht werden. Verglichen mit den exklusiven Resorts im Süden hat man hier durch das nahe gelegene Fischerdorf einen engeren Bezug zum täglichen Leben. Der Strand ist jedoch nicht besonders einladend.

Ponmudi und Peppara Wildlife Sanctuary

↗ C3

Vorwahl: 0471
Höhe: 1.066 m

Wer ein wenig Abwechslung und Abkühlung vom Strandleben sucht, kann einen Tagesausflug zur **Bergstation Ponmudi,** 80 km nordöstlich von Kovalam, unternehmen. Der Abstecher sollte allerdings unter dem Motto „der Weg ist das Ziel" stehen, da der auf etwa 1.000 m Höhe gelegene Bergort außer der schönen Fernsicht, die bei gutem Wetter bis zum Indischen Ozean reichen kann, keinerlei Sehenswürdigkeiten zu bieten hat. Dafür entschädigt die landschaftlich äußerst abwechslungsreiche Fahrt von der schwül-heißen Küstenregion mit ihren charakteristischen Palmenhainen zu dem kühlen, von Teeplantagen geprägten Gebiet der **Cardamom Hills.**

Die schmale, kurvenreiche Strecke führt durch Bananen-, Gummibaum- und Cashewplantagen sowie Teakholzwälder. Hat man den Kalar-Fluss überquert, beginnt der windungsreiche Anstieg. Mit zunehmender Höhe und bei schlechten Witterungsbedingungen kann es recht kühl werden, weshalb sich die Mitnahme eines Pullovers empfiehlt.

Das noch idyllische, da nicht sehr häufig besuchte, 53 km² große **Peppara Wildlife Sanctuary** lohnt vor allem wegen seiner reichen Vogelwelt einen Ausflug. Wer Glück hat, erspäht eventuell auch Sambarhirsche und Elefanten. Die Anfahrt (von der Trivandrum-Ponmudi-Straße abzweigen in Vidhura) zum Naturreservat muss individuell arrangiert werden. Busse fahren nur bis Vidhura.

Unterkunft, Essen und Trinken

- In Ponmudi steht ein **staatliches Guest House** €-€€ (Tel.: 0471-2890230) zur Verfügung. Die ziemlich heruntergekommene Anlage, einstmals im Besitz des Maharajas von Travancore, verfügt über 24 Zimmer und 7 Bungalows. Der tolle Fernblick von der Terrasse des Hauses entschädigt für den bescheidenen Service. Am Wochenende ist der angeschlossene **Biergarten** bevorzugtes Ausflugsziel vieler Küstenbewohner. Ruhesuchende sollten dann besser nicht nach Ponmudi fahren.
- Eine bessere Herberge ist das familiäre **Last Resort** €€ (Tel. Jeff: (0)9387757502) bei Vidhura. Die zwischen Gewürzplantagen unter Gummibäumen und Palmen an einem Fluss (in dem man baden kann) gelegenen Bambushütten und ein Baumhaus (weitere Zimmer sind geplant) sowie die leckere indische Küche sind empfehlenswert. Der Kontakt zur einheimischen Bevölkerung, Führungen über die Plantage und mögliche Ausflüge in Ponmudi machen den Aufenthalt zu einer besonderen Erfahrung.

Anreise

- Täglich verkehren mehrere **Busse** zwischen Thiruvananthapuram und Ponmudi. Der erste verlässt die Hauptstadt Keralas um 5 Uhr, der letzte Bus zurück fährt um 15.30 Uhr. Da die Busvariante jedoch sehr langwierig ist und wegen der Möglichkeit des individuellen Anhaltens, um die schönen Aussichten entlang des Weges zu genießen, empfiehlt es sich, den Ausflug mit einem **Mietwagen** zu unternehmen. Ein **Taxi** von Kovalam und wieder zurück, mit achtstündigem Aufenthalt, kostet 1.300 Rs.

Neyyar Dam Sanctuary

Auf dem Weg nach Ponmudi lohnt ein Abstecher zum Neyyar-Stausee mit dem **Neyyar Wildlife Sanctuary.** Der 1964 gebaute Neyyar-Damm verursachte einen Stausee, um den sich das idyllische Neyyar Dam Sanctuary (Tel.: 2272182, tgl. außer Mo 9–16 Uhr geöffnet) schmiegt. Der dichte Wald des **Reservats** ist Heimat von Sambarhirschen, Faultieren, Makkaken, Elefanten, Löwen und wenigen Tigern. Gut halbstündige Fahrten per Jeep (250 Rs) geben einen unvollständigen Einblick. Wer bessere Aussichten genießen will, sollte an den dreistündigen Wanderungen teilnehmen (800 Rs für Gruppen bis zu 10 Teilnehmern). Besonders an Wochenenden wird das Reservat stark von Einheimischen frequentiert.

Nicht weit entfernt ist ein **Krokodilschutzzentrum,** in dessen Nähe (krokodilfrei) im Stausee gebadet werden kann (50 Rs).

In einem **Elephant Rehabilitation Centre,** 7 km nördlich, gibt's die Möglichkeit für halbstündige Ausritte auf den Dickhäutern (100 Rs).

Anreise

- Regelmäßige **Busverbindungen** vom 32 km entfenten Thiruvananthapuram verbinden mit dem Tierreservat. Für ein **Taxi** von dort mit etwa 2 Stunden Wartezeit müssen gut 600 Rs veranschlagt werden.

Der besondere Tipp: Padmanabhapuram

↗ C3

Padmanabhapuram liegt 63 km südlich von Thiruvananthapuram und damit schon auf dem **Gebiet von Tamil Nadu.** Der heute unscheinbare Ort war zwischen 1550 und 1750 Hauptstadt der Fürsten von Travancore und steht deshalb noch heute unter der Verwaltung des Bundesstaates Kerala. Da zudem die große Mehrzahl der Besucher im Rahmen eines Tagesausflugs von Kerala anreist, wird der Ort an dieser Stelle vorgestellt.

Palast

Die eigentliche Attraktion von Padmanabhapuram ist der großartige Palast der Herrscher von Travancore (Tel.: 04651-250255). Der zum Großteil **aus Holz errichtete Prachtbau** befindet sich in einem hervorragenden Zustand (erhält aber 2009 dennoch einen „facelift") und gilt als eines der schönsten Beispiele der traditionellen **Kerala-Architektur.** Wer längere Zeit in Kovalam verbringt, sollte sich den Ausflug auf keinen Fall entgehen lassen.

Die innerhalb einer zum Teil erhaltenen Verteidigungsmauer stehende Anlage setzt sich aus einer Reihe von Bauten zusammen, die über einen Zeitraum von zwei Jahrhunderten von den insgesamt 14 hier regierenden Rajas erbaut wurden und über Höfe miteinander verbunden sind. Neben den filigranen **Holzschnitzereien,** mit denen besonders die Möbel, Giebel, Säulen und Treppenaufgänge verziert wurden, fallen die einzigartigen **Wandmalereien** ins Auge.

Als ältestes Gebäude und damit quasi als Keimzelle der Palastanlage gilt der um einen Innenhof angelegte so genannte **Mutterpalast** (Thai-kottaram). Den dreigeschossigen Privatpalast des Herrschers (Upparikka-malika) betritt man durch eine prachtvoll ausgestattete Veranda. Von unten nach oben folgen das Schlafzimmer, ein Konferenz- und ein Gebetsraum. An den Wänden finden sich Wandmalereien mit **Porträts von Padhmanabha** (Vishnu als aus dem Nabel des Schöpfergottes auf einer Lotusblüte sitzend Geborener), dem Schutzgott der Travancore-Fürsten. Das **Schwert,** welches vor dem Gemälde liegt, soll *Raja Marthanda Varma* im Jahr 1750 symbolisch an den Schutzgott überreicht haben – ein geschickter Schachzug, versuchte man doch den Briten damit zu verdeutlichen, dass die Fürsten nur Stellvertreter Vishnus, des wahren Herrschers von Travancore, sind. Eine Macht, die man nur stellvertretend ausübt, kann man auch nicht aberkannt bekommen – als einzige Möglichkeit der vollständigen Machtübernahme blieb den europäischen Eroberern so nur die Absetzung des Gottes ...

Der Mantrasala im Stock über dem Schlafzimmer wird von dem durch bunte Fensterscheiben einfallenden Licht und dem glänzenden, schwarzen Fußboden bestimmt. Dabei handelt es sich um eine Art **„Kunstmarmor"**, eine blank polierte Mischung aus Muscheln, Kalk, Eiweiß, Kokosnuss und Zuckerrohrsaft. Eine ähnliche Technik wurde auch bei der künstlerischen Ausgestaltung von Maharaja-Palästen in Nordindien wie zum Beispiel in Amber bei Jaipur angewandt.

Wegen seiner ebenso zahlreichen wie detailgenauen Wandmalereien gilt der Puja-Raum im Obergeschoss als der künstlerisch wertvollste Teil des Palastes. Hauptinspiration der Künstler waren die großen hinduistischen Epen. Dementsprechend finden sich zahlreiche Darstellungen hinduistischer Gottheiten wie Krishna, Vishnu und Ganesha. Leider ist der Raum seit einigen Jahren aus Sorge um die wegen des Tageslichts gefährdeten Wandmalereien für Besucher gesperrt.

Auch in der **Tanzhalle** des aus Stein gefertigten Sarasvati-Tempels finden sich Elemente, die man bereits aus anderen Palastanlagen kennt. So dienten die Gitter der Galerien im ersten Stock dazu, dass die Frauen des Hofes die Aufführungen verfolgen konnten, ohne selbst gesehen zu werden.

- **Öffnungszeiten:** Der Palast ist täglich außer Mo von 9 bis 16.30 Uhr geöffnet, Eintritt 200 Rs, Kameragebühr 25 Rs, Video idiotische 1.500 Rs. Wenn möglich, sollte man die Wochenenden wegen des enormen Andrangs meiden. Die bei jeder Besichtigung obligatorischen Führer geben Erläuterungen zu den einzelnen Räumen und Gegenständen. Für einen fachkundigen Guide sollte man ab etwa 100 Rs veranschlagen, je nach Dauer der Führung.

Anreise

- Von Thiruvananthapurams **Thampanoor-Busbahnhof** nimmt man einen der ständig abfahrenden Busse Richtung Nagercoil oder

Kanyakumari; unterwegs in Thuckalai aussteigen. Am besten sagt man dem Fahrer vorher, dass man nach Padmanabhapuram will, dann informiert er rechtzeitig am Austiegsort. Von Thakkaly sind es 15 Minuten zu Fuß, die Einheimischen weisen einem den Weg. Alternativ warten Rikshas, die einen für 20 Rs zum Palast bringen. Ein Taxi von Trivandrum sollte inkl. Wartezeit und Rückfahrt nicht mehr als 1.000 Rs kosten.

- Man kann den Palast auch zusammen mit Kanyakumari im Rahmen eines vom Tourist Office von Thiruvananthapuram organisierten **Tagesausflugs** besichtigen. Nähere Information s. Thiruvananthapuram.

Varkala

↗ C3

Einwohner: 41.000
Vorwahl: 0470

Das gut 50 km nordwestlich von Thiruvananthapuram gelegene Varkala ist das Pendant Keralas zu Gokarna in Karnataka: ein uralter **hinduistischer Pilgerort,** der von europäischen Rucksacktouristen entdeckt wurde, die auf der Suche nach einer Alternative zu den von Pauschaltouristen vereinnahmten Stränden in Kovalam bzw. Goa waren. Eine gute Wahl, denn der herrlich **weiße Sandstrand** vor dem Hintergrund der roten Felsen macht im Vergleich zu Kovalam einen relativ unverfälschten Eindruck. Noch sind Rucksackreisende die Mehrzahl der Touristen. So bestimmen einfache Guest Houses und Kliff-Cafés die Szenerie, luxuriöse Unterkünfte sind vorerst noch die Ausnahme. Doch nach dem bekannten Schema, wonach die Individualtouristen die Bresche schlagen, in die der Pauschaltourismus nach einigen Jahren eindringt, sind die „alternativen" Zeiten wohl vorbei. Gerade in den letzten Jahren sind um die 100 neue Unterkünfte hinzugekommen. Ein Ende ist nicht in Sicht, waren doch zur Recherchezeit etwa ein Dutzend weitere im Bau. Da mehrere Ebenen auf dem Kliff und unterhalb zur Verfügung stehen, wirkt die Bebauung jedoch weniger gedrängt als in Kovalam.

Wer in Varkala Urlaub macht, sollte sich stets vor Augen halten, dass es sich um einen Ort von großer religiöser Bedeutung handelt und dementsprechend zurückhaltend auftreten. Die in Kovalam selbstverständlich an den Tag gelegte Freizügigkeit ist hier fehl am Platz. Leider scheint die spirituelle Bedeutung Varkalas immer mehr in den Hintergrund zu treten.

Im Zentrum religiöser Verehrung steht der **Janardhana-Swamy-Tempel.** Das Sanktum des angeblich zwei Jahrtausende alten, in seiner heutigen Form auf das 13. Jh. zurückgehenden Heiligtums ist Nicht-Hindus verschlossen. Ein Besuch des am Ende der Beach Rd. an der Temple Junction gelegenen Tempelgeländes, auf dem gegen eine Gebühr von 150 Rs fotografiert werden darf, lohnt jedoch wegen der von religiöser Inbrunst geprägten Atmosphäre.

Ein fantastischer Ausblick auf den Indischen Ozean bietet sich von der **Spitze eines Felsens** am nördlichen Ende des Papanasam-(Sündenvernichter-)Strandes. An dem Ort, der über einen steilen Pfad vom Strand oder über eine Straße vom Dorf zu erreichen ist, haben sich zwei bei Westlern beliebte **Yogazentren** angesiedelt. Vor allem am späten Nachmittag versammeln sich hier viele zum Beobachten des Sonnenuntergangs und zum Meditieren.

Das **Natural Cure Hospital** in der Nähe von drei Heilquellen wurde 1983 von der damaligen Premierministerin *Indira Gandhi* eingeweiht.

Praktische Tipps

Information

- Das staatliche **Tourist Office** (kein Tel.) auf dem Gelände des Government Guest House hat Mo bis Sa von 10.30 bis 16.30 Uhr geöffnet. Man ist eher schläfrig veranlagt. Im Bahnhof gibt es eine gelegentlich geöffnete Zweigstelle.
- Trotz des Namens handelt es sich bei dem am Ende der Beach Rd. platzierten **Tourist Helping Centre** nicht um ein Touristenamt, sondern um ein privates Reisebüro.

Stadtverkehr

- Für eine **Riksha** vom Bahnhof zu der ca. 3 km entfernten Temple Junction, dem inoffiziellen Zentrum in Strandnähe, sollte man etwa 20 Rs zahlen. Um 50 Rs sind es per **Taxi,** zu den über die Straße recht weit entfernten Unterkünften im Norden 70 Rs. Bei besonders preiswerten Beförderungsangeboten kann man sicher sein, dass die Bleibe angefahren wird, von der der Fahrer die höchste Kommission kassiert. Hat man noch keine bestimmte Unterkunft ins Auge gefasst, sollte man sich zum Helipad oder ans Ende der Beach Rd. fahren lassen und von dort auf die Suche gehen.
- Viele Unterkünfte am Kliff vermieten auch **Motorroller und Motorräder:** Preis um 250/350 Rs/Tag.

Unterkunft

Auch in Varkala steigen die Preise in der Hochsaison von Mitte Dezember bis Mitte Januar erheblich. Durch die starke Bautätigkeit der letzten Jahre hat jedoch die Konkurrenz stark zugenommen, sodass sich nicht nur außerhalb der Saison bei entsprechendem Geschick zum Teil erhebliche Nachlässe aushandeln lassen. Dies gilt insbesondere für den Fall, dass man länger als eine Woche in derselben Unterkunft bleibt.

Abgesehen von den aufgeführten Hotels gibt es noch eine Vielzahl weiterer Übernachtungsmöglichkeiten. So bieten viele Cafés ebenso günstige wie spartanische Zimmer. Im Übrigen werden ständig neue Guest Houses und Hotels erbaut.

Untere Preiskategorie:

- Knapp 100 m hinter dem Kliffweg ist **Rita's Home** € (Tel.: 3207200) schon durch die freundliche Atmosphäre, die ruhige Lage unter Bäumen und die Nähe zum Meer ein guter Tipp. Die von einer hilfsbereiten Familie geführte, saubere Einfachunterkunft in altem indischen Stil ist ideal für Gäste, die Ruhe und relaxte Atmosphäre zum kleinen Preis suchen. Auch das hervorragende, indische (!) Essen macht es zu einer der besten Billigbleiben in Varkala.
- Nur ein paar Meter entfernt ist das ebenso familiäre **MK Garden** €€-€€€ (Tel.: 2603298, (0)9995904302, cliffhotel2007@yahoo.de) eine ausgezeichnete Adresse für diejenigen, die strandnah komfortabel wohnen und sich geborgen fühlen wollen. Die supersauberen, geräumigen und angenehm möblierten Zimmer sowie die einladende Dachterrasse mit Blick in die Palmwipfel sind kaum zu toppen. Die Erlöse werden für karitative Zwecke verwendet.
- Das von Lesern empfohlene **Jicky's Rooms** €€-€€€ (Tel.: 2606994, (0)9846179325, www.jickys.com), ebenfalls nur einen Steinwurf entfernt ruhig unter Palmen gelegen, ist eine gute Ausweichadresse. Die Zimmer haben Balkon, auch die Dachterrasse ist angenehm.
- Ein typischer Vertreter der preiswerten Unterkünfte, ein Stück hinter der Steilküste, ist das **Silver Sands** €€ (Tel.: (0)9896478432) mit großen, wenig möblierten Zimmern mit ebenso großen Balkonen/Terrassen mit Hängematten umgeben von einem Garten.

108is Foto: tb

Kerala

Die frische Brise am weiten Strand von Varkala genießt man selten allein

●Tadellose Zimmer mit Bad offeriert die **Oceanic Beach Residency** €€-€€€ (Tel.: 2604668, (0)9846096912, oceanicresidence @yahoo.co.in) sowie das ebenfalls neue **Karatheeram** €€ (Tel.: 9846138899, kerathee ram@rediffmaik.com, supersaubere Zimmer mit Balkon) und das einfachere **Rainbow Guest House** €€, alle nur ein paar Schritte vom Kliffweg entfernt.

●Eine gemütliche Anlage mit kleinen, gut ausgestatteten Bambushütten in pflanzenreichem Garten und Strandnähe machen das **Kerala Bamboo House** €€ (Tel.: (0)9895 270993, www.keralabamboohouse.com) zu einer hervorragenden Budget-Unterkunft.

●Die **Bamboo Village & Cottages** €€€ (Tel.: 2610732, (0)9995051864, www.bamboovilla.com) nebenan sind eine recht gute Alternative. Kleine Terrassen vor den zehn Bambushütten mit Bad und die Freifläche bis zum Kliffrand machen diese zu einem angenehmen Aufenthaltsort. Auch die Zimmer im Haupthaus sind recht ansprechend.

●Eine Alternative zu den inzwischen recht zugebauten Bereichen Varkalas bieten die Unterkünfte südlich der Beach Rd., einen steilen Weg hinauf. Am Kliff gelegen wartet das alte Kerala-Landhaus **Golden Ayurvedic Beach Resort** €€ (Tel.: 2609555, (0)9349982966, www.varkalagoldenbeach.com) mit tollem Blick übers Meer vom vorgelagerten Garten. Es stand zur Recherchezeit kurz vor hoffentlich behutsamer Renovierung und sollte weiterhin eine Empfehlung bleiben. Im hinteren Teil des Anwesens steht ein Neubau mit komfortablen Doppelzimmern mit Terrasse/Balkon und TV zur Verfügung.

●Nicht nur der Zugang zu einem kleinen eigenen Strand, eine steile, in den Fels gehauene Treppe hinab, machen das **KR House** €€ (Tel.: 2611814, (0)9349741998, ramachand

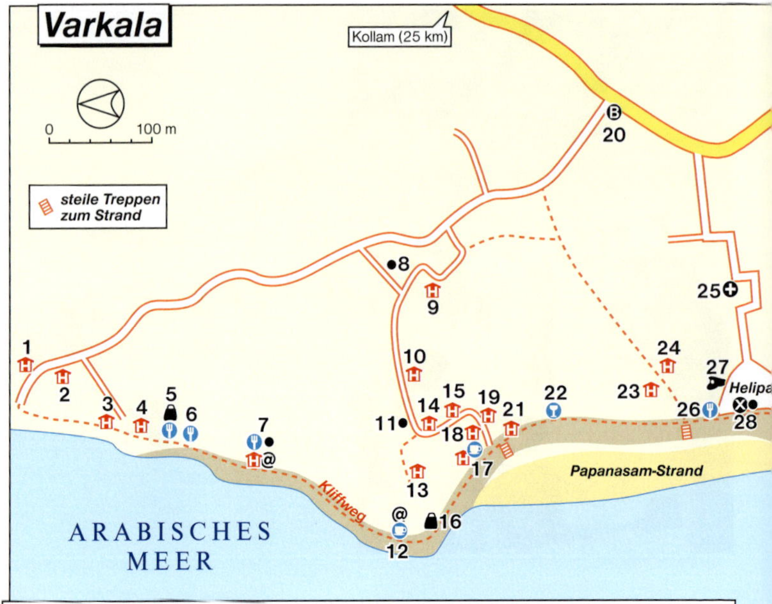

1 Hotel Thiruvambadi
2 Wood House Beach Resort
3 Blue Marine Beach Resort
4 Bamboo Village & Cottages
5 Trattoria, Supermärkte
6 Mamma Chompos
7 Thanal, Café Italiano, Internetcafé, Scientific School of Yoga & Massage
8 Olympia House
9 Deshadan
10 Preeth Beach Resort
11 Kairali Ayurvedic & Yoga Centre
12 Funky Art Café, Internetcafé
13 Signitive Residency
14 Silver Sands
15 Villa Anamika
16 Tibetischer Markt
17 Kerala Coffee House, Clafouti
18 Oceanic Beach Residency, Rainbow Guest House, Karatheeram
19 Kerala Bamboo House
20 Bushalt
21 Cliff Lounge, Green Palace
22 Juice Shack
23 Rita's Home
24 MK Gardens, Jicky's
25 Panchasila Ayurvedic Hospital
26 Oottapura Vegetarian Restaurant
27 Police Aid Post
28 Rikshas, Taxis
29 Paradise Beach Resort
30 Marine Palace Restaurant
31 Eden Garden Ayurvedic Beach Resort
32 Taj Garden Retreat
33 Tourist Office
34 Government Guest House
35 Hindustan Beach Resort, Rikshas, Taxis
36 Nikhil Tours & Travels
37 Panchavati
38 Bay Park
39 Post, Bureau de Change, Sathram Restaurant
40 Bushalt
41 Rikshas
42 Janardhana Swamy Tempel
43 Golden Ayurvedic Beach Resort
44 Villa Jacarandha
45 Sea Shore Beach Resort
46 Sangeeth Garden
47 Panchagni Ayurveda Centre
48 KR House
49 Oceano Cliff

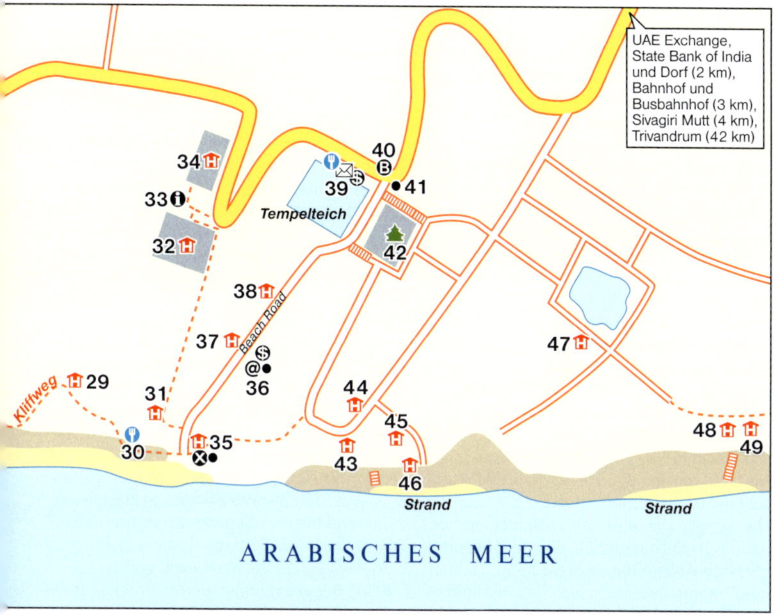

ran.krhouse@yahoo.co.in) an der Kliffkante ca. 500 m südlich der Beach Rd. zu einem Tipp. Auch die preiswerten Zimmer, nach vorn mit Seeblick und Balkon, die völlig abgeschiedene Lage und der baumbestandene Garten mit Hängematten sind erwähnenswert.

- Neun riesige Zimmer mit Bad sowie vier Hütten mit Gemeinschaftsbad in einer weitläufigen Gartenanlage bilden das **Government Guest House** € (Tel.: 2602227), ein tolles Angebot für seinen geringen Preis. Wie so häufig bei staatlichen Hotels macht vieles in dem ehemaligen Feriensitz des Maharajas von Travancore einen etwas schläfrigen und vernachlässigten Eindruck, außerdem ist das Meer ziemlich fern. Für einige wiegt der günstige Preis und der nicht abzusprechende Charme diese Nachteile jedoch wieder auf.

Mittlere Preiskategorie:

- Eine stimmungsvolle Herberge ist das **Eden Garden Ayurvedic Retreat** €€-€€€/€€€€€ (Tel.: 2603910, 2480642, edengarden2000@hotmail.com, www.eden-garden.net). Die gemütlichen Zimmer sind um einen Teich herum gebaut, auf dem man auf kleinen Stelzenbauten essen kann. Nachteil sind hier die lästigen, nächtlichen Plagegeister. Cottages mit Balkonen etwas zurück am Hang unter Palmen sind abgeschieden und hübsch eingerichtet. Ein weiteres Plus ist natürlich die Strandnähe. Die Ayurveda-Behandlungen sind anerkannt seriös und professionell. Einige Leser beklagen jedoch die aufdringliche Art, Gäste zu Ayurveda-Behandlungen zu bewegen. Falls man sich dafür entscheidet, sinken die Unterkunftspreise ein wenig. Reservierung wird dringend empfohlen. Neue, architektonisch außergewöhnliche, sogenannte Kamalaya-Bungalows mit nach oben offenem Bad und kleinem Rundpool im Zentrum sowie erstklassiger Ausstattung sind teurer.

● Nicht weit entfernt an der Beach Rd. kann das **Panchavadi Beach Resort** €€-€€€€ (Tel.: 2600200, (0)9895252814, www.panchavadi.com) als Ausweichquartier dienen. Man sollte jedoch die gemütlichen kleinen Zimmer im ersten Stock nehmen, sind doch die im Erdgeschoss reichlich dunkel, die klimatisierten sind allerdings zu teuer. Ein Restaurant mit Blick auf eine Kuhwiese ist angeschlossen.

● Auch das **Hotel Bay Park** €€-€€€ (Tel.: 2611389, hotelvpark@sancharnet.com), ebenfalls an der Beach Rd., bietet mit sauberen und geräumigen Zimmern viel fürs Geld.

● Auf dem einen Hektar großen Gelände des **Preeth Beach Resort** €€€-€€€€ (Tel.: 2602341, 2600942, www.preethbeachresort.com) sind die geräumigen Cottages inkl. Kühlschrank und schönem Mobiliar preisgünstig. Die 19 teils klimatisierten DZ im Haupthaus haben alle Balkon und TV. Eine schöne, preisgünstige Anlage mit zwei Restaurants, Internet-Zugang, ayurvedischer Massage und einem Rundpool im Garten.

● Etwas näher zum Meer ist die neue **Signitive Residency** €€€-€€€€ (Tel.: 2603982, (0)9387562344, www.signatureresidence.in) eine komfortable Bleibe unter Palmen mit gutem Service. Gut ausgestattete Balkonzimmer, sogar Internetanschluss in den Zimmern, einige klimatisiert, werden den meisten genug Komfort bieten, nur der grüne Anstrich ist gewöhnungsbedürftig.

● Nicht nur das eigene, trinkbare Quellwasser und saubere, unterschiedliche Zimmer bestätigen die Empfehlungen vieler Gäste. Auch die familiäre Atmosphäre der von einem deutsch-indischen Ehepaar geleiteten **Villa Anamika** €€-€€€€ (Tel.: 2600095, www.villaanamika.com) machen das Haus mit Dachterrasse zu einer empfehlenswerten Adresse. Frühstück und Mittagessen sind möglich, eine Reservierung wird empfohlen. Manche Gäste beklagen Servicemängel des gelegentlich offenbar launischen Besitzers.

● Auf großer Fläche unter Palmen ist die **Cliff Lounge** €€€€ (Tel.: (0)9947476360, (0)9995531840, www.clifflounge.com) eine neue Bleibe mit komfortablen Balkonzimmern, Cottages und sogar kleinen Häusern mit Küche und Kühlschrank, bei denen für länger Bleibende Rabatte eingeräumt werden.

● Hervorragend ist das neue **Thanal** €€€€ (Tel.: 2604342, (0)9446024342, thanalbeachresort@gmail.com) hinter dem Café Italiano am Kliffrand, in dem das im Preis enthaltene Frühstück eingenommen wird. Sehr geschmackvoll eingerichtete, teils klimatisierte Zimmer, alle mit Balkon und Seeblick, sind erstaunlich preiswert.

● Vor einigen Jahren noch ganz einsam im Norden Varkalas gelegen, ist das **Thiruvambadi Beach Retreat** €€€€ (Tel.: 2601028, contact@thiruvambadihotel.com) heute von neuen Hotelbauten umzingelt, aber immer noch eines der besten. Das Haus bietet hübsch möblierte, geräumige Zimmer mit Marmorfußboden und teilweise Kühlschrank, TV und Balkon sowie ein kleines Dachrestaurant und Internet-Zugang. Ein Apartment auf dem Dach, ein Cottage und ein Swimmingpool waren zur Recherchezeit geplant.

● Eine der gelungenen, neuen Unterkünfte in dieser Ecke ist das **Wood House Beach Resort** €€€€ (Tel.: 2156392, (0)9846914544, www.woodhousebeachresort.com) nahe dem Kliff. Kuschelig und komfortabel, wenn auch etwas eng aneinander gebaut, sind die achteckigen, in keralischem Stil gebauten Hütten, die vorderen mit Meerblick. Im Haupthaus sind die sauberen Balkonzimmer mit TV, alle mit Seeblick, ebenso empfehlenswert. Hier gibt's auch Internet-Zugang.

● Besonders durch seine Lage an der Kliffkante südlich der Beach Rd. lockt das **Sea Shore Beach Resort** €€€€-€€€€€ (Tel.: (0)9846179900, seashore247@yahoo.com, www.seashorevarkala.com) mit hübschen Zimmern mit Terrasse zum Meer und Palmengarten. Im angeschlossenen Restaurant gibt's auch indische Küche inkl. *thali*, inzwischen recht selten im touristischen Varkala. Die ruhige Lage muss allerdings recht teuer bezahlt werden. Gute Tipps für Ausflüge gibt's von *Biju*, dem freundlichen Besitzer, gratis.

● Das abgeschiedene Schmuckkästchen **Sangeeth Garden** €€€-€€€€ in der Nähe hat einen direkten, steilen Abstieg zum eigenen Strand. Aus dem Garten der Villa mit stilvollem Interieur genießt der Gast einen tollen Ausblick auf den Meereshorizont.

- Weiter südlich versteckt sich das **Oceano Cliff** €€-€€€€ (Tel.: 3094978, oceanocliff@rediffmail.com) im Wald am Kliffrand, ca. 500 m von der Beach Rd. entfernt. In einer weiträumigen, baumbestandenen Gartenanlage sind die komfortablen Wohnblöcke verteilt. Ein Restaurant und ein Internetcafé für Gäste sind vorhanden. Ein Plus ist der steile Weg zum eigenen kleinen Strand, da der Papanasam-Hauptstrand recht weit entfernt ist.

Obere Preiskategorie:

- Die erstklassige Lage am Ende der Beach Road sind das Hauptplus des neuen, zentral klimatisierten **Hindustan Beach Retreat** €€€€€ (Tel.: 2604354/5, hindretreat@vsnl.net, www.hindustanbeachretreat.com). Die gepflegten Zimmer, die teureren mit Balkon zum Meer, sind luxuriös. Der direkte Strandzugang, der luftige Coffee-Shop auf dem Dach und der Pool sind weitere Vorzüge dieses ansonsten jedoch ausstrahlungsarmen Hauses.
- Stilsicher eingerichtete, geräumige Zimmer um einen Pool herum machen das **Deshadan** €€€€€ (Tel.: 3204242, www.deshadan.com, Preise inkl. Frühstück) aus rotem Backstein zu einer der wenigen luxuriösen Unterkünfte auf dem Kliff.
- Viel mehr Atmosphäre vermittelt die südlich und oberhalb der Beach Road, nicht weit vom Janardhana-Swami-Tempel gelegene, elegante **Villa Jacaranda** €€€€€ (Tel.: 2610296, www.villa-jacaranda.biz) mit gepflegtem Garten in abgeschiedener Lage. Die fünf individuell eingerichteten Zimmer mit riesigen Terrassen gestatten äußerst angenehmes Wohnen in luxuriöser Umgebung. Service und Speisen sind hervorragend, eine Voranmeldung ist erforderlich.
- Wie üblich bei der Taj-Gruppe zeichnet sich das hoch gelegene **Taj Garden Retreat** €€€€€€ (Tel.: 2603000, retreat.varkala@tajhotels.com, www.tajhotels.com) durch seine herrliche Lage, die ansprechende Architektur, mehrere ebenso gute wie teure Restaurants und einen tollen Swimmingpool aus.

Sicherheitstipps

Durch die **starke und gefährliche seitliche Unterströmung** in Süd-Nord-Richtung verlieren jedes Jahr mehrere Touristen beim Schwimmen ihr Leben. Besondere Vorsicht ist während der Monsunmonate geboten, wenn die reißende Strömung eine zusätzliche Gefahr darstellt. Die seit einigen Jahren eingesetzten Rettungsschwimmer haben die Zahl der Todesfälle reduziert. Man sollte ausschließlich in den durch Fähnchen gekennzeichneten Zonen baden, Kinder nur einige Meter ins Wasser lassen und gut aufpassen.

Noch ein Hinweis: Obwohl die allabendliche, einstündige Elektrizitätsabschaltung der vorherigen Jahre passé ist, sollte man abends immer eine Taschenlampe mit sich führen, da viele Stellen am ungesicherten Kliffweg schlecht beleuchtet sind und es auch heute noch gelegentlich zu **Stromausfällen** kommt.

Essen und Trinken

Ähnlich wie in Kovalam steht auch in Varkala mehr oder weniger frischer Fisch ganz oben auf der Speisekarte. Die Preise (ca. 100–150 Rs pro Hauptgericht, um 300 Rs für Fisch) liegen etwa 20 % unter denen in Kovalam, verglichen mit dem Landesdurchschnitt sind sie dennoch recht hoch.

Der beste Ort, um den frisch zubereiteten Fisch in schönem Ambiente zu genießen, sind die zahlreichen an den **Kliffrand** gebauten Restaurants. Typische Vertreter dieser ausschließlich am europäischen Geschmack mit umfangreicher italienischer Küche orientierten Speisestätten sind **Trattoria, Mamma Chompos, Café Italiano** oder das **Funky Art Café** (Tel.: (0)9846383355), in dem gelegentlich klassische indische Musik aufspielt. Am Abend locken alle mit am Kliffweg präsentierten Fisch, von dem sich der Gast sein Lieblingssstück aussucht.

Am besten beginnt man den Abend mit einem „Sundowner" zum Sonnenuntergang und geht dann zum Dinner und einem Kingfisher-Bier über. Eigentlich dürfte es überhaupt keinen Alkohol geben, da keines der Restaurants eine Lizenz besitzt. Hat es wieder einmal eine Polizeirazzia gegeben, kann es tatsächlich vorkommen, dass über mehrere Tage kein Alkohol ausgeschenkt wird. Da Speisekarte, Preise und Service (in der Regel ebenso freundlich wie langsam) bei allen in etwa gleich sind, sollte man die Wahl eher entsprechend dem Ambiente der jeweiligen Lokalität treffen. Fischgerichte kosten zwischen 150 und 350 Rs, Pizzen meist um 150 Rs.

- Hervorragende Pizza unter Palmen und eine umfangreiche Alkoholauswahl sprechen für das **Kerala Coffee House.**
- Auch am südlichen Strandabschnitt an der Beach Rd. drängen sich die Restaurants. Auch hier gibt's neben italienischer und wenig indischer Küche Fischgerichte, deren Hauptzutat auf Tischen vor den Restaurants selbst gewählt werden kann. Eine dieser Speisestätten ist das meist brechend volle **Somatheeram Beach Restaurant.**
- Im **Juice Shack** werden bei köstlichen Fruchtsäften und Snacks Neuigkeiten ausgetauscht.
- Die **German Bakery** am Kliff ist der ideale Ort für ein Frühstück mit köstlichen Croissants und Müsli mit Meerblick (Vorsicht: Krähen).
- Ausschließlich vegetarisches Essen serviert das immer gut besuchte **Oottapura Vegetarian Restaurant** beim Helipad. Eine angesagte und hervorragende Adresse besonders fürs Frühstück mit köstlichen Müslivarianten.
- Wer es billig und indisch mag, sollte das **Sathram** an der Temple Junction aufsuchen. Hier kann noch keralische Kost unter Einheimischen zum kleinen Preis genossen werden.
- Im **Taj Garden Retreat** wird auch Nicht-Gästen am Wochenende ein Büffet (So 12.30–15 Uhr) inkl. Poolbenutzung für 400 Rs kredenzt.

Einkaufen

- Nur in der Saison geöffnet sind die Hütten des **Tibetischen Marktes** am Kliffweg mit typischem Angebot. Die kleineren Verkaufsstände drumherum warten auch im Oktober und März noch auf Kunden.
- Recht viel Prosa und einige Bildbände verkauft der **Lookmath Bookshop** im nördlichen Kliffbereich in neuer und Secondhand-Qualität.
- Zum Schluss sei noch auf zwei kleine Supermärkte am nördlichen Kliffende hingewiesen. Der **Puthooram-** (bei Mamma Chompos Pizzeria) und der etwas südlicher zu findende **Joshi's Supermarkt** sind ganz gut ausgestattet, aber nicht billig.

Bank

- Die beste Wechselstelle in Varkala ist **UAE Exchange** im Dorf: effizient, lange Öffnungszeiten (Mo–Sa 9.30–18, So 9.30–13-30 Uhr) und gute Raten für Bargeld und Reiseschecks. Hier gibt's auch Moneygram Service (schneller Geldtransfer von der Heimatbank) und Flugtickets .
- Außerdem gibt's noch zahlreiche **private Geldwechsler** (meist Reisebüros) um die Beach Rd. (etwa Nikhil), Temple Junction (Bureau de Change, Tel.: 2606623) sowie Centurion Bank Forex mit guten Raten. Die meisten akzeptieren auch Kreditkarten (oft nur Visa- und Mastercard) für durchschnittlich 3 % Aufpreis.
- Die **ATMs** der State Bank of India (einer im Dorf und einer im Bahnhof) und der South Indian Bank im Dorf akzeptieren die wichtigen Kreditkarten außer American Express.

Medizinische Versorgung

- Im Falle des Falles ist das **Sree Uthradom Thirunal Hospital** (Tel.: 2607755/66) nahe dem Varkala Court wohl die beste Adresse in Varkala.

Polizei

- Nur in der Saison von November bis Februar ist der **Police Aid Post** am Helipad besetzt.

Post und Internet

- Ein kleines **Postamt** steht an der Cliff Rd. wenige Meter von der Temple Junction.
- Die Preise fürs **Internetsurfen** liegen im Schnitt bei 20–30 Rs pro Stunde. Am besten surft man im Nikhil (Tel.: 2600583) an der

Wissen vom langen Leben – Ayurveda

Das Wissen vom langen Leben - wovon die meisten Völker nur träumen können, besitzen die Inder schon seit Jahrtausenden. Der Name der Zauberformel heißt Ayurveda (Ayu = Leben, Veda = Wissen). Die bis heute maßgebenden Schriften dieser **traditionellen indischen Medizin** wurden vor etwa 2.000 Jahren verfasst. Zentrale Bedeutung kommt dabei der **Lehre von den drei Körpersäften** oder auch Temperaturen zu. Harmonie und Gleichgewicht dieser *doshas* sind die Grundvoraussetzung für ein gesundes Leben. Jede *dosha* ist für das Wohlergehen von bestimmten Körperfunktionen zuständig: **pita** (Sonne/Feuer) für Verdauung und Stoffwechsel, **kapha** (Mond, Wasser, Erde) für Organe und Knochen, **vada** (Wind, Luft) für Kreislauf und Nervensystem.

Die ayurvedische Medizin lehrt, dass Krankheiten die Folge einer Störung des Gleichgewichts der Körperstimmungen sind und durch angepasste Ernährung und Behandlung geheilt werden können. Grundvoraussetzung für den Erfolg ist der **Verzicht auf Fleisch, Nikotin und Alkohol.** Da der ayurvedischen Methode ein ganzheitlicher Ansatz zugrunde liegt und die Harmonie von Geist, Körper und Seele angestrebt wird, erkundigt sich der Ayurveda-Arzt unter anderem nach dem familiären und sozialen Umfeld des Patienten. Nicht die Symptome, sondern die **Ursachen einer Krankeit,** die häufig in psychosomatischen Störungen liegen, stehen im Mittelpunkt.

Eine große Bedeutung bei der Wahl der Behandlungsmethode kommt der **richtigen Ernährung** zu. Leidet ein Patient zum Beispiel unter Antriebslosigkeit, wird ihm eine anregende Ernährung verschrieben. Hierzu gehört beispielsweise der Verzehr von Bohnen und Linsen sowie sauren Früchten und Honig. Grundsätzlich sollte ein solcher Patient seine Speisen scharf würzen.

Die wichtigste Behandlungsmethode der ayurvedischen Medizin sind jedoch **Massagen** mit Pflanzenölen und Heilkräutern. Hieraus erklärt sich auch, warum Kerala, das mit seinen unzähligen Kräutergärten so etwas wie ein Garten Eden des Ayurveda ist, als Ursprungsland dieser ältesten heute noch praktizierten Form der Medizin gilt. Um eine langanhaltende Wirkung von Ayurveda zu genießen, muss man sich einer **längerfristigen Behandlung** unterziehen. Eine kurze Massage steigert zwar das Wohlbefinden, ist aber zur tiefgreifenden Reinigung des Körpers nicht ausreichend.

Die **Ayurveda-Kliniken** erfreuen sich in den letzten Jahren besonders bei westlichen Reisenden großer Beliebtheit. Vor allem bei der Heilung chronischer Krankheiten wie etwa Rheuma zeigt die ayurvedische Behandlung große Erfolge. Die weite Verbreitung der ayurvedischen Medizin bei der einheimischen Bevölkerung ist nicht zuletzt darauf zurückzuführen, dass die eingesetzten Heilmittel aus einheimischen Kräutern und Ölen hergestellt werden und dadurch wesentlich billiger sind als aus dem Westen importierte Medikamente. Allerdings ist hier in den letzten Jahren ein interessanter Wertewandel festzustellen, der die Veränderungen innerhalb der indischen Gesellschaft widerspiegelt: Während Touristen aus Europa, die die westliche „Gerätemedizin" zunehmend in Frage stellen, die vor allem in Goa und Kerala wie Pilze aus dem Boden schießenden ayurvedischen Kliniken füllen, ist bei großen Teilen der indischen Mittel- und Oberschicht eine Hinwendung zur westlichen Schulmedizin zu verzeichnen.

Beach Rd. (25 Rs/ Std.). Viele weitere finden sich zwischen den Hotels und Restaurants am Kliffweg, etwa beim Hill View Beach Resort, wo auch die Memory-Chips der **Digitalkamera** für 50 Rs inkl. Siberscheibe auf CD gebrannt werden.

Reisebüros

Diverse auf die Bedürfnisse von Individualtouristen zugeschnittene Reisebüros haben sich im Laufe der letzten Jahre in Varkala angesiedelt. Bei allen ist die Angebotspalette in etwa gleich. Dazu gehören u.a. der Verkauf von **Flugtickets,** die Beschaffung von **Zugtickets** (meist 100 Rs extra, was wegen des langen Weges zum Reservierungsbüro am Bahnhof lohnt) und die Buchung von **Backwater-Trips, Elefantenausritten** und **Mietwagen.** Bei der Auswahl des Reisebüros sollte man sorgsam vorgehen, gibt es doch immer wieder Klagen von Travellern, die übers Ohr gehauen wurden. So ist es keine Seltenheit, dass für Leistungen, die angeblich bereits in voller Höhe im Voraus bezahlt wurden, von den ausführenden Personen wie Elefantenbesitzern und Bootsführern eine Nachzahlung verlangt wird. Aus ihrer Sicht völlig zu Recht, da ihr Anteil nicht an sie weitergeleitet wurde. Falls möglich, erkundige man sich bei anderen Reisenden, die bereits mit den Anbietern Erfahrungen gemacht haben.

- Zwei Büros, die über eine gute Reputation verfügen, sind das hervorragende **Tourist Helping Centre** an der Einmündung der Beach Road zum Strand, **Nikhil Tours & Travels** an der Beach Rd. und **Cliff Tours & Travel.**

Yoga und Ayurveda

Varkala gilt in Kerala als bekanntes **Yoga-Zentrum** und für viele Reisende ist dies der Hauptgrund hierher zu kommen. Daraus ist ein nicht unbedeutender Geschäftszweig geworden, der neben Yoga-Schulen auch diverse **Buchläden und Geschäfte** umfasst, die ayurvedische Produkte, Öle und Heilkräuter verkaufen. Das Angebot der Yoga-Schulen reicht von ein- bis mehrwöchigen Kursen unter englischsprachiger Leitung über ayurvedische Massagen bis zu Meditationssitzungen. Die Trennlinie zwischen ernsthaftem Anliegen und Geschäftemacherei ist dabei nur schwer zu ziehen. Interessenten sollten, bevor sie sich für einen längeren Aufenthalt bzw. Kurs entscheiden, zunächst einmal einen „Schnuppertag" einlegen, um herauszufinden, ob das Angebot und die Atmosphäre ihren Wünschen und Interessen entspricht. Eineinhalbstündige Yogakurse (im **Scientific School of Yoga & Massage,** tgl. um 8 und 16.30 Uhr) kosten 100 Rs. Für die etwa zweistündige Lehrstunde täglich über zwei Wochen werden 2.500 Rs verlangt. Außer Yoga (verschiedene Ausrichtungen, teils in Kombination) werden Massage (um 600 Rs für 1 Std.) und Martial Arts angeboten. Die bekanntesten Adressen sind die Scientific School of Yoga & Massage und das **Progressive Yoga Centre** (beide im nördlichen Kliffbereich) sowie das **Kairali Ayurvedic & Yoga Centre** (kven@satyam.net.in), etwas zurück von der Steilküste. Für gute Ayurveda-Behandlung wie auch Kurse (z.B. Massage) ist auch das **Eden Garden Ayurvedic Retreat** (www.eden-garden.net) bekannt.

- Das traditionsreiche **Panchasila Ayurvedic Hospital** (Tel.: (0)919895167068, 0476-3290484, www.panchasila.com), in dem ayurvedische Medizin seit vier Generationen betrieben wird, hat gleich vier Einrichtungen in und um Varkala, etwa im Palm Beach Resort (Tel.: (0)9895167068, ayurveda@panchasila.com). Die angenehmste Adresse ist das **Panchagni Ayurveda Centre** (Tel.: (0)9447591081, panchagni@panchasila.com) etwas versteckt auf der südlichen Kliffseite, von der Beach Road keine 15 Fußminuten entfernt. Vorteil in dieser nahezu touristenfreien Ecke ist natürlich die völlige Ruhe, in der die Behandlungen und Anwendungen dieser traditionsreichen Einrichtung genossen werden.
- Anerkannt gute Massagen verabreicht Herr *Omanakuttan* im **Olympia House** (Tel.: 3291783), seine Frau behandelt weibliche Kunden.
- Ein über die Grenzen Keralas hinaus bekannter Ashram ist **Sivagiri Mutt,** der Haupt-Ashram des Shree Narayana Dharma San-

212ke Foto: tb

Das Abzapfen von Palmsaft ist mühsam

gham Trust, der zu Ehren des Guru *Sree Narayana* (1855–1928) gegründet wurde. Hier kann das Leben und Wirken des Gurus studiert werden. Für ernsthaft Interessierte stehen einfache Zimmer zur Verfügung € (Tel.: 2602807, www.sivagiri.com).

Kultur, Festival

- In der Saisonzeit zwischen November und März finden im Varkala Cultural Centre (Tel.: 2608793) im nördlichen Kliffbereich und im Neptune Hotel **Kathakali-Aufführungen** statt. Die aufwendige Schminkprozedur, die man sich nicht entgehen lassen sollte, beginnt um 17 Uhr, die Aufführung ist zwischen 18.30 und 20.15 Uhr. Eintritt 150 bzw. 175 Rs. Auch hinter der Scientific School of Yoga & Massage werden in der Saison Kathakali-Vorführungen gezeigt (Schminkprozedur ab 17 Uhr, Aufführung ab 19 Uhr).
- Das mehrtägige **hinduistische Festival** in der zweiten Märzhälfte mit einem **Elefantenumzug** zum Janardhana-Swami-Tempel mit bis zu 80 bemalten und geschmückten Tieren als Höhepunkt ist sehr eindrucksvoll. Das genaue Datum fürs jeweilige Jahr muss im Tourist Office in Erfahrung gebracht werden.

An- und Weiterreise

- **Bahn:** Der Bahnhof ist etwa 4 km von den Strandbehausungen entfernt. Das computerisierte Reservierungsbüro ist Mo–Sa 8–17.30 Uhr (14 Uhr Mittagspause) und So 8–14 Uhr geöffnet. Sehr viele Verbindungen nach Trivandrum und nach Norden: 7229 Sabari Exp., Abf. 7.45 Uhr, über Quilon, Ernakulam bis Thrissur (Ank. 13 Uhr).
- **Bus:** Zahlreiche Busverbindungen vom 24 km nördlich gelegenen Kollam (Quilon) und von Thiruvananthapuram, 54 km südlich. Die meisten ankommenden Busse fahren nur bis zum Busbahnhof gegenüber dem Bahnhof, nicht bis ins Dorfzentrum nahe dem Strand an der Temple Junction, also den Schaffner fragen. Wer keinen Direktbus erwischt, kommt meist schneller ans Ziel, indem er zunächst mit einem Bus über die NH 47 bis Kallamballam fährt und dort in einen Lokalbus nach Varkala umsteigt. Von Varkala gibt's viele Verbindungen nach Trivandrum, Kollam und Kottayam, die aber nur selten von der Temple Junction, sondern meist vom 4 km entfernten Busbahnhof starten.
- **Taxi:** Mit einem Taxi zahlt man von Thiruvananthapuram 700 Rs vom Flughafen und 750 Rs aus der Stadt, von Kovalam werden 1.000 Rs verlangt. Nach Kollam kostet's 500 Rs, nach Ernakulam 1.500 und nach Kumily (Periyar Wildlife Sanctuary) 2.700 Rs.

Highlight: Backwaters

↗ C1-3

Wer vom zauberhaften Kerala spricht, meint in erster Linie die Backwaters. Dabei handelt es sich um ein weit verzweigtes Netz von malerischen **Lagunen, Seen und flachem Schwemmland,** welches sich zwischen Kollam (Quilon) im Süden, Kochi (Cochin) im Norden und Kottayam im Osten erstreckt. Vernetzt ist diese amphibische Welt durch künstliche Kanäle, die seit vielen Jahrhunderten für die Einheimischen wichtige Verkehrsadern bilden. Eine Fahrt in diese fantastische Welt ist wie eine Zeitreise in das seit Jahrhunderten von tropischem Überfluss sowie Leichtigkeit und Harmonie geprägte Leben Keralas.

Unterwegs bieten sich dem Besucher immer wieder Aus- und Einsichten, die noch lange im Gedächtnis und wohl auch im Herzen haften bleiben werden: das satte Grün der Reisterrassen, vom dicht bewachsenen Ufer herabhängende Kokospalmen, deren Baumwipfel sich zuweilen in der Mitte des Wasserweges berühren, vorbeifliegende Papageien, die knallbunt gestrichenen Häuser der Fischer und Bauern, farbenprächtige Hindu-Tempel oder die bizarr bunten Kirchen der indischen Christen. Kinder spielen ausgelassen im Wasser und werfen den vorbei fahrenden Touristen ein freundliches Lächeln zu, Fischer stehen bis zur Hüfte im See, während sie ihre Netze ebenso elegant wie schwungvoll auswerfen, der Gesang der Vögel und das Zirpen der Grillen begleiten den goldgelben Sonnenuntergang .

An einer breiteren Stelle zwischen Kollam und Alappuzha sind kilometerlang **chinesische Fischernetze** rechts und links der Fahrtrinne aufgereiht, ein sehr schönes Bild. Hier ist das Wasser tiefer und es befindet sich nicht weit entfernt ein größerer Zulauf von Meerwasser, zwei Gründe für erhöhtes Fischvorkommen, das natürlich auch höhere Fangergebnisse zur Folge hat.

Ab und zu während der achtstündigen Fahrt von Kollam nach Alappuzha sieht man Männer, die ihre Boote tauchend mit Sand beladen. Man fragt sich natürlich, warum auf diese sehr aufwendige Weise **Sand** gewonnen wird, wo er doch am Ufer um so vieles einfacher zu gewinnen ist. Der Grund liegt in dem Umstand, dass der Sand der Backwaters sehr viel kristallreicher als der an Land und damit besser für die Herstellung von Zement (zum Häuserbau) geeignet ist – eine allerdings sehr schwere Arbeit, die obendrein schlecht bezahlt ist.

Nördlich von Kayankulam passiert das Boot eine Schleuse, die dem Zweck dient, Salz- von Süßwasser zu trennen. Nördlich der Schleuse sind **Reisfelder** angelegt, die bei Salzwassereinfluss sofort unbrauchbar würden. Im Süden gibt es immer wieder

Unmittelbar hinter der Küste beginnt die tropische Landschaft der Backwaters – sie gehört zu den schönsten Naturräumen im Süden Indiens

größere Zuflüsse des Meeres in die Backwaters. Dieser Bereich ist also für den Reisanbau ungeeignet.

Reisefilme, Fotobände, Werbekampagnen des indischen Fremdenverkehrsamts und – last but not least – die Mundpropaganda begeisterter Reisender hat die Kunde von dieser einzigartigen Landschaft inzwischen weit über die Grenzen Indiens hinaus verbreitet. So ist den letzten Jahren eine vielfältige Angebotspalette für diverse Backwater-Touren entstanden. Man hat die Wahl zwischen zweistündigen Fahrten mit öffentlichen Fähren über von den Touristenbüros organisierte Ganztagestouren bis zu mehrtägigen Ausflügen mit einer privat gecharterten Reisbarke inklusive eigenem Koch und Bedienung. Die hohe Nachfrage hat die Zahl der meist mit großen Motoren betriebenen Hausboote in die Höhe schnellen lassen und trägt neben der vor vielen Jahren aus Afrika eingeschleppten Wasserlilie zu den Umweltproblemen dieser ökologisch labilen Wasserwelt bei.

Touren und Routen

Im Folgenden eine kleine Auflistung des fast schon unüberschaubaren Angebots an Backwater-Trips. Eine detaillierte Auflistung weiterer Anbieter lässt sich unter dieser Web-Adresse abrufen:

- www.keralatourism.org/php/unique/data/classifiedhsboats.htm

Egal, für welche Tour man sich entscheidet, **Sonnencreme** und eine **Kopf-**

109is Foto: tb

110is Foto: tb

bedeckung gehören ins Handgepäck. Kalte Getränke und Früchte können an Bord gekauft werden, doch ein wenig Extra-Proviant kann sicherlich nicht schaden.

Tagestrips

Die seit Jahren bei Individualtouristen mit Abstand beliebteste Backwaters-Tour ist die 8½-stündige Fahrt **zwischen Alappuzha und Kollam (Quilon).** Alappuzha Tourism Development Co-Op (**ATDC,** Tel.: 0477-2243462, Komala Rd.), District Tourism Promotion Council (**DTPC,** Tel.: 0477-2253308) und Bharath Tourist Service Society (im Raiban Shopping Complex, **BTSS,** Tel.: 2262262) fahren täglich die Strecke. Da Route und Boote praktisch identisch sind, spielt es letztlich keine Rolle, mit welcher Gesellschaft man fährt. Die Touren starten um 10.30 Uhr, Tickets (300 Rs) können an den jeweiligen Schaltern in Alappuzha und Kollam, an den Bootsanlegestellen und in diversen Hotels der beiden Städte gekauft werden.

Während der Fahrt werden mehrere Stopps eingelegt, unter anderem auf einer kleinen Insel, auf der Kokosnüsse verarbeitet werden, sowie eine Mittagspause, ein nachmittäglicher Teestopp und ein Halt zum Aus- und Zusteigen bei der Mata Amritananda Mayi Mission in Amrithapuri. Berühmt ist der Ashram wegen der hier lebenden *Matha Amritanandamayi Devi,* einem der ganz wenigen weiblichen Gurus Indiens. Die ursprünglich durchaus sympathische Idee, Westler am Leben in einem Ashram teilhaben zu lassen, hat

Ein häufig gesehenes Bild bei einer Fahrt über die Kanäle, Flüsse und Seen: Fischer beim Einholen der Netze

sich in den letzten Jahren im Zuge der enorm gewachsenen Besucherzahl zu einer zweifelhaften Touristenveranstaltung entwickelt. Wer hier übernachten will, kann dies zum Preis von 175 Rs tun. Zurückhaltende Kleidung und dezentes Auftreten werden vorausgesetzt (mehr Information unter „Unterkünfte zwischen Kollam und Alappuzha").

Wem die 8½-stündige Fahrt zu lang ist, der kann auch die halb so lange Strecke **zwischen Alappuzha und Kottayam** wählen. Auch hier werden diverse Stopps eingelegt. Der Veranstalter ist die **Bharath Tourist Service Society** in Alappuzha (Raiban Shopping Complex, Boat Jetty Rd., Tel.: 0477-2262262). Abfahrt Alappuzha 9.30 Uhr, Abfahrt Kottayam 14.30 Uhr. Der Preis beträgt 150 Rs.

Mit der Fähre

Eine interessante Alternative zu den fast ausschließlich von Westlern frequentierten Booten entlang der Alappuzha-Kollam-Route sind die zahlreichen öffentlichen Fähren zu den verschiedenen an den Seen und Lagunen verstreut liegenden Dörfern. Auch hier bietet sich vor allem die Strecke **zwischen Alappuzha und Kottayam** an. Da keine Besichtigungen vorgenommen werden und es sich um eine kürzere (dennoch sehr attraktive) Route handelt, dauert die Fahrt nur 2½ Stunden. Von den sechs täglichen Abfahrten um 5, 7.30, 10, 11.30, 14.30 und 17.30 Uhr empfiehlt sich wegen der schönen Lichtverhältnisse vor allem die um 14.30 Uhr. Da die Fähren häufig voll besetzt sind, sollte man möglichst früh kommen, um sich einen guten Platz zu sichern. Sehr attraktiv ist auch der Preis von 15 Rs.

Mit dem Hausboot

Die mit Abstand schönste, allerdings auch kostspieligste Art, durch die Backwaters zu gleiten, bieten die von diversen Veranstaltern angebotenen ein- oder mehrtägigen Fahrten in einem privat gecharterten Hausboot. Dabei handelte es sich um umgebaute, rattangedeckte Reisbarken, bei den Einheimischen unter dem Namen *kettuvallam* bekannt. Die sehr geschmackvollen, ursprünglich zum Transport von Reis, Kokosnüssen und Gewürzen gebauten, langgezogenen Holzboote verfügten gewöhnlich über zwei oder vier Schlafplätze. Zwei Bootsleute mit großen Lanzen sorgten für den Antrieb, kein Motorgeräusch störte die Stille.

Durch den großen Zuspruch, den diese lukrative Art, die Backwaters zu erkunden, im letzten Jahrzehnt erfahren hat, sind eine Vielzahl von Veranstaltern wie Pilze aus dem Boden geschossen, die aber meist motorisierte, speziell für diesen Zweck gebaute Hausboote mit Motor verwenden, was sich heute aufgrund der großen Menge der Boote (2008 waren es allein um Alleppey herum etwa 600 Hausboote mit Motorantrieb) zu einem ökologischen Problem auswächst. Dennoch liegt man auch heute noch recht entspannt die meiste Zeit des Tages auf den ausgebreiteten Kissen und lässt die tropische Natur an sich vorbeigleiten. Man sollte nicht glauben, dass man sich die gesamte Zeit in Bewegung befindet. Die Touren starten meist um 12 Uhr morgens. Dann werden bis 18 Uhr die Kanäle und Seen der Umgebung befahren. Nach Ankerlegung, Abendessen und Nachtruhe geht's erst am nächsten Morgen weiter und dann meist bis 9.30 Uhr zum Ausgangshafen, also bei den meisten nach Alappuzha, zurück. Die gesamte Fahrtzeit beträgt also gewöhnlich nicht mehr als 8 Stunden.

Die Tagespreise starten bei etwa 4.000 Rs für 2 Personen und 6.000 Rs für 4 Personen, was je nach Ausstattung der Hausboote und gewünschtem Service auch erheblich mehr werden kann (s.u.). Sie erreichen besonders um Weihnachten und Neujahr ein Vielfaches. Der Preis umfasst alle Mahlzeiten. Von den zahlreichen Anbietern seien hier nur vier der renommiertesten genannt:

- **Tour India** mit Büros in Thiruvananthapuram (Tel.: 0471-2330437, 2331507, tourindia @vsnl.com) und Kochi (Tel.: 0484-2668053).
- **Clipper Holidays,** Nandini, 39/924, Carrier Station Rd., Kochi, Tel.: 0484-2376453, 2364453, 2302894.
- **Casino Hotel,** Willingdon Island, Kochi, Tel.: 0484-2668221.
- **Malabar House Boats,** 1/335, Purakatri, Thalakalathur, Calicut, Tel.: 0495-2352447, keralacruises@aol.com.

Luxustouren

Abgesehen von den oben genannten Touren bieten **ATDC/DTPC** in Kollam (Quilon) eine große Zahl von Luxustrips. Unter Namen wie See & Sleep Cruise, Star Night Cruise oder Majestic Cruise werden exklusive Bootsfahrten angeboten, die u.a. Kathakali-Tanzvorführungen, exquisite Abendessen bei Kerzenschein und Übernachtung auf den Booten oder in angefahrenen Luxusresorts einschließen. Die Preise starten bei 100 US-$ und reichen bis zu 300 US-$ pro Person. Mit Abstand am teuersten ist es in der Hauptreisezeit vom 15. Dezember bis 15. Januar. Eine Reihe von Anbietern findet man im Internet unter: www.keralatourism.org/php/unique/data/classifiedhsboats.htm.

Kollam (Quilon)

↗ C3

Einwohner: 390.000
Vorwahl: 0474

Im Mittelalter war die Stadt am südlichen Ende des **Ashtamudi-Sees** einer der bedeutendsten Handelsorte im Südwesten Indiens. Schiffe aus China, Ägypten, Griechenland und Rom wurden im florierenden Hafen mit Tonnen von Gewürzen beladen, die damals in Europa wie Gold gehandelt wurden. Noch heute meint man beim Gang durch die verwinkelten Seitenstraßen, vorbei an kleinen Märkten und Warenhäusern, in denen vornehmlich Kokos- und Cashewnüsse verkauft werden, etwas von jener vergangenen Epoche zu spüren.

Doch trotz ihrer schönen Lage und der reichen Vergangenheit hat die bei den meisten noch unter ihrem früheren Namen Quilon bekannte Stadt kaum nennenswerten Sehenswürdigkeiten zu bieten. Ein Abstecher in die Marktgassen um die Main Road ist dennoch lohneswert. Auch ein Ausflug zum Strand, an dem Fischer ihre Netze flicken, ist besonders frühmorgens zum lebendigen Fischmarkt interessant.

Touristische Bedeutung kommt Kollam heute hauptsächlich als Ausgangs- bzw. Endpunkt der Backwaters-Fahrt von und nach Alappuzha zu. Da Alappuzha inzwischen touristisch recht weit entwickelt ist, könnte in den kommenden Jahren Kollam zum zweiten wichtigen Standort für Hausboot-Touren werden, zumal der Ashtamudi-See hier sehr reizvolle Seitenarme hat. Darauf lässt auch der Bau vieler neuer Luxushotels schließen.

Information, Bootstouren

- Das lokale **Touristenamt (DTPC)** unterhält am Bahnhof (Mo–Sa 9 bis 12.30 Uhr und 13.30 bis 17 Uhr) und an der Bootsanlegestelle (Tel.: 2750322, 2745625, info@dtpckollam.com, www.dtpckollam com, tgl. 8.30 bis 18.30 Uhr), ganz in der Nähe des Busbahnhofs (Tel.: 2745625), sehr hilfreiche Informationbüros. Die Beamten sind freundlich und auskunftsfreudig. Außerdem können Hausboote ab 5.000 Rs/Tag gemietet (Tel.: 2750170) werden.

In beiden Büros kann man eine interessante **Boots- und Kanutour** in die nähere Umgebung buchen, die unter anderem auf die bewohnte, mittem im Ashtamudi-See gelegene **Monroe-Insel** führt. Während der Tour erhalten die Teilnehmer lehrreiche Einblicke ins Alltagsleben der Bevölkerung sowie in verschiedene Handwerke wie Reisbarkenbau, Palmbierherstellung, Kokosverarbei-

Gemütlich unterwegs mit dem Hausboot

tung sowie ins Fischereihandwerk. Der Ausflug dauert von 9 bis 14 Uhr und kostet 300 Rs pro Person.

- Von Lesern wird **Southern Backwaters** (Jetty Rd., Tel.: (9)9495976037, (0)9833 226272, www.southernbackwaters.com) mit einem Büro gegenüber dem Busbahnhof als bemüht und verlässlich für Bootstouren empfohlen.
- Nähere Informationen zu den von **DTPC, ATDC** und **BTSS** angebotenen Bootstouren finden sich unter „Backwaters". Die Büros der konkurrierenden Unternehmen liegen keine 100 m voneinander entfernt bei der Bootsanlegestelle.

Stadtverkehr

- Bahnhof und Bootsanlegestelle, bzw. der neben dieser gelegene Busbahnhof befinden sich an entgegengesetzten Punkten der Stadt. Eine Fahrt mit der **Riksha** schlägt mit etwa 20 Rs zu Buche. Dies gilt auch für einen Abstecher zum Strand.

Unterkunft

- Verschlafen dümpelt das staatliche **Government Guest House** € (Tel.: 2743620) auf der der Stadt gegenüberliegenden Wasserseite vor sich hin. Die abgeschiedene Lage am Rande einer Lagune, inmitten einer großzügigen Gartenanlage, nimmt einen sofort für diesen wunderschönen Kolonialbau ein. Etwas gewöhnungsbedürftig sind die leicht muffigen, dafür aber riesigen und fast schon absurd billigen Zimmer. Auch das Restaurant entspricht mehr dem Standard einer Billigunterkunft (das Essen ist vorzubestellen).
- Die beste preiswerte Bleibe in Kollam ist das **YMCA International Guest House** €-€€ (YMCA Rd., Tel.: 2744694, www.ymcakollam.com). Blitzsaubere, helle Zimmer mit TV sind teilweise klimatisiert, die Badezimmer bestens in Schuss. Das Restaurant stellt auch Fleischesser zufrieden.
- Ist's hier ausgebucht, kann man mit dem etwa 100 m entfernten **Hotel Karthika** €-€€ (Tel.: 2751823) vorlieb nehmen. Auch wenn die um einen Innenhof angelegten, teils kli-

Kerala

213ke Foto: tb

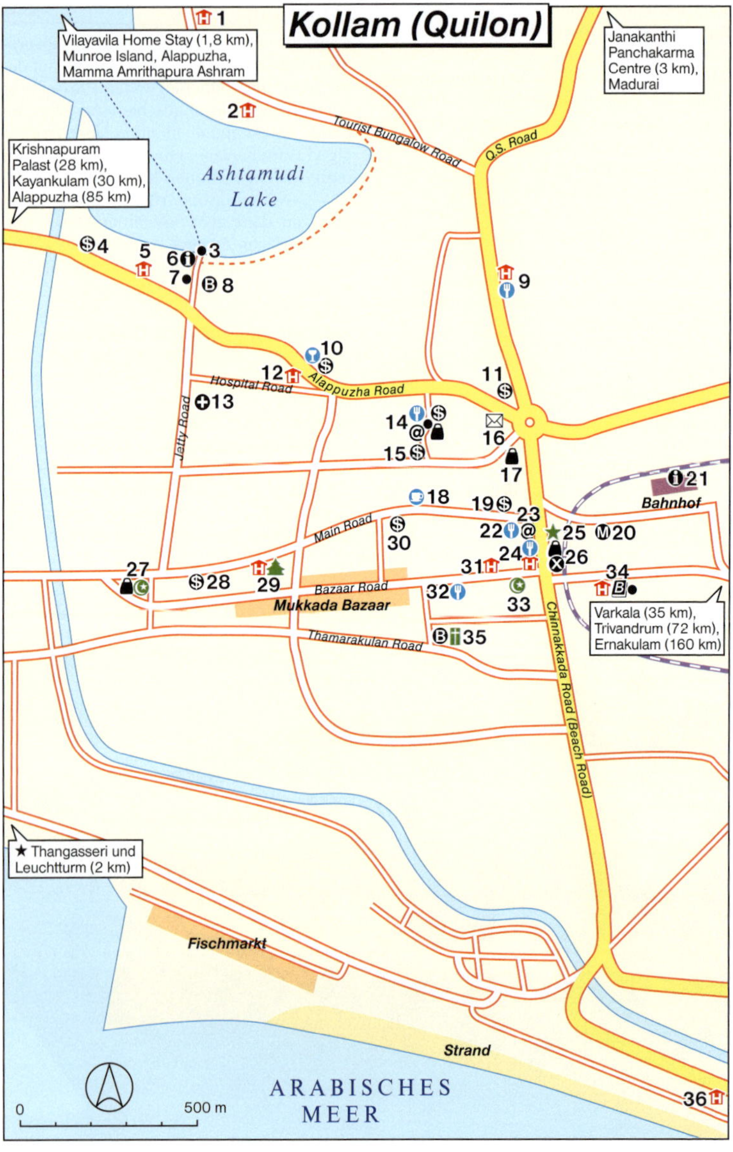
Kollam (Quilon)
Vilayavila Home Stay (1,8 km), Munroe Island, Alappuzha, Mamma Amrithapura Ashram
Janakanthi Panchakarma Centre (3 km), Madurai
Krishnapuram Palast (28 km), Kayankulam (30 km), Alappuzha (85 km)
Ashtamudi Lake
Tourist Bungalow Road
Q.S. Road
Hospital Road
Alappuzha Road
Jetty Road
Bahnhof
Main Road
Bazaar Road
Mukkada Bazaar
Thamarakulan Road
Chinnakkada Road (Beach Road)
Varkala (35 km), Trivandrum (72 km), Ernakulam (160 km)
★ Thangasseri und Leuchtturm (2 km)
Fischmarkt
Strand
ARABISCHES MEER
0
500 m
1
2
3
4
5
6
7
8
9
10
11
12
13
14
15
16
17
18
19
20
21
22
23
24
25
26
27
28
29
30
31
32
33
34
35
36

	1	Government Guest House
	2	KTDC Yatri Niwas
•	3	Bootsablegestelle/Jetty
	4	UAE Exchange, HDFC ATM
	5	Shines Tourist Centre
	6	DTPC Tourist Information Centre
•	7	Southern Backwaters
	8	KSRTC Busbahnhof
	9	Vaidya Residency,
		Hotel Shah International,
		Kedar Restaurant
	10	Shrine of Our Lady of Velankanni,
		Federal Bank ATM
	11	ICICI ATM
	12	Hotel Sudarsan
	13	District Hospital
•	14	Bishop Jerome Nagar Complex:
		Restaurants Chef King Bakery,
		Baker Street Pizzeria & Fine Foods,
		BFC Food Stop und Sun n'Moon,
@		Net Park,
		SBI ATM,
		Music World, Konica Express
	15	Muthoot Finance
	16	Hauptpost
	17	Supreme Supermarket
	18	Indian Coffee House
	19	Indian Bank ATM
	20	Polizeimuseum
	21	DTPC Tourist Reception Centre
	22	General Bakers
@	23	Internetcafé
	24	Hotel Nani,
		Prasadam Restaurant,
		Shree Suprabhatam Restaurant
★	25	Clocktower
	26	Kodak Express,
		Taxi- und Rikshastand
	27	Moschee,
		Gemüsemarkt
	28	Muthoot Finance
	29	Lekshmi Tourist Home,
		Sri Uma Maheshwara Tempel
	30	SBI ATM
	31	Hotel Karthika
	32	Guru Prasad
	33	Chinnakoie Muslim Moschee
	34	YMCA International Guest House,
•		Kerala State Handicrafts Emporium,
		DC Books
	35	Busbahnhof Privatanbieter,
		St. Francis Church
	36	Hotel Beach Orchid

matisierten Zimmer eher spartanisch und hellhörig sind und der Service zu wünschen übrig lässt, ist es nur für eine Nacht okay. Dennoch ist es, wahrscheinlich wegen seiner Nähe zum Bahnhof, eines der beliebtesten Hotels der Traveller-Szene. Ein vegetarisches Restaurant ist vorhanden.

• Einige Meter westlich der Fähranlegestelle ist das **Shines Tourist Centre** €-€€ (Alappuzha Rd., Tel.: 2752452) eine viel bessere Billigwahl in touristisch günstiger Lage als es von außen den Anschein hat. Neben sehr günstigen Einfachzimmern sind die teureren, teilweise klimatisierten gut in Schuss.

• Das Mittelklasse-Hotel **Sudarsan** €€-€€€€ (Alappuzha Rd., Tel.: 2744322, www.hotelsudarsan.com) liegt ebenfalls nicht weit von der Bootsanlegestelle für Backwater-Touren und vom Busbahnhof entfernt. Es hat zwar schon bessere Zeiten gesehen, ist aber für eine Nacht komfortabel genug. Wegen der lauten Straße Zimmer nach hinten wählen. Außerdem verfügt das Sudarsan über ein gutes Restaurant mit recht preiswertem Frühstücksbüffet, gute indische Küche sowie eine Bar.

• Im Zentrum Kollams ist das erstklassige **Nani Hotel** €€€€-€€€€€ (Tel.: 2751141-4, www.hotelnani.com) die mit Abstand angenehmste Bleibe. Das gelungen dem keralischen Baustil nachempfundene Hochhaus gegenüber dem Uhrturm hat äußerst geschmackvoll eingerichtete, geräumige Zimmer mit hochmoderner Ausstattung und ist gemütlich. Das angeschlossene Prasadam Restaurant serviert die besten vegetarischen, indischen Gerichte der Stadt.

• Kollams Top-Hotel ist das brandneue **Beach Orchid** €€€€€€ (Tel.: 2769999, www.thebeachorchidhotel.com) am Strand von Kollam. Der Luxus-Glasklotz überragt seine Umgebung, entsprechende Ausblicke hat man von den Zimmern und dem Dachrestaurant. Von den vielen in Indien in den letzten Jahren gebauten Luxushotels rangiert diese Ausgabe sicher im oberen Drittel, was Luxus betrifft.

• Von drei Seiten von den Backwaters umschlossen, ist das herrliche **Valiyavila Family Estate** €€€-€€€€ (Panamukkom, Tel.: 2701546, (0)9847132449, valiyavila1@rediffmail.com, www.kollamlakeviewresort.com) an der Spitze einer Halbinsel eine Oase der Ruhe. Die sechs großzügigen, luftigen Zimmer zum Garten, die riesige Dachterrasse, das hervorragende Essen und der äußerst hilfsbereite Verwalter machen den Aufenthalt zu einem Genuss. Ausflüge etwa zur Monroe Island führen durch touristisch wenig bekannte Gegenden mit Kontakt zur einheimischen Bevölkerung. Die Unterkunft ist am besten vom Boat Jetty in Kollam in 20 Minuten mit der normalen Fähre zu erreichen, die nur 100 Meter vom Valiyavila Homestay entfernt mit der Panamukkam Jetty eine Anlegestelle hat. Bei vorherigem Anruf wird man vom Verwalter am Steg oder auch aus Kollam gegen Gebühr abgeholt. Reservierung empfohlen.

- Das gepflegte, von einer bemühten Familie geleitete **Ashtamudi Resorts** €€€€€-€€€€€€ (Chavara South, Tel.: 0476-2882288, (0)9847080888, ashtamudi@sancharnet.in) wird von Lesern empfohlen. In großzügiger Gartenanlage verteilen sich fünf in traditioneller Bauart errichtete Chalets mit insgesamt 20 klimatisierten Zimmern und Suiten, die alle zum Ashtamudi-See ausgerichtet sind. Die hervorragende keralische Küche und gute Ayurveda-Behandlungen runden den guten Gesamteindruck ab.

Essen und Trinken

- Abgesehen von den genannten Hotelrestaurants lohnt das hervorragende, vegetarische **Guru Prasad** an der Main Rd. einen Besuch. Superleckere und sehr preiswerte *thalis* für Freunde der scharfen Küche werden touristenfrei serviert, wenn man einen Platz ergattert.
- Ähnlich günstig und gut ist das **Sree Suprabatham Restaurant** ein paar Meter entfernt gegenüber dem Uhrturm. Auch hier werden vegetarische indische Speisen zum kleinen Preis inmitten einheimischer Bevölkerung serviert.
- Auch das **Indian Coffee House** in der Main Rd. ist ein idealer Ort für einen schnellen indischen Snack oder einen Pausenkaffee.
- Ebenfalls in der Nähe des Clocktower im 1. Stock über einem General Bakers ist ein **kleines Restaurant** mit schönem Blick über die Gasse zu finden.
- Im Bishop Jerome Nagar Complex finden sich mehrere Restaurants, die meist, wie das **BFC Food Stop,** die **Chef King Bakery** und das **Baker Street Pizzeria & Fine Foods** Fastfood wie Pizza, Sandwiches und Burger sowie Kuchen offerieren.
- Eine Ausnahme ist das erstklassige **Sun n' Moon Restaurant** im obersten Stockwerk des Bishop Jerome Complex mit entsprechender Aussicht und hervorragender internationaler Küche. Die nur abends geöffnete, klimatisierte Speisestätte ist meist gut besucht.
- Das **Prasadam Restaurant** des Nani Hotel kann zwar nicht mit Aussicht glänzen, ist jedoch die wohl beste Adresse für indische Küche (veg. und non-veg.). Auch die reiche Auswahl ist überzeugend.
- Empfehlenswert ist auch das **Kedar Restaurant** des Hotel Sudarsan, zum Frühstück gibt's ein umfangreiches Büffet.

Ayurveda

- Etwa 4 km nördlich von Kollam ist das anerkannt gute **Janakanthi Panchakarma Centre** (Vaidyasala Sala, Asramam, Tel.: 2763014) eine erstklassige Adresse für ayurvedische Behandlungen am Ashtamudi-See. Neben ein- bis mehrwöchigen Anwendungen mit Übernachtung €€ ist auch eine Ölmassage mit Dampfbad für etwa 500 Rs erquickend. Vom Bootsanleger in Kollam kosten Motorboote inkl. Wartezeit und Rückfahrt etwa 300 Rs.

Einkaufen

- **MusicWorld** im Bishop Jerome Complex (1. Stock) hilft beim Aufstocken der Musikbibliothek mit umfangreicher Auswahl.
- **DC Books** beim YMCA hat eine üppige Auswahl an Prosa und Büchern über indische Philosophie.
- **Konica Express** im Bishop Jerome Complex ist für schnelle Ausdrucke der analogen und digitalen Schnappschüsse zuständig.
- Das meiste für unterwegs gibt's im vielfältig bestückten **Supreme Supermarket** (bis 21 Uhr geöffnet) im Zentrum.

Bank und Internet

- Wie so häufig ist auch in Kollam **UAE Exchange** (Alappuzha Rd., Gangotri Landmark Bldg., 1. Stock, Tel.: 2751240, Mo–Sa 9.30–18, So 9.30–13.30 Uhr) die effizienteste Anlaufstelle für Bargeld- und Reiseschecktausch. Für Touristen etwas günstiger gelegen ist der **Geldwechsler im DTPC Centre** an der Bootsanlegestelle. Die **Bank of Baroda** wechselt nur Reiseschecks.

- Im Bishop Jerome Complex ist der **ATM** der State Bank of India (1. Stock) für die meisten Kreditkarten gültig, von derselben Bank ein weiterer in der Main Rd. Der ATM der HDFC Bank bei UAE Exchange nimmt auch American Express.
- Von mehreren **Internetcafés** in der Stadt (meist 20 Rs/Std.) sind Cyber Zone und Net Park (1. Stock) im Bishop Jerome Nagar Complex die schnellsten.

Festivals

Kollam und Umgebung sind bekannt für spezielle Feste und Prozessionen. Die Touristenämter und viele Gasthausbesitzer wissen über die jeweiligen Termine Bescheid.

- Zwei der größten Feste sind das **Pooram-Fest** (Auskunft Tel.: 3244958, www.kollampooram.com) im April, ein kleinerer, aber beeindruckender Ableger des großen Pooram-Festivals in Thrissur. In Kollam wird das zehntägige Fest mit einer bis 40 Elefanten umfassenden Parade und Feuerwerk abgeschlossen, nachdem in den vorangehenden Nächten im Tempel Asramam Sree Krishna Swami **Kathakali- Tänze** aufgeführt wurden, die die ganze Nacht andauern.

Das zweite berühmte Highlight im Festival-Kalender ist das alle zwei Jahre auf dem Asramam Maidan stattfindende **Ashtamudi Arts & Crafts Festival,** bei dem auf dem großen Platz Kunsthandwerk feilgeboten und Ausstellungen gezeigt werden.

An- und Weiterreise

- **Bahn:** Aufgrund der günstigen Lage an der Küstentrasse zwischen Kochi und Thiruvananthapuram bieten sich von Kollam sehr gute Verbindungen zu beiden Orten sowie zu Zielen entlang des Weges. Wie üblich ist jedoch Vorsicht geboten bei Zügen, die von weit entfernten Städten wie Mumbai und Chennai kommen. Wegen der häufigen Verspätungen der Fernzüge ist die Wartezeit oft größer als die eigentliche Fahrtzeit mit einem Lokalzug. Wichtige Verbindungen finden sich im Anhang.

Ob die landschaftlich reizvolle Bahnverbindung durch die Western Ghats nach Madurai (direkt oder mit Umsteigen in Virudhunagar) wieder existiert, muss vor Ort in Erfahrung gebracht werden.

- **Bus:** Vom Busbahnhof neben dem Bootspier zahlreiche Verbindungen zu allen größeren Städten an der Küste: Thiruvananthapuram (1½ Std.), Kochi (3 Std., Luxusbusse um 13.40 und 14.40 Uhr, 120 Rs), Alappuzha (1:15 Std.), Kottayam und Kumily. Für Ziele in den West-Ghats wie etwa Periyar-Nationalpark zunächst nach Kottayam und dort umsteigen.

Häufige Busverbindungen gibt es auch nach Varkala. Verpasst man einen der halbstündig fahrenden Direktbusse, kann man bis zum späten Abend eine Verbindung bis Kallamballam wählen und von dort die letzten 10 km mit einem Anschlussbus (Abfahrt südlich des Ausstiegs aus dem Kollam-Bus die gegenüberliegende Straße etwa 100 m hinunter). Eine geplante neue Straße soll die Fahrtstrecke nach Varkala auf 25 km verkürzen.

Kayankulam

↗ C2

Der herrlich restaurierte ehemalige **Krishnapuram Palace** (tgl. außer Mo 10–13 und 14–17 Uhr, Eintritt 5 Rs), 2 km südlich von Kayankulam gelegen und in keralischem Stil erbaut, ist einen Zwischenstopp wert. Heute ein **Museum,** werden in dem Palast antike Skulpturen, Möbel und Bilder ausgestellt.

Festival

- Im Februar/März ist der **Chettikulangara-Bhaghavathy-Tempel** im Dorf Chettikulangara bei Kayankulam Schauplatz des **Bharni Utsavam,** eines eintägigen Festivals, das die in Kerala wichtige Göttin Bhagavathi ehrt. Das

Sanskrit-Drama „Kottiattam" wird aufgeführt, außerdem führt eine eindrucksvolle Prozession durch die Straßen zum Tempel.

Anreise

•Kayankulam liegt an der Hauptstraße zwischen Alleppey und Kollam, sodass viel **Busse** aus beiden Städten den Ort passieren. Kommt man aus Kollam, sollte man nicht bis Kayankulam fahren, um zum Palast zu gelangen, sondern vorher aussteigen: Vom Busbahnhof aus sind es gut 500 m dorthin.

Unterkünfte zwischen Kollam und Alappuzha

•Das 10 km südlich von Alappuzha gelegene **Green Palace Health Resort Alappuzha** €€€-€€€€ (Tel.: 0477-2736262, (0)9447125715, gigi@greenpalacekerala.com) bietet außer sechs Zimmern und einem Restaurant ayurvedische Behandlungen. Die nicht ganz neue, jedoch sehr preiswerte Anlage mit teils einzeln stehenden Bungalows im großzügigem Garten liegt sehr hübsch an einer Kanalverzweigung zwischen Palmen und Reisfeldern und vermittelt eine angenehme Atmosphäre.

•Vier Zimmer sowie einzeln stehende Hütten in einen Palmenhain integriert werden im **River Side Retreat** €€-€€€ (Tel.: 0477-2272869, (0)9447463340, www.riversideretreat.com), an den Backwaters bei Ambalapuzha (mit dem Bus zu erreichen, die Reststrecke per Riksha), 14 km südlich von Alappuzha vermietet. Gute keralische Speisen (Frühstück und Abendessen) und die Möglichkeit zu Kanutouren versüßen das Leben. Falls man dem Schaffner der Kollam-Alleppey-Fähre Bescheid sagt, hält er direkt am Retreat.

•Der Ashram von **Matha Amrithananda Mayi** € (Tel.: 0476-2897578, 2621279) bei Amrithapuri ist ein riesiger, schon von Ferne auszumachender, bis zu 15 Stockwerke hoher, rosa Fremdkörper, inzwischen eine kleine Stadt in den beschaulichen Backwaters. Die Übernachtung mit Verpflegung (einfache indische Kost) in einfachen Zimmern kostet 175 Rs. Wer anderes essen möchte, zahlt extra. Es besteht die Möglichkeit, Geld zu wechseln und einzukaufen. Etwa um 13 Uhr kommt man mit dem ATDC- oder DTCP-Fährboot von Kollam bzw. Alappuzha hier an und kann mit dem selben Ticket am nächsten Tag oder einige Tage später weiterfahren (allerdings nur mit dem Boot der selben Gesellschaft: also vor dem Aussteigen nach dem Namen des in den nächsten Tagen vorbeikommenden Bootes erkundigen).

•Vor allem von Hausbooten wird das 39 km südlich von Alappuzha gelegene staatliche **ATDC Coir Village Lake Resort** €€€€€ (Tel.: 0477-2243462, 2261693, www.coirvillage.com) angefahren. Von Kollam gelangt man auch gut ans Ziel, indem man zuerst einen Zug zum 40 km nördlich gelegenen Kayankulam besteigt und den Rest per Riksha oder Taxi zurücklegt. Mit dem Boot dauert die Fahrt sowohl von Alappuzha als auch von Kollam vier Stunden. Die schöne, weitläufige Anlage bei Thrikunnapuzha mit geschmackvoll in die Palmenlandschaft eingefügten AC- und Non-AC-Bungalows ist nicht weit von einem Kokos verarbeitenden und zu besichtigenden Dorf entfernt. Auch große Cottages für bis zu vier Personen mit zwei Kindern stehen bereit. Ein erstklassiges Restaurant direkt am Kanal und ayurvedische Behandlungen werden geboten. In 2 km Entfernung findet sich der Thirukannapuzha Beach, im Dschungel (1 km entfernt) der große, hölzerne Mannarasala-Schlangentempel (www.mannarasala.org).

•Fünf Kilometer von Alappuzha, nahe dem Aiswarya Auditorium bei Chennankary, liegt das **Penguin Lake Resort** €€€ (V.C.S.B. Road, Mullakkal, Tel.: 0477-261522, penguits@hotmail.com, www.kerala.com/penguin-resort), welches bei Zimmerbuchung umsonst angefahren wird. Das direkt am Wasser zwischen Palmen und Reisfeldern gelegene, sehr preiswerte Haus ist in keralischem Stil erbaut und hat schon ein paar Jahre auf dem Buckel, was aber auch zu seinem Charme beiträgt. Drei Mahlzeiten täglich schlagen nochmal mit 200 Rs zu Buche. Motor- oder Ruderboote sowie Hausboote für lange Backwaters-Touren stehen zu den üblichen Preisen bereit. Auch ein Haus mit 7 Zimmern kann angemietet werden.

Der besondere Tipp: Bootstour mit Übernachtung

Eigentlich ist die bezaubernde Landschaft der Backwaters viel zu schade, um sie nur im Vorbeifahren zu erleben. Wer die Bootsfahrt mit einem mehrtägigen Aufenthalt in einem der typischen Dörfer verbinden will, dem bietet sich mit dem **Greenpalm Homes** €€-€€€€ (Tel.: zwischen 8 und 14 Uhr (0)9446564497, (0)9495557675, greenpalms@sify.com, greenpalmhomes@yahoo.com) auf der kleinen **Insel Chennamkary,** etwa 10 km von Alappuzha, eine idyllische Möglichkeit. Die gastfreundliche Familie *Zachariahs* vermietet in ihrem typisch keralischen Haus einfache, aber saubere, Zimmer mit Dusche und WC, einige klimatisiert. Der eigentliche Reiz dieses Aufenthalts liegt in der Möglichkeit, einen unverfälschten Einblick ins Alltagsleben zu erlangen. Die beiden Söhne der Familie sprechen fließend Englisch und betätigen sich als lokale Guides. Im Preis sind drei schmackhafte, typisch keralische Mahlzeiten und ein dreistündiger Trekkingausflug inbegriffen. Zudem können Fahrräder, Kanus und Motorboote zum kleinen Preis ausgeliehen werden.

Die Anreise erfolgt mit einer der stündlich von der öffentlichen Bootsanlegestelle in Alappuzha nach Nedumudy fahrenden Fähren. Nach einer guten Stunde erreicht man die Bootsanlegestelle St. Joseph Catholic Church auf Chennamkary. Von dort ist es noch einmal ein fünfminütiger Fußweg, der rechts vom Steg beginnt. Die Adresse ist den Einheimischen bekannt, dementsprechend problemlos gelangt man zu dem Haus. Es ist anzunehmen, dass in nächster Zeit eine Reihe weiterer, ähnlicher Homestays in den Backwaters eröffnet werden.

Alappuzha (Alleppey)

↗ C2

Einwohner: 280.000
Vorwahl: 0477

Das bei den meisten noch unter dem alten Namen *Alleppey* bekannte Alappuzha muss früher einmal ein hübscher Ort gewesen sein. Der schmückende Beiname „Venedig des Ostens" kommt einem heute jedoch angesichts der zahlreichen die Stadt durchziehenden, leider recht dreckigen Kanäle kaum noch über die Lippen. Die ökologischen Auswirkungen der wirtschaftlichen Bedeutung Alappuzhas als umsatzstärkstem **Binnenhafen der Backwaters** sind nicht zu übersehen und -riechen. Schwerpunkt der wirtschaftlichen Aktivitäten ist die **kokosverarbeitende Industrie,** in der Tausende von Menschen ihr Auskommen finden.

Hinzu kommt, dass sich die überall auf den Kanälen und Seen auftretende, aus Afrika eingeschleppte **Wasserlilie** besonders um Alappuzha immer weiter ausbreitet. Durch Einleiten von salzigem Meerwasser wird versucht, der Süsswasserpflanze Herr zu werden, indem die Schutzmauer zum Meer südlich von Alappuzha einmal im Jahr geöffnet wird. Die Dezimierung gelingt jedoch nur bedingt, da das salzige Wasser die schmalen Kanäle nicht in ausreichendem Maß erreicht und sich die Pflanze immer wieder vermehrt. Die Backwaters um Alappuzha waren bisher wegen der Schutzmauer zum Meer salzfrei. Naturgemäß wird durch Meerwasserzuführung die bisher nicht an Salz gewöhnte Flora in den Backwaters und auf den Feldern geschädigt.

Auch wenn die Stadt keine nennenswerten touristischen Highlights zu bieten hat, ist ihr doch ein gewisser Charme nicht abzusprechen. Vor allem abseits der Hauptstraßen fügen sich die noch aus der britischen Kolonialzeit stammenden **Holzhäuser** zusammen mit dem Leuchtturm, einer Kirche und den von überhängenden Palmen gesäumten Kanälen zu einem bunten, friedvollen Bild. Am späten Nachmittag lohnt ein Spaziergang zum Strand, um das schöne Farbenspiel des Sonnenuntergangs zu erleben. Gebadet wird hier nur sehr selten, vielleicht wegen der leicht tückischen Wellen, die nichts für Kinder sind. Eine touristische Attraktion ist das jeweils Mitte Dezember im Mullackal-Devi-Tempel stattfindende **Fest** mit hochklassiger indischer Musik und Tanz und natürlich das **Snake Boat Race** (siehe Kasten „Bootsrennen").

Für die allermeisten Touristen ist die Stadt jedoch einzig als Ausgangs- bzw.

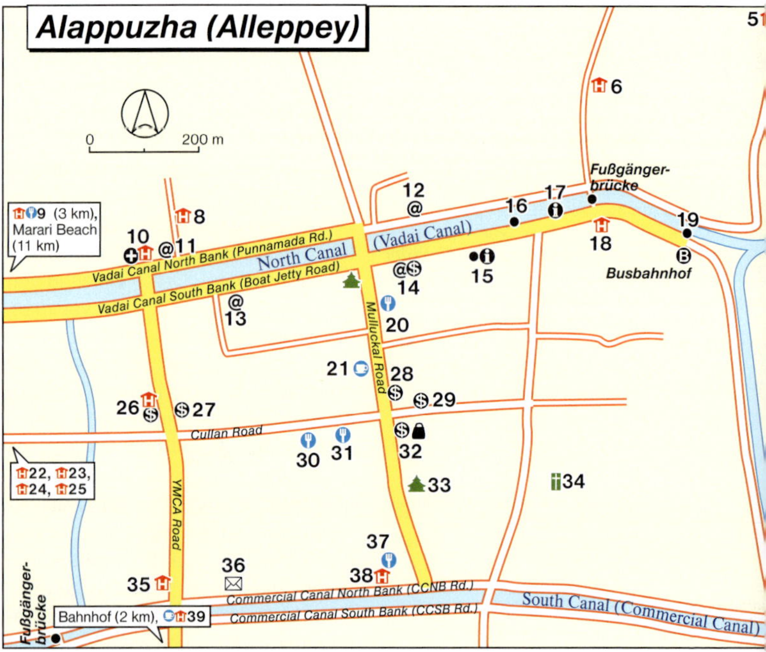

Endpunkt der Backwaters-Touren und als Start bzw. Endpunkt der Fährfahrten zwischen Alappuzha und Kollam sowie Kottayam von Interesse.

Information

- Von den zahlreichen Informationsstellen in Alappuzha empfiehlt sich besonders das **DTPC Office** (Tel.: 2253308, info@dtpcalappuzha.com, www.dtpcalappuzha.com) am DTPC-Pier. Die freundlichen Bediensteten des täglich von 7.30 bis 21 Uhr geöffneten Büros verkaufen Tickets für Backwater-Trips und buchen Hotels in ganz Kerala. Eine Gebühr wird nicht verlangt, allerdings müssen der Preis des Telefongesprächs und eine Nacht im Voraus bezahlt werden.
- Die gleichen Serviceleistungen übernimmt das empfehlenswerte **ATDC Tourist Information Office** (Tel.: 2264462, 2261693, info@atdcalleppey.com, www.atdcalleppey.com) an der Komala Rd. auf der anderen Seite des Kanals.
- Eine gute Informationsquelle ist auch das **Kerala Tourism Office** (Tel.: 2260722, (0)9961306475, info@ktdckerala.com, www.ktdckerala.com) an der DTPC-Bootsanlegestelle.

Stadtverkehr

- Die Fahrt mit der **Riksha** vom 4 km außerhalb gelegenen Bahnhof in die Innenstadt

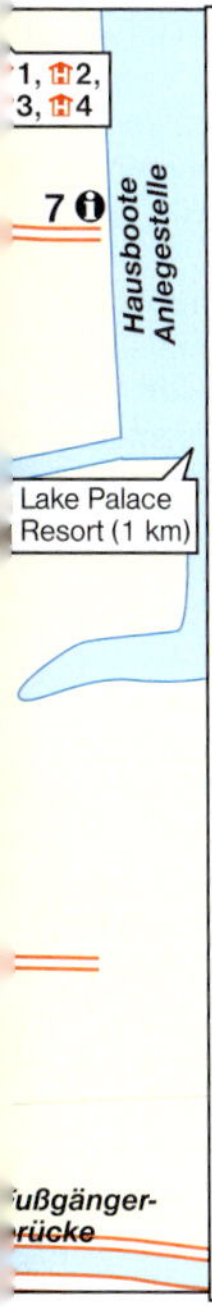

1 Palmy Lake Resort (1,5 km)
2 Palm Grove Lake Resort (1,8 km)
3 Dazzle Dew Holiday Resort (2,2 km)
4 Kayaloram Beach Resort (2,5 km)
5 Sona Heritage Home
6 Palmy Residency
7 Kerala Tourism Gebäude
8 Ashtamudi Homestay
9 Alleppey Prince,
Vembanad Restaurant
10 YMCA,
Zahnarztpraxis
11 National Cyber
12 Blue Moon Cyber
13 Mailbox
14 Canara Bank,
Cyber Dreams
15 Raiban Annexe,
Bharat Tourist Services
16 Ableger/Jetty
öffentliche Fähren
17 DTPC und ATPC
Tourist Reception Centres
18 KTC Tourist Home
19 Bootsableger für
Lake Palace Resort
20 Hot Kitchen
21 Indian Coffee House
22 Keralite Homestay (1,5 km)
23 Tharavad Vrindavan,
The Nest (1,8 km)
24 Raheem Residency (2 km)
25 Gokulam Beach Resort (2,3 km)
26 Hotel Royale Park,
Federal Bank ATM
27 SBI ATM
28 Muthoot Finance
29 SBI ATM
30 Kream Corner
31 Shree Durga Bhawan Udupi
32 UAE Exchange,
Supermarkt
33 Mulluckal Devi Tempel
34 Kirche
35 Hotel Arcadia Residency
36 Hauptpost
37 Kream Corner
38 St. George's Lodging
39 Indian Coffee House,
Hotel Raiban

sollte nicht mehr als 25–30 Rs kosten. Der für Touristen interessante Innenstadtbereich zwischen den beiden Kanälen ist problemlos zu Fuß zu erkunden.

Unterkunft

- Nur wegen des geringen Mietpreises für äußerst Sparsame wird das **Hotel Raiban Annexe** € (Tel.: 2261017, 2251634) nahe dem Busbahnhof erwähnt. Das durch eine Einfahrt in einen großen Innenhof zu erreichende Hotel hat etwas verwohnte Zimmer, aufs Nötigste beschränkt, die teureren mit TV.
- Ein paar Meter entfernt ist das **KTC Guest House** €-€€€ (Tel.: 2254275, www.ktchouseboat.com) weit besser und immer noch preiswert. Makellos saubere und gemütlich möblierte Zimmer mit TV, manche klimatisiert, und ein freundlicher Service sind ansprechend. Durch seine Lage etwas zurück von der Hauptstraße mit viel Grün ist es auch recht ruhig.
- Das **Palmy Lake Resort** €-€€€ (Punnamada Rd. East, Tel.: 2235938, palmyresort@yahoo.com, www.palmyresort.com), gut 1 km nordöstlich vom Zentrum, liegt zwar nicht am See, sondern ist nur über einen 100 m langen, schmalen Kanal mit den Backwaters verbunden. Dennoch sind die hübschen, preiswerten Zimmer im Haupthaus und komfortable, moskitosichere Cottages mit Terrasse und TV im Garten sowie die nette, bemühte Familie Pluspunkte. Außerdem ist die keralische Küche hervorragend. Derselbe Besitzer vermietet im **Palmy Residency** €-€€ (den Weg in Verlängerung der Fußgängerbrücke hinein, Tel.: 2235938, (0)9447667888, palmyresidency@yahoo.com) im Ortszentrum vier saubere, geräumige Zimmer mit Bad und TV. Für Gäste werden kostenlos Fahrräder bereitgestellt. Natürlich organisiert er auch interessante Ruderboot- und Hausboot-Touren.
- Wer etwas mehr ausgeben kann und die Atmosphäre eines stilvollen alten Hauses schätzt, sollte sich im **Sona Heritage Home** €€ (Tel.: 2235211, www.sonahome.com) umgeben von einem leicht verwilderten Garten einquartieren. Der knorrige Besitzer vermietet nur vier etwas verwohnte, geräumige Zimmer, die zwar ein bisschen teuer sind, aber eine Menge Flair vermitteln. Billig sind die drei Einfachzimmer im Garten.
- Mehrere Leser empfehlen die sauberen Bungalows mit Terrassen des neuen und preiswerten **Dazzle Dew Holiday Resort** €€-€€€€ (Thathampally, östlich des Cheramenkulangara-Tempels, Tel.: (0)99387266440, (0)9846066446, www.dazzledewresort.com) auf baumbestandenem Areal umgeben von Reisfeldern, ebenfalls 2 km vom Stadtkern entfernt. Neben der gelungenen Anlage überzeugen die familiäre Atmophäre und die köstlichen, einheimischen Speisen. Auch der kostenlose Abholservice ist ein Plus.
- Empfehenswert ist das **Royale Park** €€-€€€ (YMCA Rd., Tel.: 2264828, www.hotelroyalepark.com) im Zentrum, ergänzt durch das etwas bessere, ansonsten sehr ähnliche **Arcadia Regency** €€€-€€€€ (Tel.: 2230414-7, www.arcadiaregency.com), ca. 200 m weiter

112is Foto: :b

Weit verzweigt ist das System der Wasserwege

südlich. Hauptplus des Zweitgenannten ist neben der etwas besseren Ausstattung der Pool auf dem Dach. Die komfortablen Zimmer mit großen Fensterfronten und TV sind bei beiden teilweise klimatisiert.

- Nur ein kurzer Fußweg liegt zwischen dem Strand und dem **Vrindavanam Heritage Home** €-€€ (Zacharia Bazaar, Tel.: 2263321), der besten Budget-Wahl der Stadt. In einem 180 Jahre alten Kolonialgebaüde sind die um einen Innenhof angeordneten Zimmer bestens instandgehalten, während die billigeren in einem zweiten Gebäude mit herrlichen Wandmalereien und Bambus- und Strohgeflecht geschmückt sind.
- Dennoch ist der **Keralite Homestay** €€-€€€ (Lalbagh, nördlich des Dutch Square, Tel.: 2243569, (0)9847073405, alice_thomas_2150@hotmail.com) die beste Wahl von inzwischen mehreren Homestays zwischen Stadt und Meer. Die herzliche Besitzerin der etwa einen Kilometer vom Strand entfernten, alten Villa vermietet riesige, geschmackvoll dem Haus entsprechend möblierte Zimmer. Der Garten lädt zum Relaxen ein. Da das Haus ohne Kennzeichnung und deshalb kaum auffindbar ist, sollte man vorher anrufen, bzw den Rikshafahrer genau instruieren.
- Nur ein paar Schritte entfernt sind die teils klimatisierten Zimmer des etwas billigeren **Tharavad Heritage Resort** €€€-€€€€ (Tel.: 2244599, www.tharavadheritageresort.com) ebenfalls herrlich möbliert. Verlockernd sind auch die Hängematten auf den luftigen Terrassen zum Garten.
- Gut 100 m näher am Strand ist das ebenfalls gartenumgebene **The Nest** €€ (auch *Johnson's* genannt, Lalbagh nahe Convent Square, Tel.: 2245825, (0)9961466399, www.johnsonskerala.com, die deutsche Übersetzung der website ist köstlich!) das Richtige, wenn man große, luftige Zimmer und eine gelassene, leicht unaufgeräumte Atmosphäre zu schätzen weiß, aber auf viel Komfort verzichten kann. Derselbe Besitzer vermietet 10 km nördlich von Alappuzha im **Secret Beach Guest House** €€€ teils klimatisierte Zimmer in einem Fischerdorf nahe dem einsamen Strand mit Pool im Garten.
- Am Alappuzha-Strand werden zunehmend Unterkünfte errichtet. Erstklassig ist das architektonisch der Umgebung angepasste **Raheem Residency** €€€€€€ (Beach Rd., Tel.: 2230767, (0)9447082241, www.raheemresidency.com, Preise inkl. Frühstück) unter Palmen. Die um einen Pool (für Nicht-Gäste 250 Rs) gruppierten, klimatisierten Zimmer sind stilgerecht und mit Sinn fürs Detail gestaltet. Weitere Pluspunkte: ein erstklassiges Restaurant und das Meer ist nicht weit entfernt. Leider wirkt der Strand meist etwas verlassen.
- Will man billiger am Strand wohnen, sind einige Unterkünfte etwas südlicher, wie das saubere **Gokulam Beach Resort** €€€-€€€€ (Tel.: 2239291, (0)9820079870, www.gokulambeachresorts.com) mit Meerblick aus vielen Zimmern akzeptabel.

Der besondere Tipp: Bootsrennen

Das alljährlich am zweiten Samstag im August in Alappuzha ausgetragene **Nehru Cup Snake Boat Race** ist eines der farbenprächtigsten und fröhlichsten Feste Keralas. Wer zu dieser Zeit in der Nähe ist, sollte es sich auf keinen Fall entgehen lassen. Etwa 40 kunstvoll verzierte **„Schlangenboote"** mit jeweils bis zu 100 wild rudernden und singenden Männern liefern sich ebenso lautstarke wie farbenfrohe Wettkämpfe. Angefeuert werden sie dabei von Tausenden einheimischer Besucher, die dem seit 1952 ausgetragenen Wettkampf schon Wochen zuvor entgegenfiebern. Die ganze Stadt scheint auf den Beinen zu sein und so bieten sich viele interessante Fotomotive.

Tickets für die eigens für die Rennen errichteten Bambustribünen, von denen sich die besten Aussichten bieten, können in den verschiedenen Touristenbüros zum Preis von 70–500 Rs (Plätze mit bester Aussicht) erstanden werden. Wegen der großen Attraktion des Bootsrennens wird die Veranstaltung nochmals zur Haupttouristenzeit Mitte Januar ausgetragen – not the real thing, aber immer noch ganz hübsch.

●In einer Welt für sich inmitten eines Palmenhains wohnt man in den einfach, aber geschmackvoll gestalteten Bungalows des **Palmgrove Lake Resort** €€€-€€€€ (Tel.: 2235004, (0)9446440434, www.palmgrovelakeresort.com), 1½ km nördlich der Stadt am Backwater-Kanal. Die komfortablen Suiten sind etwas teurer. Für das Gebotene ist es dennoch preiswert und eigentlich zu schade für eine Nacht.

●Architektonisch gelungen ist die weitläufige Anlage des **Kayaloram Lake Resort** €€€€€€ (Tel.: 2232040, (0)9847923094, www.kayaloram.com) inmitten eines Palmenhains mit geschmackvoll gestalteten Holzbungalows – die schönste Adresse von Alappuzha.

●Nur per Boot zu erreichen ist die Luxusanlage des **Lake Palace** €€€€€€ (Tel.: 2239701-4, www.lakepalaceresort.com), einen Kilometer östlich des Bootsanlegers. Beeindruckend ist das neue Resort schon, das jedoch zwischen Reisfeldern und Backwaters etwas fremd wirkt. Jeden Abend zu Sonnenuntergang fährt ein Boot die Gäste eine halbe Stunde über den See.

Essen und Trinken

●Das beste Billigrestaurant der Stadt ist das schlichte, gut besuchte **Hot Kitchen,** einen Durchgang in der Mullackal Rd. hinein. Typisch indische, vegetarische Kost wie *thalis* und *dosas* inmitten der einheimischen Bevölkerung sind ideal für Leute mit kleinem Geldbeutel.

●Für Snacks und Kaffee bzw. Tee in relaxter Atmosphäre bieten sich die Filialen des **Indian Coffee House** an der Mullackal Rd. und südlich des South Canal (YMCA Rd.) sowie am Strand von Alappuzha an.

●Eine große Auswahl an Speisen von kräftigen nordindischen Fleischgerichten über Snacks bis zu verschiedenen Sorten von Eiscreme bietet das **Kream Korner,** ebenfalls in der Mullackal Rd., sowie ein zweites Mal in der Cullan Rd.

●Nebenan ist das **Shree Durga Bhawan Udupi** eine weitere alteingesessene, billige Speisestätte mit fleischloser indischer Küche.

●Das Restaurant des **Hotel Royale Park** (YMCA Rd.) ist erstklassig für vegetarische und „fleischliche" Kost. Die Bar serviert dieselben Gerichte, zu denen hier genüsslich ein Bier geschlürft werden kann.

●Im **Vembanad Restaurant** des Alleppey Prince Hotel speist es sich komfortabel, sowohl im klimatisierten Raum als auch draußen am Pool.

●Am Strand ist neben dem erstklassigen, teureren **Charaka Restaurant** (Tel.: 2230767) des Raheem Residency (keralische und europäische Gerichte sowie eine Auswahl an Weinen) das kleine **The Harbour Restaurant** (Beach Rd., Fischgerichte um 200 Rs) an der Strandstraße eine angenehme Adresse.

●An der Kreuzung Mullackal/Cullan Rd. ist der **Supermarkt** im 2. Stock über UAE Exchange eine Adresse für Selbstversorger.

Bank und Internet

●Der effizienteste Ort zum Geld- und Travellerscheck-Tausch ist das **UAE Exchange** (Tel.: 2269408/9) mit langen Öffnungszeiten, im Zentrum an der Kreuzung von Cullan Rd. und Mullackal Rd. gelegen (1. Stock, Mo–Sa 9.30–18 Uhr, So 9.30–13.30 Uhr). Gleich um die Ecke ist auch **Muthoot Finance** schnell.

●**ATMs** finden sich nahe dem Hotel Royale Park von der Federal Bank sowie gegenüber

214ke Foto: tb

von der Indian Bank. Auch der ATM der State Bank of India im Zentrum akzeptiert das meiste internationale Kreditplastik.

- Mehrere **Internetcafés** verlangen durchschnittlich 20 Rs/Std. Günstig liegt Cyber Dreams bei der Canara Bank, Alleppey Online an der Jetty Rd. oder, auf der gegenüber liegenden Kanalseite, das schnelle Bluemoon (bis 23 Uhr) mit Breitbandverbindungen.

An- und Weiterreise

- **Bahn:** Da Alappuzha wegen der natürlichen Barriere der Backwaters im Süden nur über eine Nebenstrecke per Bahn zu erreichen ist und nur wenige Fernverbindungen den Ort passieren, sind Busverbindungen im Allgemeinen vorzuziehen. Wer dennoch mit der Bahn fahren will, findet wichtige Verbindungen im Anhang, etwa eine Direktverbindung nach Varkala, die in Alappuzha startet, also keine Verspätung ansammeln kann.

  Für Ziele Richtung West-Ghats (Periyar-Nationalpark) gilt: zunächst mit der Fähre nach Kottayam und von dort weiter mit dem Bus.

- **Bus:** Vom KSRTC-Busbahnhof verkehren ständig Busse zu allen größeren Städten zwischen Thiruvananthapuram (alle 20 Min. in 3½ Std., 90 Rs) im Süden, nach Kollam und Ernakulam (beide Ziele halbstündig, Fahrtdauer etwa in 1½ Std.), Kottayam in 1¼ Std. und Kannur (Cannanore, 6 Std.) im Norden. Nach Kumily zum Periyar-Wildschutzgebiet eine Verbindung frühmorgens um 6.40 Uhr.
- **Boot:** Zwischen Mo und Sa täglich Fahrten von der **Boat Jetty** entlang der von Touristen meistgenutzten Strecke nach Kollam (Quilon) im Süden: Abfahrt 10.30 Uhr, Ankunft 19 Uhr. Nähere Informationen unter „Backwaters". Vier Fähren tägl. nach Kottayam in 1½ Std. (15 Rs) zwischen 7.30 und 14.30 Uhr.

Marari Beach

Ein Tipp ist der Marari Beach bei **Mararikulam,** etwa 10 km nördlich von Alappuzha. Der kilometerlange, von Palmen gesäumte Strand ist bisher nur relativ wenig von Touristen entdeckt, dafür gibt's noch normales Alltagsleben wie Netze flickende Fischer. Nur vier etwas zu teure Unterkünfte buhlen mit Ayurveda- und Wellnessbehandlungen und Bootstouren aufs Meer um die Gunst der Gäste – eine ideale Gelegenheit, um sich am fast menschenleeren Traumstrand unter Palmen zu entspannen.

Unterkunft, Essen und Trinken

- Neu sind die in keralischem Stil erbauten Bungalows des vom ATDC geleiteten **Marari Fishermen Village Beach Resort** €€€€€-€€€€€€ (Tel.: 0477-2264462, www.mararifishermenvillagebeachresort.com). Einen besseren Gegenwert erhält man bei den gemauerten und klimatisierten Cottages, die zwar teurer sind als die Bambushütten, aber auch mehr Komfort bieten. Zudem versüßen viele in dieser Preisklasse üblichen Zusatzangebote wie Ayurveda und Spa das Leben. Flughafentransfer vom Ernakulam-Flughafen ist möglich.
- Das **Marari Beach Resort** der CGH-Gruppe €€€€€€ (Tel.: 3011711, über Casino Ghotel in Kochi, www.cghearth.com/marari_beach) und das **Pollethai Beach Resort** €€€€€€ (Tel.: 0484-2216302, über Old Courtyard Hotel in Kochi, www.pollethaibeachresort.com) ähneln sich, beide mit Swimmingpool, Outdoor-Restaurant etc. auf grüner Anlage, wobei das Zweitgenannte zwar etwas teurer ist, aber mehr Komfort offeriert. Nur wenig billiger ist **Marari Beach Homes** €€€€€€ (Tel.: 0477-2243535, (0)9847032836, www.mararibeachhomes.com).

An- und Weiterreise

- Der 4 km vom Strand entfernte Bahnhof wird häufig von **Lokalzügen** passiert. Auch per **Bus** ist Marari gut an die umliegenden Orte angebunden. Ein **Taxi** vom 10 km entfernten Alappuzha sollte für gut 100 Rs zu bekommen sein.

Kottayam

↗ C2

Einwohner: 170.000
Vorwahl: 0481

Bei Kottayam denkt ein Keralite an drei „L“: Lakes, Letters und Latex. „Lakes“ steht für die hübsche Lage der Stadt am Rande des **Vembanad-Sees.** Letters, also Buchstaben, bezieht sich auf die annähernd hundertprozentige Alphabetisierungsquote der Einwohner. Latex schließlich nimmt Bezug auf die wirtschaftliche Bedeutung Kottayams als Zentrum der Gummiverarbeitung. Keine andere Stadt Indiens weist ein derart **hohes Bildungsniveau** auf. Ein Grund hierfür könnte die frühzeitige Ansiedlung syrischer Christen sein, die bis ins 8. Jh. zurückreichen soll. Als Beleg dienen zwei Kruzifixe im Inneren der Valia-Pallia-Kirche, die zusammen mit der Cheriapalli-Kirche auf einem dicht bewaldeten Hügel fünf Kilometer südwestlich der Innenstadt stehen. Noch heute ist die Stadt **Sitz des**

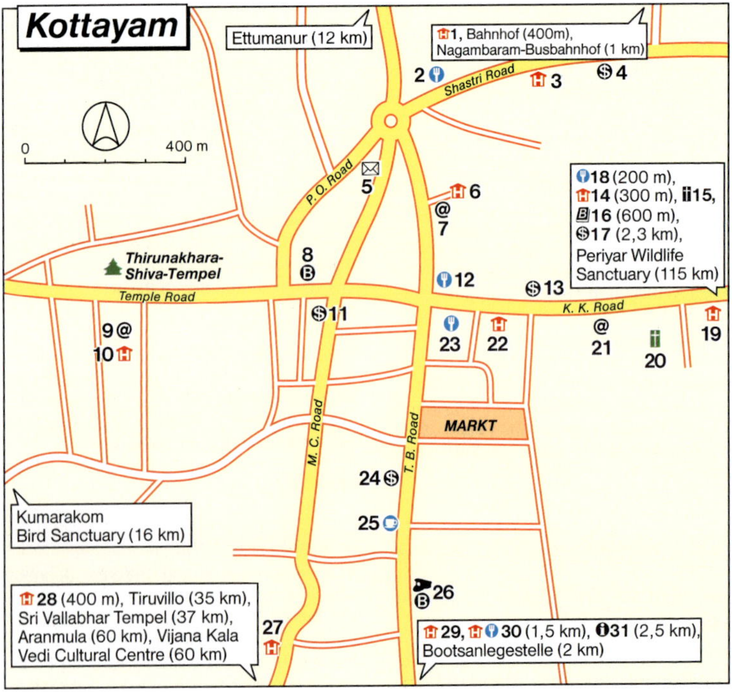

römisch-katholischen Bischofs von Süd-Kerala.

Auch bei der **Gummiverarbeitung** profitiert die Stadt von ihrer günstigen Lage am Fuße der West-Ghats. Wegen des regenreichen und schwülheißen Klimas gibt es hier einen idealen Nährboden für die dichten Tropenwälder sowie für Gewürz-, Tee- und eben Gummiplantagen.

So hat die sich über mehrere dicht bewaldete Hügel erstreckende Stadt eine Reihe von Besonderheiten aufzuweisen. Sehenswürdigkeiten im eigentlichen Sinne gibt es jedoch nicht. Deshalb sind die allermeisten Touristen nur Durchreisende auf dem Weg zu den Backwaters oder zum Periyar-Nationalpark.

Hotel	1	Hotel Green Park
Restaurant	2	Baker's Oven
Hotel	3	Nisha Continental
Bank	4	Global Trust Bank ATM
Post	5	Postamt
Hotel	6	Kaycees Residency
@	7	Internetcafé
Bus	8	Priv. Busbahnhof
@	9	Zoom Communications
Hotel	10	Hotel Aiswarya
Bank	11	UAE Exchange
Restaurant	12	Bestotel Restaurant
Bank	13	Canara Bank und ATM
Hotel	14	Homestead Hotel
Kirche	15	Christ the King Cathedral
Buch	16	DC Books
Bank	17	SBI ATM
Restaurant	18	Restaurant Meenachil
Hotel	19	The Ambassador
Kirche	20	Jerusalem Church
@	21	sify-i-way
Hotel	22	Anjali Hotel
Restaurant	23	Anand Restaurant
Bank	24	Federal Bank ATM
Café	25	Indian Coffee House
Bus	26	KSRTC Busbahnhof,
Polizei		Tourist Police
Hotel	27	Hotel Aida
Hotel	28	Pearl Regency
Hotel	29	Vembanad Lake Resort
Hotel	30	Windsor Castle,
Restaurant		Nalekattu Restaurant
Info	31	DTPC Büro

Information

- Ein kleiner **Informationsschalter** findet sich am Busbahnhof (Tel.: 2560479) von Kottayam, dort ist auch eine Bude der Tourist Police. Auch die freundlichen Bediensteten des staatlichen Hotels **KTDC Aiswarya** stehen bereitwillig für Auskünfte zur Verfügung.
- **Kerala Forest Development Corporation** (Aaranyakom, Karapuzha, Tel.: 2582640, 2581205, www.keralafdc.org) hilft bei Trekkingtouren in die Western Ghats weiter.

Stadtverkehr

- Kottayam ist eine recht weitläufige Stadt. Touristisch relevante Einrichtungen wie Bahnhof, Busbahnhof und Bootsanlegestelle liegen mehrere Kilometer voneinander entfernt, sodass man auf öffentliche Verkehrsmittel angewiesen ist. Eine **Rikshafahrt** vom Bahnhof zum Pier schlägt mit ca. 40 Rs zu Buche, gut die Hälfte sind es vom Busbahnhof zum Pier.

Unterkunft

- Im unteren Preisbereich wohnt man im **Hotel Kaycees Residency** €-€€€ (Tel.: 2563693). Am Ende einer kleinen Gasse gelegen bietet es saubere, teilweise kleine und helle AC- und Non-AC-Zimmer, manche mit TV. Eine gute Wahl.
- Das zum Teil klimatisierte **Hotel Green Park** €€-€€€ (Tel.: 2563331-2, greenparkhotel@yahoo.co.in) ganz in der Nähe des Bahnhofs ist ein gutes, nüchternes Mittelklassehotel mit eigenem Restaurant.
- Mit seinen sauberen, teilweise klimatisierten Zimmern, teils mit Balkon und TV, und dem guten hauseigenen Restaurant (Mittagsbuffet und leckeres Gebäck) ist das **The Ambassador Hotel** €-€€€ (Tel.: 2563293, ambassad@md4.vsnl.net.in) eine gute Budget-Unterkunft.

Das Haus liegt etwas zurückversetzt von der KK Rd.

●Eine qualitativ und preislich ähnlich gute Wahl ist das **Homestead Hotel** €-€€ (Tel.: 2560467) schräg gegenüber auf der anderen Seite der KK Rd. Man hat die Wahl zwischen 47 Zimmern, von denen eines (!) klimatisiert ist. Auch hier ist ein sehr gutes und preiswertes vegetarisches Restaurant angeschlossen. Besonders empfehlenswert sind die preiswerten *thalis*.

●Das staatliche **Aiswarya** €€-€€€ (Azad Lane, Tel.: 2581440, aiswarya_int@yahoo.com) überzeugt mit seinen freundlichen Angestellten, einem guten Restaurant und einem gemütlichen Biergarten. Architektonisch ist der Betonkasten allerdings ein Armutszeugnis. Insgesamt dennoch eine gerade bei den preiswerteren Zimmern empfehlenswerte Unterkunft.

●Mit einer großen Auswahl an zum Teil klimatisierten Räumen und einer Vielzahl an Serviceangeboten wie Geldwechsler, Reisebüro, Fernseher im Zimmer und zwei Restaurants bietet das **Hotel Aida** €-€€€ (Tel.: 2568391, aida@sancharnet.in) ein gutes Preis-Leistungs-Verhältnis.

●Das **Vembanad Lake Resort** €€€-€€€€ (Tel.: 2360866, ktm_vembanad@sancharnet.com) ist mit seinem an einem schmalen Stichkanal gelegenen Gelände die ehemals schönste Unterkunft Kottayams. Heute wirkt sie mit ihren etwas dunklen, leicht verwohnten Räumen ein bisschen veraltet. Dennoch sitzt man am kleinen Kanal immer noch angenehm im Freiluftrestaurant beim Abendessen. Neue Cottages auf dem Gelände sind in Planung. Ein kleines Hausboot liegt am Ufer.

●Das daneben gelegene **Windsor Castle** €€€€€-€€€€€€ (Tel.: 2363637, www.thewindsorcastle.net), auf riesiger Fläche angelegt, ist die mit Abstand luxuriöseste Unterkunft Kottayams mit allen in diesem Preisbereich üblichen Annehmlichkeiten. Im Haupthaus werden sehr schön eingerichtete, geräumige, zentral klimatisierte Zimmer mit TV, Badewanne und weiten Ausblicken angeboten. Auf einem großen, gepflegten Rasenareal sind die 17 einzeln stehenden, doppelstöckigen Cottages mit Kühlschrank und TV dem keralischem Baustil nachempfunden (in einigen Zimmern wächst ein Bananenbaum aus dem Dach, die Schlafzimmer im 1. Stock sind klimatisiert). Der Komplex verfügt über einige Restaurants, einen Pool sowie ein hauseigenes Ausflugsboot für Backwaters-Trips.

Essen und Trinken

●Das **Bestotel Restaurant** mit vorgelagerter Bäckerei serviert typisch südindische Küche zu kleinen Preisen.

●Die vielen Inder, die im kühlen (AC) und sauberen **Anand Restaurant** (Tel.: 2560082), eine kleine Gasse neben dem Hotel Anand hinein, essen gehen, lassen auf gute Küche schließen. Indische (auch nordindische) und chinesische Gerichte zu sehr günstigen Preisen sind verlockend. 8.30–21.30 Uhr, So ab 7.30 Uhr.

●Nicht weit entfernt findet sich im 1. Stock des **Anjali Hotel** ein recht teures AC-Restaurant, das auch Alkoholisches im Angebot hat.

●Sehr empfehlenswert ist das Restaurant des **Hotel Aiswarya,** wo schnell, freundlich und zu kleinen Preisen serviert wird. Auch die Restaurants der Hotels **Homestead** und **Ambassador** sind empfehlenswert.

●Sehr hübsch am Stichkanal im Gras sitzt man im **Vembanad Lake Resort.** Hier gibt's indische und kontinentale Küche, eine Bar und ein Ice Cream Parlour.

●Das teure **Windsor Castle** nebenan hat mehrere Restaurants mit exquisiter Küche zu exquisiten Preisen in exquisiter Lage.

●Im **Bakers Oven** an der Shastri Rd. nahe der Kreuzung gibt's leckeren Marmorkuchen, Süßigkeiten, aber auch selbstgemachte kleine Burger und Gebäck sehr preiswert.

●Das **New Modern** bietet kleine indische Meals, Burgers, Biscuits, Eiscreme und Süßigkeiten.

Feste

●Beim zehntägigen **Thirunakkara Utsav** im März sind besonders die dritte und vierte Nacht spektakulär, wenn vielstündige Kathakali-Tänze im Thirukkara-Shiva-Tempel aufgeführt werden. Außerdem sind die letzten zwei Nächte mit Prozessionen geschmückter Elefanten eindrucksvolle Zeugnisse der starken religiösen Prägung in Kerala.

Ayurveda

- 6 km westlich von Kottayam in Richtung Alappuzha am Vembanad-See ist das neue und schon sehr angesehene, mit Auszeichnungen bedachte **Athreya Speciality Ayurvedic Lake Resort** (Pakkil, Pallom, Tel.: 3292057, www.theathreya.com) der richtige Ort für fachkundige ayurvedische Behandlungen und Entspannung. Sowohl Wellness-Bedürfnisse wie auch Krankheiten (in der Ayurveda-Klinik) sowie Zahnerkrankungen werden hier berücksichtigt. Kurzbehandlungen oder eine Massage ab 800 Rs, für längere Anwendungen mehr auf der Website. Einen Teil des Behandlungserfolgs kann der landschaftsarchitektonisch äußerst gelungenen Anlage und dem erstklassigen Service zugeschrieben werden. Neben Yoga-Kursen (300 Rs) können Gäste die Kampfsportart Kalaripayattu erlernen. Unterkunft ist in geräumigen Zimmern €€€ und keralischen Luxuscottages €€€€-€€€€€ auf dem Gelände möglich. Die erstklassigen Restaurants servieren auch nichtvegetarische Gerichte, wenn es die jeweilige Kur zulässt.

Polizei

- Eine speziell für Touristen zuständige **Polizeistation** findet sich am Busbahnhof.

Bank

- Beste Wechselstelle ist das zentral platzierte **UAE Exchange** (MC Rd., 1. Stock, Mo–Sa 9.30 bis 18 Uhr, So bis 12.30 Uhr). Auch die **Canara Bank** in der KK Rd. wechselt Travellerschecks und Bargeld und akzeptiert Visa-Karten. Der ATM der Bank ist mit den meisten Kreditkarten zufrieden. Ein weiterer ATM der **State Bank of India** findet sich nahe dem Homestead Hotel.

Internet

- Die beste Internetverbindung liefert **sify-iway** (KK Rd., Mo–Sa 8.30–20.30 Uhr, 25 Rs/Std.) mit schnellem Breitband.

An- und Weiterreise

- **Bahn:** Vom 2 km außerhalb gelegenen **Bahnhof** zahlreiche Verbindungen entlang der Malabar-Küste Richtung Thiruvananthapuram (u.a. 6303 Vanchinad Exp., Abf. 6.43 Uhr) im Süden und Kochi/Ernakulam (6302 Vena-Exp., Abf. 8.18 Uhr) im Norden. Auch nach Bangalore gibt's Verbindungen, z.B. 6525 Bangalore Exp., Abf. 16.25 Uhr, Ank. 6.55 Uhr). Weitere wichtige Verbindungen sind in der Tabelle im Anhang aufgelistet.
- **Bus:** Vom **staatlichen Busbahnhof** an der TB Rd. zahlreiche Verbindungen zu allen Städten an der Küste. Einige der alle halbe Stunde abfahrenden Expressbusse nach Kumily zum Periyar-Nationalpark (4 Std.) fahren weiter bis Madurai (7 Std.).
- **Fähre:** Täglich sechs Fähren verbinden Kottayam innerhalb von 2½ Std. mit Alappuzha; Abfahrt vom 3 km südlich der Innenstadt gelegenen Hafen. Tickets sind am dortigen **DTPC-Büro** (Tel.: 2560479, Mo–Sa 10–17 Uhr) erhältlich. Weitere Informationen unter „Backwaters".

Kumarakom

Vorwahl: 0481

Im Umkreis des 16 km westlich von Kottayam mitten in den Backwaters gelegenen Kumarakom sind in den letzten Jahren eine Reihe von luxuriösen Resort-Anlagen entstanden. Die geschmackvoll in die herrliche Landschaft integrierten Bungalow-Anlagen eignen sich wegen der paradiesischen Atmosphäre und den von allen Hotels angebotenen ayurvedischen Behandlungen für einen mehrwöchigen **Luxus-Kuraufenthalt.**

Wer ein wenig Abwechslung sucht, kann einen Ausflug zum **Kumarakom-Vogelreservat** (Tel.: 2525864, Eintritt 45 Rs, 6–17.30 Uhr geöffnet) unter-

215ke Foto: tb

nehmen. Besonders lohnend ist ein Besuch auf dem 5 ha großen Gelände einer ehemaligen Gummibaum-Plantage von Oktober bis Februar, wenn Tausende von Zugvögeln hier ihr Winterquartier aufschlagen. Ab Mai brüten die einheimischen Arten. Die beste Tageszeit zur Tierbeobachtung ist frühmorgens. Fast alle Hotelanlagen bieten Ausflüge unter der Leitung eines Guides an. Alle 15 Minuten starten Busse vom KSRTC Busbahnhof in Kottayam nach Kumarakom, die auch vor dem Eingang zum Vogelpark halten.

Unterkunft, Essen und Trinken

- Gelobt wird das **Lakshmi Hotel & Resorts** €€€€-€€€€€ (Tel.: 2523313, www.lakshmiresorts.com). Die in den Backwaters gelegene, erstaunlich preiswerte Oase der Ruhe mit sauberen klimatisierten Zimmern und freundlichem Personal grenzt ebenfalls an den Kumarakom-Vogelschutzpark, sodass sich nicht nur für Ornithologen selbst von den Balkonen eindrucksvolle Beobachtungen bieten. Auch die ausgezeichnete Küche und die Ayurveda-Behandlungen sowie gut organisierten Bootstouren dieser erstklassigen Adresse sind hervorzuheben.
- Das **KTDC Waterscapes** €€€€€-€€€€€€ (Tel.: 2525861, waterscapes@dataone.in, www.ktdc.com) ist eine gelungene Anlage in schöner Lage am Vembanad-See. Man hat die Wahl zwischen Pfahlbungalows und einer Übernachtung in den zum Hotel gehörenden Kettu Vallams.
- Ausgezeichnet ist das **Coconut Lagoon Heritage Resort** €€€€€-€€€€€€ (Tel.: 2524491, 2525834, contact@cghearth.com, www.cghearth.com/coconut_lagoon). Lage, Architektur, Essen, Swimmingpool, die Weiträumigkeit der Anlage – alles ist hier nur vom Feinsten. Die zum See gelegenen Bungalows

sind den nach hinten gebauten wegen der Lage und des größeren Abstands zueinander vorzuziehen. Es wird auch eine Villa mit eigenem Pool vermietet. Ab April sinken die Preise um bis zu 70 %. Zu erreichen auch per Boot vom Steg etwas nördlich vom Vogelpark-Eingang.

- Viel Luxus gibt's im neuen, gelungen in einen Palmenhain verwobenen **Backwater Ripples** €€€€€€ (Tel.: 2523600, www.backwaterripples.com), dessen Bungalows teils direkt über dem Ostufer des Vembanad Lake positioniert sind. Natürlich fehlt es auch nicht an weiteren Annehmlickeiten wie Gym-Raum, Health Club, Ayurveda-Behandlungen, umfangreichem Wassersportangebot, Pool und allabendlicher Sonnenuntergangs-Bootsfahrt.
- Am Vembanad Lake ist die weitläufige Anlage des **Kumarakom Lake Resort** €€€€€€ (Tel.: 2445030, klresort@vsnl.com, www.klresort.com) eine weitere Luxusherberge vom Allerfeinsten, für die man richtig tief in die Tasche greifen muss. Traditionell gestaltete, geschmackvoll eingerichtete Cottages in verschiedenen Ausführungen, teils mit eigenem Pool. Selbstverständlich sind alle Annehmlichkeiten des Vorgenannten vorhanden.

An- und Weiterreise

- Der nächstgelegene Flughafen und Bahnhof ist in Ernakulam, 78 km entfernt. Von dort per Bus oder Taxi zur Kumarakom Boat Jetty. Von Kottayam starten alle 15 Minuten Busse nach Kumarakom. Die einzelnen Resorts sind von Kottayam problemlos über Land oder per Boot zu erreichen.

Aranmula

Das Vijnana Kala Vedi Cultural Centre in dem kleinen Ort Aranmula, 30 km südlich von Kottayam, ist eine einzigartige Einrichtung. Das **Kulturzentrum** ist ein idealer Ort, um sich intensiv mit den spezifischen Künsten Keralas auseinander zu setzen. Unter fachmännischer Aufsicht werden Kurse in 20 Diszipinen angeboten, u.a. Kathakali- und Bharata-Natyam-Tanz, klassische indische Musikstile, ayurvedische Medizin und Hatha-Yoga, Holzschnitzerei, verschiedene indische Sprachen, Astrologie, die keralische Kampfsportart Kalarippayat und indische Philosophie. Zudem gibt's ein Zentrum, in dem Interessierte indische Kinder in Englisch unterrichten können.

- **Vijnana Kala Vedi Cultural Centre,** The Direktor, Tarayil Mukku Junction, Aranmula 689533, Pathanamthitta District, Tel.: 0468-2214483, (0)9447114485, vkv@vijnanakaladevi.org, www.vijnanakalavedi.org. Tageskurse kosten 30 US-$; Kurse inklusive Unterkunft und Vollpension im Dorf 200 US-$ pro Woche. Natürlich ist auch längerer Aufenthalt möglich, der den Preis verringert. Eine vorherige Anmeldung ist erforderlich.

Feste

- Eine etwas kleinere und deshalb nicht ganz so überlaufene Ausgabe des Snake-Boat-Rennens in Allapuzha findet jedes Jahr im August/September nahe dem Shree-Parthasarathy-Tempel statt. Mit dem **Aranmula Boat Race** wird ein Ereignis in Krishnas Leben geehrt. Das laute Spektakel mit Gesängen der Bootsleute und den Anfeuerungsrufen der mitfiebernden Zuschauer sollte nicht versäumt werden.

An- und Weiterreise

- Der 11 km von Aranmula entfernte Ort **Chenganur** an der Hauptstraße zwischen Kochi, Kottayam und Trivandrum ist der beste Verbindungort.

Ettumunar

↗ C2

Der im 16. Jh. erbaute **Shiva-Tempel** von Ettumunar, zwölf Kilometer nördlich von Kottayam, lohnt einen Zwi-

Kerala

schenstopp auf dem Weg nach Kochi. Das Sanktum ist zwar für Nicht-Hindus verschlossen, doch die filigranen Holzschnitzereien und vor allem die berühmten Wandmalereien mit Szenen aus den hinduistischen Epen dürfen auch von Westlern besichtigt werden. Besonders lohnend ist ein Besuch während des zehntägigen **Tempelfestes,** das jedes Jahr im Februar/März veranstaltet wird. Die Tanzaufführungen, Musikveranstaltungen und **Elefantenprozession** werden von Tausenden Einheimischen besucht.

Highlight: Periyar-Wildschutzgebiet

⇗ D2

Vorwahl: 04869

Eine Infrastrukturmaßnahme der britischen Kolonialherren und die Sorge eines Maharajas stehen am Anfang der Geschichte des Periyar Wildlife Sanctuary (Tel.: 224571, www.periyartigerreserve.org). Die Notwendigkeit, die Trockengebiete des angrenzenden Tamil Nadu zu bewässern, ließ die Briten 1895 den Periyar-Fluss aufstauen. Von der Sorge getrieben, das von der Herrscherfamilie seit Jahrhunderten genutzte Jagdgebiet könnte von den sich ständig vermehrenden Teeplantagen „aufgefressen" werden, erklärte der Maharaja von Travancore das Gebiet um den 26 km² großen Periyar-Stausee zu einem Reservat. 1977 wurde der Park dem **Project Tiger** angegliedert, das sich dem Schutz der vom Aussterben bedrohten Tierart verschrieben hat. 1982 schließlich wurde eine Kernzone von 350 km² zum **Nationalpark** erklärt. Die ehemals im Gebiet siedelnden Volksstämme der Mannan, Paliyan und Uraly wurden umgesiedelt. Heute zählt der im Laufe der Jahrzehnte mehrmals erweiterte Park zu den bekanntesten Tierschutzgebieten Indiens.

Häufig kommt es im Zusammenhang mit dem Park zu einer Namensverwirrung, da Periyar, Thekkady und Kumily selbst in offiziellen Veröffentlichungen verwechselt werden. **Periyar** bezeichnet das gesamte Gebiet des Nationalparks, **Thekkady** den Bereich zwischen dem Parkeingang und dem Bootspier und **Kumily** den kleinen, knapp zwei Kilometer nördlich des Eingangs gelegenen Ort. Entlang der von Kumily bis zum Parkeingang verlaufenden Thekkady Rd. haben sich die meisten Hotels und Geschäfte angesiedelt.

Die landschaftlich äußerst reizvolle Lage in den **Cardamom-Bergen** im südlichen Teil der West-Ghats mit den hervorragenden Möglichkeiten zur Tierbeobachtung und der sehr guten touristischen Infrastruktur machen den Periyar-Nationalpark zu einem der besuchenswertesten Ziele im Süden Indiens. Wenn möglich, sollte man jedoch die Wochenenden und Feiertage meiden. Dann reisen Hunderte von Einheimischen aus Tamil Nadu und von der Küste an und strapazieren die Kapazitäten dieses meistbesuchten

Nationalparks Südindiens bis zum Äußersten. Auch die Monsunzeit ist wegen der allgegenwärtigen Blutegel nicht zu empfehlen. Die beste Reisezeit sind die Trockenmonate **Dezember bis April,** da dann die Tiere auf der Suche nach Wasser aus den „undurchsichtigen" Wäldern zum Seeufer wandern.

Tiervorkommen

Etwa 40 % des Schutzgebietes sind von üppigem tropischen **Shola-Wald** bedeckt, weitere 40 % sind mit feuchtem tropischen **Laubwald** bewachsen. Die restliche Fläche besteht aus Grasland, dem weit verzweigten **Stausee** und einigen Eukalyptus-Anpflanzungen. Gerade wegen der dichten Bewaldung und natürlich auch wegen der großen Fläche des Schutzgebietes von 777 km² sind die Chancen, einen der insgesamt **ca. 50 im Park lebenden Tiger** zu Gesicht zu bekommen, minimal. Wesentlich häufiger lassen sich kleinere Herden der auf insgesamt 1.000 Exemplare geschätzten **Elefanten** erspähen. Weitere im Park lebende Säugetierarten sind Gaur, Sambarhirsch, Wildschwein, Muntjak, Lippenbär, Leopard, Rohrkatze, Dekkan-Rothund und verschiedene Affenarten. Der Versuch, Axishirsche einzubürgern, ist misslungen, da sie leichte Beute der Tiger wurden.

Darüber hinaus ist der Park ein Eldorado für Ornithologen. Insgesamt **275 Vogelarten** wurden bisher gezählt, wobei sich der Vogelreichtum vorwiegend auf die Waldregion bezieht. Da der Stausee kaum seichte Uferbezirke aufweist, sondern recht steil in die Tiefe abfällt (Maximaltiefe 42 m), gibt es nur Wasservögel, die auf das Fischen in tiefen Gewässern spezialisiert sind. Hierzu gehören **Schlangenhalsvogel, Kormoran, Eisvogel und Fischadler.** Viele dieser Vögel lassen sich auf den bizarr aus dem See ragenden, inzwischen fast 100 Jahre alten Bäumstämme nieder. Der größte Teil des durch die Aufstauung des Sees überfluteten Waldes liegt unter der Wasseroberfläche.

- Der **Eintritt** zum Park beträgt 300 Rs am ersten Tag und 200 Rs an eventuellen Folgetagen. Der Park ist von 6 bis 18 Uhr geöffnet. Diese Eintrittspreise und Öffnungszeiten gelten auch für diejenigen, die im Parkinneren wohnen. Sie müssen bei erneutem Zutritt die Gebühr bezahlen. Nach 18 Uhr werden Hotelgäste, die in einem der Hotels innerhalb des Wildparks logieren, nicht mehr eingelassen und müssen sich draußen eine Bleibe suchen. Am Eingang können Ferngläser und Fotokameras für 60–75 Rs pro Tag (6–19 Uhr) in den dort ansässigen Geschäften ausgeliehen werden.

Besichtigung

Bootsfahrten

- Die bei Einheimischen wie westlichen Touristen beliebteste Art, den Park zu besichtigen, sind die von **KTDC** und **Forest Department** organisierten, etwa zweistündigen Bootsfahrten. Täglich fahren je zwei Boote um 7, 9.30, 11.30, 14 und 16 Uhr. Die erste und letzte Fahrt bietet die besten Chancen zur Tierbeobachtung. Beim KTDC beträgt der Preis 100 Rs fürs Oberdeck und 50 Rs für das Unterdeck. Noch günstiger sind die auf recht heruntergekommenen Booten durchgeführten Fahrten (15 Rs p.P.) des Forest Department, bei denen man den Tieren jedoch näher kommt. Tickets werden in einem kleinen Büro oberhalb des Visitors' Centre verkauft. Speziell an Wochenenden und Feiertagen ist eine frühzeitige Anmeldung von Nöten (Tel.: 224571, tourism@periyartigerreserve.org). Auch sonst sind die Boote häufig im Voraus von den Gästen der Luxusunterkünfte ausgebucht. Die größten Chancen ein Ticket zu ergattern besitzt, wer gleich frühmorgens als einer der Ersten am Verkaufsschalter ansteht. Da es um diese Zeit durchaus noch kühl sein kann, empfiehlt sich die Mitnahme eines Pullovers. Die große Nachfrage hat häufig zur Folge, dass die Boote speziell auf dem begehrten Oberdeck bis auf den letzten Platz mit fotografierenden Touristen besetzt sind. Wegen der genannten Nachteile ziehen inzwischen viele Reisende die von diversen Anbietern durchgeführten Wanderungen durch den Park vor.

- Wesentlich entspannter ist eine Fahrt auf dem Periyar-Stausee mit einem **gecharterten Boot.** Mit 600 Rs für ein Boot mit zwölf Plätzen ist das kaum teurer als bei den offiziellen Touren.

Wanderungen

- Das **Forest Department** veranstaltet täglich um 7, 10.30 Uhr und 14 Uhr ca. dreistündige Wanderungen durch den Park; der Preis beträgt 100 Rs pro Person, es müssen jedoch mindestens 500 Rs bezahlt werden, auch wenn weniger als fünf Personen teilnehmen. (Auf festes Schuhwerk sollte besonders morgens und nach Regenfällen nicht verzichtet werden.) Im Grunde eine schöne Möglichkeit, den Park zu erkunden; einige Teilnehmer klagten jedoch über die zu großen und lauten Gruppen. Diese Wanderungen sind auch mit den Bootstouren kombinierbar, wobei am Vormittag auf dem See die dreistündige Bootsfahrt, am Nachmittag eine oder mehrere etwa zweistündige Wanderungen im Park das Programm bilden (um 1.000 Rs p.P. inkl. Verpflegung), bei denen regelmäßig auch Elefanten gesichtet werden. Interessant sind auch die dreistündigen Nachtwanderungen in Vierergruppen (zwischen 19 und 4 Uhr morgens) für 500 Rs p.P. Zu buchen über das Wildlife Information Centre (Tel.: 222028, 222620). Zudem gibt's Rafting-Touren, Ausflüge zu Gewürzplantagen, halbstündige Elefantenausritte (zwischen 10 und 16 Uhr, 100 Rs) und weitere Ausflüge.
- Außerdem gibt es – allerdings sehr teure – **Trekking-Touren** mit Zeltübernachtung inkl. Verpflegung.
- Eine interessante Alternative bieten Ausflüge mit **privaten Führern.** Einheimische Guides in Kumily und am Parkeingang sind auf solche Wanderungen abseits ausgetretener Pfade spezialisiert. Teils sind auch hier schwarze Schafe unterwegs, die keine gültige Erlaubnis haben, oder es stellt sich ein Guide mit gültiger Erlaubnis vor, gewandert wird dann jedoch mit einem anderen Führer. Oft wird man schon bei der Ankunft am Busbahnhof von Schleppern zu Wandertouren gedrängt, die das Geld kassieren, der Wanderlustige kann jedoch nicht nachvollziehen, ob er dafür eine reguläre Wanderung (Dauer etwa 5 Std.) im Wildschutzgebiet erhält oder im umgebenden Bergwald etwa in Tamil Nadu. Es kommt auch vor, dass die Guides, falls sie das Wildschutzgebiet doch betreten, den offiziellen Guides ausweichen oder die Mitwandernden werden aufgefordert, sich zu verstecken, um nicht von zugelassenen Guides oder der Forstaufsicht erwischt zu werden. Auch das als Mittagessen angekündigte, natürlich mitbezahlte Mahl besteht oft nur aus Keksen. Es empfiehlt sich also, andere Touristen zu fragen, ob und bei welchem Veranstalter sie gute Erfahrungen gemacht haben.

Natürlich gibt es auch zuverlässige private Guides. Es werden auch Ausflugstouren in die Bergregionen in Tamil Nadu angeboten, die jedoch von den Förstern nicht gern gesehen werden. Diese sind preiswerter, da sie den Eintritt ins Wildreservat nicht beinhalten. Der Preis für alle Touren ist selbstverständlich Verhandlungssache.

Als eine über Jahre bewährte Adresse ist **Touromark Jungle Tours** (Tel.: 224332, 222196(0)9447284160, mail@touromark.com, www.exploreperiyar.com, www.touromark.com, das Büro befindet sich beim Coffee Inn nahe dem Parkeingang) zu nennen, eine besondere Art, das Periyar-Wildschutzgebiet zu erkunden. *K. Murali,* ein sehr freundlicher und versierter Tourguide, der außer dieser Unternehmung mit Ökotouris-

238ke Foto: tb

mus-Anspruch noch Zimmer im Mickey Cottage vermietet, bietet Ein-Tages-Ausflüge mit Verpflegung bis Zehn-Tages-Trekking-Touren bis zu 40 km innerhalb des Reservats mit voller Verpflegung und Zeltübernachtung (etwa das *Tiger Trail* genannte Programm mit Zeltübernachtung und Verpflegung für 3.000 Rs p.P.), natürlich nur für Touristen, die gut zu Fuß sind. Zu den jeweiligen Startpunkten wird per Jeep gefahren. Die Preise sind verglichen mit anderen Anbietern moderat (z.B. Border Hiking Tour: 8–17 Uhr, 750 Rs inkl. Verpflegung) oder eine Jeep-Safari (Trekking, Bootsausflug und Verpflegung, max. 14 Teilnehmer, 5.30–18 Uhr, 2.000 Rs). Die Guides sind engagiert und ums Wohlergehen der Teilnehmer bemüht. Die Touren müssen mindestens drei Tage im Voraus gebucht werden. Eine lohnenswerte Erfahrung. Außerdem organsiert Touromark eine Vielzahl weiterer meist mehrtägiger Trekkings und Raftingtouren (8–17 Uhr, 1.000 Rs). Zu den genannten Preisen kommt der Eintritt für den Park hinzu.

Bootsausflug im Periyar-Schutzgebiet

Praktische Tipps

Information

- Informationen zum Park und zu den aktuell angebotenen Touren bietet das **Wildlife Information Centre** (Tel.: 222028) oberhalb des Periyar-Sees.
- Eine von einem ansässigen Naturfreund allabendlich (19.30–21.30 Uhr) veranstaltete Diavorführung des **Wildlife Interpretation Centre** im Spice Village ist sehr informativ und für Gäste des Restaurants bzw. der Bar kostenlos.
- **The Wildlife Preservation Officer,** Periyar Tiger Reserve, Tel.: 222027, 2322027, 222028.
- Das hilfreiche **Idduki District Tourist Office** (Tel.: 222620, Mo–Sa 10–17 Uhr) befin-

Rettung in letzter Sekunde? – Project Tiger

Jahrzehntelang hatten die indischen Maharajas und die europäischen Kolonialherren in ihrer schrankenlosen Jagd nach Trophäen, Macht und Ruhm auf alles geschossen, was sich bewegte, um schließlich bestürzt festzustellen, dass viele Tierarten **vom Aussterben bedroht** waren. Besonders gefährdet war der König der Wildtiere, der Tiger, dessen Trophäe - am besten gleich im Dutzend - in keinem Herrscherhaus fehlen durfte. Als besonders schießwütig erwies sich der Maharaja von Gwalior, der während einer Treibjagd im Jahre 1899 an einem einzigen Tag nicht weniger als 150 dieser Großkatzen erlegt haben soll. So konnte es eigentlich nicht verwundern, dass sich der Bestand seit der Jahrhundertwende, als noch 40.000 Tiger durch die Wälder Indiens streiften, bis 1969 auf ganze 1.827 Exemplare dezimiert hatte. Neben der **Wilderei** trugen das explosionsartige Bevölkerungswachstum und die damit einhergehende Zerstörung des natürlichen Lebensraums des Tigers zu dessen Beinahe-Aussterben bei.

Angesichts dieser bedrohlichen Lage entschloss sich die indische Regierung 1973 mit Unterstützung des World Wildlife Fund dazu, das so genannte Project Tiger ins Leben zu rufen. Dabei handelt es sich um eine der weltweit größten **Rettungsaktionen,** die je zum Erhalt einer Tierart durchgeführt wurden. Ziel war es jedoch nicht, nur den Tiger, sondern auch seine gesamte Biosphäre zu schützen, zu der neben Elefanten und Nashörnern auch seine Beu-

tetiere wie Gazellen und Sambarhirsche gehören.

Die zunächst neun ausgesuchten Tierschutzgebiete sind bis heute auf 23 mit einer Gesamtfläche von über 20.000 km^2 erweitert worden, wobei die meisten und bekanntesten von ihnen wie etwa Corbett, Sariska, Ranthambhore und Kanha in Nordindien liegen. Jedes dieser Schutzgebiete besteht aus einer gänzlich geschützten Kernzone und einer Pufferzone, in der den Bewohnern der Umgebung eine eingeschränkte Nutzung wie das Weiden ihres Viehs und das Sammeln von Feuerholz erlaubt ist.

Trotz aller Schutzmaßnahmen sterben nach wie vor jährlich ungezählte Tiere durch **illegale Wilddieberei.** Wegen der inzwischen weltweit strikt befolgten Schutzabkommen sind es jedoch inzwischen nicht mehr wie früher die **Felle,** wegen denen die Tiger verfolgt werden, sondern deren **Knochen.** Zermahlen und mit einem speziellen Saft vermischt, wird ihnen in vielen asiatischen Ländern eine lebensverlängernde und potenzfördernde Wirkung zugesprochen. Heute geht man davon aus, dass die tatsächliche Zahl der in Indien frei lebenden Tiger bei nur noch **1.400 Exemplaren** (also etwa der Stand zu Beginn des Project Tiger) liegt, nachdem im Jahr 2007 der Skandal öffentlich wurde, dass viele Parkverwaltungen die Zahlen beim Tiger-Census weit überhöht angegeben und teilweise mit den Wilderern gemeinsame Sache gemacht haben.

Doch selbst für den Fall, dass man dieser Gefahrenmomente Herr werden sollte, hängt der zukünftige Erfolg des Project Tiger von der Eindämmung des nach wie vor größten Problems des Landes ab – dem rasanten **Bevölkerungswachstum.** Seit dem Start der Rettungsaktion vor über 30 Jahren ist die indische Bevölkerung um weitere 350 Millionen auf heute ca. eine Milliarde angewachsen. Die meisten Einwohner sind auf Brennholz, Gras für ihr Vieh und Wasser angewiesen. Je mehr die Pufferzonen der Schutzgebiete von Kühen, Büffeln, Schafen, Ziegen und Kamelen abgegrast werden, desto häufiger treiben die Leute ihr Vieh in die noch weitgehend unberührten Kernzonen. Offiziell ist dies verboten, doch die Dorfbewohner berufen sich verständlicherweise auf ihr jahrtausendealtes Gewohnheitsrecht. Zwar verehren sie den Tiger als Inbegriff des Majestätischen, Erhabenen und Machtvollen, doch im täglichen Überlebenskampf sehen sie in ihm in erster Linie ein gefährliches Raubtier, welches ihr höchstes Gut, das Vieh, tötet. In den letzten Jahren kam es immer wieder zu Übergriffen, da die Tiger ihrerseits wegen der zunehmenden Nahrungsverknappung in die angrenzenden Dörfer einfielen.

In der Erkenntnis, dass nur eine Verbesserung der Lebensbedingungen der Parkanwohner den Schutz der Tiger-Refugien gewährleisten kann, wurde daraufhin von Regierungsseite ein Bündel von Maßnahmen beschlossen. Hierzu zählen Projekte zur Verbesserung der Weidequalität, die Anlage leistungsfähiger Bewässerungssysteme und die Zucht ertragreicher Kühe, damit diese heiligen Tiere mehr Milch geben. So siegte die Einsicht, dass es nicht reicht, Mensch und Tier durch hohe Mauern voneinander zu trennen, sondern dass das Überleben des Tigers letztlich vom Wohlergehen des größten „Raubtieres" der Erde abhängt – dem Menschen.

- Weitere Informationen beim **Divisional Forest Office** von Periyar (Mo–Sa von 10 bis 17 Uhr, Tel.: 222027, www periyartiger reserve.org).

Bei der Jagd auf die seltenen Wildkatzen waren weder die Briten noch die Maharajas besonders zimperlich

det sich neben dem Busbahnhof. Hier können auch Wildwasser-Rafting- und Trekking-Touren gebucht werden.

Stadtverkehr

- Die Entfernung von Kumily zum Periyar-See beträgt 4 km. Der etwa einstündige, angenehme Fußweg entlang der Thekkady Rd. endet direkt an der Fähranlegestelle. Mit der **Riksha** muss man für die Strecke ca. 40 Rs zahlen. **Fahrräder** werden im Zentrum von Kumily für 40 Rs pro Tag vermietet.

Unterkunft

Grundsätzlich zu unterscheiden ist zwischen den Übernachtungsmöglichkeiten innerhalb des Parks und jenen Hotels, die sich entlang der ca. 4 km langen Strecke vom Ortszentrum in Kumily bis zum Parkeingang reihen. Da die Parkunterkünfte oftmals lange im Voraus ausgebucht sind, ist eine möglichst frühzeitige Anmeldung bei den KTDC-Büros in Thiruvananthapuram oder Ernakulam dringend angeraten.

Unterkünfte innerhalb der Parkgrenzen:

- Tatsächlich nicht viel mehr als Aussichtstürme in freier Wildbahn ohne jeglichen Komfort sind die **Forest Department Towers** €. Dementsprechend muss alles Lebensnotwendige wie Schlafsack, Lebensmittel, Taschenlampe, Moskitonetz und warme Kleidung mitgebracht werden. Wen diese Outdoor-Verhältnisse nicht abschrecken, der wird mit einer absolut natürlichen, friedvollen Atmosphäre belohnt. Nirgendwo sonst sind die Möglichkeiten zur Tierbeobachtung so aussichtsreich, da sich von der erhöhten Warte aus unverstellte Blicke auf von den Touristenmassen unberührte Regionen bieten. Um zu den über den Park verteilten Aussichtstürmen zu gelangen, fährt man zunächst mit dem um 16 Uhr abfahrenden Boot. Danach schließt sich ein Fußmarsch an, den man am besten in Begleitung eines geländekundigen Guides unternimmt. Buchungsversuch und nähere Auskünfte im Divisional Forest Office (Tel.: 222027). Es ist sehr schwierig, einen der begehrten und vorrangig an Bedienstete des Parks vergebenen Plätze zu ergattern.
- Ähnlich spartanisch ist die Unterbringung im **Forest Department House** € auf der dem Pier gegenüberliegenden Uferseite. Auch hier sind Ausrüstung und Verpflegung mitzubringen. Für Anreise und Anmeldung gilt das Gleiche wie bei den Watchtowers.
- Die billigste Wohnmöglichkeit innerhalb des Parks bietet das **KTDC Periyar House** €€€-€€€€ (Tel.: 222026, periyar@sancharnet.in) gut 1 km oberhalb der Fähranlegestelle. Die weitläufige Anlage im Wald verfügt über ein gutes Restaurant, die Zimmer, einfach möbliert und mit TV, sind jedoch nichts Besonderes. Frühstück und Abendessen sind im Preis inbegriffen, Fahrräder können ausgeliehen werden, Geldwechsel ist möglich.
- Um einiges besser, aber auch teurer und zudem in unmittelbarer Seenähe wohnt man im **KTDC Aranya Niwas** €€€€€ (Tel.: 2222023, aranyanivas@sancharnet.in, www.ktdc.com) gleich oberhalb der Fähranlegestelle. Die großen, etwas einfach ausgestatteten, aber ganz gemütlichen Zimmer, mit Plüschmobiliar und TV, eine urige Bar sowie das hervorragende Restaurant tragen zum Wohlbefinden bei. Das Haus wurde zur Recherchezeit renoviert. Im Preis inbegriffen sind Frühstück und Abendessen sowie eine Fahrt auf dem Oberdeck des Ausflugsdampfers. Ein schön zwischen Bäumen gelegener Pool inkl. Affengesellschaft ist einladend.
- Wunderschön ist das **KTDC Lake Palace** €€€€€€ (Tel.: 222024, 222282, ktdc@vsnl.com, www.ktdc.com) auf der gegenüberliegenden Uferseite. Der Name Lake Palace ist treffend, handelt es sich doch bei der ehemaligen Jagd-Lodge des Maharajas um ein palastähnliches Haus in herrlicher Lage. Was könnte es Schöneres geben, als bei einem Drink auf der Terrasse des Hauses die umherlaufenden Tiere zu beobachten? Ausgezeichnet ist auch das zugehörige Restaurant. Die Übernachtung in einer der 6 Suiten ist allerdings sündhaft teuer, zumal sich die Preise zwischen Mitte Dezember und Ende Januar verdoppeln.

Unterkünfte außerhalb der Parkgrenzen:

Generell wohnt man außerhalb von Kumily nahe dem Parkeingang gediegener und schöner als oben an der Hauptstraße im Dorf.

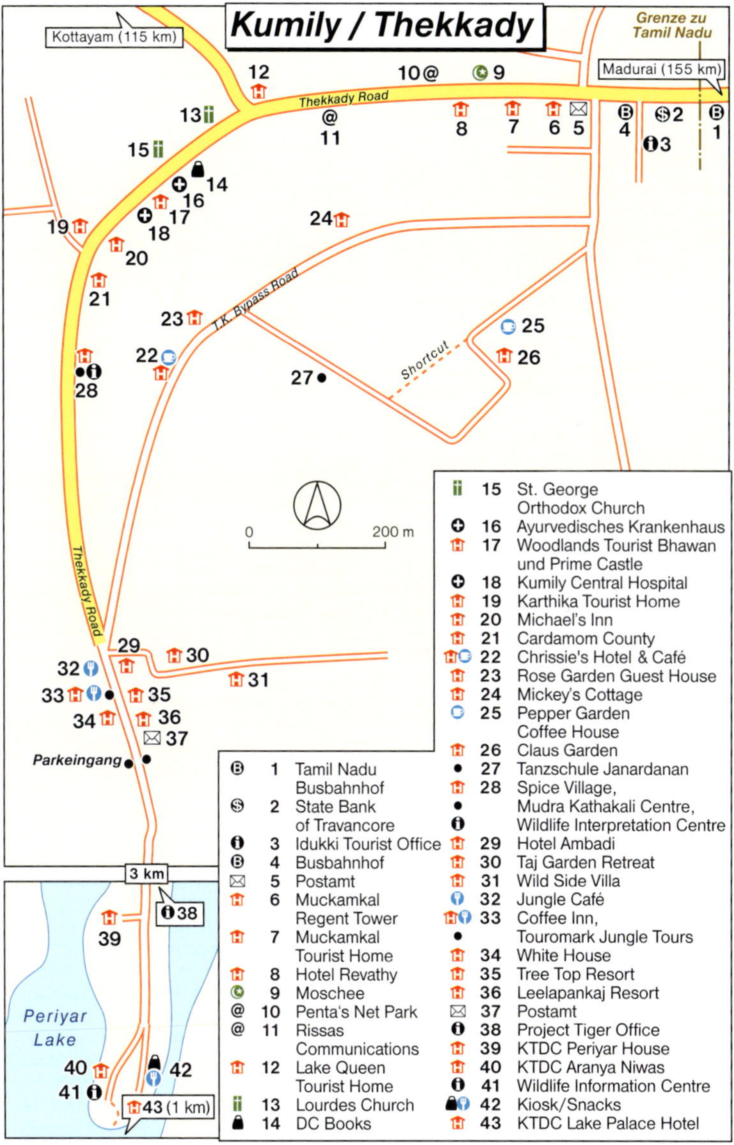
Kumily / Thekkady
Kottayam (115 km)
Madurai (155 km)
Grenze zu Tamil Nadu
Thekkady Road
T.K. Bypass Road
Shortcut
Parkeingang
3 km
43 (1 km)
Periyar Lake
0
200 m
1 Tamil Nadu Busbahnhof
2 State Bank of Travancore
3 Idukki Tourist Office
4 Busbahnhof
5 Postamt
6 Muckamkal Regent Tower
7 Muckamkal Tourist Home
8 Hotel Revathy
9 Moschee
10 Penta's Net Park
11 Rissas Communications
12 Lake Queen Tourist Home
13 Lourdes Church
14 DC Books
15 St. George Orthodox Church
16 Ayurvedisches Krankenhaus
17 Woodlands Tourist Bhawan und Prime Castle
18 Kumily Central Hospital
19 Karthika Tourist Home
20 Michael's Inn
21 Cardamom County
22 Chrissie's Hotel & Café
23 Rose Garden Guest House
24 Mickey's Cottage
25 Pepper Garden Coffee House
26 Claus Garden
27 Tanzschule Janardanan
28 Spice Village, Mudra Kathakali Centre, Wildlife Interpretation Centre
29 Hotel Ambadi
30 Taj Garden Retreat
31 Wild Side Villa
32 Jungle Café
33 Coffee Inn, Touromark Jungle Tours
34 White House
35 Tree Top Resort
36 Leelapankaj Resort
37 Postamt
38 Project Tiger Office
39 KTDC Periyar House
40 KTDC Aranya Niwas
41 Wildlife Information Centre
42 Kiosk/Snacks
43 KTDC Lake Palace Hotel

Untere Preiskategorie:

- Die meisten Zimmer des überragenden **Muckumkal Regent Tower** €-€€€ (Tel.: 222570, www.regenttower.info) im Dorf sind zu empfehlen, das ganz dicht am Busbahnhof gelegene Hotel hat ein ordentliches Restaurant. Die teils klimatisierten Zimmer sind recht groß, hinreichend sauber, jedoch durch kleine Fenster dunkel. Es gilt: je weiter nach oben desto besser der Blick.
- Das sehr günstige **Karthika Tourist Home** € (Tel.: 222146) erfreut sich bei Individualreisenden großer Beliebtheit. Wahrscheinlich liegt es auch am hauseigenen Sabala-Restaurant, denn die ziemlich düsteren Zimmer laden nicht gerade zum Verweilen ein.
- Wer im **Lake Queen Tourist Home** € (Tel.: 222084, lakequeenhotels@hotmail.com) absteigt, wohnt nicht nur in einem recht sauberen und günstigen Hotel, sondern betätigt sich indirekt auch noch karitativ, werden doch alle Gewinne des von der Katholischen Kirche geleiteten Hauses gemeinnützigen Zwecken zugeführt.
- Nur drei Zimmer hat das **Rose Garden** €-€€ (Tel.: 223146) an der Bypass Road zu vergeben, wobei besonders die im oberen Stockwerk angenehm sind. Die gemütliche Atmosphäre in der herzlichen Familie, die typisch indisches Frühstück bereitet, und Ausblicke vom Dachgarten sind hervorzuheben.
- Eine der besten Budget-Unterkünfte ist das nette **Coffee Inn** €€ (Thekkady Rd., Tel.: 222763; coffeeinn@satyam.net.in) in der Nähe der Post und nicht weit vom Parkeingang entfernt. Die Bambushütten auf Stelzen, von denen nur zwei über ein eigenes Bad verfügen, sind recht schlicht. Dafür entschädigen die hübsche Lage inmitten eines Gartens und das recht teure, aber sehr gemütliche angeschlossene Restaurant. Selbiges orientiert sich unter anderem mit dem selbstgebackenen Brot stark am Travellergeschmack.
- Ein weitere Unterkunft, die Bambus zu vermieten hat, ist das **White House** €-€€ (Tel.: 222987, (0)9447473990, mobil). Eine der zehn Hütten mit großem Balkon liegt direkt an der Parkgrenze und bietet so einen beschaulichen Ausblick, sehr empfehlenswert. Inzwischen haben die meisten Hütten Bad und TV.
- Die **Wild Side Villa** €€-€€€€ (Amalambika Rd., Tel.: 223163, thekkady1@yahoo.no, www.wildsidevilla.com), ein bisschen abseits die Amalambika Rd. hinauf, hat ebenfalls eine Bambushütte (in luftiger Höhe mit tollem Blick), zwei höherklassige Apartments sowie doppelstöckige Cottages im Garten und einige einfache Zimmer im Haupthaus zu bieten.
- Etwas abseits, aber sehr hübsch gelegen und erstaunlich preiswert wohnt man im einfachen, aber gemütlichen, von einer netten Familie geführten **Claus Garden** € (Tel.: 222320) oberhalb der Bypass Road in einem Haus mit schönem Garten. Die Küche darf mitbenutzt werden.
- **Mickey's Homestay** €€-€€€ (Tel.: 223196, (0)9447284160, www.mickeyhomestay.com) an der Bypass Rd. gelegen, ist ein zweistöckiges Haus im Garten. Die klimatisierten Zimmer mit Terrasse bzw. Balkon und Liegestühlen bieten eine angenehme Erholungsmöglichkeit. Der umtriebige Besitzer veranstaltet außerdem interessante Trekking-Touren in den Park und viele weitere Ausflugsangebote (siehe Hinweis unter Wanderungen zu **Touromark Jungle Tours**).
- Ganz in der Nähe ist das familiengeführte **Hotel Green View** €€ (Tel.: 211015, 224617, (0)9447432008, www.sureshgreenview.com). Die hübschen Zimmer mit Terrasse, kleinem Garten mit vielen Kräutern und Hängematten, auch zwei weitere Räume mit Küche, sind sehr preiswert. Gelobt werden auch die zuvorkommenden Besitzer.
- **Hotel Revathy International** €-€€€ (Tel.: 223434-6, hotelrevathyinternational@rediffmail.com) bietet 16 saubere, teils kleine (SZ), teils große (Deluxe) Zimmer, manche mit TV, wobei die oberen einen schönen Ausblick gewähren. Eines der besten Angebote oben im Dorf.

Mittlere Preiskategorie:

- Das Woodlands besteht aus zwei völlig unterschiedlichen Teilen: Der alte, 1958 erbaute Trakt mit sehr schlichten und billigen Zimmern und Schlafsaal, teils mit Gemeinschaftsbad (für sehr wenig Geld) bildet das **Woodlands Tourist Bhavan** € (Tel.: 222077). Hier kann eine Küche benutzt werden. Hinter diesem Trakt gibt's einen Kräuter- und Bananengarten. Der ganz neue, fast als luxuriös zu bezeichnende Trakt heißt **Woodlands Prime Castle** €€€ (Tel.: 223469) und hat makellose Zimmer mit Balkon/Terrasse, schönen Möbeln und teilweise Hängeschaukeln.

- Weiter die Straße Richtung Parkeingang hinab liegt wie eine herrschaftliche Villa das **Michael's Inn** €€€-€€€€ (Tel.: 222355, www.michaelsinnthekkady.com). Dementsprechend tief muss man in die Tasche greifen, doch dafür sind die Zimmer geräumig und hübsch eingerichtet. Auch hier gibt's ein Restaurant.
- Ganz in der Nähe ist das **The Wildernest** €€€€ (Tel.: 224030, contact@wildernest-kerala.com, www.wildernest-kerala.com) eine gelungene Unterkunft mit großzügig gestalteten Zimmern mit TV und Balkon inkl. Affenbesuch und reichhaltigem Frühstück. Guter Service und ein fachkundiger Guide für den Park runden das Bild ab.
- Die sechs etwas eng beieinander stehenden Cottages des **Leelapankaj Resort** €€€ (Thekkady Rd., Tel.: 222392, (0)934919 7934) nahe dem Parkeingang sind recht einfach ausgestattet, ihr Preis rechtfertigt sich vor allem durch die tollen Ausblicke. Gut und preiswert ist das angeschlossene Madhavi Restaurant.
- Eine gute Adresse ist das **Hotel Ambadi** €€€-€€€€ (Tel.: 222193-5, www.hotelambadi.com) nahe dem Parkeingang. Speziell die Bungalows ohne AC (die man meist eh nicht benötigt) bieten ein gutes Preis-Leistung-Verhältnis. Leider stehen die einzelnen Häuser etwas eng beieinander.
- Eine charmante Bleibe ist **Chrissie's Hotel & Café** €€€€ (By-Pass-Rd., Tel.: 224155, (0)9447601304, www.chrissies.in). Das von einer freundlichen Engländerin geführte Kleinod hat 15 angenehm möblierte Zimmer mit Balkon und Ausblick zu den bewaldeten Bergen bzw. in den Garten sowie eine Familiensuite. Reservierung dringend empfohlen! Ebenso beliebt ist das herrliche Dachrestaurant mit italienischer und westlicher Küche sowie Kuchen. Außerdem werden Yoga, Reiki und Shiatsu angeboten.
- Auf dem Weg nach Kumarakom, ca. 35 km von Kumily entfernt, wird das **Wood Palace Resort** €€€€ (Tel.: 233696, eastwesthimarani@yahoo.co.in) in Kuttikanam als idealer Ort der Ruhe empfohlen. Gelungen eingerichtete Zimmer, teils mit toller Aussicht, sowie Ayurveda-Anwendungen sind einen Stopp wert.

Der besondere Tipp: Indischer Tanz

Eine sehr interessante Gelegenheit, klassischen indischen Tanz hautnah kennen zu lernen oder zu erlernen, bietet die **Schule von C.E. Janardanan,** eine kleine Straße von der Bypass Rd. abzweigend hinauf. Er ist ausgebildeter Lehrer für die Urform des indischen Tanzes Bharatnatyam aus Tamil Nadu und stammt von dort. Interessierten, die einmal in seine Schule hineinschnuppern wollen, bietet er den Besuch seiner Lehrstunden um 19 Uhr als Zuschauer an (150 Rs). Dabei wird mit einfachsten Mitteln eine sehr hohe Intensität erzielt. Der Besuch muss vorher mit dem Lehrer abgesprochen werden (Tel.: 222941). Will man sich darauf einlassen, auch nur Teile des aus vielen Schritten, Gesten, Handhaltungen und mimischen Ausdrücken bestehenden Tanzes zu erlernen, sollte man auf jeden Fall eine Menge Disziplin und Ausdauer mitbringen. Aber Vorsicht: Hat man erst einmal angefangen, so besteht angeblich Suchtgefahr.

Neben dem Cardamom County an der Thekkady Road wird in einem Zelt unter dem Namen **Mudra Kathakali Centre** täglich um 16.30 und 19 Uhr eine **Kathakali-Vorführung** für 150 Rs geboten. Die Schminkprozedur beginnt jeweils eine halbe Stunde früher. Tel.: (0)9447157636, 222394, mermaidtours@yahoo.com.

Obere Preiskategorie:

- Ein großflächiger Komplex ist das **Tree Top** €€€€€-€€€€€€ (Tel.: 223286/7, www.hoteltreetop.com) mit 16 sauberen Zimmern, ebensolchen Cottages und überteuerten, großzügigen Bungalows, die alle wie auch die Dachgärten und das Dachrestaurant einen schönen Blick auf die gegenüberliegenden Hänge des Reservats gewähren. Die von einem freundlichen Manager geleitete Anlage nahe dem Parkeingang macht einen guten Eindruck, ist aber recht teuer.

- Das gelungene, sich über einen Sonnenhang erstreckende, riesige Areal des **Cardamom County** €€€€€€ (Tel.: 224501-3, www.cardamomcounty.com) ist eine Klasse besser. Es besteht aus Cottages (jeweils zwei Stockwerke mit zwei luxuriösen Apartments mit Balkon/Terrasse und tollem Blick auf die gegenüberliegenden Berge) und verfügt über Restaurant und Swimmingpool.
- Eine der schönsten Übernachtungsmöglichkeiten in Kumily bietet das von der Casino-Gruppe gemanagte **Spice Village** €€€€€€ (Thekkady Rd., Tel.: 222316/7, spicevillage@vsnl.com, www.cghearth.com). Die in einem weitläufigen tropischen Garten am Hang platzierten Bungalows, jeweils mit Terrasse, sind ganz hübsch eingerichtet und vermitteln viel Ruhe und weiten Ausblick. Empfehlenswert sind auch das in einem luftigen Pavillon untergebrachte, hauseigene Restaurant mit erstklassigem Büffet und die gut bestückte Bar in kolonialem Stil.
- Auf einem schönen, mit kleinen Bäumen und anderen Pflanzen begrünten Areal in der Amalambika Road liegt das **Taj Garden Retreat** €€€€€-€€€€€€ (Tel.: 222403, retreat.thekkady@tajhotels.com, www.tajhotels.com), eine der luxuriösesten Unterkünfte in Kumily. Alles vom Feinsten in der architektonisch gelungenen Anlage mit recht großem Pool inkl. kleinem abendlichen Wasserfall. Die über das Gelände verteilten Bungalows (hübsches Mobiliar; Kaffee oder Tee können im Zimmer bereitet werden) gewähren weite Ausblicke von Balkon bzw. Terrasse, außerdem gibt's eine Bar, einen Badminton-Platz sowie kostenlosen Fahrradverleih für Gäste.
- Wen die Lage 5 km außerhalb, etwas zurückversetzt von der Straße nach Kottayam, nicht stört und wer über das nötige Kleingeld verfügt, sollte sich im sehr gelungenen **Shalimar Spice Garden** €€€€€€ (Tel.: 222132, shalimar_resort@vsnl.com, www.shalimarkerala.com) einquartieren. Man wohnt in hüb-

114is Foto: tb

schen Bungalows inmitten eines Gewürzgartens, kann im Pool plantschen und sich an den ausgezeichneten Pizzas und Pastagerichten laben - die Besitzer sind Italiener.

Essen und Trinken

- An der Hauptstraße im Dorf Kumily findet man viele kleine indische Restaurants, von denen vor allem das **Kochi Bake House,** das vorwiegend von einheimischer Bevölkerung frequentiert wird, und das **Lake Queen Restaurant** im Lake Queen Tourist Home durch gutes Essen und kleine Preise etwas hervorstechen.
- Sehr angenehm im Grünen sitzt es sich im **Coffee Inn** nahe dem Parkeingang. Allerdings sind die Preise höher als es das Ambiente vermuten lässt, dennoch empfehlenswert. Die Speisekarte hat typische Travellerkost und einige leckere Backwaren.
- Gegenüber dem Eingang des Ambadi steht die nur zu Essenszeiten geöffnete Bambushütte namens **Jungle Café,** die Einheitskost (mittags *thali*) sehr schnell und billig serviert. Außerdem ist es ein guter Ort, um mit anderen Travellern ins Gespräch zu kommen.
- Im **Madhani Restaurant** des Leelapankaj Hotel wird indische, chinesische und kontinentale Küche geboten, am preiswertesten in dieser Ecke Thekkadis.
- Auch das Restaurant des **Michael's Inn** ist verglichen mit den Zimmerpreisen erstaunlich preiswert und gut.
- Etwas abseits und versteckt, aber sehr schön in einem Gewürzgarten oberhalb der Bypass Road liegt das **Pepper Garden Coffee House.** Es bietet indische Gerichte, Kaffee und eine Vielzahl unterschiedlicher Tees sowie Frühstück mit Toast, Butter und Marmelade oder Porridge und Pfannkuchen.
- Die gemütliche Dachterrasse von **Chrissie's Café** an der Bypass Rd. ist eine gute Adresse für italiensiche Küche und leckeren Kuchen.
- Gutes hat seinen Preis: Das hervorragende Frühstücksbüffet im **Taj Garden Retreat** (500 Rs) sollte man sich dennoch nicht entgehen lassen.
- Trotz fehlender Aussicht ist das **Restaurant Athidia** des Ambadi Hotel mit umfangreicher Speisekarte sehr empfehlenswert.
- Innerhalb des Parks können sowohl das Restaurant des **Periyar House** wie auch das teurere des **KTDC Aryana Nivas** mit uriger Bar in sehr schöner Umgebung (allerdings nicht billig) empfohlen werden.
- Der **Kiosk** am Bootspier des Periyar Lake hat Getränke, Süßigkeiten und einige heiße Snacks zu bieten.

Medizinische Versorgung

- Zentral liegt das **Central Hospital** (Tel.: 222045) an der Thekkady Junction. Ein weiteres Krankenhaus ist das **St. Augustine Hospital,** Spring Valley (Tel.: 222042).

Ayurveda

- Will man seinem Körper nach langen Wanderungen Gutes tun, ist das **Mayura Ayurvedic Centre** (Colony Rd., Tel.: 223521, (0)9447505775, www.mayurathekkady.com) seit 15 Jahren eine ideale Adresse. Eine einstündige Massage kostet ca. 600 Rs. Natürlich gibt's auch langwierige Therapien und Behandlungen unter ärztlicher Anleitung.

Bank, Post, Internet

- Neben verschiedenen Hotels wechselt die **State Bank of Travancore** in der Nähe des Busbahnhofs recht zügig Travellerschecks und Bargeld, Mo–Fr 10–15, Sa 10–12.30 Uhr an einem Extraschalter. Der ATM der Bank öffnet seinen Kartenschlitz für die meisten international üblichen Kreditkarten. Auch die **Central Bank of India,** KK Rd., wechselt Reiseschecks und Bares. Des weiteren gibt's einige private **Wechselstuben** im Dorf.
- Das **Postamt** ist etwas nördlich des Parkeingangs.
- Die meisten **Internetcafés** (etwa Rissas oder bei DC Books) sind im Dorf, sie verlan-

Bootsfahrt auf dem Periyar-See

gen um die 50 Rs/Std. Schnell ist Penta's Net Park (1. Stock) und IR Communications beim Spice Village.

Shopping

- Ursprünglich war der Verkauf von Gewürzen die Haupteinnahmequelle der Einwohner von Kumily. Kein Wunder, liegt der Park doch inmitten der für Gewürze und Tee berühmten Cardamom Hills. Die Straße von Kumily zum Parkeingang ist gespickt mit **Spice- und Tea-Shops.** Alles ist für den Touristengeschmack bereits in handliche Päckchen verpackt und beschriftet. Dementsprechend überteuert sind die meisten Läden. Wegen des großen Konkurrenzdrucks ergeben sich jedoch enorme Verhandlungsspielräume.
- Billiger, wenn auch nicht so hübsch verpackt, kauft man Tee und Gewürze auf dem **Markt** im Zentrum von Kumily ein.
- **DC Books** hat eine breite Palette von qualitativ hochwertigen Büchern zu Kunst und Kultur Keralas sowie Postkarten und eine kleine Auswahl an Fiction.

An- und Weiterreise

- **Bus:** Die meisten Busse halten am Busbahnhof, nur wenige Meter von der Grenze zu Tamil Nadu entfernt. Von dort gibt es alle halbe Stunde Verbindungen nach Kottayam (4 Std., 110 km, 66 Rs). Sehr viele Verbindungen nach Madurai (6 Std. Fahrtzeit) zwischen 5.15 und 20.45 Uhr sowie ein Nachtbus um 1.15 Uhr vom Tamil Nadu Busbahnhof, einige Meter weiter östlich in Tamil Nadu. 6 Busse zwischen 7 und 19.30 Uhr fahren in 6 Stunden nach Ernakulam, darüber hinaus drei Busse täglich nach Thiruvananthapuram (8.40, 15.30 und 16.15 Uhr, 8 Std. Fahrtzeit, 150 Rs), einer nach Alappuzha (11.15 Uhr, 5 Std.) und einer nach Pondicherry. Außerdem mehrere Busse nach Munnar (70 Rs, die meisten morgens, 4½ Std).

Der besondere Tipp: Von Kottayam nach Kumily

Auch die **Fahrt zum Periyar-Nationalpark** stellt eine besondere Attraktion dar. Man sollte sich für die ca. 100 km lange Anfahrt von der Küste genügend Zeit nehmen und mit dem Mietwagen anreisen. Unterwegs bieten sich derart viele schöne Aussichten, dass es sich lohnt, für die in drei Stunden zu schaffende Strecke einen ganzen Tag einzuplanen.

Allein die landschaftliche Vielfalt und die verschiedenen Vegetationszonen von der Küste bis auf 1.000 m Höhe machen den Ausflug zu einem echten Erlebnis. Die Fahrt beginnt in der von **Palmen und Obstbäumen** geprägten Küstenlandschaft, führt an **Kautschukplantagen** vorbei und geht dann, je höher man die fruchtbaren Hänge der West-Ghats hinaufkommt, zu **Gewürzgärten** sowie **Kaffee- und Teeplantagen** über.

Mangaladevi-Tempel

Etwa fünf bis sechs Stunden sollte man für den Besuch dieses 14 km östlich von Kumily gelegenen **Waldtempels** veranschlagen. Der Tempel an sich ist zwar nur noch in Ruinen erhalten, doch die abenteuerliche Anreise über eine ebenso steile wie schlechte Straße und die herrliche Lage inmitten eines verwunschenen Waldes lohnen die Mühen. Wer mit einem lokalen Guide unterwegs ist, kann von der Straße aus nicht einsehbare Wege und **Wasserfälle** erkunden.

Munnar

↗ D1-2

Einwohner: 10.000
Höhe: 1.524 m
Vorwahl: 04865

Umgeben von Teeplantagen und überragt von den höchsten Bergen Südindiens liegt das kleine Städtchen Munnar auf einer Höhe von 1.524 m. Die spektakuläre Anfahrt von Madurai oder Periyar, die herrlichen Aussichten, die frische Luft sowie einige Kolonialbauten haben diesen alten **Kurort** aus der Zeit des Raj zu einem beliebten Ausflugsziel betuchter Inder werden lassen.

Tatsächlich prägen nicht die vom Zahn der Zeit angenagten Kolonialvillen oder die christliche Kirche und der obligatorische Golfplatz mit dem Clubhaus, sondern Wellblechhütten und Zweckbauten das Zentrum des Ortes. Zudem kann es gerade in den Monaten November bis Februar empfindlich kühl werden.

Ein Ausflug zu diesem Zentrum der Teegewinnung und -verarbeitung lohnt also nur, wenn man Munnar als Ausgangspunkt für Wanderungen und Ausflüge in die wunderschöne Landschaft der Umgebung nutzt. Lohnenswert ist unter anderem die Besichtigung einer der vielen **Teefabriken.** Hier hilft das neue **Tata-Tea-Museum** (tgl .10–17 Uhr, Eintritt 50 Rs, www.keralatravel.com/museums-kerala/tea-museum-munnar.html) knapp 2 km außerhalb von Munnar, in dem u.a. die Prozedur der Teeverarbeitung gezeigt sowie deren heute verwendete und antike Werkzeuge präsentiert und erklärt werden. Das Wochenende ist oft etwas überlaufen.

Ein etwa halbstündiger, gemütlicher Spaziergang zurück nach Munnar führt an Teeplantagen entlang. Die einfache Fahrt kostet etwa 20 Rs per Riksha, mit Wartezeit und Rückfahrt sollten 50 Rs genügen.

Information und Ausflüge

- Den Weg zu den zahlreichen zum Teil ungünstig weit vom Stadtzentrum entfernten **staatlichen Touristenbüros** (Tel.: 231516) kann man sich sparen. Eine wahre Goldgrube für westliche Individualtouristen ist dagegen das kleine Büro des **Tourist Information Service** (Tel.: 231136, (0)9447190954, 9–18 Uhr) im Ortskern bei der Fußgängerbrücke über den Fluss. Eine Reihe von Karten, Tipps zu Ausflügen in die Umgebung sowie weiterreichende Informationen werden bereitwillig gegeben. Allerdings hat das Ganze einen kleinen Nachteil: Die Bediensteten und speziell der über die Grenzen Munnars hinaus bekannte Leiter scheinen an den von ihnen vorgeschlagenen Ausflügen und Hotels mitzuverdienen, was sich selbstverständlich auf die Preise niederschlägt.
- Das **DTCP Tourist Information Office** bietet einige recht gedrängte Tagestouren zu den Sehenswürdigkeiten wie zum Chinnar-Wildreservat (bis 19 Uhr, 300 Rs) und die Sandal Valley Tour an (9–18 Uhr, 300 Rs, zu Aussichtspunkten, Wasserfällen und Sandelholzwäldern, Teeplantagen und Dörfern der Umgebung). Es vermietet zudem **Fahrräder** für 10 Rs pro Stunde bzw. 75 Rs pro Tag. Die bekommt man auch bei **Raja Cycles** etwas nördlicher.
- Erstklassige Trekkingtouren arrangiert **Trackfinder Adventures** (Tel.: 232608, (0)9447266632, www.trackfinderkerala.com) in einer unscheinbaren Behausung an einem Parkplatz im Süden des Ortes. Neben Tagestouren (z.B. sechsstündige Exkursionen durch Tee- und Kardamom-Plantagen, 24 km von Munnar entfernt, die per Jeep zurückgelegt

werden) per pedes sind inkl. Verpflegung 600 Rs p.P. zu zahlen. Natürlich werden auch mehrtägige Ausflüge (Übernachtung in wetterfesten Schlafsäcken bzw. Zelten) mit verlässlichen Führern in die Berge arrangiert, etwa zum Anamudi-Berg. Auch verschiedene Nationalpark-Touren werden angeboten (Chinnar-, Shola- und Indira-Gandhi-Wildlife-Sanctuary, Kurinjimala-Naturpark, besonders für Blumenfreunde interessant), außerdem Paragliding.

- Im Ortszentrum ist **Edelweiss Adventures** (im Rimshoppee Complex, Tel.: (0)944613 5663) eine weitere verlässliche Adresse für dasselbe. Eine dreistündige Tour kostet um die 400 Rs, eine fünfstündige etwa 800 Rs, Nachtausflüge 750 Rs, mit Camping 1.200 Rs, Verpflegung ingebriffen. Zudem Rafting, Bergsteigen und Paragliding (Tandemflug 2.500 Rs).
- **Rikshafahrer** verlangen für einen Ganztagesausflug etwa 500 Rs, Taxis kosten je nach Fahrzeug und Ausflugszielen zwischen 1.100 und 1.500 Rs.

Unterkunft

- Zwar sind die einfachen Zimmer, teils mit Gemeinschaftsbad, des **Westend Cottage** €€ (T.B. Rd., Tel.: 230954, (0)9446130036, sa tish_cbe@sify.com) in einer kleinen Seitengasse etwas dunkel und aussichtslos, dies wird durch die familäre Atmosphäre und den sehr hilfs- und auskunftsbereiten Besitzer aber mehr als wettgemacht.
- Saubere Zimmer mit Bad, TV und Balkon sowie weite Ausblicke über den Ort, besonders in den oberen Etagen, machen den neuen Teil des NG Tourist Home €€, die **Olivejeni Residency** €€-€€€ (Tel.: 232968, (0)9447220297, olivejenimunnar@yahoo.com), zu einer hervorragenden und preiswerten Budget-Wahl im Ortskern. Nahezu nebenan gibt's im **Raahath Inn** €€ für etwas weniger nur wenig schwächere Qualität.
- Dorfnah gelegen (ca. 5-minütiger Aufstieg an der katholischen Kirche vorbei) ist **Kaipillil Home Stay** €€-€€€ (Tel.: 230203, (0)94478 76641, reservation@kaippallil.com, ehem. Kochery Home Stay) auf einem Hügel mit Sitzbänken im Garten und Blick auf das Dorf. Die sauberen, geräumigen Zimmer mit Bad und Balkon, ein klasse Ausblick über Munnar und gutes keralisches Essen bei einer herzlichen Familie führen zu häufiger Ausbuchung, also reservieren. Außerdem gibt's gute Ausflugtipps.
- In einer kleinen Gasse, der MSA Rd., von einer Flussschleife, umgeben ca. 500 m südlich vom Ortskern, offerieren zwei gemütliche, familiengeführte Bleiben makellose Zimmer und idyllische Gärten zum Fluss. **John's Cottage** €€€ (Tel.: 231823, (0)9447331831, auch mit Halbpension möglich, viele kleine Terrassen zum gepflegten Garten) sowie **Sisaram Cottage** €€€ 900 (Tel.: (0)9447512128), ein ebenfalls angenehmer, aber weniger komfortabler Homestay. Auch gut in Schuss und gemütlich ist **Seagrace Cottage** €€-€€€ (Tel.: 231972, (0)9447211973) in derselben Gasse.
- Ebenfalls in der MSA Rd. genügt das brandneue Mittelklassehotel **Archana Residency** €€€-€€€€ (Tel.: 230286, 233526, www.archanaresidency.com) auch höheren Ansprüchen, ganz ruhig gelegen mit einladender Terrasse zum Fluss. Ein hervorragendes Preis-Leistungs-Verhältnis.
- Weitere gut 200 m südlich eine Gasse hinein sind drei kleine Herbergen aufgrund ihres geringen Preises besonders bei Rucksackreisenden sehr beliebt, wobei das supersaubere **SMM Cottage** €-€€ (Tel.: 230159) und das nur leicht teurere **Green View** €€ (Tel.: 230940, www.greenviewmunnar.com) mit Dachrestaurant überzeugen.
- Inmitten von Teeplantagen sind die **Zina Cottages** €€-€€€ (Tel.: 230349), weiter südlich gegenüber dem Hotel Royal Retreat die Gasse etwa 1 km hinein, ruhig und friedvoll. Die hübschen Zimmer mit Bad und TV im Gemeinschaftsraum sind etwas überteuert, doch aufgrund der bemühten Familie des Leiters des Tourist Information Service und der herrlichen Lage zu empfehlen.
- Das **Poopada Tourist Home** €€€-€€€€ (Tel.: 230223231781-3, www.poopada.com) ist eine ruhige Unterkunft in schöner Lage etwa 500 m westlich des Stadtzentrums. Neben den hübschen Zimmern und dem freundlichen Personal spricht auch das sehr gute und preiswerte Restaurant für das Poopada.
- Das **Abad Copper Castle** €€€€-€€€€€ (Tel.: 231201, 230438, coppercastle@abadhotels.

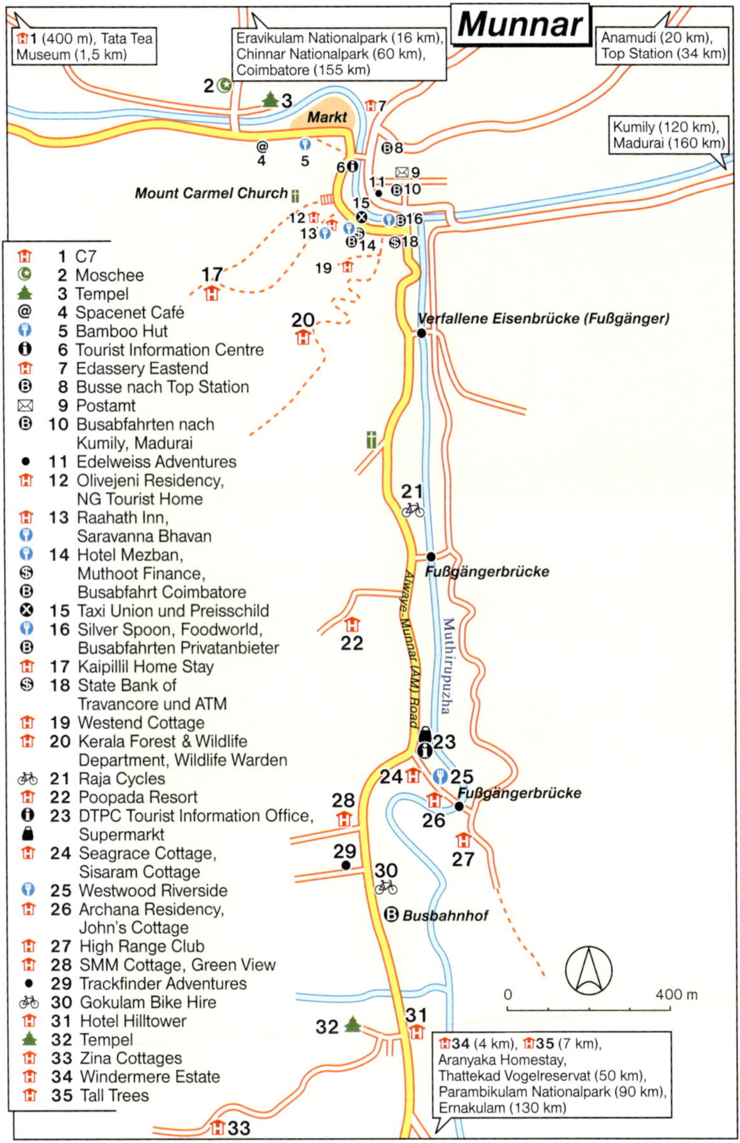
Munnar
1 (400 m), Tata Tea Museum (1,5 km)
Eravikulam Nationalpark (16 km), Chinnar Nationalpark (60 km), Coimbatore (155 km)
Anamudi (20 km), Top Station (34 km)
Kumily (120 km), Madurai (160 km)
Markt
Mount Carmel Church
Verfallene Eisenbrücke (Fußgänger)
Fußgängerbrücke
Alwaye-Munnar (AM) Road
Muthirupuzha
Fußgängerbrücke
Busbahnhof
0
400 m
34 (4 km), 35 (7 km), Aranyaka Homestay, Thattekad Vogelreservat (50 km), Parambikulam Nationalpark (90 km), Ernakulam (130 km)
1 C7
2 Moschee
3 Tempel
4 Spacenet Café
5 Bamboo Hut
6 Tourist Information Centre
7 Edassery Eastend
8 Busse nach Top Station
9 Postamt
10 Busabfahrten nach Kumily, Madurai
11 Edelweiss Adventures
12 Olivejeni Residency, NG Tourist Home
13 Raahath Inn, Saravanna Bhavan
14 Hotel Mezban, Muthoot Finance, Busabfahrt Coimbatore
15 Taxi Union und Preisschild
16 Silver Spoon, Foodworld, Busabfahrten Privatanbieter
17 Kaipillil Home Stay
18 State Bank of Travancore und ATM
19 Westend Cottage
20 Kerala Forest & Wildlife Department, Wildlife Warden
21 Raja Cycles
22 Poopada Resort
23 DTPC Tourist Information Office, Supermarkt
24 Seagrace Cottage, Sisaram Cottage
25 Westwood Riverside
26 Archana Residency, John's Cottage
27 High Range Club
28 SMM Cottage, Green View
29 Trackfinder Adventures
30 Gokulam Bike Hire
31 Hotel Hilltower
32 Tempel
33 Zina Cottages
34 Windermere Estate
35 Tall Trees

239ke Foto: mb

Teepflückerin bei Munnar

com, www.abadhotels.com) liegt knapp 2 km südlich des Zentrums an der Bison Valley Rd. Wegen des freundlichen Personals, der ansprechenden Zimmer und des sehr guten Restaurants ist es eines der besten Hotels dieser Preiskategorie.

- Der **High Range Club** €€€-€€€€ (Tel.: 230253/4, www.highrangeclubmunnar.com) ist die richtige Adresse für Liebhaber des Raj. Der typische, etwas verstaubt-muffige Geruch liegt in den Zimmern und über der Veranda und auch die Trophäen erlegter Tiere, die die Wände zieren, sind nicht jedermanns Sache. Nur mit Vollpension zu buchen, die im Preis inbegriffen ist.
- Zwischen Dorf und Teemuseum wirkt der große, brandneue Klotz des **Hotel C7** €€€€€ (Tel.: 230217) etwas deplatziert, bietet jedoch von den großen Fensterfronten der luxuriösen Zimmer klasse Ausblicke auf die umgebende Landschaft. Pool und mehrere Restaurants, eines auf dem Dach, komplettieren den Luxus.
- In der Nähe eines größeren Wasserfalls ist der **Aranyaka Homestay** €€€-€€€€ (Poornima Arun, Pullivasal Estate, Tel.: (0)9447510236, poornimaarun2003@yahoo.com) eine idyllische Herberge in herrlicher Lage unterhalb Munnars Richtung Ernakulam. Einfache, aber gemütlich eingerichtete Zimmer mit Bad und Blick in die Teeplantagen und Berge, die bemühte Familie und das vegetarische und nichtvegetarische Essen sind preiswert.
- Wer preisgünstig in den Bergen wohnen möchte, findet im **Spice Garden Resort** €€€ (2nd Mile, Munnar, Tel.: 263696, (0)9447163696, www.spicegardenresorts.com) eine ansprechende Option. Im Restaurant in dunklem Holz speist man mit Ausblick auf die Hänge der Teeplantagen.
- Sechs Kilometer von Munnar entfernt verstecken sich die luxuriösesten Unterkünfte meist in den herrlichen Bergen der Western Ghats. Eine wundervolle, allerdings auch teure Adresse ist das **Tall Trees Resort** €€€€€-€€€€€€ (Tel.: 230641, 230593, www.ttr.in). Inmitten der 600 Bäume, die das Gelände beschatten, der Orchideen und vielerlei Vogelarten am Rand der Wildnis wirkt der Luxus der einzeln stehenden Luxusbungalows noch erstaunlicher.
- Auf 1.600 m Höhe in den Bergen der Western Ghats ist das **Windermere Estate** €€€€€€ (Poathamedu, Tel.: 230512, 230978, www.windermeremunnar.com) noch etwas teurer. Die Verbindung aus Landhausstil und Luxus gelingt erstklassig. Besonders aus den Cottages hat man herrliche Ausblicke in die Natur.

Essen und Trinken

- Eine einfache, zentral gelegene und sehr preiswerte Gaststätte ist das **Mezban Hotel** mit billiger, südindischer vegetarischer Küche. Ganz ähnlich ist das meist überfüllte **Saravanna Bhavan** gleich um die Ecke den Hang hinauf.
- Besonders bei Rucksacktouristen äußerst beliebt ist die **Bamboo Hut** mit typischer Traveller-Kost (etwa ein hervorragendes Müsli, Pizza etc.). Besonders abends sind die nur wenigen Tische meist belegt, zumal hier gern die Reiseerlebnisse mit anderen Backpackern geteilt werden.

- Fastfood in modernem Ambiente offeriert das **Silver Spoon** im Hotel Munnar Inn. Burger, Pizza und Shakes, aber auch indische Küche wie Biryani sind preiswert.
- Wer es stilvoller mag, sollte die Restaurants des **West Wood Riverside** mit Tandoori und Barbecue auf der Terrasse zum Fluss oder **Eastend Edassery** mit westlicher, chinesischer und indischer Küche ausprobieren.
- Rechts neben dem Tourist Office im Süden des Ortes versorgt ein kleiner **Supermarkt** mit dem Nötigsten, auch Süßigkeiten.

Bank, Internet

- Effizient wechselt man in der **State Bank of Travancore** im Stadtzentrum (Tel.: 230274, Mo–Fr 10–15.30, Sa 10–12.30 Uhr) Bares und Reiseschecks. Die **Federal Bank** wechselt ausschließlich Reiseschecks. Am fixesten und zu guten Wechselraten geht's bei **Muthoot Finance** (rechts neben dem Hotel/Restaurant Mezban, tgl. 9–17 Uhr). Hier ist die Kopie der Reisepassseite mit dem Gesichtsfoto erforderlich, was aber auch dort für ein geringes Entgelt erledigt wird. Rund um den Markt finden sich mehrere **ATMs,** etwa von der State Bank of Travancore, die mit den meisten internationalen Kreditkarten einverstanden sind.
- Die Internetcafés sind meist bis ca 21 Uhr geöffnet. Im **Spacenet Café** (40 Rs/Std., bis 22 Uhr) an der Hauptstraße eine Treppe hinauf gibt's schnelle Breitbandverbindungen. Ist es hier voll, wird man im Internetcafé zwei Türen weiter einen Platz finden. In beiden kann auch billig per Skype telefoniert werden.

An- und Weiterreise

- Vom eigentlichen **Busbahnhof,** 2 km südlich des Zentrums, starten die Busse eher selten. Die meisten fahren im Ortszentrum ab, wobei es hier für jeden Bundesstaat eigene, insgesamt 4 verschiedene, nah beeinander liegende Abfahrtsorte gibt, die meisten auf dem Platz unterhalb der Hauptpost. Von dort (Tel.: 230201) fahren mindestens 8 Busse täglich nach Ernakulam (zwischen 5.30 und 21.50 Uhr, 4½ Std., 85 Rs), 4 Busse nach Kumily (8.30, 11.30, 12 und 14.30 Uhr, 70 Rs, 5 Std.), nach Thiruvananthapuram 5 Busse (9 Std., 180 Rs) zwischen 10.30 und 21.30 Uhr, die Verbindung um 11.40 Uhr über Alappuzha (7 Std., 125 Rs), die anderen über Kottayam (5 Std., 95 Rs).

Wer nach Kodaikanal weiterreisen will oder die einzige Verbindung nach Madurai (14.15 Uhr, Start vor der Post) verpasst, muss zunächst nach Theni (80 km) und dort umsteigen. Von dort viele Verbindungen zu beiden Städten sowie nach Kumily. Für die beiden erstgenannten Ziele sollte man per Bus gut 6 Stunden veranschlagen. Nach Top Station tgl. 8 Busse zwischen 7.30 und 18.30 Uhr. Jeeps meistern den teils steilen Anstieg dorthin für ca. 700 Rs, Rikshas 300 Rs (beide inkl. Rückfahrt).

- **Gemeinschaftsjeeps** nach Kodaikanal kosten etwa 400 Rs, nach Kumily (für Periyar-Wildreservat) 350 Rs p.P.
- Ein gut einsehbares, auf eine Wand gemaltes Schild im Zentrum von Munnar bei der Munnar Taxi Union zeigt die aktuellen und offiziellen Fahrpreise für **Taxis** zu den meisten wichtigen Reisezielen. Einige Beispiele: Top Station 800 Rs, Chinnar 1.000 Rs (beide jeweils Hin- und Rückfahrt). Nach Thekkady (Periyar Wildlife Sanctuary) und zum Ernakulam-Flughafen 1.400 Rs, Alappuzha, Madurai und Kodaikanal um 2.000 Rs, Trivandrum, Kovalam und Varkala zwischen 3.500 und 4.000 Rs, mit komfortableren Fahrzeugen ca. 25 % mehr.

Eravikulam-Nationalpark ⇗ D1

Der 15 km nördöstlich von Munnar gelegene, 97 km² große Eravikulam-Nationalpark ist Heimat des lange Zeit vom Aussterben bedrohten *nilgiri thar.* Bereits am Parkeingang in Vaguvarai, wo auch das in Munnar ausgestellte Trekking-Permit vorgezeigt werden muss, warten diese nach wie vor seltenen **Bergziegen** auf Besucher, in der Hoffnung gefüttert zu werden. Mit 4.500 mm Jahresniederschlag eine der feuchtesten Regionen der Erde, werden im Eravikulam-Nationalpark ab und zu Tiger, Panther, wilde Hunde und viele andere Säugetierarten sowie viele Vogelarten gesichtet. Im Park bieten sich schöne Wanderwege ins **Anamali-Bergmassiv.** Der Anaimudi, mit 2.695 m der höchste Berg des Massivs, ist gleichzeitig die höchste Erhebung Indiens außerhalb des Himalaya.

- **Öffnungszeiten:** 7–18 Uhr (außer Monsunzeit). Im März und April ist das Reservat geschlossen, um die neugeborenen Bergziegen zu schonen.
- Der **Eintritt** zum Park beträgt 200 Rs, Kamera 25 Rs, Video 200 Rs. **Motorrikshas** von Munnar berechnen 150 Rs für die Hin- und Rückfahrt mit Wartezeit, Taxis das Doppelte. Es gibt aber auch Sammeltaxi-Jeeps, die einen für einen Bruchteil dessen bis zur Kreuzung ca. 1,5 km unterhalb des Parkeingangs mitnehmen.
- **Kontaktadresse:** Wildlife Warden, Eravikulam National Park, Rajamalai, Near Nemakad Estate, Munnar, Tel.: 04865-230487, Mo–Sa 10–17 Uhr, oder Chief Conservator of Forests in Trivandrum, Tel.: 0471-2322217.
- **Übernachtung:** in Privatunterkünften in Munnar und in Government Guest Houses in Munnar und Devikulam.
- Im Park selbst darf man offiziell nur ca. 2 km auf einer asphaltierten Straße laufen und muss dann eigentlich umkehren. Auf dieser Straße fahren laufend Fahrzeuge des Forstbetriebes und von Tata-Tea. Für weitergehende Touren benötigt man ein **Trekking-Permit!**

Top Station

Ein weiterer beliebter Tagesausflug von Munnar führt zu dem kleinen, auf 1.700 m gelegenen Dorf Top Station, 34 km östlich an der Grenze zu Tamil Nadu. Am Ende der steilen Strecke von Munnar bieten sich spektakuläre **Ausblicke über die West-Ghats** – sofern das Wetter es zulässt.

Anreise

- Täglich acht **Busse** von Munnar zwischen 7.30 und 18.30 Uhr legen den steilen Weg in ca. 1 Std. zurück. Mit einem gemieteten Jeep kostet der Tagesausflug etwa 700 Rs, mit einer Riksha ca. 450 Rs, per Taxi etwa 800 Rs.

Chinnar-Nationalpark

↗ D1

60 km nordöstlich von Munnar ist das **Chinnar Wildlife Sanctuary** Heimat von Dammwild, Leoparden, Elefanten und eines seltenen Rieseneichhörnchens. Parkwanderungen zu Wasserfällen und Flüssen sowie der Aufenthalt innerhalb des Parks in **Baumhäusern und Hütten** €€-€€€ können über das Forest Information Centre des Wildlife Warden (Kontaktdaten siehe bei Eravikulam) arrangiert werden.

Anreise

- **Busse** aus Munnar Richtung Coimbatore passieren Chinnar (1½ Std., 30 Rs).

Thattekad-Vogelreservat

↗ D1

Das 25 km² große Thattekad Bird Sanctuary (10–18 Uhr, Eintritt 100 Rs), 50 km westlich von Munnar, ist ein Paradies für Vogelliebhaber, leben dort doch etwa 270 Vogelarten, darunter Schlangenhalsvögel, Papageien, Nashornvögel und außerdem viele Fischarten wie Labyrinthfische und Zahnkarpfen. Parkführer können für 150–200 Rs am Parkeingang gebucht werden, dort ist ein einfaches Restaurant für die Verpflegung zuständig.

Unterkunft

- Neben **Unterkunft im Park** €€€, die über den Assistant Wildlife Warden (Tel.: 0485-

2588302) in Kothamangalam gebucht werden kann, steht der **Hornbill Inspection Bungalow** €€€-€€€€ (Tel.: 0484-2310324) mit einfachen, überteuerten Zimmern außerhalb des Parks zur Verfügung.

Parambikulam-Wildschutzgebiet ⇗ D1

Von drei Seiten umschlossen von den Parambikulam-, Thunakadavu- und Peruvaripallam-Dämmen leben im Wildreservat Parambikulam (7–18 Uhr, Eintritt 100 Rs) neben vielerlei Dammwildarten Elefanten, Panther, Krokodile und wenige Tiger. Im Reservat gibt's ein **Elefantencamp,** auf dessen See Boote ausgeliehen werden können. Das ca. 90 km nordwestlich von Munnar gelegene, 285 km² große Naturreservat sollte man während der Monsunzeit meiden, im März und April ist es in manchen Jahren geschlossen.

Für den Zutritt zum Reservat ist eine Erlaubnis notwendig, die beim **Divisional Forest Officer** (Tel.: 04253-244500) erhältlich ist. Dreistündige Jeeptouren (750 Rs) sowie Trekkingausflüge in den Park werden hier arrangiert. In Thunakavadu und umliegenden Dörfern gibt's außerdem Unterkunftsmöglichkeiten in Baumhütten: **Forest Rest Houses** €€€, Kontakt s.o.

Anreise

- Die nächstgelege Stadt ist **Pollachi** in Tamil Nadu, 40 km von Coimbatore und 50 km von Palakkad entfernt. Von dort fahren täglich zwei **Busse** die restliche Strecke bis Parambikulam.

Highlight: Kochi (Cochin) und Ernakulam ⇗ C1

Einwohner: 700.000
Vorwahl: 0484

Die landschaftlich äußerst attraktive Lage auf mehreren **Inseln und Landzungen,** eine lang zurückreichende, von Toleranz und Geschäftstüchtigkeit geprägte Geschichte, die freundliche, multiethnische Bevölkerung, die kulturelle Vielfalt sowie die ausgezeichnete touristische Infrastruktur machen Kochi zur meistbesuchten Stadt Keralas. Damit vereint die bis vor wenigen Jahren noch unter dem Namen Cochin bekannte Stadt all das, was Kerala zu einem der schönsten und interessantesten Bundesstaaten Indiens macht. Drei Tage sind das Minimum, das man benötigt, um die vielseitigen Attraktionen und die besondere Atmosphäre zu erfassen.

Ein Erlebnis besonderer Art ist allein die Fahrt mit einer der zahlreichen Fähren zur **Halbinsel Mattancherry** und **Fort Cochin,** dem alten historischen Zentrum. Besonders lohnenswert ist der Ausflug frühmorgens und am späten Nachmittag, wenn die weithin sichtbaren chinesischen Fischernetze sich im glitzernden Wasser spiegeln. Einen ganzen Tag sollte man für Fort Cochin und Mattancherry einplanen. Mit den verwinkelten Gassen, geschichtsträchtigen Kirchen und Palästen, dem Judenviertel sowie den hübschen Geschäften sind dies die inte-

Kochi (Cochin) und Ernakulam
Cherai Beach (23 km), Fisherman's Village (25 km), Palipuram Fort (5 km)
0
1 km
Vypeen Island
Vallarparam Island
Vembanad Lake
Government Jetty
Vypeen Jetty
Custom's Jetty
Fort Cochin
Bazaar Rd
Mattancherry
Palace Rd.
Mattancherry Jetty
Jew Town
s. Karte Fort Cochin
Beach Rd
Pattalam Rd
K B Jacob Rd.
Amaravathi Rd.
PT Jacob Rd
Alapuzzha (55 km), Trivandrum
1 KTDC Bolghatty Palace
2 Hotel Classic
3 Busbahnhof
4 Taj Malabar
5 India Tourism
6 Busbahnhof
7 Sports
8 Casino Hotel
9 Mattancherry Palast
10 Green Woods Bethlehem
11 Rose Garden
12 Kingfisher Airlines
13 Chitram Art Gallery
14 IndoWorld

Bolghatty Island
Mathai Manjooran Rd.
Kaloor Busbhf. (500 m), Flughafen (29 km), Thrissur (75 km)
2
Ernakulam Town Bhf.
High Court Jetty
1
Bolghatty Jetty
Banerji Rd.
Shanmugan Rd.
Sealord Jetty
Ernakulam
Main Jetty
Embarkation Jetty
Park Ave.
M.G. Road
Chittor Road
Mahakavi Vyloppilly Rd.
NH 47 Bypass
AG Milne Rd.
6
Durbar Hall Rd.
Ernakulam Jn.
7
8
Terminus Jetty
4th Cross Rd.
Indira Gandhi Rd.
South Overbridge Rd.
Willingdon Island
s. Karte Ernakulam
Hill Palace Museum (12 km), Kottayam (70 km)
Cochin Harbour Bhf.
M.G. Road
12
13
14
Kazhavan Rd.
Marine Hafen-gelände
Bristow Rd.
Venduruthy Bridge
Old Bridge
New Bridge
Kundanoor Bridge
Alapuzzha (55 km)

ressantesten Stadtteile. Ein weiterer Bestandteil jedes Kochi-Aufenthaltes sollte schließlich der Besuch einer der allabendlich dargebotenen Aufführungen des **Kathakali-Tanzes** sein.

Geschichte

Kochis materieller Reichtum gründet sich auf dem gewinnbringenden Handel mit den im Hinterland angebauten Gewürzen. Schnell wurde die Stadt zum **bedeutendsten Hafen der Malabar-Küste.** Kochis ethnischer und kultureller Reichtum ist das Resultat der Gier der europäischen Kolonialmächte, sich diesen Reichtum zu sichern.

Bis zur Ankunft der ersten Europäer Anfang des 16. Jh. war Kochi ein eher unbedeutendes Fürstentum, welches im Schatten von Cannanore, Calicut und Kollam stand. In seinem Bestreben, die eigene Machtposition zu verbessern, kam dem Raja von Kochi der portugiesische Seefahrer *Pedro Alvarez Cabral,* der im Dezember 1500 mit sechs Schiffen in Kochi anlandete, gerade recht. Nur zu gern übertrug er ihm die Handelsrechte für den lukrativen Gewürzhandel, erhoffte er sich doch neben dem finanziellen Reichtum auch die militärische Absicherung seines Kleinstaates durch die Truppen der damals führenden **Weltmacht Portugal.** Finanziell ging die Rechnung auf, überhäuften ihn die zu Wohlstand gelangten portugiesischen Stadthalter doch mit teuren Geschenken. Gleichzeitig entwickelten sie sich jedoch zu den wahren Machthabern: Bereits 1505 wurde *Francisco d'Almeida* als erster Vizekönig Portugals in Indien eingesetzt. De facto hielten die Portugiesen die Fäden der Macht in Händen, während die lokalen Rajas nicht viel mehr waren als Marionetten, die nur Repräsentationsaufgaben wahrnahmen. Wie schnell mit dem wirtschaftlichen Aufstieg Kochis auch dessen politische Bedeutung anstieg, zeigt der Besuch *Vasco da Gamas,* der 1524 als Vizekönig die damals schon stark von den Portugiesen geprägte Stadt besuchte. Wenige Monate später starb er hier und wurde in der St.-Francis-Kirche im Fort Cochin beigesetzt.

Mitte des 17. Jh. mussten die Portugiesen ihre Besitzungen wie in allen anderen Regionen Asiens an die **Holländer** abtreten. Grundsätzlich änderte dies kaum etwas am Status Quo, übernahmen doch die Holländer das bestehende Machtgeflecht. Einflussreiche Ministerpräsidenten, die auf Geheiß der Kolonialherren eingesetzt wurden und in deren Sinne agierten, bestimmten auch nach 1800 die Geschicke der Stadt. Kochi wurde als Cochin-Staat Teil der Madras-Presidency.

Orientierung

Zunächst wirkt die sich über mehrere Inseln, Landzungen und Teile des Festlands erstreckende Stadt recht unübersichtlich. Kochi besteht aus dem modernen, auf dem Festland gelegenen Stadtteil **Ernakulam,** den westlich davon gelegenen **Inseln Willingdon, Bolgatty** und **Gundu** sowie der **Halbinsel Mattancherry** mit Fort Cochin, dem historisch und atmosphärisch interessantesten Stadteil. Alle Stadtteile werden von Fähren angefahren. Ernakulam ist insofern von touristischer Bedeutung, als sich hier die meisten Hotels und Geschäfte sowie Bahnhof, Busbahnhof und Touristenbüro befinden. Auf dem 1932 durch eine Landaufschüttung gewonnenen Willingdon Island stehen unter anderem große Hafenanlagen und zwei Luxushotels. Der **Flughafen** in Nedumbassery liegt 30 km nordöstlich von Ernakulam.

Fort Cochin

Kaimauer

Eine Art Wahrzeichen von Kochi sind die das Nordufer von Fort Cochin säumenden **Fischernetze.** Es gibt wohl kaum einen Besucher, der das herrliche Bild der aneinander gereihten, mächtigen Netze mit der Altstadt im Hintergrund und dem glitzernden Wasser davor nicht fotografiert. Um die viereckigen, auf einer komplizierten Holzkonstruktion gespannten Netze mittels langer Seile und Gegengewichte aus schweren Steinen aus dem Wasser zu ziehen, sind mindestens vier kräftige Männer von Nöten. Noch heute kommen die im 13. Jh. von Kaufleuten im Gefolge *Kublai Khans* eingeführten Konstruktionen zum Einsatz. Wer eine Backwaters-Tour unternimmt, wird die auf Malayalam *cheena vala* genannten Netze überall an den Kanälen und Lagunen sehen.

Bei einem geruhsamen Spaziergang entlang der Kaimauer bieten sich hübsche Ausblicke aufs Meer. Nicht entgehen lassen sollte man sich einen Besuch des kleinen **Fischmarkts** mit den daneben platzierten mobilen Garküchen, an denen man den frisch gekauften Fisch gleich zubereiten lassen kann. Ein wenig störend mag für einige der penetrante Geruch sein.

Viertel Fort Cochin

Vom Markt geht es zu dem sich unmittelbar südöstlich anschließenden, von verträumten Gassen, hohen, schattenspendenden Bäumen und hübsch restaurierten **Kolonialbauten** geprägten Viertel Fort Cochin. Das 1503 von Portugiesen unter dem Namen Fort Manuel gegründete Viertel gilt als die erste europäische Ansiedlung auf indischem Boden. Tatsächlich meint man beim Bummel durch die Gassen noch viel vom Geist jener Zeit zu spüren, als Portugiesen, Holländer und Engländer hier das Sagen hatten. Dies gilt insbesondere für den Bereich zwischen Bastion St., Rose St., Tower Rd. und Rampath Rd., wo man in den letzten Jahren viele Kolonialbauten in Guest Houses und Hotels umgewandelt hat. Dies hat den Vorteil, dass viele der vorher baufälligen Gebäude restauriert wurden. Besorgniserregend ist jedoch die zunehmende Kommerzialisierung dieses einstmals verschlafenen Stadtteils. Sollte sich der Trend zur Umwandlung zu einem reinen Touristenviertel fortsetzen, wird vom originären Charme des Forts bald kaum noch etwas zu spüren sein.

St. Francis Church

Wichtigstes Gebäude im Fort ist die St. Francis Church, die **erste europäische Kirche auf indischem Boden.**

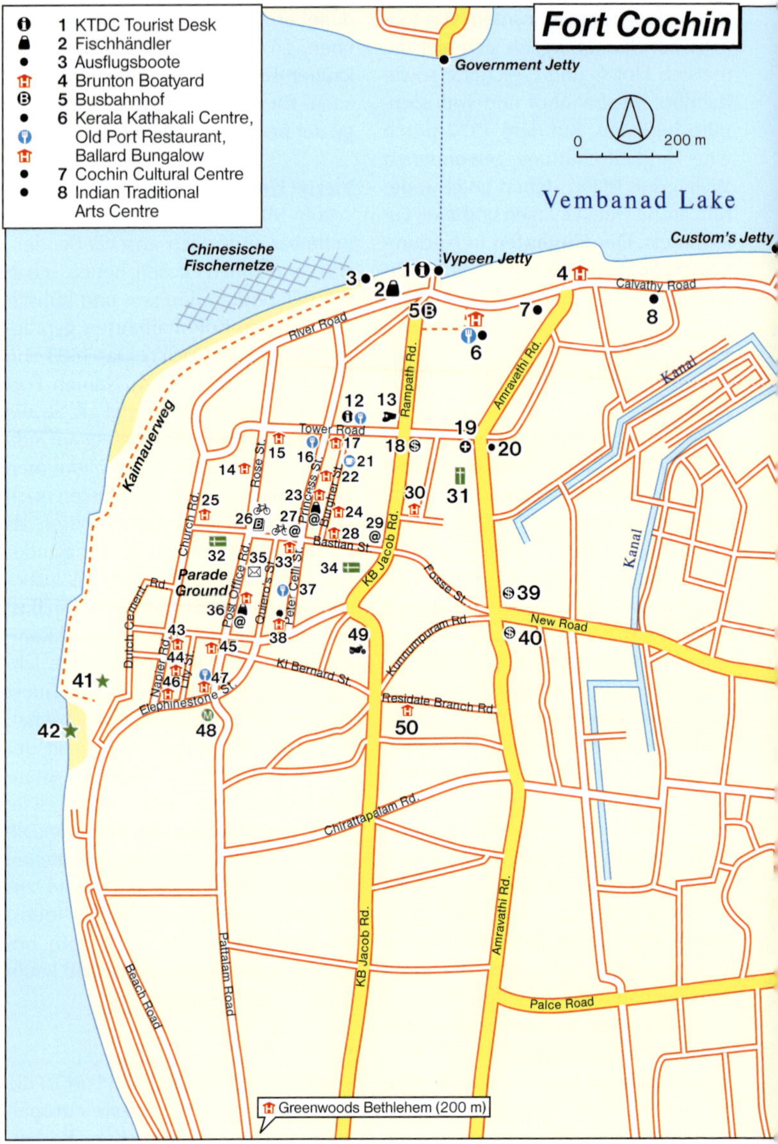
Fort Cochin
1 KTDC Tourist Desk
2 Fischhändler
3 Ausflugsboote
4 Brunton Boatyard
5 Busbahnhof
6 Kerala Kathakali Centre, Old Port Restaurant, Ballard Bungalow
7 Cochin Cultural Centre
8 Indian Traditional Arts Centre
Government Jetty
0 200 m
Vembanad Lake
Custom's Jetty
Chinesische Fischernetze
Vypeen Jetty
Calvathy Road
River Road
Rampath Rd.
Amravathi Rd.
Kanal
Kaimauerweg
Tower Road
Rose St.
Princess St.
Burgher St.
Church Rd.
Bastian St.
Parade Ground
Post Office Rd.
Quiero's St.
Peter Celli St.
KB Jacob Rd.
Fosse St.
New Road
Dutch Cement Rd.
Napier Rd.
Lily St.
Kl Bernard St.
Kunnumpuram Rd.
Residale Branch Rd.
Elephinestone St.
Chirattapalam Rd.
Beach Road
Pattalam Road
Palce Road
Greenwoods Bethlehem (200 m)

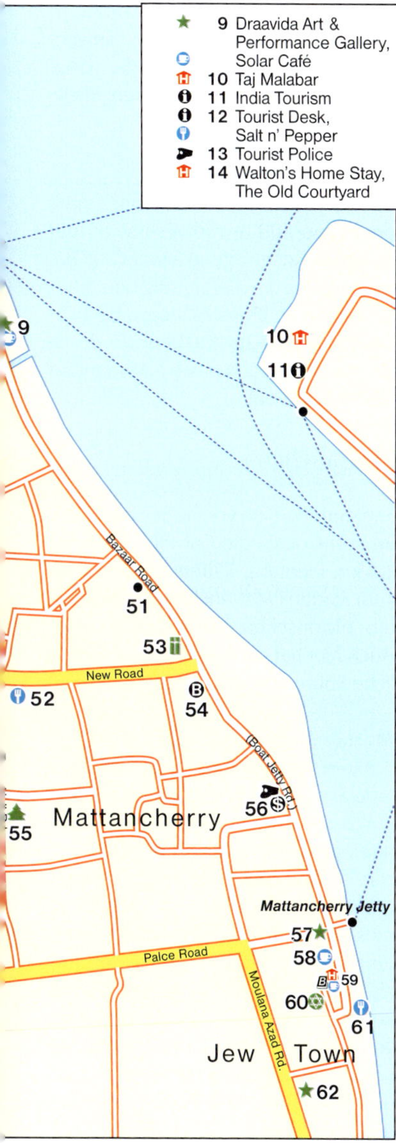

- 9 Draavida Art & Performance Gallery, Solar Café
- 10 Taj Malabar
- 11 India Tourism
- 12 Tourist Desk, Salt n' Pepper
- 13 Tourist Police
- 14 Walton's Home Stay, The Old Courtyard
- 15 Koder House
- 16 Chariot Beach Restaurant
- 17 Princess Inn
- 18 State Bank of India ATM
- 19 Fatima Dental Clinic
- 20 Ayush Therapy Centre
- 21 Kashi Art Café
- 22 Oy's Home Stay
- 23 Elite Hotel, Supermarkt, sify-i-way
- 24 Adam's Old Inn, Bernardine
- 25 Hotel Arches
- 26 Idiom Booksellers, Fahrradverleih
- 27 Café de Net, Fahrradverleih
- 28 Spice Holiday's Home Stay
- 29 Rendez Vous Cyber Café
- 30 Chennat Homes
- 31 St. Peter & Paul Church
- 32 St. Francis Church
- 33 Hotel Park Avenue
- 34 Santa Cruz Basilica
- 35 Hauptpost
- 36 Delight Tourist Resort, sify-i-way, Supermarkt
- 37 Tea Pot
- 38 Cochin Ayurvedic Centre, Raintree Lodge
- 39 UAE Exchange
- 40 ICICI und Canara Bank ATMs
- 41 Dutch Cemetary
- 42 Strand, Sonnen-untergangstreffpunkt
- 43 Malabar House
- 44 Chiramel Home Stay
- 45 Spencer Home
- 46 Fort Heritage
- 47 Ann's Residency, Addy's Restaurant
- 48 Indo-Portuguese Museum
- 49 i-one
- 50 Vintage Inn
- 51 Lila Studio
- 52 Rathmathula Restaurant
- 53 Our Lady of Life Church
- 54 Busabfahrt
- 55 Jain Tempel
- 56 Canara Bank, South Bank of India, Polizei
- 57 Mattancherry Palast
- 58 Darshan Art Café
- 59 Caza Maria, Idiom Booksellers II
- 60 Pardesi Synagoge
- 61 Ginger House
- 62 Jüdischer Friedhof

Ursprünglich soll an dieser Stelle eine von Franziskaner-Mönchen aus Portugal Anfang des 16. Jh. errichtete Holzkirche gestanden haben. Etwa ein halbes Jahrhundert später wurde das von außen recht unscheinbare Gotteshaus in seiner heutigen Form aus Stein erbaut. Danach wurde die Kirche mehrmals restauriert. Auch wenn sie in ihrer äußeren Erscheinungsform über die Jahrhunderte relativ unverändert blieb, spiegelt sie doch wie kaum ein anderes Gebäude die äußerst wechselvolle Geschichte von Kochi. Das Gotteshaus diente von 1503 bis 1663 als römisch-katholische Kirche unter den Portugiesen, dann machten es die Niederländer von 1664 bis 1804 zum religiösen Zentrum ihrer Gemeinde. Von 1804 bis 1947 diente es als anglikanische Kirche der Briten; seit der Unabhängigkeit untersteht es der Kirche Südindiens.

Eine schlichte, von einer Einfriedung umgebene Grabplatte markiert die Stelle, an der **Vasco da Gama,** der am 24. Dezember 1524 in Kochi verstarb, beigesetzt wurde. 14 Jahre später hat man seine Gebeine nach Portugal überführt. Interessant sind auch die zahlreichen Grabplatten, die über das Schicksal portugiesischer, holländischer und britischer Kolonialbeamter Auskunft geben.

Einen besonderen Blickfang bilden die von der Decke hängenden **Stoffmatten.** Diese so genannten *punkhas* wurden mittels nach draußen hängender Seile von Bediensteten bewegt, um den hohen Herrschaften im Inneren Kühlung zu verschaffen. Diese Frühform der Air Condition fand auch in vielen Maharaja-Palästen Anwendung. Heute übernehmen die daneben hängenden Ventilatoren diese Funktion.

Santa Cruz Basilica

Einen kurzen Abstecher lohnt auch die knapp 200 m südwestlich an der Rampath Rd. gelegene Santa Cruz Basilica. Ganz im Gegensatz zur eher schlichten St. Francis Church besticht die **1903 erbaute Kathedrale** durch ihren ebenso bunten wie ausladenden Neo-Rokoko-Stil.

Mattancherry

Schlendert man vom Customs Ferry im Fort Cochin die Calvathy Rd. etwa 1,5 km Richtung Süden, gelangt man zum Stadtteil Mattancherry, dem zweiten historischen Viertel von Kochi. Auch hier hat die Vergangenheit deutliche Spuren hinterlassen.

Mattancherry-Palast

Als erstes gelangt man zum Mattancherry-Palast. Leider ist der Zugang durch den zur Straße gelegenen Hintereingang mit einer Kette verschlossen, sodass man um den gesamten ummauerten Komplex herumgehen muss. Der zweigeschossige, um einen Innenhof angelegte Palast wurde 1555 als Geschenk der Portugiesen an *Vira Kerala Varma* (1537–1565), den Raja von Cochin, erbaut. Kleine Geschenke erhalten bekanntlich die Freundschaft und so ging es den Portugiesen bei diesem fürstlichen Geschenk natürlich in erster Linie darum, die ihnen vom Raja verliehenen, äußerst lukrativen Handelsprivilegien zu sichern. Der nach wie vor häufig verwandte Begriff **Dutch Palace** geht auf eine Renovierung der Holländer von 1665 zurück.

Der von außen recht schmucklose Bau ist nicht die alles überragende Sehenswürdigkeit, wie in vielen Broschüren und Reiseführern immer wieder dargestellt. Wegen der sehr schönen Wandmalereien und der interessanten Innenaustattung lohnt ein Besuch jedoch unbedingt. Der auf einem quadratischen Grundriss angelegte Palast ist ein schönes Beispiel für einen **indisch-europäischen Mischstil.**

Im Zentrum des Innenhofs steht die Statue von Palayanur Bhagavati, dem Schutzgott der Herrscherfamilie. Zwei weitere Schreine zu Ehren von Krishna und Shiva flankieren den Palast. Die interessanteren der zu einem **Museum** umgewandelten Räume befinden sich im zweiten Stock. Dabei handelt es sich um die Versammlungshalle, den Speisesaal, den Krönungssaal und das Schlafgemach. Neben prachtvollen Roben, Turbanen, kunstvoll geschnitzten Sänften, *howdahs* (Elefantensitzen) und Möbelstücken, Porträts der verschiedenen Rajas und der Waffensammlung gefallen vor allem die **Wandmalereien,** die zu den schönsten Indiens zählen. Die ältesten und gleichzeitig beeindruckendsten finden sich im Schlafgemach. In unzähligen Einzelszenen werden Geschichten aus dem Ramayana erzählt. Aus Respekt vor der Person des Raja, der in diesem Raum im August 1760 verstarb, brannte hier über viele Jahre hinweg ein heiliges Feuer.

Auch die weniger kunstvollen Räume der Hofdamen im Erdgeschoss zieren einige schöne Malereien. Auffällig ist die ständige Wiederkehr von Krishna, des bis heute von indischen Frauen besonders verehrten Gottes.

• **Öffnungszeiten:** Der Palast ist täglich außer Fr von 10 bis 17 Uhr geöffnet, der Eintritt beträgt 2 Rs. Das Fotografieren ist zum Schutz der Wandmalereien verboten. Wer an einer detaillierten Beschreibung der einzelnen Wandmalereien interessiert ist, kann das vom Archaeological Survey of India herausgegebene Buch zum Mattancherry-Palast an der Kasse zum Preis von 35 Rs erwerben.

Judenviertel

Verlässt man den Palast durch den Hintereingang, gelangt man wieder auf die Cavathy Rd., von wo es nur noch wenige Meter zur **Jew Town** sind. Das Viertel, welches der Raja von Cochin den Juden quasi als Exil vor den Übergriffen der Portugiesen zur Verfügung stellte, ist noch heute von dem geprägt, was es schon immer auszeichnete – dem Kommerz. Hier lag das **Zentrum des Gewürzhandels** und damit die Quelle des Reichtums von Kochi. Dementsprechend sind die Gebäude im Gegensatz zum Fort Cochin auch nicht von kolonialer Europa-Wehmut geprägt, sondern von Funktionalität und der Sachlichkeit kaufmännischen Gewinnstrebens. Das tut dem Charme des Viertels jedoch in keinster Weise Abbruch.

In vielen Häusern entlang der schmalen Straßen wurden gemütliche **Andenkenläden** und kleine **Cafés** eingerichtet. Speziell entlang der Jew Street reiht sich ein **Antiquitäten- und Kunstgewerbegeschäft** ans nächste. Die Straßennamen und die Beschriftungen der alten Warenhäuser stammen noch aus einer Zeit, als hier in erster Linie mit Gewürzen gehandelt wurde. Noch immer begegnen einem mit dicken Säcken beladene Kulis, die die schwere Fracht in die bereitstehenden Lastwagen schleppen. Es macht Spaß, sich von den optischen und aromatischen Eindrücken treiben zu lassen und in den Geschäften zu stöbern.

Geistiges und soziales Zentrum der jüdischen Gemeinde war die am Ende der schmalen Synagoge Lane stehende **Pardesi-Synagoge.** Der heutige Bau stammt in seinem Ursprung aus dem Jahr 1664, nachdem die 1567 errichtete erste Synagoge der „weißen Juden" 1662 von den Portugiesen zerstört worden war. In einem kleinen Raum vor dem Gotteshaus wird auf naiven Bildern die Geschichte der Juden in Indien bis zu ihrer Ansiedlung in Kochi dargestellt. Das kleine, von außen recht unscheinbare Gebäude zeigt im Inneren ein skurriles Stilgemisch asiatischer und europäischer Einflüsse. Die 1.100 handgemalten Bodenfliesen sind eine Spende des Kaufmanns *Ezekiel Rahabi,* der sie 1762 aus Kanton mitbrachte. Zwei Jahre zuvor hatte er den benachbarten Uhrturm erbauen lassen. Die bunten, gläsernen Öllampen unter der Decke wurden Mitte des 19. Jh. aus Belgien importiert. Die wertvollsten Objekte sind vier Rollen der Thora, die in kostbaren

115is Foto: tb

Behältern aus Gold gegenüber dem Eingang aufbewahrt werden. Die darauf platzierten goldenen Kronen sind eine Spende des Maharajas von Travancore aus dem Jahr 1805.

- **Öffnungszeiten:** Die Synagoge ist täglich (außer samstags und an jüdischen Feiertagen) von 10 bis 12 Uhr und 15 bis 17 Uhr geöffnet. Eintritt 2 Rs, auch hier ist eine kleine Spende angebracht.

Ernakulam

Ernakulam ist das moderne Pendant zu den traditionsreichen Stadtteilen Fort und Mattancherry. Obwohl in den letzten Jahren eine Reihe von modernen Geschäftshäusern errichtet wurde und Sehenswürdigkeiten gänzlich fehlen, bieten sich hier gute **Einkaufs- und Verpflegungsmöglichkeiten.** Besonders der Bereich zwischen der Hauptgeschäftsstraße MG Rd. und der Shanmugham Rd. ist gepflastert mit interessanten Geschäften und guten Restaurants.

Architektonisch ansprechend ist das im traditionellen Baustil errichtete **Parishath-Thampuram-Museum.** Die ausgestellten Objekte wie Ölgemälde, Münzen, Skulpturen und Kostüme werden hingegen in vielen anderen Museen wesentlich anschaulicher präsentiert und lohnen nicht unbedingt einen Besuch.

Die Fischernetze sind ein beliebtes Fotomotiv und gelten als Wahrzeichen der faszinierenden Hafenstadt

Der **Shiva-Tempel** an der Ammankovil Rd. steht alljährlich im Januar/Februar im Mittelpunkt des bunten **Tempelfestes** Ernakulamthappam Utsav. Das bei der Bevölkerung sehr beliebte Fest erreicht am letzten Tag mit ekstatischer Musik, Tempeltänzen, Feuerwerk und einer 15 Elefanten umfassenden Prozession seinen Höhepunkt. Die Termine sind beim Touristenbüro zu erfragen.

Südlich von Ernakulam können im Kalarippayat-Zentrum (Tel.: 2700810, Stadtteil Nettoor, nahe Mahadevi-Tempel) zwischen 19.15 und 20.15 Uhr die **Martial Arts** von Kerala bewundert

Praktische Tipps

Information, Reisebüros

- Das **KTDC Tourist Reception Centre** an der Shanmugham Rd. (Tel.: 2367334, ktdccok@sancharnet.in, www.ktdc.com) ist in erster Linie am Verkauf von Tickets für die von ihnen durchgeführten Stadtrundfahrten und Backwater-Trips interessiert. Geöffnet ist es täglich von 8 bis 19 Uhr. Der **KTDC Tourist Desk** (Fort Cochin, Tel.: 2216129, Mo–Sa 8.30 bis 18.30 (Saison), sonst 10–17 Uhr) an der Jetty nach Vypeen Island ist informativer, auch hier werden Tickets für Rundfahrten verkauft.
- Schließlich gibt es noch ein informatives **India-Tourism-Büro** (Tel.: 2668352/1913, ind tourismkochi@sify.com) beim Taj Malabar Hotel auf Willingdon Island mit einer Vielzahl von Broschüren und Landkarten. Filialen von **KeralaTourism** im Ernakulam Jn. und am Flughafen (Tel.: 2610115).
- Von den zahlreichen privaten Touristenbüros in Kochi ist der **Tourist Desk** (Tel.: 2371761, (0)9847044688, touristdesk@satyam.net.in) im Main-Jetty-Gebäude in Ernakulam die beste Informationsquelle. Die freundlichen Mitarbeiter lassen keine Frage unbeantwortet, sei es nun zu Hotels, Abfahrtszei-

ten von Bussen, Bahnen und Fähren oder zu den genauen Terminen der Tempelfeste. Man erhält unentgeldlich einen Stadtplan und es können Ausflüge, etwa Ganztagestouren in die Backwaters (die erste Hälfte im Hausboot, die zweite im Ruderboot durch schmale Kanäle) gebucht werden (550 Rs p.P. inkl. Verpflegung). Das Büro ist täglich von 8 bis 18 Uhr geöffnet.

Vom Tourist Desk an der Main Jetty werden zudem interessante **Ausflugstouren** abseits der Touristenpfade angeboten, so z.B. zu einigen touristisch nahezu unberührten Stränden im Norden Keralas südlich von Kannur und zum ebenfalls noch recht wenig bekannten **Tholpetty-Nationalpark** im Nordosten an der Grenze zu Karnataka. Beide Ziele sind gut kombinierbar für einen etwa 4 bis 5 Tage dauernden Abstecher. Als Richtwert können 2.500 Rs pro Tag und Person inkl. Unterkunft und Verpflegung dienen. Genaueres zu beiden und weiteren Zielen in Kerala beim Tourist Desk und unter www.costamalabari.com.

- Das Reisebüro **Sports** (Tel.: 2668647, 2668387, reservations@lakshadweeptourism.com, www.lakshadweeptourism.com) auf Willingdon Island nahe dem Terminus Jetty organisiert Pauschalreisen zu den **Lakkadiven.** Dies ist auch bei **Island Tower** (Market Rd., Tel.: 2367899, (0)9447306636, www.agattiisland resort.com) nahe der Hauptpost für Agatti Island möglich. Die Tagespreise liegen je nach Ausstattung zwischen 180 und 320 US-$, all inclusive.
- Eine anerkannte Adresse für Wanderungen und Ausflüge in die Umgebung sowie Trekking mit Campingübernachtung in den Western Ghats ist **Kalypso Adventures** (G340 Panampilly Nagar, Tel.: 2092280, 4012277, (0)9447031032, www.kalypsoadventures.com). Zudem Touren in andere Regionen Indiens wie Rajasthan oder in den Himalaya.

Stadtverkehr

- Mit einer **Motorriksha** vom Bahn- bzw. Busbahnhof in Ernakulam zu allen Zielen im Innenstadtbereich wie den Bootspiers und dem Tourist Reception Centre sollte man etwa 20 Rs veranschlagen. Nach Fort Cochin sind es mindestens 70 Rs. Nimmt man ein **Taxi,** kann man mit 100 Rs zur Main Jetty und nach Cochin mit 220 Rs rechnen. Vor dem Bahnhof Ernakulam Jn. gibt es einen Prepaid-Schalter für Rikshas. Mit Vorauszahlung bekommt man auf jeden Fall einen besseren Tarif, als wenn man selbst feilscht, und das ohne Mühe – gerade nach anstrengenden Bahnfahrten eine Erleichterung. Zum 30 km nordöstlich gelegenen Flughafen in Nedumbassery kostet ein Taxi von Fort Cochin 500 Rs, von Ernakulam 350 Rs.
- Im Zentrum von Fort Cochin bei **Vasco Tours & Travels** können **Fahrräder** für 50 Rs ausgeliehen werden, die perfekte Art, die verschiedenen Viertel und Gassen zu erkunden. Auch einige Budget-Hotels in Fort Cochin verleihen Fahrräder zum Tagespreis von etwa 50 Rs. Die kleine Motorradwerkstatt **i-one** (Tel.: (0)9847155306, 9–21 Uhr) in der KB Jacob Rd. vermietet Motorroller (200 Rs/Tag) und Motorräder, auch Enfield (um die 300 Rs/Tag).
- Die schönste Art, sich in Kochi zwischen den einzelnen Stadtteilen fortzubewegen, sind die öffentlichen **Fähren** (alle Fahrten kosten 2,50 Rs. Die Tickets werden in Verkaufsbuden an den Anlegestellen bzw. an der Main Jetty im neuen Hauptgebäude gelöst, sind diese geschlossen (meist abends), werden die Tickets im Boot verkauft). Sie verkehren vom Main Jetty in Ernakulam von 5.55 bis 21.30 Uhr mindestens alle halbe Stunde nach Fort Cochin sowie nach Mattancherry (zwischen 5.55 und 18.45 Uhr, von dort nach Ernakulam zwischen 6.40 und 19.30 Uhr etwa halbstündige Verbindungen), Willingdon und Vypeen Island (halbstündlich). Bolgatty Island wird vom High Court Jetty aus angefahren. Darüber hinaus fahren jeden Tag außer So bis zu 30 Fähren vom Customs Jetty am Fort Cochin zum Taj-Malabar-Steg auf Willingdon Island. Will man nach Ende der Fährzeiten von Ernakulam nach Cochin, verkehren neben Taxis einige Buslinien an der Haltestelle MG Road südlich der Durbar Hall Rd. Am besten fragt man ebenfalls wartende Einheimische und zur Absicherung nochmals den Schaffner, welche Linie die richtige ist.
- In aller Ruhe lassen sich die herrlichen Aussichten auf die diversen Inseln auch bei einer

116is Foto: tb

Fahrt mit einem **Motorboot** erleben. Am Main Jetty können Motorboote zum Preis von ca. 400 Rs pro Stunde gemietet werden. Wesentlich günstiger (ca. 50 Rs pro Stunde) sind die Ruderboote, die beim Bootspier im Fort Cochin vermietet werden. Vorsicht ist dabei allerdings bei starkem Wind geboten, da die kleinen Nussschalen auf rauer See leicht abdriften.

Stadtrundfahrt

●Die zweimal täglich, um 9 und 14 Uhr, vom Sealord Jetty in Ernakulam startenden **Boots-Rundfahrten** des KTDC an der Shanmugham Rd. lohnen eigentlich nur für jene, deren Zeit sehr knapp bemessen ist. Für die angefahrenen Ziele Mattancherry-Palast, Synagoge, St. Francis Church, chinesische Fischernetze und Bolghatty Island sind die zur Verfügung stehenden 3½ Std. viel zu kurz, zumal man noch die Fahrtzeiten abziehen muss. Im Übrigen lassen sich alle Sehenswürdigkeiten völlig problemlos und wesentlich günstiger mit den öffentlichen Fähren erreichen. Dennoch sind die Touren (100 Rs) sehr beliebt, sodass eine frühzeitige Buchung am **KTDC-Büro** an der Shanmugham Rd. angeraten ist. Halbtagestouren in die Backwaters (um 8.30 und 14 Uhr, jeweils 4½ Std.) mit Ruderbooten kosten 350 Rs. Ganztagestouren in die Backwaters nahe Kottayam (Hin- und Rückfahrt in Jeeps, 8.30–18.30 Uhr, 650 Rs inkl. Mittag- und Abendessen) auf den Backwaters mit Kettuvallams und Kanus geben Einblick in das Alltagsleben der Dorfbevölkerung und einige Handwerke wie die Herstellung von Seilen und Matten aus Kokosfaser. Die Ganztagestouren, vom Tourist Desk veranstaltet (s.o.), sind lohenswerter.

Bummel entlang der Kaimauer von Fort Cochin

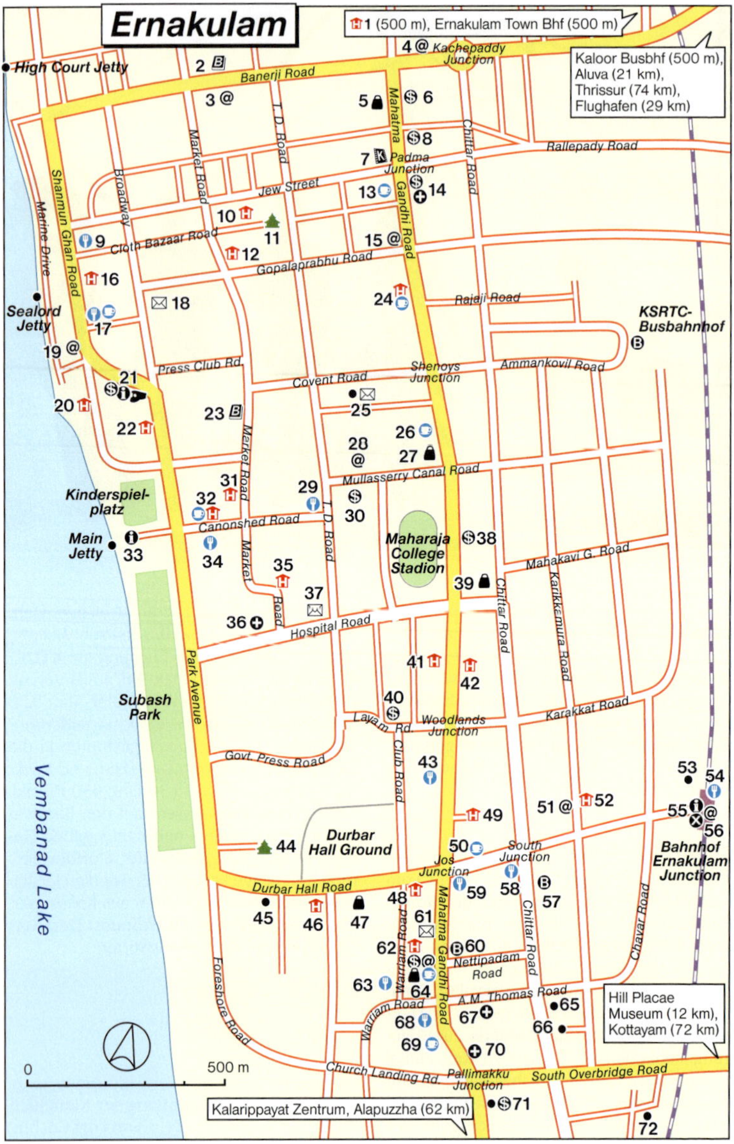
Ernakulam
1 (500 m), Ernakulam Town Bhf (500 m)
Kaloor Busbhf (500 m), Aluva (21 km), Thrissur (74 km), Flughafen (29 km)
High Court Jetty
Banerji Road
Kachepaddy Junction
Mahatma Gandhi Road
T.D. Road
Market Road
Chittar Road
Rallepady Road
Padma Junction
Jew Street
Broadway
Shanmun Ghan Road
Marine Drive
Cloth Bazaar Road
Gopalaprabhu Road
Rajaji Road
Sealord Jetty
KSRTC-Busbahnhof
Press Club Rd.
Covent Road
Shenoys Junction
Ammankovil Road
Mullasserry Canal Road
Kinderspiel-platz
Canonshed Road
Main Jetty
Maharaja College Stadion
Mahakavi G. Road
Karikkemura Road
Hospital Road
Park Avenue
Subash Park
Layam Rd.
Woodlands Junction
Karakkat Road
Govt. Press Road
Club Road
Vembanad Lake
Durbar Hall Ground
Jos Junction
South Junction
Bahnhof Ernakulam Junction
Durbar Hall Road
Warriam Road
Nettipadam Road
Chavar Road
A.M. Thomas Road
Hill Placae Museum (12 km), Kottayam (72 km)
Foreshore Road
Church Landing Rd.
Pallimakku Junction
South Overbridge Road
0
500 m
Kalarippayat Zentrum, Alapuzzha (62 km)

1 Hotel Classic
2 DC Books, Hamlet Bookshop
3 Internetcafé
4 Brown's Cybercafé
5 Varkey's Supermarkt
6 HDFC ATM
7 Padma Cinema
8 State Bank of Travancore, idbi-ATM
9 The Oven
10 Broadway Tower
11 Thirumaladeva Swami Tempel
12 Modern Guest House
13 Indian Coffee House
14 idbi-ATM, City Hospital
15 HM Communications
16 Hotel Sealord
17 Arul Jyothi, Restaurant Menaka, Bharat Coffee House,
18 Postamt
19 Zed Internet
20 Taj Residency
21 KTDC Touirst Reception Centre, Tourist Police, State Bank of India ATM
22 Government Guest House
23 Current Books
24 Best Western Abad Plaza, Indian Coffee House
25 Postamt, Ernakulam Public Library
26 Café Coffee Day
27 Planet M
28 Visual's Internet
29 Spices Food Joint
30 UAE Exchange
31 Bijus Tourist Home
32 Hotel SAAS Tower, Sapphire Tourist Home, Indian Coffee House
33 Tourist Desk
34 Restaurant New Columbo
35 Island Tower, Agatti Island Booking Office
36 General Hospital
37 Hauptpost
38 UAE Exchange
39 Higginbottams
40 Pheroze Framrose
41 Grand Hotel
42 The Woods Manor
43 Lotus Cascade Restaurant
44 Ernakulathappan Tempel
45 Indian Airlines
46 Chandrika Residency
47 Mitra Mega Mart
48 Hotel Aiswarya
49 Residency Yuvarani
50 Indian Coffee House
51 Dishnet The Hub Internet
52 Paulson Park Hotel
53 Railway Reservation Office
54 Balaji Woodlands Fast Food
55 Kerala Tourist Information Centre, Taxi- und Riksha-Prepaid-Stand
56 Rail Tel Cyber
57 Ernakulam South Busstand
58 Pizza Hut, Sapphire Bakers
59 Bimbi's
60 Busse nach Fort Cochin
61 Postamt
62 Travancore Court
63 Sri Krishna Inn
64 Indian Coffee House, Bass Communications, Bank of Baroda ATM, Kairali
65 Sea India Foundation
66 Kerala Ayurveda Chikitsa Kendram
67 Medical Trust Hospital
68 Chinese Garden
69 Café Coffee Day
70 Medical Trust Hospital
71 Swiss International, Singapore Airlines, Silk Air, LKP Forex
72 Cochin Cultural Centre

Unterkunft

Keine andere Stadt Keralas bietet eine derartige Vielfalt an Unterkünften jedweder Preiskategorie. Entsprechend viel bekommt man für sein Geld. Aufgrund des großen Angebots übernachten die meisten Touristen im Stadtteil Ernakulam. Mehr Atmosphäre bieten zweifellos die Unterkünfte auf den verschiedenen Inseln. Speziell im Fort Cochin sind in den letzten Jahren zahlreiche Hotels eröffnet worden. Mit dem Taj Malabar und dem Casino befinden sich zwei der schönsten Hotels Kochis auf Willingdon Island.

Ernakulam, untere Preiskategorie:

- Nur ein bis zwei Gehminuten von der Fähre nach Fort Cochin und Mattancherry in der Canonshed Road gibt's im **Sapphire Tourist Home** €-€€ (Tel.: 2381238) sehr saubere Zimmer, teils mit TV und AC. Eine der besten billigen Optionen in Ernakulam.
- Direkt daneben liegt das wenig teurere und etwas bessere **SAAS Tower** €-€€€ (Canonshed Rd., Tel.: 2365319/22, saastower@yahoo.co.in, www.saastower.com), dessen Zimmer größer und hübsch möbliert sind (DZ mit TV). Das Restaurant ist leider nur Durchschnitt.
- Auch in Ordnung ist das **Bijus Tourist Home** €-€€€ (Tel.: 2381881, www.bijustouristhome.com) gleich um die Ecke mit ordentlichen Zimmern, teils mit AC. Hier gibt's Internetzugang für Gäste.
- Zwischen MG Rd. und Main Jetty ist der **Island Tower** €-€€ (Market Rd., Tel.: 2362262) besonders für Einzelreisende eine billige und hervorragende Wahl, sind doch die supersauberen Einzelzimmer nur halb so teuer wie die immer noch lohnenden Doppelzimmer.
- Ein ehemaliger Favorit der Travellerszene ist das **Modern Guest House** € (Market Rd., Tel.: 2352130), immer noch die wohl beste Billigadresse in den quirligen Altstadtgassen. Die Zimmer sind nichts Besonderes, aber recht sauber, alle mit eigenem Bad, manche mit TV.
- Möchte man nahe dem Bahnhof Ernakulam Town unterkommen, ist das **Hotel Classic** €€-€€€ (Tel.: 2394259) gegenüber eine ordentliche Bleibe. Die Zimmer ohne AC sind preisgerecht, mit AC zu teuer, alle Räume mit TV.

Ernakulam, mittlere Preiskategorie:

- Beim **Paulson Park Hotel** €€-€€€ (Tel.: 2378240-9, paulsonpark@satyam.net.in) schwankt der Eindruck zwischen Gefängnisatmosphäre und ganz hübsch, da die Zimmer mit TV um einen begrünten, überdachten Innenhof angelegt sind. Ein Restaurant ist vorhanden. Die Lage nahe dem Ernakulam Jn. und der MG Road machen es zu einer akzeptablen Wahl.
- Neu ist der große weiße Klotz des **Government Guest House** €€€ (Tel.: 2360502), eine typische Mittelklasseherberge, günstig im Preis und günstig platziert nahe der Main Jetty zum Übersetzen nach Cochin. Von den geräumigen Zimmern mit TV sollten natürlich die rückwärtigen zur Seeseite mit entsprechender Aussicht gewählt werden.
- Beliebt ist das preiswerte **Aiswarya** €€-€€€ (Tel.: 2364452, 2369590, aiswaryahotl@sify.com), nah zur MG Road gelegen, mit großen AC- und Non-AC-Zimmern mit TV und teilweise sehr großen Fensterfronten. In den oberen Stockwerken hat man einen schönen Blick über die Stadt. Ein ordentliches Restaurant ist angeschlossen. Der geschäftstüchtige Manager bietet auch Sightseeing-Touren und Kathakali-Vorführungen im Hotel an.
- Viele mittel- bis höherklassige Hotels sind an der MG Road zu finden, so das 45 Jahre alte, gediegene **Grand Hotel** €€€€ (Tel.: 2382061, 2366833, grand_hotel@vsnl.com, www.grandhotelkerala.com) mit gelungen eingerichteten, großen Zimmern mit ebensolchen Fenstern und oftmals schönem Ausblick, Holzfußboden und TV, wobei die Standardräume eine ganze Ecke kleiner, aber ebenso gut ausgestattet sind. Eine gute Wahl, erstaunlich preiswert fürs Gebotene. Die angeschlossene Couchyn Bar ist der ideale Ort zum „Chillen", nachdem man sich tagsüber die Füße wund gelaufen hat.
- Ein schönes Gebäude mit angenehmen Zimmern mit Holzfußboden, Badewanne und hübschen, teils geschnitzten Möbeln und TV sowie einem Pool auf dem Dach machen das **Woods Manor** €€€€ (MG Rd., Tel.:

2382055-59, www.thewoodsmanor.com) zu einem hervorragenden Mittelklassehotel.

- 50 m zurück von der MG Road in einem Durchgang, nicht weit von der Jos Junction, steht bahnhofsnah das hoch aufragende **Yuvarani Residency** €€€-€€€€ (Tel.: 2377040-2, 2378030, www.yuvaraniresidency.com), dessen große Zimmer mit TV und Teppich einen typischen Mittelklasseanspruch erheben können. Die oberen Etagen haben natürlich den besseren Ausblick. Der geringe Aufpreis für die Deluxe-Zimmer lohnt, da sie wesentlich komfortabler und größer sind.
- In die gleiche Preislage, allerdings nicht an der MG Road, gehört das **Hotel Sealord** €€€-€€€€ (Shanmugham Rd., Tel.: 2382473, sea lord@vsnl.com), ein modernes Mittelklassehotel schräg gegenüber vom Private Jetty. Das zentral klimatisierte Haus verfügt über Reisebüro, Geldwechsler und eine arktisch unterkühlte Bar. Es hat ein erstaunlich preiswertes Restaurant sowie ein Dachrestaurant (ab 18 Uhr geöffnet). Ob ein Frühstücksbüffet bereitsteht, hängt von der Menge der Hotelgäste ab.

Ernakulam, obere Preiskategorie:

- Neu ist das moderne **Travancore Court** €€€€€ (Warriam Rd., Tel.: 2351130, 3044000, www.travancorecourt.com). Die im oberen Mittelklassebereich anzusiedelnde Unterkunft, von deren angenehm und zweckmäßig eingerichteten Zimmern weite Ausblicke in die Ferne möglich sind, ist die beste Wahl dieser Preisklasse in Ernakulam. Pluspunkte sind auch vier gute Restaurants, Firewire-Verbindung in den Zimmern, das Fitnesscenter sowie der Pool auf dem Dach.
- Ernakulams Top-Adresse ist dennoch der Klotz des **Taj Residency** €€€€€€ (Tel.: 2371471, residency.ernakulam@tajhotels.com, www.taj hotels.com) direkt am parallel zum Vembanad-See verlaufenden Marine Drive. Angenehm ist auch das Gartenrestaurant an den Backwaters. Mit dem neuen Swimmingpool im Garten zum Wasser erfüllt es inzwischen alle Erwartungen, die man an ein Luxushotel stellt.

Fort Cochin:

Auch wenn dies zweifelsohne der schönste und interessanteste Stadtteil ist, muss die in den letzten Jahren zu verzeichnende Flut an Hoteleröffnungen mit Sorge gesehen werden. Zum einen werden damit die Preise derart in die Höhe getrieben, dass sich die Einheimischen zunehmend an den Rand gedrängt fühlen, zum anderen geht der originär keralische Charakter des Viertels wegen der zunehmenden Ausrichtung an den Interessen der Touristen immer mehr verloren. Die Preise gerade in der unteren Kategorie haben in Fort Cochin in den letzten Jahren deutlich angezogen, sodass Reisende mit sehr schmalem Budget nur wenige Bleiben in Fort Cochin finden oder in Ernakulam wohnen und mit der Fähre übersetzen sollten. In der Hauptsaison sollte man reservieren.

Fort Cochin, untere Preiskategorie:

- Nicht das beste, aber noch eins der billigeren Hotels in der Altstadt und dementsprechend beliebt bei Rucksacktouristen ist das **Elite Hotel** €€-€€€ (Tel.: 2215733, elitejoy@ yahoo. com) in der Princess Street. Zur Attraktivität des Hauses tragen sicherlich das beliebte Restaurant mit Bäckerei im Erdgeschoss, ein kleiner Supermarkt und ein Dachgarten bei.
- Angenehm und preiswert kommt das zentral gelene **Princess Inn** €-€€ (Princess St., Tel.: 2217073) daher. Neben kleinen, hellen Zimmern mit sauberem Bad überzeugt der freundlliche Service in einer der letzten Billigoptionen im touristischen Zentrum Cochins.
- Nach einer Renovierung ist **Oy's Home Stay** €€-€€€ (Burgher St., Tel.: 2215475 (0)9947594903, oysfort@yahoo.co.in), eine der wenigen recht komfortablen Billigbleiben in Fort Cochin. Einige der hübschen Zimmer mit TV sind klimatisiert. Zudem lockt das völlig neu gestaltete Restaurant mit guter Küche und Gebäck.
- Ebenfalls in der ruhigen Burgher Street liegt das **Adam's Old Inn** €€-€€€€ (Tel.: 2217595, www.adamsoldinn.com), ein liebevoll restauriertes Kolonialhaus mit allerdings recht schlichten Zimmern, teils mit großem Balkon und TV, von denen eines klimatisiert ist, so-

wie einem hübsch bepflanzten Dachgarten. Dort werden Kaffee und Softdrinks serviert. Auch ein billiger Schlafsaal ist vorhanden.

●Wenige Fußminuten vom touristischen Zentrum entfernt sind die sauberen, teils geräumigen Zimmer, manche mit TV und Balkon, des **Chennat Homes** €€-€€€ (17, Fort Nagar, Tel.: 2217117, (0)9895243154, chen nat_52@hotmail.com) in einer ruhigen Seitengasse sehr preiswert. Zudem stehen zwei kleine Wohnungen mit Kochgelegenheit für längere Anmietung bereit.

●Zentral in der Burgher Street gelgenen, vermietet **Bernardine** €€-€€€ (Tel.: (0)99955 20239) zwei riesige, spartanisch ausgestattete Wohnungen mit altem Dielenfußboden und Küche zum kleinen Preis. Anrufen, da ansonsten wegen fehlender Beschilderung kaum aufzufinden.

●Gut einen Kilometer südlich und damit etwas vom touristischen Zentrum entfernt finden sich mehrere gemütliche und saubere Homestays. Preiswert ist das familiäre **Rose Garden** € (Tel.: 2218369, (0)9846088601) am südlichen Ende der KB Jacob Rd. Ebenfalls in dieser Ecke hat das **Green Woods Bethlehem** €€-€€€ (Bishop Joseph Kureethara Rd., nahe E.S.T. Hospital, Tel.: 2347791, (0)9846014924, inkl. Frühstück und Abendessen) mit wunderbarem Garten, 5 gemütlichen Zimmern mit Bad sowie zwei Strohhütten auf dem Dach ebenfalls viel familiäre Atmosphäre.

Fort Cochin, mittlere Preiskategorie:

●Eine der ehemals billigen Unterkünfte ist das von einer sehr hilfsbereiten Familie geführte **Delight Tourist Resort** €€€€ (Tel.: 2217658, 2216301, www.delightfulhomestay.com) am Parade Ground. Frisch renovierte, geräumige und helle Zimmer in dieser gepflegten Villa aus der holländischen Kolonialzeit mit Garten sind immer noch ihr Geld wert, auch der Dachgarten ist einladend. Ein Internet-Zugang (40 Rs/Std.) und Bahnfahrkartenservice sind vorhanden. Es können Taxi-Service inkl. Fahrer für Sightseeing-, Backwater- (400 Rs) und Bay-Watch-Touren inkl. Delfinsichtungen nach Vypeen Island (200 Rs) gebucht werden (morgens zwischen 7 und 9 Uhr für 200 Rs p.P.).

●Angenehm wohnt man im familären **Spencer Home** €€€ (Parade Rd., Tel.: 2215049, spencerhomestyfc@rediffmail.com) mit vier riesigen (auch in der Höhe) Zimmern mit großen Betten, teilweise mit Gemeinschaftsbad. Auch dieses Haus stammt aus der Kolonialzeit (ca. 300 Jahre alt). Im kleinen Garten kann man sein Frühstück einnehmen. Neuere kleinere Zimmer zum Garten, hübsch eingerichtet, sind ebenfalls preisgerecht.

●Das freundliche **Walton's Guest House** €€€-€€€€ (Tel.: 2215309, (0)9249721935, ce walton@rediffmail.com) unter Mangobäumen ist familiengeführt. Obwohl der Preis angezogen hat, ist es immer noch eine Empfehlung aufgrund der großen Zimmer mit Atmosphäre und zwei komfortablen Cottage-Zimmern im Garten.

●Einen wundervollen Ort der Entspannung bieten die sechs Räume des familiengeführten **Chiramel Home Stay** €€€€ (Lilly St., Tel.: 2217310, (0)9447818930, www.chiramelho mestay.com). Ein 400 Jahre alter portugiesischer Kolonialbau in sehr gutem Zustand. Alte, dunkle Holzdielen und -möbel, mit vielerlei Gegenständen aus der Kolonalzeit behängte Wände, ein schöner Aufenthaltsraum und eine sehr freundliche Familie machen den Charme dieser erstaunlich preiswerten Unterkunft aus.

●Ein paar Schritte südlich der Touristengegend und damit ruhig, ist **Ann's Residency** €€€-€€€€ (Bishop Joseph Kureethera Rd., Tel.: 2218024, www.annsresidency.com) neben dem Vorgenannten die vielleicht gelungenste Adresse im Mitteklassebereich. Die um einen Innenhofgarten mit Freiluftrestaurant angelegten Zimmer sind geräumig, sehr sauber und gemütlich.

●Recht neue sind die **Ballard Bungalows** €€€€ (Tel.: 2215852/4, www.cochinballard.com) in der Ballard Rd. Hübsch eingerichtete, saubere und große Zimmer (einige mit AC) mit Terrasse und TV in günstiger Lage und sehr freundliche und hilfreiche Leitung sind ein klasse Angebot.

Typisch keralische Architektur und geschäftiges Treiben kennzeichnen die Altstadtgassen von Kochi

Fort Cochin, obere Preiskategorie:

● Neu ist das makellose, einem Kolonialgebäude nachempfundene **Hotel Arches** €€€€€ (Rose St., Tel.: 2215050, www.hotelarches.com) mit Dachrestaurant. Angenehm möbliert, verfügen einige Zimmer über kleine Balkone.

● Ausgezeichnet ist das **Fort Heritage** €€€€€ (Napier Rd., Tel.: 2215333, 2215455, www.fortheritage.com) in der Napier Rd. Die ruhige Lage der geschmackvoll restaurierten, über 300 Jahre alten Villa zusammen mit den geräumigen Zimmern mit TV, dem hübschen Garten und dem Restaurant vermitteln eine tolle Atmosphäre.

● Ein tolles altes Kolonialzeitgebäude, gut in Schuss, ist **The Old Courtyard** €€€€€ (Princess St., Tel.: 2216302, www.oldcourtyard.com), das sich um einen großen, baumbestandenen Innenhof orientiert, der auch das Freiluftrestaurant beherbergt. Schön eingerichtete Zimmer mit Terrasse tragen zur netten Atmosphäre dieses alten Klotzes bei.

● Das erste wirkliche Luxushotel im Fort war das 1999 eröffnete **Brunton Boat Yard Hotel** €€€€€ (Tel.: 2668221, brunton@vsnl.com) der renommierten Casino-Gruppe. Unzweifelhaft ist das Hotel, was Lage, Komfort und Service betrifft, äußerst gelungen und braucht keinen Vergleich mit den anderen Top-Hotels Kochis zu scheuen. Das im Kolonialstil errichtete Haus steht an der Stelle der im 19. Jh. von einem Deutschen errichteten Bootswerft an der Bellar Rd. Fast alle der 52 edel möblierten Zimmer verfügen über Seeblick, den es auch vom Pool gibt.

118is Foto: tb

● Das hervorragende, zentral klimatisierte **Malabar House** €€€€€€ (Tel.: 2216666, www.malabar house.com) der Casino Group in der Parade Rd. verbindet nach dem Motto „the best of both worlds" den Charme der Kolonialzeit mit modernen Annehmlichkeiten.

● Die schönste Unterkunft in Cochin ist das 200 Jahre alte **Koder House** €€€€€€ (Tower Rd., Tel.: 2218485-8, www.koderhouse.com) im touristischen Zentrum Cochins, ein vor Kurzem perfekt in ein Luxushotel umgewandeltes ehemaliges Wohnhaus einer Geschäftsdynastie und Treffpunkt der Wohlbetuchten. Nicht nur die sechs geräumigen Suiten atmen das Flair der Kolonialgeschichte, auch der Pool im Garten unter hohen Bäumen sowie das Edelrestaurant sind bestechend. Außerdem einige Cottages im Garten. Dies hat natürlich seinen Preis.

Inseln Willingdon und Bolghatty:

● Das **Casino** €€€€-€€€€€ (Tel.: 2668221, 2666821, casino@vsnl.com) verfügt über alle Annehmlichkeiten eines Luxushotels inklusive mehrerer hervorragender Restaurants und Pool im Garten, den Nicht-Gäste für 250 Rs benutzen dürfen. Trotz des ausgezeichneten Zustands der Hotelanlage enttäuscht die wenig attraktive Lage in der Nähe des Hafenterminals.

● Die grandiose Lage an der nördlichen Spitze von Willingdon Island ist das große Plus des traditionsreichen **Taj Malabar** €€€€€ (Tel.: 2216666, malabar.cochim@tajhotels.com, www.tajhotels.com). Sehr schön sitzt es sich im tropischen Garten mit herrlichen Ausblicken über den Vembanad-See und Fort Cochin. Ähnlich exquisit ist das Restaurant mit einer großen Fensterfront zur Mattancherry-Halbinsel. Meiden sollte man je-

119is Foto: tb

doch die viel zu kleinen und lauten Zimmer hinter der Rezeption.

- Das **KTDC Bolghatty Palace** €€€€€-€€€€€€ (Tel.: 2750500, bolgatty@vsnl.com, www.ktdc.com) auf Bolghatty Island ist ein imposanter, 1744 von den Holländern erbauter Kolonialpalast, der später Sitz der British Residency wurde. Der Prachtbau in herrlicher Lage mit großer Gartenanlage verfügt über eine Reihe von riesigen Zimmern im Hauptbau und einige frei stehende Pfahlbungalows. Deren an sich attraktive Lage am Wasser wird allerdings durch die ständig vorbeiknatternden Boote beeinträchtigt. Inzwischen gibt's auch einen Pool und einen Golfplatz. Zu erreichen mit Fähren oder privaten Booten vom High Court Jetty in Ernakulam.

Essen und Trinken

Die Angebotspalette reicht von einfachen Essensständen, an denen man bereits für 30 Rs ein vorzügliches Mahl bekommen kann, über Eiscafés und Fast-Food-Läden bis zu exquisiten Restaurants in vorzüglicher Lage, in denen man allerdings auch europäische Preisen zahlt.

- Alle genannten First-Class-Hotels verfügen über gleich mehrere ausgezeichnete Restaurants. Die Speisen sind hier meist ebenso erstklassig wie die Preise. Wer Wert auf authentische südindische Küche mit der dazugehörigen Schärfe legt, sollte jedoch die überall angebotenen, auf den westlichen Geschmack zugeschnittenen Büffets meiden und dafür à la carte bestellen. Die Lokale im **Taj Residency, Brunton Boat Yard** und **Taj Malabar** lohnen allein wegen ihrer herrlichen Lage am Wasser einen Besuch.

Ernakulam:

- Superleckere und zudem erstaunlich preisgünstige *thalis* serviert das **Lotus Cascade Restaurant** im Woodlands Hotel. Außerdem

In der Altstadt

gibt es weitere vegetarische Gerichte in ruhiger und freundlicher Atmosphäre.

● Wie immer ein idealer Ort, um in stilvoller Atmosphäre bei Kaffee und einem Snack Zeitung zu lesen oder die Einheimischen zu beobachten ist das **Indian Coffee House,** wovon es in Ernakulam gleich vier gibt: an der Canonshed Rd., Ecke Park Ave (wo sich auch viele weitere Restaurants befinden, die meist erst nach der Frühstückszeit öffnen), zwei an der MG Rd. sowie an der Durbar Rd. In der Canonshed Rd. reihen sich mehrere weitere Schnellrestaurants wie das **New Columbo** aneinander. Wer fleischliche Kost braucht, ist im zu Recht gut besuchten **Spices Food Joint** in derselben Straße gut aufgehoben.

● In einem erstklassig renovierten Kolonialgebäude speist es sich äußerst angenehm im **Sri Krishna Inn** (Warriam Rd., Tel.: 2366664, 7.30–23 Uhr). Die schmackhaften indischen Gerichte in vegetarischer Ausführung sind erstaunlich preiswert für das gelungene Ambiente.

● In derselben Straße serviert der **Chinese Garden** mittags und abends entsprechende Küche in guter Qualität und angenehmem Ambiente, Hauptgericht 100–150 Rs).

● Südlich des Sealord gibt es viele Restaurants mit indischer (z.B. das **Arul Jyothi**) Küche. Das nahe, klimatisierte **Bharat Coffee House** neben einem Ice Cream Parlour bietet südindische Speisen zu günstigen Preisen. Immer gut besucht ist das Restaurant **Menaka** mit fleischlosen indischen Speisen in großer Auswahl.

● **Bimbi's** in der Shanmughan Rd. ist ein Musterbeispiel für die in ganz Indien in den letzten Jahren immer beliebter werdenden Fast-Food-Restaurants. Das Essen ist erschreckenderweise gar nicht einmal schlecht. Man hat die Wahl (Self-Service) zwischen einheimischen, chinesischen und einigen wenigen westlichen Gerichten. Gut (und unproblematisch) ist auch das Eis. Eine weitere Filiale wurde an der Jos Junction eröffnet. Allerdings muss man über die eine oder andere Küchenschabe, die sich ungestört zwischen den Gästen tummelt, großzügig hinwegsehen.

● Nicht weit entfernt Richtung Bahnhof ist **Pizza Hut** in der Durbar Hall Rd. für das Offensichtliche zuständig.

● Eine schöne Möglichkeit, an der lauten MG Road in Ruhe zu sitzen, bietet das **Santha Restaurant,** das indische Gerichte zu indischen Preisen serviert. Es liegt neben dem Hotel Udipi Anantha Bhavan.

● Entlang der MG Road locken mehrere Filialen von **Café Coffee Day** mit Kaffee, Kakao, Kuchen, Gebäck und Snacks in modernem Interieur.

● Eine wilde Mischung von leckerem Gebäck, Torten, Keksen, Burgern, Pizza und Süßigkeiten hat das AC-Fast-Food-Café **The Oven** im Angebot.

● Nahe dem Bahnhof können sich Bahnreisende bei **Sapphire Bakers** mit köstlichem Gebäck versorgen.

● Im südlichen Bereich des Bahnhofsgebäudes verkürzt das saubere **Balaji Woodland Fast Food** die Wartezeit, falls sich der Zug verspätet.

● Wer sich selbst versorgen will, findet im **Mithra Mega Mart** in der Durbar Hall Road eine hinreichend große Auswahl. Besser sortiert ist **Spencers Daily** in der Veekshanam Rd. (tgl. 730–22 Uhr).

Fort Cochin:

● Ein kulinarisches Erlebnis ganz besonderer Art sind die hinter den chinesischen Fischernetzen auf Touristen wartenden Fischverkäufer. Hat man einen der ausliegenden Fische ausgewählt, wird er an einem der daneben stehenden **mobilen Essensstände** frisch zubereitet. Auf einem Bananenblatt serviert, kann man ihn dann verzehren. Klingt ganz romantisch, ist jedoch nicht immer hygienisch und zudem auch nicht so billig, wie es auf den ersten Blick scheinen mag.

● Eine bei Touristen beliebte Adresse ist das **Kashi Art Café** in der Burgher St., was angesichts des angenehmen Ambientes in dem renovierten, mit diversen Bildern und hübschen Auslagen geschmückten Haus kein Wunder ist. Hier gibt es das beste Frühstück der Stadt, ausgezeichneten Kaffee sowie diverse selbstgebackene Kuchen und andere Köstlichkeiten. Man sollte Zeit mitbringen.

● Nr. 1 der Rucksackszene ist das Restaurant **Elite** im gleichnamigen Guest House. Die Auswahl ist vielfältig, die Preise sind günstig, doch die Qualität ist wie so häufig in Etablissements dieser Art eher durchschnittlich.

● Ausgezeichnet isst man im etwas versteckt liegenden **Rathmathula Restaurant.** Bei Einheimischen wie Westlern gleichermaßen geschätzt sind die vorzüglichen Lammgerichte.

● Ebenfalls etwas versteckt im Süden in einem luftigen Innenhof serviert **Addys' Restaurant** vorwiegend vegetarische Gujarati-Küche, in der Saison gelegentlich mit Live-Musik. Ableger in Mattancherry nahe der Synagoge in der Old Royal Talkies Rd. Beide vermieten auch Zimmer (Tel.: 2226232).

● Das **Seagull** in der Calvathy Rd. im gleichnamigen, nicht sonderlich empfehlenswerten Hotel serviert leckere Fischgerichte zu vernünftigen Preisen. Ein weiteres Plus ist die hübsche Lage am Wasser mit der Möglichkeit zum draußen Sitzen.

● Das ehemals an den Chinesischen Fischernetzen gelegene **Old Port Restaurant** ist zusammen mit dem **Kerala Kathakali Centre** vom Wasser weggezogen und nicht mehr „old". So fehlt der Geruch von Wasser und Fisch. Dennoch weiterhin eine professionelle Adressse, um vor oder nach einer Kathakali-Aufführung oder zum Sonnenuntergang keralische Küche, ein Tandoori oder ein Fischmahl zu genießen.

● Ebenfalls touristengünstig gelegen, ist das **Chariot Beach Restaurant** ein angenehmer Ort, um im Freien das Leben zu genießen, obwohl kein Strand in der Nähe ist. Im **Thoma's Restaurant** in derselben Straße, 50 m weiter, kann man ein kühles Bier genießen.

● Die gediegen-entspannte Atmosphäre im nostalgisch angehauchten **Tea Pot** (Peter Celli Rd.) ist ideal für eine Ruhepause bei Tee, Kaffee und Kuchen. Am Abend locken Fischgerichte.

● Edel speist man im Gartenrestaurant des herrlichen **Koder House** (Tel.: 2218485-9) erstklassige Fischgerichte (500–1.000 Rs) und indische Küche sowie gute Weine (Flasche um 1.200 Rs) im kolonialen Ambiente.

● Einige Meter südlich des Fähranlegers Richtung Jewtown ist das **Solar Café** der Draavidia Art & Performance Gallery der richtige Ort, nach Ankunft mit der Fähre aus Ernakulam ein opulentes Frühstück zu genießen. Erstklassige Müslis, frisch gepresste Fruchtsäfte, Kaffee und Gebäck in rustikal-gemütlicher Umgebung stärken für den Tag.

● Etwa 200 m südlich des Palastes in Jew Town ist das **Darshan Art Café** ein idealer Ort, um sich in entspannter Atmosphäre auszuruhen.

● Etwas nördlich vom Palast in der Jew Street ist das luftige **Caza Maria** (1. Stock, Tel.: 2225678) ein schöner Ort, um in etwas altmodischem Ambiente die Hitze des Tages mit Kaffee und Kuchen zu überbrücken. Der Besitzer vermietet hübsche **Zimmer** €€€ auf der anderen Straßenseite.

● Ist eine große Verkaufshalle mit Kunsthandwerk für Touristen am südlichen Ende der Jew Street durchschritten, sitzt man herrlich am Wasser unter Sonnensegeln im **Ginger House** mit leicht provisorischem und umso charmanterem Charakter und Blick auf Willingdon Island und die vorbeiziehenden Schiffe (Hauptgericht um 250 Rs).

● Zum Schluss sei für Selbstversorger ein kleiner **Supermarkt** neben dem Delight Tourist Resort sowie der gut ausgestattete im Elite Hotel erwähnt.

Bank

● Am häufigsten von Travellern frequentiert werden die **State Bank of India** gegenüber dem KTDC Tourist Reception Centre und **Thomas Cook** (Mo–Sa 9.30–18 Uhr) im Palal Tower an der MG Rd., wobei es beim zweitgenannten viel schneller zugeht.

● Eine weitere sehr effiziente Stelle zum Tausch von Geld und Traveller Cheques wie auch Kreditkarten-Service und Money Transfer ist der **UAE Exchange,** günstig gelegen in der PT Usha Road nahe der Canonshed Rd., Mo–Sa 9.30–18 Uhr, Tel.: 2362854). Die Filiale an der MG Road ist auch sonntags von 9.30 bis 13.30 Uhr geöffnet. Eine weitere Zweigstelle in Fort Cochin in der KB Jacob Rd. (1. Stock, Tel.: 2216231) ist ebenfalls sonntags geöffnet.

● Von westlichen Touristen bis jetzt kaum entdeckt ist die sehr hilfsbereite **The South India Bank** an der Santa Cruz Basilica in Fort Cochin.

● In Mattancherry etwas nördlich des Palastes akzeptieren die **State Bank of India**

(Mo–Fr 10 bis 16 Uhr) und die **Canara Bank** (Mo–Fr 10–14 und 14.30–15.30 Uhr, Sa 10–12 Uhr) neben Bargeld auch Visa- und Mastercard.

- Von vielen **ATMs** in Ernakulam akzeptieren der der idbi-Bank sowie die der HDFC-Bank außer den gängigen internationalen Kreditkarten American-Express-Karten anstandslos. Mehrere ATMs gibt's auch in Cochin wie von der State Bank of India oder der Federal Bank.

Post, Internet

- Das **Main Post Office** von Kochi, inklusive Poste-Restante-Schalter, befindet sich in Fort Cochin an der Ridsale Rd., nahe der Bastian Street, Mo–Fr 9–16 Uhr, Sa 9–21 Uhr.
- Das **Head Post Office** in Ernakulam liegt ganz in der Nähe des Main Jetty in der Hospital Rd. Poste-Restante-Briefe werden nur dann hier aufbewahrt, wenn sie speziell an diese Adresse verschickt wurden. Öffnungszeiten: Mo–Sa von 9 bis 20 Uhr und So von 10 bis 17 Uhr geöffnet. Das **College Post Office** in der Convent Rd. hat Mo–Fr von 9 bis 16 und Sa bis 21 Uhr geöffnet.
- Einige Internetcafés sind über das gesamte Stadtgebiet von Ernakulam verstreut. Fix und billig (15 Rs/Std., 10–21 Uhr) geht's bei **Visual's** mit Breitbandverbindungen gegenüber von UAE Exchange, PT Usha Rd., und bei **Brown's Cyber Café** im Norden in den Victoria Towers.
- In günstiger Lage zu den meisten Billigunterkünften kann auch im **Bijus Tourist Home** gesurft werden.
- Wer auf seinen Zug wartet, hat im Ernakulam Junction auf der rechten Seite des Hauptgebäudes bei **Rail Tel Cyber** (1. Stock) schnelle Surfmöglichkeit (tgl. von 8 bis 21, Sa und So bis 17 Uhr).
- Über dem Reisebüro des Tourist Information Centre im Zentrum von Fort Cochin findet sich mit dem **Rendez-Vous Cyber Café** ein schnelles Internetcafé, 30 Rs/Std.
- Neben dem Delight Tourist Resort und beim Elite Hotel (1. Stock) gibt's **sify-i-way-Internetcafés** mit schnellen Breitbandverbindungen. Hier können auch Digitalfotos auf CD gebrannt werden (600 Rs inkl. Silberscheibe). Das Internetcafé beim Ausgang der Customs Jetty hat Breitbandverbindungen.

Medizinische Versorgung

- Ein akzeptables Krankenhaus in Ernakulam ist das **Medical Trust Hospital** (Tel.: 2358001) im südlichen Bereich der MG Rd.
- In Fort Cochin hilft die **Fatima Dental Clinic** bei der Santa Cruz Basilica bei entsprechenden Problemen.

Ayurveda

Mehrere ayurvedische Zentren und kleinere Praxen bieten Fachwissen und professionelle Anwendungen. Eine Massage mit ayurvedischen Ölen kostet meist um 500 Rs.

- Im **Cochin Ayurvedic Centre** (Tel.: 2217103, 9–19 Uhr) nahe der Santa Cruz Basilica steht neben Massageanwendungen auch ein Arzt zur Konsulation (200 Rs) bereit. Entsprechende ayurvedische Medizin kann vor Ort erstanden werden.
- Auch im kleinen **Ayush Therapy Centre** (Tel.: 6456566) gegenüber der St. Peter & Paul Church wird kompetent behandelt.
- In Ernakulam ist **Kerala Ayurveda Chikitsa Kendram** (Kannanthodathu Lane, Tel.: 2376916, 9.30–17.30 Uhr) eine hilfreiche Adresse für Massage und andere Anwendungen wie auch die Behandlung verschiedenster Leiden.

Kultur

Keine andere Stadt Indiens bietet derart viele Möglichkeiten, einer **Kathakali-Aufführung** beizuwohnen, wie Kochi. Jeden Abend wird diese wohl berühmteste Kunstform Keralas auf verschiedenen Bühnen präsentiert. So gehört ein Besuch zum Standardprogramm aller Touristen. Wie häufig in solchen Fällen geht jedoch die Quantität auf Kosten der Qualität. Viele, ja die meisten Aufführungen sind nur mehr routinemäßige Pflichtübungen, die mit der ursprünglichen Form dieser klassischen Kunst kaum noch etwas gemein haben. Abgesehen von den in fast jedem First-Class-Hotel allabendlich stattfindenden Aufführungen, gibt es zahlreiche Veranstaltungsorte, an denen während der

Der besondere Tipp: Kathakali-Tanz im Tempel

Authentischer als bei den speziellen Aufführungen für Touristen sind die Kathakali-Tänze dort, wo sie entstanden sind, nämlich in den Tempeln. Während der die ganze Nacht andauernden **Tempelfeste** sind die Darsteller völlig versunken im Tanz zu Ehren der Götter. Zudem unterstützt der äußere Rahmen die authentische Wirkung der Darbietung. Festlich gekleidete Einheimische, der Duft von Räucherstäbchen und ein von Öllampchen erleuchteter Tanzsaal sind einfach animierender als vom Blitzlichtgewitter der Touristen erhellte Hallen.

Die Tempelaufführungen sind nicht touristengerecht in leicht verdauliche „Häppchen" von einer Stunde gepresst, sondern dauern mehrere Stunden. Über die Termine der in der näheren Umgebung stattfindenden Tempelfeste informiert der Tourist Desk beim Main Jetty in Ernakulam.

Haupttouristenzeit von Oktober bis April jeden Abend getanzt wird.

Da die extrem aufwendige, besonders für Fotografen sehr interessante **Schminkprozedur** der Tänzer etwa eine Stunde vor dem offiziellen Start der Veranstaltung beginnt, sollte man sich früh einfinden, wenn man ihr beiwohnen möchte. Wer weit vorn sitzt, hat während der etwa einstündigen Vorstellung zudem die besten Fotografiermöglichkeiten. Vor dem eigentlichen Beginn gibt ein Conferencier eine längere Einführung zur symbolischen Bedeutung von Bewegungen, Mimik, Schminke und Kleidung.

Von den zahlreichen Anbietern hier einige akzeptable Adressen, wo allabendlich Kathakali-Tänze aufgeführt werden. Die Preise variieren zwischen 100 (Kerala Kathakali Centre) bis zu 150 Rs (See India Foundation).

- **See India Foundation,** Kalathiparambil Lane nahe Ernakulam Junction (Tel.: 2376471, die Aufführung beginnt um 18.45 Uhr). Der außergewöhnliche Ruf dieser Institution beruht auf *Dr. Devan,* der vor dem eigentlichen Beginn eine ausführliche Einleitung zur Geschichte des Kathakali und der symbolischen Bedeutung der einzelnen Bestandteile gibt. Hochinteressant, doch zuweilen etwas langatmig.
- **Art Kerala,** Kannanthodathu Lane, Valanjambalam (Tel.: 2375238, 3012308), Ernakulam. Bei trockenem Wetter in stimmungsvoller Umgebung auf einem Hausdach, mit aufwendiger Schminkprozedur, die um 18 Uhr beginnt, die Aufführung eine Stunde später.
- **Kerala Kathakali Centre,** Tel.: 2215827, www.kathakalicentre.com, River Rd., Fort Cochin. Am wenigsten professionell, dafür mit viel Engagement von jungen Tänzern aufgeführt, die gerade ihr Studium beendet haben.
- Wesentlich besser sind die einmal im Monat von renommierten Künstlern in der **TDM Hall** an der Durbar Rd. vom Ernakulam Kathakali Club durchgeführten, mehrstündigen Aufführungen (Beginn tgl. um 18.30 Uhr, Schminken ab 17 Uhr, 120 Rs). Die genauen Termine beim Touristenbüro erfragen. Außerdem täglich Vorführungen des Kalarippayat-Kampfsports von 16 bis 17 Uhr sowie klassischer indischer Musik Mo–Fr 20.45–21.45; Sa klassischer indischer Tanz. Interessierte können die Kathakali-Tanzkunst inkl. Schminken und Musik erlernen (350 Rs für 1 Std.).
- Die **Draavida Art & Performance Gallery** (Bazaar Rd., Tel.: 3296812) zeigt Bilder keralischer Künstler auf knarzenden Dielen. Klassische Konzerte werden zwischen November und März ab 18 Uhr veranstaltet (100 Rs).
- In Mattancherry auf dem Weg zum jüdischen Viertel ist die **Kashi Art Gallery** (tgl. 10–18 Uhr) einen Zwischenstopp wert. Es werden Werke einheimischer Künstler ausgestellt.

Shopping

- Einhergehend mit dem in den letzten Jahren rasant gestiegenen Touristenaufkommen hat sich Kochi zu einem kleinen Shopping-Paradies entwickelt. Besonders Freunde von **kunsthandwerklichen Gegenständen und Antiquitäten** kommen auf ihre Kosten. Die

MG Rd. in Ernakulam und die Jew St. in Mattancherry sind gepflastert mit kleinen Läden, die es speziell auf westliche Touristen abgesehen haben. Ob nun die Lampen, Truhen, Bestecke, Stühle und Holzschnitzereien tatsächlich mehrere Hundert Jahre alt sind, wie von den Händlern behauptet, können wohl nur Fachleute beurteilen. Die Preise mögen zum Teil niedriger sein als in Europa, echte „Schnäppchen" sind dennoch nur selten zu machen. Im Übrigen sollte man sich versichern, ob das Objekt der Begierde überhaupt ausgeführt werden darf.

- Kochi verfügt über eine erfreulich große Zahl an guten **Buchhandlungen.** Eine hervorragende Auswahl an Büchern aller Art bieten u.a. Idiom Bookshop in der Jew Town gegenüber der Synagoge auf Mattancherry (Filiale Bastion St. im Fort Cochin) sowie, in Ernakulam, Bhavi Books in der Covent Rd., DC Books in der Banerji Rd. im Norden und Higginbothams an der Chittoor Rd.
- Wer sich für **klassische indische Musik** interessiert, darf das Riesenangebot an CDs bei Sargam in der Convent Rd. gegenüber der Public Library durcharbeiten. Freunde **westlicher Popmusik** sind besser im Sea Breeze am Marine Drive aufgehoben.
- Manuel Instruments in der Banerji Rd. in Ernakulam gilt als der beste Laden für **indische Musikinstrumente.**

An- und Weiterreise

Flug:

Der **Flughafen** 30 km nordöstlich von Ernakulam wird sich in den nächsten Jahren zu einem der bedeutendsten Flughäfen Indiens entwickeln. Dies gilt insbesondere für internationale Ziele. Es ist damit zu rechnen, dass Kochi von Europa aus direkt angeflogen wird. **Indian Airlines** fliegt tgl. nach Bangalore, Calicut und Delhi, Mumbai und Trivandrum, Chennai wird Mi, Fr und So angeflogen. Auch Goa wird zweimal wöchentlich erreicht. **Jet Airways** verbindet tgl. mit Bangalore, Chennai, Delhi, Goa, Calicut und Mumbai. Auch **Kingfisher** fliegt diese Ziele (Goa Do und Sa) an. **Paramount Airways** zusätzlich nach Hyderabad, Madurai und Pune. Indian Airlines, Kingfisher und **Spice Jet** (www.spicejet.com) fliegen zudem tgl. außer So nach Agatti auf den Lakkadiven.

Über aktuelle **Flugverbindungen** aller Airlines informiert sehr übersichtlich die Website www.yatra.com.

- **Indian Airlines,** Durbar Hall Rd., Mo–Sa 10–17 Uhr, 13 Uhr Mittagspause, Tel.: 2371141, 2370238, 2610011 (Flughafen), www.indian-airlines.nic.in.
- **Jet Airways,** Bab Chambers, Atlantis, MG Rd., Mo–Sa 9–19 Uhr, Tel.: 2293231, 2358582, 2610037/9 (Flughafen), www.jetairways.com.
- **Air India,** 35/1301 MG Rd., Ravipuram, Tel.: 2351295.
- **British Airways,** MG Rd., Tel.: 2359218.
- **Gulf Air,** Bab Chambers, Atlantis Junction, MG Rd., Tel.: 2369142.
- **Kingfisher Airlines,** KB Oxford Business Centre, 39/4013 Freekandath Rd., Mo–Sa 9–18 Uhr, Tel.: 2351144, www.flykingfisher.com.
- **Paramount Airways,** Flughafen-Tel.: 2610404/5, www.paramountairways.com.
- **Singapore Airlines** und **Silk Air,** Aviation Travels, MG Rd., Ravipuram, Tel.: 2367911.
- **Swiss Air,** Aviation Travels, MG Rd., Ravipuram, Tel.: 2358125/6.
- **Sri Lankan Airlines,** MG Rd., Tel.: 2361666, 2361215.

Bahn:

Mit **Ernakulam Junction, Ernakulam Town** und **Cochin Harbour Station** verfügt Kochi über drei Bahnhöfe. Für Touristen interessant sind jedoch nur die beiden erstgenannten. Fahrscheine für alle Züge verkauft das Reservierungsbüro am Bahnhof Ernakulam Junction. Da es keinen Touristenschalter gibt, muss man sich in die Schlange der Wartenden einreihen (8–14 und 14.15–20 Uhr). Auch im Ernakulam-Town-Bahnhof gibt's ein Reservierungsbüro mit gleichen Öffnungszeiten.

Da Kochi an Keralas Haupteisenbahnstrecke zwischen Thiruvananthapuram im Süden und Mangalore im Norden liegt, gibt es hervorragende Anbindungen in beide Richtungen. Wer jedoch Ziele innerhalb Keralas anfahren möchte, die nicht weiter als zwei Stunden von Kochi entfernt liegen, sollte den Bus

240ke Foto: tb

Straßenszene in Kochi

vorziehen, da viele Züge auf dem Weg nach Kochi mehr „Verspätung ansammeln", als die eigentliche Zugfahrt in Anspruch nimmt. Seit der Eröffnung der **Konkan Railway** bestehen auch tgl. viele Direktverbindungen nach Goa (z.B. 6346 Netravati Exp., Abf. 14.10 Uhr).

Bus:

Von dem zwischen den beiden innerstädtischen Bahnhöfen gelegenen, zentralen **KSRTC-Busbahnhof** werden alle größeren Städte Keralas mehrfach täglich angefahren. Das Reservierungsbüro ist von 6 bis 22 Uhr geöffnet. Abgesehen von den staatlichen gibt es noch eine Reihe privater Anbieter, deren Büros im Umkreis des Busbahnhofs liegen. Man hat wie üblich die Wahl zwischen ordinary, superfast, superexpress und einigen AC-Volvo-Bussen.

Die im Folgenden aufgelisteten Zeiten beziehen sich auf die Superfast-Busse: Alappuzha (1½ Std.), Kanyakumari (9 Std.), Kollam (Quilon, 3 Std.), Kottayam (1½ Std.), Kozhikode (Calicut, 5 Std.), Mysore (10 Std., 18.20 und 21.15 Uhr Superfast-Busse), Thiruvananthapuram (5 Std., Volvo-AC-Bus, 11 und 18.30 Uhr, 180 Rs), Thrissur (2 Std.). Die täglich drei Direktbusse nach Madurai halten unter anderem in Kumily (6 Std., 6.30, 8.15, 19.45 und 20.30 Uhr), dem Dorf beim Periyar-Nationalpark, die drei letzten sind Luxusbusse für 140 Rs. Ansonsten mit einem der halbstündig fahrenden Busse nach Kottayam und von dort im gleichen Abstand Busse nach Kumily. Nach Munnar etwa 15 Semi-Deluxe Busse täglich. Um nach Irinjalakuda zu gelangen, zunächst bis Chalakudy, von dort alle 10 Min. Busse bis Irinjalakuda.

Für Busfreaks gibt es 10 Semi-Deluxe-Direktverbindungen über Mysore nach Bangalore in 15 Std. (275 Rs), die wenigen AC-Volvo-Busse (580 Rs) reduzieren das Martyrium etwas. Viele Privatanbieter bieten ebenfalls

AC-Volvo-Busverbindungen nach Bangalore über Coimbatore zum gleichen Preis. Diese starten vor dem Yuvarani Residency bei Jos Junction. Wem das noch nicht reicht, der darf innerhalb von 16 Stunden (14 und 15.30 Uhr) nach Chennai fahren – aber auch nur, wenn nichts dazwischen kommt.

Wer zu anderen Zielen mit Privatanbietern fahren will, zahlt etwa die Hälfte mehr. Die meisten dieser Busse starten nördlich von Ernakulam am **Kaloor-Busbahnhof.**

Taxi:

Auch in Ernakulam/Fort Cochin gelten Festpreise für Taxis. Der Kilometerpreis liegt bei 6,50 Rs für eine nichtklimatisierte Droschke. Einige Beispiele von Fort Cochin (die Preise gelten für Hin- und Rückfahrt, die immer mitbezahlt werden muss, egal, ob sie angetreten wird oder das Taxi leer zurückfährt): Alleppey 720 Rs, Munnar 1.850 Rs, Varkala 2.300 Rs, Kovalam 2.800 Rs, Kollam 1.800 Rs, Thekkady (Periyar Wildlife Sanctuary) 2.350 Rs, Madurai 3.900 Rs. Die Preise gelten für **Ambassador-Taxis,** modernere Fahrzeuge sind teurer. Außerhalb der Saison geht's mit Verhandlungsgeschick auch billiger.

Hill Palace

Der zwölf Kilometer südöstlich von Kochi in Tripunithura an der Straße nach Kottayam gelegene Hill Palace ist eine von mehreren Dutzend Privatresidenzen, die die **Herrscherfamilie von Kochi** ihr Eigen nannte. Angesichts dieser enormen Zahl und der begrenzten finanziellen Mittel zur Instandhaltung kann es kaum verwundern, dass sich mehrere dieser ehemaligen **Palastanlagen** in einem maroden Zustand befinden. Der Hill Palace demonstriert anschaulich den über die Jahrzehnte an historisch wertvollen Gebäuden nagenden Zahn der Zeit.

Einen kleinen Zwischenstopp lohnt allerdings das in den Räumen eingerichtete **Museum,** welches eine Vielzahl von Objekten aus dem Besitz der Herrscherfamilie beherbergt. Neben sehr anmutigen Ausstellungsstücken wie filigran verzierten Möbeln, Lampen und Truhen sowie Skulpturen und Ritualobjekten sind auch weniger „liebliche" Gegenstände zu sehen wie Mordwerkzeuge und Käfige, in denen zum Tode verurteilte von Vögeln verspeist wurden.

- **Öffnungszeiten:** Täglich außer Mo von 9 bis 12.30 und 14 bis 16.30 Uhr, Eintritt 15 Rs. Eine Riksha von Ernakulam zum 12 km entfernten Palast sollte für die Hin- und Rückfahrt mit Wartezeit nicht mehr als 250 Rs kosten. Außerdem fahren einige Busse von der MG Rd. und der Shanmugham Rd. nach Tripunithura.

Highlight: Cherai Beach

Der abgelegene, herrliche Cherai Beach, 25 km nördlich auf Vypeen Island, ist nicht nur ein erfrischender Tagesausflug. Neben dem feinsandigen **Palmenstrand** sind die nahen Backwaters, 300 m hinter der Küste, ein weiteres Highlight.

Unterkunft

- Zwischen einer Backwaters-Lagune und dem Meer gelegen, besteht das hervorragende **Cherai Beach Resorts** €€€€-€€€€€ (Tel.: 0484-2481818, www.cheraibeachresorts.com) aus 20 einzeln stehenden, geräumigen und komfortablen Terrassen-Cottages aus Bambus (jeder in unterschiedlichem Design) sowie gemauerten AC-Cottages auf einer weiten, gepflegten Gartenfläche unter Palmen mit Hängematten, manche direkt am Backwater. Mehrere Restaurants, teilweise unter freiem Himmel, sorgen mit drei Büffets fürs leibliche Wohl. Herrlich auch die verschiedenen Ebenen, von denen die Backwaters beobachtet werden können. Außerdem gibt's schnelle Internetverbindungen.

Anreise

- Von Vypeen Island (per Fähre von Ernakulam und Fort Cochin) fahren regelmäßig **Busse** in ca. einer Stunde zum Cherai Beach, eine Riksha vom Anleger kostet etwa 250 Rs.

Lakshadweep (Lakkadiven)

Einwohner: 61.000

Das Paradies heißt Lakshadweep, liegt 280 bis 480 km vor der Westküste Keralas und will nicht gestört werden. Deshalb dürfen nur sechs der insgesamt **36 Tropeninseln** von westlichen Touristen besucht werden, und dies nur mit einer offiziellen Erlaubnis. Die damit verbundenen teils hohen Kosten für Anreise, Unterbringung und Verpflegung sind nicht jedermanns Sache – aber „jedermann" ist ja auch nicht erwünscht. Neben dem winzigen, gerade einmal 51 Hektar „großen" Eiland **Bangaram** können noch **Agatti, Karavatti, Minicoy, Kalpeni** und die **Kadmat Islands** von Ausländern besucht werden. Somit ist dafür gesorgt, dass die Inseln auch in Zukunft ihre massentouristische Unschuld und so auch ihre einzigartige Schönheit bewahren werden.

Die 36 Inseln verteilen sich auf einer Fläche von 300 km². Sie lassen sich in drei große Gruppen unterteilen: Amidivi im Norden, Minicoy im Süden und Lakkadiven ungefähr in der Mitte. Seit 1956 ist die Inselgruppe im arabischen Ozean als eines von insgesamt sieben **Union Territories** Teil des indischen Bundesstaates. Die Umbenennung in den Namen Lakshadweep, der alle drei Inselgruppen zusammenfasst, erfolgte 1973.

Die Bevölkerung besteht großteils aus **muslimischen Sunniten.** Gesprochen wird Malayalam, was die Vermutung nahelegt, dass es sich um zum Islam konvertierte Hindus aus Kerala handelt. Die meisten von ihnen verdienen ihren Lebensunterhalt mit der Verarbeitung von **Kokosnüssen** und **Fischfang.** Darüber hinaus werden Bananen, Papayas und Guaven angebaut. Da die Gesamtfläche der Inseln gerade einmal 32 km² beträgt und nur zehn von ihnen bewohnt sind, gehören die Lakshadweep mit 1.620 Einw./km² zu den am dichtesten bevölkerten Regionen Indiens.

Jede der Atoll-Inseln ist ein kleines Reich für sich, welches lange Zeit ohne Beeinflussung durch die Außenwelt existieren konnte. Ihr Charme liegt in der Abgeschiedenheit. Dicht bepflanzt mit Kokospalmen, umsäumt von cremefarbenem Sand, liegen die Inseln in Gewässern, deren Farbe von Aquamarin über Türkis bis zu Lapislazuli reicht. Schon von Weitem sieht man, wie sich die Wellen an den vorgelagerten Korallenriffen brechen. Einzigartig ist auch die unberührte **Unterwasserwelt.** Unter Fachleuten zählen die Lakshadweep zu den schönsten Tauch-

Während der europäischen Winterzeit von November bis März ist Barangam Island häufig ausgebucht. Speziell in den Monaten Dezember/Januar ist kaum ein freies Bett zu ergattern. Die Lakshadweep sind jedoch ein ganzjähriges Reiseziel. Selbst während der Monsunzeit in den Monaten **Juni bis September** regnet es, wenn überhaupt, nur eine bis zwei Stunden am Tag. Zu jener Zeit werden wegen der Touristenflaute **Rabatte von bis zu 25 %** gewährt – immer noch nicht billig, aber doch eine gute Möglichkeit, um das Tropenparadies zu besuchen.

regionen der Erde. Hinzu kommen die angenehmen Wassertemperaturen, die zwischen 23 und 33° C schwanken. Kein Wunder, dass das Tropenparadies immer wieder Erinnerungen an die Malediven von vor 20 Jahren wachruft.

Unterkunft, Essen und Trinken

Der Hauptreiseveranstalter für die Lakkadiven ist **Sports** (Kavaratti Island, Tourism Bhawan, Tel.: 04896-263001, www.lakshadweep tourism.com, weitere Filiale in Ernakulam, Willingdon Island, Weiteres s. dort), der auch fünftägige Kreuzfahrten zu einigen Inseln der Lakkadiven anbietet. Für weitergehende Informationen zu den Unterkünften und dem Aufenthalt auf den genannten und den anderen zugänglichen Inseln, auch zu Abfahrtsdaten und Preisen, kann die sehr informative Internetseite von Sports (www.lakshadweep tourism.com) zu Rate gezogen werden.

- Das **Bangaram Island Resort** €€€€€ ist eine aus 30 Bungalows bestehende Luxusanlage inmitten eines Kokoshains direkt am traumhaften Strand der winzigen Insel Bangaram. Westliche Errungenschaften wie TV, Klimaanlage und Telefon gibt es nicht, dafür viel Ruhe und Naturbelassenheit. Außer „die Seele baumeln lassen" beschränken sich die Aktivitäten auf scuba diving, tauchen, angeln und Bootsausflüge zu der benachbarten Insel Kadmat. Da die Hotelleitung viel Wert auf umweltbewusste Haushaltung legt, werden zur Energiegewinnung Sonnenkollektoren eingesetzt und beim Kochen Kokospalmblätter als Feuermaterial verwendet. Zu buchen über das Casino Hotel in Ernakulam (Tel.: 0484-2668421, casino@vsnl.com) und über Sports (4 Tage / 3 Nächte 33.000 bzw. 62.000 Rs, AC).
- Auf Agatti Island bietet das **Agatti Island Beach Resort** €€€€€ 20 nicht sonderlich luxuriöse Cottages am Strand, aber auch wesentlich billiger als das vorgenannte (ab 4.400 bzw 7.200 Rs (AC) p.P.). Mindestaufenthaltsdauer 4 Tage / 3 Nächte. Auch hier werden Tauchgänge und Bootsausflüge arrangiert. Außerhalb der Saison sind hohe Abschläge möglich. Dieses Resort kann pauschal inkl. Flug bei Sports (auf Willingdon Island, Indira Gandhi Rd., Tel.: 0484-2362232, dem größten Reiseveranstalter für die Lakkadiven) und auch über **Lakshadweep Tourism** in Ernakulam (Market Rd., Tel.: 0484-2362232, www.agattiislandresorts.com) in Ernakulam nahe der Hauptpost gebucht werden.
- Der Aufenthalt auf Kadmat Island (www.kadmat.com) in den komfortablen, wenn auch nicht luxuriösen Zimmern des **Kadmat Beach Resort** €€€€€ (Tel.: 0484-2668387, laksports_2004@vsnl.net) ist ebenfalls über Sports zu buchen.

An- und Weiterreise

- **Indian Airlines** fliegt Agatti tgl. außer So von Kochin aus an (6.450 Rs) und Mo, Mi und Fr vom Dabolim-Flughafen von Goa. Der Vertreter von Indian Airlines auf den Agatti Islands ist Pykalas Travels (Tel.: 04894-242568, 242229). Die Landung erfolgt auf der kleinen Insel Agatti, von wo es noch einmal 1½ Std. **Bootsfahrt** bis zum Bangaram Island Resort sind (30 US-$). Von Mai bis September erfolgt die Weiterbeförderung von Agatti per **Hubschrauber,** wofür zusätzlich 80 US-$ berechnet werden. Die gesamte organisatorische Abwicklung eines Lakshadweep-Urlaubs inklusive Hotelreservierung, Flug und der Besorgung der zum Besuch der Inseln erforderlichen Genehmigung erfolgt durch die

jeweiligen Veranstalter in Ernakulam, etwa Casino Hotel, Sports oder Island Tower (s.o.).
• Zwischen Oktober und Anfang Mai verkehrt etwa wöchentlich ein **Schiff** zwischen Ernakulam und Kadmat. Die 18-stündige Überfahrt kostet inkl. Verpflegung 80 US-$ (hin und zurück).

Thrissur (Trichur) ↗ C1

Einwohner: 280.000
Vorwahl: 0487

Die Religiosität als Ausgangs- und Mittelpunkt des indischen Lebens – im 75 km nördlich von Kochi gelegenen Thrissur ist diese altbekannte Tatsache konkret erfahrbar, wurde die Stadt doch praktisch um den **Vadakkumnathan-Tempel** herumgebaut. Der gesamte Ort erschließt sich von diesem Heiligtum aus, alle großen Straßen führen sternförmig in die verschiedenen Himmelsrichtungen. Das Sanktum des zu Ehren Shivas im 12. Jh. erbauten Tempels ist zwar nur für Hindus zugänglich, doch das weitläufige Gelände innerhalb der von hohen Mauern umschlossenen Anlage dürfen auch Westler betreten. Die Skulpturen und Wandmalereien sind nur durchschnittlich, das bunte religiöse Leben aber lohnt den Besuch.

Zahlreiche weitere Gebäude zeugen von der Zeit, als Thrissur große politische und kulturelle Bedeutung besaß. Zu nennen sind hier in erster Linie zwei **katholische Kirchen,** die Lourdes-Kathedrale und die Church of Our Lady of Dolores, die den Einfluss der christlichen Bevölkerung belegen. Die Chaldeen Church an der südlichen Ausfallstraße gilt als eine der ältesten christlichen Kirchen Keralas. Von Interesse sind auch das **State Museum** und die **Kerala Sangeet Natak Academy,** in der zuweilen Kathakali-Tänze aufgeführt werden.

Highlight: Puram-Fest

Insgesamt ist Thrissur eine recht angenehme Stadt, die jedoch nur wegen ihrer Sehenswürdigkeiten keinen Besuch lohnt. Wenn dennoch jedes Jahr im April/Mai Tausende Einheimische und zahlreiche westliche Touristen hierher pilgern, dann wegen des einzigartigen Puram-Festes. Dieses bedeutendste Fest Keralas wird zwar auch an vielen anderen Orten gefeiert, doch nirgends mit der gleichen Inbrunst und Begeisterung.

Im Mittelpunkt der im Umkreis des Vadakkumnathan-Tempels ausgetragenen Festivitäten steht der **Elephant Round Up** mit bis zu 80 festlich geschmückten Dickhäutern und den sie begleitenden Musikanten. In einer Art Wettstreit spielen sich die gegenüberstehenden, aus bis zu 100 Musikern bestehenden **Orchester** in einen fast tranceähnlichen Zustand. Begleitet von den begeistert mitgehenden Besuchern steigert sich die von Trommeln, Becken und Blasinstrumenten geprägte Musik zu einem stakkatoähnlichen Klangerlebnis.

Es ist immer wieder beeindruckend, mit welch stoischer Ruhe die Elefanten das Chaos um sie herum ertragen. Allerdings kam es Anfang der 90er Jahre zu einem tragischen Zwischenfall, bei dem ein ausbrechender Elefant mehrere Menschen zu Tode trampelte.

Besonders lohnend ist ein Besuch der neuntägigen Festivitäten am letzten Tag, wenn die Feierlichkeiten bis tief in die Nacht andauern und die Simse der Tempel und Häuser der Umgebung stimmungsvoll mit Öllämpchen beleuchtet sind. Sehr sehenswert sind auch die anlässlich des Festes in den Tempeln aufgeführten **Tempeltänze.** Insgesamt gehört das Puram-Fest zu einem der eindrucksvollsten Volksfeste Indiens. Wer zur passenden Zeit in der Nähe ist, sollte sich einen Besuch auf keinen Fall entgehen lassen. Über die genauen Termine informieren die Touristenbüros in Kochi.

Praktische Tipps

Information

- Es gibt zwar mit dem **DTPC Tourist Office** (Tel.: 2320800) in der Palace Rd. und dem **KTDC-Schalter** im Yatri Niwas zwei Touristenbüros, doch beide sind wohl eher Arbeitsbeschaffungsmaßnahmen als an westlichen Touristen interessiert. Den Weg kann man sich sparen.

Unterkunft

Normalerweise steht eine ausreichend große Zahl an Unterkünften zur Verfügung. Während des Puram-Festes ist aber eine frühzeitige Reservierung erforderlich.

- Eine der besten Billigunterkünfte in Thrissur ist das **Ramanilayam Government Rest House** € (Tel.: 2332016) in der Palace Rd. Die sehr geräumigen, sauberen Zimmer mit Balkon bieten ein ausgezeichnetes Preis-Leistungs-Verhältnis. Der einzige, dafür gravierende Nachteil besteht darin, dass das Haus für Regierungsangestellte reserviert ist. Im Falle einer Nichtauslastung dürfen die Angestellten jedoch auch an Ausländer vermieten.
- Diesen Nachteil hat das hervorragende Hotel **Palace Tower** €-€€ (Tel.: 2331666) nicht. Supersaubere, teils klimatisierte Zimmer mit Bad und TV schon für wenig Geld machen es zur guten Billigwahl. Zudem liegt es tempelnah und damit zentraler. Ein Restaurant ist angeschlossen.
- Ganz billig und entsprechend einfach ist die **Jaya Lodge** € (Tel.: 2423258), teils mit Gemeinschaftsbad. Für den Minipreis kann man natürlich nicht viel erwarten.
- Trotz fensterloser Zimmer ist das **National Tourist Home** €-€€€ (MG Rd., Tel.: 2441511) eine hervorragende Bleibe, da supersauber und zentral gelegen, die meisten Zimmer mit TV, teils klimatisiert.
- Das **Merlin** €-€€ (Tel.: 2385520) begrüßt die per Zug ankommenden Besucher, befindet es sich doch direkt gegenüber vom Bahnhof. Das nüchterne Haus verfügt mit zwei Restaurants, mehreren AC-Zimmern und einem angeschlossenen Garten über eine Reihe von Annehmlichkeiten.
- Sehr beliebt ist das gute **Luciya Palace** €€-€€€ (Tel.: 2424731, luciyapalace@hotmail.com) in der Marar Rd., ganz zentral, aber in ruhiger Gassenlage. Das architektonisch gewöhnungsbedürftige Haus mit Garten bietet eine Reihe hübscher Zimmer mit TV, die teilweise klimatisiert sind, und ein ausgezeichnetes hauseigenes Restaurant.
- Am besten, wenn auch nicht luxuriös, wohnt man in Thrissur im **Siddharta Regency** €€€ (Tel.: 2424773, sregency@sancharnet.in), einem guten Mittelklassehotel mit klimatisierten Zimmern. Hervorragend ist das angeschlossene Golden Fork Restaurant.

Essen und Trinken

- Abgesehen von den erwähnten Hotelrestaurants isst man am besten und zudem preiswert im **Pathan's** südlich vom Vadakkumnathan-Tempel, eine Einfahrt hinein. Es gibt sehr schmackhafte vegetarische Gerich-

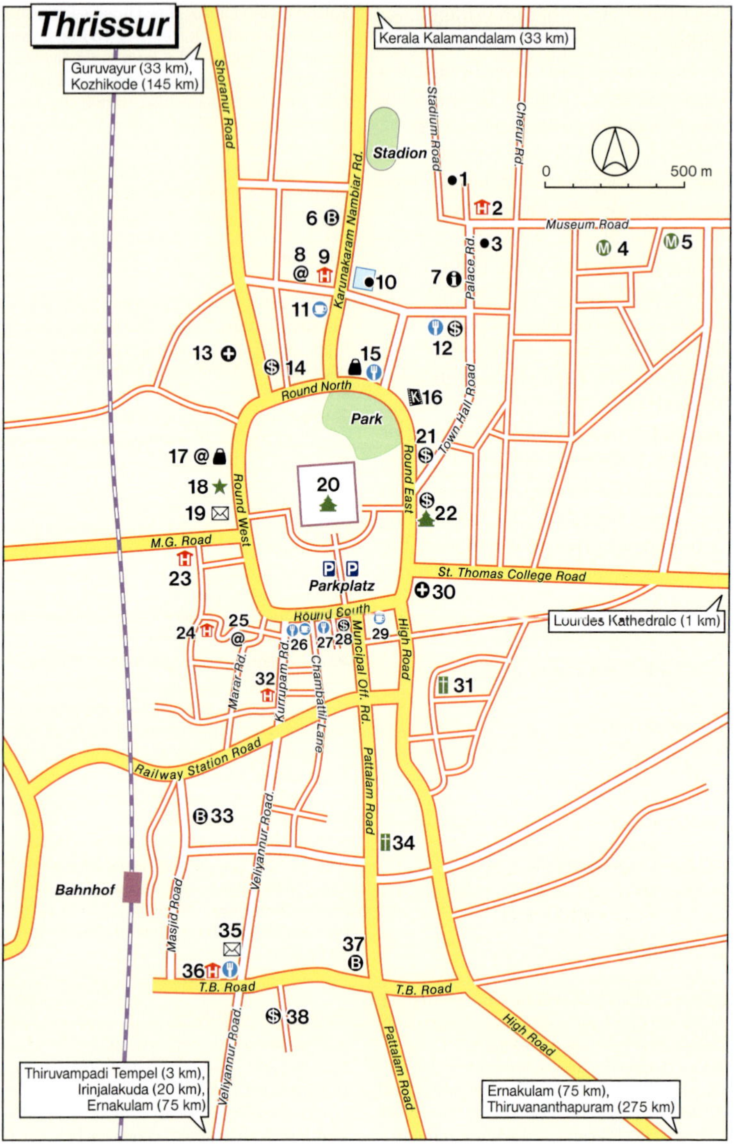
Thrissur
Guruvayur (33 km), Kozhikode (145 km)
Kerala Kalamandalam (33 km)
Shoranur Road
Karunakaram Nambiar Rd.
Stadion
Stadium Road
Cherur Rd.
0 500 m
Museum Road
Palace Rd.
Town Hall Road
Round North
Park
Round West
Round East
Round South
M.G. Road
St. Thomas College Road
Parkplatz
Lourdes Kathedrale (1 km)
Marar Rd.
Kurrupam Rd.
Chambatti Lane
Muncipal Off. Rd.
High Road
Railway Station Road
Veliyannur Road
Pattalam Road
Masjid Road
Bahnhof
T.B. Road
High Road
Thiruvampadi Tempel (3 km), Irinjalakuda (20 km), Ernakulam (75 km)
Ernakulam (75 km), Thiruvananthapuram (275 km)
1 2 3 4 5 6 7 8 9 10 11 12 13 14 15 16 17 18 19 20 21 22 23 24 25 26 27 28 29 30 31 32 33 34 35 36 37 38

●	1	Sangeet Natak Academy
H	2	Ramanilayam Government Guest House
●	3	Stadtbücherei
M	4	State Museum
M	5	Archäologisches Museum
B	6	Priyadarshini (North) Busstand
i	7	DTCP Tourist Office
@	8	Bull Net
H	9	Hotel Palace Tower
●	10	Teich
	11	Indian Coffee House
	12	Restaurants India Gate und China Gate, HDFC-ATM
+	13	Thrissur DTCO Cooperative Hospital
$	14	ICICI-ATM
	15	Elite Supermarkt, Treaty Ice Cream
K	16	Gapha Cinema
@	17	City Centre (Ambadi Internet, Supermarkt)
★	18	Handicrafts Emporium
✉	19	Postamt
	20	Vadhakkunatham Tempel
$	21	State Bank of India
	22	Paramekkavu Tempel, State Bank of Travancore
H	23	National Tourist Home
H	24	Hotel Luciya Palace
@	25	Internetcafé
	26	Pathan Restaurant, Indian Coffee House
	27	Ming Palace Restaurant
$	28	Canara Bank, State Bank of Travancore ATM
	29	Indian Coffee House
+	30	Medical College Hospital
	31	Puttanpadi Church
H	32	Jaya Lodge
B	33	KSRTC Busbahnhof
	34	Chaldean Church
✉	35	Postamt
H	36	Siddharta Regency, Golden Fork Restaurant
B	37	Sakthan Tampuram Busstand
$	38	UAE Exchange

te sowie *thalis* in netter Atmosphäre. Vor allem bei Einheimischen beliebt.

● Nicht weit von hier findet sich das gediegene **Ming Palace** (2. Stock, 11–22 Uhr), wo man vegetarische und nichtvegetarische, vorwiegend chinesische Gerichte zu kleinem Preis serviert bekommt.

● Das **China Gate** und das **India Gate** sind zwei saubere, gute Restaurants, beide im selben Gebäude an der Palace Rd. Das erste serviert natürlich neben indischer auch chinesische Küche, im zweiten gibt es *thalis*, alles für wenig Geld.

● Mehrere **Indian Coffee Houses** sind ideale Orte für indische Snacks und guten Kaffee.

● Das geschäftige Thrissur ist ein guter Ort für Selbstversorger, so z.B. bei den gut ausgestatteten und sauberen Supermärkten nach westlichem Vorbild: **Elite Supermarket** (rückwärtiger Eingang, hier auch Eis beim angeschlossenen **Treaty Ice Cream**), ein weiterer im City Centre (bis 21 Uhr), beide mit angeschlossener **Honest Bakery.** Auch im City Centre gibt's Säfte, Milchshakes und Eis bei **Freez-on.**

Ayurveda

● Eine Leserempfehlung ist das **Kadappuram Ayurveda Beach Resort** (Tel.: 0487-2394988, info@kadappurambeachresorts.com, www.nivalink.com/kadappuram) am Nattika Beach. 30 km südwestlich Thrissurs Richtung Ernakulam gelegen, ist es von der Nattika Junction im Dorf Thripayar 3 km Richtung Strand entfernt. Neben dem vorgelagerten, unberührten Strand und der freundlichen Dorfbevölkerung werden auch die ayurvedischen Behandlungen und die genügend komfortable Unterbringung in landestypisch aus Naturmaterialien gestalteten Bungalows €€€€€ (Preis inkl. Vollpension) sowie die einladende Gartenanlage gelobt.

Bank

● Nicht gerade zentral gelegen, aber am effizientesten geht Geldwechsel und Reisescheckeinlösung bei **UAE Exchange** (Tel.: 2445668, Mo–Sa 9–18.30 Uhr, T.B. Rd.) zu guten Raten über die Bühne.

- Zentraler liegt die **Canara Bank** (Mo–Fr 10–14, Sa 10–12 Uhr), die auch Visa- und Mastercard gegen geringe 1 % Gebühr akzeptiert.
- Auch die **State Bank of Travancore** (2. Stock, Mo–Fr 10.15–15.15 Uhr, Sa 10.15–12.15 Uhr) und die **State Bank of India** (Mo–Fr 11–15.30 Uhr, Sa 10–12 Uhr, in der Round East Rd.) wechseln Bargeld und Reiseschecks. Beide haben auch **ATMs,** die alle wichtigen Karten bis auf Amex annehmen. Weitere ATMs für dieselben Karten von der ICICI-Bank und der UTI-Bank im City Centre liegen zentral. Der ATM der HDFC-Bank, nicht weit vom Tourist Office, akzeptiert auch Amex-Karten.

Post und Internet

- Die **Hauptpost** befindet sich etwas zurückversetzt von der TB Rd. im Süden der Stadt.
- Schnelles Surfen ist bei **BullNet,** ein paar Meter westlich des Hotel Palace Tower (20 Rs/Std., bis 20.30 Uhr), möglich. **National Internet & Communications** im City Centre hat 24 Std., **Ambadi Internet** bis 22 Uhr geöffnet.

An- und Weiterreise

- **Bahn:** Der Bahnhof liegt etwa 2 km südlich des Zentrums. Das Reservierungsbüro ist Mo–Sa von 8 bis 20 Uhr und So von 8 bis 14 Uhr geöffnet. Da Thrissur sowohl an der Haupttrasse entlang der Malabar-Küste als auch an der Strecke nach Tamil Nadu liegt, bieten sich vielfältige Verbindungen sowohl nach Tamil Nadu als auch zu den größeren Orten Keralas wie Kochi und Thiruvananthapuram (z.B. 6301 Venad Exp., Abfahrt 15.07 Uhr). Nach Alleppey bietet sich u.a. der morgendliche 6308 Alleppey Exp. (Abfahrt 9.35 Uhr).
- **Bus:** Vom KSRTC-Busbahnhof schräg gegenüber vom Bahnhof Verbindungen u.a. nach Kochi/Ernakulam (1½ Std.), Kozhikode (Calicut, 3½ Std.), Palakkad (1½ Std.), Thiruvananthapuram (8 Std.). Ziele in der näheren Umgebung wie Kodungallur und Guruvayur werden vom Shakthan-Thampuran-Busbahnhof bedient. Schließlich gibt es noch den Priya-Darshani-Busbahnhof mit Verbindungen u.a. nach Madurai (21 Uhr), Bangalore (2 Busse frühmorgens sowie 6 Busse zwischen 16.45 und 23.20 Uhr) und Mysore (19 und 21 Uhr).

Irinjalakuda ↗ C1

Der kleine Ort Irinjalakuda, 20 km südlich von Thrissur, ist bei Einheimischen für seinen Bharata-Tempel bekannt, der allerdings nur Hindus offen steht. Für Westler dürfte die Stadt wegen des **Natana Kairali Research & Performing Centre for Traditional Arts** (Tel.: 0480-2825559) einen Besuch lohnen. Hinter dem komplizierten Namen verbirgt sich eine Art Kulturzentrum, in dem Kurse in traditionellen keralischen Künsten wie **Schattentheater, Tanz und Puppenspiel** durchgeführt werden. Jedes Jahr im April/Mai wird ein zwölftägiges **Festival** abgehalten: eine gute Möglichkeit, sonst kaum noch in der Öffentlichkeit zu sehende Theatervorführungen zu erleben. Für Ausländer werden etwa einmonatige Einführungskurse angeboten. Der Tempel ist 3.30–11.30 und 17–20.30 Uhr geöffnet.

Cheruthuruthy ↗ D1

Ein angesehenes und weit über die Grenzen Keralas hinaus bekanntes **Zentrum zur Pflege der keralischen Kultur** befindet sich in Cheruthuruthy, einem kleinen Ort 32 km nordöstlich von Thrissur. Im Kerala Kalamandalam werden mehrmonatige Kurse zu so verschiedenen Disziplinen wie **Gesang, Kathakali-Tanz, Trommeln** und ausgefallenen Tanzformen wie dem

Mohiniyattam und dem Kutiyattam angeboten. Diese Institution leistet nicht nur einen entscheidenden Beitrag zur Wiederbelebung der keralischen Kultur, sondern gilt auch als Talentschmiede, in der bekannte Künstler ausgebildet wurden, die inzwischen auf vielen Bühnen der Welt aufgetreten sind. Am lohnenswertesten ist ein Besuch während des einwöchigen Weihnachtsfestes, zu dem zahlreiche Aufführungen in dem architektonisch sehr ansprechenden Theater stattfinden.

- **Kerala Kalamandalam,** Tel.: 04884-262305, 2462418, www.kalamandalam.org). Besucher dürfen den Studenten, zu denen auch einige aus dem Westen gehören, beim täglichen Training zwischen 9 und 12 Uhr sowie 15 und 17 Uhr zuschauen. Fotografieren und Videoaufnahmen sind nur nach vorheriger Erlaubnis gestattet. Am 31. März, 1. Juli, an öffentlichen Feiertagen sowie in den Monaten April und Mai ist das Kalamandalam geschlossen.

Guruvayur

↗ A3

Der Krishna-Tempel von Guruvayur, 30 km nordwestlich von Thrissur, zählt zu den bedeutendsten **Pilgerzentren** Keralas. Die tägliche Flut von Gläubigen ist beeindruckend und lohnt einen Zwischenstopp. Der Tempel selbst ist für Nicht-Hindus tabu. Jedes Jahr im November/Dezember und im Februar/März finden prunkvolle Tempelfeste statt. Die dann bei festlichen Umzügen zum Einsatz kommenden **Elefanten** verbringen den Rest des Jahres im Punnathur Kotta Elephant Sanctuary, vier Kilometer nördlich von Guruvayur. Besonders lohnend ist ein Besuch frühmorgens und gegen Abend, wenn die 40 Dickhäuter von den *mahouts* gewaschen werden. Man sollte sich den scheinbar so friedlich dreinschauenden Elefanten jedoch ohne Erlaubnis der Wärter nicht zu sehr nähern, wurden doch in den vergangenen Jahren mehrere *mahouts* von ihnen getötet. Besondere Vorsicht ist während der Brunftzeit geboten.

- **Punnathur Kotta Elephant Sanctuary:** Der Park ist täglich von 9 bis 18 Uhr geöffnet, Eintritt frei, Fotogebühr 50 Rs. Die Anfahrt kostet per Taxi 400 Rs, per Riksha 250 Rs von Thrissur. Information Counter in Guruvayur: Tel.: 0487-2550400.

Kozhikode (Calicut)

↗ A3

Einwohner: 900.000
Vorwahl: 0495

Kozhikode, die größte Stadt im Norden Keralas, ist reich an Geschichte und arm an Sehenswürdigkeiten. Der Name fehlt in keinem Geschichtsbuch, war es doch in dem kleinen Dorf Kappad, zehn Kilometer nördlich von Kozhikode, wo **Vasco da Gama** am 20. Mai 1498 anlandete und damit die europäische Kolonialzeit in Indien einläutete. Rein zufällig geschah dies nicht, war das damalige Calicut doch schon seit über einem Jahrhundert einer der umsatzstärksten Häfen an der Südwestküste Indiens. Die lokalen Machthaber mit dem Ehrentitel Zamorin gehörten zu den wohlhabendsten

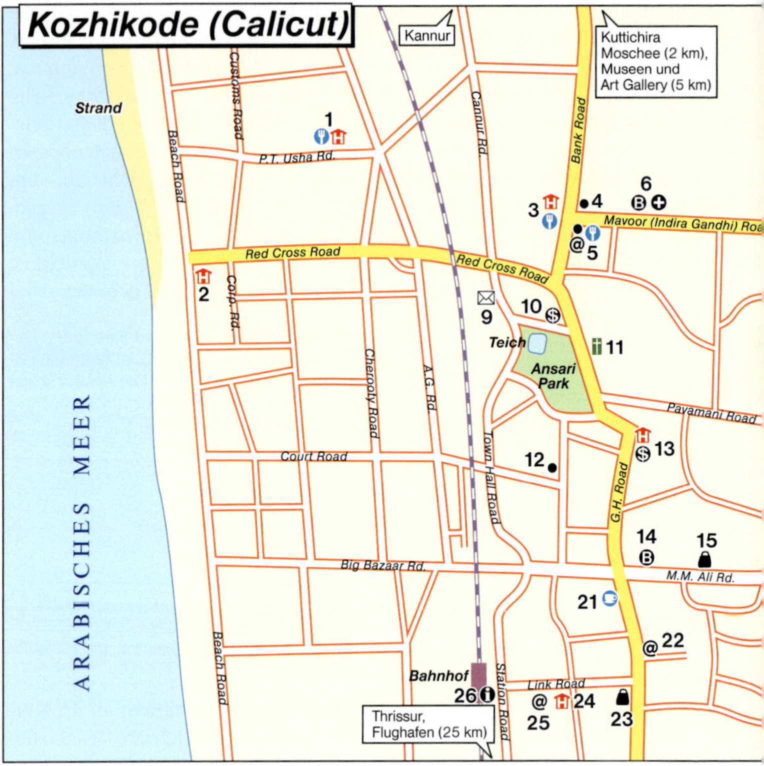

Herrscherfamilien der Malabar-Küste. Das weckte natürlich Begehrlichkeiten und so wurde Calicut in den nächsten Jahrhunderten mehrfach von portugiesischen, holländischen und britischen Heeren in Schutt und Asche gelegt. So sieht es heute auch aus.

Zwar liegen über die stark **muslimisch geprägte Stadt** verstreut zahlreiche Moscheen und einige hinduistische Tempel, doch verdient keines dieser Gebäude eine spezielle Erwähnung. Wer hier einen Zwischenstopp auf der langen Fahrt von Karnataka zu den südlichen Stränden Keralas oder den Nationalparks in den Western Ghats einlegt – wohl der einzige Grund, in Kozhikode zu übernachten – sollte am späten Nachmittag einen Spaziergang zur **Strandpromenade**

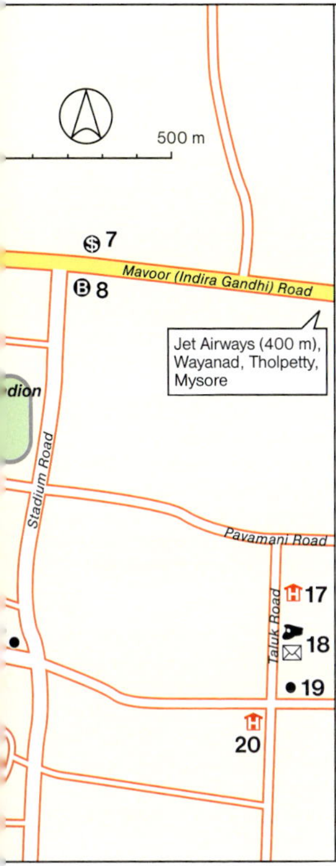

- 1 Taj Residency, Coral Reef Restaurant
- 2 Beach Hotel
- 3 Hyson Heritage, Ben Hur Restaurant
- 4 Indian Airlines
- 5 Cat's Net, Lakhotia Computer Centre, Ruchi Restaurant, Marvell Bread & Cake
- 6 KSRTC Busbahnhof, National Hospital
- 7 UAE Exchange
- 8 Mofussil New Busstand
- 9 Post
- 10 State Bank of India
- 11 Church of South India
- 12 Mananchira Library
- 13 Hotel Malabar Palace, HDFC-ATM
- 14 Palayam (Old) Busstand
- 15 Gemüsemarkt
- 16 Büros priv. Busanbieter
- 17 Hotel Maharani
- 18 Postamt, Polizei
- 19 Gefängnis
- 20 Hotel Spam
- 21 Indian Coffee House
- 22 access comunications
- 23 Baker's Oven
- 24 Hotel Royal Palace
- 25 Orbit Cybercafé
- 26 Tourist Office

unternehmen, um mit den Einheimischen den Sonnenuntergang zu erleben. Eine Rikshafahrt innerhalb der Stadt – vom Bahnhof zum Busbahnhof oder vom Zentrum zum Strand – sollte nicht mehr als 15 Rs kosten.

Ansonsten kann man die Zeit mit einem Abstecher zum zehn Kilometer nördlich gelegenen **Kappad Beach** verbringen, um jene historische, mit einem **Denkmal** gekennzeichnete Stelle zu fotografieren, an der Vasco da Gama 1498 indischen Boden betrat.

Information

- Die Angestellten des **Touristenbüros** (Tel.: 2702304, tgl. 10–17 Uhr) im Bahnhofsgebäude freuen sich über jeden der jährlich durchschnittlich 1,5 Ausländer, die bei ihnen vorbeischauen. Dementsprechend bemüht sind sie, jede nur mögliche Auskunft zu geben.

Das KTDC-Hauptbüro (Tel.: 2722391) in der SM Rd. im Malabar Mansion ist weniger auskunftsfreudig. Ein weiteres Büro ist am Karipur Airport (Tel.: 2710100).

• Außerdem gibt's noch ein **Tourist Reception Centre** im Hotel Malabar Mansion (Tel.: 2722391).

Unterkunft, Essen und Trinken

• Das **Hotel Royal Palace** €-€€ (Tel.: 2701610, Link Rd.) in Bahnhofsnähe ist eine gute Billigwahl für die nicht klimatisierten Zimmer: alle sauber und eigenes Bad. AC ist zu teuer.

• Eine Qualitätsstufe höher ist das **Hotel Maharani** €€€ (Taluk Rd., Tel.: 2723101, www.hotelmaharani.com) einzuordnen. Zwar sind die teils klimatisierten Zimmer leicht angegraut, aber für den verhältnismäßig geringen Preis und die ruhige Lage auf jeden Fall lohnenswert.

• Das koloniale **Beach Hotel** €€€ (Beach Rd., Tel.: 2762055, www. beachheritage.com) nahe dem Meer ist die ehemalige Bleibe des Malabar British Club. Entsprechend herrschaftlich ist das Ambiente in diesem erstaunlich preisgünstigen, 1890 erbauten Haus. Die stilsicher eingerichteten Zimmer haben zum Teil Klimatisierung, Badewanne und Meerblick.

• Im quirligen Stadtzentrum ist das **Hyson Heritage** €€€-€€€€ (Tel.: 2766726, www.hysonheritage.com, hysoncalicut@satyam.net.in) eine hervorragende Adresse. Die geräumigen Zimmer sind sauber und teilweise klimatisiert. Das angeschlossene **Ben Hur Restaurant** hat gute *thalis* und chinesische Küche.

• Den besten Gegenwert der Stadt spendiert das moderne **Hotel Spam** €€-€€€€ (Jail Rd., Tel.: 2302317/27). Luxuriöse, zentral klimatisierte Zimmer mit guter Ausstattung, die oberen Stockwerke mit Ausblick in die Ferne und über die Stadt für erstaunlich wenig Geld.

• Das **Malabar Palace** €€€€-€€€€€ (Tel.: 2721511, www.malabarpalacecalicut.com) ist ein gutes Mittelklassehotel in der GH Rd. Alle 52 Zimmer sind klimatisiert, darüber hinaus verfügt das Haus über einen 24-Stunden-Coffee-Shop sowie das ebenfalls klimatisierte **Dawn Restaurant.** Das Frühstücksbuffet ist im Zimmerpreis enthalen.

• Kozhikodes Top-Hotel ist das **Taj Residency** €€€€ (Tel.: 2766448, residency.calicut@tajhotels.com) an der PT Usha Rd. Natürlich ist auch das angeschlossene **Coral Reef Restaurant** top. Neben hervorragend ausgestatteten Zimmern verfügt das Taj über einen Swimmingpool und ein Ayurveda-Zentrum.

• Am Kappad Beach steht das **Kappad Ayurvedic Beach Resort** €€€-€€€€ (Tel.: 2683760) als Mittelklasseunterkunft strandnah bereit.

• Wie immer äußerst preiswert serviert das **Indian Coffee House** im Hotel Imperial indische Snacks und Tee/Kaffee.

• Zentral an der Mavoor Rd. sind das **Darshin-The Veg** und das **Ruchi** zwei gute, billige vegetarische Gaststätten. Im selben Gebäude findet sich **Marvell Bread & Cake** für Gebäck, Süßigkeiten und Kaffee, sehr sauber.

• Auch **Baker's Oven** in Bahnhofsnähe versorgt mit gebackenen Gaumenfeuden.

Bank

• Effizient gegenüber dem neuen Busbahnhof im 2. Stock der Perachunni Towers wechselt **UAE Exchange** (Mavoor Rd., Mo–Sa 9.30–17.30, So 9.30–13 Uhr, Tel.: 2720166) Bares und Reiseschecks zu guten Raten.

• Auch die **State Bank of India** und **PL Worldways** an der Bank Rd. wechseln Bargeld und viele Reiseschecks.

• Neben anderen ATMs akzeptiert der **ATM der HDFC-Bank** beim Malabar Palace Hotel außer den anderen gebräuchlichen internationalen Karten auch Amex.

Internet

• **Orbit Cybercafé,** bahnhofsnah (eine Gasse hinein), und **access communications** sind bis 22 Uhr geöffnet, **Cat's Net** und **SR Enterprises,** zentral in der Mavoor Rd., sogar bis 1 Uhr (alle 20 Rs/Std).

An- und Weiterreise

• **Flug:** Kozhikodes Flughafen liegt ungünstig 30 km südlich der Stadt. Mit dem Taxi muss man ca. 350–400 Rs zahlen. **Indian Airlines**

120is Foto: tb

(Eroth Centre, 5/2521 Bank Rd., Tel.: 2766977, 2767297, www.indian-airlines.nic.in) fliegt 2x tgl. nach Mumbai und tgl. nach Chennai, Cochin und Delhi. Auch Goa (Mo, Do, Sa) wird angeflogen. **Jet Airways** (29 Mavoor Rd., Tel.: 2356518, 27122375 (Flughafen), www.jetairways.com) fliegt tgl. nach Mumbai. **Kingfisher Airlines** (Tel.: 1800 1800101, www.flykingfisher.com) fliegt tgl. nach Mumbai, Delhi, Bangalore, Do und Sa nach Goa und Chennai. **Air India** steuert mehrere Ziele in der Golfregion an. Über aktuelle **Flugverbindungen** aller Airlines informiert sehr übersichtlich die Website www.yatra.com.

• **Bahn:** Das Reservierungsbüro im Bahnhof ist Mo–Sa 8–20 und So 8–14 Uhr geöffnet. Gute Verbindungen entlang der Konkan Railway Richtung Norden, tgl. 7 Züge nach Mangalore (6–8 Std.). Richtung Süden nach Thiruvananthapuram (10–12 Std.) u.a. mit dem 6350 Parasuram Express (Abf.: 8.50 Uhr), der auch in Kochi/Ernakulam (7 Std.) hält. Gute Verbindungen nach Tamil Nadu.

• **Bus:** Kozhikode besitzt drei Busbahnhöfe. Vom **KSRTC-Busbahnhof** an der Mavoor Rd. verkehren die Langstreckenbusse u.a. nach Mysore (etwa alle 2–3 Std., viele von diesen weiter nach Bangalore), Coimbatore, Kochi (5 Std, 100 Rs), Madurai (8 Std., 240 Rs), Mangalore und Thiruvananthapuram. Darüber hinaus fahren zahlreiche Luxusbusse nach Kochi/Ernakulam und Thiruvananthapuram von den Büros der privaten Gesellschaften im Umkreis des Busbahnhofs. Die Fahrt nach Mysore über Ooty in Tamil Nadu (und weiter nach Bangalore, 270 Rs, 22 Uhr) führt durch die spektakulären West-Ghats. Wegen der besseren Aussicht sollte man einen Platz auf der linken Seite wählen. Auch Madurai (240 Rs, Semi-Deluxe, 9 Std.) wird angefahren.

Säcke voll Zimt, Ingwer und Nelken – der Handel mit Gewürzen ist nach wie vor ein gutes Geschäft

Kleinere Städte im Norden Keralas wie Mahé, Kannur (Cannanore) und Bekal werden vom 500 m weiter östlich an der Mavoor Rd. gelegenen **New Bus Stand** angefahren. Ziele im Süden und Osten Keralas wie Palakkad und Thrissur (3½ Std, 50 Rs) fahren vom **Palayam-Busbahnhof** an der Kreuzung GH Rd. und MM Ali Rd. Etwa halbstündig Busse nach Mananthavadi nahe dem Tholpetty-Nationalpark und zur Weiterfahrt zum Nagarhole-Nationalpark in Karnataka, viele dieser Busse fahren weiter nach Mysore.

Der besondere Tipp: Tholpetty-Nationalpark

↗ B2

Zusammen mit dem südlich anschließenden Muthanga-Nationalpark bildet der Tholpetty-Nationalpark das **Wayanand Wildlife Sanctuary,** dessen Name häufig sowohl für Muthanga wie auch für Tholpetty verwendet wird. Im Osten Keralas an der Grenze zu Karnataka gelegen, wo nahtlos der **Bandipur-Nationalpark** anschließt, ist Tholpetty ein vergleichsweise kleines Areal von 104 ha, beherbergt aber eine erstaunliche Menge und Vielfalt von Tieren.

Neben dem Gaur (dem indischen Bison), Sambarhirschen und anderem Hochwild, vielerlei Vogelarten (z.B. Pfauen), verschiedenen Affenarten, Wildschweinen und vor allem **Elefanten,** in Herden und auch Einzeltiere, werden selten Tiger (im Jahr 2005 lebten etwa 10 Tiere im Park) und Bären gesichtet. Die weitgehend unberührte Landschaft, von zahlreichen kleinen Bachläufen durchzogen, ist mit Mischwald und hohen Bambusclustern bestanden, der Hauptnahrung der Elefanten, die die riesigen Bambusstämme herunterbrechen, um ans Blattwerk zu gelangen.

Besonders in der Trockenzeit wechseln viele Tiere aus dem Bandipur-Nationalpark nach Tholpetty, da dort größere Wasserreservoirs zur Verfügung stehen. Dementsprechend ist die beste Besuchszeit etwa ab Februar bis Mai. Dann können besonders viele Tiere schon bei kurzen Ausfahrten gesichtet werden.

Ausflüge in den Park per pedes oder mit dem Auto, Jeep oder Kleinbus sind nur mit Guide erlaubt. Die morgendliche Tour zu Fuß startet um 8 Uhr und dauert etwa 5 Stunden (Minimum 4 Personen, 750 Rs inkl. Guide). Ausflüge mit dem Auto, Jeep oder Minibus sind jederzeit möglich. Die Wahrscheinlichkeit, außer Wild und Bisons auch Elefanten zu Gesicht zu bekommen, ist sehr hoch, besonders zum Abend hin, wenn die Tiere die Wasserstellen aufsuchen. Auch spätabendliche Ausflüge nach Sonnenuntergang sind nach Absprache möglich.

- **Tholpetty-Nationalpark,** Ass. Wildlife Warden, Tel.: 04935-240233, 250853, Eintrittspreise: pro Person 25 Rs, 10 Rs pro Fahrzeug, 200 Rs für den obligatorischen und meist sehr fachkundigen Guide, 10 Rs für die Kamera und 100 Rs für die Videokamera. Ein Jeep kann für 300 Rs für ca. 3 Std. gemietet werden.

Weitere Ausflüge führen z.B. in die **Brahmagiri Mountains,** zum 5 km vom Parkeingang entfernten, 50 m hohen **Irpu-Wasserfall** und zum etwa 1.000 Jahre alten **Thirunelly-Tempel,** dazu ein Dorfbesuch, zum Teil schon in Karnataka. Dieser Ausflug dauert etwa von 8 bis 16 Uhr.

Die meisten Touristen reisen mit der vom Tourist Office in Ernakulam (Main Jetty) organisierten Tour, die einfachste Möglichkeit nach Tholpetty zu gelangen, auch in Kombination mit den Stränden Nord-Keralas, der **Malabari Coast,** möglich. Weiteres siehe unter Ernakulam/Information. Auch Aries Travel (Tel.: 0471-2330964, Press Rd.) in Thiruvananthapuram organisiert dieses Angebot inkl. der schönen Landhaus-Unterkünfte in Eingangsnähe des Parks.

Unterkunft, Essen und Trinken

- Eine gute, nur einige Meter vom Parkeingang entfernte Unterkunftsmöglichkeit ist **Pachyderm Palace** €€€-€€€€, zu buchen über die vom Tourist Office in Ernakulam (Tel.: 0484-2372761) organisierte Tour, man kann jedoch auch individuell anreisen. Gewohnt wird in familiärer Atmosphäre in einem behutsam restaurierten alten **Landhaus,** dessen Besitzer außerdem als Bauer (z.B. Kaffee-, Tee- oder Gewürzanbau) tätig ist. Auch das hervorragende indische Essen ist im Preis inbegriffen. Am besten sind die komfortablen Bambushütten.
- Ebenfalls in Eingangsnähe vermietet das **Wildlife Warden** in Sulthan Bathery (Tel.: 04936-220454) eine Holzhütte €€€, bei deren Benutzung jedoch die Verpflegung selbst mitgebracht werden muss.
- Schon in Karnataka nahe dem Irpu-Wasserfall ist das **High Falls Holiday Resort** €€€ (Tel.: 08274 246027, (0)9448720527, high falls_irpu@yahoo.co.in) der freundlichen Besitzerin Ms. Poonala eine gute Alternative.
- Ansonsten kann der auf eigene Faust Anreisende im 9 km entfernt gelegenen und kaum auf Touristen eingestellten Dorf Kattikulam (einzige Unterkunft: das nur einfachsten Ansprüchen genügende **Green Stone Guest House** € nächtigen.
- In Mananthavadi, dem nächstgelegenen größeren Ort, 20 km vom Parkeingang entfernt, stehen ebenfalls eher einfache Unterkünfte bereit, z.B. das einfache und billige **Dew Drop Rest House** € (Mysore Rd., Tel.: 04935-240242), das **Elite Guest House** €-€€ (Tel.: 0493-240236) oder das **Hotel Hakson** €-€€ (Tel.: 04935-2540118). Im Ort bietet das Indian Coffee House einfache und schmackhafte indische Speisen.
- Noch etwas weiter, knapp 60 km entfernt in der Distrikthauptstadt Wayanads, Kalpetta, bietet sich eine Vielzahl von Herbergen aller Preis- und Qualtätsklassen. Billig sind etwa das **PPS Tourist Home** €-€€ (Tel.: 04936-203431/2) und das **Haritha Giri** €€-€€€ (Tel.: 0493-2603145, harithagiri@eth.net), 15 km von Kalpetta entfernt.
- Komfortabel ist das **Royal Palm Resort** €€€€-€€€€€ (Tel.: 04936-206224, (0)94471 43124, www.royalpalmwayanad.com), das Cottages in wundervoll gepflegter Gartenanlage vermietet. Das **Royal Palm Residency** €€€-€€€€ (Gudalai Kunnu, Tel.: 04936-206096, (0)9447143124, www.royalpalmresi dency.com) unter derselben Leitung ist etwas einfacher mit komfortablen, aber ausdruckslosen Zimmern und hübschem Garten.
- Gehobene Mittelklasse ist das in keralischer Architektur gelungen an den Hang gebaute **Kalpetta Green Gates Hotel** €€€€-€€€€€ (inkl. Verpflegung, T.B. Rd., Tel.: 0493-202001-4, www.greengateshotel.com) mit Pool und mehreren neuen Cottages sowie einem einzeln stehenden Bambushaus auf Stelzen.

Bank

- Geld gibt's in Mananthavady beim ATM der **Federal Bank** (bei der Tankstelle) für Visacard-Besitzer und bei der **Canara Bank** oder der **State Bank of India.**
- In Kalpetta wechselt die **State Bank of Travancore** (Tel.: 04936-202148).

An- und Weiterreise

- Am besten ist Tholpetty mit dem **Taxi** zu erreichen (neben der vom Tourist Office in Ernakulam angebotenen Tour mit hervorragenden Fahrer).
- Ansonsten fahren von Kannur und Calicut aus **Busse** ca. halbstündig bis Sulthan Bathery über Kalpetta. Die Busse Richtung Mysore passieren das etwa 10 km vom Parkeingang

entfernte Mananthavadi (von dort bis Mysore sind's 110 km). Mysore wird von allen 3 genannten Orten etwa halbstündig angefahren, um 13 Uhr eine Verbindung von Sulthan Bathery nach Ooty. Lokalbusse verbinden Mananthavadi, Sulthan Bathery und Kalpetta etwa alle 15 Min., Fahrtdauer zwischen 45 Min. und 1 ¼ Std.

- Um die Busbahnhöfe der genannten Städte warten **Jeeps** auf Kunden. Für die Fahrt zu den genannten Orten sind etwa 500–600 Rs zu zahlen.

Die landschaftlich schönere Strecke nach Tholpetty ist die Route von Calicut (über Kalpetta), speziell im 2. Teil mit atemberaubenden Ausblicken über die Landschaft. Diese kurvenreiche und teils steile Route ist jedoch nichts für Magenschwache, die die etwas geruhsamere Strecke von Cannur aus wählen sollten.

Information, Ausflüge

- Für Informationen ist das **Wildlife Warden** in Sulthan Bathery die richtige Adresse, Tel.: 04936-220454.
- Das **WAPRED** mit Sitz in Madikeri (Karnataka) bietet viertägige Ausflüge in die vier Nationalparks (auch nach Nagarhole und Bandipur) dieser Region an. Kontakt und Information unter Tel.: 08272-265638, wapred.india@vsnl.com, www.rainforestours.com. Hier werden zudem gemütliche Zelte und Cottages €€€-€€€€ (Tel.: 201428, anugoel@bsnl.com) im Grünen nahe Madikeri vermietet.
- **Wayanad Tourism** (Tel.: 04936-202134. (0)9447072134) im Zentrum von Kalpetta ist bemüht und organisiert Trekkingtouren in die Berge der Umgebung, Ausflüge (z.B. Tagesausflüge von 8 bis 20 Uhr nach Muthanga oder Tholpetty, zu Wasserfällen und Höhlen und weiteren Zielen) und vermittelt Unterkünfte.

Muthanga-Nationalpark

↗ B2

Landschaftlich wie auch vom Tiervorkommen her ganz ähnlich wie Tholpetty, ist dieser Nationalpark, der 1973 gegründet und ebenfalls unter dem Namen **Wayanad Wildlife Sanctuary** bekannt ist, mit dem Bandipur-Nationalpark in Karnataka und dem Mudumalai Wildlife Sanctuary in Tamil Nadu verbunden. Auch hier stellen neben vielerlei Vögeln der Gaur und Sambarhirsche sowie Langurenaffen und Elefanten die Hauptattraktion dar. Sehr selten werden Tiger und Leoparden gesichtet. Aufgrund der starken Vegetation des Muthanga-Nationalparks verspricht die Tierbeobachtung im Tholpetty-Nationalpark mehr Erfolg.

Unterkunft, Essen und Trinken

Die reichste Auswahl an Unterkünften bietet sich im 42 km entfernten **Kalpetta** (siehe Tholpetty-Nationalpark)oder in **Sulthan Bathery,** 17 km vom Parkeingang entfernt. Einige empfehlenswerte Herbergen im Sulthan-Bathery-Distrikt werden im Folgenden aufgelistet, weitere Unterkünfte aller Preisklassen sind unter www.wayanad.org/accomodation aufgeführt.

- In Palnamaram, etwa 20 km von Kalpetta entfernt, ist das zwischen Kaffeeplantagen gelegene **Ente Veedu** €€€-€€€€ (Tel.: 04935 320494, 220008, (0)9446834834, www.enteveedu.co.in) eine recht preiswerte Herberge im Zentrum Wayanads. Sowohl komfortable Zimmer im Haupthaus wie auch geräumige Bambushütten mit Bad und Balkon sind gemütlich. Ausflüge in die Umgebung werden arrangiert.
- Gemütlich und nicht ganz billig sind die sieben Cottages und ein Baumhaus des **Edakkal Hermitage** €€€€€-€€€€€€ (Tel.: 04936-221860, (0)9847001491, info@eddakal.com, www.edakkal.com), nicht weit von den Edak-

kal-Höhlen entfernt. Drei Mahlzeiten sind inbegriffen.

- Das **Tranquil Resort** €€€€€€ (Kuppamudi Coffee Estate, Diskrikt Sulthan Bathery, Tel.: 04936-220244, homestay@vsnl.com, www.tranquilresort.com) macht seinem Namen alle Ehre. Eine halbe Stunde Fahrtzeit vom Parkeingang entfernt Richtung Mysore, ist diese mit herrlichem alten Baumbestand gesegnete und mit Auszeichnungen belohnte Anlage mit nur 8 Zimmern und einem Edelbaumhaus eine gelungene Luxusherberge inmitten der Aswati-Kaffeeplanatage mit entsprechenden Einrichtungen. Die sehr hohen Preise beinhalten Verpflegung und Ausflüge. Natürlich gibt's auch einen Pool und Ayurveda-Behandlungen.
- Als eine der besten Gaststätten des Ortes lockt das **Jubilee Restaurant** im Zentrum von Sultan Bathery mit vielseitger Speisekarte.

Kannur (Cannanore)

↗ A2

Einwohner: 480.000
Vorwahl: 0497

Das heute noch vielfach unter seinem früheren Namen Cannanore bekannte Kannur war zwischen dem 15. und 17. Jh. einer der großen Gegenspieler der Zamorins von Calicut, dem heutigen Kozhikode, 90 km südlich. Auffälligstes Bauwerk aus jener Zeit, als die europäischen Kolonialmächte um die Vorherrschaft über den lukrativen Hafen im Norden Keralas fochten, ist das von den Portugiesen Anfang des 16. Jh. erbaute **Fort St. Angelo.** Die gewaltige Festungsanlage im Nordwesten der Stadt ist wieder für Besichtigungen in der Zeit von 9 bis 18 Uhr geöffnet (Eintritt frei, Video 25 Rs, auch Führungen sind möglich), nachdem sie jahrzehntelang dem indischen Militär als Bleibe diente und unzugänglich war. Wenn man individuell anreist, sollte die Rückfahrt per Riksha oder Taxi gleich mitorganisiert werden, da man sonst möglicherweise nur umständlich zurückkommt bzw. die nächste Bushaltstelle recht weit vom Fort entfernt liegt.

Einen kurzen Spaziergang lohnt die **Altstadt** von Kannur, in der noch einige, allerdings recht heruntergekommene Villen der ehemaligen Patrizierfamilien stehen.

Wer nach Süden unterwegs ist, sollte die 8 km südlich in einem alten Backsteingebäude untergebrachten Webstühle der **Kausallaya Weaver's Co-Operative** (tgl. 9–18 Uhr) besuchen. Man wähnt sich um ein Jahrhundert zurückversetzt. Kurz vorher ist die **Kerala Dinesh Beedi Co-Operative** (Di–Sa 8–17 Uhr) im Dorf Thottada für die Herstellung der kleinen indischen Zigaretten zuständig. Auch dieser Zwischenstopp ist interessant. Per Riksha für ca. 80 Rs mit Rückfahrt von Kannur für jedes der Ziele, für beide etwa 120 Rs.

Theyyam-Prozessionen

Wie in vielen Tempeln Nord-Keralas finden auch im 18 km nordöstlich Kannurs gelegenen **Parasinikadavu-Tempel** zwischen Oktober und März regelmäßig Theyyam-Prozessionen (siehe Kasten) statt. Die genauen Termine sollten vor Ort erfragt werden (etwa bei der Kerala Folkore Academy, Tel.: 2778090, in Valapattanam oder dem

Informationszentrum des Bekal Fort, siehe Kasargode).

Information

- Das **Touristenbüro** (Tel.: 2706336, Mo–Sa 10–18 Uhr) nahe der Caltec Junction beim Busbahnhof ist von 10 bis 17 Uhr geöffnet, eine Filiale findet sich im Bahnhof (Tel.: 2703121, tgl. 8–19 Uhr).

Unterkunft, Essen und Trinken

- Auch in Kannur gibt es eine Reihe schlichter Unterkünfte im Bahnhofsbereich. Eines von vielen aktzeptablen Budget-Hotels ist das bahnhofsnahe, aber für den Preis durchaus ordentliche **Meridien Palace** €-€€€ (Tel.: 2701676). Auch noch für eine Nacht okay ist das staatliche **Yatri Niwas** €-€€ (Thavakkara Rd., Tel.: 2700717) mit teils klimatisierten Räumen, auch bahnhofsnah.
- Ebenfalls günstig wohnt man in der **Swadeshi Woodlands Lodge** €-€€ (Tel.: 2501434) an der Aarat Rd. Ein freundliches, wenn auch etwas in die Jahre gekommenes Hotel mit angeschlossenem Restaurant.
- Das wohl beste Preis-Leistungs-Verhältnis bietet das **Mascot Beach Resort** €€-€€€€ (Tel.: 2708445, mascot_beach_resort@vsnl.com) mit seiner pittoresken Lage oberhalb des Meeres, geräumigen, sauberen AC-Zimmern (die nicht klimatisierten sind recht dunkel) und einem sehr empfehlenswerten hauseigenen Restaurant.
- Das **Kamala International** €€-€€€€ (S.M. Rd., Tel.: 2766910) ist ein typisches indisches Business-Hotel. Professionell, wenn auch etwas steril geführt, bietet es alle Annehmlichkeiten eines Mittelklassehotels wie TV, AC und Kühlschrank. Schönes Dachgartenrestaurant.
- Die **Malabar Residency** €€€-€€€€ (Thavakkara Rd., Tel.: 2765902, 2765456, sales@malabarresidency.com) am Bahnhof hat klimatisierte Zimmer mit TV und Balkon sowie Restaurant und Coffee-Shop zu bieten – ebenfalls eine gute Mittelklassewahl.
- Das **Parkin's Chinese Restaurant** (New Subway) füllt den Magen zum kleinen Preis.

Bank

- Am besten geht Geldwechsel und Reisescheckstausch bei **UAE Exchange** (KVR Towers, Tel.: 2708818, Mo–Sa 9.30–17.30 Uhr, So bis 13.30 Uhr) an der Mahatma Mandir Junction über die Bühne. Auch die **State Bank of India** und die **State Bank of Travancore** wechseln Reiseschecks.
- Beim Busbahnhof nimmt der **ATM** der State Bank of India alle üblichen Kreditkarten bis auf Amex. Für diese ist der HDFC-ATM, 50 m entfernt, zuständig.

Der besondere Tipp: Theyyam

Theyyam ist eine etwa 1500 Jahre alte, ausschließlich in Nordkerala praktizierte kulturelle Ausdrucksform, die **Tanz, Mimik und Musik** zu einem einzigartigen Ritual vereint. Auch mythologische, astrologische und heidnische Einflüsse der Volksstämme sind Bestandteile. Die imposant geschmückten (Kopfschmuck bis 10 m Höhe!) und geschminkten Tanzer verehren die Helden ihrer Sagen und die Geister der Verstorbenen, während sie sich in Trance versetzen. Der Beginn einer Prozession ist oftmals an kleinen trommelnden Gruppen an den Straßen zu erkennen, die abends im Schein von Fackeln zu einem Tempel in der Nähe wandern, wo dann oft bis in die Nacht hinein die eigentliche Aufführung abgehalten wird.

Theyyam ist, anders als Kathakali in Südkerala, bisher noch in keiner Weise kommerzialisiert und ein entsprechend authentisches Ritual. Im Jahr 2002 gab es das erste Mal nach Jahrzehnten wieder ein Theyyam-Fest, an dem alle Städte und Dörfer der Region beteiligt waren, was die vor sich hin dümpelnde Tradition neu belebte. Informationen über größere Veranstaltungen sind z.B. in den Informationszentren im Bekal Fort und in Udma (siehe Kasargode) erhältlich.

An- und Weiterreise

- **Bahn:** Kannur liegt an der Hauptstrecke entlang der Malabar-Küste und bietet dementsprechend viele Verbindungen nach Kochi und Thiruvananthapuram im Süden sowie Mangalore im Norden. Das Reservierungsbüro ist von 8 bis 20 Uhr, So von 8 bis 12.30 Uhr geöffnet.
- **Bus:** Vom zentralen Busbahnhof werden alle größeren Orte der Malabar-Küste angefahren. Nach Kochi/Ernakulam, Kozhikode und Thiruvananthapuram fahren auch zahlreiche Luxusbusse von den im Bahnhofsbereich angesiedelten privaten Gesellschaften. Nach Karnataka täglich 10 Busse zu den Zentren Mysore und Bangalore, von dort Anschlussbusse in die kleineren Orte der Umgebung.

Tellicherry (Thalassery) ⇗ A2

Tellicherry ist ein ebenso unspektakulärer wie angenehmer Ort 21 km südlich von Kannur. Die stark muslimisch geprägte Stadt lebt in erster Linie vom Fischfang und vom Handel. Interessant ist ein Gang zum **natürlichen Hafen,** in dem die nachmittags vom Fang zurückkehrenden Fischkutter dümpeln und die Frachtschiffe mit Tee, Kaffee und Gewürzen beladen werden.

Strände im Norden Keralas

Eine Alternative zum Strandleben in Südkerala bietet abseits altbekannter Touristenpfade der Norden Keralas mit vielen von Felsen eingerahmten, unberührten Stränden und unverfälschtem Dorfleben. Um Kannur seien der **Payyambalam** (2 km nördlich) oder **Muzhappilangad Beach** (15 km nördlich) genannt, und, besonders abgelegen, der **Kizhunna Ezhara Beach,** 11 km von Kannur entfernt. Auch um Kasargode ganz im Norden locken neben dem Bekal Fort schöne Strände, etwa der Kappil Beach nördlich des Forts (s. Kasargode). Wahrscheinlich werden in den kommenden Jahren viele weitere Hotels und Guest Houses in dieser touristisch erst am Anfang der Entwicklung stehenden Region entstehen. Auch die Möglichkeit, interessante Eindrücke vom authentisch indischen Leben zu bekommen, sprechen für einen mehrtägigen Abstecher. Zu beachten ist, dass die Wellen an den unbewachten Stränden hier etwas wuchtiger sind als im Süden Keralas, also auf Kinder achtgeben.

Unterkunft

- Ein interessantes Angebot, diese Region kennen zu lernen, macht unter dem Namen **Costa Malabari** das Tourist Office in Ernakulam. Es werden Unterkünfte dicht an nahzu touristenfreien Stränden südlich von Kannur vermittelt. Gewohnt wird strandnah im Grünen in gelungen restaurierten, alten keralischen Landhäusern €€€, das hervorragende keralische Essen ist im Pauschalpreis inbegriffen, Reservierungs-Tel.: 0484-2371761. Außerdem kann ein **komplettes Tourpaket** mit An- und Abreise etwa von Ernakulam gebucht werden. Ein weiteres Plus ist der hervorragende Fahrer (wichtig in dem inzwischen sehr hektisch gewordenen Vekehrschaos auch in Keralas Norden). Preis z.B. für 2 Pers., 4 Tage/ 3 Nächte inkl. Verpflegung und Anfahrt von Ernakulam 10.000 Rs, nur Übernachtung und Verpflegung um die 2.000 Rs. Die Tour ist gut mit einem Abstecher zum Tholpetty-Nationalpark (s.o.) kombinierbar. Weitere Informationen unter Ernakulam/Information bei „Tourist Desk" und im Internet unter www.costamalabari.com. Weitere Unterkünfte an den Stränden Nord-Keralas finden sich bei Kannur und Kasargode.

Kasargode

↗ A1

Kasargode ist der erste größere Ort, den man auf dem Weg von Karnataka kommend entlang der Küste Richtung Süden passiert. Der muslimische Fischerort bietet keinerlei touristische Sehenswürdigkeiten, kann jedoch als Ausgangspunkt für das 12 km südlich gelegene **Bekal Fort** (tgl. 8–17 Uhr, Eintritt 100 Rs) genutzt werden. Bei der pittoresk auf einem Felsvorsprung oberhalb des Meeres gelegenen Festungsanlage handelt es sich um das größte Fort Keralas. Erbaut wurde es zwischen 1645 und 1660. Außer den imposanten Außenmauern und einigen über das weite Areal verstreut liegenden Ruinen blieb kaum etwas erhalten. Eindrucksvoll ist der Blick von oben über die auf beiden Seiten liegenden, palmengesäumten Buchten und das azurblaue Meer.

3 km nördlich von Bekal liegt der wunderschöne **Kappil Beach,** ein idealer Ort, um abseits ausgetretener Touristenpfade einige Tage auszuspannen. Inzwischen wurden und werden einige neue Unterkünfte gebaut.

Information

- Für weitergehende Informationen kann man das **Tourist Information Office** im Bekal Fort (Tel.: 0467-2772900, brdc@sancharnet.in), in **Udma** kontaktieren (Tel.: 2736937) oder das Internet zu Rate ziehen: www.bekal.org.
- Südlich von Bekal in Kottapuram bei Nileshwaram ist **Bekal Boat Stay** (Tel.: 0467-

241ke Foto: tb

2282633, (0)9447469747, www.bekalboatstay.com) der größte Veranstalter von Hausboot-Touren in den Backwaters und Ausflügen zu den Stränden Nord-Keralas.

Unterkunft, Essen und Trinken

(Vorwahl 0467)

- Es ist möglich, innerhalb der Fort-Mauern zu nächtigen. Einfache und ganz billige Zimmer, teils mit Gemeinschaftsbad, im **Tourist Bungalow** € können über den District Collector (Tel.: 2430400) gebucht werden. Verpflegung muss allerdings in den Dörfern nördlich des Forts besorgt werden. Am nächsten gelegen dürfte das einfache **Restaurant Sri Sistha** sein.
- Wer billig am Kappil Beach übernachten will, findet in der **Eeyem Boarding & Lodging** €-€€ (Tel.: 2736343), 4 km nördlich von Bekal in Palakkunnu, eine preiswerte Adresse mit Restaurant.
- Etwas nördlicher im Dorf Udma steht das ordentliche **Fortland Tourist Home** €-€€ (Tel.: 2736600) mit teils klimatisierten Zimmern und Restaurant bereit.
- 12 km südlich Bekals bietet sich bei Kahangad mit dem **Hotel Bekal International** €-€€ (Tel.: 2702012, 2204271, www.hotelbekal.com) eine etwas komfortablere Bleibe mit teils klimatisierten Zimmern an. In keralischem Landhausstil erbaut, liegt es nahe den Backwaters.
- Das **Nalanda Resort** €€-€€€ (Tel.: 2782662, 2790199), 14 km südlich Bekals in Nileshwar am NH 17, ist eine gute Mittelklasseunterkunft.
- 5 km vom Meer entfernt, ist das **Gitanjali Heritage** €€€€€ (Panayal, Bekal, Tel.: 2234159, www.gitanjaliheritage.com) die erste luxuriöse Bleibe dieser Region. Sehr verschwiegen zwischen Reisfeldern und Bäumen gelegen, handelt es sich um ein altes Herrschaftshaus, dessen hohe Räume in ein angenehmes Hotel mit zeitentsprechendem Mobiliar verwandelt wurde. Ayurveda-Behandlungen, Yoga und Reiki sowie Ausflüge in die Backwaters können ebenfalls gebucht werden.

Bank

- In Kasargode können gegenüber dem Busbahnhof im Cheroor Complex bei **UAE Exchange** (Tel.: 226606) Geld und Reiseschecks getauscht werden.

An- und Weiterreise

- **Züge** halten im 3 km vom Fort entfernten Dorf Palakunnu, die nächstgrößere Bahnstation ist Kanhagad, 13 km von Bekal entfernt. Von dort viele Verbindungen nach Norden und Süden. Eine Riksha von der Kreuzung in Bekal nach Palakunnu kostet etwa 30 Rs.
- Regelmäßig **Busse** zwischen Kasargode und Bekal (20 Min.) bzw. den Strandorten. Von Kasargode häufige Verbindungen mit Kannur.

202ke Foto: mb

Madurai

203ke Foto: mb

Einer der vier Tortürme des berühmten Sri-Meenakshi-Tempels

Überblick

Einwohner: 1,2 Mio.
Vorwahl: 0452

Welch ein Glück, dass in der hinduistischen Mythologie göttliche Wesen sehr menschliche Gefühle entwickeln dürfen. Dieser anderen Religionen gänzlich fremden „menschlichen Seite" des Hinduismus hat die Nachwelt eine Reihe von sehr schönen Plätzen und Stätten zu verdanken. Hierzu gehört das altehrwürdige Madurai, etwa 100 km von der keralischen Grenze im südlichen Tamil Nadu gelegen.

Madurai ist so etwas wie die **heimliche Hauptstadt des Südens.** Im Gegensatz zu vielen kulturell, historisch und wirtschaftlich bedeutenden Städten, die abgesehen von einem Tempel kaum Sehenswertes zu bieten haben, ist Madurai ein Ort zum Verweilen. Neben der hervorragenden touristischen Infrastruktur mit zahlreichen Hotels aller Preiskategorien, guten Restaurants und besten Einkaufsmöglichkeiten bietet die Stadt mit ihrem **pulsierenden Leben** rund um den Sri-Meenakshi-Tempel im Zentrum eine einzigartige Atmosphäre aus Geschäftigkeit und Religiosität.

Der Bereich um den täglich von über 10.000 Pilgern besuchten Tempel ist von frühmorgens bis spätabends erfüllt von geschäftiger, „marktschreierischer" Vitalität. Allein zum Durchstreifen der **engen Gassen und Märkte** sollte man sich mindestens einen Tag Zeit nehmen. In dem lebhaften Treiben scheint der Geist der Schutzgöttin Meenakshi eine beruhigende Wirkung auf die Menschen auszuüben, herrscht doch bei aller Geschäftigkeit eine friedvolle Stimmung. Madurai sollte bei keiner Südindien-Route fehlen.

Orientierung

Der **Vaigai-Fluss** trennt Madurai in zwei deutlich voneinander zu unterscheidende Stadtteile. Die **Neustadt im Norden** geht auf das von den Briten gegründete Cantonment zurück. Hier präsentiert sich Madurai weitläufig und modern. Von touristischem Interesse ist diese Region nur wegen des New Busstand, des Gandhi Museum und einiger First-Class-Hotels im Bereich der vom Schwerverkehr geprägten Alagarkoil Rd.

Die **Altstadt im Süden** des Vaigai erstreckt sich um den **Sri-Meenakshi-Tempel.** Nach dem Vorbild eines *mandala* um mehrere Ringstraßen angelegt, hat sie ihren Charakter über die Jahrhunderte zum großen Teil bewahren können. Nach wie vor prägen die engen, von Händlern, Pilgern, bunten Märkten und Ochsenkarren geprägten Gassen das Bild. Zwischen dem Meenakshi-Tempel und dem etwa 1 km westlich gelegenen **Bahnhof** haben sich die meisten Hotels der unteren und mittleren Preiskategorie angesiedelt. Der wichtigste **Busbahnhof** für die meisten Fernverbindungen, die Central Bus Station, befindet sich 6 km nordöstlich vom Zentrum. Ein weiterer wichtiger Busbahnhof für Fahrten Richtung Westen ist der Arapalayam Bus Stand, knapp 2 km nordwestlich.

Sehenswertes

Highlight: Sri-Meenakshi-Tempel

Für die Erkundung des Sri-Meenakshi-Tempels sollte man sich genügend Zeit nehmen. Neben den *gopurams,* Schreinen, Hallen, Skulpturen und Wandgemälden beeindruckt vor allem das bunte Treiben in der täglich von mehr als 10.000 Menschen besuchten Tempelstadt. Es lohnt sich, zu unterschiedlichen Tageszeiten wiederzukommen, da sich die Atmosphäre immer wieder ändert. Vor Kurzem wurden die meisten den Tempelbereich umlaufenden Straßen zu verkehrsberuhigten Zonen umgestaltet, wodurch das Flanieren wesentlich friedvoller und angenehmer wird.

Die Tempel, in denen **Shiva und Meenakshi** verehrt werden, liegen zusammen mit weiteren Nebentempeln und -schreinen innerhalb eines umfriedeten Rechtecks, das 254 x 237 m misst. Die sechs Hektar große Anlage wird durch zwei parallele Ost-West-Achsen bestimmt, auf denen die beiden Haupttempel liegen. Wahrzeichen der Stadt sind die **zwölf riesigen Tempeltürme,** die die Millionenstadt weithin überragen.

Der hohe, im Stil einer Festungsmauer gestaltete Außenwall wird von **vier Tortürmen** *(gopurams)* unterbrochen – einem in jeder Himmelsrichtung. Die Spitzen dieser mit Tausenden von bunten Götterfiguren, Dämonen, Asketen, Tempelwächtern, Tieren und Fabelwesen übersäten *gopurams* bestehen aus tonnenförmigen Überdachungen, die seitlich in großen hufeisenförmigen Bögen enden. Im Laufe von umfangreichen Renovierungsarbeiten, die Mitte des 20. Jh. durchgeführt wurden, entbrannte in der Öffentlichkeit eine heftige Debatte. Die Frage, ob die insgesamt zwölf Türme bunt oder einfarbig gestaltet werden sollten, wurde schließlich in einem Volksentscheid zugunsten der farbigen Variante entschieden. Wie Inschriften am Tempel belegen, entspricht dies dem ursprünglichen Zustand.

Hat der Besucher die Tempelanlage durch das Tor des südlichen *gopuram* betreten (vorher in einem kleinen Raum links davon die Schuhe ausziehen), taucht auf der rechten Seite hinter den Säulen des umlaufenden Wandelganges der **Teich des Goldenen Lotus** (Pottamarai Kulam) auf. Dieser Tempelteich ist der ideale Ort, um auf den zum Wasser führenden **Ghats** (Treppenstufen) das bunte Leben auf sich wirken zu lassen. Familien legen hier eine Pause ein, Pilger vollführen ihre rituellen Waschungen, Musiker spielen in der Hoffnung auf ein paar Rupien, Hochzeitspaare lassen sich fotografieren, ältere Menschen treffen sich auf ein Gespräch – hier zeigt sich, dass die südindischen Tempel neben ihrer sakralen Bedeutung bis heute ihre Funktion als sozialer Mittelpunkt des städtischen Lebens bewahrt haben. Der Tempelteich bietet sich auch als guter Standort zum Fotografieren der umliegenden Türme an. Während die Hauptschreine des Meenakshi und Sundareshvara trotz ihrer vergleichsweise geringen Größe we-

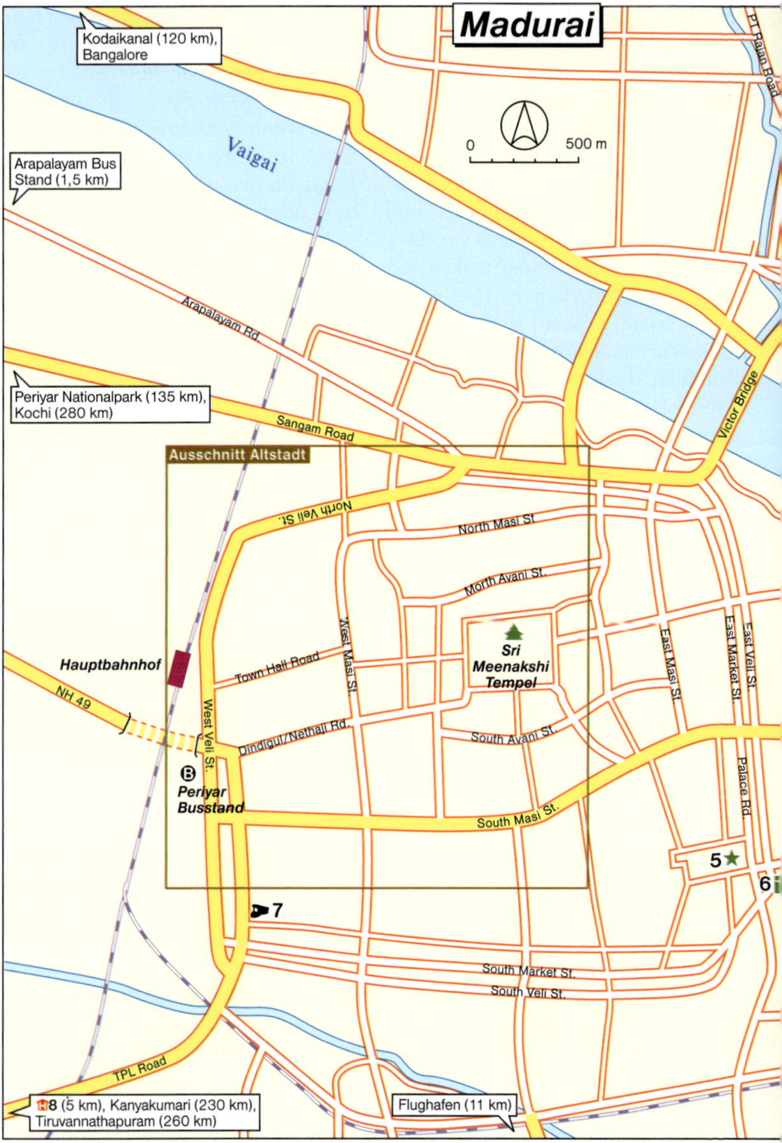
Madurai
Kodaikanal (120 km), Bangalore
Arapalayam Bus Stand (1,5 km)
0 500 m
Vaigai
PT Rajan Road
Arapalayam Rd.
Periyar Nationalpark (135 km), Kochi (280 km)
Sangam Road
Victor Bridge
Ausschnitt Altstadt
North Veli St.
North Masi St
North Avani St.
Sri Meenakshi Tempel
Hauptbahnhof
NH 49
Town Hall Road
West Masi St.
West Veli St.
Dindigul/Nethaji Rd.
South Avani St.
East Masi St.
East Market St.
East Veli St.
Periyar Busstand
South Masi St.
Palace Rd.
5
6
7
South Market St.
South Veli St.
TPL Road
8 (5 km), Kanyakumari (230 km), Tiruvannathapuram (260 km)
Flughafen (11 km)

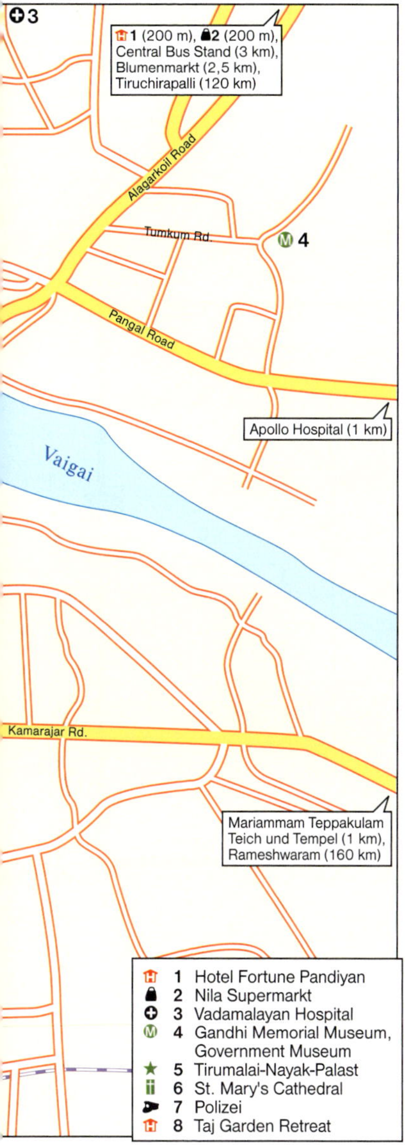

gen der goldenen Ummantelung sofort ins Auge fallen, ragen die knallbunten *gopurams* atemberaubend weit in die Höhe.

Die den Teich umlaufenden **Säulengänge** des zwischen dem 15. und 17. Jh. von den Nayaks erbauten Tempels sind von den monolithischen, mit Ungeheuern geschmückten Granitpfeilern geprägt, die das vorkragende Deckensystem tragen. Auch die bunten Deckengemälde bilden einen interessanten Blickfang. Die meisten von ihnen stammen aus dem 17. Jh. und zeigen Szenen der von Shiva in Madurai vollbrachten Heldentaten. Der zwischen Tempelteich und dem nur Hindus zugänglichen Meenakshi-Schrein gelegene Kilikattu Mandapam beherbergt ein interessantes **Modell,** anhand dessen man sich einen Überblick über die verwinkelte Tempelanlage verschaffen kann. Allabendlich zwischen 20 und 21 Uhr findet am Eingang zum Meenakshi-Schrein die von vielen Gläubigen verfolgte **Lali Puja** statt.

Durch einen kleinen Durchgang gelangt man in den wesentlich größeren zweiten Tempelbereich mit dem **Sundareshvara-Schrein** im Zentrum. Die weiten, das Hauptheiligtum umlaufenden Korridore mit ihren fein skulpturierten Pfeilern beherbergen eine Reihe von Götterskulpturen, denen die Gläubigen ihre Aufwartung machen. Als erstes trifft man auf eine gewaltige **Ganesha-Figur,** welche im 17. Jh. auf dem Grund des fünf Kilometer östlich der Stadt gelegenen Mariammam-Teppakulam-Sees entdeckt und hierher gebracht wurde.

Vorbei an einem mit rotem Pulver bedeckten Hanuman-Schrein gelangt man zu der großen, dem Sundareshvara-Schrein vorgelagerten Halle. Hier versammeln sich die Gläubigen und warten darauf, dass der von einem Nandi-Bullen bewachte Hauptschrein (für Nicht-Hindus geschlossen) von den Tempelbediensteten geöffnet wird. Einer der beliebtesten Zeitvertreibe bestand bis vor Kurzem darin, die beiden im Norden des Hofes beim Tanz-

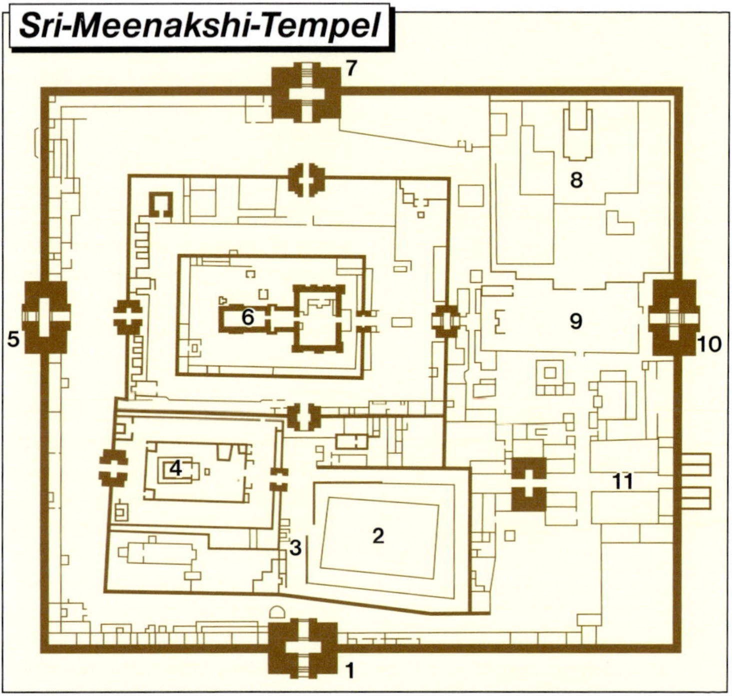

1 Südlicher Gopuram
2 Tempelteich (Pottamarai Kulam)
3 Kilikattu Mandapam
4 Meenakshi-Schrein
5 Westlicher Gopuram
6 Sundareshvara-Schrein
7 Nördlicher Gopuram
8 Halle der Tausend Pfeiler (Museum)
9 Kalyan Mandapam
10 Östlicher Gopuram
11 Meenakshi Naika Mandapam

wettbewerb dargestellten Figuren von Shiva und Kali mit Butterkugeln zu bewerfen. Das machte nicht nur den Pilgern Spaß, sondern erfreute auch die Brahmanen, die am Verkauf dieser Wurfgeschosse kräftig verdienten. Ob die gänzlich mit Butterfett besudelten Hindu-Götter Gefallen an dem kirmesähnlichen Vergnügen fanden, wurde wohl auch vom Brahmanenrat bezweifelt, der diese Praxis untersagte. Von den zahlreichen die Pfeiler schmückenden Figuren fällt besonders die Darstellung einer breitbeinigen Frau ins Auge, die als Sinnbild der Gebärenden gern von Schwangeren mit Öl bestrichen wird.

Begibt man sich von hier Richtung Osttor, gelangt man zu der links (nördlich) vom Hauptweg gelegenen **1.000-Säulen-Halle** (Airakal Mandapam). Tatsächlich handelt es sich dabei um 995 aufwendig mit springenden Pferden, berittenen Löwen sowie Fabelwesen und Göttern dekorierte, monolithische Granitpfeiler. Die Größe des Raumes, der eine Fläche von 75 x 75 m bedeckt, zeigt die zunehmende Bedeutung, die dieser Art von Versammlungssaal in der späten indischen Architektur zukam. Heute beherbergt der Saal das **Tempelmuseum** mit einer umfangreichen Sammlung von zum Teil ausgezeichneten Skulpturen. Wie so häufig in ähnlichen Museen Indiens macht alles einen sehr heruntergekommenen Eindruck. So wird dem an sich sehr schönen Raum viel von seiner Wirkung genommen.

Nach Durchschreiten des **Kalyan Mandapam,** Mittelpunkt des zwölftägigen, alljährlich im April/Mai in Erinnerung an die Krönung Shivas gefeierten **Chittirai-Festes,** gelangt man zum östlichen Rajagopuram. Wie die vier anderen ist dieser mit 56 m und neun Stockwerken höchste Torturm mit Tausenden von farbigen Figuren besetzt.

Spätestens hier wird man von Einheimischen angesprochen, die einen mit „The best view of the Meenakshi Temple" in ihr Textilgeschäft locken möchten. Die um den Tempelkomplex führenden Straßen sind gesäumt von **Stoffgeschäften und Schneidereien,** von deren Dächern sich tatsächlich häufig schöne Aussichten auf die Tempelanlage bieten. Es spricht also nichts dagegen eine solche – selbstverständlich nicht uneigennützig ausgesprochene – Einladung anzunehmen. Hat man die Aussicht genossen und Fotos gemacht, kann man sich ja wieder mit einem freundlichen Lächeln verabschieden ...

Auf keinen Fall entgehen lassen sollte man sich einen Besuch der unmittelbar vor dem Rajagopuram gelegenen, nur durch die Straße von ihm getrennten **Puthu Mandapa.** Die 111 x 35 m große Halle wurde ursprünglich als eine dem Tempelkomplex vorgelagerte Eingangshalle gebaut. Wie die mit Skulpturen der Nayak-Herrscher geschmückten Säulen belegen, handelte es sich hierbei um eine Art Visitenkarte, die den Gläubigen vor dem Betreten des Tempels die Macht und Großzügigkeit ihrer Herrscher vor Augen führen sollte. Heute haben sich in dem zu einer Art **Markthalle** umgewandelten *mandapam* viele Schneider niedergelassen, die es besonders auf Touristen abgesehen haben.

• **Öffnungszeiten:** Der Sri-Meenakshi-Tempel ist tgl. von 5 bis 12.30 Uhr und 16 bis 21.30 Uhr geöffnet. Schuhabgabestellen befinden sich an jedem der vier Eingangstore, Fototickets beim Südgopuram in der Nähe des Tempelteiches (50 Rs). Wer vom nördlichen Gopuram eintritt, spart die Fotogebühr! In den inneren Tempelbereichen ist fotografieren verboten, Videofilmen überall.

Märkte

Ein Augen- und Ohrenschmaus ganz besonderer Art ist der sich zwischen N. Chitrai St. und Avani Moola St. erstreckende **Obst- und Gemüsemarkt.** In den verwinkelten Gassen unmittelbar nördlich des Tempels scheint die Zeit stehengeblieben zu sein. Stundenlang könnte man an den unter der Last der Früchte fast zusammenbrechenden Holzständen vorbeibummeln und die Einheimischen beim Handeln

143is Foto: tb

beobachten. Da es an einigen Stellen während des Markttreibens glitschig werden kann, sollte man entsprechendes Schuhwerk tragen.

Noch eine Steigerung erlebt dieser Anschlag auf die Sinnesorgane auf dem **Blumenmarkt,** der leider vor Kurzem vom selben Areal in die Nähe des Integrated Bus Stand, 5 km entfernt, verlagert wurde (Trichy Road, per Riksha etwa 130 Rs mit Wartezeit und Rückfahrt). Der von außen hässliche Bau entpuppt sich innen als ein Meer von Farben und Düften. Riesige Mengen von leuchtend gelben, violetten, weißen und roten Blumen und Blüten, oftmals zu kunstvollen Girlanden zusammengesteckt, bilden einen überwältigenden Eindruck und lassen den Finger am Auslöser der Kamera „kleben".

Tirumalai-Nayak-Palast

Ein sehr schönes Beispiel des ansonsten in Tamil Nadu kaum zu sehenden **indo-islamischen Baustils** bietet der Tirumalai-Nayak-Palast gut einen Kilometer südöstlich des Meenakshi-Tempels. Allerdings bedarf es schon einiger Fantasie, um sich die ehemalige Größe und Pracht des im 17. Jh. vom gleichnamigen Nayak-Herrscher erbauten Palastes vorzustellen. Nur noch ein Viertel der ursprünglichen Anlage ist erhalten, Privattempel, Haremsbereich, Theatersaal und die Befestigungsmauern sind gänzlich verschwunden. Als besonders dreist erwies sich *Tirumalais* Enkel *Chockkanatha,* der einen Großteil der Einrichtung zum Bau seines eigenen Palastes in Tiruchirapalli abtransportieren ließ. *Lord Napier,* der Generalgouverneur von Chennai, ließ einen Teil des Gebäudes 1858 instand setzen. Es bleibt zu hoffen, dass die in den letzten Jahren zaghaft wieder aufgenommenen Restaurierungsarbeiten energisch fortgeführt werden.

Nach wie vor sehr beeindruckend ist der **Swargavilasa,** ein 75 x 52 m großer Hof, den man als erstes nach Passieren des hoch aufragenden Eingangstores betritt. Die trotz ihrer Größe elegant wirkenden, 18 m hohen Arkaden, die den „Himmelspavillon" umgeben, bilden zusammen mit den sehr detailgenauen Deckenverzierungen eine besonders schöne Synthese islamischer und hinduistischer Stilelemente.

Die jeden Abend vom Tourist Department veranstaltete **Sound and Light Show,** bei der die Geschichte Tirumalais nacherzählt wird, wurde zur Recherchezeit nicht gezeigt. Falls sie wieder in alter Form aufgenommen wurde, sollte man sich an Millionen von Moskitos und einem fast schon wieder amüsanten Gemisch aus heroischem Kommentar und tamilischem Gesang nicht stören (englische Vorstellung von 18.45 bis 19.30 Uhr).

In der ehemaligen Tanzhalle des Palastes ist heute das **Museum** unterge-

Eine beliebte Darstellung an den hoch aufragenden Tempeltoren ist Shiva, der in jeder seiner zehn Hände eines seiner Attribute hält

bracht, in dem u.a. Statuen und historische Aufnahmen der Palastanlage ausgestellt sind. Ein entspannter Fußmarsch zum Palast dauert etwa 20 Minuten, die Riksha-Fahrt kostet 15 Rs.

• **Öffnungszeiten:** Palast und Museum sind tgl. von 9 bis 13 und 14 bis 17 Uhr geöffnet. **Eintritt:** 50 Rs, Kamera/Video 30/100 Rs.

235ke Foto: mb

Mariammam-Teppakulam-Tempelteich

Nur während des im Januar/Februar zu Ehren der Hochzeit von Shiva und Meenakshi stattfindenden **Teppam-Festes** lohnt ein Ausflug zu dem fünf Kilometer südöstlich der Altstadt gelegenen Mariammam-Teppakulam-Tempelteich. Nur dann wird der den Rest des Jahres trockene künstliche kleine See mit Wasser gefüllt und das **Hochzeitspaar** auf einem **Floß** um den Tempelschrein in seiner Mitte gezogen, wobei die ganze Szenerie in ein romantisches Licht getaucht wird. Ursprünglich war der 1646 von *Tirumalai Nayak* erbaute Teich durch einen unterirdischen Kanal mit dem Vaigai-Fluss verbunden und wurde das ganze Jahr über durch dessen Wasser gespeist. Wie weit man der Geschichte Glauben schenkt, wonach man beim Ausheben des Teiches im 17. Jh. jene gewaltige Ganesha-Figur fand, die heute im Sri-Meenakshi-Tempel zu sehen ist, bleibt jedem selbst überlassen.

Museen im Tamukam-Palast

Das gut zwei Kilometer östlich des Zentrums in den Räumen des Tamukam-Palastes untergebrachte **Gandhi Memorial Museum** (tgl. 10–13 und 14–17.30 Uhr, Eintritt frei, Kamera/Video 50 Rs) gehört zu den interessantesten seiner Art in Indien. Der hübsche Bau wurde im 17. Jh. für die Königin *Rani Mangammal* errichtet. Anhand zahlreicher Ausstellungsobjekte wie historischer Aufnahmen, Originalbriefe, Zeitungsausschnitte und persönlicher Gegenstände wird die Lebensgeschichte Ghandis und die Geschichte der Befreiungsbewegung von der Mitte des 18. Jh. bis 1947 sehr eindrucksvoll nachgezeichnet. Spektakulärstes Ausstellungsstück ist zweifelsohne der blutbefleckte *dhoti,* den der berühmteste Sohn Indiens am Tag seiner Ermordung trug. Der Gandhi Literary Society Bookstore hinter dem Museum ist sonntags geschlossen.

236ke Foto: mb

Das in einem Extragebäude in der weitläufigen Gartenanlage untergebrachte **Government Museum** (Eintritt 100 Rs, tgl. außer Fr 9.30–17.30 Uhr) zeigt neben den üblichen Stein- und Bronzeskulpturen eine interessante Sammlung von Schattenpuppen, die wahrscheinlich vom Hof von Thanjavur nach Madurai gelangten.

- Mit einer Riksha kostet die Fahrt von der Altstadt zum Tamukam-Palast ca. 40 Rs.

Händlerinnen auf dem äußerst stimmungsvollen Gemüse- bzw. Blumenmarkt

Praktische Tipps

Information

- Das **TTDC Tourist Office** (Tel.: 2334757, 2337471), 180 West Veli St., mit sehr hilfsbereiten und freundlichen Angestellten, ist Mo bis Fr von 10 bis 17.30, Sa von 10 bis 13 Uhr geöffnet. Wer mit der Bahn ankommt, sollte die Filiale am Bahnhof (Tel.: 2342888) aufsuchen, dort tgl. von 7 bis 20 Uhr, allerdings ist nicht immer geöffnet. Auch am Flughafen gibt's eine Filiale.

Stadtverkehr

- Der Altstadtbereich zwischen Bahnhof und Sri-Meenakshi-Tempel ist klein genug und zudem so voll von faszinierenden Eindrücken, dass man sich gern und problemlos zu Fuß bewegt. Wer mit viel Gepäck ankommt und sich mit der **Riksha** vom Bahnhof zu einer der zahlreichen Unterkünfte im Bereich von Town Hall Rd. und West Perumai Maistry St. fahren lassen möchte, sollte nicht mehr als 20 Rs zahlen. Die Rikshafahrer von Madurai gelten jedoch als besonders raue Vertreter ihrer Zunft und entsprechend hart muss gefeilscht werden.
- Zum 11 km südlich des Zentrums gelegenen **Flughafen** muss man mit dem Taxi um die 250 Rs zahlen, etwa die Hälfte mit der Autoriksha.
- Minimalpreis für eine **Taxifahrt** ist 50 Rs, womit alle innerstädtischen Ziele zu erreichen sind. Zum New Bus Stand kostet es 140 Rs. Als Richtwert für eine Stadtrundfahrt per Taxi können 100 Rs pro Stunde inkl. 10 km (jeder weitere Kilometer 5 Rs) zugrundegelegt werden, für den Fahrer nochmal 125 Rs pro Tag, sodass man für eine Rundfahrt inkl. der außerhalb gelegenen Sehenswürdigkeiten mit gut 1.000 Rs rechnen muss.
- **Stadtbusse** zum 6 km außerhalb gelegenen New Central Bus Stand für Fernbusse sind die Linien 3, 4c, 48y und 70o.
- An der West Chitra Street am Sri-Meenakshi-Tempel können zwischen 9.30 und 21 Uhr bei S.V. Cycle **Fahrräder** für 5 Rs/Std. ausgeliehen werden.

142is Foto: tb

Stadtrundfahrt/Ausflüge

- TTDC veranstaltet keine Stadtrundfahrten.
- Eine etwa **achtstündige Tour** mit dem Taxi im Stadtgebiet kostet 1.300 Rs; will man in eine der **Hill Stations** in den West-Ghats, sind pro km 6 Rs zu zahlen, der Fahrer kostet noch mal 200 Rs. Für die Berge ist außerdem ein Aufschlag von 200 Rs dazuzulegen.
- Reisebüros bieten Tagesausflüge nach **Kodaikanal** für 1500 Rs und nach Kumily zum **Periyar-Naturreservat** an (3 Tage für etwa 3.000 Rs p.P.).

Unterkunft

Madurai bietet eine große Auswahl an guten Hotels aller Preiskategorien. Die meisten Unterkünfte der unteren und mittleren Klasse konzentrieren sich in der für Touristen besonders attraktiven Gegend zwischen dem Meenakshi-Tempel und dem Bahnhof. Gerade in Madurai lohnt es sich, ein paar Rupien mehr für die Übernachtung auszugeben, da die Unterkünfte dann oftmals ein hervorragendes Preis-Leistungs-Verhältnis bieten, während die meisten ganz billigen Hotels gerade einmal einfachsten Ansprüchen genügen. Besonders entlang der West Perumal Maistry St. stehen eine Reihe von ausgezeichneten und dabei erstaunlich preiswerten Mittelklassehotels. Bei den meisten Unterkünften herrscht ein „24 Hours Check Out System".

Untere Preiskategorie:

- Das **Hotel Palace** €-€€ (Tel.: 2342335, 2342777) ist eine der besten ganz billigen Unterkünfte in Madurai. Es liegt zentral und ruhig, die meisten Zimmer (alle mit Bad) haben TV. Die oberen Stockwerke sind wegen des Ausblicks vorzuziehen. AC ist etwas teuer.
- Eine sehr gute Billigwahl ist auch das **Hotel Gangai** €-€€ (Tel.: 2342181-3) mit sauberen AC- und Non-AC-Zimmer (teils mit TV) schon für ganz wenig Geld.

- Der tempelnahe **YMCA** €-€€ (Nathaji Rd./ Main Guard Square, Tel.: 2346649, 4382879, ymcamadurai@hotmail.com, w.ymcamadurai.com) ist mit 20 sehr großzügigen, sauberen Zimmern (AC mit TV, Non-AC ohne TV), allerdings ohne Aussicht, die sicherlich beste Wahl im unteren Preisbereich und strapaziert den Geldbeutel nicht.
- Bahnhofsnähe und eine Vielzahl unterschiedlicher AC- und Non-AC-Zimmer (meist mit TV) zu angemessenen Preisen, allerdings auch ein recht hoher Geräuschpegel sind die Qualitätsmerkmale des um einen Innenhof mit zwei Restaurants angelegten, großen **New College House** €-€€ (Town Hall Rd., Tel.: 2742971, 4373105, collegehouse_mdu@yahoo.co.in).
- Preisgleich und besser ist das ein paar Schritte entfernte **Hotel Pearls** €-€€ (West Perumal Maistry St., Tel.: 2341566, (0)9944232066, hotelpearls_mdu@yahoo.co.in), alle Zimmer mit TV. Aus den oberen Etagen hat man gute Fernblicke.
- Eine ganze Reihe qualitativ unterschiedlicher Hotels in diesem Preissegment befinden sich im nördlichen Teil der West Perumal Maistry Street, so die **T.M. Lodge** €-€€ (Tel.: 2341651, tmlodge@maduraiinfo.com, www.maduraitmlodge.com) mit akzeptablen AC- und Non-AC-Räumen, wobei die oberen Stockwerke zu bevorzugen sind. Gut ist das **Hotel International** €-€€ (Tel.: 2341552-54) mit AC- und Non-AC-Zimmern, wobei die ruhigeren, nach hinten gelegenen vorzuziehen sind, zumal man vom Balkon der zur Straße weisenden Zimmer wegen der Lautstärke kaum etwas hat. Das **Prem Niwas** €-€€ (Tel.: 2342532-59, premnivas@eth. net) ist passabel und hat ein vegetarisches AC-Restaurant zu bieten.
- Obwohl die Billigzimmer etwas verwohnt sind, ist das tempelnahe **Hotel Shree Devi** €-€€€ (West Avani Moola St., Tel.: 2347431-2) zu empfehlen, da sie gerade in den oberen Stockwerken tolle Ausblicke auf den Tempel bieten. Auf dem Dachgarten, wo sich das schönste Zimmer des Shree Devi befindet, wird auch Kaffee und Bier serviert.
- Teilweise sehr schöne Ausblicke von den oberen Stockwerken über die Stadt und einen kleinen Tempel in der Nähe sowie 72 große AC- und Non-AC-Zimmer machen das ruhig gelegene **Hotel Aarathi** €-€€€ (Perumal Kovil West Mada St., Tel.: 2731571) zu einer noch guten Wahl, Service und Instandhaltung haben jedoch in den letzten Jahren nachgelassen. Ein vegetarisches Restaurant ist vorhanden.

Mittlere Preiskategorie:

- Ganz nah am östlichen Tempelhaupteingang ist das klimatisierte **Sri Temple Park** €€€ (North Chitirai St., Tel.: 2623921-5, booking@sritemplepark.com, www.sritemplepark.com) eine angenehme und saubere Adresse in günstiger Lage, wobei besonders die Zimmer mit Fenster nach vorn zu empfehlen sind. Außerdem teurere Suiten mit viel Platz.
- Dem Preis entsprechend wohnt man im **Hotel EmPee** €€€ (Nethaji Rd., Tel.: 2341525-7, empeeson@rediffmail.com). AC- und Non-AC-Zimmer mit großen Fenstern, Balkon und TV sind die Ausstattung.
- Verblüffend billig ist das zentral klimatisierte **The Golden Park** €€-€€€ (West Perumal Maistry St., Tel.: 2350899, 2350863, info@goldenpark.co.in, www.goldenpark.co.in). Die makellos sauberen Zimmer mit Marmorboden und TV sind angenehm. Auch das Dachrestaurant mit weitem Tempelblick ist attraktiv.
- Ebenfalls in dieser Straße sind das **Hotel Chentoor** €€-€€€ (Tel.: 2350490, chentoor01@sancharnet.in, www.hotelchentoor.com) mit schönem Ausblick nach vorn und das **Hotel M.R. International** €€-€€€ (Tel.: 2348201-04, www.hotelmrintrnational.org) komfortabel. Beide haben saubere AC- und Non-AC-Räume mit TV, manche mit Sitzgruppe.
- Besonders die nicht klimatisierten Zimmer der **Madurai Residency** €€-€€€€ (West Marret St., Tel.: 2343140, www.madurairesidency.com) sind preisgünstig, Frühstück inklusive. AC ist zu teuer, in den oberen Etagen gibt's Weitblick. Bar und Restaurant sind angeschlossen.
- Das **Hotel Park Plaza** €€€-€€€€ (Tel.: 3011111, plaza@hotelparkplaza.net, www.hotelparkplaza.net) ist das beste Hotel entlang der West Perumal Maistry St., aber auch ein

Madurai, Altstadt
0
150 m
Sangam Road
North Veli St.
North Masi Street
West Masi Street
West Perumal Maistry Street
West Market Street
West Veli Street
Town Hall Road
Dindigul Sreet
T. B. Road
South Masi St.
Haupt-bahnhof
1
2
3
4
5
6
7
8
9
10
11
12
13
14
15
16
17
18
19
20
21
22
23
24
25
26
27
28
32
33
34
35
36
37
38
39
40
41
42
43
44
45
46
47
48
49
50
51
52
53
54
55

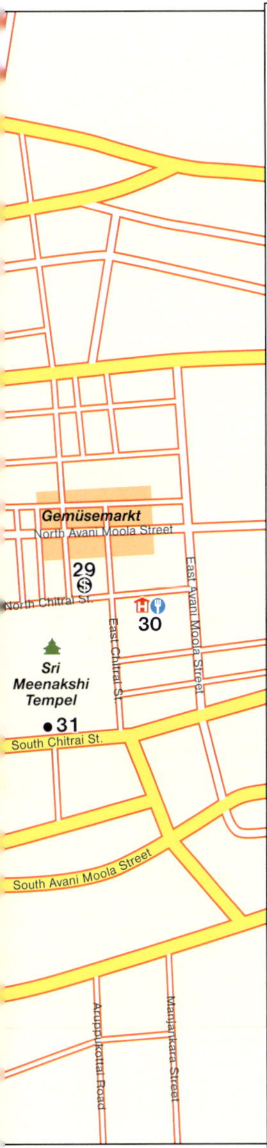

1 Hauptpost
2 UTI ATM
3 UAE Exchange
4 Canara Bank und ATM
5 Hotel Golden Park
6 Hotel Park Plaza, sify-i-way
7 Hotel Gangai, Maria Tours & Travels
8 Internetcafé
9 Royal Court Hotel
10 Hotel Prem Niwas
11 Indian Airlines, HDFC ATM
12 State Bank of India
13 Kerala Handicrafts
14 Büros privater Busgesellschaften
15 Taxi Prepaid und Preisschild
16 UTI ATM
17 Reservierungsbüro
18 Poompuhar Handicrafts, Malligi Bookcentre
19 Moschee
20 New College House, Anna Meenakshi Rest., Shoppers Shop
21 Hotel International, T.M. Lodge
22 Chat Club, Turning Point Books
23 Hotel Pearls
24 Taj Restaurant
25 Meenakshi Bhawan, Divya Mahal, sify-i-way
26 M.R. International
27 Mohana Travels, sify-i-way
28 Shree Devi Hotel
29 ICICI ATM
30 Sri Temple Park, Naveen Self Service
31 Foreigners Reporting Office
32 SV Cycle, idbi-ATM
33 Hotel Amritha
34 Zulaiha Tower, Sri Krishna Sweets, LKP Forex
35 YMCA
36 Radhakrishna Hospital
37 Net World
38 Hotel Palace
39 Hotel Padman
40 Jayaram Bakers
41 sify-i-way
42 Madurai Residency
43 Shanti Cabs, Church of the Holy Redeemer
44 Periyar Busstand
45 Moschee
46 Hotel Em Pee
47 Cake Corner
48 Vasanthani Rest.
49 sify-i-way
50 Tempel
51 Radhakrishna Towers
52 Kuda Lalagar Perumal Tempel
53 Hotel Aarathi
54 SETC Reservierungsbüro, Städt. Busbahnhof
55 Tamil Nadu Tourist Office und Hotel

bisschen überteuert. Alle der insgesamt 55 Zimmer haben AC und Kabel-TV. Auch hier bietet sich vom hauseigenen Roof-Top-Restaurant (ab 17 Uhr geöffnet) ein herrlicher Blick über die Stadt.

Obere Preiskategorie:

- Die einzige als luxuriös zu bezeichnende Bleibe im Innenstadtbereich ist das hervorragende Mittelklassehotel **Royal Court Hotel** €€€€-€€€€€ (West Veli St., Tel.: 4356666, (0)9360329985, royalcourt@dataone.in, www.royalcourtindia.com) gegenüber vom Bahnhof. Das etwas auf altmodisch getrimmte, zentral klimatisierte Haus offeriert sehr gemütliche Zimmer, die meisten mit Balkon und Internetzugang. Ein Fitnessraum und ein schönes Dachrestaurant sorgen fürs körperliche Wohl.
- Gut 2 km nordöstlich der Altstadt bietet das zentral klimatisierte **Fortune Pandiyan Hotel** €€€€€ (Alagarkoil Rd., Tel.: 4356789, pandiyan@fortuneparkhotels.com, www.fortunepandiyanhotel.com) alle Annehmlichkeiten eines Hotels dieser Preiskategorie. Gelobt wird auch das Frühstücksbüffet. Im schönen Garten mit Swimmingpool (100 Rs für Besucher) kann man sich ein wenig vom hektischen Treiben erholen.
- Die mit Abstand schönste und stilvollste Unterkunft in Madurai ist das ausgezeichnete **Taj Garden Retreat** €€€€€ (Tel.: 2601020, 2371601, www.tajhotels.com). Der Name ist treffend, handelt es sich doch um eine aus mehreren Gebäudeteilen bestehende Anlage auf einem Hügel, umgeben von einem großzügigen Park. Das umtriebige Madurai scheint Lichtjahre entfernt. Man hat die Wahl zwischen drei verschiedenen Zimmerkategorien. Am schönsten logiert man in den frei stehenden Cottages mit Balkon. Zu den Annehmlichkeiten gehören u.a. ein Pool, Tennisplätze und ein sehr gutes, großes und geschmackvoll eingerichtetes Restaurant.

Essen und Trinken

Nicht zuletzt die große Auswahl an guten Restaurants macht Madurai zu einer bei Touristen beliebten Stadt. Das Angebot reicht von einfachen vegetarischen Gaststätten im Umkreis des Tempels mit scharfen einheimischen Gerichten für wenig Geld bis zum exklusiven Abendmahl im Restaurant des Taj Garden Retreat. Nicht entgehen lassen sollte man sich auch die zahlreichen Dachrestaurants auf den Hotels im Bereich der West Perumal Maistry St., ideale Orte, um sich nach einem Sundowner mit Blick über die Skyline und die hoch aufragenden Tempeltürme den Wind um die Nase wehen und gemütlich den Tag ausklingen zu lassen. Für den kleinen Snack zwischendurch bieten sich die **Idli-Stände** um den Meenakshi-Tempel an. Ausgezeichnet sind auch die an vielen Ständen angebotenen frisch gepressten Obstsäfte.

- Hervorragend zu kleinem Preis speist man im **Mahal Restaurant** und im **Meenakshi Bhawan,** beide in der Town Hall Rd. Hier kann man sich an ausgezeichneten Fleischgerichten oder chinesischer Küche laben; zu empfehlen sind auch die leckeren *biryani.* Etwas nobler sitzt es sich in der angeschlossenen „Aircon"-Abteilung. Auch das **Taj Restaurant** einige Meter entfernt ist eine gute Adresse fürs leibliche Wohl.
- Das **New College House,** 2 Town Hall Rd., ist ein großer, schmuckloser Speisesaal mit viel Atmosphäre und der ideale Ort, um zusammen mit dem fast ausschließlich einheimischen Publikum ebenso reichhaltige wie günstige vegetarische Gerichte zu vertilgen. Besonders zu empfehlen sind die köstlichen *thalis.* Mittags kann es zu Wartezeiten kommen. Auch **Meenakshi Bhawan** (Town Hall Rd.) serviert vegetarische indische Speisen gut und billig, im ersten Stock klimatisiert.
- Komfortablere Varianten des vorherigen sind das **Anna Meenakshi** in der West Perumal Maistry St. und **Divya Mahal** (hier außerdem chinesische und italienische Gerichte zwischen Aquarien) an der Town Hall Rd. Alles ist blitzsauber, das Ambiente freundlich und das Essen (*thalis* werden aufs Bananenblatt geklatscht) preiswert und lecker.
- Tempelnah verwöhnt das **Hotel Amritha** preisgünstig und gut mit vegetarischer indischer Küche, mittags nur *thalis.*
- Eine klimatisierte vegetarische Variante in der Dindigul Rd. ist das **Sri Ganesh Mers Restaurant.** Kaum ein Gericht kostet hier mehr als 30 Rs.

- Von den zahlreichen Dachterrassenrestaurants im Bereich der West Perumal Maistry Street seien jene auf den Hotels **Chentoor, Sulchana Palace, Supreme** und **Park Plaza** genannt. Die Preise liegen hier mindestens 50 % über den allerdings auch sehr niedrigen in den einheimischen Restaurants. Dafür wird man mit einer herrlich friedvollen Atmosphäre über den Dächern von Madurai, einer tollen Aussicht und einer frischen Brise belohnt.
- Nicht weit vom östlichen Haupteingang zum Tempel ist das **Naveen Self Service** ein bei der einheimischen Bevölkerung äußerst beliebtes Stehrestaurant für Snacks, kleine Mahlzeiten, Torten und Kekse.
- Eine von vielen Bäckereien in der Stadt: **Cake Corner** in der Dindigul Rd. Süßmäuler kommen tempelnah bei **Sri Krishna Sweets** und **Bombay Sweets** im Zulaiha Tower zum Schleckern.
- Der kleine Supermarkt von **Shoppers Shop** im Haupteingang zum New College House befriedigt nicht nur den Heißhunger auf Süßigkeiten wie Schokolade (leider recht teuer), sondern offeriert auch Nützliches wie Shampoo und Sonnenschutzmittel.

237ke Foto: mb

Bank

- Abgesehen von den Hotels der oberen Kategorie wird man am schnellsten im **UAE Exchange** (Tel.: 2350711), etwas nördlich der Altstadt, bedient, das auch sonntags geöffnet ist (Mo–Sa 10–18 Uhr, So 10–13.30 Uhr).
- Ein paar Meter entfernt ist die **Canara Bank** ebenfalls effizient. Dort auch ein ATM.
- Auch **VKC Forex Service,** in den Zulaiha Towers nahe dem Tempel und in der North Veli St. schräg gegenüber der Hauptpost, wechselt effizient (tgl. außer So 9–18 Uhr).
- Die **ATMs** der **HDFC Bank** neben der State Bank of India und der **idbi-Bank** auf der Westseite des Sri-Meenakshi-Tempels verarbeiten alle international wichtigen Kreditkarten, während die Automaten der **State Bank of India** nahe dem Tempel, eine Gasse an der Südseite hinein, und der **ICICI Bank** auf der gegenüberliegenden Tempelseite die wichtigsten Kreditkarten bis auf Amex akzeptieren.

Post und Internet

- Die **Hauptpost** befindet sich an der Ecke Scozz Rd./North Veli St. und ist Mo–Sa von 8 bis 19 und So von 9 bis 16 Uhr geöffnet, der Poste-Restante-Schalter im Philatelic Bureau jedoch nur Mo–Sa von 9.30 bis 17.30 Uhr.
- Vornehmlich im von Travellern frequentierten Bereich um die West Perumal Maistry St. und die Dindigul Rd. gibt's viele **Internetcafés,** die alle um die 30 Rs pro Stunde verlangen. Besonders hervorzuheben sind die vielen schnellen Breitbandverbindungen von **Sify-i-way** in Madurai, bei den meisten von ihnen ist ist das billige Net-to-phone-Telefonieren (um 4 Rs/Min. nach Europa) via Internet möglich. Nahe dem Sri-Meenakshi-Tempel bietet sich das **Friends Net,** eine kleine Gasse hinein, an. Günstig und schnell sind die Verbindungen im **Chat Club** (Town Hall Rd., 3. Stock) gegenüber der New College Lodge.

Medizinische Versorgung

- Hervorragend ist das neue **Vadamalayan Hospital** (Notfallnr.: 535595), allerdings 5 km außerhalb des Zentrums.
- Nicht ganz so weit entfernt auf der anderen Flussseite liegt das gute **Apollo Hospital** (Cole Area Rd., Tel.: 2580892-4).
- Für kleinere Malaisen mag das **Radakrishna Hospital** in der Dindigul Rd. ausreichen.

Shopping

- Madurai gilt als eines der Zentren zum Kauf von Stoffen und Textilien in Südindien. Die Straßen um den Meenakshi-Tempel sind gepflastert mit **Textilgeschäften** und **Schneidern,** die die soeben gekauften Stoffe in ein paar Stunden zu Kleidern, Hosen und Hemden verarbeiten. Überall lauern Schlepper, um westliche Touristen zum Kauf in einem der von ihnen gepriesenen Geschäfte zu überreden. Wer sich darauf einlässt, dem wird selbstverständlich die Provision zum Kaufpreis hinzugerechnet. Nichtsdestotrotz sind die Preise im Vergleich zu Mitteleuropa günstig – allerdings nur nach zähem Verhandeln. Auch wenn bei einigen eine offizielle „Fixed-Price-Politik" herrscht, kann man meist auch dort noch ein paar Prozente herausschlagen. Wegen des großen Angebots macht es Sinn, sich zunächst in mehreren Geschäften umzuschauen, um so einen Überblick über Preise und Stoffe zu erlangen.

  Häufig erliegt man dem sehr ansprechend ausgebreiteten Warenangebot und kauft viel mehr, als geplant. Im Übrigen berechnen einige Geschäfte viel zu viel Stoff zur Verarbeitung eines Kleidungsstückes. Was später übrig bleibt, kann man dann nochmal verkaufen. Da die Schneider zwar sehr schnell arbeiten, dies jedoch recht häufig zu Lasten der Genauigkeit geht, sollte man genügend Zeit geben, zumal dann noch Spielraum für eventuelle Korrekturen bleibt. Am besten man hinterlässt ein Kleidungsstück als Muster, damit Maße und Schnitt den eigenen Vorstellungen entsprechen.
- Die zunehmende Beliebtheitheit von Madurai bei einheimischen wie ausländischen Touristen hat in den letzten Jahren zur Eröffnung von zahlreichen Geschäften geführt, die **kunsthandwerkliche Produkte** anbieten. Dabei handelt es sich meist um große, sich über mehrere Stockwerke erstreckende Läden, die von Holzschnitzereien über Bronzestatuen, Seidenstickerei, Schmuck, Lampen, Möbel und Teppiche alles unter einem Dach anbieten. Einige der bekanntesten Adressen: Poompuhar Handicrafts, 12 West Veli St.; Cottage Arts Emporium, 36 North Chitrai St.; All India Handicrafts Emporium, 39-41 Town Hall Rd.; Madurai Gallery, 19 North Chitrai St.
- **Turning Point Books** im Gebäude gegenüber der New College Lodge (4. Stock) hat eine umfangreiche Auswahl an englischsprachiger Literatur.

An- und Weiterreise

Flug:

Indian Airlines fliegt täglich über Chennai nach Mumbai. **Jet Airways** (www.jetairways.com) und **Kingfisher Airlines** fliegen täglich nach Chennai und Bangalore, **Paramount Airways** nach Goa, Chennai und Cochin. Über aktuelle Flugverbindungen aller Airlines informiert sehr übersichtlich die Website www.yatra.com.

- **Indian-Airlines:** 7a West Veli St., Mo–Sa 10–18 Uhr, Tel.: 2341234/6, 2690433 (Flughafen), Nummer im Notfall: 2301949.
- **Jet Airways:** Tel.: 2526969/71, 2690771-3 (Flughafen).
- **Kingfisher Airlines:** Tel.: 1800/2093030, www.flykingfisher.com).
- **Paramount Airways:** Tel.: 1800/1801234, am Flughafen: 2690605/7/8, www.paramountairways.com.

Bahn:

Vom „touristenfreundlich" ganz in der Nähe der Hotelgegend um die West Perumal Maistry St. gelegenen Bahnhof gibt es eine Vielzahl von Verbindungen, u.a. nach **Bangalore, Chennai, Kanyakumari** und **Trivandrum.** Eine Abendverbindung von Trivandrum ist z.B. der 6124 Ananthapuram Exp., der um 16.20 Uhr abfährt und Madurai um 23 Uhr erreicht. In der anderen Richtung: der 6127 Guruvarur Exp., Abfahrt Madurai um

16.35 Uhr, Ankunft Trivandrum 23.30 Uhr. Weitere Verbindungen siehe Anhang.

Das **Reservierungsbüro** links vom Bahnhof ist Mo–Sa 8–20 Uhr und So 8–14 Uhr geöffnet, es gibt keinen gesonderten Touristenschalter.

Ob die landschaftlich großartige Fahrt nach **Kollam** durch die Western Ghats (evtl. mit Umsteigen in Virudhunagar) wieder existiert, muss vor Ort in Erfahrung gebracht werden. Ob und wenn ja unter welchem Namen es diese häufig wechselnde Verbindung noch gibt, kann, wenn die Bahnangestellten nicht hilfsbereit sind, im Internet nachgeschaut werden: www.indianrail.gov.in.

Bus:

Madurai hat vor einiger Zeit sein Busnetz völlig umgestellt. Aus ehemals fünf Busbahnhöfen für Überlandfahrten ist einer geworden, der allerdings 6 km von der Innenstadt entfernt im Nordosten liegt (teure 60 Rs mit der Riksha). Vom Busbahnhof **Integrated Bus Stand** (Auskunfts-Tel.: 2585838, auch Central oder New Bus Stand genannt) in Mattuthavani sind fast alle Städte in Tamil Nadu und alle größeren der umliegenden Bundesstaaten per Bus zu erreichen. Am besten erkundigt man sich beim Tourist Office im Süden der Altstadt (West Veli St.), dem auch in dieser Hinsicht sehr hilfsbereiten Touristenbüro, wann und von wo der gewünschte Bus abfährt. Busse nach Westen starten häufig vom **Arapalayam Bus Stand,** 2 km nordwestlich der Altstadt. Da es hier leicht chaotisch zugeht, sollte man sich zum richtigen Bus mindestens einmal durchfragen.

Vom Integrated Bus Stand nach **Chennai** tgl. ca. 20 Deluxe-Busse, klimatisierte Luxusverbindungen zwischen 20.30 und 21.30 Uhr, nach **Bangalore** über Salem mit KSRTC 6 Busse (6, 7, 18, 19, 20 und 21 Uhr), ins 245 km entfernte **Pondicherry** zwei Nachtbusse um 20.35 und 22 Uhr. Nach **Kozhikode** um 8.30 Uhr (386 km), **Ernakulam** (via Kottayam) 9, 11 und 21 Uhr, **Guruvayur** 7.30 und 22 Uhr (322 km), **Mysore** 16 und 21.30 Uhr (dieser über Ooty), **Thiruvananthapuram** (9 Std., 220 Rs) 8.30 und 21.30 Uhr, **Rameshwaram** (4 Std., 60 Rs) alle halbe Stunde. **Tiruchirapalli** (3 Std.) wird stündlich bedient.

Vom **Arapalayam-Busbahnhof,** 2 km nordwestlich der Altstadt, u.a. Verbindungen nach **Kodaikanal** (4 Std., 11 Busse tgl., um 12.45 Uhr eine Deluxe-Verbindung, im 2. Teil über kurvenreiche Strecke) und **Coimbatore** (alle 15 Min., 6 Std.), Coimbatore ist der Umsteigepunkt für Ooty und Mysore. Nach **Kumily** stündlich (4½ Std., zum Teil mit umsteigen in Kamban), zusätzlich nach **Thekkady** um 6.20, 12.05 und 17.45 Uhr sowie nach **Munnar** ein Bus um 8.10 Uhr. Nach **Trivandrum** um 7 Uhr in 9 Std.

Abgesehen von den hier genannten Verbindungen setzen zahlreiche im Bereich des STC-Busbahnhofs angesiedelte **private Gesellschaften** Luxusbusse zu Zielen wie Bangalore und Chennai ein, die meist über Nacht fahren. Man sollte jedoch nur direkt in deren Büros Tickets kaufen und auch nur für Direktverbindungen. Wer irgendwo umsteigen muss, dem wird sein Anschlussticket so gut wie nie anerkannt, sodass er ein zweites Mal zahlen muss, um zum Ziel zu gelangen. Dies gilt erst recht für die zahlreichen im Bereich des STC auf Touristen lauernden Schlepper. Viele der von ihnen angebotenen Tickets sind zudem wesentlich teurer als die, die man ein paar Meter weiter am Schalter kaufen kann.

Taxi:

Fernverbindungen per Taxi haben Festpreise, die auf einem Schild am **Prepaid-Stand** vor dem Bahnhof eingesehen werden können. Einige **Preisbeispiele** (jeweils einfache Fahrt mit Ambassador oder Indica, Hin- und Rückfahrt etwa 10–20 % mehr, neuere Fahrzeuge oder AC sind bis 30 % teurer): Kodaikanal 1.600 Rs, Thanjavur und Munnar (inkl. *permit*) 2.000 Rs, Kanyakumari 2.500 Rs, Varkala und Kollam 3.000 Rs, Pondicherry und Trivandrum 3.800 Rs.

Gute Kritiken als **Reisebüro** bekommt *Maria Tours & Travels* (West Perumal Maistry St., Tel.: 2348070, (0)9443064807) im Hotel Gangai. Ein recht verlässliches **Taxiunternehmen** ist *Shanti Cabs* (Tel.: 2340065, (0)9842140065) mit seinem Büro bei der Church of the Holy Redeemer.

200ke Foto: tb

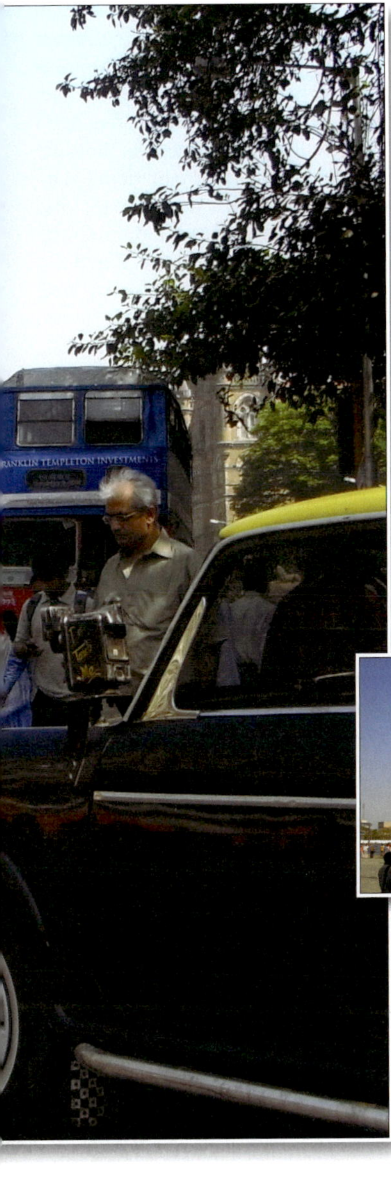

Mumbai
(Bombay)

205ke Foto: nl

Alltagsleben in Mumbai vor dem Bahnhof Victoria Terminus

Gateway of India

Überblick

Einwohner: 16,5 Mio.
Vorwahl: 022

Lumpige zehn Pfund Jahresgebühr waren der britischen Regierung die sieben moskitoverseuchten Inseln wert, die sie 1668 an die East India Company verpachteten. Auf ihnen steht heute Bombay bzw. Mumbai, wie die Stadt seit 1981 hochoffiziell heißt. Heute würde man für das Geld gerade mal ein paar Quadratzentimeter der Straßen bekommen, von denen man sagt, sie seien mit Gold gepflastert.

Der Aufstieg der heutigen **Hauptstadt Maharashtras** vom unbedeutenden Fischerdorf zum Finanz-, Handels- und Industriezentrum Indiens erscheint tatsächlich so märchenhaft wie einer der 150 abendfüllenden Kinofilme, die jährlich in den Studios von Mumbai gedreht werden. Diese glorifizieren das süße Leben in Mumbai und locken damit jugendliche Ausreißer und Armuts-Migranten aus allen Ecken des Landes in die Stadt. Bollywood, wie Mumbai oft scherzhaft genannt wird, hat sich zum Hollywood am Arabischen Meer gemausert.

Viele Bewohner verweisen aber lieber darauf, dass die Stadt nicht nur den größten Flughafen, sondern auch den umschlagkräftigsten Hafen des Landes beherbergt, in dem 50 % aller indischen Exportwaren verladen werden. Nebenbei besitzt die Stadt eine der größten Textilindustrien der Welt – auch wenn mittlerweile viele Werke aus Kostengründen aus der Stadt verlegt werden. Besonders stolz ist man darauf, dass ein Drittel der gesamten Einkommensteuern Indiens in Mumbai erwirtschaftet werden. Die Silhouette der kühn in den Himmel ragenden Glas- und Betontürme, der Bürogebäude am Nariman Point, dem „Manhattan Mumbais", ähnelt mehr und mehr der von Singapur oder Hongkong. „Money Makes the World Go Round" heißt hier die Devise und viele träumen unverdrossen den Traum „Vom Tellerwäscher zum Millionär". Ihre Heroen sind nicht mehr Rama, Krishna oder Hanuman, sondern Helden der Kinowelt wie *Shah Rukh Khan, Amitabh Bachchan* oder *Sanjay Dutt*.

Doch genauso wie die **Glamourwelt** der Filmindustrie wegen ihrer tiefen Verstrickung mit der Unterwelt Mumbais in letzter Zeit tiefe Risse bekommen hat, treten die Schattenseiten dieser rücksichtslosen Ellbogengesellschaft immer deutlicher zutage. Während die wenigen Privilegierten in ihren luxuriösen Villen auf dem Malabar Hill die Aussicht auf die Skyline genießen, fristen gleichzeitig Millionen anderer ein Leben am Rande des Existenzminimums. Über die Hälfte der Stadtfläche gilt heute schon als **Slumgebiet.** Zwei Millionen Einwohner verfügen über keine Toilette – die daraus resultierenden hygienischen Verhältnisse lassen sich unschwer erahnen. Hinzu kommt die nach Delhi und Kalkutta höchste **Luftverschmutzung** Indiens, teilweise verursacht durch die in den Außenbezirken angesiedelten Industrieunternehmen. Der besonders stark betroffene Vorort Chembur wird oft zynisch als Gas Chamber (Gaskammer) bezeichnet.

Obwohl Mumbai mit seinen ca. 16,5 Mio. Einwohnern schon jetzt zu einer der dichtbesiedeltsten Städte der Erde zählt, strömen nach wie vor täglich Hunderte von Zuwanderern aus dem Hinterland in die City of Gold, um ihren Anteil am großen Kuchen zu erhaschen. Prognosen für das Jahr 2020 sagen eine Bevölkerung von alptraumhaften 25 Millionen voraus. Mit dem **Bevölkerungswachstum** ist der Boden inzwischen zum teuersten Gut geworden. Mumbais verfeindete Mafia-Banden kämpfen heute weniger um Anteile am Drogen- und Prostitutionsgeschäft als um profitträchtige Makler-Deals.

Mumbai gleicht in den letzten Jahren zunehmend einem Dampfkessel, der jeden Moment zu explodieren droht. Gewalt und Friedfertigkeit, Glanz und Elend, prachtvolle Strandvillen und erbärmlich stinkende Slums – sie alle liegen auf Tuchfühlung beieinander. Die Atmosphäre einer jungen, zukunftsorientierten Stadt in einem Land, das in jahrtausendealten Traditionen wurzelt – all diese Widersprüche machen Mumbai zu einer fesselnden Metropole. Genauso wenig, wie New York Amerika repräsentiert, ist Mumbai ein treffendes Spiegelbild der indischen Wirklichkeit. Doch wer die Stadt nicht gesehen hat, hat ein faszinierendes Stück Indien nicht gesehen.

Terroranschläge in Mumbai

Im November 2008 wurde die Stadt von schweren Terrorattacken mit über 170 Todesopfern und vielen Verletzten heimgesucht – wie schon mehrere Male seit 1993. In diesem Fall waren jedoch vorwiegend touristische Einrichtungen wie Luxushotels, der Victoria Terminus und das Café Leopold Ziel der Angriffe, womit der Terrorismus in Indien eine neue Eskalationsstufe erfuhr. Dennoch kehrte in der Millionenmetropole relativ schnell wieder der Alltag ein. Zu Redaktionsschluss im Januar 2009 herrschen erhöhte Sicherheitsvorkehrungen. Die Arbeiten an den beschädigten Gebäuden, vor allem am Taj Mahal Palace Hotel, dauern an.

Orientierung

Mumbai wirkt zunächst recht unüberschaubar, doch im Innenstadtbereich lässt sich die Stadt in drei leicht voneinander zu unterscheidende Bezirke unterteilen. **Colaba** ist der Stadtteil im Süden, in dem sich mit dem **Gateway of India** und dem Taj Mahal Intercontinental Hotel zwei der berühmtesten Wahrzeichen Mumbais befinden. Zwischen der direkt hinter dem Hotel verlaufenden Mereweather Road und dem Colaba Causeway, der Haupteinkaufsstraße Colabas, haben sich die meisten Billighotels sowie viele Restaurants angesiedelt.

Nördlich an Colaba schließt sich **Mumbai Fort** an, so benannt, weil hier früher das alte Fort stand. Hier finden sich die meisten der großartigen Kolonialbauten aus dem letzten Jahrhundert wie die Universität, das Postamt, Victoria Terminus und Churchgate sowie zwei der drei großen Bahnhöfe der Stadt. Von Süd nach Nord wird Mumbai Fort von einer großen Rasenfläche durchzogen, dem so genannten Maidan, der heute vornehmlich als Cricket-Übungsplatz Verwendung findet.

Westlich an Mumbai Fort schließt sich **Back Beach** an, jener Bereich, der erst Anfang dieses Jahrhunderts durch gewaltige Landaufschüttungen entstand. Abgeschlossen wird er heute vom Meer durch den imposanten sechsspurigen Marine Drive. Das südliche Ende dieser Prachtstraße wird vom Nariman Point beherrscht, einem großen, kreisrunden Platz mit vielen modernen Wolkenkratzern wie dem Air-India-Gebäude oder dem Oberoi Hotel.

Der Marine Drive führt weiter nördlich zum Chowpatty Beach und dann im Halbkreis weiter zum Malabar Hill, dem Wohnviertel der Oberschicht. Mumbai Central, der dritte Großbahnhof Mumbais, liegt ca. 2,5 km nördlich vom Chowpatty Beach. Der Sahar International Airport befindet sich 30 km nördlich des Stadtzentrums.

Geschichte

Niemand wäre 1537, als die **Portugiesen** in der so genannten „Treaty of Bassein" sieben Inseln vom Sultan von Gujarat zugesprochen bekamen, auf die Idee gekommen, hier einen Hafen zu errichten. Dazu waren die Verbindungen zum Hinterland einfach zu ungünstig. Die sich unmittelbar im Osten anschließenden Berge der West-Ghats schienen unüberwindbar, zumal kein Fluss diese Gebirgskette durchbrach.

Ganz anders war dies beim nur 250 km nördlich gelegenen **Surat,** dem bedeutendsten Hafen des Mogul-Reiches. Das Tal des Tapi-Flusses, an dem Surat liegt, verband die Stadt mit den Niederungen Gujarats. Zudem war die Hauptstadt Delhi über das Plateau von Malwa leicht zu erreichen. Jedes Jahr verließen Hunderte von voll beladenen Schiffen die Stadt und nahmen Kurs auf Arabien. Das begann sich allmählich zu ändern, als Surat auf dem Höhepunkt der Mogul-Macht unter *Aurangzeb* im Jahre 1664 vom Marathen-Führer *Shivaji* gebranntschatzt wurde. Mehr und mehr erwiesen sich nun Surats Vorteile als Nachteile. Die guten Verbindungen zum Hinterland bedeuteten nämlich auch, dass die Stadt für die vom Osten anrückenden Eroberer, die es auf die enormen, für den Export im Hafen ge-

Neue Straßennamen

Erschwert wird die Orientierung vielfach dadurch, dass in den letzten Jahren viele der noch aus der Kolonialepoche stammenden Straßennamen indisiert wurden. Die neuen Namen wurden jedoch bisher von der Bevölkerung kaum angenommen. Hier einige der wichtigsten Beispiele:

Alter Name	Neuer Name
Colaba Causeway Rd.	Shahid Bhagat Singh
Flora Fountain	Hutatma Chowk
Fort Street	Walchand Hirachand Marg
Marine Drive	Netaji Subhash Chandra Bose Marg
Rampart Row	K. Dubash Marg
Strand Road	P.J. Ramchandani Marg
Warden Road	Bhulabhai Desai Road

Mumbai (Bombay)
Flughäfen (13 km), Juhu (12 km), Bandra (13 km)
Arabisches Meer
Back Bay
Custum Basin
Cross Island
Elephanta Island, Mandwa
Nariman Point
Malabar Hill
Pferderennbahn
Mahalaxmi Bahnhof
Mumbai Central
Busbahnhof Mumbai Central
Grant Road Station
Chowpatti-Strand
Charni Road Bahnhof
Marine Lines Bahnhof
Churchgate-Bahnhof
Victoria Terminus
Horniman Circle
Fort
Colaba
Gateway of India
S. Seite 346
S. Seite 359
1 km
Lala Lajpatrai Marg
Keshavraokhade Marg
Dr. E. Moses Road
Sane Guruji Marg
N. M. Joshi Rd.
Dr. B. Ambeokar Rd.
Barrister Nath Pai Marg
Bapurao Jagtap Marg
Com
Maulana Azad Road
Dr. Anandrao Nair Rd.
J. Dadajee Marg
Bhulabhai Desai Road
Gopalrao Deshmukh Marg
Altamount Road
Tardeo Rd.
J. Boman Behram Marg
Clare Rd.
Jamshedji Jijibhoy Rd.
A. Kranti Mg.
A. Premji Marg
Falkland Road
Grant Road
Lamington Rd.
Sardar V. Patel Road
Sardar V. Patel Rd.
Laxmibai Jagmohan Das Marg
Bal Gangadhar Kher Marg
Walkeshwar Road
Flyover N.S. Patkar Rd.
M. P. Mg.
Netaji Subhash Rd
Jagannath Shankar Shet Road
Abdul Rehman St.
Tilak Marg
D'Mello Road
Maharshi Karve Marg
Marine Drive
Dadabhoy Naoroji Rd.
Mahapalika Marg
Mahatma Gandhi
Veer Nariman Rd.
Wacha Rd.
Netaji Subhash Road
Road
Singh Road
Shahid Bhagat
Capt. P. Pethe Mg.
1 Victoria Gardens, Zoo und Albert Museum
2 Dhoby Ghat
3 Mahalaxmi Racecourse
4 Haji Ali's Tomb
5 Mahalaxmi Tempel
6 Ghetto
7 Crossword Buchladen
8 Konsulat Thailand
9 Breach Candy Club und Krankenhaus
10 Crossroads
11 Willington Golf Course
12 Fernbusbahnhof und Reisebüros priv. Anbieter
13 Mélange
14 Hotel Kemp's Corner, Vama Department Store
15 Türme des Schweigens
16 Hanging Gardens
17 Kamala Nehru Park
18 Mani Bhawan
19 Hotel Sapna
20 Kool Cyber Café, New Kulfi Centre
21 Gelato Italiano, Café Ideal, Café Coffee Day, Cream Centre
22 H2O Watersports Saltwater Grill
23 Walkeshwar Tempel
24 Raj Bhawan
25 Rotlichtbezirk
26 Chor Bazaar
27 Taraporewala Aquarium
28 Mumbadevi Tempel
29 Javeri Bazaar, Mangaldas Market
30 Jama Masjid, ICICI ATM
31 Crawford Market
32 World Trade Centre, WTC Arcade
33 Hotel President, Library Bar
34 Colaba Busstand
35 Hotel Fariyas

lagerten Schätze abgesehen hatten, leicht zugänglich war. Hinzu kam, dass die Groß-Moguln keine Kriegsflotte von Bedeutung besaßen.

Mumbais Hafen hingegen ließ sich ebenso leicht gegen das Hinterland abschirmen, wie er gegen Angriffe von See zu verteidigen war. Die **Briten** waren 1661 durch die Mitgift *Katharina von Braganzas,* die König *Charles II.* geheiratet hatte, in den Besitz der sieben Inseln gekommen. Sie boten den reichen Kaufleuten Surats in Mumbai ihren Schutz an. Langsam, aber stetig entwickelte sich nun die kleine Provinz, die den Namen **Bombay Presidency** trug. 1787 wurde der Hauptsitz der East India Company, die das Gebiet für einen Jahresbetrag von 10 Pfund von der britischen Regierung gepachtet hatte, von Surat nach Mumbai verlegt.

Der große Durchbruch zur unangefochtenen **Handelsmetropole** Indiens ließ jedoch noch gut eineinhalb Jahrhunderte auf sich warten. Zwei Ereignisse waren letztlich für den Erfolg verantwortlich. 1854 wurde die erste **Eisenbahnverbindung** von Mumbai nach Pune (Poona) fertiggestellt. Deren weiterer Ausbau ermöglichte es nun, die für die zukünftige wirtschaftliche Entwicklung so zentrale Anbindung ans Hinterland und damit die Versorgung mit Rohstoffen, vor allem Baumwolle, sicherzustellen.

Als zweiter Glücksfall für Mumbai sollte sich der amerikanische Bürgerkrieg erweisen. Da die britische **Textilindustrie** nun ihren Bedarf in Indien statt in Amerika deckte, stieg die bis dahin noch am Anfang stehende Baumwollindustrie Mumbais innerhalb kürzester Zeit zur größten Indiens auf. Heute ist Mumbai eines der bedeutendsten Textilzentren der Erde.

1862 wurde der weiteren wirtschaftlichen Expansion ein in wörtlichem Sinn solides Fundament gelegt, als durch ein gewaltiges **Landgewinnungsprojekt** die sieben Inseln zu einer einzigen verbunden wurden. Von nun an stand dem märchenhaften Aufstieg zu Indiens führender Handels- und Industriemetropole nichts mehr im Wege.

Sehenswertes

Stadtrundgang durch das koloniale Mumbai

Gateway of India

Beginnen wir unseren Rundgang an jener geschichtsträchtigen Stelle, an der 1911 mit König *George V.* zum ersten Mal ein britischer Monarch den Boden des indischen Kaiserreiches betrat. Der zu seiner Begrüßung in aller Eile errichtete Pavillon aus weißem Gips wurde später durch den Gateway of India, das heutige **Wahrzeichen Mumbais,** ersetzt. Der 1924 eingeweihte, 26 m hohe **Triumphbogen** strahlt immer noch viel vom imperialen Selbstbewusstsein jener Tage aus. Gleichzeitig repräsentiert er wie kaum ein anderes Bauwerk Indiens das letztliche Scheitern der Kolonialmacht, verließen doch nur 23 Jahre später die letzten britischen Truppen durch eben diesen Torbogen Indien.

Im kleinen angrenzenden **Park** steht das Reiterstandbild des Marathen-Fürsten *Shivaji* (1627–1680), der zum Führer des Widerstandskampfes gegen die Mogul-Herrschaft aufstieg und heute als Idol nationaler Eigenständigkeit verehrt wird. Schräg gegenüber befindet sich das Denkmal des Hindu-Reformers und Mitbegründers der Ramakrishna Mission *Swami Vivekananda.*

Besonders gegen Abend, wenn sich neben den Souvenirverkäufern und kleinen Garküchen Hunderte von Einheimischen einfinden, bildet das angestrahlte Gateway of India einen der beliebtesten Treffpunkte Mumbais. Übrigens auch für Taschendiebe ein lukrativer Arbeitsplatz, also Vorsicht!

Taj Mahal Intercontinental

Überragt wird der „indische Triumphbogen" vom **renommiertesten Hotel Indiens,** dem Taj Mahal Intercontinental. Bauherr war der indische Industrie-Mogul *J.R. Tata,* der sich, nachdem man ihm den Zugang zu einem Hotel mit dem Hinweis „For Europeans only" verwehrt hatte, kurzerhand entschloss, das beste Hotel Mumbais zu errichten. Das Vorhaben ist ihm mehr als gelungen. Die Luxusherberge mit ihren unzähligen Restaurants und Bars, Swimmingpool, Fitnessclub und Business Centre ist nicht nur das berühmteste Hotel Indiens, sondern weltweit eines der renommiertesten überhaupt. Dem Charme des 1903 eröffneten Gebäudes konnte auch der Bau des 1973 hinzugefügten 20-geschossigen Erweiterungsbaus nichts anhaben. Allerdings hat dadurch das unmittelbar davor platzierte Gateway of India viel von seiner einstmals imposanten Ausstrahlung eingebüßt. Das Hotel war eines der Hauptziele der Terroranschläge im November 2008.

Colaba Causeway

Folgt man der vom Gateway of India nach Nordwesten verlaufenden Chetrapati Shivaji Marg, vorbei am Government Emporium mit einer der umfangreichsten Paletten an Kunsthandwerk ganz Indiens, gelangt man nach knapp 100 m zum Wellington Circle. Die von hier nach Süden abzweigende **Shahid Bhagat Singh Road** (bekannter unter ihrem früheren Namen Colaba Causeway) entwickelt sich vornehmlich nach Sonnenuntergang, wenn hier unzählige Straßenhändler auf den schmalen Bürgersteigen ihre Verkaufsstände aufbauen, zu einem vielbesuchten **Night Market.** Das Angebot ist stark auf den Touristengeschmack zugeschnitten und die Preise sind bei weitem nicht so günstig, wie es einem die cleveren Verkäufer weismachen wollen. Die bunte Mischung aus Restaurants, Kneipen, Geschäften, Straßenverkäufern und Touristen aus aller Welt macht den Colaba Causeway zu einem der beliebtesten **Einkaufs- und Flanierboulevards** der Metropole.

Wer mehr am echten indischen Leben als an Shopping interessiert ist, sollte den Colaba Causeway Richtung Süden wandern. Je weiter man sich vom Touristenviertel zwischen Wellington Circle und Arthur Bunder Rd.

entfernt, desto bunter und „ländlicher" werden die Eindrücke. Besonders der Bereich um den **Sassoon Dock** und den **Colaba Market,** ca. 1,5 km südlich des Wellington Circle, bietet einen spannenden Einblick in die Enge und Vitalität des täglichen Lebens im Hexenkessel Mumbais. Mit Erlaubnis des Mumbai Port Trust (Tel.: 56565656, www.mumbaiporttrust. com) können die Docks besichtigt werden.

Prince of Wales Museum (Chatrapati Shivaji Maharaj Vastu Sanghralaya)

Nur wenige Meter nordwestlich des Wellington Circle befindet sich der Eingang zu dem in einem Park gelegenen Prince of Wales Museum (K. Dubash Marg, Tel.: 22844519, 22844484, powm@vsnl.com). Das 1923 eröffnete Gebäude zählt neben dem Indian Museum in Kalkutta und dem National Museum in Delhi zu den drei bedeutendsten des Landes. Der im indo-sarazenischen Stil errichtete Bau beherbergt u.a. eine Textil- und eine Waffensammlung, Elfenbeinschnitzereien und eine kleine Abteilung nepalesischer Kunst. Berühmt sind vor allem die ausgestellten **Miniaturmalereien** sowie die **archäologische Abteilung.** Die vielen kunsthistorischen Epochen werden auf speziellen Hinweisschildern fachkundig erläutert, die Ausstellungsstücke machen fast durchweg einen gepflegten Eindruck.

Wahrzeichen Mumbais: Hotel Taj Mahal Intercontinental und Gateway of India

•**Öffnungszeiten:** Di–So 10 bis 18 Uhr, Eintritt 300 Rs (inkl. Audioguide), Kamera 30 Rs, Video 200 Rs, Tel.: 23757943.

Jehangir Art Gallery

Im gleichen Park befindet sich mit der 1952 erbauten Jehangir Art Gallery eine der wichtigsten Stätten **zeitgenössischer Kunst** in Indien. Ergänzend zu den überwiegend älteren Ausstellungsobjekten des Prince of Wales Museum rundet ein Besuch der Galerie das Bild indischer Kunst der letzten drei Jahrhunderte ab.

•**Öffnungszeiten:** tgl. 11 bis 19 Uhr, Tel.: 22843989.

Keneseth-Eliyahoo-Synagoge

Einige Schritte nördlich des Wellington Circle, versteckt in den Gassen von Kala Ghoda, steht die kleine, blaue Keneseth-Eliyahoo-Synagoge (Tel.: 22831502, Dr. V.B. Gandhi Marg). Das mit kunstvollen Säulen geschmückte Gotteshaus, 1884 von der Sassoon-Familie erbaut, wird liebevoll instandgehalten und auch noch genutzt. Man besucht es wegen der farbenfrohen Fenster am besten im Nachmittagslicht.

Universität

Folgt man der am Museum entlang führenden Mahatma Gandhi Road Richtung Norden, steht auf der linken Seite die 1874 vom englischen Architekten *Sir Gilbert Scott* im französischen Stil erbaute Universität. Der imposante Prachtbau wird von dem sich 80 m hoch über der Universitätsbibliothek erhebenden **Rajabai-Turm** überragt. Zu Zeiten der britischen Kolonialherrschaft wurde in dem Uhrturm viermal am Tag „God save the Queen“ gespielt.

Direkt neben der Universität schließt sich der 1879 in venezianischem und neogotischem Mischstil errichtete Bau des **Obersten Gerichtshofes** (High Court) mit seiner 170 m langen Fassade an.

Flora Fountain

Die Mahatma Gandhi Road öffnet sich nun zu einem länglich ovalen Platz. Wegen der **Wasserfontäne** in Form einer Blume in seiner Mitte, die zu Ehren des von 1862 bis 1867 in Mumbai regierenden Gouverneurs *Sir Bartle Frere* errichtet wurde, hieß der Platz zunächst Flora Fountain. In Erinnerung an die Opfer des Kampfes um einen unabhängigen Bundesstaat Maharasthra benannte man ihn in den sechziger Jahren in **Hutatma Chowk** (Märtyrer-Platz) um. Im Volksmund ist er jedoch wegen der vielen hier ansässigen Banken und internationalen Firmen auch unter dem Namen **Piccadilly Circus** bekannt.

Veer Nariman Road

Die von hier nach Westen verlaufende Veer Nariman Road führt entlang dem Telegrafenamt und unzähligen auf den Bürgersteigen aufgebauten **Bücherständen,** die von Hitlers „Mein Kampf“ über „Was Sie schon immer

20ke Foto: tb

über Sex wissen wollten" bis zum neuesten Ikea-Katalog eine ungewöhnliche Angebotsvielfalt aufweisen, zu einer lang gezogenen, unbebauten Rasenfläche, die sich nördlich und südlich der Straße erstreckt. An der westlichen Seite des heute vornehmlich als Cricket-Platz und öffentliche Toilette dienenden **Maidan** fällt das sehr schöne **Railway Administration Building** gegenüber der **Churchgate Station** auf, von der täglich Hunderttausende

Sehenswürdigkeiten
62 High Court
65 St. Thomas Cathedral
66 Universität, Rajabai Tower
73 Keneseth Eliyahoo Synagoge
75 Prince of Wales Museum,
Max Mueller Bhawan
76 National Gallery of Modern Art
77 Jehangir Art Gallery

Unterkunft
9 West End Hotel
18 Hotel City Palace
21 Hotel Manama
22 Railway Hotel,
Hotel Tourist International
25 Hotel Outram
28 Grand Hotel
30 Hotels Benazeer und Residency
39 Hotel Intercontinental
41 Ambassador Hotel
42 Chateau Windsor Hotel
48 Sea Green, Sea Green South
53 Hotel Marine Plaza
56 Oberoi/Trident Towers
73 Hotel Lawrence

Essen und Trinken
16 Essensstände,
Café Coffee Day
17 McDonald's
26 Shere-e-Punjab Restaurant
27 Café Universal
34 Mocambo Cafe
39 Dome
43 Shiv Sagar Restaurant
44 Purohit's, Indian Summer
47 Not Just Jazz By The Bay,
The Pizzeria
49 Gaylord
70 Restaurant Trishna
71 Khyber
72 Restaurants Silk Route
und Chetana
74 Restaurants Copper Chimney,
Bombay Blue und Noodle Bar

Verkehr
1 Büros privat. Busanbieter
7 Busabfahrt Privatanbieter
11 Qatar Airways
13 Korean Air
20 Railway Reservation Office
40 Virgin Atlantic
50 British Airways
54 Air India und Indian Airlines
59 Sahara Airlines

Internet
26 Nikhil Computer Centre

Geld
3 HDFC ATM
5 ICICI ATM
14 UTI ATM
20 UTI ATM
23 UAE Exchange
30 Citibank ATM
31 Thomas Cook
32 American Express Bank und ATM
38 Reserve Bank of India
48 Centurion Bank ATM
61 HSBC ATM
69 Pheroze Framroze

Einkaufen
6 Planet M
8 Kala Nikean
24 Bookzone
29 Kadi Village Industries Emporium
33 Buchstände
35 Strand Book Stall
36 Bombay Store,
Uttar Pradesh Crafts Emporium
45 Suryodaya Supermarket
51 Asiatics Department Store
64 Akhbar Alleys
71 FabIndia
72 Rhythym House

Sonstiges
2 Foreigner's Registration
Office
4 Metro Cinema
5 Tankstelle
Royal Chemists
10 Bombay Hospital
12 Alliance Francaise
15 Stadtverwaltung, Rathaus
19 Hauptpostamt (GPO)
37 The Mint Hochhaus
40 Virgin Atlantic
46 IndiaTourism
48 DHL
52 Eros Cinema
55 Maharashtra Tourism
57 National Theatre of
Performing Arts (NTPA)
58 Deutsches und
Israelisches Konsulat
60 Britisches und Kanadisches
Konsulat, British Council
Library
63 Konsulat Sri Lanka
67 Town Hall,
State Central Library,
Asiatic Society of
Bombay Library
68 Börse
78 Lions Gate
79 Regal Cinema

231ke Foto: tb

mit Vorortzügen in die nordwestlichen Stadtteile Groß-Mumbais pendeln.

Victoria Terminus

Kehrt man zurück zur Flora Fountain und folgt der Dadabhai Naoroji Road (D.N. Rd.) entlang weiterer schöner Kolonialbauten, gelangt man nach etwa einem Kilometer in Richtung Norden zum stets menschen- und autoüberfüllten **Nagar Chowk.** Optisch beherrscht wird er vom Victoria Terminus, einem der meistbenutzten und architektonisch **beeindruckendsten Bahnhöfe der Welt.** Der über und über verzierte, braune Sandsteinbau aus dem Jahre 1888 gilt als der schönste Bau viktorianischer Gotik in Indien. Nur knapp 100 m östlich des Victoria Terminus schließt sich das nicht minder beeindruckende **Hauptpostamt** (GPO) an.

Wer will, kann hier den Stadtrundgang durchs koloniale Mumbai beenden, indem er über die gegenüber vom GPO nach Süden verlaufende Mint Road nach Colaba und zum Gateway of India zurückkehrt. Man kommt vorbei am **Horniman Circle,** in dessen Mitte ein hübscher, kleiner Park zum Verweilen einlädt, und passiert auch die **Town Hall,** die eine der größten Bibliotheken Indiens beherbergt. Alternativ gelangt man durch die quirligen Gassen des Forts und des Bankenviertels zurück zum Wellington Circle.

Einer der schönsten Bahnhöfe der Welt: Victoria Terminus

Rathaus

Wer noch weiter auf den Spuren des kolonialen Mumbai wandeln möchte, sollte sich das gegenüber dem Victoria Terminus gelegene Rathaus (Municipal Corporation Building) nicht entgehen lassen. Der im orientalisch-gotischen Mischstil erbaute Prachtbau wirkt mit seinem 71,5 m hohen Turm ebenso imponierend wie das Bahnhofsgebäude. Den Mittelgiebel des Rathauses krönt in vier Metern Höhe eine Frauenstatue.

Kunstakademie

Nördlich hinter dem Rathaus und dem Pressehaus der Times of India steht die **Sir Jamsetjee Jeejeebhoy School of Art.** Diese 1857 gegründete Kunstakademie wurde von *J. Lockwood Kipling,* dem Vater *Rudyard Kiplings,* geleitet.

Crawford Market

Am nördlichen Ende der Dadabhai Naoroji Road, Ecke Tilak Marg, liegt der Crawfort Market (Mahatma Phule Market), einer der faszinierendsten Orte ganz Mumbais. Stunden könnte man damit verbringen, durch die von vielen Jahrzehnten des Handelns gezeichneten **Markthallen** zu schlendern und sich von den Farben, Formen und Düften von Obst, Gemüse, Gewürzen, lebenden Vögeln und Fisch verführen zu lassen. Gelegentlich wird man am Haupteingang auf der Südwestseite am Uhrturm von Männern angesprochen, die wohl eine Art Eintrittsgeld kassieren wollen oder sich als Führer anbieten, was ein Versuch ist, dem unwissenden Touristen etwas Geld abzuknöpfen. Dieses Spiel lässt sich umgehen, indem man durch den nordöstlichen Hintereingang von der D.N. Rd. aus den Markt betritt, wo man nicht belästigt wird.

Der besondere Tipp: Basarviertel

Wer auf den Geschmack gekommen ist, sollte sich in das nördlich und westlich an den Crawford Market anschließende Basarviertel mit seinem Gewirr enger Gassen begeben, wo die verschiedenen Handwerkszünfte ihren Sitz haben. Besonders faszinierend ist dabei der an der Mauhana Shankatali Road in der Nähe der Ali Road gelegene **Chor Bazaar** (Diebesbasar). Hier wird nahezu alles verscherbelt, von antiken Möbelstücken über wertvolles Chinaporzellan bis zur Rolex, die vom Handgelenk eines reichen Touristen auf verschlungenen Wegen hierher gelangte. Damit man in den engen, stets von Menschen gefüllten Gassen nicht selbst Opfer des Diebesmarktes wird, sollte man seine Wertsachen stets aufmerksam im Auge behalten.

In unmittelbarer Nähe zum Chor Bazaar, an der Abdul Rahman Street, steht der von einem großen, heiligen Teich umgebene, der Schutzgöttin Mumbais gewidmete **Mumbadevi-Tempel.** Ursprünglich befand sich der Tempel dort, wo heute der Victoria Terminus steht. 1737 musste er jedoch der Erweiterung des alten Forts weichen. Der heutige Tempel soll aus dem Jahre 1753 stammen.

Beeindruckend ist etwas südlicher das quirlige Gassenviertel rund um die alles überragende Jamia Masjid, nordwestlich des Crawford Market. Im **Cloth Market,** in dem nichts als Stoffe feilgeboten werden, kann man sich für wenig Geld und viel Erlebnis ein **Kleidungsstück schneidern lassen.** Zunächst sucht man sich einen Stoff aus und bezahlt ihn. Dann wird man zu einem Schneider geführt, der einem daraus das gewünschte Kleidungsstück nach Maßabnahme meist am selben, spätestens zum nächsten Tag näht.

Vom Nariman Point zum Malabar Hill

Nariman Point

Steht das Gateway of India für die Kolonialgeschichte Mumbais, so spiegeln die Glitzerfassaden der Luxushotels und Verwaltungsgebäude am Nariman Point die nachkoloniale Erfolgsgeschichte der Stadt. Auffälligstes Gebäude dieses „Manhattan Mumbais“, wie es stolz genannt wird, ist das **Oberoi,** ein Superluxushotel, welches mit seinen beiden Türmen den Himmel der Metropole beherrscht.

Marine Drive

Etwas weiter nördlich entlang des Marine Drive, der imponierenden sechsspurigen Küstenstraße, findet sich das moderne **Air-India-Hochhaus.** 1993 wurde es durch einen von insgesamt sechs Sprengsätzen, die innerhalb nur weniger Minuten im Stadtzentrum explodierten, erheblich beschädigt. Alle Prachtbauten entlang der Marine Drive oder Netaji Subash Chandra Bose Marg, wie Mumbais berühmteste **Promenadenstraße** heute heißt, seit sie in den achtziger Jahren zu Ehren des Freiheitskämpfers umbenannt wurde, stehen auf einer Landmasse, welche erst 1940 künstlich aufgeschüttet wurde.

Allabendlich zum Sonnenuntergang ist der Marine Drive ein beliebter Treffpunkt der Bewohner, die schlendernd den Sonnenuntergang genießen. In letzter Zeit finden sich auch mehr und mehr gesundheitsbewusste Inder zum abendlichen Walken ein.

Chowpatty Beach

Von hier ist es nicht mehr weit zur Chowpatty Beach, die sich in einem Halbbogen vor der Marine Drive erstreckt. Sonnenanbeter und Wasserratten sind hier allerdings fehl am Platze, da der Strand ebenso wie die See gleichermaßen verdreckt sind. Dafür ist Chowpatty besonders gegen Abend, vor dem Hintergrund der hell erleuchteten Skyline, ein stimmungsvoller Ort, an dem sich Hunderte von Indern einfinden. Erfrischungsstände, Karussells und Gaukler vertreiben ihnen die Zeit.

Historische Bedeutung erlangte Chowpatty, weil hier während des indischen Unabhängigkeitskampfes viele große Demonstrationen stattfanden, an denen mehrere Hunderttausend Menschen beteiligt waren. Auch heute noch wird er von den Parteien als Schauplatz ihrer Wahlveranstaltungen genutzt.

Jedes Jahr im September finden sich Tausende ein, um **Ganesh Chaturhi,** den Geburtstag des beliebten Elefantengottes, zu zelebrieren. Dabei werden kunstvoll bemalte, oft meterhohe Tonskulpturen Ganeshas nach Abhaltung ausgiebiger Kulthandlungen im Meer versenkt.

- *H2O Watersports* (Tel.: 23677546, sailing @h2osports.biz) veranstaltet zwischen 10 und 22 Uhr am Strand z.B. **Speedboat- und Motorboot-Fahrten** (175 bzw. 100 Rs p.P.) und Rundfahrten (200 Rs p.P. bis 19 Uhr und 280 Rs ab 19 Uhr) in die Bucht. Außerdem werden Wasser- und Jetski (1.000 Rs für 10 Min.) sowie Windsurfen angeboten.

Malabar Hill

Die Marine Drive setzt sich, hinter Chowpatty nach Westen abbiegend, in der Walkeshwar Road fort, die über die steil aufsteigende Bal Gangadhar Kher Marg zum Malabar Hill führt, einer **Landzunge,** die wie ein Daumen ins Meer hinausragt. Malabar Hill ist so etwas wie das Beverly Hills Mumbais, da hier in frischer Seebrise die oberen Zehntausend der Stadt ihren Reichtum mit **herrschaftlichen Villen** zur Schau stellen.

Kamala Nehru Park

Die besten Ausblicke auf Chowpatty und Marine Drive bieten die auf der Spitze des Berges gelegenen Hanging Gardens und der Kamala Nehru Park. Der 1952 angelegte Park ist eine Art **Freizeitpark** für Kinder und wurde nach der Frau des ersten indischen Ministerpräsidenten benannt.

232ke Foto: tb

Die Waschküche Mumbais:
Mahalaxmi Dhobi Ghat

Hanging Gardens und Türme des Schweigens

Die direkt gegenüber gelegenen, über einem Wasserreservoir errichteten Hanging Gardens (neuer Name Pherozeshah Mehta Gardens) gewähren einen Blick in Richtung der Türme des Schweigens, jenem **Bestattungsort,** wo die Parsen ihre Toten den Vögeln zum Fraß vorlegen. Die in der Luft kreisenden Geier sind allerdings das einzige, was man von der Bestattungszeremonie zu Gesicht bekommt, da die Türme selbst durch dichte Bäume vor den neugierigen Blicken Fremder verdeckt sind. Ein Modell kann im Prince of Wales Museum besichtigt werden. Der Grund für diese Bestattungsmethode ist das oberste Gesetz der Parsen, welches besagt, dass die Reinheit der Elemente nicht durch die Bestattung von Toten in der Erde oder ihre Verbrennung beschmutzt werden soll (s. „Menschen und Kultur: Religionen“).

Raj Bhavan und Walkeshwar-Tempel

Am Ende der Landzunge des Malabar Hill steht Raj Bhavan, einst herrschaftliche Residenz des britischen

Gouverneurs und heute **Sitz des Gouverneurs** von Maharashtra.

Der ganz in der Nähe gelegene Walkeshwar-Tempel, ein beliebter **Wallfahrtsort** der Hindus, stammt aus dem Jahre 1715. Er war ursprünglich im 11. Jh. erbaut, danach jedoch mehrfach zerstört worden. Glaubt man der Legende, so soll der Tempelteich entstanden sein, als Rama einen Pfeil in den Boden schoss, um seinen Durst zu löschen.

Haji Ali's Tomb

Der Pavillon zum Andenken an *Haji Ali,* der während einer Pilgerfahrt nach Mekka ertrank, liegt äußerst pittoresk auf einer Felsenklippe mitten im Meer. Zu erreichen ist er während der Ebbe über einen ca. 100 m langen **Damm,** der zu beiden Seiten von erbarmungswürdig aussehenden Bettlern gesäumt wird, die auf eine milde Gabe der täglich Tausenden von Pilgern hoffen.

Mani Bhawan

In der schattigen Labarnum-Gasse liegt das hübsche, dreigeschossige Haus mit vorspringenden Holzbalkonen, in dem **Mahatma Gandhi** während seiner zahlreichen Besuche in Mumbai zwischen 1917 und 1934 wohnte. Heute befindet sich in den Räumlichkeiten ein **Museum,** in dem neben berühmten Utensilien wie etwa dem Spinnrad und den Sandalen auch beeindruckende Fotos über den indischen Unabhängigkeitskampf zu sehen sind.

• **Öffnungszeiten:** tgl. 9 bis 18 Uhr, Tel.: 23805864.

Victoria Gardens, Zoo und Victoria and Albert Museum

Vor allem am Wochenende sind die gepflegten, weitläufigen Victoria Gardens im Norden von Central Mumbai mit dem auf dem Areal befindlichen Zoo ein beliebtes und dementsprechend überlaufenes **Ausflugsziel.** Der Zoo beherbergt u.a. Tiger, Löwen, Leoparden, Elefanten, Nashörner, Krokodile, Affen und Zebras.

Das Victoria and Albert Museum (seit einigen Jahren heißt es offiziell Dr. Bha Daji Lad Museum) befindet sich ebenfalls auf dem Gelände der Victoria Gardens und lohnt u.a. wegen einer sehr anschaulichen Fotoausstellung zur **Stadtgeschichte** einen Besuch.

• **Öffnungszeiten:** Der Zoo ist 9–18 Uhr geöffnet, das Museum (Tel.: 23757943) 9.30–17 Uhr. Beide sind Mi geschlossen.

Mahalaxmi Dhobi Ghat

Wer einmal sehen möchte, was mit seiner Wäsche passiert, nachdem er sie morgens im Hotel abgegeben hat, dem sei geholfen. Im Mahalaxmi Dhobi Ghat, dem **„Ufer der Wäscher"** im Stadtteil Mahalaxmi, wringen, prügeln und malträtieren Hunderte von *dhobis* die ganze Wäsche Mumbais. Die Wäscher arbeiten jeweils in nebeneinander gelegenen, von niedrigen Zementmauern umgebenen kleinen Parzellen, an denen das zum Waschen benötige Wasser vorbeifließt. Der beste Ausblick auf das Treiben bietet sich von einer Brücke an der vorbeiführenden Hauptstraße.

Zur Anfahrt nimmt man einen Vorortzug von der Churchgate Station bis zum Bahnhof Mahalaxmi. Der Zug sollte ein Slow Train sein, da die meisten Expresszüge Mahalaxmi ohne Halt durchfahren. Die Dhobi Ghats liegen direkt an der Ostseite des Bahnhofs.

Es herrscht **Fotografierverbot!** Vorsicht: Personen, die sich als „Government Officials" ausgeben, behaupten, dass gegen Zahlung von 100 Rs an sie die Erlaubnis zu erhalten sei.

Praktische Tipps

Information

- Das **India Tourism Tourist Office** (Tel.: 22033144/5, 22083263, indiatourism@vsnl.com, www.tourismofindia.com) im 1. Stock in 123, Maharshi Karve Road, direkt gegenüber der Churchgate Station, ist eines der besten Informationsbüros ganz Indiens. Neben einem übersichtlichen Stadtplan erstellen die freundlichen Bediensteten auf Anfrage auch aktuelle Computerausdrucke zu fast allen touristisch interessanten Orten Indiens. Geöffnet ist es Mo–Fr von 8.30 bis 18 Uhr, Sa und an Feiertagen von 8.30 bis 14 Uhr. Hier können auch Privatzimmer bei Familien (um 1.000 Rs/Nacht) vermittelt werden. **Filialen** befinden sich am nationalen (Tel.: 26156920) und internationalen Flughafen (Tel.: 26829248). Staatlich geprüfte Stadtführer können unter Tel. 22036854 gebucht werden.
- **Maharashtra Tourism Office (MTDC)** am Nariman Point (Express Towers, 9. Stock, Tel.: 22024482, www.maharashtratourism.gov.in) und in den CDO Hutments, Madame Cama Rd. (Tel.: 22026713), veranstaltet neben Stadtrundfahrten, die hier beginnen (s.u.), diverse mehrtägige Rundreisen zu Zielen in Maharashtra.
- **„Mumbai - This Fortnight"** ist ein hervorragendes, 66 Seiten starkes Heftchen mit einer Fülle von Informationen über Mumbai. Neben Hotel- und Restaurant-Adressen finden sich u.a. Einkaufstipps, Flugpläne, wichtige Adressen von Botschaften und Fluggesellschaften sowie ein Veranstaltungskalender.
- Wer sich länger in Mumbai aufhält, findet im an vielen Kiosken erhältlichen **Stadtplan** von Eicher (250 Rs) einen präzisen Begleiter.

Stadtverkehr

Verbindungen zu den Flughäfen

Flughafenbusse:

- **Busse vom nationalen zum internationalen Flughafen** verkehren alle 15 Min. Kann man ein Weiterflugticket vorweisen, ist die Fahrt umsonst, ansonsten kostet sie 20 Rs.
- Der von vielen Individualtouristen benutzte Flughafenbus vom Air-India-Gebäude am Nariman Point zum nationalen Flughafen Santa Cruz und weiter zum internationalen Flughafen Sahar ist **eingestellt worden.**
- **Kleinbusse** vor der Ankunftshalle des internationalen Flughafens verbinden kostenlos mit dem nationalen Flughafen und Hotels in Juhu.

Da insbesondere die Flüge von Mumbai nach Europa häufig überbucht sind und die oft chaotischen Zustände am Flughafen zusätzlich für Verzögerungen sorgen, empfiehlt es sich unbedingt, spätestens **drei Stunden vor Abflug** am Schalter **einzuchecken.** Wenn man bedenkt, dass die Fahrt von der Innenstadt zum Flughafen mindestens eine Stunde dauert und die Maschinen nicht selten mit Verspätung abfliegen, muss man von der Abfahrt vom Hotel bis zum ersten Essen im Flugzeug sechs bis acht Stunden rechnen. Wer die enorm hohen Preise für Essen und Trinken am Flughafen nicht zahlen möchte, sollte sich einen **kleinen Snack** bzw. eine **Flasche Wasser** bereits vorher kaufen.

Taxi:

- Taxipreise vom 30 km entfernten **internationalen Flughafen Sahar** nach Colaba, zur Fort-Area und zum Marine Drive sollten per Prepaid-Taxi nicht mehr als 350 Rs (mit AC 440 Rs) betragen, nach Juhu und Bandra 190 Rs und zur Mumbai Central Station 270 Rs. Vom Flughafen in die Stadt muss das Ticket an einem Schalter am Ausgang des Ankunftsgebäudes bezahlt werden. Nach 22 Uhr zusätzlich 25 %, pro größerem Gepäckstück weitere 10 Rs. Nach Bezahlen des Festpreises erhält man eine Quittung, welche einem speziellen Taxi zugewiesen ist. Die ganze Prozedur hat den Vorteil, dass einem die übliche Feilscherei um den Fahrpreis erspart bleibt. Vorsicht: Auch bei den Prepaid-Schaltern gibt es schwarze Schafe, die zunächst sehr viel mehr verlangen.

  Die Fahrt in die Innenstadt dauert nachts (wenn die meisten internationalen Flüge aus Europa landen) etwa 45 Min., tagsüber können es auch 1½ oder 2 Stunden werden. Es stehen auch private Taxis bereit, die aber kaum für einen geringeren Fahrpreis ins Zentrum fahren.
- Billiger, wenn auch nur nach ausgiebigem Verhandeln, kommt in die Stadt, wer sich nach der Ankunft vom „Arrival-" zum **„Departure-Terminal"** begibt und dort eines der sonst leer in die Stadt fahrenden Taxis anhält. Allerdings sind hier die Fahrer besonders „commission-minded" , das heißt, sie wollen einen unbedingt in ein Hotel ihrer Wahl fahren.
- Will man zum Abflug aus der Innenstadt (Colaba) zum Flughafen, ist dies auch bei Verhandlungsgeschick in der Saison schwer unter 300 Rs zu haben, während man davor und danach, selbst zur Nachtzeit, schon ab 250 Rs ein Taxi bekommt.

S-Bahn/Autoriksha:

- Eine der billigsten und zudem schnellsten Möglichkeiten, von der Innenstadt Richtung Flughafen zu gelangen: Zunächst von Churchgate oder Victoria Terminus in etwa 40 Min. mit einem der ständig zwischen 4.30 und 24 Uhr verkehrenden **Vorortzüge** Richtung Ville Parle oder Andheri (5 Rs) und von dort mit einer der bereitstehenden **Autorikshas** für ca. 30 Rs weiter zum Flughafen. Diese Alternative funktioniert natürlich auch in umgekehrter Richtung, wenn man bei Tageslicht landet, da die Vorortzüge nachts nicht fahren und abends nicht ungefährlich sind. Auch mit viel Gepäck ist dies eine nicht zu empfehlende Option.

Autoriksha

- Autorikshas sind **nur in den Vororten** erlaubt und so für Touristen als Transportmittel praktisch nur dort von Nutzen. Wer sie dennoch benutzt, muss den angezeigten Fahrpreis mit acht multiplizieren, wenn überhaupt mit Taxameter gefahren wird.

Taxi

- Aufgrund ihrer Quasi-Monopolstellung im Innenstadtbereich sind die insgesamt 40.000 (!) Taxis das neben Bussen meistbenutzte Transportmittel Mumbais. Tagsüber schalten die meisten Fahrer ohne Murren den **Taxameter** ein, eine für Indien ganz ungewöhnliche Erfahrung. Bei Fahrtende sollte man sich jedoch nicht zu früh über den angezeigten Fahrpreis freuen, da dieser mit dem Faktor 14 multipliziert werden muss. 2,50 Rs auf der Uhr kosten also schließlich 30 Rs. Jeder Taxifahrer muss eine Umrechnungstabelle, die so genannte *Taxi Tarif Card,* bei sich führen und auf Verlangen vorzeigen. Vom Gateway of India zum Victoria Bahnhof zahlt man ca. 20 Rs, zum Malabar Hill etwa 60–70 Rs.

  Von 22 bis 6 Uhr wollen die meisten Fahrer einen **Nachtzuschlag** (ca. 25 %) herausschlagen und sind kaum bereit, mit Uhr zu fahren. Dann gilt es also wieder, zäh zu verhandeln.

  Blaue AC-Taxis, die so genannten **Cool-Cabs,** sind um ca. 30 % teurer und können auch unter Tel.: 28246216, 28227006, 9820329118 angefordert werden. Ihre Taxameter zeigen den korrekten Preis an.

Bus

- Mumbai besitzt das beste innerstädtische Busnetz ganz Indiens. Die äußerst pittoresken, dunkelroten **Doppeldeckerbusse** sind meist in einem relativ guten Zustand und zudem auch nur während der Hauptverkehrszeiten typisch indisch vollgestopft. Dennoch sollte man sich vor den zahlreichen **Taschendieben** in Acht nehmen, da ansonsten die Fahrt letztlich wesentlich teurer ausfällt als gedacht. Die meisten Strecken kosten kaum mehr als maximal 2 Rs. Ein kleines Heftchen, in dem alle 300 (!) verschiedenen Routen aufgeführt sind, gibt es an vielen Kiosken zu kaufen.

- Einige für Touristen interessante **Routen** sind die Linien 1, 6-Ltd., 7-Ltd., 103 und 124 vom Victoria-Bahnhof nach Colaba. Vom Mumbai-Central-Bahnhof fahren die Busse Nr. 43, 70, 124, 125 nach Colaba. Von Colaba über den Chowpatty Beach zum Malabar Hill fahren u.a. Linien 106 und 108, zu den Hanging Gardens 103 und 106, zum Chowpatty Beach 103, 106, 107 und 123, zum Crawford Market vorbei am Victoria Terminus Linien 1, 3, 21, 103 und 124.
- Mit **Ltd.- (Limited Stops) Bussen** kommt man schneller ans Ziel, da sie seltener halten.
- Wer mit dem Zug am **Mumbai-Central-Bahnhof** ankommt bzw. von dort losfährt, kann mit einem der alle 5 Min. von und nach Churchgate fahrenden Busse ins Stadtzentrum fahren. Der Preis ist im Bahnticket enthalten. Allerdings gilt auch hier: Vorsicht vor Langfingern!

Stadtrundfahrt

- Tägliche regelmäßige Stadtrundfahrten werden nur von **privaten Anbietern** veranstaltet. Diese haben ihre Verkaufsschalter nahe dem Gateway of India. Skepsis ist jedoch angebracht, die Erklärungen sind häufig nur in Hindi und die Eintrittspreise müssen während der Fahrt extra bezahlt werden.
- **Maharashtra Tourism** (Nariman Point, Tel.: 22024482, 22026713) veranstaltet nur noch eine **Abendtour** (19 bis 20.30 Uhr), die die wichtigen Sehenswürdigkeiten passiert. Abfahrt 19 Uhr am Gateway of India, wo in der Ticketbude von Maharashtra Tourism Karten gekauft werden können. Außerdem gibt's zweimal tgl. außer Mo die **Mumbai Museum Bus Tour** (9.30–14 und 13.30–18 Uhr, Reservierung über Tel.: 22841877, 22845678), welche einige wichtige Museen der Stadt beinhaltet. Preis inkl. Eintritt für die Museen 500 Rs, Startpunkt ist das Gateway of India.
- An Wochenenden und Feiertagen werden einstündige **Open-Deck-Tours** angeboten, die um 19 Uhr und um 20.30 Uhr im Innenstadtbereich wichtige angestrahlte Sehenswürdigkeiten passieren (70 Rs).
- Transway International (Tel.: 26146854) veranstaltet eine **Bombay-by-Night-Tour** für 25 US-$.
- Wesentlich billiger erlebt die Stadt, wer mit einem **Doppeldeckerbus** der Linien 132 oder 133 fährt.
- Einstündige **Hafen-Besichtigungsfahrten** per Boot starten regelmäßig am Gateway of India (30 Rs).
- Stadtrundgänge zu den wichtigsten Sehenswürdigkeiten im Stadtbereich werden von **The Bombay Heritage Walks Society** auf Anfrage an Sonntagen (außer während der Monsunzeit) für 100 Rs p.P., Studenten 50 Rs, durchgeführt. Details: Tel.: 22810123, 23690992, heritagewalks@hotmail.com, www.bombayheritagewalks.com. Auch eine **Zout** zu den Docks wird jeden ersten Sonntag im Monat angeboten, Start am Lion Gate an der S.B. Singh Rd.
- Bei India Tourism können mehrsprachige **Stadtführer** für 350/500 Rs pro Halb-/Ganztagestouren angeheuert werden. Für Führungen in nichtenglischer Sprache werden 180 Rs zusätzlich verlangt.
- Jeden Sonntag (außer in der Monsunzeit) wird eine einstündige Bahnfahrt nach Thane im **historischen Heritage Train,** einer alten Dampflok, mit einem kurzen Aufenthalt und Rückfahrt veranstaltet. Abfahrt in Mumbai CST um 15.35 Uhr, Rückkehr um 18 Uhr, 100 Rs Non-AC, 200 Rs AC. Die Tickets sind an den Bahnhöfen Mumbai CST und Thane erhältlich.
- Einen Einblick in das koloniale Reisen gewährt der **Deccan Odyssee.** Der voll klimatisierte Zug mit elegantem, zeitgerechtem Dekor, aber auch neuen Errungenschaften wie Flachbildschirmfernsehern sowie einem Spa-Waggon mit Sauna und Ayurveda fährt in einer einwöchigen Rundreise einige touristisch

wichtige Ziele Maharashtras an wie Pune, Sindhudurg, Ganpatipule, Ajanta und Ellora, Nasik sowie Old Goa/Panjim. Start- und Zielort ist Mumbai. Preis p.P. in der Einzelkabine ab 430 US-$, Doppelkabine ab 310 US-$. Buchungen über Maharashtra Tourism Developmet Corp (MTDC, Tel.: 22027667, vscmtdc@hotmail.com, www.maharashtratourism.gov.in).

Unterkunft

Mumbai ist zweifellos eine der interessantesten Städte Indiens, doch für viele Reisende mit schmalem Geldbeutel entwickelt sich die Unterkunftssuche oft zu einem Alptraum. Es wäre noch untertrieben zu behaupten, in der Stadt bestünde ein **Mangel an Billigunterkünften.** Faktisch gibt es so gut wie gar keine. Ein auch nur einigermaßen akzeptables Doppelzimmer unter 300 Rs zu ergattern, ist so gut wie unmöglich, und dementsprechend werden die beiden Preiskategorien Low Budget und Budget im Folgenden auch zusammengefasst.

Auf die wenigen preiswerten Unterkünfte stürzen sich jeden Morgen neben westlichen Travellern auch viele afrikanische und arabische Touristen. Wer in den Monaten Oktober bis März nach 12 Uhr mittags in Mumbai eintrifft, kann seine Hoffnung auf ein billiges Zimmer für die kommende Nacht gleich begraben. Erreicht man die Stadt morgens per Flugzeug, sollte man bereits am Flughafen eine **telefonische Zimmerreservierung** vornehmen. Auf die Bediensteten des Tourist Office ist dabei allerdings nur wenig Verlass, da diese meist versuchen, Touristen in den teuren Hotels unterzubringen, wo sie Kommission kassieren. Besser ist es also, selber anzurufen. Auch die meisten Taxifahrer möchten sich gern einige Rupien hinzuverdienen, indem sie Touristen zu einem Luxushotel chauffieren. Insofern sollte man ihren Hinweisen, dass das gewählte Hotel abgebrannt sei, auch keine Bedeutung beimessen.

Auch die im Folgenden genannten Tarife sind mit Vorsicht zu genießen, da sich die Preisspirale unaufhörlich dreht. 20 % Zuschläge pro Jahr sind fast schon die Regel. Hinzu kommt, dass viele Billigunterkünfte im Stadtteil Colaba luxusrenoviert werden, sodass man auf einmal vor einem 3- oder 4-Sterne-Hotel steht. Reist man zu zweit und möchte sich in einem Zimmer in Colaba hinter dem *Taj Hotel* einquartieren, wo viele Billig- und Mittelklassehotels liegen, empfiehlt es sich, das Gepäck unter Aufsicht der einen Person in einem Café abzustellen, während der andere sich unbeschwert auf die Suche machen kann. Viel Glück dabei!

Untere Preiskategorie

In Colaba:

- Wie heiß begehrt das von der Heilsarmee (Salvation Army) betriebene **Red Shield Salvation Army Hostel** €€-€€€ (30, Mereweather Rd., Tel.: 22841824, red_shield@vsnl.net, Preise inkl. Mahlzeiten) ist, davon kann man sich jeden Morgen zur Check-in-Zeit um 10 Uhr ein Bild machen, wenn eine Traube von Individualtouristen sich um eines der wenigen Betten bemüht. Tatsächlich sind besonders die sauberen Schlafsäle für 150 Rs pro Person (inkl. Frühstück) die billigste Übernachtungsmöglichkeit, die es in Mumbai gibt. Einige geräumige Doppel- und Dreibett-Zimmer (AC, nur Gemeinschaftsbad) stehen ebenfalls zur Verfügung, der wesentlich höhere Preis beinhaltet drei obligatorische Mahlzeiten. Ein kleiner Balkon und der Aufenthaltsraum sind beliebte Treffpunkte für die bunte Mischung von Travellern aus aller Welt. Die *safe deposit lockers* (Schließfächer) zum Preis von 3 Rs pro Tag (+ 50 Rs Pfand) sollten vor allem die benutzen, die im Schlafsaal übernachten. Am besten ist man schon um 9.30 Uhr da, dann steigen die Chancen, in dieser einzigen guten Gewissens zu empfehlenden Low-Budget-Unterkunft Mumbais unterzukommen.
- Für Mumbai-Verhältnisse gar nicht mal schlecht ist das vorwiegend bei altgedienten Indienreisenden beliebte, klapprige **Carlton Hotel** €€-€€€ (12, Mereweather Road, Tel.: 22020642), wo neben EZ/DZ auch Drei- und Vierbett-Zimmer zur Verfügung stehen. Verglichen mit gleichwertigen Unterkünften in anderen Städten zweifelsohne überteuert,

Sehenswürdigkeiten
1 National Gallery of Modern Art
11 Shivaji Statue
52 Tempel

Unterkunft
3 YWCA
10 Suba Palace, The Gordon House
18 Taj Wellington
28 Carlton Hotel
29 Taj Mahal Intercontinental
31 Regent Hotel
33 Red Shield Salvation Army Hostel
40 Hotel Prossers
41 Bed and Break Fast
43 Hotel Oliver
44 Whalley's Guest House
45 Hotel Cowies
46 Hotel Kishan & Aga Bheg
47 Bentley's Hotel
49 Sea Palace Hotel
53 Ascot Hotel
56 Godwin Hotel
57 Garden Hotel
58 Hotels Strand und Harbour View
61 Maria Lodge
62 Tourist Home
63 Hotels Sea Shore, Sealord, India Guest House
64 Hotel Fariyas

Essen und Trinken
4 Falafel's
6 Barista Espressobar, Sportsman Express
8 Henry Tham's
10 Polly Esther's
13 Majestic Restaurant
14 Café Mondegar
16 McDonald's
20 Gokul Bar
21 Bade Miyan
22 Olympia Coffee House
24 Café Leopold
26 Indigo, Busaba
27 Laxmi Vilas Restaurant
29 Insomnia Bar & Nightclub
34 Restaurants Piccadilly, Kamat
42 Café Churchill, Wich Latte
50 Theobrome
51 Kailash Parbat Restaurant
55 Basilico Restaurant
60 Barista Creme

Verkehr
2 Jet Airways, Gujarat Tourism
9 Ticketverkaufsbude Elephanta Island, Mandwa, MTDC Infobude
30 Bootsabfahrt nach Elephanta und Mandwa
36 Colaba Bus Depot

Geld
12 Citibank ATM
17 HDFC-ATM
19 Bank of Baroda und ATM
23 Canara Bank und ATM
38 Cashpoint
42 Euridike Forex
50 Theobroma, Thomas Cook
59 ATM's UTI-Bank und State Bank of India

Internet
15 Internetcafé
27 Waghela Communications
35 sify-i-way Internetcafé
43 Pick-Up Communication
54 Cyberzone

Sonstiges
5 Regal Cinema
7 Central Cottage Emporium
12 Bandar Supermarkt
14 Shankar Book Stall
16 Search World Bookshop
22 DHL
23 Polizei
26 Cottonworld Corp.
29 Nalanda Bookshop
32 Insha Allah Mahsa Allah
36 Busdepot
37 Cottage Industries Emporium
39 Postamt
65 Courtyard

Colaba
Madame Cama Rd.
Wellington Circle
Nethalai Paresh Marg
Shahid Bhagat Singh Road (Colaba Causeway)
Battery Str.
Shivaji Marg
Steven Str.
Mahakavi Bushan Marg
Adam Str.
Hafen
Apollo Bunder
Gateway of India
Nawroji F Road
Mandlik Rd.
Mereweather Road
Best Marg
J. Allana Road
Henry Road
P. J. Ramchandani Marg (Strand Road)
Walton Str.
Oliver Road
Garden Rd.
Arthur Bunder Road
Colaba Market
51 (50 m), 59 (200 m),
64 (100 m)
0 50 m
Mumbai

doch dafür herrscht in dem alten Holzbau eine angenehme Atmosphäre und vom Wäscheservice bis zum Bus- und Flugticketverkauf bietet der geschäftstüchtige Manager eine Menge Extras an.

- Ebenfalls recht klapprig und renovierungsbedürftig (besonders die Gemeinschaftsbäder der Billigzimmer) ist das alte **Hotel Prossers** €-€€€ (Henry Rd./Apollo Bunder Rd., Tel.: 22834937) im kolonialen Courzon House, das jedoch seinen Charme aus eben dieser leichten Verwahrlosung bezieht.
- Akzeptabel sind die billigen Zellen und kleinen Zimmer, teils mit Gemeinschaftsbad, der **Maria Lodge** €€-€€€ (Tel.: 22854081), manche mit Fenster.
- Die besten Angebote dieser Preisklasse machen **Hotel Kishan** und **Aga Beg's P. Guest House** €-€€€ (12, Walton St., Tel.: 22842227 (Kishan), 66356758/9 (Aga Beg's)). Besonders die teilweise neuen Zimmer des Aga Beg in den oberen Etagen mit sehr sauberen, schön eingerichteten Zimmern, die billigen mit Gemeinschaftsbad, sind preiswert. Zudem gibt's billige, fensterlose Zellen nur mit Bett und TV.
- Drei Hotels übereinander befinden sich im Kamal Mansion, eine kleine Gasse an der Arthur Bunder Rd. hinein: im 2. Stock das **Sealord** €€-€€€ (Tel.: 22845392, 22615785-87) mit einfachen DZ inkl. TV, AC und Fenster Richtung Hafenbecken sowie Badezimmer, außerdem fensterlose DZ ohne TV. Darüber liegt das **India Guest House** €€-€€€ (Tel.: 22833769). Das Gemeinschaftsbad ist annehmbar sauber. Recht laut, aber für eine Nacht wohl o.k. Einen Stock höher liegt das beste der drei Hotels, das **Sea Shore** €€-€€€ (Tel.: 22874237/ 38) Räume mit sauberem Gemeinschaftsbad. Die Zimmer mit Fenster haben einen schönen Blick zum Hafenbecken.
- Eine weitere einfache Billigunterkunft ist das **Tourist Home** €-€€ (Tel.: 22840307) in der Apollo Bunder Rd. (1. Stock), nicht weit entfernt. Einfache, fensterlose Zimmer mit Bad sind eine akzeptable Alternative, wenn die anderen billigen voll sind.

Nähe Victoria Terminus/Fort-Bereich:

Eine ganze Ansammlung passabler Hotels drängt sich im Bereich der Kreuzung von S.B. Singh Road und P.D. Mello Road in unmittelbarer Nähe zum Hauptpostamt, kaum zehn Gehminuten vom Victoria Terminus entfernt.

- Das **Hotel Manama** €€€-€€€€ (221/5, P.D. Mello Rd., Tel.: 22613412, www.hotelmanama.com) ist dem leicht billigeren **Hotel Oasis** €€-€€€ (276, S.B. Singh Road, Tel.: 22697887, www.hoteloasisindia.com) vorzuziehen, weil die Zimmer (mit AC) wesentlich heller und etwas geräumiger ausfallen.
- Akzeptabel ist das **Hotel Tourist International** €€€ (Walchand Hirachand Marg, Tel.: 22619770), die meisten Zimmer mit TV, die billigeren mit Gemeinschaftsbad.
- Ein Tipp ist das **Hotel Lawrence** €€-€€€ (K. Dubash Marg, 3. Stock, Tel.: 22843618, 56336107) am Südende des Fort-Bereichs in einer kleinen Seitengasse am Prince of Wales Museum (beim Restaurant Chetana 50 m in die abzweigende Gasse). Spartanische, aber saubere Zimmer, teils mit Gemeinschaftsbad, sind für die Lage preiswert. Nicht vom Treppenhaus abschrecken lassen.
- Ein wenig überteuert, dafür jedoch in einer ruhigen und dennoch zentralen Ecke Mumbais zwischen Azad Maidan und D.N. Rd. gelegen, sind die teils klimatisierten Zimmer des **Hotel Outram** €€-€€€ (Marzaban Rd., Tel.: 22094937, 22004322) zwar etwas dunkel (die billigeren mit Gemeinschaftsbad), dies wird durch den freundlichen Service jedoch aufgewogen.
- IndiaTourism kann **Unterkunft in Familien** (Homestays) ab 500 Rs aufwärts vermitteln.

Mittlere Preiskategorie

In Colaba und Marine Drive:

- Die Zimmer im **Bentley's Hotel** €€€ (Oliver Rd., Tel.: 22841474, 22882890, bentleyshotel@hotmail.com) sind zwar nicht billig, aber sehr stilvoll, teils mit schönem Mobiliar und Balkon, doch für Mumbai recht preiswert und deshalb meist ausgebucht.
- Ein hervorragender Ableger des *Bentley's* ist **Bed & Break Fast** €€€ (Henry Rd., Tel.: 22881706) in einer alten Villa nicht weit entfernt. Große Zimmer mit dunklem Holzmo-

biliar, oft mit geschlossenem Balkon, sind erstaunlich preiswert, zumal das Frühstück im Preis enthalten ist.

- Zentral in Colaba gelegen ist das gut geführte und klimatisierte **Garden Hotel** €€€€ (Tel.: 22841476, gardenhotel@hotmail.com) mit zweckmäßigen Zimmern und einem Dachrestaurant.
- Das vielleicht beste Preis-Leistungs-Verhältnis dieser Preiskategorie gibt es beim **YWCA** €€€-€€€€ (Tel.: 22025053, 23071567, www.ymcainternationalhouse.com, Seiteneingang, 1. Stock). Sehr ordentliche Zimmer mit Frühstück sind ein Schnäppchen für diese Lage, was leider dazu führt, dass man ohne längerfristige Reservierung kaum die Chance hat, eines der begehrten Zimmer zu ergattern. Natürlich sind auch männliche Wesen willkommen.
- Eine gute Wahl ist auch das in der Walton St. gelegene **Hotel Cowies** €€€-€€€€ (Tel.: 22840232, 22840279) mit AC-Zimmern in einem villaähnlichen Gebäude.
- Supersaubere Zimmer in zentraler Lage in einem von sehr freundlichen und ehrlichen Bediensteten geführten Haus und das zu relativ günstigen Preisen – all das bietet das **Chateau Windsor Hotel** €€€€-€€€€€ (Tel.: 22044455, info@cwh.in, www.chateauwindsor.com) in der Veer Nariman Rd. neben dem *Ambassador Hotel*.
- Eine sehr gute Wahl ist das **Suba Palace** €€€-€€€€ (Tel.: 22020636, info@hotelsubapalace.com, www.hotelsubapalace.com) in der Battery Rd. ganz in der Nähe des Gateway of India. Nicht nur die zentrale Lage, sondern auch die attraktiv gestalteten Räume dieses AC-Hotels sind ihr Geld wert.
- Besonders die exklusive Lage am Marine Drive macht die beiden im gleichen Haus (145 A, Marine Drive) untergebrachten Hotels **Sea Green** €€€€ (Tel.: 66336525, 22822294, www.seagreenhotel.com) und **Sea Green South** €€€€-€€€€€ (Tel.: 22821613, 66336535, www.seagreensouth.com) erwähnenswert. Die klimatisierten Zimmer sind jedoch recht teuer fürs Gebotene.
- Das **Regent Hotel** €€€€-€€€€€ (8, Best Road, Tel.: 22871853/4, hotelregent@vsnl.com) steht an der Stelle der früheren Traveller-Hochburgen Stiffles und Rex. Eine Übernachtung in dem stilvoll renovierten Haus ist nicht billig, doch dafür ist das Frühstück inbegriffen und man wohnt zentral und in angenehmen Zimmern (AC).
- Wer mehr Geld zur Verfügung hat, sollte sich in einem der drei guten, direkt nebeneinander platzierten Hotels am Ende der P.J. Ramchandani Marg, der früheren Strand Rd., einquartieren. Das altehrwürdige **Strand Hotel** €€€€-€€€€€ (Tel.: 22882222, www.hotelstrand.com) und das preislich fast identische, darüber (3. und 4. Stock) gelegene **Hotel Harbour View** €€€€€ (Tel.: 22821089, www.viewhotelsinc.com) sind herrliche Komforthotels in erstklassiger Lage. Außerdem lockt ein tolles Dachrestaurant mit Hafenblick, der auch aus vielen der eher kleinen Zimmer zu genießen ist. Alle Zimmer mit AC, TV, Kühlschrank, viele haben (allerdings kleine) Balkone. Nur einige Meter nördlich ist das **Sea Palace** €€€-€€€€€ (Tel.: 22854410, seapalacehotel@vsnl.net) eine gute Ausweichadresse.
- Wer es vorzieht, in der Gegend um den Churchgate-Bahnhof in der Nähe des Nariman Point zu wohnen, dem sei das sehr gute **Astoria Hotel** €€€-€€€€ (4, J.T. Road, Tel.: 2221514) empfohlen.
- Nur für den Fall, dass die bisher genannten Unterkünfte belegt sein sollten, seien die direkt nebeneinander gelegenen Hotels **Ascot** €€€€€ (Tel.: 66385566, ascothotel@vsnl.com), **Godwin** €€€€-€€€€€ (Tel.: 22872050, www.mumbainet.com/hotels/godwin) und **Garden** €€€€-€€€€€ (Tel.: 22841476) in der Garden Rd. genannt. Alle drei sind akzeptable Mittelklassehotels, doch selbst für Mumbai-Verhältnisse überteuert.

Nähe Victoria Terminus/Fort-Bereich:

- Besonders seine günstige Lage direkt gegenüber dem Victoria Terminus (1. Stock, eine leicht zu übersehende Treppe hinauf) machen das **Hotel City Palace** €€€-€€€€ (Tel.: 22615515, 22614759, www.hotelcitypalace.com) zu einer Empfehlung. Die Zimmer, alle mit TV, sind recht klein und nicht billig, trotzdem meist ausgebucht.
- Eine gute Wahl ist das **Hotel Benazeer** €€€-€€€€ (Tel.: 22611725, 40024949-51, www.benazeerhotelmumbai.com) mitten im quirli-

gen Zentrum des Forts mit sauberen AC-Zimmern. Auch das fast preisgleiche **Residency Hotel** €€€-€€€€ (Tel.: 66670555, 22625525-9, residencyhotel@vsnl.com) ganz in der Nähe ist in Ordnung.

- Das **Railway Hotel** €€€-€€€€ (Tel.: 30222300-5, www.hotelrailway.com) hat hinreichend saubere, nicht sonderlich große AC-Zimmer mit TV und wird hier wegen seiner Lage in V.T.-Nähe erwähnt.
- Trotz einer Rundumerneuerung vermittelt das nostalgisch schöne **Grand Hotel** €€€€€ (17, Sprott Rd., Ballard Estate, Tel.: 22618211, www.grandhotelbombay.com) immer noch viel von jener vergangenen Zeit, als die Touristen der großen Überseedampfer an Land gingen. Das aufpolierte Holzmobiliar in den kleinen, um einen Lichthof gebauten Räumen und die marmornen Badezimmer verbreiten eine gemütliche Atmosphäre. Ein weiteres Plus sind die freundlichen Bediensteten und die Tatsache, dass hier fast immer Zimmer frei sind.

Obere Preiskategorie

- Das legendäre, 1903 erbaute **Taj Mahal Palace Hotel** €€€€€€ (Apollo Bunder, Tel.: 66653366, tmhresv.bom@tajhotels.com, www.tajhotels. com) galt lange Zeit als eines der zehn besten Hotels der Welt. Wenn auch nicht mehr das modernste, so ist es doch immer noch das renommierteste Hotel Indiens. Im Foyer tummelte sich eine V.I.P.-Parade aus „Bollywoods" Filmstars, arabischen Scheichs und Geschäftsleuten – tatsächlich filmreif. Vorzug des neueren Erweiterungsbaus **Taj Mahal Towers** sind die besseren Ausblicke, es fehlt jedoch das koloniale Flair.

Das Hotel war eines der Hauptziele der **Terrorattacken** in Mumbai im November 2008. Dabei wurde der alte Trakt des Taj durch Brände und Explosionen stark beschädigt. Wie weit die Rekonstruktionsmaßnahmen fortgeschritten sind, muss vor Ort in Erfahrung gebracht werden. Falls eine Besichtigung dieses Wahrzeichens Mumbais möglich ist, sollte man sich dies nicht entgehen lassen. Eintrittsbedingung für das Hotel, die erstklassigen, teuren Restaurants und den Insomnia-Nachtclub ist jedoch ordentliche Kleidung.

- Leicht überteuerte, doch mit allen Annehmlichkeiten dieser hohen Preisklasse ausgestattete Zimmer in bester Lage bietet das **The Gordon House** €€€€€€ (Tel.: 22871122, www.ghhotel.com, dutymanager@ghhotel.com) nahe dem Gateway of India. Ein gutes Restaurant ist vorhanden, zwei weitere auf dem Dach (eine Seltenheit in Mumbai) sind geplant.
- Das steil aufragende **Oberoi/Trident Towers** €€€€€€ (Nariman Point, Tel.: 66325757 (Oberoi) und 23890555, 66324343 (Trident), reservations @oberoigroup.com, www.oberoimumbai.com, www.tridenthotels.com) am Marine Drive, im einen Teil von der Oberoi-Gruppe, im anderen von der Trident-Gruppe gemanagt, ist wohl die luxuriöseste Nobelherberge in Mumbais Zentrum. Allein die elegant gestaltete Eingangshalle mit dem riesigen Shopping-Komplex lohnt einen Besuch. Ebenso wie im Taj gehören Swimmingpool, mehrere Spezialitätenrestaurants, Business-Centre und Spa, Sauna und Diskothek zu dem über 1.000 Betten verfügenden Doppelkomplex.

Neben dem stark verwüsteteten Taj Mahal Palace Hotel wurde auch das Oberoi Trident Ziel der Terroranschläge im November 2008, es wurde jedoch nicht so gravierend beschädigt wie das Taj.

- Eine interessante Alternative, weil etwas preiswerter und dennoch „Five-Star", wohnt man im guten **Hotel Taj President** €€€€€€ (Tel.: 56650808, 24042501, president.mumbai@tajhotels.com) in der Cuffe Parade, ganz in der Nähe des World Trade Centre. Allerdings sind die EZ zum Teil recht klein. Mit vorzüglichem Thai-Restaurant.
- Das freundliche **Fariyas Hotel** €€€€€€ (25, Off Arthur Bunder Road, Tel.: 22042911, www.fariyas.com) bot lange Zeit wegen seiner privaten Atmosphäre eine Alternative für jene, die sich in den riesigen Bettenburgen nicht wohl fühlen. Nach wie vor ist es ein gutes Hotel, doch mit den inzwischen deutlich gestiegenen Preisen nur noch bedingt empfehlenswert, zumal einige Zimmer recht klein geraten sind.
- Wegen seiner zentralen Lage bietet das alteingesessene **Ambassador Hotel** €€€€€€ (Tel.: 22041131, www.ambassadorindia.com) an der Veer Nariman Rd. mehr fürs Geld.

• Trotz seines bescheidenen Äußeren ist das **Hotel Marine Plaza** €€€€€€ (Tel.: 22851212, www.hotelmarineplaza.com) eines der luxuriösesten Hotels der Innenstadt. Neben den makellosen Zimmern und dem freundlichen Personal gefällt die Lage direkt am Marine Drive ganz in der Nähe des Nariman Point.

Juhu, Bandra und Flughafen-Hotels

Im Stadtteil Bandra ist in den letzten Jahren eine lebendige Club- und Restaurantszene entstanden, die das neue Indien widerspiegelt. Die unmittelbar angrenzenden Stadtteile sind auch wegen ihrer Nähe zu den Flughäfen sinnvolle Unterkunftsregionen für diejenigen, die nur einen kurzen Stopp in Mumbai einlegen und per Flug weiterreisen.

• Im nördlich an Bandra angrenzenden Juhu sticht das hoch aufgeschossene **Iskcon Hotel** €€€-€€€€ (Hare Krishna Lane, Tel.: 26206860) im Hare Krishna Complex schon durch seine Farbe ins Auge. Geräumige Zimmer mit Balkon und ein gutes Restaurant (Büffet) sind ansprechend.

• Neu ist das Business-Hotel **Suba Galaxy** €€€€-€€€€€ (NS Phadke Rd., Andheri, Tel. 26831188, www.hotelsubagalaxy.com) nahe dem Andheri-Bahnhof und etwa 4 km von den Flughäfen entfernt. Hochmoderne Ausstattung (inkl. Breitbandinternet) in mit dunklem Holz möblierten, aber hellen Zimmern.

• Eine ähnliche und preiswerte Adresse in Bandra ist das **Hotel Metro Palace** €€€€ (Ramdas Nayak Rd., Tel.: 26427311, www.uniquehotelsindia.com). Die komfortablen Zimmer verfügen über Balkone, der Service ist erstklassig.

• Wer die Nacht in der Nähe des Flughafens verbringen will, dem stehen eine ganze Reihe von Hotels zur Verfügung. Die meisten finden sich in unmittelbarer Nähe zum Inlandsflughafen Santa Cruz, im Bereich der Nehru Rd. Im Folgenden kann nur eine kleine Auswahl genannt werden, wobei die Qualität in Relation zu den aufgeführten Preisen steht. Insgesamt gilt, dass man den Standortvorteil recht teuer bezahlen muss, da alle Flughafen-Hotels, verglichen mit dem gebotenen Standard, deutlich über dem ohnehin schon sehr hohen Preisniveau in der Innenstadt liegen. So erhält man für etwa 1.800 bis 2.000 Rs kaum mehr als ein bescheidenes Zimmer.

• Zunächst seien die **Airport Restrooms** €€-€€€ (Tel.: 26156500 oder Flughafenauskunft: 26156600) am Santa-Cruz-Flughafen (Terminal 1B) genannt, die allerdings nur für Gäste mit Anschluss-Flugticket innerhalb von 24 Std. Unterkunft gewähren und häufig ausgebucht sind.

• In der Preisklasse um 2.000 Rs für ein Doppelzimmer befinden sich u.a. folgende Hotels: **Airlink** (Tel.: 26184220, www.hotelairlink.com), **Jayshree** (Tel.: 26183232/3), **Ashwin** (Tel.: 28300845) und **Airlines International** (Tel.: 26260714, airlines@goldenswan.com).

• Noch einmal 500 Rs mehr für ihre AC-Räume verlangen die Hotels **Atithi** (77, Nehru Rd., Tel.: 26116124, atithi@bom8.vsnl.net.in) und **Transit** (Tel.: 26128882, transit@vsnl.com), beide in einer Seitengasse der Nehru Rd.

• Das **Bawa International** €€€€€ (Tel.: 26113636, bawaintl@vsnl.com) ist ein hervorragend geführtes Hotel. Im Haus befindet sich auch die Avalon, „the best Discotheque having perfect Police licence", wie das Management betont ...

• Ausgezeichnet ist das Fünf-Sterne-Hotel **The Orchid** €€€€€-€€€€€€ (Tel.: 26164040, www.orchidhotel.com). Beim Bau wurde besonderer Wert auf die Verwendung natürlicher Materialien gelegt, woraus sich die Bezeichnung „Asia's first certified ecofriendly 5 Star Hotel" ableitet – warum einfach, wenn's auch kompliziert geht.

• Wer es sich in der Nähe des internationalen Flughafens gut gehen lassen möchte, sollte sich im **The Leela** €€€€€€ (Tel.: 56911234, leela@theleela.com) einquartieren. Swimmingpool, vier Restaurants, drei Bars und Tennisplätze sorgen neben den an- und abfliegenden Flugzeugen dafür, dass keine Langeweile aufkommt.

• Gleich neben dem Inlandsflughafen Santa Cruz steht das **Tulip Star** €€€€€ (Tel.: 26113040, www.tulipstar.com), ein hässlich grauer Rundbau mit Lärmschutz.

Essen und Trinken

Mumbai hat mit Abstand die größte Auswahl an Restaurants in Indien. An jeder Straßenecke warten gleich mehrere Gaststätten auf Kunden. Die hohe Anzahl beruht auf der ungeheuren Zahl von Pendlern in der Stadt, die oft 4, 5 oder 6 Stunden täglich aufwenden müssen, um zwischen Wohnort und Arbeitsstätte hin- und herzufahren. Für ein Essen zu Hause bleibt vielen gar keine Zeit. Außerdem hat Mumbai eine solide Mittel- und Oberschicht, deren Mitglieder es sich leisten können, gepflegt zu speisen.

In Colaba und am Nariman Point

- Eines der preiswertesten und beständig besten Restaurants in diesem Stadtteil ist das winzige und enge **Laxmi Vilas** (Navroji Forunji Rd., neben Oxford University Press). Das Essen ist typisch südindische (vegetarische) Udipi-Küche (benannt nach ihrem Herkunftsort in Karnataka), mit sehr guten *masala dosas* und lohnenswerten *thalis* zu 12 Rs.
- Etwas weiter südlich am Colaba Causeway liegt das **Kamat.** Neben vegetarischer südindischer Küche gibt es auch sehr gute nordindische Gerichte sowie magenfüllende *thalis*. Das immer gut besuchte Restaurant hat zwei Stockwerke, das obere mit AC.
- Neben dem Kamat hat das kleine **Restaurant Piccadilly** eine weit größere Speisekarte, als es den Anschein hat, z.B. gutes Schawarma und viele weitere Köstlichkeiten. Vorsicht bei den grünen Chilis!
- Dem Namen Entsprechendes gibt's im neuen **Falafel's** ganz nah beim Wellington Circle in ausgezeichneter Qualität.
- Das **Hotel Majestic** (Colaba Causeway) ist ein langgedienter Favorit in Colaba, zumindest bei Leuten, die extrem auf den Geldbeutel achten müssen. In dem großen, anspruchslosen Speisesaal gibt es recht gute *thalis* zum Niedrigpreis von 18 Rs.
- Braucht man nach schweißtreibendem Wandern in den Gassen des Fort-Bereichs eine Pause, ist das im Herzen des Forts nahe Flora Fountain gelegene **Mocambo Café** eine erstklassige, nicht ganz billige und klima-

2::3ke Foto: mb

tisierte Adresse für einen Snack inkl. Pizza, Steak und Lamm, einer recht umfangreichen Weinkarte und vielen reizvollen, teils geladenen Torten wie etwa Irish-Bailey-Walnuss-Torte.

- Das **Kailash Parbat** (Shahid Bhagat Singh Rd., Ecke 1st Pasta Lane), eines von mehreren vegetarischen Restaurants im südlichen Colaba, genießt seit Jahren einen ausgezeichneten Ruf bei den Einheimischen, von Touristen scheint es jedoch noch nicht entdeckt worden zu sein. Es befindet sich ca. 500 m südlich des *Regal Cinema,* an der Hauptstraße durch Colaba. Serviert wird die vegetarische Küche der Sindhis, der aus Pakistan eingewanderten Händlerkaste. Das Essen ist preiswert und köstlich, dementsprechend ist es mittags und abends gerammelt voll. Eine Mahlzeit für zwei Personen dürfte ca. 50–100 Rs kosten.
- Das 1871 gegründete **Café Leopold** (Shahid Bhagat Singh Rd.) mitten im Herzen von Colaba ist *der* Traveller-Teffpunkt, obwohl niemand genau weiß, warum. Hier trifft man Leute, denen man zuletzt vor mehreren Monaten in Dharamsala, Varanasi, Puri, Bangkok oder auf Bali begegnet ist. Durchsetzt wird die Traveller-Gemeinde von afrikanischen Seeleuten, die irgendwie hängen geblieben sind, Arabern mit unislamischen Absichten und zunehmend auch von Einheimischen.

Das Essen des Leopold ist allerdings von wechselhafter Qualität und zudem teuer. Es scheint aber genügend Leuten zu schmecken, der Laden ist immer total voll. Außerdem gibt es Bier, das hier zu jeder Tageszeit in Strömen zu fließen scheint. Zapfenstreich ist erst um 24 Uhr, relativ spät für Mumbai. Die im Obergeschoss befindliche Disco (Eingang über Seitenstraße Nawroji F Rd.) ist meist noch länger geöffnet. Auch das Café Leopold war Ziel der Terroranschläge vom November 2008.

- Das ca. 100 m weiter nördlich an der gleichen Straße (etwas südlich des Wellington Circle) gelegene **Café Mondegar** hat ein ähnliches Ambiente. Die Atmosphäre ist hier noch etwas ausgelassener, was wohl nicht zuletzt an der ständig dudelnden Jukebox liegt. Allerdings hört man in letzter Zeit des öfteren Klagen darüber, dass die Ober hier wie auch im *Leopold* recht unfreundlich werden, wenn man nur für einen Drink hereinschaut, ohne etwas essen zu wollen, und man mehr oder weniger sanft zum Gehen aufgefordert wird.
- Schräg gegenüber dem Leopold wartet ein weiteres Irani-Restaurant auf, das **Olympia Coffee House,** das sehr gemütlich eingerichtet ist. Kulinarisch geht es eher deftig zu, da die diversen Mughlai-Speisen oft scharf und fettig sind.
- Ein neues, recht angesagtes Restaurant am Colaba Causeway ist das **Café Churchill,** billiger als *Leopold,* mit ähnlichem Angebot. Es ist sehr klein, deshalb meist voll.
- Ca. 50 m südlich vom Churchill kredenzt das neue **Wich Latte** (Tel.: 65254824, www.wichlatte.com) teils seltsam bezeichnete Gerichte wie *Renwick Reiben (Corned Beef) Tuscan Verde* sowie gute Salate – etwa mit Sauerkraut –, Pizza, Tiramisu, Kuchen und Eis. Was *Clinton's Wich* ist, sollte der neugierige Hungrige selbst herausfinden.
- Eine weitere Alternative zum teuren *Leopold,* wenn auch nur etwas billiger, ist das keine 100 m südlich gelegene **Food Inn** (9.30–0.30 Uhr) mit vielseitiger Karte: *sea food,* Sandwiches, Pizza, Nudeln, Milchshakes, Chicken, *tandoori.*
- Das gepflegte **Basilico** in der Arthur Bunder Rd. wird für seine italienische und indische Küche gelobt (z.B. Gnocchi in Koriander-Limetten-Pesto). Für ein Hauptgericht sollte man um 200 Rs veranschlagen, außerdem gibt's zum Frühstück frische Baguettes, Croissants und Espresso.
- Wer im schicken **Indigo** (Mandlik Rd., Tel.: 66368980, Hauptgerichte ab 500 Rs, nur mittags und abends geöffnet) speisen möchte, muss reservieren. Die erstklassige europäische Küche und eine exquisite Weinkarte machen jedes Mahl zu einem lukullischen Genuss, der auch auf dem Dach bei Kerzen-

schein möglich ist. Bekommt man keinen Platz, lockt die gut ausgestattete Bar. Frühstück für den gehobenen Anspruch gibt's beim exzellenten **Indigo Delicatessen** (Pheroze Bldg., Shivaji Marg) in der Nähe.

- In ganz Mumbai bekannt für seine ausgezeichneten Barbecue-Gerichte ist **Bade Miyan** in der Tulloch Rd., einer kleinen Gasse zwischen *Gateway of India* und *Café Leopold.* Dabei handelt es sich um ein jeden Abend ab 19 Uhr neu aufgebautes Open-Air-Restaurant, welches aus nicht viel mehr als ein paar aufgestellten Tischen besteht. Neben den vorzüglichen und zudem günstigen Gerichten gefällt hier die lockere Stimmung, die bis spät in die Nacht andauern kann.
- Wer danach noch in einer vor allem von Indern besuchten, rauchigen und stimmungsvollen Kneipe sein Glück suchen will, sollte das schräg gegenüber angesiedelte **Gokul** aufsuchen, wo auch kleinere, leckere Snacks, die auf einer Tafel angeschrieben stehen, serviert werden.
- Gute und preiswerte nordindische Kost ohne viel Schnickschnack bietet das in der Nawroji-F. Rd. gelegene Restaurant **New Apollo.**
- Das **Golden Gate** (Amarchand Mansion, Madame Cama Rd., Tel.: 22026306, 22027989), rechts neben dem *YWCA International Guest House* gelegen, bietet sowohl Fleisch- als auch vegetarische Gerichte. Sie sind allesamt sehr gut, vor allem leicht zubereitet. Zwei Personen müssen bei vegetarischen Gerichten mit mindestens 400 Rs rechnen, bei Fleischkost mit ca. 600 Rs.
- Das **Shamiana,** der Coffee Shop im Erdgeschoss des Taj Mahal Hotel, ist eine alteingesessene Institution in Colaba, in der sich der luxusgewöhnte Geschäftsmann ebenso einfindet wie der knausernde Low-Budget-Traveller, der einmal 5-Sterne-Luft schnuppern möchte. Halbwegs dezente Kleidung ist allerdings anzuraten. Das *Shamiana* ist rund um die Uhr geöffnet.
- Nicht ganz so gelungen eingerichtet, aber auch viel billiger ist das empfehlenswerte **Nosh,** gleich neben dem *Regal Cinema* am Colaba Causeway.
- Nebenan lockt eine kühle Filiale von **Barista Espressobar** mit Fensterfronten und diversen Kuchen, Snacks und Kaffeesorten. Ein Ableger hiervon ist **Barista Creme** im südlichen Colaba an der Arthur Bunder Rd.
- Fast-Food-Freunde kommen im **McDonald's** am Colaba Causeway zu ihrem Recht, weitere Ableger gibt's u.a. gegenüber dem Victoria Terminus.
- Das **Theobroma,** ein gemütliches, kleines Café auf der ruhigeren Seite des Colaba Causeway, lockt mit köstlichen Kuchen und diversen Kaffees zum Nachtisch.
- *Sachin Tendulkar,* Indiens Cricket-Superstar der letzten 10 Jahre, hat offensichtlich derart viel Geld verdient, dass Mumbais Liebling in sein eigenes, nach ihm benanntes Restaurant **Tendulkar's** investiert hat. Das edel, aber auch unterkühlt eingerichtete Etablissement ist auf die junge Oberschicht Mumbais zugeschnitten und versucht diverse Elemente zu vereinen. Die Küche (indisch, europäisch) ist gut und mit Preisen um die 350 Rs für ein Hauptgericht der Klientel entsprechend teuer.
- Selbstversorgern seien schließlich zwei in der letzten Zeit entstandene Supermärkte nach westlichem Muster ans Herz gelegt: in Colaba am Wellington Circle der **Sahakari Bandar Supermarket** und der **Suryodaya Market** beim Bahnhof Churchgate.

Im Fort

Wegen der vielen Büros in der Gegend weist der Stadtteil Fort ein Riesenangebot an guten Restaurants auf. Zur Mittagspause sind sie gerammelt voll und schließen spätestens um 21 Uhr. Sonntags bleiben sie ganz geschlossen.

- Eines der besten Restaurants im Viertel ist das vegetarische **Vaibhav** (Mahatma Gandhi Rd.). Besonders gut sind die Paneer-Gerichte, aber auch alles andere ist von höchster Qualität. Kostenpunkt ca. 100–150 Rs für zwei Personen.
- Gleich links nebenan liegt das **Rasraj,** leicht zu erkennen an seinem apfelförmigen Eingang. Es gibt ein großes Sortiment an Fruchtsäften und Milchshakes, dazu aber auch sehr gute Snacks. Zwei Personen kommen mit 50–100 Rs für eine Mahlzeit samt Fruchtsäften aus.

- Das hübsche, im Stil eines Schweizer Chalets errichtete **Ankur** in der von der M.P. Shetty Rd. abgehenden Tamarind Lane gilt als die beste Adresse für Fischgerichte im Stil der Südwestküste. Man sollte für ein Gericht mindestens 300 Rs veranschlagen.
- In der Gasse hinter dem Rasraj und Vaibhav gibt es zahlreiche weitere preiswerte und gute Restaurants, so z.B. **Dwarka, Gokul, Milan Coffee House, Amrapali** und das besonders empfehlenswerte **Welcome Hindu Restaurant** (ca. 100 m von Flora Fountain entfernt). Außer dem Amrapali sind alle genannten Restaurants vegetarisch.
- Gediegen ist das 1921 eröffnete **Café Universal** (Tel.: 22613985) nicht weit vom Victoria Terminus. Das für seine Sizzler-Gerichte berühmte Restaurant in der SBS Singh Rd. hat zudem Steak, Geflügel und chinesische Küche sowie ein umfangreiches alkoholisches Angebot. Abends meist gerammelt voll mit Einheimischen – ein gutes Zeichen.
- Gleich sechs Restaurants nahezu nebeneinander, alle in der K. Dubash Marg nördlich des Prince of Wales Museum, müssten jeden Gaumen befriedigen. Hinsichtlich Ambiente und Preis sind alle auf die Klientel des sich nördlich anschließenden Bankenviertels ausgerichtet. Man muss bei den meisten mit 300–500 Rs für ein Hauptgericht rechnen. Das zwar gelungen, aber auch etwas „glatt" gestaltete **Joss** serviert außer hervorragenden Fisch- und Fleischgerichten auch Vegetarisches mit Tofu. Alteingesessen ist das **Chetana,** etwas weiter östlich an derselben Straße, das besonders bei Gujaratis und Rajasthanis beliebt ist, da die vegetarische Küche ihrer Heimat serviert wird. Mittags gibt es die leicht süßen Gujarati-Thalis zu 120 Rs, bei denen bis zum Abwinken nachgefüllt wird. Das **Copper Chimney** (Tel.: 22041661, 2244468) bietet exklusive Mughlai-Küche. Zwei Personen müssen bei vegetarischen Gerichten mit ca. 400 Rs rechnen, ansonsten mit ca. 600 Rs. An Wochenenden empfiehlt sich eine Vorbestellung. Etwa zum halben Preis der vorher genannten (um 150 Rs pro Hauptgericht) kann man im **The Silk Route** chinesische Küche, aber auch Fischgerichte speisen. Auch einen Zustell-Service gibt's, Tel.: 23826633. Die modern-glatt gestaltete **Noodle Bar** serviert thailändische und italienische (viel Geflügel), **Bombay Blue** indische Küche.
- Noch weiter östlich am K. Dubash Marg befindet sich das ausgezeichnete **Khyber** (Tel.: 2272227-8, 2271605, 2273973, 12.30–15.30 und 19.30–23.30 Uhr). Schon das Interieur ist äußerst stilvoll, das ganze Ambiente erinnert an den Speisesaal eines Maharaja-Palastes. Auf der umfangreichen Speisekarte finden sich exquisite Gerichte, alles ist von höchster Qualität, dazu kommt ein freundlicher und unaufdringlicher Service. Auch Alkoholika sind in reicher Auswahl vorhanden. Sehr empfehlenswert! Das Restaurant ist oft ausgebucht – gelegentlich von Filmstars, die hier exklusive Partys zelebrieren. Telefonische Voranmeldung ist anzuraten.
- Genau gegenüber vom Khyber, im gleichen Haus wie die Jehangir Art Gallery, befindet sich das **Samovar.** Es ist weniger für seine exquisite Küche bekannt, denn als Treffpunkt Mumbais Intellektueller. Die Snacks wie *samosa* und *roti kebab* sind sehr gut.
- Das vielleicht beste Restaurant für Meeresfrüchte und Fisch in Mumbai befindet sich etwas versteckt zwischen Flora Fountain und dem GPO. Das **Bharat** (Mint Rd., Tel.: 22618991) spezalisiert sich auf die traditionellen Seafood-Gerichte von Mangalore, die als besonders schmackhaft gelten. An Wochenenden ist telefonische Voranmeldung ratsam. Ca. 150–300 Rs für zwei Personen.

Am Victoria Terminus

- Das kleine, aber sehr gute und saubere **Shivala Restaurant** (Walchand Hirachand Marg) befindet sich schräg gegenüber Victoria Terminus Station. Es gibt vegetarische Gerichte wie *masala dosas* und sehr gute *thalis* (15 Rs), Fruchtsäfte und *vegetable burgers,* alles sehr preiswert und lecker. Zwei Personen kommen ab 50 Rs zu einem vollen Magen.
- In einer kleinen Seitenstraße parallel zur Dadabahai Naoroji Road, ca. 100 m westlich Victoria Terminus, befindet sich das **Vitthal,** Mumbais berühmtestes Restaurant für *bhelpuri* und *pani puri* – die typischen Mumbai-

Snacks, die mit Minz- und Tamarinden-Soße serviert werden. Ca. 50–100 Rs für zwei Personen.

Am Crawford Market

- Genau gegenüber dem Crawford Market (Mahatma Phule Market) ist Mumbais bekanntester Fruchtsaftladen, **Badshah Cold Drink Annexe,** angesiedelt. Es gibt zahlreiche Fruchtsäfte und Milchshakes, dazu sehr gute, hausgemachte Eiscremes und Obstsalate.
- In der quirligen Marktstraße links neben dem Badshah Cold Drink Annexe versteckt sich das kleine **Rajdhani Restaurant,** bekannt in der Gegend für seine guten und reichhaltigen, süß-scharfen Gujarati-Thalis (45 Rs).
- Auf der dem Markt gegenüber liegenden Straßenseite der D.N. Rd. ist das **Abhiruchi Restaurant** eine akzeptable Adresse für eine schnelle Zwischenmahlzeit.

An Churchgate Station und Marine Drive

- Wenn es um die Relation Qualität/Preis geht, gibt es nicht viele Restaurants, die das **Samrat** (Prem Court, Jamshetji Tata Rd.), ca. 300 m südlich der Churchgate Station, überbieten können. Das gemütlich eingerichtete Lokal bietet vegetarische nordindische und Gujarati-Küche, dazu einen sehr aufmerksamen und effizienten Service. Unter anderem stehen typische Gujarati-Gerichte auf der Speisekarte, die es fast nirgendwo anders gibt, z.B. *patra.* Die beliebten Gujarati-Thalis im Samrat sind äußerst reichhaltig. Ansonsten kostet eine volle Mahlzeit etwa 150–300 Rs.

  Angeschlossen sind **Relish** (ab mittags geöffnet) mit vielseitiger Speisekarte von libanesischer bis mexikanischer Küche und das **Freiluftcafé 210°C** mit preiswerten Backwaren und Kaffee, auch zum Mitnehmen.
- An der Veer Nariman Road wartet das **Gaylord** auf. Es gibt einige gute westliche Gerichte und Backwaren, aber auch nordindische *thalis.* In dem Vorbau an der Straße lässt es sich recht gut sitzen und das Straßengeschehen beobachten.
- **The Pizzeria,** in attraktiver Lage an der Ecke Veer Nariman/Marine Drive, bietet genau das, was der Name verspricht.
- Das **Purohit's,** ein vegetarisches Restaurant an der Veer Nariman Rd., erfreut sich besonders mittags bei Geschäftsleuten großer Beliebtheit. Die einzelnen Gerichte kosten zwischen 75 und 100 Rs.
- Wenige Meter weiter im gepflegten **Indian Summer** gibt es vegetarische und nichtvegetarische Gerichte (um die 200 Rs). Hier wird tgl. zwischen 12 und 15.30 Uhr ein Mittagsbüffet für 300 Rs kredenzt.
- Wiederum nur wenige Schritte weiter wartet das rein vegetarische **Shiv Sagar.** Alles schmeckt vorzüglich und der Service ist effizient und unaufdringlich. Im Restaurant gibt es auch Alkoholausschank. Ab ca. 150 Rs für eine Mahlzeit pro Person.
- In der Umgebung der Churchgate Station besteht auch kein Mangel an preiswerteren Restaurants. In der Seitenstraße gleich links neben dem Bahnhof liegt das ordentliche **Satkar,** in der Maharishi Karve Road an der Ostseite des Bahnhofs das ebenso gute **Sahyadri;** noch eine Seitenstraße weiter östlich, in der V. Thakersey Road, finden sich die preiswerten **Sanman, Suruchi** und **Balwas.**
- Will man im angesagten **Salt Water Grill** (Tel.: 22365485, (0)9892578494, 16.30–19 und 19.30–22 Uhr) am Chowpatty Beach einen Platz bekommen, sollte man reservieren, sind die Plätze des über dem Wasser positionierten Restaurants doch äußerst begehrt. Falls man keine Reservierung hat, kann man bestenfalls an der Bar seinen Kummer runterspülen.
- Im neuen Gewand präsentiert sich das 50 Jahre alte **Cream Centre** (Marine Drive, 11.30–23.30 Uhr) der Mittelschicht-Klientel entsprechend modern mit italienischer, mexikanischer und indischer Küche und vielerlei Eissorten. Viel schlichter und billiger ist das **Café Ideal** nebenan.
- Nur ein paar Meter südlich sind **Café Coffee Day** und **Gelato Italiano** einen schnellen Zwischenstopp wert, um die Batterien bei Kaffee, Kuchen und Snacks bzw. Eis aufzufüllen.

234ke Foto: nl

Prince of Wales Museum

Andere Gegenden

- Eine wunderbar gelassene Atmosphäre in erstklassigem Ambiente und exquisite Küche sowie Alkoholisches kredenzt **Olive Bar & Restaurant** (Tourist Hotel, Union Park, Khar, Pali Hill, Tel.: 26058228/9, www.olivebarand kitchen.com, 19.30–0.30 Uhr, So zusätzlich 12.30–16.30 Uhr) nahe Bandra.
- Im Herzen Bandras ist **Pot Purry** (nur mittags und abends geöffnet) die beste Adresse für Freunde der westlich ausgerichteten Küche. Auch das Alkoholangebot kann sich sehen lassen.
- Auf dem Dach im 7. Stock des Shoppers Stop wird im **Sheesa** (Bandra, Linking Rd., nahe der Swami Vivekanada Rd., nur mittags und abends geöffnet) arabische und indische Küche stilgerecht auf Polstern in Nischen serviert.

Bars

Colaba

- Die **Sportsbar Express** am Colaba Causeway nahe dem Regal Cinema mit Poolbillard ist eine In-Bar, in der man mit einem Bier oder Cocktail – auch härterer Stoff ist zu haben – bei meist guter Rockmusik den Tag ausklingen lassen kann. Abends ist deren Pegel jedoch oft recht hoch.
- Neben dem edlen Indigo Restaurant wird auch das **Busaba** (Mandlik Marg, Colaba, 12–15 und19–0.30 Uhr, Tel.: 22043779) von der In-Crowd Mumbais frequentiert, die Cocktailkunstwerke sind aber preiswerter.
- Mindestens ebenso angesagt, vor allem bei der Schickeria und den Bollywoodstars, ist das **Henry Tham's** (Tel.: 22023186, Apollo Bunder, 19–1.30 Uhr) an der Straße zum Gateway of India, eine spartanische Mischung aus Bar und Restaurant.
- Abends fungiert das meist voll besetzte **Café Mondegar** für den kleineren Geldbeu-

tel vorwiegend als Bierbar. Die jugendliche Klientel vergnügt sich bei Bollywood- und westlicher Popmusik.

Marine Drive

- Auch wenn im Restaurant des **Saltwater Grill** am Chowpatty Beach meist kein Platz mehr zu bekommen ist, verlockt die angeschlossene Bar (19.30–1.30 Uhr), der perfekte Platz für ein abendliches Bier oder einen Cocktail, nachdem man am Marine Drive den Sonnenuntergang genossen hat.
- Auf dem Dach des Hotel Intercontinental ist das **Dome** (Marine Drive, Tel.: 39879999, 18–1.30 Uhr) die vielleicht edelste Bar Mumbais mit atemberaubendem Blick über die Stadt. Auch hier stolpert man gelegentlich über einen Bollywoodstar.

Andere Gegenden

- **Ghetto** (Bhulabhai Desai Marg, Tel.: 23538414, 19–1.30 Uhr) in derselben Gasse und nicht weit vom Mahalaxmi-Tempel ist das richtige Domizil für die verbliebenen Rocker. Nichts für Nichtraucher!
- Dem Stadtteil entsprechend gestylt, ist **Zensi** (Waterfield Rd., 11.30–1.30 Uhr) in Bandra der richtige Ort für alkoholische Genüsse in Neonlicht mit entsprechendem Publikum.

Bank

- **Thomas Cook** an der D.N. Road nördlich des Flora Fountain (Mo–Sa 9.30–19 Uhr) wechselt verlässlich und schnell. Eine für die meisten Touristen günstig gelegene Filiale mit langen Öffnungszeiten (Mo–Sa 9.30–18 Uhr) findet sich am Colaba Causeway. Eine weitere Filiale ist unweit des Chowpatty Beach und Marine Drive in der Judith Rd. (gleiche Öffnungszeiten).
- Auch beim **UAE Exchange** (Tel.: 32542184) an der S.B. Singh Rd. können Bargeld und Reiseschecks zu etwas besseren Raten zu Rupien gemacht werden: Mo–Sa 9.30–18 Uhr. Weitere Filialen u.a. in Bandra (Tel.: 32491254) und in Andheri (Tel.: 32011935), letztere ist auch sonntags geöffnet. Bei beiden vorgenannten ist schneller elektronischer Geldtransfer (Moneygram) aus dem Ausland möglich.
- Im touristischen Zentrum am Colaba Causeway wechselt außerdem **Cashpoint** effizient.
- Zuletzt sei **Pheroze Framrose** am südöstlichen Rand des Fort-Bereichs genannt.
- Auch an den **Flughäfen** gibt es zuverlässige Geldwechselstuben, u.a. von *Thomas Cook*. Dennoch sollte man bei allen das Nachzählen nicht vergessen.
- An Geldautomaten (in Indien **ATMs** genannt) herrscht kein Mangel. Mehrere sind in den Stadtplänen verzeichnet. Die der HDFC-Bank nehmen neben den üblichen internationalen Kreditkarten auch American Express.

Post

- Das imposante **General Post Office (GPO)** liegt direkt neben dem Victoria-Bahnhof am Nagar Chowk. An Schalter Nr. 1 können Mo–Sa von 9 bis 18 Uhr, feiertags von 11 bis 17 Uhr gegen Vorlage des Passes postlagernde Sendungen in Empfang genommen werden. Die Anschrift für das GPO lautet: Poste Restante, Mumbai GPO, Mumbai 40001, India.
- Das **Paketpostamt** findet sich rechts hinter dem Hauptgebäude in einem Hinterhof, zu dem man über die P.D. Mello Road gelangt. Geöffnet ist es Mo–Sa 10 bis 16.30 Uhr. Auf dem Bürgersteig vor dem GPO kann man sein Paket von den dort platzierten Schreibern ordnungsgemäß verpacken, versiegeln und beschriften lassen. Auch die notwendigen Formulare erhält man hier. Der Service kostet je nach Größe des Pakets und Verhandlungsgeschick zwischen 20 und 50 Rs.
- Im Gebäude vom Sea Green South Hotel gibt's ein 24 Std. geöffnetes **DHL** (Tel.: 22881360) zum Pakete verschicken.
- Ein weiteres, nicht so überlaufenes **Postamt** liegt an der Henry Road.
- Die Postämter in den beiden **Flughäfen** sind offiziell rund um die Uhr geöffnet. Besetzt sind sie, zumindest am Santa Cruz Airport, durchaus nicht immer.

Telefon und Internet

- Anstatt sich der umständlichen Bürokratie des **Central Telegraph Office** an der Veer Nariman Road auszusetzen, telefoniert man schneller und preiswerter von einem der vielen privaten **Telecommunication Offices** in Colaba. Hier werden derzeit 11 Rs/Min. nach Europa verlangt. Das nur gelegentlich mögliche Net-to-Phone-Verfahren kostet nur 4 Rs/Min.
- Die überall vorhandenen **Internetcafés,** besonders in Colaba dicht gesät, verlangen durchschnittlich 20–30 Rs für die Stunde Surfen und 10 Rs für den E-Mail-Check. Schnelle Breitbandverbindungen hat Waghela Communications (bis 23.30 Uhr geöffnet) in der B. Nawroji Rd. (beim Café Leopold hinein), Pick-Up-Commications beim Hotel Oliver sowie das der Sify-i-way-Kette in Colaba, die Al Allana Rd. neben dem Piccadilly Restaurant hinein (1. Stock, 40 Rs/Std., hier ist auch billiges Net-to-phone-Telefonieren möglich, eine weitere Filiale findet sich beim Churchgate-Bahnhof). Auch im Fort-Bereich gibt's einige Surfmöglichkeiten. Schnell ist z.B. Meghdoot Communications (bis nach Mitternacht geöffnet). Das New Cyber Café im Eingangsbereich des Royale Park Hotel an der D.N. Rd. gegenüber von Victoria Terminus macht zwar nicht den Eindruck, neu zu sein, dennoch ist es recht fix.

Medizinische Versorgung

- Das empfehlenswerteste Krankenhaus Mumbais und gleichzeitig eines der besten ganz Indiens ist das **Breach Candy Hospital** (Tel.: 23633651, 23671888, www.breachcandyhospital.org) an der Bhullabhai Desai Rd. Näher an Colaba und Fort ist das **Bombay Hospital** (Tel.: 22067676, New Marine Lines, www.bombayhospital.com) nördlich Churchgate.
- An **Apotheken** besteht kein Mangel, sowohl am Colaba Causeway, etwa Shahakari Bhandar Chemists (Tel.: 23648435), wie auch im Fort- und Bazaar-Gebiet. Lange geöffnet ist Kemps im Taj Mahal Hotel. Viele Apotheken nahe den Krankenhäusern, z.B. Royal Chemists (Maharishi Karve Rd., Tel.: 22004041) beim Bombay-Hospital, sind 24 Std. geöffnet.

Konsulate

- **German Consulate in Mumbai,** Hoechst House, 10. Stock, Nariman Point, 193 Backbay Reclamation, Tel.: 022/22832422, www.germanconsulatemumbai.org.
- **Austrian Consulate in Mumbai,** 26, Maker Chambers VI, Nariman Point, Tel.: 022/2287-4758, -4759, -1734, -0498.
- **Swiss Consulate in Mumbai,** 102 Maker Chambers IV, 10. Stock, 222, Jamnalal Bajaj Marg, Nariman Point, Tel.: 022/228845-63/-64/-65.
- **Singapur,** Maker Chamber IV, Jamnalal Bajaj Marg, Nariman Point (Tel.: 22043205-9).
- **Sri Lanka,** Sri Lanka House, 34, Homi Modi Street, Fort (Tel.: 22045861).
- **Thailand,** 33, Dr. Purandure Marg, Chowpatty (Tel.: 23631404).

Visumverlängerung

- Wer sein Visum verlängern muss, begibt sich, adrett gekleidet und mit Pass, Wechselquittungen, vier Fotos und viel Geduld ausgerüstet, in den 3. Stock des **Foreigner's Regional Registration Office** (Tel.: 22620446, Sayed Badruddin Rd.) beim Deputy Commissioner of Police gegenüber dem Crawford Market (Mo–Fr 10.30 bis 12.30 und 13.30 bis 15.30 Uhr). Dort schlägt die indische Bürokratie gnadenlos zu. Trotz aller doppelt und dreifach auszufüllenden Formulare sollte man immer schön freundlich bleiben, sonst dauert es doppelt so lange. Normalerweise sollte man eine Visumverlängerung am nächsten Tag bekommen.

Shopping

Staatliche Geschäfte

- Wie in Delhi und Kalkutta, so bietet sich auch dem Neuankömmling in Mumbai mit dem staatlichen **Central Cottage Industries Emporium** an der C. Shivaji Marg, nur etwa

200 m vom Gateway of India entfernt, ein idealer Ort, um sich einen Überblick über die ganze Vielfalt des indischen Kunsthandwerks zu verschaffen. Die Auswahl an prächtigen Seidenstoffen, Möbeln, Teppichen, Götterstatuen, Schmuck und vielem mehr ist einzigartig. Die Festpreise liegen über dem Landesdurchschnitt, doch dafür ist alles von garantierter Qualität und man kann sich in aller Ruhe ohne Anmache von Schleppern umschauen. Zudem wird auf Wunsch alles nach Hause geschickt.

- Auch die meisten **indischen Bundesstaaten** unterhalten in Mumbai Geschäfte.

Basare

Weit weniger geordnet, dafür orientalisch-lebendig geht es auf den verschiedenen Basaren zu, für die Mumbai berühmt ist. Hier muss man handeln, was das Zeug hält (mit den Preisen im Government Emporium hat man einen ersten Anhaltspunkt) und zudem sollte man im Menschengewimmel seine Wertsachen gut verwahren.

- Dies gilt besonders für den **Chor Bazaar** neben der Grant Road. Dieser Diebes- und Flohmarkt ist besonders für Antiquitäten und Lederwaren bekannt.
- Im **Javeri Bazaar** in der Nähe des Crawford-Marktes finden sich unzählige Schmuck- und Juwelengeschäfte. Ein faszinierendes Viertel auch für jene, die nicht über das nötige Kleingeld verfügen.
- Viele Straßenstände öffnen gegen Sonnenuntergang entlang des Colaba Causeway, speziell im Bereich von Wellington Circle bis Best Street. Verkauft wird hier alles, was für Touristen interessant sein könnte: Schuhe, Kleidung, Souvenirs u.Ä. Die Preise sind meist hoch, die Qualität schlecht: keine gute Kombination. Eine Ausnahme bilden allerdings oftmals Hemden, die schon für 50 Rs zu haben sind.

Buchläden

- Ganz ausgezeichnet bestückt ist der **Nalanda Bookshop** im Taj Mahal Intercontinental. Von anspruchsvoller Wissenschaftsliteratur über internationale Bestseller und aktuelle Zeitungen aus aller Welt, Postkarten, Musikkassetten, CDs bis hin zu Kalendern findet sich alles. Das Geschäft ist bis Mitternacht geöffnet und so kann man im rund um die Uhr geöffneten Coffee Shop des Hotels gleich ein wenig in der neu erstandenen Lektüre schmökern.
- Mumbais bekannteste Adresse für Bücherkauf ist neben dem vorgenannten der **Strand Book Stall** (Sir P. M. Rd., Tel.: 22661719, strandbookstall@vsnl.com, www.strandbookstall.com) östlich von Flora Fountain. Eine hervorragende Auswahl, schnelle Bestellung sowie hohe Preisabschläge auch auf neue Titel zeichnen ihn aus.
- Mumbais wohl größter Buchladen ist **Crossword** (Tel.: 24920253) in Breach Candy, 22, Bhulabhai Desai Road (nahe Mahalaxmi-Tempel). Es gibt jede Menge englischsprachige Romane, Reiseliteratur, Sachbücher etc. Während das Crossword jeden Tag von 10 bis 20 Uhr geöffnet hat, ist der **Shankar Book Stall** im Abubaker Mansion neben dem Regal Cinema sonntags geschlossen.
- Eine sehr gute Auswahl besonders für aufwendige Bildbände verschiedener Themenbereiche sowie Prosa, Reisebücher und Magazine findet sich im nahe gelegenen **Search Word Bookshop** (Tel.: 22852521) am Colaba Causeway.
- Zum Schluss sei die **Magna Book Gallery** im Sassoon Bldg. (MG Rd., 2. Stock) wegen des sehr vielfältigen Angebots erwähnt.

Weitere Einkaufstipps

- Modische und gut verarbeitete **Schuhe** kaufen die meisten Touristen in einem der vielen Läden entlang des Colaba Causeway. Hier zahlt man gewöhnlich den Touristenpreis, jedenfalls in den nicht markengebundenen Geschäften. Die Sportartikel-Geschäfte der international bekannten Marken haben ihre Läden entlang dem Colaba Causeway und östlich von Flora Fountain. Hier gelten Fixpreise.
- Erstklassige Adressen für hochwertige **Kleidung indischer Produktion** sind Fabindia (Jeroo Bldg., 137, MG Rd., Kala Ghoda, tgl. außer Mo 10–20 Uhr) sowie Kala Niketan (95, MK Rd., www.kalaniketangroup.com,

12.30–23.30 Uhr), wo ausschließlich Saris aller Preisklassen feilgeboten werden.

- **Indische Modeschöpfer** präsentieren ihre Kollektionen im Courtyard (SP Centre, 40, Minoo Desai Marg, 11–19.30 Uhr) und in den Boutiquen von Mélange (33, Altamount Rd. in Kemp's Corner, etwas nördlich vom Chowpatty Beach).
- **Antiquitätensammler** sollten sich in einem der vielen Geschäfte in Colaba und im Bereich der W. Hirachand Road in der Nähe der Hauptpost umschauen. Beim Kauf beachte man die Ausfuhrverbote (s. „Vor der Reise"). Gegenüber dem Regal Cinema ist Phillips (Woodhouse Rd., Tel.: 22020564, www.phillipsantiques.com) ein alteingesessenes Geschäft der oberen Preis- und Qualitätsstufe aus der spätviktorianischen Ära.
- Ein Riesenangebot an qualitativ hochwertigen Waren hält das **Oberoi Shopping Center** neben dem Oberoi Hotel bereit. Auf drei Etagen gibt es zahllose Geschäfte mit Lederwaren, Schuhen, Kleidung, Schmuck, Handwerksartikeln, Teppichen, Edelsteinen, alten Uhren und alten Grammophonen. Eine tolle Auswahl zu immer noch erträglichen Preisen.
- Weniger Ambiente versprüht das staatliche **Khadi Village & Industries Emporium,** das noch aussieht, als hätten die Briten gerade erst Indien verlassen. In dem alten Gebäude in der 286 Dadabhai Naoroji Road (nahe American Express) werden Handwerks- und Textilartikel aus ganz Indien angeboten.
- Mumbai gilt als einer der besten Plätze Indiens, um **Musikinstrumente** zu kaufen. Zwei empfehlenswerte Adressen sind das Hiro Music House in der Sir Phirozshah Road und das Rhythm House (Tel.: 22842835, www.rhythmhouseindia.com, tgl. bis 20.30 Uhr geöffnet), K. Dubash Marg, gegenüber dem Max Mueller Bhawan. Hier gibt's neben Instrumenten auch eine hervorragende Auswahl klassischer indischer Musik wie auch indischer und westlicher Rock- und Popmusik.
- Bisher gibt's im Zentrum Mumbais erstaunlicherweise keine großen **Shopping Malls,** obwohl diese sogar in den meisten mittelgroßen indischen Städten an der Tagesordnung sind. So sind für den täglichen Bedarf im Innenstadtbereich der eher kleine Asiatics Department Store gegenüber dem Churchgate-Bahnhof und das Akhbar Alleys nahe Flora Fountain mit umfangreicherem Sortiment zuständig. Die bislang größte Shopping Mall Mumbais ist Crossroads (Pandit MM Maliya Rd., Breach Candy, 10–20 Uhr) im Norden, wo nahezu alles Erdenkliche verkauft wird, man aber leicht den Überblick verliert.
- Wer ein Präsent für die Daheimgebliebenen sucht, sollte im **Bombay Store** stöbern, wenn etwas mehr Geld zur Verfügung steht. Die Auswahl ist reichhaltig, von Silberschmuck und Accessoires über Textilien bis zu Möbeln reicht die Palette.
- Eine Reihe von **Fotoläden** liegt entlang der D.N. Road, zwischen Victoria Terminus und Flora Fountain. Bei den meisten ist Feilschen unerlässlich.
- Will man **orientalische Düfte,** etwa als Souvenir, erstehen, ist man im Insha Allah Mahsa Allah (Ecke Best Marg/Colaba Causeway) gut, weil recht preiswert, bedient und beraten.

Kultur und Unterhaltung

Kulturelle Veranstaltungen

- Das **National Centre of Performing Arts** (Tel.: 22833737, Tickets von 50–300 Rs) am Nariman Point ist einer der in ganz Indien bestangesehenen Veranstaltungsorte im Bereich Theater, Ballett und Musik. National wie international bekannte Künstler treten hier auf. Eine gute Gelegenheit, um eine Aufführung von internationalem Format zu einem Bruchteil des in Europa üblichen Preises zu sehen.

Genauere Informationen über Ort und Zeit finden sich im beim Tourist Office alle zwei Wochen ausgegebenen Veranstaltungskalender und im Internet.

- Englischsprachige Theateraufführungen finden im **Nehru Centre** (Tel.: 24933340) und im **Prithvi Theatre** (Juhu Church Rd., Tel.: 26149546, www.prithvitheatre.org) am Juhu Beach (hier auch Stücke in Hindi) statt.
- Bei **Not Just Jazz By The Bay** (Eintritt 150 Rs, Tel.: 22851876) am Marine Drive treten genau dem Namen entsprechende Bands auf:

meist Jazz, aber auch Blues, Rock und Popmusik an den meisten Abenden der Woche.

- Jedes Jahr im Februar ist **Kala Khobe** eine vielseitige Kunsthandwerksmesse mit unterschiedlichsten Veranstaltungen um den Wellington Circle und im Park des Horniman Circle. Die Erlöse werden für einen guten Zweck verwendet.

Kino

In letzter Zeit suchen Bollywood-Produzenten in den Guest Houses, vorwiegend in Colaba, gelegentlich **Komparsen aus westlichen Ländern** für ihre Filmproduktionen. Interessierte können neben einem kleinen, bei mehreren Tagen Beschäftigung auch größeren Lohn einen interessanten Einblick in die Produktionsbedingungen indischer Filme gewinnen.

- Das **Regal Cinema** (Tel.: 22021017, Tickets 80–150 Rs) am Wellington Circle, Ecke Colaba Causeway, zeigt internationale Kinofilme (meist Hollywood Style) in englischer Version.
- **Eros Cinema** (Tel.: 22030303) gegenüber Churchgate zeigt neben Bollywood-Streifen englischsprachige Filme.

Discos

- In mehreren der First-Class-Hotels wie dem Oberoi und dem Taj Mahal Intercontinental gibt's Nobeldiskotheken, etwa das **Insomnia** (Tel.: 22023366, 66666653, 20–3 Uhr) im Taj, in denen sich die Yuppie-Generation Mumbais trifft. Wer da, wo die Erfolgreichen sich selbst feiern, nicht fehlen will, zahlt 600 Rs Eintritt (1.500 Rs am Wochenende, um 500 für Cocktails) und muss ganz trendy sein.
- Das In-Lokal der nicht ganz so Betuchten ist derzeit das **Razzberry Rhinoceros** im Juhu Hotel. In dieser Mischung aus Pub und Disco trifft sich Mumbais westlich beeinflusstes Jungvolk. An manchen Abenden treten Bands auf.
- Trotz oder gerade wegen der etwas altmodischen Rock-, Pop-, und Discomusik der 70er und entsprechenden Dekors ist der Nightclub **Polly Ester's** (Colaba, Battery St., Tel.: 22871122, 8.30–1 Uhr) im Gordon House Hotel immer gut besucht.

Erholung

- Weniger cool, dafür aber sehr entspannend ist ein Tag im **Breach Candy Club** (Tel.: 23674381) an der Bhulabhai Desai Road in der Nähe des Haji Ali's Tomb. Ein besserer Ort, um sich unter Palmen, auf einem Liegestuhl am Swimmingpool vom brodelnden Mumbai zu erholen, lässt sich kaum denken. Mit 100 (Mo–Fr), 150 (Sa) und 300 (So) Rs ist der Spaß allerdings auch nicht billig. Geöffnet ist von 7 bis 23 Uhr, beim Einlass muss man den Ausweis vorlegen.

Cricket und Pferderennen

- Das große **Wankhede Stadion** (Tel.: 22811795) ist Austragungsort der nationalen (Saison von Oktober bis April) und internationalen Cricketmatches. Um Tickets muss man sich frühzeitig bemühen, Veranstaltungshinweise im Internet.
- Normalerweise am Sonntag und Donnerstag finden auf dem **Mahalaxmi Racecourse** (Tel.: 23071401) Pferderennen statt, am Ende der Saison auch am Wochenende. Eintritt 30 Rs.

Weiterreise

Flug

Mumbai ist zwar immer noch das Ziel von weit mehr nationalen und internationalen Flügen als etwa Delhi und Kalkutta, doch erstaunlicherweise kein guter Ort, um billige Flugtickets zu kaufen. Mit 450 US-$ nach Europa muss man schon rechnen, und auch in andere asiatische Länder wie Thailand ist es mit 250–300 US-$ nicht billig. Über aktuelle **Flugverbindungen** aller Airlines informiert sehr übersichtlich die Website www.yatra.com. Hier Adressen von **Reisebüros,** die sich als relativ preiswert und/oder zuverlässig erwiesen haben:

- **Transway International,** Pantaky, 3. Stock, 8 Maruti Cross Lane, Fort, Tel.: 22626066.
- **Space Travel,** Nanaboy Mansion, 4. Stock, Sir P.M. Road, Tel.: 22663258.
- **Students Travel Information Centre** (STIC), 6 Maker Arcade, Cuffe Parade, Tel.: 2211431.

- **Thomas Cook,** Dhadabhai Naoroji Rd., Mo–Sa 9.30–18 Uhr, Tel.: 22078556.

Fluggesellschaften:

- **Aeroflot,** Tulsiani Chambers, Nariman Point, Tel.: 22821682/3, 22856648, www.aeroflot.ru.
- **Air France,** 201/B, Sarjan Plaza, 100, Dr. Annie Basant Rd., Worli, Tel.: 23466276, Flughafen: 26828555, www.airfrance.com
- **Air India,** Air India Building, Nariman Point, Tel.: 22796666, 22024142, Reservierung internationaler Flüge: Tel.: 22876464, Flughafen: 28318097/8, www.airindia.com
- **Austrian Airlines,** Express Tower, 8. Stock, Nariman Point, Tel.: 22801280-2, www.austrian.com
- **Bangladesh Biman,** Firuz Ara, M. Karve Rd., Churchgate, Tel.: 22824732, 22824580, Flughafen: 26828957, www.bimanair.com.
- **British Airways,** CG House, 4. Stock, Veer Savarkar Marg, Prabhdevi, Tel.: 22820888, (0)9892577470, Flughafen: 26828806, www.britishairways.com.
- **Cathay Pacific Airways,** Bajaj Bhavan, 3. Stock, Nariman Point, Tel.: 22029561, Flughafen: 26828551.
- **Emirates Airlines,** Mittal Chambers, Nariman Point, Tel.: 22875566, Flughafen: 26829323.
- **Go Air,** Hauptbüro in Andheri, Paper Box House, Tel.: 55420082, Büro am Inlandsflughafen, Tel.: (0)9223222111.
- **Gulf Air,** Maker Chambers V, Nariman Point, Tel.: 22024065, www.gulfairco.com.
- **Indian Airlines,** Air India Building, Nariman Point, Tel.: 22023031, Reservierungen: Tel.: 22830832, Flughafen: 26156788, www.indian-airlines.nic.in.
- **Jet Airways,** Amarchand Mansion, Madam Cama Rd., Tel.: 22855788, 56986111, Flughafen: 26156666, www.jetairways.com.
- **Kingfisher Airlines,** 241/242, EG, Nirmal Building, Nariman Point, Tel.: 40340500, mehrere weitere Büros in der Stadt, www.flykingfisher.com.
- **Lufthansa,** Express Towers, 1. Stock., Nariman Point, Tel.: 56301940, 56301933, Flughafen: 26829898, www.lufthansa-india.com.
- **Malaysian Airlines,** Atlanta Building, 3. Stock, Nariman Point, Tel.: 22370678, 56505700/57, www.in.malaysianairlines.com.
- **Royal Nepal Airlines,** 222 Maker Chamber V, Nariman Point, Tel.: 22836197-9, 22069635, www.royalnepal-airlines.com.
- **Air Sahara,** Tulsiani Chambers, Free Press Journal Marg, Nariman Point, Tel.: 56374101-4, 22836000, Flughafen: 26828799.
- **Singapore Airlines,** Taj Mahal Hotel, Apollo Bunder, Tel.: 22022747.
- **Spice Jet,** Tel.: (0)9871803333, Büro am Inlandsflughafen, www.spicejet.com.
- **Sri Lankan Airlines,** 12 Vaswani Mansion, Dinshaw Vachha Rd., Churchgate, Tel.: 22823288, 22844148, Flughafen: 26828965, www.srilankan.aero.
- **Swiss International Airlines,** Hoechst House, 1. Stock., 193 Nariman Point, Mo–Sa 9–17.30 Uhr, Tel.: 22872210, 22870122, Flughafen: 26828751, www.swiss.com.
- **Thai International,** World Trade Centre, Cuffe Parade, Tel.: 22823084, 56373737.
- **Virgin Atlantic,** Poddar House, 10 Marine Drive, Churchgate, Tel.: 67523702-5 (Reservierung), 22801289 (Helpline), www.virgin-atlantic.com.

Indian-Airlines-Büros:

Indian Airlines hat sein Hauptbüro im Air India Building am Nariman Point. Der Ticketschalter ist von 9 bis 19 Uhr geöffnet. Wer in Colaba wohnt, kann jedoch auch das Indian Airlines Office im Taj Mahal Hotel benutzen. Weitere Indian-Airlines-Büros befinden sich an den beiden Flughäfen sowie im Centaur Hotel am Juhu Beach.

- Auf einigen stark frequentierten Inlandsstrecken fliegt auch **Air India,** deren Tickets aber auch in den Indian-Airlines-Büros gekauft werden können. Diese Flüge starten jedoch nicht vom nationalen Santa Cruz Airport, sondern vom **internationalen Flughafen Sahar!**
- Auch zahlreiche private Fluggesellschaften unterhalten Verbindungen innerhalb des ganzen Landes mit Mumbai, so etwa die verlässliche Jet Airways, Sahara Airlines, Spice

Jet und der Billigflieger **Deccan Air** (inzwischen Teil von Kingfisher Airlines), dessen Tickets übers Internet, in Reisebüros, per telefonischer Buchung und über einige Geldwechselbüros wie UAE Exchange gekauft werden können. Ganz neu am Markt ist **Kingfisher** (Ziele derzeit: Bangalore, Chennai, Delhi, Goa und Hyderabad).

Indian Airlines und die privaten Anbieter fliegen die meisten Flughäfen Indiens täglich, teils mehrmals an. Genaueres zu Abflugzeiten und den ständig geänderten Preisen auf den jeweiligen Internetseiten.

Bahn

- In Mumbai gibt's mit dem Chhatrapati Shivaji Terminus (CST), meist besser bekannt unter dem alten Namen Victoria Terminus (V.T.), dem Mumbai Central und Churchgate **drei große Bahnhöfe,** wobei nur die ersten beiden von Fernzügen angefahren werden. Im Victoria Terminus fahren die Fernzüge im östlichen, die Nahverkehrszüge im westlichen Bereich des Gebäudes ab. Mumbai Central befindet sich nicht in der Innenstadt, sondern im Norden.
- Tickets für alle Züge sind sowohl im modernen **Reservation Office von Central Railway** im Victoria Terminus (CST, das Reservierungsbüro befindet sich im östlichen Teil des Gebäudes, tgl. 8–20, So 8–14 Uhr, Touristenschalter ist Nr. 52 im 1. Stock, Treppe hinauf und geradeaus) als auch im **Western Railway Booking Office** zu kaufen. Letzteres befindet sich im selben Gebäude wie *IndiaTourism* (Touristenschalter Nr. 28, 1. Stock, Mo–Sa 9.30–16.30 Uhr).
- Man kann sich grundsätzlich an jedem Schalter anstellen, nachdem man die in Kästen bereitliegenden **Reservierungsformulare** ausgefüllt hat (genauere Informationen im Kap. „Reisetipps A–Z: Verkehrsmittel"). Man sollte jedoch die Touristenschalter vorziehen, da es hier meist schneller geht und zudem die **Tourist-Quota-Tickets** verkauft werden, die auf ein speziell für Touristen reserviertes Kontingent an Karten zurückgreifen, was bei viel befahrenen Strecken, etwa nach Goa, ein unschätzbarer Vorteil ist. Speziell bei diesem Fahrtziel sollte man sein Ticket in jedem Fall einige Tage vor Zugabfahrt erstehen, um einen Platz zu ergattern. **Auskunft-Tel.: 134.**
- Täglich fünf Direktverbindungen nach **Goa,** davon zwei vom Victoria Terminus. Oftmals sind diese Verbindungen ausgebucht, sodass ein möglichst frühzeitiger Fahrkartenkauf unbedingt erforderlich ist.
- Noch ein **Tipp:** Wer mit dem Zug am Bahnhof **Lokmanyak Tilak** ankommt (z.B. aus Gokarna), muss von dort entweder mit dem Taxi (die Fahrer fallen beim Aussteigen in Heerscharen über Touristen her) in die City fahren oder er fährt mit einem Vorortzug vom ca. 1 km entfernten Kurla-Bahnhof in die Innenstadt, mit Gepäck auch nicht ohne Umstand. Darum ist es ratsam, aus dem überregionalen Zug bis Lokmanyak Tilak schon vorher in **Thane** auszusteigen (falls der Zug dort hält) und von dort per Vorortzug ins Zentrum weiterzufahren. So erspart man sich den langen Fußweg von Lokmanyak Tilak bis Kurla-Bahnhof bzw. die Taxifahrt.
- Wichtige **Verbindungen** sind im **Anhang** aufgelistet.

Bus

- Die **staatlichen Überlandbusse** starten vom riesigen, unübersichtlichen **State Transport Terminal** gegenüber vom Mumbai-Central-Bahnhof, Bellasia Road. Organisation scheint hier ein Fremdwort zu sein, englische Hinweisschilder sind auch nur selten zu finden.

Buchungen bis zu 30 Tage im Voraus können tgl. zwischen 8 und 23 Uhr in den Büros der einzelnen, dort ansässigen staatlichen Busgesellschaften vorgenommen werden. Am häufigsten von Reisenden frequentiert sind die Strecken nach Pune (Poona) in Maharashtra (3½ Std.) und Aurangabad (12 Std.) sowie nach Goa (15 Std.).

- Eine bessere, wenn auch teurere Alternative bieten die von Maharashtra Tourism (CDO Hutments, Madame Cama Rd.) am Nariman Point eingesetzten **Deluxe-Busse** nach Maharashtra und Goa. Mit 350 bis 650 Rs zahlt man zwar etwas mehr als vom Busbahnhof, doch dafür spart man sich die lange und kostenaufwendige Anfahrt dorthin. Aus dem gleichen Grund buchen die meisten Individualtouristen ihre Bustickets gleich in den jeweiligen Hotels in Colaba.

- Auch viele Privatanbieter fahren nach Goa. Bewährt hat sich z.B. Paulo Travels (Tel.: 26452624, 26433023, www.paulotravels.com), ca. 13 Std., 800 Rs *(sleeper)*, 700 Rs *(seater)*.

Insel Elephanta

Der Ausflug zu der 10 km östlich vom Gateway of India gelegenen Insel Elephanta mit ihren acht Felsenhöhlen gehört zum Standardprogramm jedes Mumbai-Besuches. Falls irgend möglich, sollte man die ca. 7 qkm große Insel jedoch an Wochenenden und Feiertagen meiden, da sie dann von Tausenden picknickfreudiger Städter heimgesucht wird.

Den Namen erhielt die Insel, als im 16. Jh. die Portugiesen dort landeten und beim Dorf Gharapuri einen riesigen **Steinelefanten** vorfanden. Allzu großen Respekt schien ihnen das Tier jedoch nicht eingeflößt zu haben, denn in den nächsten Jahrzehnten nutzten sie die Felsentempel ausgiebig als Schießanlage. Trotz aller Restaurierungsmaßnahmen wurde der Anlage dadurch ein nicht wieder gutzumachender Schaden zugefügt.

Heute legen die Touristenboote an einem künstlich geschaffenen Landungssteg im Norden der Insel an, von wo ein steiler Weg entlang unzähliger Souvenirstände zum Zentrum der im 7. Jh. erbauten **Höhlentempel** führt.

Das meistbesuchte Heiligtum ist der ca. 50 x 50 m große **Mahesha-Felstempel.** Dieser am reichsten ausgestattete Shiva-Tempel beeindruckt neben seinen überlebensgroßen, detailreichen Skulpturen besonders durch die von ihm ausgehende geheimnisvolle Atmosphäre, die durch das von drei Seiten einfallende Licht verursacht wird. Es erhellt die einzelnen Shiva-Darstellungen äußerst effektvoll. Zu sehen ist Shiva u.a. in seiner androgynen Form als Ardhanarishvara, in der er und seine Gemahlin Parvati in einer Gestalt vereint sind. Andere Skulpturengruppen zeigen ihn als tanzenden Shiva Nataraja oder als meditierenden Shiva Yogishvara. Im Allerheiligsten steht ein fast meterhohes *lingam,* der Shiva symbolisierende Phallus, bewacht von acht fast vier Meter großen Türwächtern.

Es lohnt sich, auch noch die anderen Tempelhöhlen zu besuchen und dies mit einem kleinen Inselrundgang zu verbinden. Wer nicht so gut zu Fuß ist, kann mit einem Mini-Train vom Bootsausstieg zum Höhleneingang fahren (6 Rs).

- Der **Eintritt** zu den Sehenswürdigkeiten von Elephanta beträgt 250 Rs, montags geschlossen.

Anreise

- **Ausflugsboote** vom Apollo Bunder neben dem Gateway of India fahren täglich (außer während der Monsunzeit) zwischen 9 und 14.30 Uhr etwa alle halbe Stunde. Die Überfahrt dauert etwa eine Stunde. Die letzte Rückfahrt von Elephanta startet um 17 Uhr. Ein Rückfahrtticket ohne Führer kostet 120/100 Rs (lux./economy), Kinder 80/60 Rs.

121is Foto: tb

Anhang

242ke Foto: mb

111is Foto: tb

Elefantenaufmärsche begleitet von ohrenbetäubender Musik sind der Höhepunkt des Puram-Festes von Thrissur

Blumenverkäuferinnen

Bootsfahrt durch die Backwaters

Glossar

Geografische Begriffe finden sich auf S. 86, Begriffe der **Tempelarchitektur** auf S. 160.

Adivasi: Bezeichnung für die heute ca. 65 Mio. Ureinwohner Indiens, die z.T. noch in Stammesgebieten leben und trotz staatlicher Fördermaßnahmen zu den unterpriviligierten Schichten der Gesellschaft gehören
Arya: Arier, indoeuropäisches Volk, das im 2. vorchristlichen Jahrtausend in Nordindien einwanderte
Ashram: religiös fundierte Lebensgemeinschaft, in der eine als heilig verehrte Persönlichkeit ihre Schüler unterrichtet
Ayurveda: wörtl. „Wissenschaft vom langen Leben"; indische Medizin, eine alte Heilkunde, die sich nur pflanzlicher und mineralischer Produkte bedient. Besonders bei der Landbevölkerung beliebt, da die Medikamente äußerst billig sind
Beedi: dünne Zigarette, die aus einem zusammengerollten und getrockneten Blatt eines Strauches besteht, mit einer Füllung aus kleingehacktem Tabak im Inneren
Betel: Kaumixtur, die aus dem Blatt des Betelbaumes, dem kleingehackten Samen der Areka-Palme, einer Paste aus Kalkstein und Muscheln sowie Gewürzen und anderen Zutaten besteht. Der beim Kauen entstehende tiefrote Saft verfärbt Zähne und Mund und hinterlässt die überall in Indien zu „bewundernden" Spuckflecken auf Gehwegen und Häuserwänden.
Bhagavadgita: wörtl. „Das göttliche Lied"; religiöses Lehrbuch, welches in das Mahabharata-Epos eingefügt ist. Held dieses wichtigsten Lehrbuches des Hinduismus ist ⇨Krishna, der in einem langen Monolog gegen-über seinem Schüler Arjuna die zentrale Lehre vertritt, dass jeder Mensch genau dort seine Pflicht zu erfüllen habe, wo ihn das Schicksal, welches er selbst durch seine Taten im vorherigen Leben bestimmt hat, hingestellt hat. Damit war die theoretische Grundlage des Kastensystems gelegt.
Bhawan: Haus, Palast
Bodhi-Baum: der Pipal-Baum, unter dem der Fürstensohn *Siddharta Gautama* im 6. Jh. v. Chr. nach siebentägiger Meditation in Bodhgaya im heutigen Bihar zum ⇨*Buddha* (Erleuchteten) wurde und der deshalb in allen buddhistischen Ländern religiöse Verehrung genießt
Brahma: eine der drei Hauptgottheiten des Hinduismus
Brahman: Bezeichnet im ⇨Vedismus das Gebet, später die Weltseele, das höchste Prinzip; aus dem Gegensatz zum ⇨*atman* entsteht der philosophische Diskurs.
Brahmane: Mitglied der höchsten hinduistischen Kaste; der für die Ausführung der Rituale und die Darbietung der Opfer zuständige Priester
Buddha: der „Erleuchtete", Beiname des *Siddharta Gautama,* der in der zweiten Hälfte des 6. Jh. v. Chr. die buddhistische Lehre verkündete
Chalukya: mittelalterliche Herrscherdynastie in Südindien
Chapati: Fladenbrot
Chowk: Prachtstraße
Deva, Devata: Gott, Gottheit
Devadasi: Tempeltänzerin
Devanagari: Schrift der Hindu-Sprache
Dhal: Linsenbrei, indisches Standardgericht
Dharamsala: Pilgerherberge
Dharma: Weltgesetz, allgemeinverbindliche kosmisch-ethische Ordnung, an die sich jedes Lebewesen zu halten hat
Dhobi: Wäscher
Dhoti: traditionelles Beinkleid der Männer aus Baumwolle, das oberhalb der Knie endet
Draviden: die nicht-indoarische Urbevölkerung des indischen Subkontinents
Durga: hinduistische Muttergottheit, entspricht ⇨Kali, eine Form der ⇨Parvati
East India Company: britische Handelskompanie mit Monopol für den Indienhandel, gegründet 1600. Betrieb die Kolonialisierung Indiens, bevor das Land 1857 direkt der Herrschaft der britischen Krone unterstellt wurde.
Ganesha: hinduistischer Gott mit Elefantenkopf, Sohn ⇨Shivas
Garuda: Sonnenvogel, Reittier ⇨Vishnus
Ghat: Treppenstufen, die zu einem Fluss, Teich oder See hinabführen und an denen gewaschen wird oder Verbrennungszeremonien bzw. Kulthandlungen stattfinden. Außer-

dem die Bezeichnung für ein Gebirge, wie etwa die Ost- und West-Ghats

Ghee: flüssiges Butterschmalz

Gopi: Kuhhirtin, die ⇨Krishna in seiner Funktion als Seelenhüter begleitet. In der Miniaturmalerei ist eine gemeinsame Darstellung der beiden beliebt.

Gumpha: Höhle

Guru: Das Wort bedeutet im ⇨Sanskrit soviel wie „Lehrmeister", womit jedoch nicht nur, wie im Westen oft angenommen, spirituelle Lehrer gemeint sind, sondern Lehrmeister jedweder Art, also etwa auch Musik-, Tanz- oder Sprachlehrer.

Hadsch: Wallfahrt nach Mekka, eine der Grundpflichten im Islam

Hanuman: Affengeneral aus dem ⇨Ramayana, Verbündeter Ramas

Harijan: Der Begriff bedeutet „Kinder Gottes" und wurde von *Gandhi* den Kastenlosen verliehen, um sie auch sprachlich aufzuwerten.

Hauda, Howdah: Elefantensitz

Hill Station: Bergort, der von den Briten als Sommerresidenz genutzt wurde

Hoysala: Herrscherdynastie im südlichen Dekhan. Die von ihr geförderte Architektur zeichnet sich durch üppigen Skulpturenschmuck aus.

Imam: Vorbeter in der Moschee; religiöses Oberhaupt der *Ulema* (religiöse Gemeinschaft)

Inkarnation: „Herabstieg" (⇨Sanskrit: *avatara*) einer Gottheit in der Gestalt einer anderen Person

Jami Masjid: Große oder Freitags-Moschee

Jinismus (Jainismus): eine der drei Hauptreligionen Indiens, gegründet von ⇨*Mahavira*, der den Beinamen *Jina*, „der Siegreiche", erhielt

Kailasha: heiliger Berg, der dem Gott ⇨Shiva und seiner Gemahlin ⇨Parvati als Wohnsitz dient; Weltenberg in der hinduistischen Kosmologie

Kali: furchterregende Erscheinungsform der ⇨Parvati, Ehefrau ⇨Shivas

Karma: einer der wichtigsten Glaubensgrundsätze des Hinduismus, wonach die Summe aller Taten im jetzigen Leben das Schicksal und die Kastenzugehörigkeit im nächsten Leben bestimmen

Kibla: Gebetsrichtung und -wand, bis zum Jahr 623 nach Jerusalem ausgerichtet, danach nach Mekka. Verstorbene werden mit dem Kopf nach Mekka beerdigt.

Krishna: achte Inkarnation ⇨Vishnus, meist als Kind oder flötenspielender Hirtengott

Kshatriya: zweite der vier ⇨vedischen Gesellschaftsgruppen; Krieger- und Herrscherklasse

Lakshmi: hinduistische Göttin für Wohlstand und Glück

Lassi: Getränk aus Milch und Joghurt, salzig oder auch süß, z.T. mit Früchten

Lingam: Phallussymbol ⇨Shivas, das gewöhnlich im ⇨Sanktum eines shivaitischen Tempels aufgestellt ist

Mahabharata: größtes indisches Heldenepos mit mehr als 100.000 Doppelversen, beschreibt den Kampf zweier verfeindeter Stämme

Mahal: Palast

Maharaja: Herrscher über ein Fürstentum

Maharani: Gemahlin des ⇨*Maharaja*

Mahout: Elefantenführer

Maidan: Grünfläche in einer Stadt

Mandala: „Kreis"; aus Kreisen und Rechtecken bestehendes symbolisches Diagramm, das die Welt in ihrer kosmischen Entwicklung darstellt

Mandir: Tempel

Mantra: mystische Silben und Formeln mit magischer Funktion, die den ⇨Veden entnommen sind

Masjid: Moschee

Mela: Fest, Messe, Jahrmarkt

Meru: mystischer Weltenberg, der, von Meeren und Gebirgen umgeben, den Mittelpunkt der Welt darstellt; Wohnsitz der hinduistischen Götter

Mihrab: in die ⇨Kibla-Wand eingelassene Gebetsnische

Mithuna: Oft als erotisch empfundenes, eng umschlungenes Liebespaar, verkörpert alte kosmologische Gegensätze von Himmel und Erde, Licht und Dunkelheit, Yoni und Lingam. Ikonografisch personifiziert als ⇨Shiva/Parvati und ⇨Vishnu/Lakshmi.

Nandi: Bulle, der ⇨Shiva als Reittier dient

Nataraja: „König des Tanzes", Beiname des Gottes ⇨Shiva in seiner Funktion als Schöpfer und Zerstörer der Welt

Niwas: Haus
Pakora: gebackene Teigtaschen mit einer scharfen Gemüsefüllung
Parvati: hinduistische Göttin, wohlwollende Erscheinungsform der Gattin ⇨Shivas
Pallava: mittelalterliche Herrscherdynastie in Südindien
Puja: religiöse Zeremonie, verbunden mit Gebeten und Opfergaben
Raj: Herrschaft
Raja: Titel der südindischen Herrscher
Ramayana: eines der beliebtesten und mit 24.000 Doppelversen umfangreichsten Heldenepen des Hinduismus, in dessen Mittelpunkt Rama, die siebte Inkarnation ⇨Vishnus steht, der seine Frau Sita aus den Klauen des Dämonen Ravana befreit
Ratha: 1.: Prozessionswagen für den Transport der Götterbilder; davon hergeleitet die Bezeichnung für die aus dem Fels gearbeiteten Schreine von Mahabilipuram, 2.: Vor- und Rücksprünge *(⇨paga)* an den Außenfassaden eines Tempelturms
Rupie: indische Währungseinheit. „Rupien" genannte Münzen wurden zum ersten mal 1542 unter der Herrschaft *Sher Khans* in Nordindien geprägt.
Sadhu: brahmanischer Asket, Einsiedler
Sagar: künstlich angelegter See
Samosa: frittierte Teigtaschen mit Kartoffelfüllung
Sanktum: das Allerheiligste eines Tempels
Sanskrit: die heute nur noch von wenigen Priestern und Gelehrten beherrschte Sprache erlebte ihre Blütezeit im 4. Jh. v. Chr. und bildet die Grundlage aller heute in Nordindien gesprochenen Sprachen. Alle wichtigen Hindu-Schriften sind in Sanskrit verfasst.
Sati: Gattin ⇨Shivas. Sie verbrannte sich selbst, weil ihr Vater es versäumt hatte, ihren Gatten einzuladen. Damit wurde sie zum Vorbild für ungezählte Frauen im Hinduismus, die sich nach dem Tod ihres Ehemannes auf dem Scheiterhaufen verbrennen ließen und so zur „Sati" wurden (Sati-Kult).
Sepoy: heute nicht mehr gebräuchlicher Begriff für indische Soldaten
Shikhara: stufenförmiger Tempelturm
Shiva: hinduistischer Gott der Zerstörung und Erneuerung, erkennbar an seinem Haarknoten
Sufi: islamischer Mystiker
Tamilen: Bewohner Südindiens; dravidisches Volk hinduistischen Glaubens, das immer weiter in den äußersten Süden der Halbinsel und nach Sri Lanka zurückgedrängt wurde
Tantra: „Gewebe"; magisch-mystische Schriften Indiens, die sakrale Symbole und Riten zum Inhalt haben
Tantrismus: Geheimlehre von Ritualen im Hinduismus und in einigen buddhistischen Schulen; Lehre, die sich auf die Diagramme der ⇨*mandalas* und ⇨*yantras* stützt, Grundlage für bestimmte Körperübungen *(⇨yoga)*
Thali: rundes Metallbrett mit mehreren Vertiefungen, in denen verschiedene, meist vegetarische Gerichte serviert werden, auch Begriff für diese Gerichte
Tilak, Tika: dieses zwischen den Augen mit Farbe aufgetragene Stirnmal kann ein Zeichen für Kasten- und Sektenzugehörigkeit sein, ist heute jedoch meist eher ein schmückendes Mal ohne weitere Bedeutung
Tonga: zweirädrige Pferdedroschke zur Personenbeförderung
Veden: wörtl. „Heiliges Wissen". Die ältesten heiligen Schriften Indiens unterteilen sich in vier Texte (wichtigster ist die *Rigveda*), die im ersten Jahrtausend von unbekannten Autoren verfasst wurden.
Vihara: Kloster, buddhistischer Versammlungsort
Vilas: Haus, Palast
Vina: Zither mit zwei Kalebassen als Klangkörper
Vishnu: Wichtiger hinduistischer Gott, Welterhalter. Inkarnationen sind u.a. Rama und ⇨Krishna.
Yantra: symbolisches und mystisches Diagramm zur Bezeichnung einer Gottheit; im ⇨Tantrismus „Werkzeug" zur Stimulierung der Meditation
Yoga: „Anlegen des Joches"; körperliche Schulung, um den Geist durch Beherrschung von Bewegung und Atmung zu erlösen
Yoni: weibliches Geschlechtsteil, Symbol ⇨Parvatis, der Frau ⇨Shivas, und der weiblichen Energie

Literaturtipps

- *Baldissera, Fabrizia / Michaels, Axel:* **Der indische Tanz. Körpersprache in Vollendung.**
- *Dubois, Abbé Jean Antoine:* **„Leben und Riten der Inder“,** REISE KNOW-HOW Verlag, Bielefeld. Eine Landesbeschreibung von 1807. Der Klassiker wurde erstmalig ins Deutsche übersetzt.
- *Keilhauer, Anneliese und Peter:* **Die Bildsprache des Hinduismus.** Die indische Götterwelt und ihre Symbolik.
- *Kipling, Rudyard:* **Kim.** Der Roman des englischen Autors, der die meiste Zeit seines Lebens in Indien verbrachte, wurde lange Zeit von der Literaturkritik als Plädoyer zugunsten der englischen Kolonialherrschaft abgelehnt. Inzwischen gilt die Geschichte des irischen Waisen Kim und des tibetanischen Mönchsjungen Tashoo Lama als gelungendstes Werk *Kiplings,* welches die unterschiedlichen Lebensphilosophien der beiden Hauptdarsteller zum Mittelpunkt hat.
- *Krack, Rainer;* **Hindi – Wort für Wort,** REISE KNOW-HOW Verlag, Bielefeld, aus der Kauderwelsch-Reihe (Bd. 17). Der handliche Sprechführer bietet eine auf das Wesentliche reduzierte Grammatik und viele Beispielsätze für den Reisealltag. Als **Kauderwelsch digital** auch auf CD-ROM erhältlich. In der gleichen Reihe erschienen: **Malayalam für Kerala – Wort für Wort.** Ebenfalls nützlich ist der Band **Englisch für Indien.** Audio-CDs als **AusspracheTrainer** sind zu allen Büchern verfügbar.
- *Krack, Rainer:* **KulturSchock Indien,** REISE KNOW-HOW Verlag, Bielefeld. Das Buch des jahrelangen Indienkenners ist ideal für all jene, die mehr über das indische Alltgsleben erfahren möchten.
- *Krack, Rainer;* **Hinduismus erleben,** REISE KNOW-HOW Verlag, Bielefeld, Praxis-Reihe.
- *Malchow, Barbara und Tayebi, Keyumars:* **Menschen in Bombay,** Hamburg. Zwanzig Selbstporträts, vom Müllsammler über eine Prostituierte bis zum Atomphysiker, vermittelten ein höchst lebendiges Bild von der Vielfalt und Widersprüchlichkeit Indiens.
- *Naipaul, V.S.:* **Indien. Ein Land in Aufruhr.** Kein anderer Schriftsteller hat seine Hassliebe zu Indien in so faszinierender und erhellender Weise zu Papier gebracht wie der in Trinidad geborene Sohn indischer Eltern. Auch dieses Buch Naipauls, eine Mischung zwischen politischem Reisebuch und einer unkonventionellen soziologischen Analyse, stellt die Frage nach der Identität Indiens. Seine Stärke liegt darin, dass Naipaul nicht der Versuchung erliegt, das chaotische Neben- und Durcheinander der politischen, kulturellen und religiösen Sub-Identitäten des Landes künstlich zusammenzuschweißen.
- *Neumann-Denzau, Gertrud/Denzau, Helmut:* **Indien. Reiseführer Natur.** Detailgenaue Vorstellung der indischen Nationalparks.
- *Riemenschneider, Dieter:* **Shiva tanzt. Das Indien-Lesebuch.** Aufschlussreiche Texte indischer Autoren zu Geschichte, Kunst, Kultur und Alltagsleben.
- *Roberts, Gregory David:* **Shantaram.** Mit viel Leidenschaft, voller Wahrheit und Poesie erzählt der Roman in fiktionaler Form die Geschichte von Roberts' eigenem Leben: Ein Australier, auf der Flucht vor Interpol, strandet in Mumbai.
- *Rothermund, Dietmar:* **Indische Geschichte in Grundzügen,** Darmstadt. Dem bekannten Heidelberger Indologen ist es gelungen, die überaus ereignisreiche und komplexe indische Geschichte auf 150 Seiten zusammenzufassen. Der Zwang zur Komprimierung geht allerdings zu Lasten der alten Geschichte während die Neuzeit, speziell die Kolonialgeschichte, recht ausführlich analysiert wird.
- *Roy, Arundhati:* **Der Gott der kleinen Dinge.** Aufsehenerregendes Erstlingswerk der jungen, aus Südindien stammenden Autorin, in dem sie das Kastensystem und die Unterdrückung der Frau in der indischen Gesellschaft anprangert.
- *Rushdie, Salman:* **Des Mauren letzter Seufzer.** Der vielschichtige Roman des ebenso berühmten wie umstrittenen Autors der „Satanischen Verse“ verwebt auf faszinierende Weise mehrere Generationen einer in Indien lebenden jüdisch-christlichen Gemeinde mit der indischen Geschichte.
- *Stierlin, Henri:* **Hinduistisches Indien. Tempel und Heiligtümer von Khajuraho bis Madurai.** Hervorragende Einführung in die Tempelarchitektur mit Schwerpunkt auf Süd-Indien. Ausgezeichnete Bebilderung.

Reise-Gesundheits-Information Indien

Stand: 15.01.2009
© Centrum für Reisemedizin 2009

Die nachstehenden Angaben dienen der Orientierung, was für eine geplante Reise in das Land an Gesundheitsvorsorgemaßnahmen zu berücksichtigen ist. Die Informationen wurden uns freundlicherweise vom *Centrum für Reisemedizin* zur Verfügung gestellt. Auf der Homepage: **www.travelmed.de** werden diese Informationen stetig aktualisiert. Es lohnt sich, dort noch einmal nachzuschauen.

EINREISE-IMPFVORSCHRIFTEN

Bei Direktflug aus Europa: keine Impfungen vorgeschrieben.

Bei einem vorherigen Zwischenaufenthalt (innerhalb der letzten 6 Tage vor Einreise) in einem der unten aufgeführten Länder (Gelbfieber-Endemiegebiete) wird bei der Einreise eine gültige Gelbfieber-Impfbescheinigung verlangt. Eine Gelbfieber-Impfung kann gelegentlich auch bei der Einreise aus südafrikanischen Ländern (z.B. aus Simbabwe) verlangt werden.

Gelbfieber-Impfbescheinigung erforderlich bei Einreise aus:

Angola · Äquatorialguinea · Argentinein · Äthiopien · Benin · Bolivien · Brasilien · Burkina Faso · Burundi · Ecuador · Elfenbeinküste · Franz. Guayana · Gabun · Gambia · Ghana · Guinea · Guinea-Bissau · Guyana · Kamerun · Kenia · Kolumbien · Kongo, Rep. · Kongo, Dem. Rep. · Liberia · Mali · Mauretanien · Niger · Nigeria · Panama · Paraguay · Peru · Ruanda · Sao Tomé & Principe · Senegal · Sierra Leone · Somalia · Sudan · Suriname · Tanzania · Togo · Trinidad & Tobago · Tschad · Uganda · Venezuela · Zentralafr. Republik

EMPFOHLENER IMPFSCHUTZ

Generell: Tetanus, Diphtherie, Polio, Hepatitis A, Typhus

Je nach Reisestil und Aufenthaltsbedingungen im Lande außerdem zu erwägen:

Impfschutz	Reisebedingung 1	Reisebedingung 2	Reisebedingung 3
Hepatitis B (1)	x		
Tollwut (2)	x		
Jap. Enzephalitis (3)	x		

(1) vor allem bei Langzeitaufenthalten u. engerem Kontakt zur einheimischen Bevölkerung.
(2) bei vorhersehbarem Umgang mit Tieren
(3) bei besonderen Aufenthaltsbedingungen in bestimmten ländlichen Gebieten. Impfstoff in Deutschland nicht zugelassen. Beschaffung über Apotheken mit entsprechenden Erfahrungen.

Reisebedingung 1:
Reise durch das Landesinnere unter einfachen Bedingungen (Rucksack-/ Trecking-/Individualreise) mit einfachen Quartieren/Hotels; Camping-Reisen, Langzeitaufenthalte, praktische Tätigkeit im Gesundheits- oder Sozialwesen, enger Kontakt zur einheimische Bevölkerung wahrscheinlich.

Reisebedingung 2:
Aufenthalt in Städten oder touristischen Zentren mit (organisierten) Ausflügen ins Landesinnere (Pauschalreise, Unterkunft und Verpflegung in Hotels bzw. Restaurants mittleren bis gehobenen Standards).

Reisebedingung 3:
Aufenthalt ausschließlich in Großstädten oder Touristikzentren (Unterkunft und Verpflegung in Hotels bzw. Restaurants gehobenen bzw. europäischen Standards).

Wichtiger Hinweis

Welche Impfungen letztendlich vorzunehmen sind, ist abhängig vom aktuellen Infektionsrisiko vor Ort, von der Art und Dauer der geplanten Reise, vom Gesundheitszustand sowie dem eventuell noch vorhandenen Impfschutz des Reisenden.

Da im Einzelfall unterschiedlichste Aspekte zu berücksichtigen sind, empfiehlt es sich immer, rechtzeitig (etwa 4 bis 6 Wochen) vor der Reise eine persönliche Reise-Gesundheits-Beratung bei einem reisemedizinisch erfahrenen Arzt oder Apotheker in Anspruch zu nehmen.

Unter www.travelmed.de finden Sie Adressen von
- Apotheken mit qualifizierter Reise-Gesundheits-Beratung (nach Postleitzahlgebieten)
- Impfstellen und Ärzten mit Spezialsprechstunde Reisemedizin (nach Postleitzahlgebieten).
- Abruf eines persönlichen Gesundheitsvorsorge-Briefes für die geplante Reise.

MALARIA

Malaria-Risiko: ganzjährig mit saisonalen Schwankungen.
Übertragungsrisiko abhängig von Geografie und Klima, insbesondere vom Monsunregen, der zwischen Mai und November das Land von Südwest nach Nordost überzieht und jeweils 3–4 Monate andauert; im Süden evtl. 2. Regenzeit zwischen Okt. und Dez.

- **Hohes Risiko** (vorwiegend P. falciparum) im Tiefland der Bundesstaaten im Nordosten (östlich von Bangladesch)
- **Mittleres Risiko** (vorwiegend P. vivax; höher in der Regenzeit, geringer in der Trockenzeit) in den meisten ländlichen Regionen der zentralen Landesteile, im Norden im Regenwaldgürtel entlang der nepalesischen Grenze (Terai); in den Stadtgebieten ist mit einem geringen Risiko zu rechnen.

- **Geringes Risiko** (höher in der Regenzeit, geringer in der Trockenzeit) im Norden entlang des Ganges (Teile von Uttar Pradesh, Bihar und östliches West-Bengal), im Süden gesamtes Kerala, Goa, der Westen von Karnataka, Süden und Osten von Tamil Nadu, Südosten von Andhra Pradesh sowie die Andamanen und Nikobaren; in den Stadtgebieten ist mit einem geringen Risiko in der Regenzeit zu rechnen.
- **Malariafrei** sind die Höhenlagen oberhalb 2.000 m von Jammu und Kashmir, Himachal Pradesh, Sikkim, Arunchal Pradesh sowie die Lakkadiven.

VORBEUGUNG

Ein konsequenter **Mückenschutz** in den Abend- und Nachtstunden verringert das Malariarisiko erheblich (Expositionsprophylaxe). Ergänzend ist die Einnahme von Anti-Malaria-Medikamenten (Chemoprophylaxe) dringend zu empfehlen. Zu Art und Dauer der Chemoprophylaxe fragen Sie Ihren Arzt oder Apotheker, bzw. informieren Sie sich in einer qualifizierten reisemedizinischen Beratungsstelle. Malariamittel sind verschreibungspflichtig.

AKTUELLE MELDUNGEN

DARMINFEKTIONEN: Risiko für Durchfallerkrankungen landesweit, mit Cholera ist regional oder örtlich zu rechnen. Hepatitis A, E, Typhus, Paratyphus, Milzbrand, die auf gleichem Wege übertragen werden können, sind in Indien weit verbreitet. Hygiene und Impfschutz beachten.

POLIOMYELITIS: Trotz flächendeckender Impfkampagnen gehört Indien noch immer zu den vier Ländern mit endemischer Polio und steht mit den Fallzahlen weltweit nach Nigeria an zweiter Stelle. Bis Ende Dezember 2008 wurden 546 Erkrankungen registriert. Hygiene und Impfschutz beachten.

VOGELGRIPPE: Der aktuelle Ausbruch im Bundesstaat Assam (NO) breitet sich weiter aus. Inzwischen sind 9 der 27 Provinzen betroffen. Auch aus dem Bundesstaat West-Bengalen werden Ausbrüche auf Geflügelfarmen bestätigt. Um eine weitere Verbreitung zu unterbinden, wurden ca. 500.000 Geflügel in der Region gekeult und Exportverbote verhängt. Menschliche Erkrankungen wurden in Indien bisher nicht bestätigt.

CHIKUNGUNYA(CHIC), DENGUE(DF): Diese von Mücken übertragenen Viruskrankheiten sind in Indien verbreitet. Vor allem während der Monsunregen muss mit einem erhöhten Infektionsrisiko gerechnet werden, auch in den Städten. Schutz vor tag- und nachtaktiven Überträgermücken beachten.

TOLLWUT: Indien gehört weltweit zu den Ländern mit den höchsten Fallzahlen bei Tieren und Menschen. Hauptüberträger ist der (streunende) Hund. Betroffen sind auch die Großstädte. Bei verdächtigen Tierkontakten sofort Arzt aufsuchen und auf Verwendung moderner Gewebekultur-Impfstoffe achten. Eine vorbeugende Impfung ist für alle Reisenden empfehlenswert. Moderne Gewebekultur-Impfstoffe und homologes Immunglobulin sind zumindest in den Großstädten erhältlich. In ländlichen Gebieten ist die Versorgung nicht gesichert. Indien hat nach Schätzungen der WHO mit 30.000 Todesfällen jährlich die höchsten Inzidenzen, das entspricht einem Anteil von 80 % an der Tollwut-Mortalität auf der gesamten Welt.

HIV-TEST: Für Langzeitaufenthalte wird ein HIV-Test in englischer Sprache verlangt.

Kerala
entdecken und erleben...
• Informationen
• Fotos
• Reisetipps
• Ayurveda
• Reiseangebote
• Kochrezepte
www.keralaguide.eu

Ihre Traumreise
vom
Asien-Spezialisten!
Auf und Davon Reisen...
Kultur
Trekking
Expeditionen
Bike, Ride, Raft
und mehr...
Asien
entdecken
in kleinen Gruppen ab 2 Personen
Kultur und Erlebnis • Trekking • Safari
- Kerala - God´s own country, 15 Tage ab 2.195,- €
- Indiens zauberhafter Süden, 17 Tage ab 2.285,- €
- Tamil Nadu, Kerala und Karnataka, 24 Tage ab 2.785,- €
- Auf den Spuren des Tigers, 17 Tage ab 2.390,- €
--- alle Preise incl. internationalem Flug ---
Kleingruppenreisen und Individualreisen ab 2 Teilnehmern zum Wunschtermin
Auf und Davon Reisen GmbH
Berketstr. 9, Gummersbach, Tel.: 02261-919628, Fax -919632
www.auf-und-davon-reisen.de

HILFE!

Dieses Reisehandbuch ist gespickt mit unzähligen Adressen, Preisen, Tipps und Infos. Nur vor Ort kann überprüft werden, was noch stimmt, was sich verändert hat, ob Preise gestiegen oder gefallen sind, ob ein Hotel, ein Restaurant immer noch empfehlenswert ist oder nicht mehr, ob ein Ziel noch oder jetzt erreichbar ist, ob es eine lohnende Alternative gibt usw.

Unsere Autoren sind zwar stetig unterwegs und versuchen, alle zwei Jahre eine komplette Aktualisierung zu erstellen, aber auf die Mithilfe von Reisenden können sie nicht verzichten.

Darum: Schreiben Sie uns, was sich geändert hat, was besser sein könnte, was gestrichen bzw. ergänzt werden soll. Nur so bleibt dieses Buch immer aktuell und zuverlässig. Wenn sich die Infos direkt auf das Buch beziehen, würde die Seitenangabe uns die Arbeit sehr erleichtern. Gut verwertbare Informationen belohnt der Verlag mit einem Sprechführer Ihrer Wahl aus der über 220 Bände umfassenden Reihe „Kauderwelsch" (siehe unten).

Bitte schreiben Sie an:

REISE KNOW-HOW Verlag Peter Rump GmbH, Postfach 140666, D-33626 Bielefeld, oder per E-Mail an: info@reise-know-how.de

Danke!

Kauderwelsch-Sprechführer – *sprechen und verstehen rund um den Globus*

Afrikaans • Albanisch • Amerikanisch - *American Slang, More American Slang,* Amerikanisch oder Britisch? • Amharisch • Arabisch - Hocharabisch, für Ägypten, Algerien, Golfstaaten, Irak, Jemen, Marokko, • Palästina & Syrien, Sudan, Tunesien • Armenisch • *Bairisch* • Balinesisch • Baskisch • Bengali • *Berlinerisch* • Brasilianisch • Bulgarisch • Burmesisch • Cebuano • Chinesisch - Hochchinesisch, kulinarisch • Dänisch • Deutsch - *Allemand, Almanca, Duits, German, Nemjetzkii, Tedesco* • *Elsässisch* • Englisch - *British Slang, Australian Slang, Canadian Slang, Neuseeland Slang,* für Australien, für Indien • Färöisch • Esperanto • Estnisch • Finnisch • Französisch - kulinarisch, für den Senegal, für Tunesien, *Französisch Slang, Franko-Kanadisch* • Galicisch • Georgisch • Griechisch • Guarani • Gujarati • Hausa • Hebräisch • Hieroglyphisch • Hindi • Indonesisch • Irisch-Gälisch • Isländisch • Italienisch - *Italienisch Slang,* für Opernfans, kulinarisch • Japanisch • Javanisch • Jiddisch • Kantonesisch • Kasachisch • Katalanisch • Khmer • Kirgisisch • Kisuaheli • Kinyarwanda • *Kölsch* • Koreanisch • Kreol für Trinidad & Tobago • Kroatisch • Kurdisch • Laotisch • Lettisch • Lëtzebuergesch • Lingala • Litauisch • Madagassisch • Mazedonisch • Malaiisch • Mallorquinisch • Maltesisch • Mandinka • Marathi • Modernes Latein • Mongolisch • Nepali • Niederländisch - *Niederländisch Slang,* Flämisch • Norwegisch • Paschto • Patois • Persisch • Pidgin-English • *Plattdüütsch* • Polnisch • Portugiesisch • Punjabi • Quechua • *Ruhrdeutsch* • Rumänisch • Russisch • *Sächsisch* • *Schwäbisch* • Schwedisch • *Schwiizertüütsch* • *Scots* • Serbisch • Singhalesisch • Sizilianisch • Slowakisch • Slowenisch • Spanisch - *Spanisch Slang,* für Lateinamerika, für Argentinien, Chile, Costa Rica, Cuba, Dominikanische Republik, Ecuador, Guatemala, Honduras, Mexiko, Nicaragua, Panama, Peru, Venezuela, kulinarisch • Tadschikisch • Tagalog • Tamil • Tatarisch • Thai • Tibetisch • Tschechisch • Türkisch • Twi • Ukrainisch • Ungarisch • Urdu • Usbekisch • Vietnamesisch • Walisisch • Weißrussisch • *Wienerisch* • Wolof • Xhosa

Ihr Erlebnisreisen Spezialist seit über 30 Jahren
Kerala
- Individuelle Kerala Programme
- Kultur, Backwaters & Wildlife
- Urlaub für Ihren Körper - Ayurveda Pakete
- Reisen Sie ausgefallen auf dem Hausboot oder im Privatfahrzeug und übernachten in Heritage Hotels
- Badeverlängerung (Indien, Sri Lanka & Malediven)
- flexible Kombinationen (Indien, Nepal & Bhutan)
- Professionelle Beratung vor Abreise & Betreuung vor Ort
Wir organisieren Ihre Kerala Reise
Individuell, flexibel & preiswert
www.thuermer-tours.de
THÜRMER TOURS
Thürmer Reisen e.K.
Zeisigweg 9 · D-81827 München
info@thuermer-tours.de
www.thuermer-tours.de
Tel.: (089) 430 90 55
Fax: (089) 439 13 84

Wichtige Bahnverbindungen

Erläuterung

Der **fett gedruckte Ort** ist jeweils der Abfahrtsort. Um eine Verbindung zwischen zwei Städten ausfindig zu machen, sollte man nicht nur den jeweiligen Ausgangs- und Zielbahnhof beachten, sondern auch bei den Bemerkungen nachschauen, wodurch sich weitere Zielorte zeigen oder möglicherweise eine für den jeweiligen Bedarf angenehmere und bessere Verbindung findet.

Alappuzha (Alleppey)	Abfahrt	Ankunft	Zugbezeichnung, Bemerkungen
Bangalore	19:20	9:45	6316 Bangalore Exp., nur So, über Ernakulam (an 20:55), Thrissur (22:25)
Chennai	6:00	21:50	3352 Alleppey Danbhad Exp., über Ernakulam (an 7:05), Coimbatore (11:50)
Kozhikode (Calicut)	15:50	23:40	6307 Allep. Ernak. Cann. Exp., über Ernakulam (an 17:00), Thrissur (18:35)
Trivandrum	7:00	10:10	6341 Ernakulam Trivandrum Exp., über Kayankulam (ab 7.50), Quilon (an 8:37), Varkala (9:08), viele weitere Verbindungen

Ernakulam	Abfahrt	Ankunft	Zugbezeichnung, Bemerkungen
Alappuzha	9:10	10:50	6041Alleppey Exp., viele weitere Verbindungen
Bangalore	18:05	6:55	6525 Kanniyakumari Bangalore Exp., über Thrissur (an 19:50)
Chennai	7:15	21:55	3352 Alleppey Dhanbad Exp., über Coimbatore (an 11:55)
Chennai	17:25	6:05	6042 Alleppey Chennai Exp., über Thrissur (an 18:45)
Hyderabad	11:45	13:40	7229 Sabari Exp., über Thrissur (an 13:10), Coimbatore (16:20), Tirupati (0:50), Secunderabad (13:00)
Kanyakumari	10:10	18:10	6526 Bangalore Kanniyakumari Exp., über Kottayam (an 11:55), Quilon (14:00), Trivandrum (14:55)
Kozhikode (Calicut)	10:45	14:55	2617 Mangaladweep Exp., über Thrissur (an 12:40), weiter bis Mumbai
Madgaon (Goa)	14:15	5:50	6346 Netravati Exp., über Thrissur (an 15:50), Kozhikode (19:25), Tellicherry (20:35), weiter bis Mumbai
Madurai	23:30	10:55	6128 Guruvarur Chennai Exp., über Alappuzha (an 0:40), Trivandrum (4:00)
Mumbai	13:00	4:55	6382 Cape Mumbai Exp., über Coimbatore (an 18:00), Tirupati (3.20), Gulbarga (18.20), Pune (0.40)
Tiruchirappalli	22:15	8:00	6866 Tiruchi Exp., über Thrissur (an 23:40)
Trivandrum	6:50	11:25	2623 Trivandrum Mail, über Kottayam (an 7:55), Quilon (10:10), Varkala (10:28), viele weitere Verbindungen
Trivandrum	13:50	18:55	7230 Sabari Exp., über Kottayam (an 15:05), Varkala (17:55)

Kannur (Cannanore)	Abfahrt	Ankunft	Zugbezeichnung, Bemerkungen
Alappuzha	5:00	12:55	6308 Cannanore Ernakulam Alleppey Exp., über Tellicherry (an 5.20), Kozhikode (an 6.40), Thrissur (9.33), Ernakulam (11.08)
Bangalore	18:06	7:10	6528 Yesvantpur Exp., bis Yesvantpur, über Kozhikode (an 19:25)
Chennai	0:10	15:15	6628 West Coast Exp., über Coimbatore (an 6.35), Katpadi (12.45)
Mumbai (Lokmanyak Tilak)	21:10	16:40	6346 Netravati Exp., über Kasargode (an 22:50), Mangalore (0.05), Madgaon (Goa, 5:50), Ratnagiri (9:35)
Trivandrum	6:55	18:55	6350 Parasuram Exp., über Kozhikode (an 8:35), Thrissur (11:45), Ernakulam (13:20), Kottayam (14:50), Quilon (17:00), Varkala (17.20), viele weitere Verbindungen
Trivandrum	20:15	7:20	6603 Malevi Exp., über Tellicherry (an 20:34), Kozhikode (21:55), Thrissur (0:55), Ernakulam (2:30), Alappuzha (3.50), Kayankulam (4.53), Quilon (5:45), Varkala (6.08)

Kollam (Quilon)	Abfahrt	Ankunft	Zugbezeichnung, Bemerkungen
Bangalore	14:25	6:55	6525 Kanniyakumari Bangalore Exp., über Ernakulam (an 17:40), Thrissur (19:30), Coimbatore (22:30)
Chennai	15:30	7:00	2624 Trivandrum Chennai Exp., über Kottayam (an 17:25), Ernakulam (18:50), Thrissur (20:35), viele weitere Verbindungen

Ernakulam	17:50	20:55	6342 Trivandrum Ernakulam Exp., über Alappuzha (an 19:32), w.V.
Kanyakumari	13:15	17:10	6526 Bangalore Kanniyakumari Exp., über Trivandrum (an 14:45)
Mangalore	7:30	21:30	6349 Parasuram Exp., über Kottayam (an 9:22), Ernakulam (10:55), Thrissur (12:35), Kozhikode (17:00), Tellicherry (18:08), Kannur (18:40), Kasargode (20:15)
Mumbai (Lokm. Tilak)	11:00	16:40	6346 Netravati Exp., über Ernakulam (an 14:05), Thrissur (15:40), Kozhikode (19:20), Tellicherry (20:40), Kannur (21:30), Karwar (4:36), Madgaon (Goa, 5:50), Ratnagiri (9:55)
Trivandrum	9:05	10:25	6341 Ernalulam Trivandrum Exp., über Varkala (an 9:28), weitere V.

Kottayam	Abfahrt	Ankunft	Zugbezeichnung, Bemerkungen
Bangalore	16:15	6:55	6225 Kanniyakumari Bangalore Exp., über Ernakulam (an 17:55), Irinjalakuda (19:00), Thrissur (19:40), Coimbatore (22:30)
Chennai	17:30	7:00	2624 Trivandrum Chennai Mail, über Ernakulam (an 18:50), Thrissur (20:05)
Kanyakumari	6:05	11:55	1081 Mumbai Kanniyakumari Exp., über Quilon (an 8:25), Trivandrum (9:50)
Mangalore	9:25	21:30	6349 Parasuram Exp., über Ernakulam (an 10:55), Thrissur (12:37), Kozhikode (16:40), Tellicherry (18:08), Kannur (18:40), w. Verb.
Tirupati	11:45	4:35	1082 Kanniyakumari Mumbai Exp., über Ernakulam (an 12:45), Irinjalakuda (14:00), Thrissur (14:30), Coimbatore (18:00), weiter über Pune bis Mumbai
Trivandrum	6:50	10:10	6303 Vanchinad Exp., über Quilon (an 18:35)

Kozhikode (Calicut)	Abfahrt	Ankunft	Zugbezeichnung, Bemerkungen
Alappuzha	6:40	13:00	6308 Cannan. Ernak. Allepp. Exp., über Thrissur (an 9:32), Ernakulam (10:55)
Chennai	17:30	5:25	2602 Mangalore Chennai Mail
Mumbai	19:05	17:35	6346 Netravati Exp., über Kumta (Gokarn, an 3.55), Madgaon (5:50)
Trivandrum	22:55	9.05	6330 Malabar Exp., über Thrissur (an 1:55), Ernakulam (3.35), Kottayam (4.50), Varkala (7.45)
Trivandrum	9:55	19:45	6345 Netravati Exp., über Thrissur (an 12:55), Ernakulam (14:40), Alappuzha (15.55), Quilon (17:45), Varkala (19:01)

Madurai	Abfahrt	Ankunft	Zugbezeichnung, Bemerkungen
Chennai	11:05	19:30	6128 Guv Chennai Exp., über Tiruchirappalli (an 13:45)
Chennai	21:15	5:20	2632 Nellai Exp., über Tiruchirappalli (an 23:45), viele weitere Verb.
Kanyakumari	2:10	6:30	2633 Kanyakumari Exp.
Mysore	19:45	10:05	6731 Mysore Exp., über Bangalore (an 6:35)
Thrissur	16:15	5:15	6127 Chennai Guruvayur Exp., über Trivandrum (23:10), Varkala (23:55), Quilon (0:35), Alappuzha (2:05), Ernakulam (3:30)
Tirupati	9:40	21:10	6352 NCY Mumbai Exp., Do, So, über Tiruchirappalli (an 12:20), Villupuram (15:40), Chengalpattu (17:30), Kanchipuram (18:08)
Trivandrum	23:15	6:40	727 Quilon Pass, weiter nach Varkala und Quilon

Mumbai	Abfahrt	Ankunft	Zugbezeichnung, Bemerkungen
Ernakulam	11:40	19:20	6345 Natravati Exp., über Madgaon (an 22:30), Karwar (23:30), Kozhikode (9:15), Thrissur (12:40), weiter bis Trivandrum
Madgaon (Goa)	7:00	18:45	0103 Mandavi Exp., über Ratnagiri (an 13:40)
Madgaon	23:00	10:45	0111 Konkan Kanya Exp., über Ratnagiri (an 5:43), weitere Verbindungen von Lokmanyak Tilak
Madgaon	5:30	13:30	2051 Shatabdi Exp., Start in Dadar, tgl. außer Mi

Tellicherry	Abfahrt	Ankunft	Zugbezeichnung, Bemerkungen
Alappuzha	5:20	12:55	6308 Cannanore Ernakulam Alleppey Exp., Kozhikode (an 6.40), Shoranur (8.55), Thrissur (9.33), Ernakulam (11.08)
Bangalore	17:45	7:10	6528 Yesvantpur Exp., über Kannur (an 18:06), Kozhikode (19:25)
Ernakulam	14:50	20:30	6306 Ernakulam Exp., über Kozhikode (an 16:00), Thrissur (18:42)
Mumbai (Lokm. Tilak)	20:25	16:45	6346 Netravati Exp., über Kannur (an 21:10), Kasargode (22:50), Mangalore (0.05), Madgaon (Goa, 5:50), Ratnagiri (9:35)
Ratnagiri	18:40	7:40	2617 Lakshadweep Exp., über Kannur (an 19:40), Kasargode (21:20), Madgaon (3.19), weiter bis Delhi

Trivandrum	7:15	18:35	6350 Parasuram Exp., über Kozhikode (an 8:35), Thrissur (11:45), Ernakulam (13:20), Kottayam (14:50), Quilon (17:00), Varkala (17.20), viele weitere Verbindungen

Thrissur	Abfahrt	Ankunft	Zugbezeichnung, Bemerkungen
Alappuzha	9:35	13:00	6308 Cannan. Ernak. Allepp. Exp., über Ernakulam (an 11:15)
Bangalore	19:40	6:55	6525 Kanniyakumari Bangalore Exp., über Coimbatore (22:30)
Chennai	11:00	23:05	5011/6326/5221 Raptisagar Exp., über Coimbatore (an 14:25)
Chennai	20:40	7:00	2624 Trivandrum Chennai Mail, über Palghat (an 22:10), Katpadi (4:33)
Kanyakumari	8:05	17:10	6526 Bangalore Kanniyakumari Exp., über Ernakulam (an 9:35), Kottayam (10:50), Quilon (13:10), Trivandrum (14:45)
Kozhikode (Calicut)	8:10	11:20	6305 Ernakulam Cannanore Exp.
Mangalore	12:40	21:30	6349 Parasuram Exp., über Kozhikode (an 15:50), Tellicherry (17:08), Kannur (17:40)
Tiruchirappalli	23:05	7:30	6866 Ernakulam Tiruchirappalli Exp., über Coimbatore (2:05)
Trivandrum	12:15	18:55	6350 Parasuram Exp., über Ernakulam (an 13:40), Kottayam (14:57), Quilon (17:05), Varkala (17:33), viele weitere Verbindungen
Trivandrum	22:45	5:25	6348 Cannanore Trivandrum Exp., über Ernakulam (an 0:15), Kottayam (1:35), Quilon (3:35), Varkala (4:08), viele weitere Verbindungen

Trivandrum	Abfahrt	Ankunft	Zugbezeichnung, Bemerkungen
Bangalore	12:50	6:55	6525 Kanniyakumari Bangalore Exp., über Quilon (an 14:20), Kottayam (16:10), Ernakulam (17:40), Thrissur (19:30)
Chennai	14:30	7:00	2624 Trivandrum Chennai Mail, über Ernakulam (an 15:30), Kottayam 17:25), Ernakulam 18:40), Thrissur (20:25)
Chennai	16:20	7:30	6124 Ananthapuri Exp., Madurai (an 23:00), Kodaikanal (23:40), Tiruchirappalli (2:00)
Coimbatore	11:30	20:15	2625 Kerala Exp., über Quilon (an 12:35), Kottayam (14:20), Ernakulam (15:30), Thrissur (17:05)
Ernakulam	12:55	17:55	6525 Bangalore Exp., über Varkala (an 13:34), Quilon (14:10), Kottayam (16:20), weiter bis Bangalore, viele weitere Verb.
Kanyakumari	14:50	17:10	6526 Kanyakumari Exp., über Nagercoil (an 16:55)
Madgaon (Goa)	10:00	5:50	6346 Netravati Exp., über Quilon (an 11:00), Ernakulam (14:05), Thrissur (15:40), Kozhikode (19:20), Tellicherry (20:40), Kannur (21:30), Kasargode (23:10), weiter bis Mumbai
Madgaon (Goa)	15:15	10:15	6336 Gandhidam Exp., Di, über Kollam (an 16.15), Kottayam (18.20), Ernakulam (19.55), Thrissur (1.20)
Madurai	16:20	23:00	6124 Anantapuri Exp., über Tiruneveli (an 19:45)
Mangalore	18:25	10:00	6329 Malabar Exp., über Varkala (an 19:11), Quilon (19:55), Kottayam (22:15), Ernakulam (23:35), Thirssur (12:37), Kozhikode (15:50), Tellicherry (17:08), Kannur (17:40)
Thrissur	7:10	13:00	7229 Sabari Exp., über Varkala (an 7:43), Quilon (8:20), Kottayam (10:05), Ernakulam (11:10), weiter bis Hyderabad

Varkala	Abfahrt	Ankunft	Zugbezeichnung, Bemerkungen
Bangalore	13:35	6:20	6525 Bangalore Exp., über Quilon (an 14:10), Kayankulam (15:00), Kottayam (16:10), Ernakulam (17:40), Irinjalakuda (19:00), Thrissur (19:35)
Chennai	15:05	7:00	2624 Chennai Mail, über Quilon (an 15:35), Kayankulam (16:13), Kottayam (17:25), Ernakulam (18:40), Irinjalakuda (19:50), Thrissur (20:25), Kaptadi (Vellore, 4:30)
Ernakulam	7:45	11:10	7229 Sabari Exp., über Quilon (an 8:15), Kottayam (10.05), weiter bis Hyderabad, viele weitere Verbindungen
Madgaon (Goa)	10:35	5:50	6346 Netravati Exp., über Quilon (an 11:05), Alappuzha (12.50), Ernakulam (14:05), Thrissur (15:45), Kozhikode (19:00)
Madurai	18:35	5:20	728 Madurai Pass, über Trivandrum (an 20:10)
Mumbai	8:53	3:39	1082 Cape Mumbai Exp., über Quilon (an 9:25), Kayankulam (10:20), Kottayam (11:30), Ernakulam (12:40), Thrissur (14:30), Tirupati (4:30), Pune (0:54)

Register

Die Autoren

600ra Foto: tb

Thomas Barkemeier, Jahrgang 1958, verbringt seit 1982 jedes Jahr mehrere Monate in Asien. Nach ausgedehnten Reisen in nahezu alle asiatischen Länder führte ihn der Weg 1987 zum ersten Mal nach Indien, und zwar ausgerechnet in das berühmt-berüchtigte Kalkutta.

Seither hat er mehr als vier Jahre in Indien verbracht und während der über 35.000 Kilometer, die er auf Straße und Schiene zurücklegte, fast jeden Winkel des Landes kennengelernt. Neben der einzigartigen ethnischen, kulturellen und landschaftlichen Vielfalt des Landes sind es die dem mitteleuropäischen Denken oftmals entgegengesetzten Wertvorstellungen der Inder, die ihn immer wieder aufs Neue in dieses ebenso faszinierende wie schwierige Reiseland ziehen.

Zwischen seinen Reisen führte er sein Studium der Geschichte, Politik und Philosophie zu Ende. Er arbeitet als Referent für asienspezifische Themen, Reisebuchautor sowie als Studien-Reiseleiter in Asien. Auch in Zukunft wird er sich beruflich und privat vornehmlich in seiner zweiten Heimat Asien aufhalten.

300is Foto: mb

Martin Barkemeier, der Zwillingsbruder von Thomas, reist ebenfalls häufig nach Indien und führte für dieses Buch die Vor-Ort-Recherchen durch.

Im Reise Know-How Verlag erschienen von Thomas und Martin Barkemeier weiterhin die Reiseführer „Indien - der Süden", „Indien - der Norden mit Mumbai und Goa", „Rajasthan mit Delhi und Agra" sowie „Indien - die schönsten Orte und Regionen".

Danksagung

Danken möchten wir unserer Lektorin Caroline Tiemann, die mit ihrem Wissen und nimmermüden Einsatz viel zum Gelingen dieses Projektes beigetragen hat.